가례와
한국의
예학

| **가례**와 **한국**의 **예학**

초판 2쇄 2021년 10월 30일

지은이 노인숙
펴낸이 김기창
펴낸곳 도서출판 문사철

출판등록 제300-2008-40호
주소 서울 종로구 창경궁로 265 상가동 3층 3호
전화 02 741 7719 | **팩스** 0303 0300 7719
홈페이지 wwww.lihiphi.com
전자우편 lihiphi@lihiphi.com
디자인 은
인쇄 및 제본 천광인쇄사

ISBN 979 11 86853 78 8 (93150)
※ 값은 뒤표지에 있습니다.

가례와 한국의 예학

노인숙 지음

도서출판문사철

서문

이 책의 핵심 주제는 주희가 편찬한 『가례家禮』이다. 가정은 사회의 기초단위 혈연공동체이다. 가정의 출현은 참으로 장구한 역사를 갖고 있고 형태도 다양하지만, 기본적으로 구조는 부부관계를 이루는 성숙한 남녀와 그들 사이에서 태어난 자손들을 기본 구성원으로 하여 의식주를 포함한 삶의 조건을 공유하고 누리며 살아가는 공간이다. 인간의 품격 있는 삶의 도리는 그 단서가 부부로부터 출발한다는 것이 전통적 가치관의 중심에 있다.

의례儀禮 역시 그 의미가 간단치 않으나 인간이 살아가면서 추구하는 삶의 가치가 반영되어 있는 세련된 제반 양식을 가리킨다. 유가는 예에 대하여 다양한 정의를 제시하지만 가장 통용되는 것은 '천리의 절문[天理之節文]' 곧 세계의 존재와 운행의 최고 원리를 잘 정리하여 수식해 놓은 양식이며, '인사의 의칙[人事之儀則]' 사람이 살아가면서 본보기로 삼을 만한 규범이라는 것이다. 예를 제방에 비유하여 설명하기도 한다. 제방은 홍수나 가뭄과 같은 경우 곧 물이 너무 많거나 적은 것에 대비하여 못을 깊이 파고 둑을 만들어서 물을 가두어두는 장치이다. 삶의 과정에서 개인차에 따라서 또는 상황에 따라서 감정이 지나치게 많이 표출되는 경우도 있고 너무 적은 경우도 있다. 저수지의 제방이 알맞게 물을 저장하여 홍수에 휩쓸려가지 않고 가뭄에 메말라 식물이 타 죽는 일을 막는 것처럼 우리들의 삶에 항상 적절하게 감정의 표현이 이루어지도록 인도하는 역할을 하는 것이 예라는 것이다. 따라서 가정의 예, 즉 『가례』는 크고 작은 다양한 단위에서 가장 기초적이고 본질적인 삶의 공간에서 이루어져야 할 규범이다.

이 『가례』에 대하여 필자는 매우 이른 시기부터 관심을 가졌다. 그리고 대학에서 학문의 길을 택하면서 이를 전공의 주제로 삼는데 별 망설임이 없었다. 그러던 차에 허버트 핑가렛의 『Confucius, Secular as Sacred』라는 책에서 공자를 '세속사회에 사는 성자聖者'로 규정한 것을 보고 깊이 공감하였다. 그는 공자 사상의 핵심이 예禮에 있다고 보았던 것이다. 또한 첸무錢穆가 동아시아에서 가장 강력한 영향력을 행사한 학자로 성리학자 주희를 꼽고는 그의 주된 공헌을 예학이라고 한 것에 대해서도 의견을 같이 하게 되었다.

필자가 『주자가례』를 비롯한 예학에 대하여 전문적으로 연구하게 된 것은 저우허周何 선생과의 만남이 계기였다. 필자가 성균관대학교 대학원에 재학할 때 마침 선생께서는 대만 사범대학에 재직하면서 대구에 있는 계명대학교 교환 교수로 와계셨다. 평소 『주자가례』에 대해 관심을 가지고 있던 차 예학의 대가였던 저우허 선생을 뵙고 1978년에 그 문하에 들어가, 예경禮經의 정수를 엿보고 『주자가례』의 정화를 살펴볼 기회를 얻어, 평소의 숙원을 이룰 수 있게 되었다. 그분의 문하에서 가오밍高明 린인林尹 등 선생들의 계도도 함께 받게 되었다. 그때 배우고 익힌 것 그리고 쓴 글이 이 책의 골간을 이룸은 말할 나위가 없다.

  2020년 8월 말일 자로 필자는 37간의 교수생활을 마치고 정년을 하게 되었다. 그동안 강단과 연구실에서 주로 천착한 것이 『주자가례』와 예학분야이었기에 그간의 연구들을 종합하고 나름의 체계를 세워 독자들과 만나기 위하여 이 책으로 정리하여 내게 되었다. 그 사이 석막하던 예학분야에 한국을 위시하여 중국 일본에서 많은 전문 학자들이 나왔고 연구가 축적되어 괄목할 만한 우수한 논문들과 저서들이 간행되었다. 그럼에도 불구하고 이 책을 내는 것은 개인적인 의미도 있지만 그간의 연구를 대중들과 함께 나누고 싶은 의욕 때문이다.

  이 책의 〈제Ⅰ편 『주자가례』〉에서는 문헌의 진위, 특징, 성격, 내용 등을 다뤘다. 〈제Ⅱ편 『주자가례』의 한국 전래와 발전〉에서는 한국의 예학에 『주자가례』가 끼친 영향, 예학파의 형성과 예학 성립의 내적 외적 원인 및 조선학자들의 예학 성취에 대한 예시를 다뤘다. 조선의 학자들 중 예학 연구에 성취를 거둔 이 가운데 이이, 김장생, 정구, 이재, 정중기, 이익을 예시로 들었다. 이어 〈제Ⅲ편 조선 유학의 관·혼·상·제〉에서는 『주자가례』를 바탕으로 하여 한국에서 관심을 갖고 시행된 관혼상제의 내용을 정리하였다. 가례 그리고 예학과 밀접한 관련이 있다는 판단에서 두 편의 부록을 첨부하였다. 〈부록Ⅰ〉에서는 『가례』와 더불어 가훈 가계로써 각 가정의 문화적 특색을 유지해온 부분의 이해를 위하여 중국의 안지추의 『안씨가훈』, 사마광의 『가범』, 원채의 『원씨세범』, 증국번의 가훈을 고찰하였고, 〈부록Ⅱ〉에서는 조선왕조에서 대표성을 지니는 예학자 아홉 사람의 가훈, 가계家戒를 우리말로 번역하여 수록하였다.

 이 책의 제1편과 2편은 국립대만사범대학에서의 박사학위 논문을 우리말로 옮기고 그간의 새로운 탐구내용을 보완한 것인데 이 가운데 제1편을 우리말로 옮기는데 이영섭 교수가 전문적인 역량을 동원하여 상세하게 교정까지 해주면서 번역을 해주었다. 이 지면을 빌어 깊은 감사의 마음을 전한다. 또한 난삽한 모든 원고를 꼼꼼하게 읽고 교정을 해준 이원준 박사에게도 고마운 마음을 전하며 여의치 않은 출판계 사정에도 불구하고 도서출판 문사철의 김기창 대표께서 문화적 사명감으로 기꺼이 졸고를 상재하여 준 것에 대하여 깊은 감사를 드린다.

  나의 아버지 신당愼堂 노근현盧謹鉉 님과 어머니 강임수姜壬守 님에게 이 책을 바친다. 부모님은 시대를 앞선 비전과 헌신으로 막내딸에게 아낌없는 지지를 베푸셨다. 지금까지 내가 이룬 것이 있다면 모두 그분들의 사랑 덕분이다. 깊은 감사를 드린다.

2020년 3월 재산각在山閣에서

노인숙 삼가 씀

차례

■ 서문　5

제1편 『주자가례』

제1장 『주자가례』의 문헌적 검토 ········· 17
　1. 『주자가례』의 진위문제　20
　2. 『주자가례』의 저술 과정과 동기　35
　3. 『주자가례』의 판본　45

제2장 『주자가례』의 연원 ········· 56
　1. 『주역』・『시경』　56
　2. 삼례　58
　3. 『논어』・『가어』・『가훈』・『개원례』　74
　4. 북송 예서　76

제3장 『주자가례』의 구성과 내용 ········· 83
　1. 「통례」　83
　2. 「관례」　101
　3. 「혼례」　109
　4. 「상례」　121
　5. 「제례」　165

제4장 『주자가례』의 특징 ········· 188
　1. 형식의 특징　188
　2. 내용의 특징　198

제 II 편 『가례』의 한국 전래와 발전

제5장 『주자가례』와 성리학 ·················· 219
    1. 주자학과 『가례』의 전래   219
    2. 고려 조정과 학계의 반응   228
    3. 조선의 국가체제와 『가례』   234
    4. 성리학의 심화와 『가례』   248

제6장 『주자가례』가 한국 예학에 미친 영향 ·········· 259
    1. 예학파의 형성   259
    2. 예학파의 전개와 특색   264
    3. 실학의 대두와 예학의 변천   273

제7장 이이의 「제의초」 ·················· 276
    1. 예서 『격몽요결』과 「제의초」   276
    2. 『가례』의 「제례」와 「제의초」의 대비   280
    3. 「제의초」 편찬의 원칙   301
    4. 진성과 경종수족의 지향   304

제8장 김장생의 『가례집람』과 『상례비요』 ·········· 309
    1. 한국 예학의 종장   309
    2. 『가례집람』 편찬정신   311
    3. 『상례비요』에 나타난 특성   316
    4. 한국적 가례의 대중화 선도   322

제9장 정구의 『오선생예설분류』 ·················· 327
    1. 학문 배경   327
    2. 예학중심의 거경과 치용   332
    3. 『오선생예설분류』의 편찬 동기와 과정   337
    4. '왕사부동례'의 체제와 편차   344

제10장 이재의 『사례편람』과 정중기의 『가례집요』 ··· 354
    1. 조선 사민의 사례   354
    2. 이재의 『사례편람』   356
    3. 정중기의 『가례집요』   365

제11장 이익의 『가례질서』 ·················· 373
    1. 예에 대한 실학적 관심   373
    2. '서인가례'의 주창   377
    3. 『가례질서』의 특성   385

제Ⅲ편 한국유학의 관혼상제

제12장 관례-사회적 존재로 나아가는 문 ……… 397
1. 성인 의식과 관례　　397
2. 『의례』·『예기』의 관의　　400
3. 관례의 변천　　415
4. 종법과 사회 속의 자아　　428

제13장 혼례-인륜의 바른 시작 ……… 432
1. 정시의 도리와 공동체 기초의 성화　　433
2. 『사례편람』의 혼례 절차　　439
3. 조선시대 '친영제 수용과 정착'　　464

제14장 상례의 의절과 상복-신종 ……… 487
1. 상례-그 신종의 절차　　487
2. 상복의 기간과 원리　　507

제15장 제례-보본추원 ……… 518
1. 사당의 연원과 변천과정　　518
2. 가정의례의 통례로서의 사당　　532
3. 한국의 제의의 시행과 '제의학'　　541

부록 중국의 가훈과 한국 예학자의 가계

중국의 가훈과 조선 예학자의 가계 ……… 565

부록Ⅰ 중국의 가훈

제1장 안지추의 『안씨가훈』 ……… 570
1. 안지추의 가계와 시대 배경　　570
2. 『안씨가훈』의 내용　　576
3. 『안씨가훈』과 유학적 특징　　582

제2장 사마광의 『가범』 ……… 600
1. 사마광의 예 의식과 『가범』　　600

       2. 『가범』의 체재와 내용   607
       3. 『가범』의 내용 특성   620

   제3장 원채의 『원씨세범』 ················ 624
       1. 『원씨세범』의 특징   624
       2. 『원씨세범』의 내용   630
       3. 『원씨세범』과 사회 교화   656

   제4장 증국번의 가훈 ··················· 661
       1. 증국번의 사상 배경과 학문성격   661
       2. 학문의 목표와 방법   669
       3. 팔자 팔본   674
       4. 증국번 가훈의 특징과 의의   694

부록 II 한국 예학자의 가계

   제1장 이이의 동거계사 ················· 702
   제2장 허목이 자손에게 내린 18조목의 훈계 ········· 706
   제3장 권시가 두 아들에게 남긴 글 ·············· 709
   제4장 송시열이 출가하는 딸에게 준 경계의 글 ······· 715
   제5장 홍여하가 아들에게 준 훈계 ··············· 733
   제6장 최석정이 아들에게 준 사덕의 잠언 ········· 735
   제7장 이익이 자식에게 준 여덟 가지 가르침 ········ 738
   제8장 박윤원이 딸에게 준 훈계 ················ 743
   제9장 정약용이 두 아들에게 준 가계 ············ 751

- 참고문헌   765
- 찾아보기   779

제1편

『주자가례』

惰則廢職。何以制惰。要在勤恪。戒爾勿踈。應
何以治踈。要在詳審。戒爾勿浮。氣浮則勝。何以鎮浮
要在沉靜。
叙曰。謹者德之基。勤者事之幹。詳者政之要。靜者
心之體。君子執謹足以崇德。克勤足以廣業。詳慎
足以立政。定靜足以存心。君子行此四德然後可
以持己而應物乙亥冬存所子書。
戒女箴
曰婦德。性行心志務在柔順貞靜。戒其辨強。尊

제1장
『주자가례』의 문헌적 검토

첸무錢穆는 다음과 같이 말했다.

> 주자는 전에 없었던 큰 선비였다. 북송의 이학理學을 집대성했을 뿐 아니라, 한漢과 진晉 이래의 경학經學까지 집대성했다. 경학과 이학을 회통會通한 것이야말로, 학문에 있어서 주자의 가장 큰 공헌이라고 할 수 있다. … 주자는 경학 중에서도 특히 예학을 중시했다.[1]

그는 통상 이학 또는 성리학의 집대성자로 불리는 주희를 예학의 관점에서 조명하려 했다. 그의 이러한 시각은 사실 보편적 인식이라고 할 수 없다. 다만 자신이 공맹의 도통을 제대로 이었다는 자부심이 있는 주희를 예학에 가장 관심이 깊은 것으로 보는 첸무의 시각은 공자를 예학자로 보는 허버트 핑가렛의 시각과 더불어 모두 유학의 본령이 예에 있다고 본 것이다. 성리학은 유교경전의 해석과정에서 나온 것이기에, 성리학과 경학은 분리될 수 없다. 주희는 평생 사서오경에 대한 연구를 하면서 경학과의 정합성을 유지하는 동시에 시대와 환경에서

---

[1] 錢穆『朱子新學案』, 제4책, p.112.

대두하는 새로운 철학적 과제에 대하여 큰 단서를 제시하였다. 첸무가 주희의 학문적 공헌이 이학과 경학의 회통이며 예학을 중시하였다고 보는 시각은 결코 과장이나 잘못된 것이 아니다. 실제로 주희는 만년에 예학에 가장 공력을 들였다. 이것은 이론과 실제를 하나로 융합하는 것이며, 학문을 완성하기 위한 자연스러운 과정이었다.

주희는 24세 첫 부임지에서부터 예의 사회적 교화에 주목하면서 민간에서의 예 진작에 힘썼고 이후 고금의 예법을 회통시키면서 현세에 시행할 수 있는 것을 모색하여 『가례』, 즉 『주자가례』를 지었다. 그리고 만년에는 고례古禮에 침잠하여 『의례경전통해儀禮經傳通解』를 저술하였다. 이 중 『가례』는 특히 후세에 끼친 영향이 크고 깊었다. 『주자가례』의 서문에서 주희는 다음과 같이 말하고 있다.

> 예에는 근본이 있고 문식文飾이 있다. 집안에서 시행하고 있는 것으로부터 말하자면 명분을 지키는 것과, 사랑하고 공경하는 진실된 마음이 그 근본이다. 관혼상제의 형식과 절차는 그 문식이다. 근본이라는 것은 집안의 일상생활에서 실행하는 항상된 예이니 참으로 하루라도 수양하지 않으면 안 된다. 그 문식은 또 모두가 사람 된 도리의 처음과 끝을 바로 세우는 큰 줄거리이니 비록 그것을 시행함에 있어 때와 장소가 있지만 그것은 평소에 명확하고 익숙하게 강습하지 않으면 일이 닥쳤을 때 절도에 맞고 올바르게 대체할 수 없을 것이다. 그러므로 이것을 하루라도 공부하고 익히지 않으면 안 된다.[2]

---

2 『性理大全書』 권19. "凡禮有本有文, 自其施於家者言之, 則名分之守, 愛敬之實, 其本也. 冠婚喪祭, 儀章度數者, 其文也. 其本者, 有家日用之常 體固不可以一日而不修. 其文, 尤皆所以紀綱人道之始終, 雖其行之有時, 施之有所, 然非講之素明, 習之素熟, 則其臨事之際, 亦無以合宜而應節, 是亦不可以一日而不講且習焉者也."

성리학의 성명의리性命義理나 이기심성리氣心性의 이론에서 밝히고 있는 천명天命, 본성[性], 마음[心]은 매우 고명한 개념이다. 이는 이른바 상달上達의 문제로서, 아무나 이를 수 있는 경지는 아니다. 따라서 물 뿌리고 비질하고, 어른의 부름에 대답하거나 어른에게 나아가 뵙는 방식처럼 실제 일상생활에서 실현될 수 있는 것이 아니다. 보통의 일반인들에게 그 효과는 실제로 크지 않았다. 주희는 이 점에 대해 통찰한 바가 있기에, 고금의 예를 참작하여 보태고 덜어내며 '한 가문을 위한 책[一家之書]'을 펴냈다. 이것이 바로 주희가 『가례』를 지은 연유다.

주희는 이 책을 통하여 '몸을 수양하고 집안을 다스리는' 도리와 '상례喪禮를 신중히 하고 조상을 추모했던' 마음을 다시 볼 수 있을 것이며, '나라에서 교화를 숭상하고 백성을 인도하는' 뜻에도 조금이나마 도움이 될 수 있을 것이라고 여겼다. 그렇다면 결국 그의 수많은 저술들은 예서를 제시하기 위한 기초 작업에 해당되는 것이라고 할 수도 있다. 다시 말해 『가례』가 주희의 학문에서 실제로 지극히 중요한 저작이며, 예로 천하를 다스리려는 이상의 상징임을 알 수 있다.

주희가 만년에 가장 관심을 두고 정성을 들인 부분은 예학이었다. 당시 학자들은 그저 성리학 방면의 연구에 치중하면서, 예학의 가치를 간과했기 때문이다. 이러한 주희의 고심은 아무래도 중국학자들의 충분한 관심을 받지 못한 듯하다. 『가례』가 세상에 다시 나온 후 널리 전파되었다고는 하지만 사회에 끼친 영향에 있어서 중국은 한국처럼 깊고 크지 못했다. 조선 시대 사대부들은 성리학 전래 이후부터 시종일관 이 책을 존중하면서 그 내용을 준수하려 노력하였다. 『가례』에 대한 조선 학술계의 연구는 한 시기를 풍미하면서 예학파의 형성과 발전을 가져왔고, 결국 당시의 두드러진 학문이 되었다.

1. 『주자가례』의 진위문제

주희의 학술 연구는 세 시기로 나눌 수 있다. 첫 번째 시기는 46세에 『근사록近思錄』을 지었을 때까지로, 이 시기는 북송 유학자들의 저작에 주석을 다는 작업이 중심이었다. 두 번째 시기는 48세에서 60세까지로, 『논어』·『맹자』·『대학』·『중용』의 주석 작업이 중심이었다. 세 번째 시기는 61세 이후로, 오경을 위주로 하되 특히 예서禮書 정리를 중심으로 하고 있었다.[3] 이를 보면, 예학은 주희 만년의 주요관심사였고, 주희 학문의 완성이었음을 알 수 있다.

예학에 대한 주희의 저작은 『가례』와 『의례경전통해』가 주축이다. 『가례』는 주희가 당시 사람들이 매일 실천하는 예의범절의 필요에 부응해 지은 것이고, 『의례경전통해』는 주희가 고례를 집대성해 고찰한 것이다. 이 중 『가례』는 후세에 영향이 매우 컸다. 다만, 일본 학자 아베 요시오阿部吉雄는 이렇게 말했다.

> 『가례』는 주자가 미처 완성시키지 못한 저작이며, 매우 의문시되는 책이다. 그러나 그 영향력은 매우 커서, 이로부터 연구할 수 있는 주제 역시 매우 많다.[4]

그는 주희사상에서 『가례』의 위상이 결코 작지 않지만 『가례』를 연구할 때 먼저 해결해야만 하는 문제가 있다고 보았다. 바로 주희가 『가례』를 지었는가에 대한 진위 여부라는 것이다. 그래서 본 절은 먼저

---

3   『武內義雄全集』 제4권, p.152.
4   阿部吉雄, 『文公家禮に就いて』, 25쪽, 『服部先生古稀祝賀紀念論文集』 所收, 1936.

『가례』의 진위문제와 관련된 자료를 제시하면서 논의를 진행하겠다. 그 다음으로 이 책이 저술된 과정과 짓게 된 동기를 살펴보고 이 책의 판본과 원류를 차례로 살펴보았다. 『가례』의 연원과 특색을 다룬 장에서는, 『가례』와 『의례』를 비교하는 것에 중점을 두되, 『온공서의溫公書儀』와의 비교에도 주의를 기울였다. 먼저 『가례』의 연원을 논하고, 다음으로 그 내용을 살펴보고, 다음으로 특색을 따졌는데, 모두 비교의 방법을 사용했다.

『가례』에는 주희가 지은 것이 아니라 다른 사람의 가탁이라는 주장이 있다. 구준丘濬(1420-1495)[5]과 하흔夏炘(1789-1871)[6] 등은 주희 본인이 지었다고 주장하며 왕무굉王懋竑과 『사고전서총목제요四庫全書總目提要』에서는 후세사람이 가탁한 것이라고 본다. 이들의 주장을 정리하고 근래의 학자 첸무의 「주자의 예학朱子之禮學」, 가오밍의 「주자의 예학朱子之禮學」, 아베 요시오의 「문공가례에 대하여文公家禮に就いて」, 카네나가 요시유키兼永芳之의 「주문공가례에 대한 고찰朱文公家禮の一考察」, 우에야마 슌페이上山春平의 「주자의 예학朱子の禮學」 등을 참고하면서, 분석 종합하겠다. 먼저 주희 문중의 뛰어난 제자들의 언급을 통해 진위설의 논리를 따지고, 각 주장의 미흡한 점을 지적하면서 합리적 수용이 가능한 부분을 취하고자 한다.[7]

---

5 號는 深菴 또는 瓊山이다. 주자학과 전고에도 밝았으며 저서로는 『大學衍義補』『家禮儀節』『朱子學的』 등이 있다.

6 청나라 安徽 출신으로 漢宋 학설을 종합했고, 주자학에 심취하여 『述朱質疑』를 편찬했다. 그밖에 『學禮管釋』과 『讀詩箚記』, 『學制統述』, 『六書轉注說』, 『檀弓辨証』, 『三綱制服尊尊述義』 등의 저술이 있다.

7 최근 和溪는 「朱子家禮研究述評」에서 근래 『가례』 연구 학자들의 활발한 성과를 소개하면서 그중 『가례』의 眞僞에 대해 확신을 히기니 적어도 현존 『가례』의 底本이 원래 있었다고 인정하는 학자로 阿部吉雄(1936), 兼永芳之(1958), 錢穆(1971), 高明(1982), 上山春平(19982), 盧仁淑(1983, 2000), 樹口勝(1987), 陳來(1989), 束景南(1991, 1993), 伊沛

1) 주희 문중의 뛰어난 제자들의 주장

주희 문중의 뛰어난 제자들이 『가례』에 대해 언급한 바를, 오늘날 여러 서적을 찾아보면, 다음과 같이 다섯 사람의 언급을 찾을 수 있다.

황간黃榦(1152-1221)[8]: 선생께서는 집안에서 사용해야 할 예절들을 뽑아서 '한 가문을 위한 책[一家之書]'을 지었으니, 이 세상을 위한 염려가 지극히 절실하였던 것이다. 선생께서는 그 갖가지 내용에 대해 여전히 미심쩍은 부분이 있다고 여기시어, 보탤 것은 보태고 뺄 것은 빼서 『가례』를 지으셨다. 이 책은 근간을 이루는 실질적인 내용만 따르려 노력하신 것으로 후학들에게 크나큰 혜택을 베푸신 것이다. … 선생께서는 만년에 이르러, 가문·향촌·제후국·왕조의 예법을 따지셔서, 삼대三代의 사라진 문헌전적을 복원하려 하셨으나, 탈고하시기 전에 그만 돌아가시고 말았다. 이는 세세토록 한스러워 할 일이다. 그런 즉, 이 책은 이미 완성되었고, 사람들의 일상생활에 절실한 내용이니, 학자라면 어찌 이 책에 마음을 다하지 않을손가![9]

황간: 『가례』를 엮으신 뒤, 세상 사람들은 대부분 이를 사용했다. 그러나

霞(Patricia Ebrey, 1991), 張國風(1992), 王燕均(1999), 吾妻重二(1999, 2004), 細谷惠志(2001), 楊志剛(2001), 師琼佩(2002), 粟品孝(2004), 蔡方鹿(2004), 安國樓(2005), 吳明熙(2008) 등을 들고 있다. (和溪, 「朱子家禮研究述評」, 廈門大學哲學系, 361005, 2020, 미발표 논문)

8 閩縣 출신으로 호는 勉齋이다. 주희의 高弟이자 사위로 『朱熹行狀』, 『勉齋集』, 『書傳』, 『易解』, 『孝經本旨』, 『四書通釋』, 『儀禮通解』 등의 저술이 있다.

9 黃榦 「書晦庵先生家禮後」 "…先儒取其施於家者, 著為一家之書, 爲斯世慮至切也. 晦庵先生以其本末詳略, 猶有可疑, 斟酌損益, 更爲『家禮』, 務從本實, 以惠後學. ……迨其晚年, 討論家鄕侯國王朝之禮, 以復三代之墜典, 未及脫藁而先生歿矣, 此百世之遺恨也. 則是書已就, 而切於人倫日用之常, 學者其可不盡心與!"

이후로도 많이 보태고 뺀 부분이 있었지만 미처 재수정 하지 못했다.[10]

양복楊復(?-1236)[11]: 주희 선생께서 모친상을 당하시자, 고금의 예법을 따져서 모든 변한 바를 끝까지 살핀 뒤, 상례·장례·제례를 완성하시고, 더 나아가 관례·혼례까지 확장하여 『가례』라고 명명하셨다. 이 책이 완성되었을 때, 어린 행자行者가 책을 가지고 달아나버렸다. 주희 선생께서 돌아가시자 비로소 이 책이 세상에 유행되었다.[12]

이방자李方子[13]: 건도 5년(1169) 9월 주희 선생께서 모친 축씨祝氏의 상을 당하시자, 상을 치르며 예를 다하셨는데, 고금의 예법을 따져서 상례·장례·제례를 완성하시고, 더 나아가 관례·혼례까지 확장하여 하나로 엮으신 뒤, 『가례』라고 명명하셨다.[14]

황순黃䇓(1147-1212)[15]: 주희 선생께서 『가례』를 완성하셨는데, '허드레일 하는 동승[童僧]'[16]이 책을 가지고 달아나버렸다. 주희 선생께서 돌아가시고 나서 비로소 이 책이 나타났고, 오늘날 세상에 유행되고 있다. 그러나 그

....

10 黃榦「晦庵先生行狀」"所輯『家禮』, 世多用之, 然其後亦多損益, 未暇更定."
11 남송 복건성 福州 長溪 사람이다. 자는 志仁, 호는 信齋이다. 祭禮에 밝았으며 주희의 문하에 있다가 후에 황간의 문하에서 학업을 완성하였다. 『祭禮圖』14권, 『儀禮附圖解』17권, 『家禮雜說註』2권 등의 저술이 있다.
12 楊復『家禮附註』"先生服母喪, 參酌古今, 咸盡其變, 因成喪葬祭禮, 又推之於冠昏, 名曰『家禮』, 旣成, 爲一童行竊之以逃. 先生易簀, 其書始出行於世."
13 남송 복건성 邵武 사람이다. 자는 公晦이고, 호는 果齋이다. 生沒年은 알 수 없다. 眞德秀와 교유했고 주희의 제자이다. 저서에 『傳道精語』와 『禹貢解』, 『朱子年譜』가 있다.
14 乾道五年九月, 先生丁母祝令人憂, 居喪盡禮, 參酌古今, 因成喪葬祭禮, 推之於冠昏, 共爲一編, 命曰『家禮』.
15 자는 子耕 호는 복재이다. 출신지역은 分寧으로 지금의 江西 修水이다. 『復齋集』이 있었으나 일실되었다. 『水心文集』卷17『黃子耕墓誌銘』이 있고 『宋史』卷423에 시 3수가 전한다.
16 '허드렛일하는 농승'이란 '行童'의 번역이다. 하지만 같은 일에 대해, 楊復은 '어린 行者', 즉 '童行'으로 적고 있다. 둘 중 한 기술이 잘못된 것일 텐데, 일단 뜻이 크게 다르진 않다. 절에 있던 어리고 허드렛일 하던 이가 훔쳐간 것으로 보인다.

속에는 선생의 만년 이론과 부합하지 않는 부분이 있다. 그래서 배우는 사람들이 말하지 않았다.[17]

진순陳淳(1159-1223)[18]: 1211년에 온릉군溫陵郡 즉 복건성 천주泉州에 들렸는데, 주희 선생의 막내아들인 주재朱在가 군수로 있었다. 그는 『주자가례』를 내보이면서 이렇게 말했다. "이 책은 전에 절에서 도둑맞은 책입니다. 한 선비가 베껴 두었다가 아버님 장례를 치를 때 가지고 와서 제가 가지게 된 것입니다."[19]

위에 인용한 주희 문인들의 기록은 비록 서로 약간의 차이가 나긴 하지만, 주희가 『가례』를 지은 동기와 이 책이 없어졌다가 다시 등장하게 되는 경과에 대해서는 매우 상세히 적혀 있다. 특히 양복은 이 책이 일찍이 없어졌던 데다가 주희의 만년 학설과 다른 부분이 있기에, 『가례부록』을 지어 『가례』의 뜻을 천명하였다.

2) 『주자가례』 위작설

위작설을 견지하는 사람들은 원나라 지정至正 연간(1341-1368)에 무림武林 땅의 응씨應氏를 시작으로,[20] 이후 청대 왕무굉王懋竑의 논의가

---

17   先生旣成『家禮』, 爲一行童竊之以逃. 先生易簀, 其書始出, 今行於世. 然其間有與先生晚歲之論不合者, 故未嘗爲學者道也.
18   남송 漳州 龍溪 사람이며 호는 北溪이다. 저서에 『北溪字義』와 『嚴陵講義』, 『二辨』, 『論孟學庸口義』, 『禮詩女學』, 『北溪文集』 등이 있다.
19   嘉定辛未歲過溫陵, 先生季子敬之倅郡, 出示『家禮』一編云: 此往年僧寺所亡本也. 有士人錄得, 會先生葬日攜來, 因得之
20   응씨가 누구인지는 미상이다. 『가례』 위작설을 주장했던 명대 丘濬이 『文公家禮儀節』에서 처음으로 "무림 땅 응씨가 『家禮辨』을 지으면서, 처음으로 『가례』가 주희 저작이 아니라고 의심했다"고 지적했지만, 현재 『가례변』이란 글은 전하지 않는다.

가장 영향력이 있었는데, 그 주장은 『주자연보고이朱子年譜考異』 권1에 상세하다. 이후 『사고전서총목제요』에서 왕무굉의 주장을 계승하면서, 위작설은 의문의 여지가 없는 주장으로 여겨졌다. 위작설을 다음과 같이 항목을 나누어 소개하면서, 받아들일 수 없는 논리나 오류도 함께 지적하도록 하겠다.[21]

(1) 『가례』의 완성 시기를 고증할 근거가 없다. 『주자연보고이』와 『가례고』[22]에 다음의 주장이 있다.

> 『연보』에서는 『가례』가 경인년庚寅年(1170)에 완성되었는데 마침 모친상을 지내고 있었다고 했지만, 『가례』 「서문」를 보면, 모친상을 지냈다는 말은 전혀 없다. 이른바 상례·제례에 근거해 관례·혼례까지 확장했다고 하는데, 「서문」에는 이런 의도도 보이지 않는다. 황간의 「행장」과 『가례』 「후서」에서는 그저 "이후로도 많은 내용을 덧붙이거나 뺀 부분이 있었지만, 미처 재수정 하시질 못했다"고 말할 뿐, 상을 지내던 때에 찬집했다는 말은 하지 않았고, 분실했다가 되찾았다는 말도 하지 않았다. 이 모든 것이 알 수 없는 바다.[23]

---

21 위작설을 주장하는 근래의 학자로 彭林이 있다. 그는 청대 왕무굉의 견해를 따라 『四庫全書』가 『가례』를 위작으로 인정한 것을 강력한 증거로 삼아 『가례』위작설을 주장하였다. (彭林, 「詩禮傳家: 家禮」, 『文史知識』, 2003, 11期. 彭林: 「朱子作家禮說考辨」, 『文史』, 2012.12, 3期.)
22 「가례고」는 원래 왕무굉의 저작인 『白田雜著』 권2에 실려 있는 문장인데, 『朱子年譜考異』에도 부록되어 있다.
23 왕무굉, 『朱子年譜考異』 권1 "年譜 家禮成於庚寅, 正居母喪時, 而「序」絶不及居憂一語, 所謂因喪祭而推於冠昏, 「序」中亦無此意. 勉齋「行狀」及『家禮』「後序」但言其後多損益, 未暇更定, 旣不言其居喪時所輯, 亦不言其亡而復得, 是皆有所不可曉者."

이방자가 지은 『주자연보』에서는 『가례』가 경인년에 주희가 어머니인 축부인의 상을 지내던 시기였다고 하고 있지만, 『문집』에 실린 「가례서」[24]를 보면, 『가례』를 지은 시기를 명시하지 않았을 뿐더러, 주희가 상을 지내고 있었다는 언급이 전혀 없다.[25]

왕무굉은 진순, 양복, 주재 등 주희의 뛰어난 제자들이 『가례』의 완성 시기에 대해 언급하지 않았으므로, 『가례』가 1170년에 완성되었다는 주장은 고증할 근거가 없다고 여겼다.

(2) 문집과 어록을 보면, 「가례서」외에는 『가례』에 대한 언급이 전혀 없다. 이는 왕무굉의 「가례고」에서의 주장이다.

문집과 어록에는 「가례서」 말고는 『가례』에 대한 언급이 한 마디도 없다. 오로지 「채계통에게 보낸 답장」에 이미 '『가례』 4권'을 취하며 일가一哥의 주장을 받아들였다는 말이 있지만, 이는 『의례경전통해』 중 「가례」 6권 중 제4권을 가리키는 것이지, 오늘날 전해지는 『가례』를 말하는 것이 아니다.[26]

(3) 주희의 「발삼가예범跋三家禮範」을 보면 주희가 『가례』를 미처 완성치 못했음을 알 수 있다. 응씨應氏는 『가례변家禮辨』에서 다음과 같이 주장한다.

....

24 『주문공문집』 권75에 「가례서」가 실려 있다.
25 왕무굉 「家禮考」 "李公晦敍 年譜: 家禮成於庚寅居祝孺人喪時, 『文集』「序」不紀年月, 而「序」中絶不及居喪事."
26 왕무굉 「家禮考」 "文集·語錄自家禮序外, 無一語及『家禮』者. 惟與「答蔡季通書」有已取『家禮』四卷納一哥之語, 此『儀禮經傳通解』中家禮六卷之四而非今所傳之家禮也."

그 시기를 따져보니, 송나라 소희紹熙 갑인년甲寅年(1194)에 주희는 이미 『삼가예범三家禮範』의 발문에서 스스로 언급하길, "단지 병들고 노쇠하여 작업을 마칠 수 없다"고 했는데, 어떻게 효종 건도乾道 기축己丑년(1169)에 이미 이 책이 있을 수가 있었겠는가!"[27]

왕무굉은 또 「가례고」에서 다음과 같이 말한다.

갑인년에서 경인년(1170)까지 20여 년인데, 경인년에 진작 『가례』를 완성해 놓았다면, 주희가 비록 예순이 넘은 노인이었더라도 어찌 『가례』 완성한 것을 아예 잊어버리고 이런 말을 했겠는가?[28]

(4) 『가례』는 후세 사람들이 주희의 「발삼가예범跋三家禮範」의 주장에 근거해 만든 것이다. 왕무굉 「가례고」에서 다음과 같이 말한다.

내가 이렇게 된 까닭을 살펴보니, 이는 분명 『삼가예범』에 달린 주희의 발문에 근거해 이를 모방해서 만든 것으로 보인다. 아마도 후세의 선비에 의해 덧붙여진 것인데도, 이를 전하는 이들은 이를 주희가 직접 지은 것이라고 가탁했던 것이리라. 「가례서」 역시 『삼가예범』의 발문을 모방하고 있는데 『가례』와는 들어맞지 않는다. 『가례』는 종법宗法을 중시하는데, 이는 정이 장재 사마광이 이르지 못했던 바였다. 그러나 「가례서」에는 전혀 이에 대해 언급하지 않았고, 「발삼가예범」에는 미처 없던 바였다.[29]

....
27　應氏『家禮辨』"姑以年月考之, 宋光宗紹熙甲寅文公已於三家禮範自言: 顧以病衰, 不能及尸, 豈於孝宗乾道己丑已有此書."
28　甲寅距庚寅二十年, 庚寅已有成書, 朱子雖耋老, 豈盡忘之, 至是而乃爲是語邪.
29　왕무굉, 『家禮考』"竊嘗推求其故, 此必有因『三家禮範』跋語而依仿以成之者. 蓋自附

(5) 주희가 생전에 『가례』를 저술하였다고 하는 황간의 「행장」이 주희가 사망한 후 상당히 늦은 시기에 나온 데다, 그 내용마저 소략해서 모든 내용을 기재하고 있지 않다. 왕무굉은 다음과 같이 주장한다.

> 황간이 「회암선생행장」을 지은 것은 주희가 작고하고 나서 20여 년이나 지나서였는데, 그때는 이미 『가례』가 매우 유행하고 있었다. 게다가 『가례』를 주희가 기술해 전한 바로 여겨서 공경하였기 때문에, 공개적으로 그 그릇됨을 말하려 하지 않았다. 내용이 소략해서 모든 내용을 기재하고 있지는 않다. 황간은 「서회암선생가례후序晦庵先生家禮後」에서, 주희가 『의례경전통해』를 미처 완성하지 못한 것은 세세토록 한스러워 할 일이라고 했으니, 이 말에 담긴 뜻을 알만하도다.[30]

3) 『주자가례』 주희 저작설

응씨와 왕무굉의 주장이 나오고 나서 『가례』를 의심하는 논쟁이 생기기 시작했다. 명대 구준은 『가례의절』에서 응씨의 주장을 극력 반박했고, 청대 하흔夏炘은 『술주질의述朱質疑』 권7의 「발가례跋家禮」에서 왕무굉의 주장에 대해 많은 변별과 정정을 가했다. 현대학자 첸무와 가오밍 역시 왕무굉의 주장을 믿지 않았다. 『가례』가 주희의 저술임을 반박하는 주장들에 대한 문제점을 살펴보겠다.

於後之君子, 而傳者遂以托之朱子所自作. 其「序」文亦依仿『禮範』跋語, 而於『家禮』反有不合. 『家禮』重宗法, 此程·張·司馬氏所未及. 而「序」中絶不言之, 以跋語所未有也."

30 왕무굉, 『家禮考』 "'行狀'之作, 在朱子歿後二十餘年, 其時『家禮』已盛行, 又爲敬之所傳錄, 故不欲公言其非, 但其辭略而不盡. 其「書家禮後」謂: 『經傳通解』未成, 爲百世之遺恨, 則其微意可見也."

(1) 왕무굉은 『가례』가 건도乾道 6년(1172)에 완성되었다는 설에 의문을 표하면서, 이를 『가례』가 가탁되었다는 증거라고 했다. 그러나 이는 건도 6년에 『가례』가 지어졌다는 주장에 반증은 될 수 있어도, 『가례』가 가탁되었다는 근거로 확정하기에는 부족하다. 가오밍 역시 이렇게 말했다.

> 「가례서」는 주자가 지은 것이며, 『문집』에도 실려 있다는 점은 의심의 여지가 없다. 「회암선생행장」, 『주자연보』, 『가례부록』은 모두 한 사람의 손에서 나온 것이 아니니, 서로 들어맞지 않는 부분이 없을 수 없다. 하지만 이것이 주자가 이 『가례』를 지었다는 것을 부정할 이유가 될 수는 없는 것이다.[31]

(2) 왕무굉은 문집과 어록에서 「가례서」 말고는 『가례』에 대한 언급이 한 마디도 없는 것이, 『가례』가 가탁되었다는 증거라고 했다. 그러나 이러한 경우는 드문 것이 아니며, 『가례』만 그런 것도 아니다. 예를 들어, 주희가 초년에 지은 『논어요의論語要義』, 『논어훈몽구의論語訓蒙口義』 역시 『주문공문집朱文公文集』에 그 서문이 실린 것 말고는 아무데도 언급된 적이 없다. 또 『맹자요략孟子要略』은 그저 『주자어류』에만 보일뿐, 『주문공문집』에도 보이지 않는다. 그래서 왕무굉이 이에 근거해 『가례』 가탁설의 증거로 삼는 것은 매우 부당하다.

(3) 응씨와 왕무굉은 「발삼가예범」에서 "병들고 노쇠하여 작업을 마칠 수 없다."라는 한 마디 언급에 근거해 주희가 『가례』을 미처 완성

---

31 高明, 「朱子的禮學」, 『高明論學雜考』, 臺灣中華書局, p.7.

하지 못했다고 여겼다. 그러나 첸무는 이에 대해 이렇게 반박했다.

> 만약 「발삼가예범」에 어째서 20년 전 이미 지은 『가례』에 대해 언급치 않았는지에 대해 의심을 품는다면, 이렇게 답할 수 있겠다. 글을 짓는 데에는 각기 요점이 있기 마련인데, 「발삼가예범」은 죽은 벗 장식張栻의 책 『삼가예범』을 위해 지은 글이기에, 굳이 자신의 옛 저작을 기술할 필요는 없다. 또한 그때는 이미 『가례』가 망일되었던 데다가, 정본이 없었기에, 내용을 보강하여 개정하고자 했던 것이다. 이것이 바로 「발삼가예범」의 뒷부분에서 말한 바다.[32]

(4) 왕무굉은 『가례』가 후세 사람이 「범삼가예범」을 근거하고 모방해 지은 것이라고 여겼다. 이는 사실 아무런 근거가 없는 억측이다. 구준과 하흔은 모두 「가례서」가 주희가 절대 지을 수 없던 것이 아니었다고 주장했다. 가오밍 역시 "「가례서」는 주자가 지은 것이며, 『문집』에도 실려 있다는 점은 의심의 여지가 없다."[33]고 말했다. 오늘날 송간본宋刊本 『찬도집주문공가례찬도집주문공가례』[34]에는 앞에 주희의 「자서自序」가 있는데 이는 주희의 친필이니, 『가례』가 주희에 의해 만들어졌다는 것은 의심의 여지가 없다.

(5) 황간의 주희 「행장」이 늦게 나왔으며, 황간이 『가례』의 그릇됨을 공개적으로 말하고자 하지 않았다는 것 역시 한 개인의 주관적인 주장

---

32 錢穆 『朱子新學案』 제4책, 臺灣聯經出版社, pp.190-191.
33 高明 『朱子的禮學』, p.7.
34 『鐵琴銅劍樓書目』과 『敬業堂文集』에 모두 실려 있다.

일 뿐이지 위작의 구체적인 증거가 될 수 없다. 첸무도 다음과 같이 말했다.

> 주자가 죽고 장례를 치렀을 때(1200)가 「발삼가예범」을 지었을 때에서 불과 6년 정도 흘렀을 때였다. 또 당시는 경원 연간(1196-1202) 당금黨禁이 엄격할 때인데, 이때 어떤 사람이 「발삼가예범」에 근거해 『가례』의 예제를 위조하고 「서」까지 위조했다가, 주자가 죽자 이를 주자의 집에 바쳤다는 얘긴데, 이런 사람이 있을 리가 있겠으며, 이런 일이 있을 리가 있겠는가!³⁵

첸무의 이러한 반박은 타당하다고 생각한다. 『가례』 위작설의 문제점을 총괄해보자면 『가례』가 후세 사람의 위조라는 주장은 문제점이 있음을 알 수 있다. 반면, 『가례』가 주희가 지은 것이라는 주장에는 다음과 같은 두 가지 결정적 증거가 있다. 첫째, 주희 문중의 뛰어난 제자들이 『가례』를 위조라 여기지 않았다. 둘째, 『주문공문집』이나 『주자어류』의 증거를 보면, 『가례』는 주희가 지은 것임을 미루어 짐작할 수 있다. 이를 각기 나눠서 설명해 보자면 다음과 같다.

(1) 주희 문하의 제자들이 『가례』를 위조라 여기지 않았다.

황간, 진순, 이방자, 양복 등이 모두 주희의 문하에서 나왔으며, 주희의 지도를 직접 받았지만, 그들 모두가 『가례』가 가탁이라고 의심하지 않았다.³⁶

---

35 錢穆 『朱子新學案』 제4책, p.172.
36 丘濬 『家禮儀節』 "黃‧陳‧李‧楊諸子, 皆出自朱門, 親授指敎, 皆不以爲疑."

황간, 양복, 이방자, 진순, 황순 등이 모두 주희 문하의 제자들이었다. 아들 주재 역시 주씨 가학을 전승하였다. 주희께서 돌아가셨을 때 『가례』가 나왔지만, 이 6분의 선생 중 아무도 『가례』가 위작이라 의심하지 않았다.[37]

주희 문하의 제자들이 직접 한 말들은 앞서 인용했는데, 이들의 말이야말로 『가례』가 가탁되지 않았다는 가장 유력한 증거일 것이다. 만약 『가례』가 정말 위조된 것이라면, 어찌 주희의 제자들이 이를 모를 것이며, 또한 그들이 어찌 『가례』에 부주附注를 달았겠는가? 이를 보면 절대 위작일 리가 없다는 것을 알 수 있다.

(2) 『주문공문집』과 『주자어류』의 내용을 보면 『가례』가 주희가 지은 것임을 알 수 있다. 하흔은 「발가례」에서 이러한 견해에 대해 아주 상세히 밝혔는데, 이러한 견해에 대해 덧붙여 말미에 비교분석을 달아두었다.

> 내가 이렇게 물었다. "상례와 제례는 오늘날 선비들이 정말이지 시행하기가 어렵습니다. 관례와 혼례라도 시행해도 될까요?" 주자께서는 이렇게 답하셨다. "관례와 혼례를 시행할 수 있다. 내가 지금 책을 완성했는데, 관례는 사마광에 근거했고, 혼례는 정이를 따랐다."[38]

이 인용문은 비록 『가례』를 명시적으로 가리키고 있지는 않지만,

---

37 夏炘 『述朱質疑』 권7, 「跋家禮」 "黃勉齋·楊信齋·李果齋·陳安卿·黃子耕諸公, 皆朱子高第弟子, 敬之亦能傳其家學, 甫易簀時, 其書卽出, 六先生不以爲疑."
38 『주자어류』 권89, 섭하손의 기록 "問: 喪祭之禮, 今之士固難行, 而冠昏自行, 可乎? 曰: 亦自可行. 某今所定者, 前一截依溫公, 後一截依伊川."

관례와 혼례 부분을 사마광과 정이에 근거해 관혼상제를 확정지었다는 말은 『주제가례』의 내용과 맞아떨어진다. 그러니 『주자어류』에서 말한 "내가 지금 책을 완성했다."는 말은 『가례』를 가리키는 것임에 의심의 여지가 없다. 또 제례 부분에 대해서는 다음과 같은 기술이 있다.

> 내가 제례 부분은 책으로 완성하지 못하고 그저 사마광의 『서의』를 몇 군데 삭제했을 뿐이다.[39]

> 내가 일찍이 제례 부분을 다듬긴 했으나, 그저 사마광의 『온공서의』 중 제례를 시행하는 부분을 5-6단락으로 나누어 쉬이 알게 만들었을 뿐이다. 이후 도둑을 맞아 잃어버리고 말았다.[40]

> 일찍이 정이의 주장에 근거해 대충이나마 제례 의식들을 갖춰두었습니다. 장차 각자의 가문에서 이를 시행하면, 해마다 연달아 상을 당한다 해도 쓰임에 다함이 없을 것입니다.[41]

> 제례 부분은 수정한 곳이 비록 많긴 하지만, 대부분이 정이에 근거하면서 다른 학자의 설을 참고한 것이다.[42]

---

39 『주자어류』 권89, 섭하손의 기록 "某之祭禮不成書, 只是將司馬公者減卻幾處."
40 『주자어류』 권89, 진순의 기록 "某嘗修祭儀, 只就中間行禮處分作五六段, 甚簡易曉, 後被人竊去, 亡之矣."
41 『회암집』 권30, 「答汪尙書」 "嘗因程氏之說, 草具祭寢之儀, 將以行於私家, 而連年遭喪, 未及盡試."
42 『회암집』 권30, 「答張欽夫書」 "祭禮修定處甚多, 大抵多本程氏, 而參以諸家."

주희의 수제자이자 사위인 황간은 「회암선생행장」에서 『가례』를 '확정 짓지 못한 원고'라고 했다. 그리고 오랜 시간이 흐르는 동안 『가례』에서 더하고 빠진 부분이 적지 않게 있을 수도 있다. 그러므로 주희가 말년에 한 말에 근거해 다른 사람의 가탁이라고 여겨서는 안 될 것이다. 하흔은 「발가례」에서 "『가례』가 망일된 지 오래되었고 말년에 나이가 들다보니 보정을 하지 못한 것"이라고 했는데, 이는 타당한 주장이다. 또한 왕무굉이 의심한 점에 대해서는 오늘날 모두 그에 대한 반증을 제시할 수 있으니, 이는 왕무굉과 『사고전서총목제요』의 주장을 우리가 받아들이기 어렵다는 사실을 확인시켜주는 것이다. 『주문공문집』과 『주자어류』 중 관례, 혼례, 제례에 대한 주장들을 살펴보면, 『가례』와 일치하는 데다가, 주희 문중의 뛰어난 제자들 역시 주희가 『가례』를 지었다는 사실에 의심을 품지 않았으며 그들은 모두 『가례』는 주희가 지었으나 단지 일찍이 망실된 데다가, 말년에 보수하여 개정할 마음이 있긴 했지만 그럴 수가 없었다고 하였다. 가오밍의 다음 말은 이 문제의 마무리가 될 수 있다.

> 황간은 「회옹선생행장」에서 "『가례』를 엮으신 뒤, 세상 사람들은 대부분 이를 사용했다. 그러나 이후로도 많은 내용을 덧붙이거나 뺀 부분이 있었지만 미처 재수정 하시질 못했다."고 했다. 이를 보면 주자가 확실히 『가례』를 지었고 이것이 세상에 유행했음을 알 수 있다. 단지 몇 차례 내용을 덧붙이거나 빼는 작업을 하고, 최후의 정본定本을 쓰지는 못하고 세상을 떠나고 말았다. 『주문공문집』 권75에도 「가례서」가 수록되어 있는데 그 내용이 10권본 『가례』에 실린 「서」와 약간의 차이가 있으니, 아마도 서를 쓸 때와 『가례』를 엮을 때에 약간의 변동이 가해진 것이리라. 『주자연보』에서도 『가례』를 완성한 시기가 기재되어 있으며, 『가례부록』에도 『가례』가 망일되

었다가 다시 찾게 된 이유가 확실하게 설명되어 있으니, 『가례』는 분명 주자가 엮은 것임에 아무 문제가 없는 것이다.[43]

2. 『주자가례』의 저술 과정과 동기

『송사宋史』 「도학열전道學列傳」에서는 주희의 저작을 세 갈래로 구분하고 있다.

(1) 저서류: 『역본의易本義』, 『역학계몽易學啓蒙』, 『시괘고오蓍卦考誤』, 『시집전詩集傳』, 『대학장구大學章句』, 『중용장구中庸章句』, 『사서혹문四書或問』, 『논어집주論語集注』, 『맹자집주孟子集注』, 『태극도설해太極圖說解』, 『통서주通書注』, 『서명해西銘解』, 『초사집주楚辭集注』, 『초사변증楚辭辨證』, 『한문고이韓文考異』 등

(2) 편집류: 『논맹집의論孟集義』, 『맹자지요孟子指要』, 『중용집략中庸輯略』, 『효경간오孝經刊誤』, 『소학서小學書』, 『통감강목通鑑綱目』, 『송명신언행록宋名臣言行錄』, 『가례家禮』, 『근사록近思錄』, 『하남정씨유서河南程氏遺書』, 『이락연원록伊洛淵源錄』 등

(3) 주석류: 『의례경전통해儀禮經傳通解』

「도학열전」에 나열된 주희의 저작들은 대체로 황간의 「회암선생행장」에 근거한 것이다. 위에 기술한 것처럼 주희의 저작 분류목록에서 『가례』는 저서류가 아닌 편집류에 들어있음을 주목할 필요가 있다.

---

43   高明 『朱子的禮學』, p.6.

'가례'란 이름은 원래 한 가문이 사용하는 예의를 의미할 뿐, 주희가 지은 『가례』만을 지칭하는 것은 아니었다. 남조 송나라의 명문가들은 모두 가례를 가지고 있었다. 이후 주희의 『가례』가 세상에 유행하게 되자 '가례'란 이름을 독점하게 된 것이다. 그러므로 본 글에서 장이나 절의 제목을 제외하면 『주자가례』를 『가례』로 약칭한다. 이제 주희가 『가례』를 편찬한 동기와 저술 과정을 고찰해보도록 하겠다.

1) 『주자가례』 저술 과정

『가례』의 저술과정은 크게 세 가지로 말할 수 있다. 주복周復의 『가례부록家禮附錄』에 인용된 이방자의 말에 근거해 보면, 주희가 『가례』를 지은 것이 건도 5년(1169) 어머니의 상을 당했을 때였다.

> 건도 5년(1169) 9월 주희 선생께서 모친 축씨祝氏의 상을 당하자, 상을 치르며 예를 다하셨는데, 고금의 예법을 따져서 상례·장례·제례를 완성하고, 더 나아가 관례·혼례까지 확장하여 하나로 엮은 뒤, 『가례』라고 명명하셨다.[44]

이에 따르면 주희가 모친상을 당했을 때 『가례』 편찬을 시작한 것을 알 수 있으나, 언제 완성되었는지는 명시되어 있지 않다. 『주자연보』는 명대엔 왕중로본汪仲魯本과 섭공회본葉公回本, 대선본戴銑本, 이묵본李黙本이 있고, 청대엔 홍경본洪璟本이 있는데, 여기에서는 모두 『가례』가 건도 6년(1170)에 완성되었다고 기록되어 있다. 이들은 모두 이방자

---

[44] 『주자연보고이』 권1. "乾道五年九月, 先生丁母祝令人憂, 居喪盡禮, 參酌古今, 因成喪葬祭禮, 推之於冠昏, 共爲一編, 命曰『家禮』."

의 『자양연보紫陽年譜』를 근거로 한 것이다.[45] 『자양연보』는 이미 망일되어서, 명청 시기의 『주자연보』가 무엇을 근거로 한 것인지를 고찰할 수 없다. 다음으로, 『주자어류』에 근거해 보면, 주희는 『가례』를 17-18세에 짓기 시작해서 분실되기 전까지 수정을 거듭하고 있었다. 그는 다음과 같이 말하고 있다.

> 나는 14세에 아버지를 여의고, 16세에 탈상했다. 이때 제사는 그저 집안의 옛 예의에 근거한 것이었는데, 비록 이런 예의에 대한 문헌은 구비되지는 않았었지만, 제사는 매우 가지런했다. 돌아가신 어머니는 제사에 매우 경건했다. 내가 17-18세가 되었을 때 비로소 여러 가문의 예의를 고찰하고 수정하니 예의에 대한 글이 약간이나마 갖추어졌다.[46]

이를 보면, 가례에 대한 주희의 관심은 어머니의 상 때문에 시작된 것이 아니라 아버지의 상을 당했을 때 이미 시작된 것이다. 그래서 관련 문헌 자료를 수집하고 정리했던 17-18세에 이미 『가례』 저술을 시작하였고, 어머니의 상을 치를 때는 가례에 대해 더더욱 정심해지고 원숙해졌을 뿐이다. 17-18세에 가례에 대한 고찰과 수정을 시작했고 모친상을 치를 때에 일단락되었던 것으로 보인다. 그러나 저서로서의 『가례』 작업은 결코 완료된 것이 아니었으므로 그는 이후로도 때때로 수정을 가하였다. 주희는 65세 때에 이르러 지은 「발삼가예범」에서 이렇게 말한다.

---

45 上山春平「朱子の禮學」京都大學 人文學報 41호 p.205.
46 『주자어류』권90. "某自十四歲而孤, 十六而免喪, 是時祭祀只依家中舊禮, 禮文雖未備, 卻甚齊整. 先妣執祭事甚虔,及某年十七八, 方考訂得諸家禮, 禮文稍備."

> 일찍이 사마광의 『온공서의』에 근거하면서, 제가의 주장들을 참고하여, 늘릴 부분은 늘리고 줄일 부분은 줄이면서 다듬고 고쳤으며, 핵심을 제시하고 세부항목들을 펼쳐서 뒷부분에 첨부해 놓았다. … 단지 병들고 노쇠하여 작업을 마칠 수 없다.[47]

위 글에서 주희는 자신의 병치레와 노쇠함 때문에 저술 작업을 뜻대로 마칠 수 없었음을 탄식하고 있다. 이로 미루어보면 이때 『가례』는 아직 완성되지 않았고 여전히 수정 중에 있었음을 알 수 있다. 그리고 『주자어류』에 제례를 잃었다는 기술이 있는데, 『가례』가 미처 완성되지 않은 채 일실된 것을 애석해하고 있다.

> 내가 일찍이 제례 부분을 다듬긴 했으나, 그저 사마광의 『온공서의』 중 제례를 시행하는 부분을 5-6단락으로 나누어 쉽게 알도록 만들었을 뿐이다. 이후 도둑을 맞아 잃어버리고 말았다.[48]

『가례부록』에는 진순이 주희의 막내아들 주재의 말을 인용한 기술이 있다.

> 이 책은 왕년에 절에서 잃어버렸던 책입니다. 한 선비가 베껴 두었다가 아버님 장례를 치를 때 가지고 와서 제가 가지게 된 것입니다.[49]

---

47 嘗欲因司馬氏之書, 參考諸家之說, 裁訂增損, 舉綱張目, 以附其後. …… 顧以病衰, 不能及已.
48 『주자어류』 권90, "某嘗修祭儀, 只就中間行禮處分作五六段, 甚簡易曉, 後被人竊去, 亡之矣."
49 此往年僧寺所亡本也. 有士人錄得, 會先生葬日攜來, 因得之.

『가례부록』에는 또 다음과 같은 황순의 말도 보인다.

> 주희 선생께서 『가례』를 완성하셨는데, 허드렛일 하는 동승童僧이 책을 가지고 달아나 버렸다. 선생께서 돌아가시자 비로소 이 책이 비로소 나타났고, 오늘날 세상에 유행되고 있다. 이 책의 내용과 선생의 말년 학설과 합치되지 않는 부분이 있다는 점은, 학자들에 의해 언급된 적이 없다.[50]

이를 통해 보면 『가례』가 완성되기 전에 남에게 도둑맞았다가, 주희가 죽은 후에야 비로소 절에서 잃어버렸던 것을 얻어서 다시금 세상에 공개된 것으로 보인다.

총괄해보면, 주희가 지은 『가례』는 17-18세 때 시작되어, 어머니의 상을 치르는 동안 더더욱 깊이를 더하게 되었다. 그러나 완성되기 전에 남에게 도둑을 맞았고 주희가 죽은 후에 다시 등장해 세상에 유행하게 되었던 것이다.

2) 『주자가례』 편찬의 동기

『가례』 편찬의 동기는 개인적인 요인과 사회적인 요인, 이 두 가지 면에서 논할 수 있다.

(1) 개인적인 요인

주희는 어려서 아버지의 상을 치렀던 소흥紹興 13년(1143)에 이미 여

---

50 『가례부록』 "先生既成 『家禮』, 爲一行童竊之以逃. 先生易簀, 其書始出, 今行於世. 然其間有與先生晚歲之論不合者, 故未嘗爲學者道也."

러 가문의 시행할만한 예법들에 유념했었다. 자료 수집·정리와 『가례』의 저술은 아마도 이로부터 시작되었을 것이다. 이에 대한 언급은 『주자어류』 권90의 제109조에 상세히 나와 있다.

옛 예법은 본래가 명확하게 이해하기가 어려운 것이다. 게다가 왕안석이 『의례』를 폐한 이후,[51] 옛 예법을 고찰하고 수정하기가 더욱 어려워졌다. 그래서 일반적인 사가私家에서는 예법의식을 제대로 시행할 방법이 없었다. 당대에서 송대에 이르기까지 명문대가집들은 이미 독자적인 예법의식을 제정해 각자 시행하면서, 직접 정한 예법을 준행하고 있었다. 예를 들어 당대엔 배채裴茝의 『서의書儀』 3권(『신당서新唐書』 「예문지藝文志」 「을부사록乙部史錄」 「의주류儀注類」), 정여경鄭餘慶의 『정씨서의鄭氏書儀』 2권, 두유진杜有晉의 『서의』 2권 등이 있고, 송대에는 유악劉岳의 『길흉서의吉凶書儀』 2권(『송사』 「예문지」 「사류史類」 「의주류」) 등이 있다. 『주자어류』의 "여러 가문의 의례를 고찰하고 수정했다"라는 기술에서, '여러 가문의 의례'란, 위에서 기술한 저술들일 것이다.

주희는 중년이 되어서 어머니 상을 당했을 때(1169년 9월) 다시금 '가례'의 중요성을 깊이 체감했고, 더 나아가 실용적인 '가례'를 심도 있게 연구하게 되었다. 그리하여 어머니 상을 치를 동안, 『가례』의 저술은 일단락되었던 것 같다.

『가례부록』에 인용된 이방자의 말: "건도乾道 5년(1169) 9월 주희 선생께서

---

51 왕안석은 신법 시행과 함께 기존의 과거 시험제도를 대폭 수정해, 자신이 주석을 단 『상서』, 『시경』, 『주례』만 과거 시험의 텍스트로 삼고 나머지 경서들은 제외해 버렸다. 이 때부터 선비들이 『의례』를 그다지 중시하지 않게 되어 예법에 더욱 어두워졌다는 말이다.

모친 축씨祝氏의 상을 당하시자, 상을 치르며 예를 다하셨는데, 고금의 예법을 따져서 상례·장례·제례를 완성하시고, 더 나아가 관례·혼례까지 확장하여 하나로 엮으신 뒤, 『가례』라고 명명하셨다."[52]

홍거무洪去蕪『주자연보』: "주자 선생께서는 상을 치르며 예를 다하셨다. 장례를 마치고는 매일 묘소의 옆에 사시다가, 초하루와 보름날만 돌아와 삭망전朔望奠을 몇 차례 올리셨다. 어버이가 돌아가신 이후부터 대상과 담제禫祭를 올릴 때까지, 고금의 예법을 따져서 모든 변천을 끝까지 살핀 뒤, 상례·제례를 완성하셨다. 그리고 더 나아가 관례·혼례까지 확장하여 하나로 엮으시고는『가례』라고 명명하셨다."[53]

주희는 어려서 아버지의 상을 치렀을 때 여러 가문의 예의를 두루 섭렵했고, 이로부터 '가례'에 대해 유념하게 되었다. 그리고 26년 뒤(1169년 9월) 다시 어머니의 상을 당하자, 본격적으로 '가례'를 연구하고『가례』를 저술하기 시작했던 것이다.

(2) 사회적인 요인

옛 예법은 후세에 시행하기에 적합지 않은 부분이 많으므로 주희는 고금 예법의 변천을 참작하여 당시 필요에 따라서『가례』를 지었다. 「가례서」에서는 "삼대에 예경이 갖추어졌다. 그러나 지금 남아있는 예경은, 주택, 기물, 복식 등의 제도와 일상생활의 예절이 모두 이미 시대에 합

---

52 『가례부록』, "乾道五年九月, 先生丁母祝令人憂, 居喪盡禮, 參酌古今, 因成喪葬祭禮, 推之於冠昏, 共爲　編, 命曰『家禮』."
53 『주자연보고이』권1, "先生居喪盡禮, 旣葬, 日居墓側, 朔望則歸, 奠幾筵, 自始死至祥禫, 參酌古今, 咸盡其變, 因成喪祭禮, 又推之於冠昏, 共爲一編, 命曰『家禮』."

당하지 않다."⁵⁴고 하였다. 이를 보면, 주희는 옛 예법이 다 현실에 적합한 것은 아니라는 것이 안타까워 이를 새로이 고치려고 했다. 『주자어류』에서는 이렇게 말했다.

> 옛 예법은 번잡해서, 후세 사람들은 예법에 대해 날이 갈수록 소략하게 되었다. 그러니 오늘날을 살면서 옛 예법을 시행하고자 하는 것은 그 형식과 실정이 서로 어울리지 않는다. 그래서 오늘날의 사람들이 예법을 시행하는 데에 있어서 쳐낼 것은 쳐내고 수정할 것은 수정하여 예법을 만들고, 의식을 제정하고, 귀천과 친소를 정할 수 있다면, 그것으로 족할 것이다.⁵⁵

또 이렇게도 말했다.

> 『예기』 「예기禮器」에서 "예는 때가 중요하다."고 했다. 성현이 나시더라도 분명 옛 예법을 모두 따르지는 않을 것이다. 아마도 옛 예법의 일부를 덜어내고, 오늘날의 풍속에 맞는 예법을 따를 것이며 조금 법도를 지키려는 예식이 있고 너무 간소하지는 않을 것이다.⁵⁶

또 이렇게도 말했다.

> 옛 예법을 오늘날 시행하기란 실로 어렵다. 주희께서는 일찍이 이렇게 말씀

....

54 三代之際, 禮經備矣, 然其存於今者, 宮廬器服之制, 出入起居之節, 皆已不宜於世.
55 『주자어류』 84; 3, "古禮繁縟, 後人於禮日益疏略. 然居今而欲行古禮, 亦恐情文不相稱, 不若只就今人所行禮中刪修, 令有節文制數等威足矣."
56 『주자어류』 84; 25, "禮, 時爲大. 使聖賢用禮, 必不一切從古之禮, 疑只是以古禮減殺, 從今世俗之禮, 令稍有防範節文, 不至太簡而已."

하셨다. "후세에 큰 성인이 나와 제도를 한바탕 정비하신다면 사람들을 일깨우셔서, 분명 일일이 옛 사람들의 번거로운 예법과 똑같게 하지는 않으시고 다만 옛 예법에 담긴 큰 뜻을 본받으실 것이다."[57]

주희가 살던 시대에는 옛 예법이 이미 너무 오래되어서, 당시 사회 상황과는 부합하지 않는 부분이 있었기 때문에 따로 예법을 만들 필요가 있었다. 이런 점에서 주희는 예법의 근본정신을 잃지 않으면서도, 옛 것에 얽매이지는 않고 당시의 필요에 부합하는 예법을 만들고자 한 것이다. 이 역시 주희의 『가례』 저술 이유의 일단을 보여주는 것이다. 주희는 사회에 예를 보편적으로 시행하기 위해 『가례』를 지었다. 비록 명문가들은 각자 가문의 예법을 가지고 있긴 했지만, 이는 당시 예법이 그저 소수의 문벌귀족들 사이에서만 행해졌다는 증거이기도 하다. 실제로 예법은 너무 번거로워 제대로 파악하기 어렵기에, 일반인들이 쉽게 시행할 수 없었다. 그리하여 주희는 시류에 맞고 간단명료해 신분이나 경제적 능력에 상관없이 누구나 시행할 수 있는 예를 만들고자 하였다. 이는 사창법社倉法과 함께 주희의 '전체全體와 대용大用' 사상의 발현이다. 「가례서」에서는 이렇게 말했다.

> 예를 좋아하는 뜻 있는 선비들조차도 간혹 그 요점을 파악하지 못하고 가난으로 곤궁한 사람은 더욱이 끝내 예를 차리지 못할까 근심한다. … 아마도 옛사람들이 '몸을 수양하고 집안을 다스리던' 도리와 '상례를 신중히 하고 조상을 추모했던' 마음을 다시 볼 수 있을 것이다. 그리고 나라에서 교

---

57 『주자어류』 권84; 4, "古禮於今實難行, 嘗謂後世有大聖人者作, 與他整理一番, 令人甦醒, 必不一一盡如古人之繁, 但放古之大意."

화를 숭상하고 백성을 인도하는 뜻에도 조금이나마 도움이 될 수 있을 것이다.[58]

이는 주희가 『가례』를 지은 동기를 명시한 것이다. 또 「발삼가예범」에서 이렇게 말했다.

일찍이 사마광의 『온공서의』에 근거하면서, 여러 학자의 주장들을 참고하여, 늘릴 부분은 늘리고 줄일 부분은 줄이면서 다듬고 고쳤고, 핵심을 제시하고 세부항목들을 펼쳐서 뒷부분에 첨부해 놓았다. (이로써) 이 책을 보는 이들로 하여금 이 책의 핵심적인 요점과 상세한 내용을 제시하여, 시행하기 어려운 바를 꺼리지 않게 하였으며, 비록 가난하거나 지위나 낮은 이라 하더라도 핵심을 갖추고 번다한 내용은 생략한다면 예의 본래 뜻을 잃지 않을 수 있도록 하였다.[59]

이를 보면 알 수 있듯이, 주희가 『가례』를 지은 것은 예가 두루 보급될 수 있도록 하기 위한 것이었다. 라오쓰광勞思光은 『중국철학사』에서 이렇게 말했다.

송나라가 개국했을 때는, 오대십국의 혼란스런 전란을 이은 때라서, 나라가 무너지고 흐트러진 정도가 육조六朝 말엽보다 못하지 않았다. 그러나 송

....

58 自有志好禮之士, 猶或不能舉其要而因, 於貧窶者, 尤患其終不能有以及於禮也. …… 庶幾古人所以修身齊家之道, 謹終追遠之心, 猶可以複見, 而於國家所以崇化導民之意, 亦或有小補云.
59 嘗欲因司馬氏之書, 參考諸家之說, 裁訂增損, 舉綱張目, 以附其後. 使覽之者得提其要, 以及其詳, 而不憚其難行之者, 雖貧且賤, 亦得以具其大節, 略其繁文, 而不失其本意也.

나라 황실은 태조 조광윤과 태종 조광의 이래로 포용과 관대함을 정치적 원칙으로 삼았는데, 이로 인한 영향이 제도에 까지 미친 것이 바로 간언 올릴 권리의 향상이고, 그 영향이 사회에까지 미친 것이 민생의 중시이다. … 이런 영향은 결국 송대 학풍으로 하여금 특히 새로운 창건을 중시하게 만들었다. 도덕문화의 전범이나 예악형정의 실시 등 어느 것 하나에 대해서도 적극적인 창건에 노력을 기울이지 않은 것이 없었다.[60]

위 글에 따르면 송대 유학자들은 예제의 확충, 명분 사상의 고양, 인륜의 확립에 소홀하지 않았다. 이런 맥락에서 주희는 옛 예법과 현실 예법의 조화와 접합, 그리고 이를 현실에서 어떻게 실행한 것인지에 대해서 더욱 고심하였다. 그리고 이상의 원칙들에 맞추기 위해, 예를 실행할 경제적 능력과 세상물정에 대한 현실감각을 키워야 했다. 『가례』는 바로 이러한 필요에 의해 작성된 것으로, 이 역시 주희의 저술 동기 중 하나로 볼 수 있다.

3. 『주자가례』의 판본

『가례』는 주희가 사망한 이후에야 비로소 세상에 모습을 드러냈다. 양복의 『가례부주家禮附注』에서는 "이 책이 완성되었을 때, 어린 행자行者가 책을 가지고 달아나버렸다. 주희 선생께서 돌아가시자 비로소 이 책이 세상에 유행되었다."[61]고 말했다. 『주희연보고이』에 의하면, 진순이

---

60 勞思光 『中國哲學史』 「송명유학총설」 pp.79-80.
61 旣成, 爲一童行竊之以逃. 先生易簀, 其書始出行於世.

1211년에 주희의 아들 주재에게서 얻었으니, 이 책이 세상에 등장한 시기는 주희가 죽은 지 11년이 지난 후였다.[62]

『가례』「가례도家禮圖」 중 「독도자식櫝韜藉式」에 주희의 문인 반시거潘時擧가 『가례』의 목주木主의 규정에 대해 발문을 달았는데 그 말미에 이런 기술이 있다. "가정嘉定 6년(1213) 늦가을(음력 8월) 을묘일에 임해 사람 반시거 중선보가 씀"[63] 가정 6년(1213)은 바로 진순이 『가례』를 보게 된 지 2년이 흘렀을 때였다. 그리고 8년 뒤 황간은 「회암선생행장」(1221)에서 "『가례』를 엮으신 뒤, 세상 사람들이 대부분 이를 사용했다."고 하였다. 이로 보아 주희 사후 10여 년 동안 『가례』는 이미 복구되어 세상 사람들의 중시를 받게 된 것을 알 수 있다.

『가례』는 중국 외에 한국과 일본에서도 간행되었는데, 그 간행본의 종류가 많고, 자국의 언어로 된 주석이 달린 경우도 있었다. 명나라 이래로 방각본坊刻本에는 잘못되거나 뒤섞인 부분이 매우 많다보니, 각 간행본의 내용에 차이도 생겨나게 되었다. 『가례』의 판본에 대해서는 아베 요시오, 가오밍, 우에야마 슌페이, 아즈마 쥬지 등의 여러 학자들이 연구한 바가 있다. 따라서 상술한 연구자들의 성과에 근거해 『가례』 판본 문제를 고찰하도록 하겠다.

『가례』는 크게 두 계통이 있다. 하나는 원본 『가례』의 계통이고, 다른 하나는 명대 구준이 편집한 『가례의절』의 계통이다. 구준의 『가례의절』이 출간된 후 세상 사람들은 원본 『가례』와 『가례의절』을 모두 "가례"로 불렀는데, 나중에는 오히려 『가례의절』이 원본 『가례』보다 더 널

---

62 『주자연보고이』 "嘉定辛未歲過溫陵, 先生季子敬之倅郡, 出示『家禮』一編云: 此往年僧寺所亡本也. 有士人錄得, 會先生葬日攜來, 因得之."
63 嘉定癸酉年季秋乙卯臨海潘時擧仲善父識.

리 사용되었다.

원본 『가례』의 간행에 대해서 두 갈래의 견해가 있다. 하나는 존재하는지 망일되었는지 알 수 없는 간행본이고, 하나는 현재까지 남아있는 간행본이다.

1) 존재하는지 망일되었는지 알 수 없는 간행본

(1) 주희 문인 요덕명廖德明의 광주간본廣州刊本

광주간본은 광주의 또 다른 이름을 따서 오양본五羊本이라고도 하며 현재까지 알려진 바로는 『가례』의 첫 번째 판본이다. 가정嘉定 4년(1211)에 주자의 제자 요덕명에 의해 간행되었으며 현재의 『가례』와 내용이 기본적으로 같다고 한다.[64] 『성리대전』 권21의 『가례』 주에는 "진순은 '요덕명이 광주에서 간행한 각본이다'라고 했다."[65] 또 『송원학안』 권69의 「요덕명전」에는 "요덕명이 광주에서 사오당을 세우고 『가례』와 정호·정이 형제의 책들을 간행했다."[66]는 말이 있는 것을 보면, 요덕명이 광주에서 간행한 판본이 있었음을 알 수 있다.

(2) 가정嘉定 9년(1216)에 나온 조사서趙師恕의 여항각본餘杭刻本

여항각본은 오양본이 간행된 후 5년이 지나고 편찬된 책으로 당시 여항현의 지사를 맡고있던 조사서에 의해 오양본을 교정하여 간행한 책이다. 조사서는 주희의 고제자이자 사위인 황간의 제자이다. 그러므

64　吾妻重二 著, 吳震·郭海良 譯, 『朱熹家禮實證硏究』, pp.76-77, 華東師範大學出版社, 2012.
65　北溪陳氏曰 廖子海廣州所刊本.
66　在南粤立師悟堂, 刻『朱子家禮』及程氏諸書.

로 황간이 특별히 「서회암선생가례書晦庵先生家禮」를 쓰면서 그 경위를 이렇게 밝혔다.

> 조사서가 여항餘杭의 현령을 지내면서, 이 책(『가례』)을 가져다 목각하여 널리 보급하였으니, (공자께서) 무성武城에서 가야금과 노랫가락을 들으신 옛 일처럼 널리 교화를 펼치려는 의도가 있다. … 가정 병자년 하지에 문인 황간이 삼가 쓰다.[67]

(3) 『군재독서지郡齋讀書志』에 저술 기록된 『가례』5권, 조숭사趙崇思 평향각본萍鄕刻本

반시거, 이도전李道傳, 황간, 요덕명, 진광조陳光祖의 서문과 발문이 부록되어 있다.[68] 이 판본이 조사서의 여항각본과 같은 판본인지는 알 수 없다.

(4) 조주간본潮州刊本

『성리대전』 권21의 『가례』 주에는 다음과 같은 인용문이 보인다. "양복이 말했다. '생각건대 아헌례는 초헌례와 같다. 조주(潮州)에서 간행한 『가례』에서는 이렇게 말했다.'"[69] 이를 보면, 양복이 이 말을 할 때 이미 조주에서 간행한 『가례』가 있었다는 것을 알 수 있다.

이상의 간행본들이 가장 이른 『가례』의 간행본들인데, 애석하게도

---

67 『勉齋先生黃文肅公文集』 권6, 趙君師恕之宰餘杭也. 廼取是書鋟諸木以廣傳, 盖有意乎武城弦歌之遺事. …… 嘉定丙子夏至, 門人黃榦敬書.
68 阿部吉雄, 「『文公家禮』に就いて」, p.32.
69 楊復曰 按亞獻如初儀, 潮州所刊『家禮』云…

이미 존재하는지 망일되었는지 확인할 수 없는 간행본들이다.

2) 지금까지 남아있는 간행본

(1) 송본宋本『찬도집주문공가례纂圖集注文公家禮』10권,
   양복 부주附注, 유해손劉垓孫 증주增注

청대 구용瞿鏞의『철금동검루서목鐵琴銅劍樓書目』, 장광후蔣光煦의『동호총기東湖叢記』, 전증錢曾의『독서민구기讀書敏求記』, 황정감黃廷鑒의『염유재장서기恬裕齋藏書記』, 주학근朱學勤의『결일려서목結一廬書目』, 모의毛扆의『급고각진장비본서목汲古閣珍藏秘本書目』에 모두 송간본이 실려 있다. 장금오張金吾의『애일정려장서지愛日精廬藏書志』에는 이 책의 초본鈔本이 저록되어 있다.

청대 구용의『철금동검루서목』에 근거하면, 이 판본은「통례」,「관례」,「혼례」가 각기 1권씩이고,「상례」가 5권,「제례」가 2권이고, 도식들은 각기 해당 부분에 흩어져 있었다.[70]

(2) 송본宋本『문공가례文公家禮』5권,「부록」1권

이 판본은『영서우록楹書偶錄』에 보인다. 이 판본은 명·청 시기에 복각覆刻된 듯하다. 이 판본의「부록」뒤에는 순우淳祐 5년(1245)에 쓴 상요上饒의 주복周復이 쓴 발문이 실려 있다. 이 판본은 양복의『가례부주』를 뽑아「부록」1권으로 모아두었다.『사고전서총목제요』에서 말한 판본이 바로 이 책의 명대 복각본을 가리킨 것일 수도 있겠다. 명말 모의毛扆의『급고각진장비본서목汲古閣珍藏秘本書目』과 청대 왕문원王聞遠의

....

70   阿部吉雄,「『文公家禮』に就いて」, p.33.

『고자당서목考慈堂書目』은 모두 이 송본『주자가례』 5권을 저록하고 있다.

(3) 원본元本『문공가례』 7권, 양복楊復의 부주附注, 유해손劉垓孫의 증주增注, 유장劉璋의 보주補注

청대 구용의 『철금동검루서목』에 보인다. 이 판본은 통례, 관례, 혼례, 상례, 제례 각 1권에다가, 각 편장에서 뽑아낸 도식과 심의제도가 각기 1권으로 만들어졌다. 뒷부분에 순우淳祐 2년(1242) 보전甫田 방대종方大琮의 후서가 첨부되어 있다.

(4) 원본元本『찬도집주문공가례』 10권, 양복의 부주, 유해손의 증주, 유장劉璋의 보주

『정당독서기鄭堂讀書記』에 저록이 되어 있는데, 원대 사람이 송본『찬도집주문공가례』에 유장의 보주를 더한 것으로 보인다. 도식은 총 28쪽이다.

(5) 송원宋元 간행본 중 1종

양복의 부주가 중간에 끊어져있기에 (3)계열에 속하지는 않는다. 또한 (1)과 (4)와도 판식版式이 다르다. 양복의 부주를 인용하며 "진한의 양씨가 이렇게 말했다."고 했는데, (1)보다는 조금 뒤에 나온 판본인 듯하다.[71]

이상 송원 시기 판본의『가례』를 살펴보면, (1)과 (4)가 (3)에 비해 먼저라는 것을 알 수 있다. (1)은 순우 2년 이전의 간행본으로『가례』중 가장 이른 간행본이다.

71　阿部吉雄,「『文公家禮』に就いて」, p.34.

송대 10권본과 현존하는 『가례』를 비교해보면, 나름의 특색을 지니고 있다. 아베 요시오는 송대 10권본의 특색을 다음과 같이 들고 있다.

(1) 구용瞿鏞의 『철금동검루서목鐵琴銅劍樓書目』과 사신행査愼行의 『경업당문집敬業堂文集』의 지적에 근거해 보면, 이 판본의 「가례서」는 주희의 친필이며, 『주문공문집』에 실린 「가례서」와는 다른 곳이 7군데 있다. 이는 『성리대전』과 명대 간행한 『가례』의 속俗자 와譌자를 수정했거나, 뒤섞이거나 빠진 부분을 보충한 것일 수 있다. 단적인 예로 「상례」에서 "속옷과 겉옷은 모두 갖춘 것을 일러 '벌[稱]'이라 한다."라고 한 주석을 『성리대전』에서는 본문으로 착각했었던 것을 들 수 있다.

(2) 양복의 부주는 이 판본에서 처음 전모를 드러냈다. 오늘날 『성리대전』에는 원주原注와 부주附注·증주增注가 뒤섞여 실려 있다. 「혼례」편을 대조해 교열해 보면, 이 판본의 부주에 400여 자가 삭제되어 있는 것을 알 수 있다.

(3) 관련 도식이 매우 잘 정비되어 있고, 내용 역시 후세의 간행본과는 많이 다르다. 그 대체적인 차이를 들어보면 다음과 같다.

① 후세의 이른바 '삼부팔모복제지도三父八母服制之圖' 중 유모乳母와 양모養母가 빠져있다.(하지만 본래는 유모의 상복에 대한 규정은 있다.) 그래서 '삼부육모복제지도三父六母服制之圖'가 있을 뿐이고 내용에도 약간의 차이가 있다.
② '본종오복지도本宗五服之圖'와 '처위부당복도妻爲夫黨服圖' 역시 후세 간행본과 다르다. 지금 그 다른 바를 보면 다음과 같다. 『성리

대전』본 『가례』의 '본종오복지도本宗五服之圖'를 보면, 아들[子]에 대한 규정이 "맏이는 3년, 맏며느리는 1년"으로 되어 있는데, 이 간행본에서는 "맏이는 참최복을 입고 3년, 다른 아들딸은 지팡이 없이 1년"이라고 되어 있다. 그리고 '증조백숙부모曾祖伯叔父母'를 '족증부모族曾父母'라고 칭하고 있다. 그리고 『가례』의 소주小注와 부합되는 부분도 있다. 본 간행본의 도식을 양복의 『의례도儀禮圖』와 주희의 『의례경전통해儀禮經傳通解』에 실린 상복의 도식과 비교해 보면 비록 내용이나 구조에는 차이가 있지만, 칭호와 형식은 상통하는 바가 있다.

③ 실린 도식의 배열 순서와 도식에 딸린 기술이 모두 바르다. 『성리대전』본 『가례』는 간혹 '습함곡위지도襲含哭位之圖' 앞에 '소렴도小斂圖'가 있는 경우나[72], 도식 안에 '시尸'와 '습襲' 등의 글자들과 가로로 순서를 표기한 숫자가 모두 뒤섞인 경우도 있다.

이상 살펴본 바와 같이 『가례』에는 이미 5권본과 10권본, 이렇게 2종의 간행본이 있었다는 것을 알 수 있다. 송원본 『가례』와 후세의 번각본의 관계는 다음과 같다.

(1) 송대 간행된 10권본은 명대 이래로 번각된 적이 없었지만, 5권본 계열은 명청 시기에 번각되었다. 일본 에도江戶 막부시기 원록元祿 10년(1679)에 간행된 화각본和刻本 『문공가례』는 내용이 『가례』 5권, 「도圖」 1권이기에 응당 5권본 계열에 속할 것이다.

(2) 한국에서 유행한 것은 모두 『성리대전』본의 번각에 속하며, 일

---

72 원래는 '小斂圖'가 '襲含哭位之圖' 뒤에 있다.

본의 아사미 게이사이淺見絅齋 점본點本은 『성리대전』본의 글자를 교정해서 만든 것이었다.

(3) 이상의 5권본과 10권본의 원본 『가례』 이외에도 8권본 『가례』가 있는데 사실 이는 구준의 『가례의절』이다. 이것은 원본 5권본 『가례』에 잡록雜錄, 의절儀節, 고증 등 명대 당시의 예속을 더해서 완성한 것이었다. 『가례의절』은 간행된 이후 『가례』를 대신해 세상에 크게 유행했고, 원본 『가례』 계열의 유행은 오히려 위축되었다.

지금까지의 논의를 종합하면 다음과 같다. 『가례』의 진위 문제는 크게 보면, 주희 저작설과 타인 위탁설로 나누어 볼 수 있다. 주희 저작설을 주장한 이는 구준, 하흔 등이 있고, 후인의 위탁으로 보는 입장은 왕무굉, 『사고전서총목제요』 등이 있다. 다만 왕무굉의 주장에 대해서는 후인들이 하나하나 모두 증거를 들어 반박하였으며, 『사고전서총목제요』의 주장은 그럴듯해 보이지만 사실은 논리적 오류가 없지 않다. 주희의 『주자대전』이나 『주자어류』에서 관례·혼례·상례·제례에 관해 언급한 여러 부분을 살펴보면, 그 주장이 『가례』에서 말한 바와 일치하지 않는 부분이 없다. 더군다나 주희의 제자들 역시 『가례』가 주희의 저작이 아니라는 의심을 품은 적이 없었다. 『가례』는 본래 주희의 저작이었지만, 단지 그 책이 중도에 분실되어 만년에 증보하고 개정하고자 했지만 그럴 수 없었을 뿐이다. 그래서 『가례』가 타인의 위탁이라고 단정하는 것은 옳지 않다. 근대학자 첸무, 가오밍도 모두 주희의 저작이 옳다고 보았다.

주희가 일상에서 행하는 가문의 예법에 관심을 두게 된 것은 아버지의 상을 치른 이후인 17-8세 전후로 보인다. 이후 어머니의 상을 치르던 40세에 다시 상례와 제례에 대해 보다 깊이 살펴보게 된다. 그러므로 주희는 17-18세에 이미 예법 자료를 수집·정리하기 시작했고, 어머니 상을 치를 때에 비로소 『가례』가 만들어 졌다. 이 작업은 결코 이렇게 해서 끝난 것이 아니라, 시시때때로 수정되었다. 주희가 65세 때 지은 「발삼가예법」을 보면, 이때까지도 『가례』가 아직 완성되지 않았고 지속적으로 개정하려 했고, 유실된 적이 없었다는 것을 알 수 있다. 그러다가 이후 다른 이에게 도둑맞았다가 주희 사후 다시 세상에 나와 유행하게 되었던 것이다.

주희가 『가례』를 지은 동기는 개인적 요소와 사회적 요소, 이 두 가지 면에서 논할 수 있다. 개인적 요소는 주희가 어려서 부친상을 당했을 때 이미 가문의 예법에 대한 실질적인 필요성을 절감했으며, 이때 이후로 계속 가문 예법에 대한 관심이 줄지 않았다는 점이다. 따라서, 26년 후 어머니의 상을 당하여 상중에 있으면서 고금의 예법을 따져 사가私家에서 시행하기에 적합한 예법을 저술한 것으로 볼 수 있다. 그 결과 그는 상례와 제례를 먼저 완성하고, 다시 이를 확장해 관례, 혼례까지 완성해 하나로 합쳐서 『가례』를 완성했다. 사회적 요소로 보면, 당시 옛 예법은 쓰이기 적합하지 않는 문제가 있었기 때문에, 시대 상황에 적합한 예법을 필요로 하고 있었다. 이에 주희는 현 시류에 부응하면서도 간명하며 계층의 상하 빈부에 상관없이 모두가 시행할 수 있는 예법을 지었던 것이다. 『가례』는 이런 실질적인 저술 동기와 필요에 부응해 탄생한 것이다.

명대 이래로 방각본 『가례』에 틀리거나 뒤섞인 부분이 매우 많았고, 각 판본의 내용에 차이가 생겼다. 『가례』는 크게 두 갈래 계통이 있다. 하나는 원본 『가례』 계통이고, 또 하나는 명대 구준이 엮은 『가례의절』 (8권) 계통이다. 원본 『가례』는 송대에 이미 5권본과 10권본 두 종류의 간행본이 있었다. 송대 판본인 10권본은 명대 이래로 이미 번각되지 않아서 고본孤本이 되어 버렸지만, 송대 판본 중 5권본 계통은 명청 시기 번각되며 비교적 널리 유포되었다. 명대 구준의 『가례의절』 8권본은 그 내용이 원본 『가례』 외에도 잡록, 의절儀節, 고증과 명대 예속까지 덧붙여 있었다. 『가례의절』이 간행된 후, 이 책은 원본 『가례』를 대신해 세상에 크게 유행했고, 원본 『가례』가 유행되지 못하게 하는 결과를 초래했다.

제2장

『주자가례』의 연원

1. 『주역』·『시경』

『가례』의 구체적인 내용을 연구하기 전에 먼저 연원을 확인해 봄으로써 그 주장이 기원 및 근거를 갖추고 있음을 밝힐 필요가 있다. 주희가 『가례』를 지을 때 근거한 것에 대해서 양복이 일찍이 다음과 같이 기술했다.

> 생각건대, 주자께서 편정하신 '가문·향촌·제후국·왕조의 예법'[73]은 『의례』를 경전으로 삼은 것이다. 그리고 『가례』를 서술하는데 있어서는, 예부터 지금까지의 적절한 예법을 통용케 하였다. 그래서 관례는 사마광의 주장을 많이 취했고 혼례는 사마광과 정이의 주장을 참작했으며, 상례는 사마광의 주장에 근본하면서도, 고항高閌[74]의 주장을 으뜸으로 쳤고, 합사合祀[祔]와 체천遞遷을 논할 때는 장재의 주장을 취했다. 유언을 남기거나 상을

73　이는 『儀禮經傳通解』를 가리킨다.
74　고항(1097-1153)의 자는 抑崇, 호는 息齋이다. 벼슬은 예부시랑을 지냈고 상례에 관해 『厚終禮』란 저술을 지었다.

치르는 부분에 대해서는 『온공서의』가 너무 간략하다고 여기셔서 『의례』를 사용했다. 「제례」는 사마광과 정이의 주장을 사용했지만, 전후의 견해가 다른 경우도 있었다. 절기에 맞춘 제사는 한기韓琦[75]가 시행했던 것을 법도로 삼았다.[76]

이를 보면, 『가례』는 주로 『의례』와 사마광·고항·한기·정이·장재의 예법을 근거로 하고 있음을 알 수 있다. 이것이 『가례』 연원의 개괄이다.
본 절에서는 『가례』의 원문과 원주原註에 대해, 경서·사서·제자서를 두루 살펴 정리하였다.[77]

1) 『주역』에서 유래한 것

■ 「통례通禮」 중 '사마씨거가잡의司馬氏居家雜儀'조의 주에서 "『주역』에서 '규중閨中에서 음식을 장만한다[『易』曰: 在中饋]'고 하였다."
: 이 구절은 『주역』 「가인괘家人卦」의 육이효사六二爻辭 "이루는 바가 없으니, 규중에서 음식을 장만하면 올바르고 길하리라.[无攸遂, 在中饋, 貞吉.]"에 보인다.

---

75 한기(1008-1075)의 자는 稚圭, 호는 贛叟다. 범중엄과 함께 慶曆新政의 주역이기도 했고, 시호는 忠獻이다.
76 「가례서」의 양복 注. "今按先生所定家鄕邦國王朝禮, 專以『儀禮』爲經. 及自述『家禮』, 則又通之以古今之宜. 故「冠禮」, 則多取司馬氏. 「昏禮」, 則參諸司馬氏·程氏. 「喪禮」, 本之司馬氏, 又以高氏爲最善. 及論祔·遷, 則取橫渠. 遺命治喪, 則以『書儀』疏略而用『儀禮』. 「祭禮」兼用司馬氏·程氏, 而先後所見又有不同. 節祠, 則以韓魏公所行者爲法."
77 『가례부주』의 '부주'는 논의에 포함시키지 않았다. 『가례』의 문장에서 언급하거나 미처 언급하진 않았지만 고증할 내원이 있는 경우는 가장 이른 근거를 취했다. 한 분상에 누 갈래 이상의 내원이 있는 경우는 그 내원이 다르기에 모두 나열하는 게 당연하지만 그 중 너무 고친 바가 많거나 근거를 고증하기 어려운 부분은 빼고 다루지 않았다.

2) 『시경』에서 유래한 것

■ 「통례」 중 '사마씨거가잡의'조의 주에서 "『시경』에서 '오로지 술 빚고 밥하는 것만 의논하라[『詩』云: 惟酒食是議]'고 하였다."

: 이 구절은 『시경』 「소아小雅」 「사간斯干」에 보인다. "잘못될 것도 없고 잘 될 것도 없으니, 오로지 술 빚고 밥하는 것만 의논하며, 부모님께 걱정을 끼치지 말라."[78]

2. 삼례三禮

1) 『의례儀禮』에서 유래한 것

(1) 「사관례士冠禮」

■ 「관례」 '관冠'조의 "주인 이하는 차례로 선다."는 구절의 주에서 이렇게 말한다. "주인 이하는 성복盛服을 하고 자리에 나아간다. 주인은 동쪽의 섬돌 아래 조금 동쪽에서 서쪽을 향하며, 자제·친척·종복들은 그 뒤에 선다. 여러 줄로 서쪽을 향하되 북쪽을 위로 둔다."[79]

: 이 구절은 『의례』 「사관례」에 보인다. "주인은 현단복玄端服을 차려 입고, 검붉은 폐슬蔽膝을 걸치고 동쪽의 조계 아래에 선다. 동쪽의 벽에 똑바로 서서 서쪽을 향한다. 형제들은 모두가 검은색인 진현袗玄으로 차려 입고 물대야가 놓인 동쪽에 서서 서쪽을 향하되 북쪽을 위로

78　無非無儀, 唯酒食是議, 無父母詒罹.
79　主人以下盛服就位. 主人阼階下, 少東, 西向, 子弟·親戚·童僕在其後. 重行, 西向, 北上.

둔다."⁸⁰

■ 「관례」 '관'조의 "내빈來賓이 관례를 치르는 이에게 자字를 지어준다."라는 구절의 주에서 이렇게 말한다. "내빈은 계단을 내려가 동쪽을 향하고, 주인은 계단을 내려와 서쪽을 향한다. 관례를 치르는 이는 서쪽 계단으로 내려가서 조금 동쪽에서 남쪽을 향한다. 내빈이 자를 지어주며 이렇게 말한다. "예식이 다 갖추어졌으니 좋은 달 좋은 날에 너의 자를 명백하게 고하노라. 이 자는 매우 훌륭하여 빼어난 선비에게 적합하고, 복을 받기에도 적합하니, 받아서 길이 보존하라." 그리고 '백모씨[伯某父]'⁸¹라고 하거나 '중仲'·'숙叔'·'계季' 중 적당한 것을 붙인다."⁸²

: 이 구절은 『의례』「사관례」에 보인다. "내빈이 자를 지어주며 이렇게 말한다. '예식이 다 갖추어졌으니 좋은 달 좋은 날에 너의 자를 명백하게 고하노라. 이 자는 매우 훌륭하여 빼어난 선비에게 적합하고, 복을 받기에도 적합하니, 받아서 길이 보존하라' 그리고 '백모씨[伯某甫]'라고 하거나 백伯 대신 '중仲'·'숙叔'·'계季' 중 적당한 것을 붙인다."⁸³

(2) 「사혼례士昏禮」

■ 「혼례昏禮」 '친영親迎'조의 "자리에 앉아 음식 먹기를 마치면 신랑은 나간다."라는 구절의 주에서 이렇게 말한다. "신랑의 시종은 신부가

....

80　主人玄端, 爵韠, 立于阼階下, 直東序, 西面. 兄弟畢袗玄, 立于洗東, 西面, 北上.
81　여기서 '伯', '仲', '叔', '季'는 항렬을 표시한다. '某'는 관례를 치르는 이에게 내려주는 字가 들어갈 자리다. '씨'는 원래 남자에게 부치는 美稱인 '父' 혹은 '甫'를 意譯한 것이다.
82　賓降階, 東向, 主人降階, 西向, 冠者降自西階, 少東, 南向. 賓字之曰: 禮儀旣備, 令月吉日, 昭告爾字. 爰字孔嘉, 髦士攸宜, 宜之於嘏, 永受保之. 曰伯某父, 仲 · 叔 · 季, 唯所當.
83　字辭曰, "禮儀旣備, 令月吉日, 昭告爾字. 爰字孔嘉, 髦士攸宜. 宜之于假, 永受保之, 曰伯某甫." 仲叔季, 唯其所當

남긴 것을 먹고, 신부의 시종은 신랑이 남긴 것을 먹는다."[84]

: 이 구절은 『의례』「사혼례」에 보인다. "신부의 몸종은 신랑이 남긴 것을 먹고, 신랑의 마부는 신부가 남긴 것을 먹는다."[85]

(3) 「사상견례士相見禮」

■「혼례」'친영'조의 "주인은 나와서 신랑을 맞이하니 신랑은 들어가서 전안례奠鴈禮를 행한다."라는 구절의 주에서 이렇게 말한다. "무릇 폐백은 살아있는 기러기를 쓰고 기러기의 머리는 왼쪽으로 하며, '흰 비단과 색깔 있는 비단[生色繪][86]으로 교차하여 묶는다."[87]

: 이 구절은 『의례』「사상견례」에 보인다. "사士의 상견례는 다음과 같다. 상견례의 폐백으로 겨울엔 꿩을 쓰고, 여름엔 말린 꿩 고기를 사용하는데, 머리를 왼쪽으로 하고 두 손으로 받든다. … 하대부下大夫는 상견례로 기러기를 사용한다. 기러기를 베로 둘러싸고 기러기의 발을 끈으로 묶은 뒤 꿩처럼 받든다."[88]

(4) 「상례喪禮」

■「상례」'성복成服'조의 "그 복식제도 중 첫째가 참최斬衰 3년이다."

84　壻從者餕婦之餘, 婦從者餕壻之餘.
85　媵餕主人之餘, 御餕婦餘.
86　'繪'는 '繒'의 訛字다. 이 구절은 여러 가지 풀이가 가능하다. '生'을 '생생하다', '선명하다'의 뜻으로 보면 '여러 빛깔이 생생한 비단'으로 풀 수도 있다. 김장생의 『가례집람』에 따르면, '生色繪' 중 '生'은 '五'로 풀어야 한다. 이를 따르자면 '다섯 가지 빛깔의 비단'으로 풀 수 있겠다.
87　凡贄用生鴈, 左首, 以生·色繪交絡之.
88　士相見之禮. 摯, 冬用雉, 夏用腒, 左頭奉之. … 下大夫相見以鴈, 飾之以布, 維之以索, 如執雉.

라는 구절의 주에서 이렇게 말한다. "머리띠[首絰]는 씨 있는 암삼[有子麻]으로 만드니, 그 둘레가 9촌이다. 삼의 밑동은 왼쪽에 두고, 이마 앞에서부터 오른쪽으로 둘러서 정수리 뒤쪽을 지나 그 끝을 밑동의 위에 포개고는 다시 또 끈을 갓끈으로 삼아 고정시키니, 관에 관한 제도와 같다. … 자최齊衰는… 씨 없는 숫삼[無子麻]으로 만드는데 크기가 7촌 남짓에 밑동은 오른쪽에 두고, 끝을 밑동 아래 매고 갓끈은 베로 만든다. … 장기杖期, 부장기不杖期, 오월, 삼월이 모두 같다. … 대공大功은… 5촌 남짓이고, … 소공小功은… 4촌 남짓이며… 시마緦麻는… 3촌인데… 삶은 삼을 쓰는데, 갓끈 역시 같다."[89]

: 이 구절은 「상례」의 「전傳」에 보인다. "참최斬衰의 '참'은 무슨 뜻인가? 끝단을 꿰매지 않았다는 뜻이다. 암삼으로 만든 머리띠란 삼 중에서도 씨가 있는 삼으로 만든 것이다. 암삼으로 만든 머리띠는 두께가 한 손아귀 정도로, 밑동[本]을 왼쪽에 놓되 (반대편 끝을 위에 두어 밑동을) 아래에 둔다. 허리띠는 암삼으로 만든 머리띠 두께의 1/5을 줄여 만든다. 자최의 머리띠는 참최 허리띠 굵기고, 그 굵기의 1/5을 줄여 허리띠를 만든다. 대공大功의 머리띠는 자최 허리띠 굵기고, 그 굵기의 1/5을 줄여 허리띠를 만든다. 소공小功의 머리띠는 대공 허리띠 굵기고, 그 굵기의 1/5을 줄여 허리띠를 만든다. 시마緦麻의 머리띠는 소공 허리띠 굵기고, 그 굵기의 1/5을 줄여 허리띠를 만든다."[90]

....

89　首絰以有子麻爲之, 其圍九寸, 麻本在左, 從額前向右圍之, 從頂過後, 以其末加於本上, 又以繩爲纓以固之, 如冠之制. … 齊衰 … 無子麻爲之, 大七寸餘, 本在右, 末繫本下, 布纓. … (杖期·不杖期·五月·三月幷同.) … 大功 … 五寸餘. … 小功 … 四寸餘. … 緦麻 … 三寸 … 用熟麻, 纓亦如之.

90　斬者何? 不緝也. 苴絰者, 麻之有蕡也. 苴絰大搹, 左本在下, 去五分一以爲帶. 齊衰之絰, 斬衰之帶也, 去五分一以爲帶. 大功之絰, 齊衰之帶也, 去五分一以爲帶. 小功之絰, 大功之帶也, 去五分一以爲帶. 緦麻之絰, 小功之帶也, 去五分一以爲帶.

(5) 「사상례士喪禮」

「상례」 '초종初終'조에서 "병이 위독해지면 본채로 옮긴다.[疾病, 遷居正寢]"라고 말한다. 이 구절은 『의례』 「사상례」에 보인다. "안방에서 죽는다.[死于適室]" 여기서 "안방이란 본채의 방이다."[91]

「상례」 '초종'조의 "'돌아오시라'라고 한다."라는 구절의 주에서 이렇게 말한다. "시종 한 사람이 죽은 사람이 입던 웃옷을 가져다, 왼손으로는 옷깃을 잡고 오른손으로는 허리춤을 잡는다."[92]고 하였는데 이 구절은 『의례』 「사상례」에 보인다. "'돌아오시라'라고 말하는 사람은 죽은 사람이 입던 작변복爵弁服의 아랫도리를 윗도리와 함께 왼쪽 어깨에 놓고는 옷깃을 허리띠에 끼워둔다."[93]

(6) 「기석례旣夕禮」

■ 「상례」 '급묘及墓'조의 "주인과 남녀는 각기 자리에 나아가 곡한다."라는 구절의 주에서 이렇게 말한다. "주인과 모든 사내는 묘혈墓穴의 동쪽에서 서쪽을 향하고, 주부와 모든 여자는 구덩이 서쪽에 있는 장막 안에서 동쪽을 향하되, 모두 북쪽을 윗자리로 삼는다."[94]

: 이 구절은 『의례』 「기석례」에 보인다. "영구를 모신 수레가 묘혈에 다다르면 묘도墓道(즉 羨道)의 동쪽과 서쪽에 명기明器를 놓아두는데 북쪽을 윗자리로 삼는다. 관 깔개를 먼저 넣고, 하관을 위한 끈을 묶고, 주인은 왼팔의 소매를 걷어 올린다. 모든 주인들은 무덤 동쪽에서 서쪽

....
91 정현의 주 "適室, 正寢之室也."
92 侍者一人, 以死者之上服嘗經衣者, 左執領, 右執要.
93 復者一人, 以爵弁服, 簪裳于衣, 左何之, 扱領于帶.
94 主人諸丈夫立於壙東, 西向, 主婦諸婦女立於壙西幄內, 東向, 皆北上.

을 향해 서는데 북쪽을 윗자리로 삼는다. 부인들은 무덤 서쪽에서 동쪽을 향해 서는데 모두 곡을 하지 않는다."[95]

■ 「상례」 '초종'조에서 "병이 위독해지면 본채로 옮긴다."라고 한 곳에서 "남자는 부인의 손에서 숨을 거두지 않는다."[96]고 한다.

: 이 구절은 『의례』 「기석례既夕禮」에 보인다. "『기記』에서 이렇게 말했다. … 남자는 부인의 손에서 숨을 거두지 않고, 부인은 남자의 손에서 숨을 거두지 않는다."[97]

(7) 「사우례士虞禮」

■ 「상례」 '담禫'조의 "대상을 마치고, 한 달 뒤 담제禫祭를 지낸다."라는 구절의 주에서 이렇게 말한다. "한 달을 건너뛴 것이다. 초상부터 이때까지 윤달은 빼고 도합 27개월이다."[98]

: 이 구절은 『의례』 「사우례」에 보인다. "소상을 치른 지 또 1년이 되어 대상을 치르면서 '대상을 치르며 이 제물들을 올리나이다'라고 말한다. 한 달 뒤 담제를 지낸다." 또 이 구절의 주에서는 이렇게 말했다. "중월中月의 '중'은 떨어져 있다는 뜻이다. 담禫이란 제사 이름으로, 대상과 한 달 떨어져 있다. 초상으로부터 이때까지 도합 27개월이다. '담'이란 말은 고요한 물처럼 편안하다는 뜻이다. 고문古文으로는 '담禫'을 '도

....

95   至于壙, 陳器于道東西, 北上. 茵先入, 屬引. 主人袒. 衆主人西面, 北上. 婦人東面, 皆不哭.
96   男子不絶於婦人之手.
97   『記』: ……男子不絶於婦人之手, 婦人不絶於男子之手.
98   閒一月也. 自喪至此不計閏, 凡二十七月.

導'라고 쓰기도 한다."[99]

(8) 「특생궤식례特牲饋食禮」

■ 「제례」 '사시례'조의 "희생犧牲을 살핀다.[省牲]"는 구절의 주에서 이렇게 말한다. "주인은 여러 사내들을 거느리고 심의를 입고, 희생을 살핀 뒤 죽이기 위한 자리에 위치한다."[100]

: 이 구절은 『의례』 「특생궤식례特牲饋食禮」에 보인다. "주인은 내빈을 가묘 안으로 청하는 읍揖[101]을 올리고 (먼저 안으로) 들어간다. (주인의) 형제들이 따라 들어가면 특별히 모신 귀빈과 내빈들이 따라 들어간다. 사당 아래에서 자리를 잡는데 그 자리는 가묘 밖에 있을 때와 동일하다. 종중 사람들은 서쪽 계단으로 사당에 오르는데 호壺 같은 그릇들이 잘 닦였는지와 두豆나 변籩 같은 그릇들이 갖추어졌는지를 살펴본 뒤에 다시 사당 아래로 내려간다. 그리고 동북쪽으로 향해 주인에게 제기들이 잘 닦이고 잘 갖추어졌음을 고한다. 그러면 귀빈이 가묘를 나서고, 주인도 (따라) 나서면, 모두가 밖에서 원래 있던 자리로 돌아간다. 종중 사람이 희생을 살핀 뒤 주인에게 희생의 살이 잘 올랐음을 고한다. 이 때 종중 사람이 희생을 잘 살필 수 있도록 도살 및 요리를 책임진 옹정雍正은 희생을 움직이게 한다. 종중 사람은 주인에게 말린 토끼의 꼬리를 잡고 들어서 살핀 뒤에 말린 토끼 고기가 온전히 준비되었음을 고하고, 솥뚜껑을 들어서 살핀 뒤에 솥 안이 깨끗함을 고한다.

....

99 中猶閒也. 禫, 祭名也, 與大祥閒一月, 自喪至此, 凡二十七月. 禫之言, 澹澹然平安意也. 古文禫或爲導.
100 主人帥眾丈夫深衣, 省牲蒞殺
101 揖은 두 손을 맞잡아 얼굴 앞으로 들어 올리고 허리를 앞으로 공손히 구부렸다가 몸을 펴면서 손을 내리는 예법이다.

그리고 종중 사람은 주인에게 제사를 시작할 시각을 알려 달라 청한다. 이에 주인은 '내일 희생을 끓여 익혔을 때입니다'라고 말한다. 종중 사람은 주인에게 모든 점검이 끝났음을 고한다. 귀빈은 문밖으로 나서고 주인은 절을 올리며 배웅한다. 그 다음 날 일찍 일어나 주인은 어제와 같이 차려 입고 가묘의 문밖 동쪽에 서서 남쪽을 향해 희생 한 마리 죽이는 것을 살펴본다."[102]

(9) 「소뢰궤식례小牢饋食禮」

■ 「제례」 '초조初祖'조의 "음식을 장만한다.[具饌]"라는 구절의 주에서 이렇게 말한다. "왼쪽 절반은 쓰지 않는다. 오른쪽 절반은 앞다리를 세 부위로 나누고, 등뼈도 세 부위로 나누고, 갈빗대도 세 조각으로 나누고, 뒷다리도 세 부위로 나누되, 항문과 가까운 부위는 사용하지 않으니, 도합 열두 덩이가 된다. 쌀 한 공기를 쟁반 위에 놓고, 채소와 과일을 각기 6가지로 한다. 저민 간은 작은 쟁반에 담고, 저민 살코기도 작은 쟁반에 담는다."[103]

: 이는 『의례』 「소뢰궤식례小牢饋食禮」에 보인다. "희생의 고기가 다 익으면, 도살 및 요리를 책임진 옹인雍人이 세발솥 다섯 개를 늘어놓는다. 그 중 세 개는 양을 삶는 가마솥 서쪽에 두고, 두 개는 돼지를 삶는 가마솥 서쪽에 둔다. 대부의 가신인 사마司馬는 삶은 양고기의 오른

....

102 主人揖, 入. 兄弟從, 賓及衆賓從, 卽位于堂下, 如外位. 宗人升自西階, 視壺濯, 及豆·籩, 反降, 東北面告濯具. 賓出, 主人出, 皆復外位. 宗人視牲, 告充. 雍正作冡. 宗人擧獸尾告備, 擧鼎冪告絜. 請期. 曰: 羹飪. 告事畢. 賓出, 主人拜送. 夙興, 主人服如初, 立于門外東方, 南面, 視側殺.
103 …左胖不用, 右胖前足爲三段, 脊爲三段, 脅爲三條, 後足爲三段, 去近窾一節不用, 凡十二體. 飯米一杅, 置於一盤, 蔬果各六品, 切肝一小盤, 切肉一小盤.

쪽 절반을 솥에 넣는다. 뒷다리 뼈의 위쪽 부위[髀]는 넣지 않고,[104] 앞다리 뼈의 위쪽 부위[肩]·중간 부위[臂]·아래쪽 부위[臑]와 뒷다리뼈의 중간부위[膊(=肫)]·아래쪽 부위[骼(=胳)]를 넣는다. 그리고 등뼈의 앞쪽 부위[正脊] 한 덩이·중간 부위[脡脊] 한 덩이·뒤쪽 부위[橫脊] 한 덩이와 갈비뼈의 뒤쪽 부위[短脅] 한 덩이·중간 부위[正脅] 한 덩이·앞쪽 부위[代脅] 한 덩이를 넣는데, 각 부위 모두 두 조각을 한 덩이로 친다.[105] 그리고 창자 세 조각, 밥통 세 조각, 시동尸童이 맛보는 허파[擧肺] 한 조각, 제사에 올리는 허파[祭肺] 세 조각으로 솥을 채운다. 사사司士는 삶은 돼지고기의 오른쪽 절반을 (솥에) 넣는다. 뒷다리 뼈의 위쪽 부위[髀]는 넣지 않고, 앞다리 뼈의 위쪽 부위[肩]·중간 부위[臂]·아래쪽 부위[臑]와 뒷다리 뼈의 중간부위[膊(=肫)]·아래쪽 부위[骼(=胳)]를 넣는다. 그리고 등뼈의 앞쪽 부위[正脊] 한 덩이·중간 부위[脡脊] 한 덩

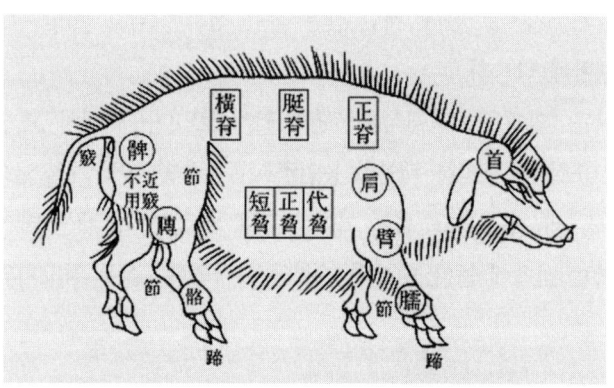

그림 1. 돼지를 희생으로 쓸 경우 오른쪽 반의 경우(『家禮輯覽圖說』에서)

....

104 뒷다리 윗 부위는 항문과 가까워 불결하다고 여겨서 사용하지 않는 것이다.
105 결국 등뼈 세 부위와 갈비뼈 세 부위는 각기 한 부위당 2조각을 한 덩이로 삼기에 총 12조각이 들어간다.

이·뒤쪽 부위[橫脊] 한 덩이와 갈비뼈의 뒤쪽 부위[短脅] 한 덩이·중간 부위[正脅] 한 덩이·앞쪽 부위[代脅] 한 덩이를 넣는데, 각 부위 모두 두 조각을 한 덩이로 친다. 그리고 창자 세 조각, 밥통 세 조각, 시동이 맛보는 허파 한 조각, 제사에 올리는 허파 세 조각으로 솥을 채운다. 옹인은 가려 뽑은 돼지의 좋은 오겹살 아홉 조각을 솥에 채운다. 사사는 또 물고기와 말린 고기를 넣는데, 생선은 15마리를 솥에 담고, 말린 고기는 왼쪽·오른쪽 각 절반을 합쳐 온전하게 솥에 담는다. 말린 고기는 사슴고기를 사용한다."[106]

2) 『예기』에서 유래한 것

(1) 「곡례曲禮」

■ 「통례」의 '사당'조에서 이렇게 말한다. "군자는 집을 지을 때, 먼저 본채의 동쪽에 사당부터 세운다."[107]

: 이 구절은 『예기』 「곡례하曲禮下」에 보인다. "군자가 집을 지을 때는 종묘를 먼저 짓고, 마굿간과 곳간을 그 다음에 짓고, 주거할 방을 마지막에 짓는다."[108]

106　羹定. 雍人陳鼎五, 三鼎在羊鑊之西, 二鼎在豕鑊之西. 司馬升羊右胖, 髀不升, 肩, 臂, 臑, 膊, 骼, 正脊一, 脡脊一, 橫脊一, 短脅一, 正脅一, 代脅一, 皆二骨以並, 腸三, 胃三, 擧肺一, 祭肺三, 實于一鼎. 司士升豕右胖, 髀不升, 肩, 臂, 臑, 膊, 骼, 正脊一, 脡脊一, 橫脊一, 短脅一, 正脅一, 代脅一, 皆二骨以並, 擧肺一, 祭肺三, 實于一鼎. 雍人倫膚九, 實于一鼎. 司士又升魚·腊. 魚ㅣ有五而鼎. 腊　純而鼎, 腊用麋.
107　祠堂於正寢之東
108　君子將營宮室, 宗廟爲先, 廐庫爲次, 居室爲後.

(2) 「단궁檀弓」

■ 「제례」의 '기일忌日'조에서 이렇게 말한다. "이날은 술을 마시지 않고 고기를 먹지 않고 음악을 듣지 않는다."[109]

: 이 구절은 「단궁상檀弓上」에 보인다. "상례는 3년 동안 지극하게 치르는데, 돌아가신 이를 절대 잊지 않는다는 의미다. 그래서 군자는 평생토록 우려를 할 뿐이기에, 그날 닥친 근심이 없는 법이다. 그래서 기일에는 즐기지 않는다."[110] 「제의祭義」편의 내용과 유사하다.

(3) 「왕제王制」

■ 「제례」의 '사시제四時祭'조에서 이렇게 말한다. "시제時祭는 사시의 중월仲月[111]에 한다."

: 이 구절은 「왕제」의 "대부와 사가 올리는 종묘의 제사는, 제전祭田이 있는 경우 제례를 올리고 없는 경우는 천신薦新한다."[112]라는 구문에 달린 정현鄭玄의 주에 보인다. "제례는 첫 달 즉 맹월孟月에 하고, 천신은 중월에 올린다."[113]

(4) 「교특생郊特牲」

■ 「제례祭禮」 '초조初祖'조의 "음식을 장만한다.[具饌]"라는 구절의

---

109 是日不飮酒, 不食肉, 不聽樂
110 …喪三年以爲極, 亡則弗之忘矣. 故君子有終身之憂, 而無一朝之患. 故忌日不樂
111 時祭用仲月. 중월(仲月)은 음력을 기준으로 각 계절의 가운데 달을 가리킨다. 과거 중국에서는 음력 1월, 2월, 3월을 봄으로, 4월, 5월, 6월을 여름으로, 7월, 8월, 9월을 가을로, 10월, 11월, 12월을 겨울로 삼았고, 각 계절별로 첫 달을 孟月, 가운데 달을 仲月, 마지막 달을 季月이라고 했다.
112 大夫士宗廟之祭, 有田則祭, 無田則薦.
113 祭以首時, 薦以仲月

주에서 이렇게 말한다. "포시晡時[114]에 희생을 죽인다. 주인이 직접 희생을 가르면서, 털과 피로 한 쟁반을 만들고, 머리·염통·간·허파로 한 쟁반을 만들고, 희생의 기름과 쑥을 섞어 한 쟁반을 만드는데, 모두 날것으로 둔다."[115]

: 이 구절은 「교특생」에 보인다. "희생의 털과 피는 신령에게 희생의 안팎이 모두 온전함을 고하는 것이다. 희생의 안팎이 모두 온전함을 고한다는 것은 희생의 안팎이 순전함을 귀하게 여기는 것이다. 피로 제사를 올리는 것은 희생의 생기가 왕성함을 보이는 것이다. 허파와 간과 염통으로 제사 지내는 것은 생기를 운행하는 주요 장기임을 귀하게 여기는 것이다. 기장에 희생의 허파를 더해 제사 지내는 것과 오제五齊[116]에 현주玄酒[117]를 더해 제사 지내는 것은 땅의 신령에게 보답하는 것이다. 희생의 창자 기름을 취해 번제燔祭를 올리고 희생의 머리를 올리는 것은 하늘의 신령에게 보답하는 것이다."[118]

(5) 「내칙內則」

■ 「통례」의 '사마씨거가잡의司馬氏居家雜儀'조에서 이렇게 말한다. "열 살이 되면 … 여자에겐 유순함, 순종, 여자가 익혀야할 중요한 일과 솜

---

114 申時(15시-17시)를 말한다.
115 晡時殺牲. 主人親割毛血爲一盤, 首心肝肺爲一盤, 脂雜以蒿爲一盤, 皆腥之.
116 제사에 쓰이는 다섯 가지 술을 가리킨다. 첫 번째, 술지게미가 떠있는 술. 두 번째, 술과 술지게미가 섞인 술. 세 번째, 아주 연한 푸른빛의 술. 네 번째, 주황빛의 술. 다섯 번째 술지게미가 가라앉은 술.
117 제사 때 물로 술을 대신히는 것을 가리킨다.
118 毛血, 告幽全之物也, 告幽全之物者, 貴純之道也. 血祭, 盛氣也, 祭肺肝心, 貴氣主也. 祭黍稷加肺, 祭齊加明水, 報陰也. 取膟脊燔燎升首, 報陽也.

씨를 가리킨다."[119]

: 이 구절은 「내칙」에 보인다. "여자는 열 살이 되면 집밖을 나가지 않는다. 여사女師는 유순함과 순종하는 것을 가르치고, 삼베와 모시 길쌈을 가르치고, 누에를 쳐서 실뽑기를 가르치고, 명주를 짜고 허리끈 꼬기를 가르친다. 여자가 할 일을 배워서, 옷을 만들어 공급한다. 제사를 참관하여, 술과 초수醋水와 대나무 제기와 나무 제기와 각종 젓갈을 들이며, 예식에 따라 제사를 치르는 것을 돕게 한다."[120]

(6) 「옥조玉藻」

■ 「통례」 '심의제도深衣制度'조의 "웃옷은 전체가 4폭이고, 길이가 갈빗대를 지나며, 아래로 치마를 붙인다."라는 구절의 주에서 이렇게 말한다. "베 2폭을 써서 가운데를 접어 아래로 드리우면 앞뒤로 4폭이 되니, 지금의 옷깃이 곧은 적삼의 모습이다. 단지 겨드랑이 아래를 잘라 트지 않을 뿐이다. 그 아래로 갈빗대를 지나 치마에 붙인 곳은 둘레가 7척 2촌이니, 매 폭마다 치마를 3폭씩 붙인다."[121]

: 이 구절과 관련 있는 「옥조」의 "심의의 허리둘레는 소맷자락의 세 곱이다."[122]라는 구절에 대해 정현은 "대부와 사를 두고 한 말이다. '소맷자락의 세 곱'이란, 허리둘레의 수치를 말한다. 심의 소맷자락은 한 자 두 치고, 그 둘레는 두 자 네 치이므로, 세 곱절을 하면 일곱 자 두 치

---

119 十歲⋯⋯ 女子則教以婉娩聽從, 及女工之大者.
120 女子十年不出. 姆教婉娩聽從, 執麻枲, 治絲繭, 織紝組紃, 學女事, 以共衣服. 觀於祭祀, 納酒漿籩豆菹醢, 禮相助奠.
121 用布二幅, 中屈下垂, 前後共爲四幅, 如今之直領衫, 但不裁破腋下. 其下過脇而屬於裳處約圍七尺二寸, 每幅屬裳三幅.
122 大夫나 士의 심의는 그 소맷자락의 둘레가 두 자 네 치이고, 허리둘레는 그 3배이기에 일곱 자 두 치이다.

가 된다."라 했고 공영달의 소에서는 "소맷자락이란 소매의 끝자락을 가리킨다. 이는 심의의 허리 둘레의 너비가 소매 끝자락의 세 곱임을 말한 것이다."라고 하였다.[123]

(7) 「잡기雜記」

■ 「관례」「계笄」조의 "여자가 혼약을 맺었으면 계례笄禮를 올린다."라는 구절의 주에서 이렇게 말한다. "여자의 나이 15세가 되면 혼약을 맺지 않았어도 계례를 올린다."

: 이 구절은 「잡기하雜記下」에 보인다. "여자는 비록 혼약을 맺지 않았더라도 나이 20세가 되면 계례를 올린다."[124]

(8) 「상대기喪大記」

■ 「상례」 '초종初終'조의 "옷을 갈아입고 음식을 먹지 않는다."라는 구절의 주에서 이렇게 말했다. "여러 아들들은 3일 동안 먹지 않고, 1년과 9개월 동안 상을 치르는 이들은 세 끼를 먹지 않고, 5개월과 3개월 동안 상을 치르는 이들은 두 끼를 먹지 않는다."[125]

: 이는 「상대기」에 보인다. "군주의 초상엔 적장자·대부들·여러 아들들·여러 사들은 모두 3일 동안 먹지 않는다. … 1년 상을 치르는 이는 세 끼를 먹지 않는다. … 5개월과 3개월 동안 상을 치르는 이들은 한 끼를 먹지 않으며, 다음 끼도 먹지 않을 수 있다."[126]

---

123 정현: 謂大夫士也. 三祛者, 謂要中之數也. 祛尺二寸, 圍之爲二尺四寸, 三之七尺二寸. 공영달: 袪謂袂末, 言深衣之廣, 三倍於袂末.
124 女雖未許嫁, 年二十而笄.
125 諸子三日不食, 期九月之喪三不食, 五月三月之喪再不食
126 君之喪, 子大夫公子衆士皆三日不食. ……期之喪, 三不食. ……五月三月之喪, 壹不食

(9)「제의祭義」

■「제례」'사시제'조의 "사흘 전에 재계한다."라는 구절의 주에서 이렇게 말한다. "사흘 전에 주인은 모든 사내를 거느리고 밖에서 치재致齋[127]하며, 주부는 모든 아낙을 거느리고 안에서 치재한다."[128]

: 이는 「제의」에 보인다. "안에서는 치재하고, 밖에서는 산재散齋[129]한다. 재계를 하는 날부터, 돌아가신 이의 거처가 떠오르고, 돌아가신 이의 우스갯소리가 떠오르고, 돌아가신 이의 평소 뜻이 떠오르고, 돌아가신 이가 즐기던 바가 떠오르고, 돌아가신 이가 좋아하던 바가 떠오른다. 재계한지 사흘이 되면 재계를 올리는 대상이 보이게 된다."[130]

(10)「분상奔喪」

■「상례」'문상聞喪'조의 "처음 어버이의 상 소식을 듣게 되면 곡을 하고, 옷을 갈아입고, 곧바로 상을 치르기 위해 출발한다."라는 구절의 주에서 이렇게 말한다. "어버이란 부모를 가리킨다. 곡을 하는 것으로 어버이 상 소식을 전하러 온 심부름꾼에게 답하고, 다시 곡을 하며 애달픔을 다한 뒤에 어찌 돌아가셨는지 묻는다. … 하루에 100리를 가되 밤에는 가지 않는다. 비록 애달파도 밤길을 가다가 해코지당하는 것은 피해야하기 때문이다."

....

再不食可也.
127 제관과 집사관이 사흘 동안 몸을 정결히 하면서 제사 이외의 일은 일체 멀리하는 것을 말한다.
128 前期三日, 主人帥衆丈夫致齊於外, 主婦帥衆婦女致齊於內.
129 치재하기 전 나흘 동안 몸을 삼가며 부정이 탈 수 있는 상가의 조상이나 문병 등의 행동을 하지 않는 것을 말한다.
130 致齊於內, 散齊於外. 齊之日, 思其居處, 思其笑語, 思其志意, 思其所樂, 思其所嗜. 齊三日, 乃見其所爲齊者.

: 이는 「분상」의 "처음 어버이의 상 소식을 듣게 되면, 곡을 하는 것으로 어버이 상 소식을 전하러 온 심부름꾼에게 답하면서 애달픔을 다한 뒤에, 다시금 어찌 돌아가셨는지 묻고 다시 곡하면서 애달픔을 다한다."[131]라는 이란 구문에 달린 정현의 주에 보인다. "어버이란 부모를 가리킨다. 곡을 하는 것으로 어버이 상 소식을 전하러 온 심부름꾼에게 답하는 것은 경악할만한 애달픔에 할 수 있는 말이 없기 때문이다."[132] 또 "곧바로 상을 치르기 위해 출발하는데, 하루에 100리를 가되 밤에는 가지 않는다."라는 구문에 달린 정현의 주에서는 이렇게 말한다. "비록 애달파도 밤길을 가다가 해코지 당하는 것은 피해야 하기 때문이다."[133]

3) 『대대례기大戴禮記』에서 유래한 것

■ 「통례」 '사마씨거가잡의'조의 "자식이 밥을 멈출 수 있으면, 오른손으로 먹도록 가르친다."라는 구절의 주에서 이렇게 말했다. "공자께서 말씀하셨다. '어려서 버릇이 된 것은 마치 타고난 성품 같으며, 습관이 된 것은 자연과 같다.'"

: 이는 「보부保傅」에 보인다. "공자께서 말씀하셨다. '어려서 버릇이 된 것은 마치 타고난 성품 같으며, 습관이 든 것은 일상이 된다.'라고 하셨으니 이는 은나라와 주나라에 도가 오래도록 유지될 수 있었던 까닭이다."[134]

---

131 始聞親喪, 以哭答使者, 盡哀. 問故, 又哭盡哀.
132 親, 父母也. 以哭答使者, 驚怛之哀, 無辭也.
133 遂行, 日行百里, 不以夜行, 雖有哀戚, 猶辟害也.
134 孔子曰: 少成若性, 習貫之爲常. 此殷周之所以長有道也.

3. 『논어』·『가어』·『가훈』·『개원례』

1) 『논어』에서 유래한 것

■ 「통례」의 '사마씨거가잡의'조에서 이렇게 말한다. "부모가 화내고 기꺼워하지 않아서 매를 때려 피가 난다 해도 감히 원망하지 않으며 더욱 공경하고 더욱 효를 다한다."

: 이는 『논어』 「이인里仁」에 보인다. "부모를 섬기면서 부모의 의사에 반하는 경우에는 은근히 간하여 자신의 뜻이 부모를 따르지 않음을 드러내면서도 부모를 공경하여 거스르지 않고, 수고로와도 원망하지 않는다."[135]

2) 『공자가어孔子家語』에서 유래한 것

■ 「혼례」의 「의혼議婚」조에서 이렇게 말한다. "혼인은 남자는 16세에서 30세 사이에 하고, 여자는 14세에서 20세 사이에 한다."[136]

: 이는 『공자가어』 「본명해本命解」에 보인다. "예법에 따르면, 남자는 30세에 아내를 두고, 여자는 20세에 남편을 둔다고 했는데 이것은 너무 늦는 것 아닙니까? 공자께서 말씀하셨다. 예법에서는 그 끝을 말한 것이니 그 나이를 넘지 않는다는 것입니다. 남자는 20세가 되면 관례를 치르니 남편 노릇을 할 수 있게 됩니다. 여자는 15세가 되면 시집가는 것을 허용하니, 남에게 시집갈 수 있는 여건을 갖추었기 때문입니다. 그래서 이때부터 혼인을 할 수 있습니다."[137]

---

[135]　子曰: 事父母幾諫, 見志不從, 又敬不違, 勞而不怨.
[136]　男子年十六至三十, 女子年十四至二十
[137]　公曰: …禮, 男子三十而有室, 女子二十而有夫也, 豈不晚哉? 孔子曰: 夫禮言其極, 不是過也. 男子二十而冠, 有爲人父之端, 女子十五許嫁, 有適人之道, 於此而往, 則自婚矣.

3) 『안씨가훈顔氏家訓』에서 유래한 것

■ 「통례」의 '사마씨거가잡의'조에서 이렇게 말한다. "부모가 질병이 있으면 낯빛을 드러내지 않고, 장난치거나 웃지 않으며, 잔치에 가거나 돌아다니지 않고, 나머지 일들은 내버려둔다. 오직 의원을 맞아 처방전을 살펴보고 약재를 합쳐 조제하는 일에만 힘쓰다가, 부모의 질병이 치유되면 원래대로 돌아온다."[138]

: 『가례』를 보면 위 구절의 딸린 주에 『안씨가훈』에서는 부모가 질병이 있으면 아들은 의원에게 절을 올리며 약을 구한다고 했다. 의원은 병이 드신 어버이의 존망이 걸려있는 사람이니 어찌 업신여기고 소홀히 대할 수 있겠는가!"[139]

이는 『안씨가훈』 「풍조」에 보인다. "부모가 질병에 걸려 위독하면 의원이 비록 지위가 낮고 나이가 어리더라도, 울면서 절을 올리고 부모가 아픈 자신을 불쌍히 여겨 달라고 한다."[140]

4) 『개원례開元禮』[141]에서 유래한 것

■ 「상례」 '초종'조의 "옷을 갈아입고 음식을 먹지 않는다."라는 구절의 주에서 이렇게 말한다. "아내·아들·며느리·첩은 모두 관과 웃옷을 벗고 머리카락을 풀어 헤친다. 남자는 앞섶을 허리띠에 꽂고 맨발을 한다."[142]

---

138 父母有疾, 子色不滿容, 不戲笑, 不宴遊. 舍置餘事, 專以迎醫, 檢方, 合藥爲務, 疾已復初.
139 『안씨가훈』 "父母有疾, 子拜醫以求藥. 盖以醫者親之存亡所繫, 豈可傲忽也!"
140 父母疾篤, 醫雖賤雖少, 則涕泣而拜之, 以求哀也.
141 원래는 서명이 『開元禮』지만 당대 이후로는 주로 『大唐開元禮』란 이름으로 불린다.
142 妻子婦妾皆去冠及上服被髮, 男子扱上衽徒跣.

: 삼례三禮(『주례』·『의례』·『예기』의 총칭) 중에는 이른바 '머리카락을 풀어 헤친다'라는 내용이 없다. 당대唐代『개원례』에만 남자는 흰 베옷으로 갈아입고 머리카락을 풀어 헤치며, 아낙은 푸른 명주옷으로 갈아입고 머리카락을 풀어 헤친다는 내용이 있다. 이를 보면,『가례』의 주에서 말한 "아내·아들·며느리·첩은 …… 머리카락을 풀어 헤친다."는 내용은 당대『개원례』에 근거한 듯하다.『개원례』「흉례凶禮」(권138) '초종'조에서는 "남자는 흰 베옷으로 갈아입고, 머리카락을 풀어 헤치며, 맨발을 한다. 부인은 푸른 명주옷으로 갈아입고, 머리카락을 풀어 헤치되, 맨발을 하지 않는다."[143]라 하고 있다.

4. 북송 예서禮書

1)『온공서의溫公書儀』에서 유래한 것

■「상례」'명정銘旌'조의 "불교 예식을 하지 않는다."라는 구절의 주에서 이렇게 말한다. "사마광이 이렇게 말했다. 세속에서는 불교의 꾐에 속아서 죽은 날, 죽은 지 49일째, 100일째, 1년째, 2년째 되는 날이나 탈상할 때 승려를 먹이고 도량을 설치하고, 수륙대회水陸大會을 열거나, 불경을 베끼고 불상을 만들거나, 불탑이나 절을 세우면서 '이렇게 하는 것은 돌아가신 분이 지은 많은 죄악을 소멸시키는 것이니, 그분은 반드시 천당에 태어나 갖가지 즐거움을 누리게 된다. 이렇게 하지 않으면 그분은 반드시 지옥에 들어가 쪼개지고 불태워지고 짓이겨지고 맷

143　男子易以白布衣, 被髮徒跣. 婦人靑縑衣, 被髮不徒跣.

돌에 갈리면서, 끝도 없는 지옥[144]의 고통을 당하게 된다'고들 한다. 사람은 기혈을 가지고 있어 아프거나 가려운 것을 아는데, 혹 손톱을 자르거나 머리카락을 잘라도 고통을 느낄 수 없다. 하물며 죽은 자는 육체와 정신이 분리되어 육체는 흙 속에 들어가 썩어 소멸하니 나무나 돌멩이와 매한가지다. 정신은 바람이나 불꽃마냥 흩날려버려 어디로 가버렸는지조차 모르는데, 설령 저미고 불태워지고 짓이겨지고 맷돌에 갈린들 그것을 죽은 이가 어찌 느낄 리가 있겠는가! 또 불교에서 말하는 천당과 지옥이란 것도 아마 그저 선행을 권면하고 악행을 경계하기 위해서인 것이다. 진실로 지극히 공정하게 행하지 않다면, 귀신인들 어떻게 다스릴 수가 있겠는가! 그러므로 당唐의 여주자사廬州刺史 이단李丹은 여동생에게 보내는 편지에서 '천당이 없다면 그만이지만, 정말 있다면 군자가 천당에 오를 것이요, 지옥이 없다면 그만이지만, 있다면 소인이 지옥에 들어갈 것이다.' 세상 사람들이 어버이가 돌아가시면 부처에게 비는데, 이는 자기 어버이를 군자라 여기지 않고 악행을 쌓고 죄를 지은 소인이라 여기는 꼴이니, 어떻게 어버이를 그리 박대할 수 있단 말인가! 설사 어버이가 정말 악행을 쌓아 죄를 지었다 해도 어떻게 부처에게 뇌물을 주어 지옥 가는 것을 피할 수 있겠는가! 이 정도 이치는 보통 사람이라면 모두 알 수 있는 것인데, 온 세상 사람들은 꾸역꾸역 불교를 신봉하니, 어찌 이리도 쉬이 미혹되며, 사실을 깨닫기는 이리도 어렵단 말인가! 심한 이들은 가세가 기울어 파산한 연후에야 그만둔다.

....

144   여기서 '지옥'은 '파타(波吒)'의 번역이다. '파타'는 원래 산스크리트어 '파드마(padma)'의 음역이다. '발특마(鉢特摩)'나 '파두마(波頭摩)'로 음역되기도 한다. 의역하면 '홍련지옥(紅蓮地獄)'이라고 하는데, 원래 매우 심한 추위로 고통을 받는다는 팔한지옥(八寒地獄) 중 일곱 번째 지옥을 가리킨다. 추위로 살이 쩍쩍 갈라지는 것이 붉은 연꽃이 피는 것 같아서 붙여진 이름인데, 여기서는 그냥 끔찍한 고통을 당하는 지옥에 대한 범칭으로 사용되었다.

이렇게 하는 것보다는 일찌감치 논밭을 팔아 묘를 만들고 장사를 지내는 것이 낫지 않겠는가? 불교의 천당과 지옥이 정말 있다면, 천지와 함께 생겨났을 것이다. 그렇다면 부처의 가르침이 중원에 들어오기 전부터 사람들 중에 죽었다가 환생한 이들이 있을 할 텐데, 어찌해서 지옥에 잘못 갔다가 염라대왕 등 시왕[十王]¹⁴⁵을 만났다는 이가 단 한 명도 없는 것인가! 배우지 않은 이라면 말할 것도 없겠지만 (성현의) 책을 읽고 옛 일을 아는 자는 조금이라도 깨달을 수 있을 것이다."¹⁴⁶

: 위 『온공서의』의 주¹⁴⁷를 간추려 인용한 것으로 네 글자가 다른 것 말고는 내용이 완전히 동일하다. 『온공서의』에서 "손톱을 자르거나 머리카락을 잘라"의 '체발髼髮'을 『가례』에서는 '剃髮'로 썼다. 또 『온공서의』에서 "썩어 없어지는 것[腐朽滅消]"을 『가례』에는 후부소멸朽腐消滅이라고 했다. 또 『온공서의』에서 "설령 쪼개지고 불태워지고 짓이겨지고 맷돌에 갈린들[假使剉燒舂磨]"의 '가사假使'를 『가례』에서는 '차사借使'로 썼다. 또 『온공서의』에서 "일찌감치 논밭을 사서 묘를 만들고 장

---

145 시왕은 불교에서 말하는 저승에서 죽은 이가 거쳐야할 열 명의 대왕으로 그 명칭은 다음과 같다. ① 秦廣王, ② 初江王, ③ 宋帝王, ④ 五官王, ⑤ 閻羅王, ⑥ 變成王, ⑦ 泰山王, ⑧ 平等王, ⑨ 都市王, ⑩ 轉輪王

146 司馬溫公曰: 世俗信浮屠誑誘, 於始死及七七日百日朞年再朞除喪飯僧設道場, 或作水陸大會, 寫經造像, 修建塔廟, 云: 爲此者滅彌天罪惡, 必生天堂, 受種種快樂, 不爲者必入地獄, 剉燒舂磨, 受無邊波吒之苦. 殊不知人生含氣血, 知痛癢, 或剪爪剃髮, 從而燒斫之, 已不知苦, 況於死者形神相離! 形則入於黃壤, 朽腐消滅, 與木石等. 神則飄若風火, 不知何之, 借使剉燒舂磨, 豈復知之! 且浮屠所謂天堂地獄者, 計亦以勸善而懲惡也. 苟不以至公行之, 雖鬼, 何得而治乎! 是以唐廬州刺史李丹與妹書曰: 天堂無則已, 有則君子登, 地獄無則已, 有則小人入. 世人親死而禱浮屠, 是不以其親爲君子. 而爲積惡有罪之小人也, 何待其親之不厚哉! 就使其親實積惡有罪, 豈賂浮屠所能免乎! 此則中智所共知, 而擧世滔滔信奉之, 何其易惑而難曉也! 甚者至有傾家破產然後已. 與其如此, 曷若早賣田營墓而葬之乎! 彼天堂地獄, 若果有之, 當與天地俱生. 自佛法未入中國之前, 人死而復生者亦有之矣. 何故無一人誤入地獄, 見閻羅等十王者耶! 不學者固不足言, 讀書知古者, 亦可以少悟矣.

147 『學津討原』본 『온공서의』 권5.

례를 지내는 것이 낫겠다!"의 '사서[買]'를 『가례』에서는 '팔아[賣]'로 썼다.[148] 이상의 네 글자는 단지 글자만 다를 뿐 내용에는 차이가 없다.

2) 『한위공제식韓魏公祭式』[149]에서 유래한 것

■ 「제례」의 '묘제墓祭'조에서 이렇게 말했다. "3월 상순에 날을 택한다."

: 이는 한기의 『한위공제식』에 보인다. "한식寒食[150]이 되면 묘소로 가서 제사 지낸다. 또 요즘 풍속에 의하면 10월 1일에 묘소나 집에서 제사 지낸다."[151]

3) 『이정전서二程全書』에서 유래한 것

■ 「상례」 '치장治葬'조의 "회격灰隔[152]을 만든다."라는 구절의 주에서 이렇게 말했다. "정이程頤는 말했다. '옛 사람의 장례는, 죽은 이를 위해 흙이 (죽은 이의) 살갗에 닿지 않게 했다.'[153] 오늘날 기이하고 소중한 물건도 오히려 잘 소장하고 꼼꼼히 숨겨서 손상되거나 더러워지는 것을 방지하는데, 하물며 어버이의 유골은 응당 어찌해야겠는가! 세상의 속

---

148 『사고전서』본 『서의』에는 '買'가 아닌 '賣'로 되어 있어 『가례』와 똑같다.
149 이 책의 원래 이름은 『韓氏參用古今家祭式』이다.
150 한식은 동지에서 105일째 되는 날로 양력에 근거하기에 음력으로는 유동적이어서, 음력 2월에 있을 수도 있고, 음력 3월에 있을 수도 있는데, "三月上旬擇日"이라는 구절의 내원이 되는 이유가 불명확하다.
151 凡寒食爲上墓祭. 又近俗十月一日祭墓所, 或祭於家.
152 상례에서 입관할 때 棺과 槨 사이, 그리고 槨과 壙 사이를 석회로 메워서 다지는 것을 말한다.
153 이 표현은 『맹자』 「공손추 하」 제7장의 표현을 인용한 것이나. "노한 돌아가신 분을 위해 흙이 피부에 닿지 않게 한다면 자식 된 이의 마음에 어찌 만족이 없겠는가!"[且比化者, 無使土親膚, 於人心獨無恔乎?]

된 사람들은 식견이 얕아서 (시신이) 드러나지 않고자 할 뿐이며, 빨리 썩게끔 해야 한다고 말하는 이들까지 있는데, 이 어찌 반드시 정성을 다하고 반드시 미더워야 한다는 예식의 참뜻을 아는 자들이라 하겠는가! 이는 썩지 않기를 바라는 것이 아니라, 썩기 전까진 응당 이처럼 잘 간수해야 한다는 것일 뿐이다."[154]

: 이 주는 『이천문집伊川文集』 중에서 「기장용백관사記葬用柏棺事」[155]를 간추려 인용한 것이다. 이를 『가례』의 문장과 비교해 보면 내용상 다섯 군데만 약간 다를 뿐, 대체적으로 같다. 예를 들어 『이천문집』의 "욕비화欲比化"란 구절을 『가례』에서는 "욕비화자欲比化者"로 썼다. 또 "상보장고밀尙寶藏固密"의 '寶'를 '保'라고 썼고, "황친지유골당여하재況親之遺骨當如何哉"의 '如何哉'를 '何如哉'로 썼으며 "차비욕기불화야且非欲其不化也"의 '欲'을 '欲求'라고 썼다. 또 "又有求速化之說"이라고 쓴 것을 『가례』에서는 '者'를 더해 "又有求速化之說者"라고 쓰고 있다.

4) 『장자전서張子全書』에서 유래한 것

■ 「제례」 '기일忌日'조에서 이렇게 말했다. "사당에 나아가 신주를 모시고 나와서 본채로 간다."

: 이는 장재의 『경학이굴經學理窟』 「자도自道」에 보인다.

기일에는 반드시 묘당에 고하고 여러 위패를 늘어놓아야지 한 신주만을 배향해서는 안 된다. 그래서 묘당에 나아가 모시고 나와서 다른 곳에

....
154 程子曰: 古人之葬, 欲比化者不使土親膚. 今奇玩之物, 尙保藏固密, 以防損汙, 況親之遺骨當何如哉! 世俗淺識, 惟欲不見而已. 又有求速化之說者, 是豈知必誠必信之義! 且非欲求其不化也, 未化之間, 保藏當如是爾.
155 『二程全書』 중 『伊川文集』 권6, p.5.

모신다. 모시고 나오고 나면 제위諸位에게 고한다. 존자의 기일에도 또한 모시고 나온다. 이는 비록 예부터 있던 것은 아니지만 미루어 짐작할 수 있는 것이다. 천신薦新하는 것은 술과 음식 종이돈은 태우지 않는다. 자손들은 소식素食을 한다.[156]

이상의 논의를 통해 『가례』의 유래가 여러 저작들에 있었다는 것을 알 수 있었다. 이제까지 예로 들었던 것을 열거해보자면 다음과 같다.

- 『주역』「가인괘」의 '육이효사六二爻辭'
- 『시경』「소아」「사간斯干」
- 『의례』「사관례」·「사혼례」·「사상견례士相見禮」·「상복喪服」·「사상례」·「기석례」·「사우례」·「특생궤식례」·「소뢰궤식례」
- 『예기』「곡례」·「단궁」·「왕제王制」·「교특생」·「내칙」·「옥조玉藻」·「잡기」·「상대기」·「제의祭義」·「분상」
- 『대대례기』「보부」
- 『논어』「이인」
- 『공자가어』「본명해本命解」
- 『안씨가훈』「풍조風操」
- 『대당개원례大唐開元禮』「흉례凶禮」「초종初終」
- 사마광『온공서의溫公書儀』「상의喪儀」「혼백魂帛 영재승부影齋僧附」
- 한기韓琦『한위공제식韓魏公祭式』
- 정이程頤『이천문집伊川文集』「기장용백관사記葬用柏棺事」(『이정전서』수록)

---

156 『張子全書』권7, "凡忌日, 必告廟, 爲設諸位, 不可獨享. 故迎出廟, 設於他次, 既出則當告諸位. 雖尊者之忌, 亦迎出. 此雖無古可以意推. 薦用酒食, 不焚楮幣, 其子孫食素."

■ 장재張載『경학이굴經學理窟』「자도自道」(『장자전서』에 수록)

요컨대 『가례』는 멀게는 여러 경전들에 근본하면서 가깝게는 여러 학자들의 예설을 취한 것을 알 수 있다. 이런 점에서 『가례』는 모두 그 근거를 갖추고 있으면서도 시의에 맞는 변통까지 겸비하고 있어, 고금의 예의를 집대성하여 여러 다양한 가례서들의 완결판이라 할 수 있다. 이러한 특징으로 인해 후에 여러 지역 예속의 전범이 되어 한국, 일본, 베트남 등 여러 나라에 영향을 미쳤다.

제3장

『주자가례』의 구성과 내용

본 장에서는 『가례』의 원래 목차에 근거해서 그 구성과 내용을 서술한다. 먼저 「통례」를, 그 다음엔 「관례」, 「혼례」, 「상례」, 「제례」에 대해 기술할 것이다. 또한 본 장에서의 논의는 『가례』에만 집중하고, 『의례』 및 다른 전적과의 비교 연구는 〈제4장 『주자가례』의 특징〉에서 논할 것이다. 본문에서 『가례』의 내용을 언급할 때에는, 해당 예식을 분석하여 이를 논하거나, 귀납적인 방식으로 논의를 진행하겠다.

1. 「통례通禮」

1) 사당祠堂

『온공서의』의 순서에 의하면, '사당'조는 원래 제례 부분에 실려 있었으나, 『가례』에서는 '사당'조를 맨 앞에 두었다. 사당이란 돌이켜 자신의 근원이 되는 조상에게 보은하고, 부모의 장례를 신중히 치르고 조상을 추모하는 곳이다. 주희는 이러한 의미를 특별히 중시하여 '사당'조를 맨 앞에 두었다. 사마광은 송 인종 당시 태자소부太子少傅로 부름 받

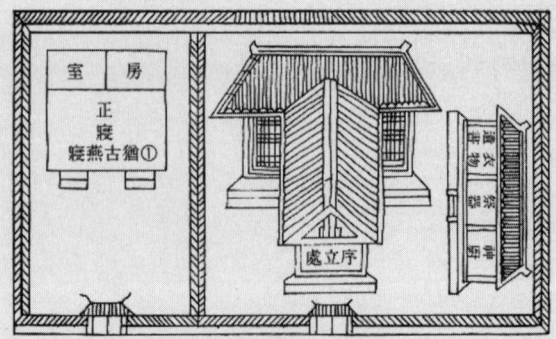

그림 2. 사당 전체 그림(『家禮輯覽圖說』에서)

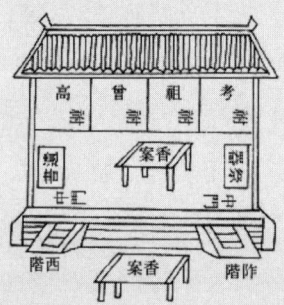

그림 3. 사당 한 칸의 그림(『家禮輯覽圖說』에서)

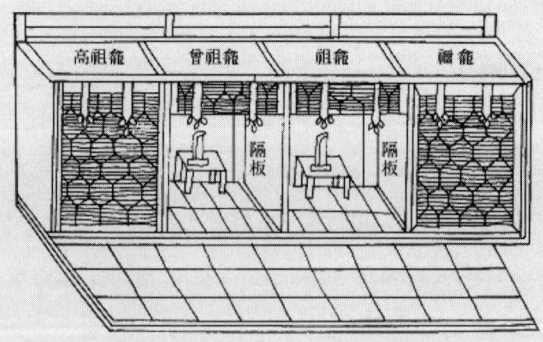

그림 4. 사당 안 감실의 그림(『家禮輯覽圖說』에서)

았을 때 이후로 늘 가묘家廟를 만들려는 뜻을 품고 있었다. 당시 고관대작 중 오직 문언박文彦博(1006-1097)[157]만이 장안에 가묘를 만들었을 뿐, 다른 이들은 모두 가묘를 만들지 않았다.[158] 사마광은 가묘를 그저 '영당影堂'이라고 명명했다. 하지만 정이程頤는 제사를 올릴 때 '영정'을 사용할 수 없다고 말했고, 『가례』 역시 영정을 '사당'이라고 고친 것이다.[159] 이 이후로 '사당'이란 명칭은 지금까지 사용되고 있다. '사당'이란 명칭의 기원을 거슬러 올라가 보면 『가례』가 창시자라고 할 수 있으며 주희의 독창성이 돋보이는 제도이다.

(1) 사당의 구성

『가례』에서는 집을 지을 때 반드시 먼저 사당을 만들어야 한다고 주장했다. 사당이란 집의 근본이기 때문이다. 사당의 구성에 대해서는 내외구조로 나누어 기술할 수 있다.

사당은 본채[正寢]의 동쪽에 위치하며 총 세 칸으로 이루어진다. 이는 아마도 옛 가묘의 남겨진 제도인 듯하다. 본채 밖에는 중문中門이 있고, 중문 밖에는 두 갈래 계단이 있다. 동쪽 것은 조계阼階라 하고, 서쪽 것은 서계西階라 한다. 계단은 각기 층계가 셋이다. 두 갈래 계단 아래엔, 땅의 너비에 따라서 지붕으로 덮는데, 여러 가족들이 늘어설 수 있을 정도여야 한다. 또 남기신 글, 옷, 제기祭器, 신주神廚 등은 그 동쪽

---

157 문언박의 자는 寬夫, 호는 伊叟로, 汾州 介休(지금의 山西 介休市) 사람이며, 관직은 太師에 이르렀고 潞國公에 봉해졌다.
158 사마광의 「文潞公家廟碑」에 보인다. 이 글은 四部叢刊本 『溫國文正司馬公文集』 권79에 실려 있다. 사고전서본 『傳家集』 권79에는 「河東節度使守太尉開府儀同三司潞國公文公先廟碑」라고 제목이 붙어있다.
159 『주자가례』 권2 劉垓孫의 附註에 보인다.

에 방을 마련해 둔다. 또 그 동쪽을 두루 담장을 둘러 외문外門을 따로 만들어 두되 늘 빗장을 걸어 잠궈 둔다. 만약 집안이 가난해서 비좁다면 당堂 한 칸만 만들어 대청大廳의 동쪽에 둔다. 그리고 동쪽과 서쪽의 벽 아래에 각기 장欌을 두어 서쪽 장엔 남기신 글과 의복 등을 보관하고 동쪽 장엔 제기를 보관한다.

사당 안은 북쪽에 가까운 도리[架]에 네 개의 감실龕室을 만들고 각 감실마다 탁상 위에 신주를 모신다. 신주는 모두 독櫝 안에 넣고는 탁상의 남쪽을 향해 둔다. 모든 감실에 작은 발을 드리우고 발 밖에는 당堂 가운데 향탁香卓을 둔다. 향탁 위에는 향로香爐와 향합香盒을 놓는다. 두 갈래의 계단 사이도 향탁을 마련해 이와 같이 한다.

(2) 제전祭田, 제기祭器

사당을 만들었으면 사당을 운영할 재원과 도구가 필요하다. 이를 마련해두지 않으면, 사계절에 맞춰 올리는 제사나 체협제례禘祫祭禮를 때맞춰 걸맞게 예식을 실행할 수 없다. 때맞춰 제사를 올릴 수 있으려면 미리 제사 비용을 충당하는 전답인 제전祭田을 마련해둬야만 한다. 그리고 제사를 예법에 걸맞게 올리려면, 제기를 구비해둬야만 한다. 그래서 사당을 만들 때 가족 소유의 전답을 헤아려서, 매 감실마다 그 전답들의 1/20을 제전으로 삼았다가, 제사지내는 대수代數가 다하면[160] 다시 이를 4대봉사가 끝난 후 묘지에서 올리는 제사의 이용을 충당하기 위해 마련한 묘전墓田으로 삼는다. 제전으로 사당에서 필요한 일체 비용을 충당하기에 저당 잡히거나 팔아치울 수는 없으며, 종가의 적자인

---

160 이는 '親盡'의 의역이다. 『가례』는 4대봉사를 원칙으로 하기에 그 대수가 넘은 조상의 신주는 체천하여 합사한다.

종자宗子가 나서서 주관한다. 제기란 상床, 자리[席], 교의交椅, 탁자, 대야, 물동이, 화로, 술과 음식을 담을 그릇 등인데, 이 모든 기물들은 제사에만 사용하며, 다른 용도로 융통하여 쓸 수 없다.

(3) 사당에서 참신參神[161]하는 예식

사당은 늘 빗장을 걸어 잠궈 두다가 참신할 때에 개방한다. 사당을 참신하는 명목에 따라 그 예식 역시 각기 차이가 난다. 지금 그 갈래를 나눠보면 다음과 같다.

① 새벽 배알拜謁

새벽에 종가의 맏아들인 주인이 대문 안에서 예식을 행한다. 매일 아침 새벽에 주인은 심의를 입고 분향하고 재배함으로써 새벽 배알을 행한다.

② 외출과 귀가

가. 가까운 곳으로의 외출: 주인과 그의 아내인 주부가 가까운 곳으로 외출할 때는 대문으로 들어가 첨례瞻禮[162]를 행하고, 귀가해서도 이와 같이 한다.

나. 외부에서 묵고서 귀가: 주인이 외부에서 묵고서 귀가하면 분향하고 재배를 올린다.

다. 열흘 이상 나가있을 경우: 주인은 재배하고 분향하며 "저 아무개가 모처에 가려하기에 감히 고하나이다."라고 아뢴 뒤 다시

---

161 사당에 나아가 신주에 참배하는 의식.
162 일반적으로 공손히 揖을 올리는 것을 가리킨다.

재배를 올린다. 귀가해서도 이와 같이 하는데, 다음과 같이 아린다. "저 아무개가 오늘 모처로부터 돌아왔기에 감히 뵈옵니다."라. 한 달 이상 나가있을 경우: 주인은 중문을 열고 계단 아래에 서서 재배를 올리고 동쪽의 조계로 올라가 분향하고 아뢰기를 마친 뒤 재배를 올린다. 계단을 내려가 제자리로 돌아간 뒤 다시 재배를 올린다. 나머지 사람들도 이와 같이 하지만 중문을 열지는 않는다.

③ 설날, 동지, 매월 초하루와 보름

매월 초하루와 보름, 매 해 설날과 동지에는 주인이 햇과일과 술과 차를 가지고 참신한다. 그 예식은 당일 하루 전, 물 뿌리며 청소하고 재계齋戒하며 잠을 잔다. 날 밝을 때 일찌감치 일어나 모든 감실에 햇과일을 놓는다. 대야와 물동이, 그리고 수건 2개를 계단 아래 동남쪽에 둔다. 주인 이하는 제대로 복장을 챙겨 입고, 문으로 들어가 (각자) 제자리에 선다. 주인은 대야에 손 씻고 수건으로 닦고 계단을 올라가 '남성 신주神主들'을 모시고 독櫝 앞에 놓는다. 주부는 대야에 손 씻고 수건으로 닦고 계단을 올라가 '여성 신주들'을 모시고 '남성 신주들'의 동쪽에 놓는다. 그런 다음 부주祔主 즉 후대의 신주들 역시 이와 같이 한다. 모두 마치고 나면, 주부 이하는 제자리로 돌아간다. 주인은 향탁 앞으로 나가서 신령을 모시는 예식[降神]을 올리고 홀笏을 꽂고 분향하고 재배를 올린다. 주인은 무릎을 꿇고 술 주전자를 받아서 술을 따른 뒤 주전자를 돌려준다. 홀을 뽑아들고 고개를 숙여 엎드렸다가 재배를 올린다. 계단을 내려가 제자리로 돌아와 각기 제자리에 있던 이들과 함께 모두 재배를 올리고 참신한다. 주인이 계단을 올라가 홀을 꽂고 술 주전자를 잡고 술을 따른다. 주부가 계단을 올라가 다선茶筅[163]을 잡는다. 집사[164]는 끓는 물병을 들고 주부의 뒤를 따른 올라가, 차를 타서 앞에서 술을 올리듯 한다. 계단을 내려가 제자리로 돌아와, 각기 제자리에 있던 이들과 함께 모두 재배를 올린다. 마지막으로 신령을 보내는 예식[送神]을 올리고 물러난다. 단, 보름일 때는 술을 마련하지 않고 신주를 꺼내지도 않는다. 주인이 차를 타고 맏아들은 옆에서 이를 보좌만 한다.

④ 속절俗節[165]

청명절, 한식절,[166] 단오절, 중원절中元節(음력 7월 15일), 중양절重陽節(음력 9월 9일)같은 속절에는 제철 음식을 올린다. 예식은 설날, 동지, 초하루의 예식과 같다.

(4) 복식

이는 설날, 동지, 초하루, 보름에 참신할 때 주인 이하로 제대로 복장을 챙겨 입는 것을 말한다. 챙겨 입는 복장 제도는 신분에 따라 다르다.

① 관직이 있는 자: 복두幞頭, 공복公服 즉 관복官服, 띠, 가죽 신[靴]

------

163 가루로 된 抹茶를 물에 섞을 때 쓰는 대나무로 만든 일종의 거품기다. 아직도 말차를 음용하는 일본의 茶道에서는 곧잘 사용된다.
164 執事者는 이후 통용에 따라 '집사'로 표기한다. 통상 자손이 집사를 맡으며, 內執事는 자손 혹은 자손의 부녀가 맡는다.
165 세삿날 이외에 칠에 따리 치례를 지내는 날을 가리킨다.
166 앞서 지적했듯이 24절기인 청명은 음력이 아닌 양력에 근거해 음력에서는 날짜가 일정치 않고 한식은 청명 다음 날이다. 기본적으로 음력 3월 상순 즈음이다.

홀笏,[167] 이를 갖추지 못할 경우 모자, 적삼, 띠, 가계假髻, 배자背子 즉 소매가 없는 덧옷를 융통하기도 하고, 이조차 갖출 수 없으면 심의나 양삼凉衫을 입는다. 다만 이를 두고 제대로 복장을 차려입은 것으로 여기지는 않는다.

② 진사進士: 복두, 난삼襴衫, 띠.
③ 처사處士: 복두, 조삼皁衫, 띠.
④ 관직이 없는 자: 모자, 적삼[衫], 띠를 융통하지만, 이 역시 갖출 수 없으면 심의深衣나 양삼凉衫을 입는다.
⑤ 부인婦人: 가계假髻, 원삼圓衫[大衣], 긴치마[長裙]
⑥ 시집가지 않은 여자: 관자冠子, 배자
⑦ 첩들: 가계假髻, 배자

(5) 기타

사당은 옛 가묘[168]의 제도다. 옛 가묘는 방房과 실室로 나뉘는데, 신주는 실내에 모시고, 한 세대를 모시기 위해 묘당을 하나 지었다. 사당은 단지 당만 있을 뿐 침실[寢]이 없다. 그리고 감실 네 개로 줄여 네 신주를 하나의 당에서 제사지내니, 이것이 양자 간의 다른 점이다. 무릇 사당이 있는 가택은 맏아들이 대대로 맡으며 '분사分祀: 分釁를 평계로 나누지 않는다. 사당은 종법을 근간으로 하며 일족一族이 섬기는 신주를 모은 곳으로, 가족의 정신이 달려 있는 곳이다. 그래서 혹시라도

---

[167] 천자이하 공, 경, 대부, 사가 조복을 입거나 제례를 올릴 때 손에 드는 판이다. 조선시대에는 4품 이상은 상아, 그 이하는 괴목을 사용하였다.
[168] 주택안에 세워 조상의 위패를 모시고 제사를 지내는 집이다. 『예기』 「왕제」편에 의하면 천자는 7廟, 제후는 5廟, 대부는 2廟, 士는 1廟이며, 庶人은 廟를 둘 수 없고 寢에서 제사를 지낸다.

물난리가 나거나, 화재가 나거나, 도적이 들거나 하면, 먼저 사당을 구하고, 신주와 남기신 글을 옮기고, 제기를 옮긴다. 그런 다음에야 집안의 재물을 옮긴다.

2) 심의제도深衣制度

『온공서의』에서는 '심의제도'를 '관례' 뒤에 두었지만, 주희는 '통례', '사당' 뒤에 넣었다. 이는 '심의제도'가 평소 늘 입는 복장이기 때문이다.

심의제도는 오래되었지만 송대에 와서 실물은 볼 수 없었다. 다행히도 그 남겨진 제도를 대략이나마 『예기』 「옥조玉藻」에서 살펴볼 수 있고, 그 의미는 『예기』 「심의」에 상세하였다. 이에 사마광은 옛 제도의 심의를 본떠, 평소 입는 연거복燕居服[169]을 만들었다. 주희는 옛 예법을 참고하면서 실용적인 편의를 모색하며, 『온공서의』의 심의 부분을 수정함으로써, 사람마다 멋대로 예제禮制를 만들다가 변질되는 경우를 바로잡았다. 그래서 한 벌의 심의를 연구하여, 살아서는 제사와 연회에서 입는 옷으로 삼고 죽어서는 염습하는 도구로 삼았다.

(1) 의상衣裳

심의는 희고 가는 베를 쓰고, 만들 때 윗도리와 아랫도리를 연이어 꿰맨다. 옆구리의 위는 윗옷[衣]이고, 그 아래는 치마[裳]다. 그 길이는 발뒤꿈치에 닿는데, 윗옷은 전체가 네 폭이고 치마는 열두 폭으로 비스듬히 마름질한다.

---

169 옛날 왕과 문과 관리들이 입던 평상복을 가리킨다.

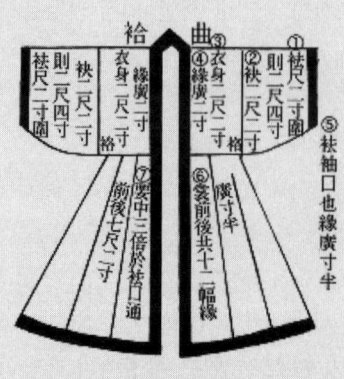

그림 5 심의 앞쪽(『家禮輯覽圖說』에서)

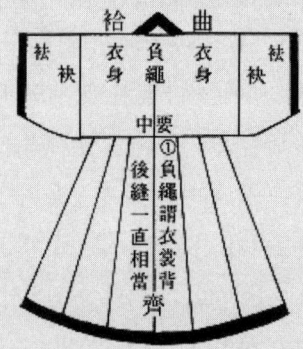

그림 6 심의 뒤쪽(『家禮輯覽圖說』에서)

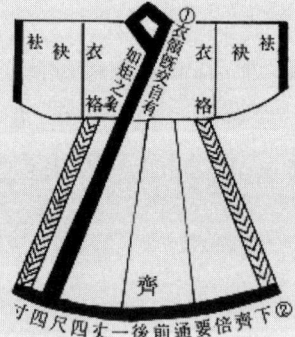

그림 7 심의를 입었을 때(『家禮輯覽圖說』에서)

(2) 소매[袂]

좌우 소매는 각기 베 한 폭을 사용하는데, 그 밑뿌리의 너비는 윗옷의 길이와 같지만, 점차 둥글게 줄이면서 소매 아가리에 다다른다. 소매 아가리란 소맷부리로, 그 둘레는 두 자 두 치다.

(3) 모난 옷깃[方領], 둥근 옷자락[曲裾]

모난 옷깃이란 윗옷의 목 부분 옷깃을 꺾어서 양쪽의 가슴 부분 옷깃을 서로 여미면 꺾인 목 부분 옷깃은 저절로 모난 꼴이 된다.

둥근 옷자락이란 『예기』 「심의」에서 말한 "옷섶을 붙여 가장자리를 꿰맨다[續衽鉤邊]"는 것이다. "가장자리를 꿰맨다."란 표현에 대해서 정현은 "지금의 둥근 옷자락을 가리킨다."[170]라고 주를 달았다. 심의 제도 중에서 유독 이 "옷섶을 붙여 가장자리를 꿰맨다."는 구절만은 정확한 의미를 상세히 고찰하기 어렵다. 그렇다보니 『가례』의 원주에서 말한 둥근 옷자락과 주희 만년의 주장이 전혀 다르게 되었다. 이에 대해서는 『가례』에 덧붙여진 채연蔡淵과 양복의 지적이 보인다. 『가례』의 원주에서 해석한 둥근 옷자락을 고찰해보면, 『예기』 「심의」에 달린 공영달의 소疏[171]에 근거해 이렇게 말한 것으로 보인다.

베 한 폭을 써서 치마의 길이와 같게 하고, 비스듬히 자르는데 이는 치마를 만들 때와 같다. 다만 넓은 쪽을 위로 가게하고, 베의 가장자리

---

170 鉤邊若今曲裾
171 『예기정의』 가운데 공영달의 소에 실려 있는 남조의 皇侃과 북조의 熊安生이 『예기』를 위해 지었던 義疏를 가리킨다. 『사고전서총목제요』에 다음과 같은 언급이 보인다. "『예기』를 위해 지은 義疏 중 당대 초엽까지 황간과 웅안생의 것이 아직 남아 있었다. 정관 연간에 칙령을 내려 공영달 등으로 하여금 『예기정의』를 편수하게 하니, 황간의 의소를 근간으로 하면서 미비한 부분은 웅안생의 의소로 보충했다.[爲之疏義者, 唐初尙存皇侃·熊安生二家. 貞觀中, 敕孔穎達等修『正義』, 乃以皇氏爲本, 以熊氏補所未備.]"

를 바깥쪽으로 가게한 뒤, 왼쪽으로 오른쪽을 덮어서 서로 겹치게 드리우면 제비 꼬리 모양이 된다. 또 그 안쪽의 옆 절반을 조금 넘는 아래를 약간씩 잘라 점점 물고기의 배처럼 만들고, 끝부분은 새의 부리처럼 만든 뒤, 안쪽으로 치마의 오른쪽 옆에 붙인다.[172]

이 '둥근 옷자락' 즉 옷섶을 붙여 가장자리를 꿰맨 것을 위해 주희는 따로 베 한 폭을 두었다. 『예기』 「심의」에 대한 정현의 주에서는 이렇게 말했다.

> 붙인다는 것은 잇는다는 것이다. 옷섶이란 치마의 옆 자락을 가리킨다. 그 옆 자락을 이으니 치마의 앞뒤가 다르지 않게 된다.[173]

정현의 주에서 말한 "옷섶을 붙인다."는 것은 따로 베 한 폭을 필요로 하는 것이 아니라, 치마의 양쪽 옆 자락을 말한 것뿐이다. 정현은 치마의 양쪽 옆 자락을 잇는다고 여겼기에 치마의 앞뒤가 다르지 않다고 한 것이다. 주희는 만년에 이미 자신의 옛 주장을 수정해 이렇게 말했다. "'옷섶을 붙여 가장자리를 꿰맨다'란 치마의 옆 자락을 이어서 앞뒤에 솔기 자국이 없다는 말일 뿐이다. 왼쪽과 오른쪽을 꿰맸기에 '가장자리를 꿰맸다'고 한 것이지, 따로 베 한 폭을 두어, 이를 갈고리 모양으로 잘라 치마 옆에 붙이는 것이 아니다."[174] 이를 보면 주희가 이미 처음의 주장을 버리고 정현의 주를 따랐음을 알 수 있다. 이 때문에 양

---

172 用布一幅, 如裳之長, 交解裁之, 如裳之制. 但以廣頭向上, 布邊向外, 左掩其右, 交映垂之, 如燕尾狀. 又稍裁其內旁大半之下, 令漸如魚腹, 而末爲鳥喙. 內向綴於裳之右旁.
173 續, 猶屬也. 衽, 在裳旁者也. 屬連之, 不殊裳前後也.
174 『주자가례』 권2, 10쪽 附註. 續衽鉤邊者, 只是連續裳旁, 無前後幅之縫. 左右交鉤, 卽爲鉤邊, 非有別布一幅, 裁之如鉤而綴於裳旁也.

복은 이렇게 말했다. "돌아가신 스승께서는 만년에 소疏를 단 공영달의 실수를 깨달으셨으나 미처 『가례』를 고치지 못하셨다. 그래서 나는, 『가례』 '심의 제도'조 중 '둥근 옷자락' 구절 아래에 정현의 주를 넣어서 공영달 소의 오류를 수정하고 돌아가신 스승께서 말년에 확정하신 주장을 밝혀놓는다."[175]

(4) 검은 가선[黑緣]

가선이란 끝자락을 꾸미는 것이다. 검은 비단으로 옷깃의 겉과 속을 각기 두 치씩 꾸민다. 소맷부리와 치마 가장자리는 겉과 속을 각기 한 치 1반씩 꾸민다. 소맷부리는 베 밖에 따로, 이 너비의 가선을 꾸민다.

(5) 큰 띠[大帶]

너비가 네 치인 흰 비단을 사용하는데, 그 길이는 허리를 두르고 앞에서 매듭을 맺고 나머지는 드리워 '신紳'[176]으로 삼는데, 아래로 치마단과 나란히 한다. 그리고 검은 비단으로 다시 그 신대紳帶를 꾸미고, 또 다섯 빛깔 가닥을 땋은 끈으로 매듭을 맺었던 곳에 함께 묶는데, 그 길이 역시 '신紳'과 가지런히 한다.

(6) 치관緇冠, 복건幅巾, 검은 신[黑履]

치관은 풀 먹인 종이로 만든다. 앞뒤로 세 치, 좌우로 네 치에, 위로는 주름골[梁]이 다섯 개가 있고, 그 주름[辟積][177]은 왼편으로 꿰매는

---

175 『주자가례』권2, 附註. "先師晚歲知疏家之失, 而未及修定. 愚故著鄭註於『家禮』深衣曲裾之下, 以破疏家之謬, 且以見先師晚歲已定之論云."
176 여기서 '紳'은 예복에 두르는 허리띠 중 매듭 아래 드리워진 부분을 가리킨다.
177 '辟積'은 '襞襀'의 通假字로 원래는 옷의 주름을 주로 가리키지만 여기서는 치관 윗부

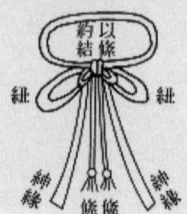

그림 8. 대대도(大帶圖)(『家禮輯覽圖說』에서)

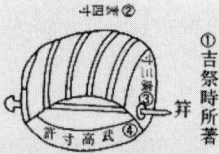

그림 9. 치관(緇冠)(『家禮輯覽圖說』에서)

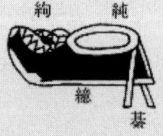

그림 10. 흑구(黑絢)(『家禮輯覽圖說』에서)

데, 너비는 네 치, 길이는 여덟 치다. 치관 밑 테두리[武]의 바깥 부분에 붙이되 양쪽 끝을 각기 반치씩 반대로 접고, 안쪽으로 검게 칠한다.

복건은 여섯 치 정도의 검은 비단을 쓰되 가운데를 접는다. 오른쪽 끝은 접은 부분을 횡첩橫帖[178]을 만들고 왼쪽 끝은 뒤집어 접는다. 횡첩의 왼쪽 네다섯 치 사이부터 비스듬히 왼쪽으로 둥글게 꿰매다가 왼쪽 가장자리를 따라 양쪽 끝에 다다른다. 그리고 다시 꿰맨 나머지 검은 비단을 뒤집어서 안쪽을 향하게 한 뒤, 횡첩을 이마의 좌우로 감싸다가 양쪽 살쩍부분에 다다라 각기 띠를 하나씩 매단다. 너비는 두 치요 길이는 두 자로, 복건 바깥쪽으로부터 정수리 뒤쪽으로 넘긴 뒤 매듭을 묶어 아래로 드리운다.

검은 신은 『가례』의 원주에서 "하얀 빛깔의 신코 장식[絇], 신 가장자리를 두른 끈[繶], 신 입구를 두른 가선[純], 신의 끈[綦]을 쓴다."라고 한 것을 보면, 검은 신발에 흰 장식을 한 것임을 알 수 있다.

이러한 심의제도의 기준과 그 의의는 『예기』「심의」에서 확인할 수 있다.

> 옛날엔 심의에 대한 제도가 있었다. …… 열두 폭으로 만드는 것은 한 해가 열두 달인 것에 상응하는 것이고, 소매가 둥근 것은 그림쇠와 상응하는 것이고, 모난 옷깃은 곱자와 같아서 모난 것에 상응하고, 심의의 등줄기 솔기가 곧장 복사뼈까지 미치는 것은 곧은 것에 상응하고, 심의의 아랫단이 가지런하여 저울과 같은 것은 평평한 것에 상응하는 것이다. 그래서 그림쇠 같이 둥근 소매는 거수하여 읍을 올리는 몸가짐이요, 심의의 등줄기 솔기

분의 주름을 가리킨다.
178 복건 중 가로로 머리에 닿는 데 부분을 말한다.

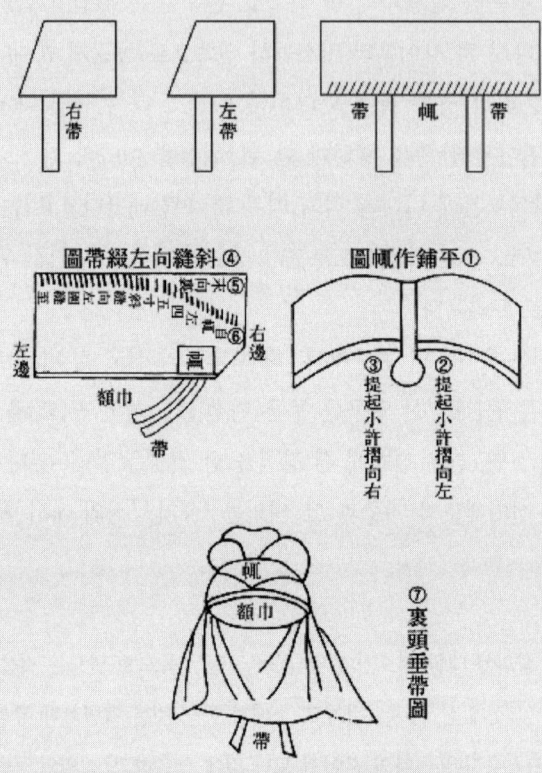

그림 11. 복건도(服巾圖)(『家禮輯覽圖說』에서)

가 모남[方]을 품은 것은 정치를 바르고 곧게 하고 공의를 방정하게 한다는 것이다.[179]

이것을 통해 보면 심의를 만든 의도에 깊은 뜻이 내포되어 있는 것을 알 수 있다.

3) 가정에서의 여러 의식[居家雜儀]

주희는 『가례』에서 '가정에서의 여러 의식'을 '사마씨거가잡의司馬氏居家雜儀'라고 명명했다. 이 이름은 『온공서의』 「혼의昏儀」에 실린 '거가잡의居家雜儀' 조항에서 가져온 것임을 알 수 있다. 『가례』의 '사마씨거가잡의'조 원문과 원주를 살펴보면, 원본이라 할 수 있는 『온공서의』에 비해 285자가 많다. 『가례』의 '사마씨거가잡의'조는 총 1,793자다. 양자 간에 다른 부분은 16곳인데, 주희가 덧붙인 원문과 원주는 6곳이며, 나머지는 단지 글자가 약간 다를 뿐이다. 이곳의 내용은 집에 거하며 평소 하는 일에 대해 기술한 것인데, 그 조항들은 다음과 같다.

- 가장 노릇하는 사람이 모든 아들·아우 및 집안사람들을 다스리는 방도
- 여러 비속이나 어린 이들이 가장을 섬기는 방도
- 결혼한 아들과 며느리가 부모와 시부모를 섬기는 방도
- 아들과 아우 되는 이들이 아비나 형이나 종친들을 섬기는 방도

---

179 古者深衣蓋有制度. …… 制十有二幅以應十有二月, 袂圜以應規, 曲袷如矩以應方, 負繩及踝以應直, 下齊如權衡以應平. 故規者, 行擧手以爲容, 負繩抱方者, 以直其政, 方其義也.

- 아들이 부모를 섬기는 방도
- 부모나 시부모가 질병에 걸렸을 때, 아들과 며느리가 지켜야할 방도
- 집을 짓는 방도
- 비속이나 어린 이들이 존속과 어른에게 지켜야할 방도
- 사위와 생질이 올리는 절 받기
- 절기에 맞춰 치르는 행사와 불시에 치르는 집안 잔치
- 자녀가 갓 태어났을 때 유모를 구할 경우부터 교육 방법에 이르기까지의 방도
- 안팎의 종복과 첩들이 주인을 섬기는 방도
- 주인이 남녀 종복에게 상과 벌을 내리는 방도

주희는 이에 근거하여 사람이 자신의 분수에 만족하면서 하고 싶은 일을 다 하고 예법을 준수하면서 정도를 지킬 수 있다면, 세상의 윤리가 바로 서고 사랑을 베푸는 것이 저절로 돈독해 질 것이라고 보았다. 사마씨거가잡의'를 「통례」에 삽입한 이유에 대해서 그는 다음과 같이 말하고 있다.

> ('사마씨거가잡의')는 집에 거하며 평소 하는 일로, 윤리를 올바르게 하고 사랑을 돈독하게 하는 것의 근본이 모두 여기에 있다. 반드시 이렇게 행할 수 있어야만, 예식의 형식과 절차가 볼만하게 되었다. 이렇게 하지 않는다면 비록 모든 예식을 갖췄더라도 그 근본에는 사실 아무 취할 것이 없기에, 군자가 귀하게 여기지 않는다. 그래서 이 조항 역시 「통론」에 열거해 둔 것이니, 보는 이로 하여금 이것이 우선해야 할 부분임을 알게 하려는 것이다.[180]

---

180 『성리전서』 권19, "… 乃家居平日之事, 所以正倫理, 篤恩愛者, 其本皆在於此. 必能行

주희의 의도는 사람들로 하여금 솔선하여 윤리를 올바르게 하고 사랑함을 돈독하게 하고 이를 통해 예식의 형식과 절차에 있어서 볼만한 것이 생기게 하려는 것이다. 이는 예의 근본이요 인의 근거가 되기 때문이다. 주희가 근본을 숭상하고 실질에 힘써야 함을 깊이 체득했음을 알 수 있다.

2. 「관례冠禮」

관례는 인생의 통과의례 중 제일 먼저 맞게 된다는 점에서 예의 시작이요, 기쁘고 중요한 일이다. 이런 점에서 예로부터 관례를 중시하였고, 조상의 신주를 모신 조묘祖廟에서 행하였다. 본래 사의 관례는 묘문에서 시초점을 쳐서 거행 일자를 정했다.[181] 이제 『가례』에서는 조묘 대신 주희가 고안한 사당에서 예를 거행하고 고한다. 관례는 오늘날의 성년식이며, 이는 성인의 길을 권장하기 위해 거행하는 것이다. 남자에 관례가 있다면 여자에게는 계례笄禮 곧 비녀를 꽂는 예가 있다. 남자는 15세에서 20세 사이일 때, 그의 부모가 1년 이상의 상을 치르지 않고 있는 경우에, 그 아들에게 관례를 치러줄 수 있다. 지금 『가례』의 「관례」에 근거해 보자면 그 내용은 다음과 같다.

此, 然後其儀章度數有可觀焉. 不然, 則節文雖具, 而本實無取, 君子所不貴也. 故亦列於首篇, 使覽者知所先焉."
181 『의례』「사관례」"士冠禮, 筮於廟門."

1) 관례를 치르기 3일 전

(1) 사당에 고한다: 관례를 치르기 3일 전, 주인이 사당에 고한다. 만약 주인에게 갑작스러운 일이 생기면, 종가의 적자나 관례를 치르는 이의 아버지가 주관하게 한다. 만약 종가의 적자가 이미 부모를 여의어 홀로 된 경우, 자신이 관례를 치르게 되었으면 스스로 주인 노릇을 한다. 『의례』「사관례」에서 말하는 주인이란 관례를 치르는 이의 아버지나 할아버지나 형이다.[182] 『가례』에서도 반드시 관례를 치르는 이의 할아버지나 아버지가 주인 노릇을 하게 했다. 이것은 관례를 중하게 여긴 때문이다.

(2) 정빈正賓[183]에게 관례를 치르게 되었음을 알린다[戒賓]: '계戒'란 '일깨우다[警]', '알리다[告]'는 의미다.[184] 정빈은 관례를 주관하여 집행하는 사람이다. 『가례』는 정빈正賓에게 알리는 날짜를 언급하고 있지는 않지만, 『의례』「사관례」에 있는 가공언賈公彦의 소에 근거하면, 관례 3일 전에 시행한다.[185] 주인의 벗들 중에서 현명하면서 예의를 갖춘 이를 한 명 골라 정빈으로 삼는다. 정빈의 사는 곳이 가깝다면, 주인은 심의를 입고 직접 정빈의 대문까지 가서 관례를 치르게 되었음을 알린다. 정빈이 먼 곳에 사는 경우는 편지를 쓴 뒤 아들이나 아우를 보내 정빈을 청한다. 옛 『의례』「사관례」에서는 정빈을 점으로 정하는 의식이 있었지

---

182 『의례』「사관례」정현의 주에서는 이렇게 말했다. "주인이란 관례를 치르는 이의 아버지나 형이다.[主人, 將冠者之父兄也.]"
183 주례자를 말함
184 이 풀이는 『의례』「사관례」정현의 주에 근거한 것이다.
185 『의례』「사관례」의 "正賓에게 알린다[戒賓]"란 구절에 대한 賈公彦의 疏에서는 이렇게 말했다. "주인이 관례 치를 날짜를 점치기 3일 전에 동료나 벗들에게 널리 알려 와서 관례를 보게끔 한다.[主人筮日訖三日之前, 廣戒僚友, 使來觀禮.]"

만, 『가례』는 이를 생략하고 사용하지 않았다.

2) 관례를 치르기 1일 전

(1) 관례를 주관할 정빈에게 간다[宿賓]: '숙宿'이란 '간다[進]'라는 뜻이다.[186] 관례를 주관할 정빈이 오지 않으면 관례를 치를 수 없기에, 비록 이미 알리기는 했지만 관례를 치르기 하루 전에 다시 가는 것이다. 정빈에게 간다는 것은 편지를 써서 아들이나 아우를 보내 전한다는 말이다.

(2) 진설陳設하다: 옛날 관례는 모두 조묘에서 거행했다. 『가례』에서는 주로 대청과 장막으로 만든 방에서 거행한다. 그래서 하루 전에 대야와 수건을 대청에 놓고, 대청 동북쪽에 장막으로 방을 만든다. 대청에 만약 동쪽과 서쪽으로 난 두 계단이 없다면 백토白土로 선을 그어 구분해 둔다. 이는 당일 관례를 거행하기 위한 준비로 진설해 두는 것이다.

3) 관례를 치르는 당일

(1) 관례 때 입을 의복을 늘어놓는다: 당일 아침 일찍 일어나 의복, 탁자, 자리를 늘어놓는다. 관례 때 입는 의복은 신분에 따라 차별이 있다. 『가례』의 원주原注에서는 이렇게 말했다. "관직에 있는 사람은 공복公服

---

[186] 이 풀이는 『의례』 「사관례」에 있는 정현의 주에 보인다. 청대 胡培翬의 『儀禮正義』에서는 "'宿'은 古文으로 '夙'(삼가다)으로 쓴다. '宿'은 또 '速'(삼가 청하다)과 通假되기도 한다. 이 모두가 '미리 알려 오시게끔 한다'는 뜻이나.[宿爲古乂夙, 宿又通速, 皆是豫召使來之義.]" 문맥으로 보면 호배휘의 것이 가장 훌륭하지만 이는 청대의 주석이므로, 번역은 정현의 풀이를 따랐다.

(즉 관복), 띠, 가죽 신[靴], 홀笏을 갖추고, 관직이 없는 사람은 난삼襴衫, 띠, 가죽 신을 갖춘다. 조삼皁衫, 심의, 큰 띠, 신[履], 빗[櫛], 머리띠[䙝], 망건[掠]으로 융통하기도 한다. 이 모두를 탁자 위에 늘어놓는데, 동쪽에 옷길을 두고 북쪽을 위쪽으로 삼는다. 술 주전자, 술잔, 잔 받침 역시 탁자에 놓고 이를 옷의 북쪽에 둔다. 복두幞頭, 모자, 갓, 비녀, 수건은 각기 다른 쟁반에 올려둔다. 보자기[帕]로 이 쟁반들을 덮은 뒤 탁자에 놓고 이를 서쪽 계단 아래 둔다. 집사 한 사람이 이를 지킨다. 맏아들은 동쪽 조계[阼階]의 동쪽에 자리를 깔고, 조금 북쪽에서 서쪽을 향한다. 다른 아들들은 약간 서쪽에서 남쪽을 향한다."[187]

(2) 주인 이하는 차례대로 선다: 주인 이하, 자제, 친척, 시종들은 성복을 하고 동쪽 계단인 조계 아래서 각자의 자리에 선다. 주인은 약간 동쪽에서 서쪽을 향한다. 나머지 사람들은 그 뒤에서 여러 줄로 서되, 서쪽을 향하고 북쪽을 위로 한다. 관을 쓸 당사자가 종가의 적자가 아니면, 그 당사자의 아버지가 주인의 오른쪽에 서되, 주인보다 존속이면 약간 앞으로 나아가고, 주인보다 비속이면 약간 뒤로 물러난다. 관을 쓸 당사자는 두 갈래 상투[雙紒]를 하고 네 폭으로 갈라지는 두루마기에 각반[188]을 갖춘 뒤, 무늬가 그려진 나막신을 신고서, 방 가운데에서 남쪽을 향한다.

....

187 有官者, 公服·帶·靴·笏. 無官者, 襴衫·帶·靴. 通用皁衫·深衣·大帶·履·櫛·䙝·掠, 皆以卓子陳於房中, 東領北上. 酒注盞盤, 亦以卓子陳於服北. 幞頭·帽子·冠·笄·巾, 各以一盤盛之, 蒙以帕, 以卓子陳於西階下. 執事者一人守之. 長子則布席於阼階上之東, 少北. 西向. 衆子則少西, 南向.

188 여기서 '각반'은 '勒帛'의 의역이다. 그런데 '늑백'에 대해서는 세 가지 설이 병존한다. 첫 번째 설은 行纏 또는 行滕, 즉 걸음걸이의 편의를 위해 발목에서 무릎까지의 바지를 묶는 脚絆의 일종. 두 번째 설은 끈이 달린 신발. 세 번째 설은 넓은 허리띠다. 일단 첫 번째 설을 따라 풀었다.

(3) 정빈正賓은 당에 오른다: 정빈은 관례를 치르는 집의 자제와 친척 중에 예를 익힌 사람을 직접 골라 보조로 삼는다. 이 두 사람은 모두 성복을 한 뒤, 문밖에 다다라 동쪽을 마주한다. 주인은 문으로 나가 이들을 맞이한다. 주인과 정빈은 문으로 들어가 뜨락을 나눠 양쪽으로 간다. 계단에 다다르면 주인이 동쪽 계단인 조계로 먼저 올라가 약간 동쪽에서 서쪽을 향한다. 정빈은 서쪽 계단으로 올라가 약간 서쪽에서 동쪽을 향한다. 보조는 대야에서 손을 씻고 수건으로 닦고 서쪽 계단으로 올라가 방 안에 서서 서쪽을 향한다. 빈객을 접대하는 이가 동쪽 벽에서 약간 북쪽에서 서쪽을 향한다. 관을 쓸 당사자는 방에서 나와 남쪽을 향한다.

(4) 처음 관을 씌우는 의식[삼가례三加禮의 첫 번째]: 정빈이 읍揖을 하면, 관을 쓸 당사자는 방을 나와서 자리로 가 무릎을 꿇는다. 정빈은 우선 관과 비녀를 가지고 축사를 읽고서 당사자에게 씌운다. 그리고 건을 씌운다. 관을 쓴 당사자는 방으로 가서 네 폭으로 갈라지는 두루마기를 벗고 심의를 입고 큰 띠를 차고 신을 신고 방을 나와 남쪽을 마주한다. 『온공서의』에서는 건을 씌웠을 뿐, 관과 비녀를 씌우지 않았다. 그러나 『가례』에는 먼저 관과 비녀를 씌우고 뒤이어 건을 씌운다고 되어 있다. 이는 『예기』에 근거한 것이다.[189]

(5) 두 번째로 관을 씌우는 의식[삼가례의 두 번째]: 정빈이 읍을 하면 관을 쓴 당사자는 자리로 가서 무릎을 꿇는다. 정빈은 모자를 들고 관을 쓴 당사자의 앞으로 가서 축사를 하고 무릎을 꿇고 당사자에게 모자

---

[189] 『예기』「冠儀」의 정현 주에서는 이렇게 말했다. "관이란 낭초 緇布冠을 씌우고, 다시 皮弁을 씌우고, 다시 爵弁을 씌우는 것으로, 매번 관을 바꿔 존귀함을 더하는 것은 禮를 보다 더 이루려는 것이다.[冠者, 初加緇布冠, 次加皮弁, 次加爵弁, 每加益尊, 所以益成也.]"

를 씌운다. 관을 쓴 당사자는 방으로 가서 심의를 벗고 조삼皁衫을 입고 가죽 띠를 차고, 가죽신을 신고 방을 나와 남쪽을 마주한다.

(6) 세 번째로 관을 씌우는 의식[삼가례의 세 번째]: 세 번째 의식은 두 번째 의식과 같다. 다만 정빈이 축사를 하고나면 보조가 모자를 벗기고 정빈은 복두幞頭를 씌운다. 집사는 벗긴 모자를 받고 빗을 치우고 방으로 들어간다.

(7) 초례醮禮를 행한다: 옛날엔 관례를 치르며 단술[醴]이나 술[酒]을 사용했다. 『예기』 「관의」의 "'빈객의 자리'에서 초례를 행한다."는 구절에 대한 정현의 주에서는 이렇게 말했다. "만약 단술이 아니라면 초례를 행함에 빈객의 자리에서 술을 사용한다." 『가례』에서는 술로 단술을 대신했다. 맏아들은 당 가운데 자리를 고쳐 깐 뒤에, 약간 서쪽에서 남쪽을 향한다. 다른 아들들은 원래 자리에 그대로 있다. 정빈은 술을 가지고 자리 앞에 나가서 북쪽을 향해 축사를 한다. 관을 쓴 당사자는 자리의 앞으로 나아가 무릎을 꿇고 술로 고수레를 올리고, 일어나 자리의 끝으로 가서 무릎을 꿇고 술을 맛본다. 일어나 자리로 내려가 남쪽을 향해 재배한다. 정빈은 동쪽을 향해 답배한다. 관을 쓴 당사자는 보조에게 절을 올리고 보조는 답배한다. 빈객의 자리에서 초례를 행하는 것은 의식을 더욱 장중하게 하는 것이다. 만일 관례를 하는 주인공이 적자가 아닌 서자라면 관례를 행한 자리에서 초례를 행한다.

(8) 정빈은 관을 쓴 당사자에게 자字[190]를 지어 준다: 정빈은 계단을 내려가고 동쪽을 향한다. 주인은 계단을 내려가 서쪽을 향한다. 관을 쓴 당사자는 서쪽 계단으로 내려가 약간 동쪽에서 남쪽을 향한다. 정빈은

---

190 관례 때 지어주는 별명이다. 성인이 되었으므로 이름을 공경하여 대신 쓸 자를 지어주는 것이다.

자를 지어주고, 관을 쓴 당사자는 정빈의 당부에 대답한다. 『의례』「사관례」에는 정빈이 자를 지어줄 때 쓰는 말에 대해 언급이 없지만, 『가례』에는 다음과 같이 제시하고 있다.

> 예식이 다 갖추어졌으니 좋은 달 좋은 날에 너의 자字를 명백하게 고하노라. 이 자는 매우 훌륭하여 빼어난 선비에게 적합하고, 복을 받기에도 적합하니, 받아서 길이 보존하라.[191]

(9) 정빈은 나와서 임시로 만든 처소인 막차幕次로 간다: 정빈은 주인에게 물러나기를 청하고 나와서 막차로 간다.

(10) 사당에서 조상을 뵙는다: 주인은 사당에서 조상을 뵙고 관례를 치렀음을 고한다. 관을 쓴 당사자는 나아가 양쪽 계단 사이에 서서 두 번 절한다.

(11) 집안 어른들을 뵙는다: 집안 어른이란 관을 쓴 당사자의 아버지와 어머니, 그리고 아버지보다 존속인 사람들과 숙부들, 형들, 숙모들, 고모들, 누이들, 형수들이다. 만약 종가의 적자가 아니라면, 종가의 적자를 먼저 뵙고, 다음으로 아버지와 어머니보다 존속인 분들을 당에서 뵙는다. 그리고 아버지와 어머니를 사실私室에서 뵙는다. 관을 쓴 당사자는 북쪽을 향해 절하고 집안 어른들은 그를 위해 일어난다. 그리고 돌아와 동쪽과 서쪽 벽으로 가서 나머지 어른들에 대해, 매 항렬마다 두 번 절하면 그들이 답배를 한다. 여기에는 "성인이 되었기에 함께 예를 행한다."[192]는 의미가 있다.

191　禮儀旣備, 令月吉日, 昭告爾字, 爰字孔嘉, 髦士攸宜, 宜之於嘏, 永受保之.
192　이 구절은 『예기』「冠義」에 보인다.

⑿ 관을 쓴 자는 마침내 밖으로 나와서 고을 어르신과 아버지의 친한 벗[執友]¹⁹³들을 뵙는다. 관을 쓴 자가 어르신들과 아버지의 친한 벗들에게 절을 하면 모두가 답배를 한다.

4) 계례笄禮

남자는 관을 쓰는 것과 달리 여자는 혼약을 맺으면 계례를 올린다. 혼약을 맺지 않았어도 15세가 되면 계례를 행한다. 그 예식의 내용은 남자의 관례와 거의 같다. 다른 점은 계례를 행할 때는 어머니가 주인이 되고, 예식을 행하는 장소는, 종가 적자의 주부인 경우엔 안채로 하고, 종가의 적자가 아니면서 종가에 사는 경우에는 사실私室로 한다. 종가에 살지 않는다면 관례의 예식대로 한다. 정빈을 고를 때에는 친인척의 부녀자 중에서 현명하고 예의를 갖춘 이를 고른다. 정빈에게 계례를 치르게 되었음을 3일 전에 알리고, 계례 1일 전에 정빈에게 가는 과정은 관례와 같다. 다만 관례와 달리 계례는 보조를 쓰지 않는다. 의복을 늘어놓는 것은 관례와 같은데, 배자와 족두리와 비녀만 사용한다. 주부 이하로 차례대로 설 때 비녀를 꽂을 당사자는 두 갈래 머리[雙紒]를 하고 삼자를 입고서 방 안에서 남쪽을 향한다. 정빈은 당사자에게 족두리를 씌우고 비녀를 꽂는다. 비녀를 꽂은 당사자는 방으로 가서 배자를 입는다. 이후는 관례와 같다.

---

193 원래 '執友'는 '뜻을 함께 하는 벗'을 가리키는데, 여기서는 '친한 벗'으로 의역했다.

3. 「혼례昏禮」

혼례란 두 성씨가 잘 화합하여 위로는 종가의 묘당을 섬기고, 아래로는 후세를 잇는 일이다.[194] 『의례』 「사혼례士婚禮」에는 납채納采, 문명問名, 납길納吉, 납징納徵, 청기請期, 친영親迎의 예식이 있는데, 이를 합쳐서 '육례六禮'라고 부른다. 『가례』는 「사혼례」를 간추려서 단지 납채, 납폐納幣, 친영 이 세 항목만 남겨 간편하게 만들었다. 그래서 『가례』는 '납폐' 조 제목 아래의 주에서 "예법에는 문명과 납길이 있었지만 이젠 더 이상 모두 쓰지는 않고 납채와 납폐만 사용할 뿐이어서 간편하게 만들었다."[195]고 하였다. 양복은 이를 두고, 문명을 납채와 합치고, 납길과 청기를 납폐와 합쳐서, 육례의 항목들을 그 안에 다 갖춘 것이라고 여겼다.[196]

1) 의혼議昏

남자 나이 16세 때부터 30세까지, 여자 나이 14세 때부터 20세까지 혼인을 한다. 혼인 당사자와 혼례 주관자는 기년期年, 즉 1년 이상의 상喪이 없어야만 혼인을 할 수 있다. 다만 대공大功, 즉 9개월의 상을 당해 장례를 치르기 전이라면 이 역시 혼례 주관자가 될 수 없다. 혼례 주관자는 혼례를 치를 당사자의 조부가 맡는데, 이는 관례의 주인을 맡는 법도와 같다. 다만 관례는 관을 쓸 당사자가 이미 부모가 없는 처지라면 스스로 주인이 될 수 있지만, 자신이 혼인을 하는 경우엔 스스로 혼

---

194 이 구절은 『예기』 「昏義」에 보인다.
195 古禮有問名納吉, 今不能盡用, 止用納采納幣, 以從簡便. 『宋史』 권115 「禮志」 중 '士庶人婚禮'소에는 "士와 庶人의 혼례에서는 문명을 납채와 합치고, 請期를 納成과 합친다."(士庶人婚禮, 并問名於納采, 并請期於納成.)라고 했다. 납성은 납폐를 가리킨다.
196 『주자가례』 '납폐'조에 달린 양복의 주에 보인다.

례 주관자가 될 수 없다. 그래서 친족의 어른이 혼례 주관자가 된다. 이것이 관례와 혼례가 다른 점이다.

상술한 조건을 갖춘 뒤 반드시 먼저 중매인을 통해 혼인을 맺을 집과 연락을 주고받아야만 한다. 혼인을 논의함에 있어서 상대방의 부귀는 따지지 않으며, 오로지 신랑이나 신부 될 사람의 성품과 행실, 그리고 그 집안의 법도가 어떠한지만 살핀다. 여자 집안의 승낙이 있은 뒤에 납채, 즉 남자 집안의 청혼을 여자 집안에서 받아들이는 예식을 한다.

2) 납채納采

납채란 여자 측이 남자 측의 선택을 받아들이는 예식으로, 현대식으로 풀이하면 "그렇게 하기로 말로 확정짓다." 혹은 "그렇게 하기로 글로 확정짓다."란 뜻이다. 그 예식에 대한 설명은 다음과 같다.

(1) 주인이 편지를 쓴다: 주인이란 혼례 주관자를 말한다. 편지는 여자 집안에 납채를 청하는 내용으로 전지箋紙를 사용한다.

(2) 사당에 고한다: 자제를 사자使者로 삼아 여자 집에 보내는 날에, 주인은 일찍 일어나 편지를 들고 사당에 고하는데 그 의식은 관례와 같으나 축사는 다르다. 축사는 다음과 같다. "아무개의 아들 아무개, 또는 아무개 친족의 아들 아무개는 이미 장성했지만 아직까지 짝이 없었습니다. 이미 아무 관직의 아무 고을에 사는 아무 성씨와 아무 이름의 딸과 혼인하기로 논의가 되어 오늘 납채를 합니다. 이 감격을 견디지 못하겠습니다."[197] 이렇게 말한 뒤, '삼가[謹]…' 이후로는 늘상 쓰는 표현

---

197 某之子某, 若某之某親之子某, 年已長成, 未有伉儷. 已議娶某官某郡姓名之女, 今日納采, 不勝感愴.

과 같다.[198] 만약 종가의 적자 자신이 혼인할 경우에는 스스로 사당에서 고한다.

(3) 사자를 여자 집으로 보내면 여자 집에선 나와서 사자를 만난다: 자제를 사자로 삼아 보낼 때 성복을 하고 시종을 데리고 여자 집에 가게 한다. 여자 집의 주인은 성복을 하고 나와서 사자를 만난다. 차 마시기를 마치면 사자가 이렇게 치사한다. "그대께서 은혜를 베풀어 아무개에게 처를 주신다니, 아무개의 친척인 아무 관직에 있는 제가 선인들의 예법을 갖추어 아무개로 하여금 납채를 청하나이다."[199] 시종은 편지를 올리면 사자가 이 편지를 받아 주인에게 건넨다. 주인은 이렇게 응대한다. "아무개의 자식[200](또는 누이, 조카, 손녀)은 어리석은 데다 제대로 가르치지도 못했건만 그대께서 명하시니 저 아무개는 감히 사양치 못하겠나이다."[201] 그리고 북쪽을 향해 재배를 올리면 사자는 자리를 피하고 답배를 하지 않는다.

(4) 편지를 받들어 사당에 고한다: 그 예식은 신랑의 집에서 하는 의식과 같다.

(5) 나와서 답장을 사자에게 주고는 예를 갖추어 대우한다: 여자 집 주인이 나와서 답장을 건네면 사자가 이를 받는다. 주인은 예를 갖춰 내빈으로 모시길 청하고, 술과 음식으로 사자를 예우한다. 그제야 사자는

....

198 사당에 고할 일이 있을 때 이를 祝版에 쓰고 고하는데, 마지막 부분에는 늘 "삼가 술과 과일을 차리고 경건함으로 아룁니다. 이렇게 삼가 고하나이다[謹以酒果, 用伸虔告, 謹告]"라는 관용구가 붙는다. 그래서 "'삼가[謹]…' 이후로는 늘 쓰는 표현과 같다."라고 한 것이다.
199 吾子有惠貺室某也, 某之某親某官有先人之禮, 使某請納.
200 일반적으로 '子'는 아들로 풀이되지만, 문맥상 명백히 딸을 가리키기에 '자식'으로 풀었다.
201 某之子若妹姪孫蠢愚, 又弗能敎, 吾子命之, 某不敢辭.

비로소 주인과 서로 절과 읍揖을 주고받는데, 평소 빈객을 맞는 예법과 같이 한다. 시종에게도 예우한다. 사자와 시종 모두에게 폐백을 주어 보낸다.

(6) 사자가 신랑의 집에 가서 여자 집에서의 일을 보고하면 주인은 다시 사당에 고한다: 축사는 사용하지 않고 나머지는 납채를 고할 때와 같다.

3) 납폐納幣

납폐는 혼인하는 남녀가 예물을 주고받으며 서로 공경을 표하는 것으로 허례허식에 구애받는 것을 방지하기 위해 일정한 폐백을 정하여 사용하는 것이다. 『의례』「사혼례」의 납징納徵 항목을 보면 검고 붉은 비단 열 필[玄纁束帛]과 한 쌍의 사슴가죽[儷皮]이 있다. 『가례』에서는 색이 있는 비단을 형편에 맞춰 하되 한 필 이하를 권장하였으며, 아무리 많아도 열 필을 넘지 않도록 하였다. 여기에 비녀[釵], 팔찌[釧], 양[羊], 술, 과일 등까지 사용하기도 한다.

신랑 집에서는 '폐백'과 '편지'를 갖춰 사자를 여자 집에 보낸다. 사자가 하는 치사는 납채 때와 같다. 시종은 편지와 폐백을 올리고, 사자는 편지를 주인에게 건넨다. 그러면 주인은 이렇게 답한다. "그대가 옛 법도에 따라 저 아무개에게 이처럼 융숭한 예물을 보내주시니, 저 아무개는 감히 사양치 못하겠습니다. 어찌 감히 명을 받들지 않을 수 있겠습니까?"[202] 그리고 편지를 받으면, 집사는 폐백을 받는다. 주인은 재배를 하고 사자는 자리를 피한다. 답장을 보내면서 내빈으로 예우하면, 사자는 돌아와 이를 보고한다. 대체로 납채 의식과 같은데 단지 납폐

---

202 吾子順先典貺某重禮, 某不敢辭, 敢不承命.

때는 사당에 고하는 의식이 없을 뿐이다.

4) 친영親迎

친영에 대해 『통전通典』에서는 "하나라 때는 뜨락에서 직접 맞이했고, 은나라 때는 당堂에서 맞이했다. 주나라의 제도는… 지게문에서 직접 맞이했다."[203]고 기록되어 있다. 이는 친영의 역사가 오래되었으며, 시대변화에 따라 이를 행하는 장소에 변천이 있었음을 보여준다. 『가례』에서의 친영 의식은 다음과 같다.

(1) 하루 전날, 여자 집에서는 사람을 시켜 신랑의 방에 물건들을 펼쳐 놓는다: 털 담요, 요, 장막, 휘장과 같은 필요한 것들이며 의복은 상자에 넣어 자물쇠를 걸어둘 뿐 꼭 늘어놓을 필요는 없다고 했다. 이것이 바로 일반적으로 말하는 "방에 늘어 놓는다."는 것이다.

(2) 당일 신랑 집에서는 방 가운데에 자리를 마련하고, 여자 집에서는 밖에 신랑이 머물 임시처소인 막차幕次를 설치한다: 당일이란 아내를 취히는 날의 해 뜨는 이른 시기를 말한다. 신랑 집에서는 의자와 탁자, 그리고 채소, 과일, 쟁반, 잔, 숟가락, 젓가락, 술을 방에 마련한다. 탁자에는 합근례合졸禮에 쓸 한 벌의 술잔을 방의 남쪽에 둔다. 그리고 방 동쪽 모퉁이에 남북으로 대야 두 개, 물동이, 물 뜨는 그릇[勺]을 놓아둔다. 이는 신랑과 신부를 위해 놓아두는 것이다. 또 방 바깥이나 별실에 술병, 잔, 주전자를 놓아두어 시종들이 마시게끔 한다. '합근合졸'의 '근'은 작은 박 하나를 쪼개어 둘로 만든 것을 가리킨다. "밖에 막차를 설치한다."

---

203 이 구절은 『通典』 권58 '嘉禮三'조에 보인다. 夏氏親迎於庭, 殷迎於堂, 周制……親迎於戶.

는 것에 대해, 주희는 '친영'조 제목에 이렇게 풀이를 달아놓았다. "친영의 예법은 정이 선생의 주장을 따르는 것이 옳은 듯하다. 가까우면 그 고을[204]에서 맞이하고, 멀면 객사客舍에서 맞이한다." 이는 곧 여자의 집이 멀면 처가로 하여금 가까운 곳에 따로 처소를 마련하게 한 다음, 신랑은 그곳에서 신부를 맞이하여 객사로 돌아와 예를 행하도록 한다. 또는 처가 쪽에서 나와 특정 장소에 이르면 신랑이 그곳에 가서 신부를 맞이하여 돌아와서 집에서 예를 행한다는 것이다.

(3) 초저녁에 신랑은 성복한다: 『의례』「사혼례」'기記'에서 "사의 혼례에 관한 모든 행사는 반드시 저물녘에서 새벽 사이에 한다."고[205] 하였고, 또 정현의 『삼례목록三禮目錄』에서는 "처를 맞이하는 예법은 '저물녘'을 시행 시간으로 보기에 '혼례昏禮'라고 명명한 것이다. 반드시 저물녘에 시행하는 것은, 이 때가 양기와 음기가 교차하는 때이기 때문이다. 해가 지는 '삼상三商'의 시간 동안을 해 질 녘이라고 한다."고 하였다. 여기서 '상商'은 물시계의 이름이고[206], '삼상'은 '삼각三刻'으로 대략 45분의 시간을 말한다.[207] 『가례』의 원주 끝부분에서는 신랑의 성복만 언급하고 있지만, 『가례부주』에서는 주희의 주장을 인용해 "혼례 때는 관리의

....

204 여기서 '고을'은 '國'의 의역이다. 문맥상 兩家가 가까운 상황에 國境을 운운할 리는 없으며, 아마도 일정한 구역을 의미하는 '域'의 通假로 쓰인 듯하다. 이에 '고을'로 의역했다.
205 『의례』「사혼례」記: "士昏禮, 凡行事必用昏昕."
206 '商'을 물시계 즉 刻漏의 이름으로 보는 것에 대해서는, 명청대에 반론이 제기 되었다. 그 요지는 '商'이 물시계와는 아무 상관이 없고, '商'의 잘못된 글자라는 것이다. 여기서 '商'은 '滴' 즉 물시계의 물방울 필획이 생략된 것이라고 한다.
207 원래 '刻'은 과거 중국에서 사용했던 시간 단위로, 하루 24시간을 100각으로 쪼갰기에, 얼추 4각이 1시간이 되고, 1각은 15분에 해당한다. 과거에는 상용했던 시간 단위로, 아직까지 곧잘 사용되는 성어인 '一刻如三秋'의 '일각' 역시 원래는 15분의 짧은 시간을 가리킨다.

예복인 명복命服을 입으며,[208] 이는 옛 예법에 근거한 것이라고 했다. 혼인은 중요한 예법이므로 위풍당당하게 보일 수 있도록 관복을 입고 혼례를 치르는 것이다. 『의례』「사혼례」에서도 "주인 즉 신랑은 작변爵弁을 머리에 쓰고 붉은 치마에 검은 가선을 두른 윗옷을 입는다. 그의 시종은 모두 현단복玄端服을 입는다."고 한다.

(4) 주인은 사당에 고한다: 이는 납채 의식과 같은데, 종가의 적자가 스스로 혼인할 경우에는 본인이 직접 고한다.

(5) 주인은 혼례를 치를 아들에게 술을 따라 주는 초례醮禮를 행하며 가서 신부를 맞이하라고 명한다: 주인은 성복을 하고 당의 동쪽 벽에 앉아 서쪽을 향한다. 신랑은 서쪽 계단으로 올라 자리의 서쪽에 서서 남쪽을 향한다. 보조는 술을 따라 신랑의 자리 앞에 나간다. 신랑은 술로 고수레를 올리고 일어나 자리의 끝으로 가서 무릎을 꿇고 술을 맛본 뒤 자리에서 내려와 재배하고 아버지 앞으로 나간다. 아버지가 아들에게 신부를 맞이하라고 명하면, 아들은 엎드렸다가 일어나 나간다. 만약 종가 적자의 아들이 아니라면 종자가 사당에 고하고, 신랑의 아버지는 사실에서 초례를 행한다. 만약 종가의 적자가 부모가 돌아가셔서 스스로 혼례를 치른다면 이 예식은 행하지 않는다.

(6) 신랑은 나가서 말을 타고 여자 집으로 간 뒤, 막차幕次에서 기다린다: 예식은 해가 지는 삼상三商의 시간에 행하는데 반드시 촛불 두 개를 들고 앞에서 인도하고, 여자 집에 가서 말을 내리고 막차에서 기다린다.

(7) 여자 집에서는 사당에 고한다: 납채의 의식과 같고 축판에 쓰인 축사도 앞에서와 동일하나 "아무개의 몇 번째 딸이…"라고 말한다.

---

208 『주자대전』 권57 「答陳安卿」

(8) 혼례를 치를 딸에게 술을 따라 주는 초례醮禮를 행하며 명한다: 딸이 성식盛飾[209]을 하고 방 밖에 서서 남쪽을 향하면 보조가 술로 초례를 행하는데, 그 의식이 신랑의 경우와 같다. 신부의 아버지가 며느리 노릇을 잘 하라는 명을 내린다. 아주머니들[諸母],[210] 고모, 시누이, 자매 등이 중문 안에서 신부를 배웅하면서 아버지와 어머니가 내린 명을 거듭 일러준다. 만약 종자의 딸이 아니라면 종자가 사당에 고하고, 신부의 아버지는 사실에서 초례를 행한다.

(9) 주인이 문 밖으로 나와서 신랑을 맞이하여 데리고 들어가 전안례奠鴈禮를 행한다: 주인이 나와서 신랑을 맞이하면, 신랑은 기러기를 들고 서쪽 계단으로 올라가 북쪽을 마주하고 무릎을 꿇은 뒤 기러기를 땅에 내려놓는다. 그리고 엎드렸다가 일어나 재배한다. 원주原注에서는 이렇게 말했다. "무릇 폐백은 살아있는 기러기를 쓰고, 기러기의 왼쪽 머리는 여러 색의 생명주실[生色繪][211]로 엇갈려 묶는다. 살아있는 기러기가 없다면, 나무를 깎아서 만든다. 이는 음양을 따라 왕래하는 의미를 취한 것이다. 이에 대해 정자程子는 '두 번 짝하지 않는다는 의미를 취한 것이다.'"[212]라고 의미를 부여하여 설명한다.

....

209 남자가 제대로 예복을 차려입는 것을 盛服이라고 하듯이, 여자가 제대로 옷을 차려입고 치장하는 것을 盛飾이라 한다.
210 여기서 아주머니는 '諸母'의 번역으로, 정확히는 아버지 항렬 친척의 아내들을 가리킨다.
211 '회(繪)'는 '증(繒)'의 訛字이다. 이 구절은 여러 가지 풀이가 가능하다. '生'을 '생생하다', '선명하다'의 뜻으로 보면 '여러 빛깔이 생생한 비단'으로 풀 수도 있다. 김장생의 『가례집람』에 따르면, '生色繪' 중 '生'은 '五'로 풀어야 한다. 이를 따르자면 '다섯 가지 빛깔의 비단'으로 풀 수 있겠다. 기러기 머리를 왼쪽으로 하여 옆으로 들고 올린다.(『禮記』「曲禮」:執禽者左首, 疏: 左陽也, 首亦陽也, 左首謂橫奉之.)
212 凡贄用生鴈, 左首, 以生色繪交絡之. 無則刻木爲之. 取其順陰陽往來之義. 程子曰: 取其不再偶也

(10) 유모가 신부를 받들어 나와서 수레에 오른다: 원주에서는 이렇게 말했다. "유모가 신부를 받들고 중문으로 나온다. 신랑은 읍을 하고 서쪽 계단으로 내려온다. 주인은 내려오지 않는다. 신랑이 나가면 신부는 신랑을 따라간다." "남자는 여자를 이끌고 여자는 남자를 따르는데, 남편이 굳세어 앞서고 아내가 부드러워 따른다는 의미가 이로부터 비롯된 것이다."[213] 신랑의 수레는 대문에 있으니, 수레에 이르러 유모는 물러나고 신부는 수레에 오른다. 남자는 말을 타고 신부가 탄 수레를 앞에서 이끈다. 신부가 탄 수레 역시 촛불 두 개로 앞에서 인도한다.

(11) 신랑 집에 다다르면 신부를 이끌고 뜰에 서서 신부가 수레에서 내리기를 기다렸다가 읍을 하고 인도하여 들어간다: 들어간 뒤, 신랑과 신부는 교배례交拜禮를 한다. 남자는 동쪽에 서서 서쪽을 마주한다. 여자는 서쪽에 서서 동쪽을 마주한다. 신부가 절하면 신랑은 답배한다. 『온공서의』에서는 당시 풍속을 쫓아 신랑과 신부가 맞절하는 의식을 취한다고 하면서, 옛날에는 교배례라는 의식이 없었다고 했다.[214] 『가례』의 주에서 교배례의 의식을 따른 것은 단지 당시의 풍속을 따른다는 사마광의 주장을 취한 것이다.

(12) 자리에 가서 앉은 뒤 먹고 마시기를 마치면 신랑이 나간다: 신랑이 동쪽에, 신부가 서쪽에 앉는다. 신랑과 신부는 우선 술로 고수레를 올리고 안주를 올린 뒤 다시 술을 따른다. 신랑이 신부에게 읍을 올리면, 신부는 술잔을 들어 마시지만 이번엔 고수레를 올리지도 않고 안주도 없다. 또 합근례合巹禮를 올릴 한 쌍의 술잔을 가져다가 신랑과 신부 앞

---

213 男率女, 女從男, 夫婦剛柔之義, 自此始也 이 말은 『의례』 「사혼례」 중 鄭玄의 주에 보인다.
214 『온공서의』 「夫拜壻答拜」 권2, p.8.

에 나누어 놓고는 술을 따른다. 신랑이 신부에게 읍례를 하고 술잔을 들어 마시는데, 이때도 고수레를 올리지 않고 안주가 없이 마친다. 신랑은 나와서 다른 방에 가고 신부는 유모와 방안에 남고, 방안의 음식은 물려서 방밖에 둔다. 그러면 신랑의 시종은 신부가 남긴 것을 먹고, 신부의 시종은 신랑이 남긴 것을 먹는다. 무릇 이 같은 의식은 한 몸을 이루고 존비를 함께 하게 만들어 서로를 친애하게 하는 것이다.

⒀ 다시 들어가 옷을 벗고 촛불을 내간다: 신랑이 다시 방으로 들어가면 옷을 벗는데, 신부의 시종이 이를 받는다. 신부가 옷을 벗으면 신랑의 시종이 이를 받는다. 이는 음양이 교차한다는 의미를 갖는다. 혼례를 마치고 누워서 쉴 것이기에 촛불을 내간다. 원래의 주석에서는 사마광의 다음의 말을 인용하고 있다. "오늘날 세상에서 혼인할 때면 신랑과 신부의 머리를 합해서 묶는 결발례結髮禮를 치르는데, 이는 잘못된 것으로 우스운 짓이니 해서는 안 된다."²¹⁵

⒁ 주인이 손님[賓]들을 예우한다: 여기서 손님이란 시종이다. 남자 측 손님은 밖의 대청에서, 여자 측 손님은 중당에서 대접한다. 옛 예법에서는 혼례를 치른 다음 날 시종들에게 잔치를 베풀어 주었지만, 『가례』는 이를 고쳐 당시 풍속을 좇아 당일 시행한 것이다. 당시 풍속엔 혼례에 음악을 사용했는데, 이는 완전히 예법을 벗어난 것이라 하여 취하지 않는다. 『예기』 「증자문曾子問」에서는 이렇게 말했다. "며느리를 맞이한 집에서는 3일 동안 음악을 연주하지 않으니, 어버이의 뒤를 잇게 되었음을 떠올리기 때문이다."²¹⁶ 정이는 "단지 옛 사람은 이 큰 예법을 중시하

215　今世俗昏姻, 乃有結髮之禮, 謬誤可笑, 勿用
216　取婦之家, 三日不擧樂, 思嗣親也. 이 구절에 대해 공영달은 이렇게 소를 달았다. "음악을 연주하지 않는 것은 이미 아내를 얻어 어버이에 뒤를 잇게 되었다는 것을 떠올리게 되면, 자신이 어버이의 세대를 대체하게 되었다는 사실에 세대가 바뀌게 되었음을 슬퍼하고

여 엄숙하게 치를 뿐, 음악을 연주하지 않았다."라고 하였다. 당시 풍속에서 음악을 연주한 것은 옛 예법에 부합하지 않으므로 하지 않는 것이 옳다고 여긴 것이다.

⒂ 다음 날에 신부가 시부모를 뵙는다: 다음 날이란 친영한 이튿날을 가리킨다. 신부는 새벽에 일어나 성복하고 시부모 뵙기를 기다린다. 시부모는 당상 위에 앉아서 동서로 서로 마주보는데, 각자 앞에 탁자를 둔다. 집안 사람들 중 시부모보다 어린 사람은 양쪽 벽에 서있는데, 이는 관례의 의식과 같다. 신부는 들어가서 동쪽의 조계 아래에 서서 먼저 북향하고 시아버지에게 절을 한 뒤, 올라가서 탁자 위에 폐백을 올린다. 시아버지가 폐백을 어루만지면 시종이 가지고 들어간다. 신부는 내려와 다시 절 올리기를 마치고, 서쪽 계단 아래로 가서 북향하여 시어머니에게 절을 올리고 올라가서 폐백을 드린다. 나머지는 시아버지에게 절을 올리는 의식과 같게 한다. 만약 종자의 아들이 아니면서 종자와 함께 살고 있는 경우라면 먼저 사실私室에서 시부모에게 이 의식을 행하고, 종자와 같이 살지 않는 경우라면 위의 의식과 같이 행한다. 시부모는 신부에게 예를 차리는데, 이는 부모가 딸에게 초례를 행하는 의식과 같다. 함께 사는 사람 중 시부모보다 존속인 분이 있으면 신부는 시부모에게 올리는 예법을 마친 뒤 여러 어르신들을 뵙는다. 시부모가 신부를 데려가 그들의 방에서 뵙게 하는데, 그때 올리는 예는 시부모를 뵐 때의 의식과 같다. 또 여러 어르신들에게 동서 양쪽 벽에서 절을 올리는데, 관례의 의식과 같이 행한다. 시동생과 시누이는 서로 절한다. 신부가 맏며느리일 경우, 시부모에게 음식을 올린다. 이 날 식사할 때,

---

상처받게 되기 때문이다.[所以不擧樂者, 思念己之取妻嗣續其親, 則是親之代謝, 所以悲哀感傷重世之改變也.]"

신붓집에서는 잘 차린 음식과 술을 준비하여 당堂에서 대접한다. 만약 종자의 아들이 아니라면 식사대접을 사실에서 행한다. 며느리로서의 도리는 이로써 완성되는데, 이는 효도를 다하고 잘 봉양하겠다는 의미다. 시부모는 신부에게 잔치를 열어준다. 시부모는 먼저 서쪽 계단으로 내려오고 신부는 동쪽의 조계로 내려오는데, 이는 세대가 교체됨을 나타낸다. 의식은 신부에게 초례를 행하는 것과 같다.

(16) 사당을 알현한다: 옛날엔 석 달 만에 신부를 데리고 사당을 알현하였다. 3개월 만에 신부가 사당에 찾아뵙는다는 것은 3개월이 계절이 변하는 시간이라 며느리로서의 도리가 완성되었다고 본 것이다.[217] 『가례』에서는 이것이 너무 길다고 여겨 3개월을 3일로 바꿨다. 신부의 사당 알현의식은 주인의 아들이 관례를 치를 때 사당에 찾아뵙는 의식과 같다.

(17) 다음 날, 신랑은 신부의 부모를 찾아뵙는다: 신랑이 신부의 부모를 찾아뵙는 시간은, 신부가 사당에 찾아뵌 다음 날이다. 신부의 아버지는 이들을 맞이하고 전송하고 읍을 하고 겸양하는 것을 빈객을 대하는 예법처럼 한다. 집에 들어가 신부의 어머니를 뵐 때는 늘 폐백을 드린다. 『의례』「사혼례」에 따르면 예물로 꿩을 사용하지만 『가례』에서는 폐백을 사용하는 것으로 바뀐 것이다. 신부의 아버지가 종자가 아니라면 먼저 종자 부부를 찾아뵙는데 폐백을 드리지는 않으며, 의식은 위와 같다. 그런 뒤에 신부의 부모를 뵙고, 그 다음에 신부 집안의 여러 친족을 뵙는다. 찾아뵙는 의식을 마치면 신붓집에서는 신랑을 평상시의 의식대로 예우한다. 친영하는 날 저녁에 신부의 어머니와 여러 친족들을 뵙고 술과 음식을 차리지 않는 것은, 신부가 아직 시부모를 뵙지 않았기 때문이다.

....
217 『의례』「사혼례」의 疏에 보인다.

4. 「상례喪禮」

상례는 오례五禮[218] 중 흉례凶禮에 속한다. '상喪'이란 "잃어버렸다[棄亡]"는 의미다. 차마 "죽었다[死]"고 말할 수 없기에 그저 "상실했다[喪]"고 말하는 것이다.[219] 죽음이란 인생의 가장 중요한 사건이다. 아무리 비통한 일이라 해도 죽음보다 더한 것은 없다. 유가에서 "살아있을 때 잘 봉양하고 잘 보내드려야 한다."고 하는데, 이는 바로 자식 노릇하는 자라면 응당 효도를 다해야 한다는 뜻이다. 그래서 사람이라면 자신의 어버이에 대한 사랑이 죽을 때까지 다하지 않기 마련이다. 상례라는 것은 효자가 어버이에게 사랑을 다하는 도리를 밝히는 것이다. 왕이 죽어도 신하가 부모에게 하듯 정성을 다하는데 이 역시 군신 간의 은정을 밝히는 것이다.

「가례서」에 있는 양복의 풀이를 보면, 『가례』의 상례는 『온공서의』에 뿌리를 두면서도 고항高閌의 주장을 가장 훌륭하다고 여겼다.[220] 합사合祀[祔]와 체천遞遷을 논할 때는 장재의 주장을 취했고, 유언을 남기거나 상을 치르는 부분에 대해서는 『온공서의』가 너무 간략하다고 여겨서 『의례』를 채용했다. 『가례』에서 이렇게 두루 살핀 뒤 간추려 취한 것은 당시의 필요에 맞춘 것이다. 상례의 예절은 매우 번잡했었다. 『가례』에 나열된 것은 21조항으로 1. 초종初終. 2. 목욕沐浴, 습襲, 전奠, 위위

---

[218] 고대 중국에서 가장 근간이 되었던 다섯 가지 예법으로, 吉禮(제사지내는 예법), 凶禮(상을 치르고 장사를 치르는 예법), 軍禮(군사에 대한 예법), 賓禮(귀빈을 대하는 예법), 嘉禮(관례와 혼례에 대한 예법)를 가리킨다.
[219] 『의례』「상복」주에 보인다.
[220] 『가례부주』에서는 이렇게 말했다. "「상례」는 사마광의 주장에 근본하면시도, 高閌의 주장을 으뜸으로 쳤다."(「喪禮」, 本之司馬氏, 又以高氏爲最善.) 고항(1097-1153)은 상례에 관해 『厚終禮』란 저술을 남겼다.

爲位, 반함飯含. 3. 영좌靈座, 혼백魂帛, 명정銘旌. 4. 소렴小斂, 단단祖, 괄발括髮, 문면免, 좌단髽, 전奠, 대곡代哭. 5. 대렴大斂. 6. 성복成服. 7. 조석곡전朝夕哭奠, 상식上食. 8. 조吊, 전奠, 부賻. 9. 문상聞喪, 분상奔喪, 치장治葬. 10. 천구遷柩, 조조朝祖, 전奠, 부賻, 진기陳器, 조전祖奠. 11. 견전遣奠. 12. 발인發引. 13. 급묘及墓, 하관下棺, 사후토祠后土, 제목주題木主, 성분成墳. 14. 반곡反哭. 15. 우제虞祭. 16. 졸곡卒哭. 17. 부祔. 18. 소상小祥. 19. 대상大祥. 20. 담禫. 21. 거상잡의居喪雜儀이다. 이 중에서 '거상잡의'는 『온공서의』에서 「상의喪儀」 '담제禫祭'조 뒤에 실려 있었는데, 『가례』에서는 내용은 이를 따르면서도 위치를 바꿔 「상례」의 맨 뒷부분에 수록해 두었다.[221]

1) 초종初終

(1) 병이 위독해지려 하면 본채로 옮긴다: 본채란 재계齋戒하지 않으면 거하지 않는 방이다. 위독한 이는 재계하여 그 성정을 바르게 해야 하기 때문에, 평소의 침실에서 본채로 옮기는 것이다.[222] 군자가 자신의 죽음을 엄숙하게 맞이한다는 뜻이다. 『가례』의 원주에서는 "남자는 부인의 손에서 숨을 거두지 않으며, 부인은 남자의 손에서 숨을 거두지 않는다."고 하였다. 이 표현은 『의례』 「기석례既夕禮」에서 취해온 것으로,[223] 옛 예법을 따르며 남녀유별의 법도와 집에서 임종을 맞이하는 의식을 중

---

[221] 『온공서의』(총10권)에서 '居喪雜儀'조는 상례를 다룬 「喪儀」에 실려 있다. 「상의」는 『온공서의』의 맨 뒷부분에 실려 있는데 '居喪雜儀'조는 「喪儀四」(권8)에 실려 있고, 「喪儀」는 「喪儀六」(권10)까지 있다.
[222] 『의례』 「既夕禮」의 정현 주에 보인다.
[223] 男子不絶於婦人之手, 婦人不絶於男子之手. 『예기』 「喪大記」에도 같은 표현이 보이는데, 단지 '絶'자가 '死'자로 되어 있다.

시한 것이다. 이것은 남녀의 우열보다 질서를 중시하기 때문에 나온 형식으로 당시는 사회가치의 중심이 질서유지에 있었던 시절이었기 때문이다.

(2) 숨이 끊어지면 바로 곡을 하는데, 돕는 사람이 지붕에 올라가 고복皐復을 행한다: 고복이란 담당자가 망자의 혼을 불러서, 그 혼을 돌아오게 하는 것이다.[224] 곡을 하는 사람은 주인과 그 형제들이다. 『의례』「기석례」에서 "주인이 울먹이면 형제들은 곡하기 시작한다."[225]는 것이 이를 말한 것이다. 돕는 역할은 집안의 식솔이 맡는데, 고복 의식을 행할 때, 앞 처마에서 용마루로 가서 북쪽을 마주하고 망자의 입던 옷을 흔들며 "아이! 아무개는 돌아오라!"라고 세 번 말한다. 옛날에는 사람이 살아서는 혼백이 몸에 있다가 죽으면 혼백이 몸을 떠나간다고 여겼다. 자식 된 이는 자신의 어버이가 죽는 것을 차마 견디지 못해, 망자의 정기와 혼백이 떠나간 몸으로 돌아와 부활할 수 있기를 바라는 것이다. 『예기』「단궁」에서 이른 바 '돌아오라'는 것은 어버이에 대한 사랑을 다하는 도리라고 했는데, 바로 이 뜻이다. 또 『의례』 중 「사상례」와 「기석례」를 보면, 모두 고복을 행한 후에 망자의 치아에 쐐기를 끼운다는 언급이 있다. "망자의 치아에 쐐기를 괴는[楔齒]" 것은 망자의 치아와 턱관절이 꽉 조여져 벌리기 어려워지면 반함을 행하는 데에 문제가 생기기 때문에, 수저[柶]를 위아래 치아 사이에 괴는 것이다.[226] 이는 망자의 입이 계속 벌어져 있게 해서 밥을 넣기 쉽게 하려던 것이다. 『가례』는 이

....

224 『의례』「士喪禮」 중 정현의 주에 보인다.
225 主人啼, 兄弟哭 주인이 울먹이는 것은 너무 슬퍼서, 소리를 내려 해도 숨이 막히기에 피를 토하 듯 울먹이는 것이다.
226 『의례』「士喪禮」에 보인다. 부연하면 『의례』「사상례」에서는 '뿔로 만든 수저[角柶]'를 사용한다고 했다.

에 대해 언급하고 있지는 않다.

(3) 고복皐復을 행해도 망자가 소생하지 않으면 상사喪事를 시작한다: 상주, 주부, 호상護喪, 사서司書, 사화司貨를 세우고, 남자, 본처, 자식, 며느리, 첩은 모두 옷을 갈아입는다. 자식들은 모두 3일 동안 식사를 하지 않는다. 관을 만든 뒤, 친척, 동료, 친구에게 부고한다. 망자를 보내드리는 데에 있어서는 관곽棺槨 즉 속관[內棺]과 겉관[外槨]을 중시한다. 이 두 가지는 돌아가신 어버이의 몸에 직접 닿는 것이므로 정성을 다해야 한다. 가례에서는 사마광의 말을 인용하여 관과 곽이 다 성인이 만든 제도이며 옛날부터 사용하기는 하였지만, 실제로는 겉관을 쓰게되면 세월이 오래 지난 뒤 나무가 썩어문드러져서 묘혈의 공간이 넓어져서 견고하지 못하게 되니 빈부에 관계없이 쓰지 않는 것이 더 낫다고 하고 있다.

2) 목욕沐浴, 습襲, 전奠, 위위爲位, 반함飯含

(1) 집사는 휘장[幃]과 평상[牀]을 설치한 뒤, 시신을 침상 위에 옮기되 남쪽에 머리를 두고, 구덩이[坎]를 판다: 휘장을 설치한다는 것은 휘장으로 상의 안팎을 가려 장막으로 된 당을 만드는 것을 말한다. 이는 죽음은 모두가 싫어하는 것이므로 아직 시신을 꾸미기 전이라 휘장을 설치해 사람들이 싫어하지 않게 만드는 것이다. 평상을 설치한다는 것은 시신을 평상 위로 옮기는 것을 말한다. 『가례』의 원주에서 이렇게 말했다. "시종은 시신을 놓은 평상 앞에 다른 평상을 마련해 가로로 놓는다. 평상에 대자리를 펴고 짚자리는 걷는다. 그리고 짚자리와 베개를 놓고는, 그 위에 시신을 옮기는데, 남쪽에 머리를 둔 뒤에, 이불로 덮는다."[227] 설치

---

227 侍者, 設牀於尸牀前, 縱置之. 施簀去薦設席枕, 遷尸其上, 南首, 覆以衾.

한 평상은 그 쓰임에 따라 구별된다. 『예기』「상대기」에서는 이렇게 말한다. "반함을 행하는 평상이 따로 하나, 습을 행하는 평상 따로 하나, 그리고 시신을 당으로 옮기는 평상이 따로 하나인데, 모두 베개와 돗자리를 갖추니, 이는 군주나 대부나 사가 매한가지다."[228]

남쪽에 머리를 둔다는 것은 장례를 치르기 전까진 살아계실 때와 다름없이 대한다는 말이다. 이는 효성스러운 자식의 심정 상, 돌아가신 어버이의 시신을 여전히 살아계신 것처럼 대하는 것은, 차마 돌아가신 어버이를 아직 신령으로 대하지 못하기 때문이다.

구덩이를 파는 방법에 대해서는 『의례』「사상례」에서 이렇게 말했다. "상을 담당하는 관리가 동쪽과 서쪽 계단 사이의 약간 서쪽에 구덩이를 파고, 서쪽 벽 아래에 흙으로 만든 부뚜막을 만드는데, 부뚜막의 앞쪽을 동쪽을 향하게 한다."[229] 『가례』는 이런 번쇄한 과정을 생략하고 그저 외지면서 깔끔한 곳에 구덩이를 파기만 하면 되게끔 했다. 나중에 목욕하고 남은 물과 수건과 빗과 목욕할 때 입고 있던 옷은 모두 이 구덩이에 묻어 버린다.

(2) 습의와 목욕 및 반함에 필요한 도구를 펼쳐둔다: 이것들을 펼쳐둘 곳에 대해 『가례』의 원주에서 이렇게 말했다. "탁자를 당 앞의 동쪽 벽 앞에 펼쳐두고, 옷깃을 서쪽에 두되 남쪽을 위로 한다." 펼쳐두는 것들은, 습의, 복건 하나, 귀마개 둘, 비단 눈가리개[幎目帛], 비단 손 싸개, 심의 한 벌, 큰 띠 하나, 신발은 두 켤레, 긴 솜옷, 짧은 솜옷, 한삼 바지, 버선[襪], 각반, 배 싸개 등인데, 쓰이는 빈도에 따라 증감한다. 반함의 도구는 동전 세 개와 쌀 두 되다. 목욕의 도구는 빗 하나, 머리 닦는 수

---

228 含一牀, 襲一牀, 遷尸于堂又一牀, 皆有枕席, 君大夫士一也.
229 甸人掘坎于階間少西, 爲垼于西牆下, 東鄉

건 한 장, 몸 닦는 수건 두 장인데 상체와 하체에 각각 하나씩 사용한다.

(3) 그 다음에 목욕을 시킨다: 이는 마치 생전에 목욕시키듯 한다. 시종이 목욕을 시키는데, 머리를 감기고 빗질하며 수건으로 말리고 모아 묶는다. 이불을 들어 몸을 닦는다. 자손은 곁에 있지 않는다. 『가례』 원주에서 이렇게 말했다. "주인 이하로 모두 휘장 밖으로 나가 북쪽을 마주한다." 이는 『의례』「사상례」의 "시종이 끓인 쌀뜨물을 받아 방에 들인다. 주인 등 모두는 문을 통해 방에서 나와 북쪽을 마주한다."란 구절에 근거하면서, 약간 가감한 것이다.

목욕을 마치면 여느 날처럼 손톱을 자른 뒤, 이것을 망자가 평소 모아둔 것들과 함께 내관內棺의 구석을 채운다. 이는 시신을 아끼다 보니, 그 물건들을 차마 땅에 버려 묻어버릴 수도 없고, 함부로 훼손할 수도 없기 때문이다. 시신을 목욕시키고 남은 물, 욕의浴衣, 수건, 빗은 모두 구덩이에 버린 뒤 묻어버린다.

(4) 목욕을 마치면 습襲을 행한다: 습이란 병을 앓을 때 입었던 옷과 고복을 행한 옷을 벗기고 새 옷을 갈아입히는 것이다. 이때 복건, 심의, 신은 착용시키지 않는다. 『의례』「사상례」를 보면, 반함을 한 이후에 습을 행하는데, 『가례』에서는 반함을 하기 전에 습을 시작하여 반함 후에 끝을 내니 이는 『의례』에 근거하면서도 그 순서를 바꾼 것이다.

(5) 습을 마치면 시신을 누인 평상을 당의 중간에 옮겨 놓은 뒤에, 습전襲奠을 설치해 건포와 육장肉醬을 놓는다: 장이기張爾岐의 『의례정주구두儀禮鄭注句讀』에서는 이렇게 말했다. "상례는 크게 두 갈래로 나뉜다. 하나는 육신을 모시는 것, 또 하나는 정신을 받드는 것이다. 치아에 쐐기를 괴고 발을 묶는 것[230]은 육신을 모시는 일의 시작이고, 습전을 설치해 건포

---

230 『의례』「士喪禮」에는 이 두 가지에 대한 언급이 모두 보인다. 『가례』에는 치아에 쐐기

와 육장을 놓는 것은 정신을 받드는 일의 시작이다."²³¹ 『의례』「사상례」
에서는 고복을 행한 사람이 내려오면, 바로 치아에 쐐기를 괴고 발을
묶은 후 육신을 모시는 일을 시작하니 이것이 바로 전례다. 『가례』에서
는 습을 행하고 나서야 전례를 행한다. 유장劉璋은 이렇게 말했다. "『의
례』「사상례」에서는 고복皐復을 행한 사람이 내려오면, 곧바로 건포와
육장과 술을 펼쳐놓은 습전을 시신의 동쪽에 설치한다고 했다. 정현은
이 부분에 대해 '귀신은 형상이 없으니 습전을 차려 이에 의지하는 것
이다.'라고 했다. 『개원례』에서는 5품 이상은 「사상례」와 같이하고 6품
이하는 습을 한 뒤에 습전을 차린다. 오늘날에는 관직 품계의 높낮음에
관계없이 목욕하고 시신을 바르게 한 뒤 습전을 차리니, 상례를 치르는
데에 적합하다."²³² 이로 미루어보면 『가례』에서 습을 할 때가 되어서야
비로소 전례를 행하는 것은 『의례』「사상례」와 『개원례』를 절충한 것으
로, 관직 품계의 높낮음에 관계없이 상례를 치르는 데에 적합하므로 이
시점에서 전례를 행한 것이다.

(6) 전례奠禮를 마치면 주인이하 사람들은 자리를 잡아 곡을 한다: 곡하는
사람의 자리는 갖춰 입은 상복의 경중에 따라 서로 다르다. 남녀의 위
치는 동서로 나뉘며, 친소에 따라 휘장으로 나뉜 안팎에 자리한다. 이
는 『의례』「사상례」에서 당과 방을 구분한 경우와 같다.²³³ 반함을 행할

를 괴는 것에 대해서만 언급이 있고, 발을 묶는 것은 아예 언급하지 않는다.
231 喪禮凡二大端: 一以奉體魄, 一以事精神, 楔齒綴足, 奉體魄之始. 奠脯醢, 事精神之
始也.
232 「士喪禮」: 復者降, 楔齒綴足, 卽奠脯醢與酒於尸東. 鄭註: 鬼神無象, 設奠以憑依之.
『開元禮』: 五品以上如「士喪禮」, 六品以下襲而後奠. 今不以官品高下, 沐浴正尸, 然後設奠,
於事爲宜.
233 『의례』「사상례」에서는 이렇게 말했다. "주인은 방에 들어와 시신을 누인 평상의 동
쪽에 앉고, 여러 주인들(주인의 형제들과 망자의 아들들)은 그 뒤에 선다. 그들은 시신이 있
는 서쪽을 마주본다. 평상 서쪽에 자리한 주인과 여러 주인들의 처첩(妻妾)들은 동쪽을 바

때, 주인은 왼쪽 소매를 벗어젖히고, 시신의 동쪽으로 나아가 시신의 발쪽에서 서쪽을 향한다. 숟가락으로 쌀을 떠서 시신의 입 오른쪽(동쪽)에 채워 넣고, 아울러 동전 1개도 넣는다. 먼저 이렇게 오른쪽으로 반함을 행한 뒤, 왼쪽(서쪽)에서도 행하고, 다시 가운데에서도 행한다. 이렇게 입에 가득 채워져야 반함을 마치게 된다. 먼저 오른쪽에서 행한 것은, 예부터 흉사나 전쟁과 관련된 일에서는 오른쪽을 귀하게 여기기 때문이다. 반함을 행하는 것은 효자로서 차마 어버이의 입을 텅 비워둘 수 없기 때문이다.

반함을 마치고, 시종이 습을 마치면 시신을 이불로 덮는다. 그 과정을 보자면, 복건을 씌우고, 귀마개로 두 귀를 막고, 눈가리개로 눈을 가리고, 신을 신기고, 심의로 습하고 큰 띠를 두르고 손 싸개를 씌운 뒤 이불로 덮는 것이다. 이 과정은 모두 『의례』「사상례」에 근거를 두고 있다.

3) 영좌靈座, 혼백魂帛, 명정銘旌

(1) 영좌[234]를 설치하고 혼백[235]을 만들어 놓는다: 영좌를 설치하는 것에 대해 『가례』에서는 이렇게 말한다. "시신의 남쪽에 횃대를 세우고 수건으로 덮는다. 그 앞에 의자와 탁자를 놓고 흰 명주를 묶어서 혼백을 만

라본다. 자최복이나 대공복을 입는 가까운 친족들은 방 안에 있다. 소공복 이하의 상복을 입는 이들 중, 부인들은 당 아래 방문 밖에서 북쪽을 마주하고, 여러 형제들은 당 아래에서 북쪽을 마주한다.[入, 坐于牀東, 衆主人在其後. 西面. 婦人俠牀, 東面. 親者在室. 衆婦人戶外北面, 衆兄弟堂下北面.]

[234] 죽은 사람을 위하여 奠, 장례전에 영좌 앞에 간단한 술과 과일을 차려놓는 의식의 자리

[235] 신주를 만들기 전, 신주를 대신하기 위해 흰 명주로 만든 임시 신주를 가리킨다.

든 뒤 의자 위에 놓는다. 향로, 향합, 술잔, 술주전자, 술, 과일을 탁자 위에 둔다. 시종은 아침저녁으로 빗질하고 세수할 때 사용하는 봉양 도구를 망자의 생전처럼 펼쳐둔다."[236] 혼백에 대해서『온공서의』에서는 "묶은 비단으로 신령을 깃들게 한 것을 혼백이라고 부르는데, 이 역시 옛 예법의 남겨진 가르침"이라고만 언급되었는데,『가례』에서는 "흰 명주를 묶어서 혼백을 만든다."고 했다.

(2) 명정銘旌[237]을 세운다: 명정은 붉은 비단으로 만든다. 너비는 원래의 폭을 다 쓰되, 망자의 신분 고하에 따라 그 길이가 달라져서, 3품 이상은 아홉 자, 5품 이하는 여덟 자, 6품 이하는 일곱 자이다. 명정에는 이렇게 쓴다. "아무 관직의 아무 공公의 영구靈柩" 만약 관직이 없으면 생전의 호칭을 쓴다. 부인의 명정에 대해서는『가례』에서 언급하지 않았다.『예기』「잡기」를 보면, "무릇 부인은 남편의 작위를 따르면 된다."고 하였다. 대나무로 명정의 길이에 맞춰 깃대를 만들어, 영좌의 오른쪽에 놓아 둔다. 또『가례』는,『온공서의』에서 불교의 폐단을 지적한 내용을 인용해, 상을 치르는데 불교 예식을 사용해서는 안 된다는 점을 강조하였다.

(3) 친분이 두터웠던 이들이 와서 곡한다: 명정을 세운 뒤에는 친분이 두터웠던 이들이 들어가 곡할 수 있다. 이때 주인은 아직 성복하기 전이므로 곡하러 온 사람들은 반드시 심의를 입어야 한다. 시신을 앞에 두고는 곡을 하고, 나와서는 영좌에 절하고 향을 올린 뒤 다시 절한 뒤, 주

---

[236] 設牀於尸南, 覆以帕, 置倚卓其前. 結白絹爲魂帛置倚上. 設香爐香合玆杯注酒果於卓子上. 侍者朝夕設櫛頮奉養之具, 皆如平生.
[237] 죽은 사람의 관위, 성명 등을 쓴 깃발. 본래 명정의 길이는 신분에 따라 달랐다.『가례』에서는 품계나 신분에 관계없이 깃대를 대나무로 하며 길이도 깃발의 길이와 같게 하였다. 그 끝에 이름을 쓰는데 '某氏某之柩'라고 한다.

인에게 조문한다. 그러면 주인은 곡으로만 응대하며, 말은 하지 않는다.

4) 소렴小斂, 단袒, 괄발括髮, 문免, 좌髽, 전奠, 대곡代哭

(1) 소렴은 망자가 사망한 다음 날에 행한다: 소렴 때에는 먼저 소렴에 쓸 옷과 이불을 늘어놓는데, 집사는 옷과 이불을 늘어놓을 탁자를 당의 동쪽 벽 아래 놓아둔다. 습의는 시신에 입히는 것이고, 염의는 시신을 싸는 것이다. 소렴 때의 옷은 망자가 입던 옷들 중에서 마땅한 대로 사용한다. 이불은 겹이불을 사용하고, 시신을 묶는 용도의 효[絞]는 가로로 세 갈래, 세로로 한 갈래인데, 모두 가는 베나 비단으로 만든다.

(2) 소렴전小斂奠을 차린다: 탁자를 동쪽 계단의 동남쪽에 놓고, 그 위에 올릴 음식과 술잔과 술 주전자를 펼쳐놓은 뒤에, 보자기로 덮어둔다. 제사 음식 동쪽에 대야, 물동이, 수건을 각기 두 개씩 놓아둔다. 또한 따로 탁자를 두어 설거지통과 새 행주를 그 동쪽에 놓아둔다. 이는 술잔을 씻고 술잔을 닦기 위한 것이다.

(3) 소렴을 위한 도구를 마련하고 습전襲奠을 옮긴다: 괄발을 하기 위한 삼[麻], 문[免]을 하기 위한 베[布], 복머리[髽]를 하기 위한 삼[麻]을 갖추어 별실에 놓아둔다. 소렴할 평상을 놓고, 효[絞], 이불, 옷을 펼쳐놓는다. 『가례』의 원주에서는 이렇게 말했다. "소렴을 할 평상을 놓고, 짚자리, 돗자리, 요를 서쪽 계단의 서쪽에 깐다. 효[絞], 이불, 옷을 늘어놓은 뒤, 들어서 서쪽 계단으로 올라가 시신의 남쪽에 둔다. 우선 효[絞] 중 가로 끈 세 가닥을 아래에 펴서 시신의 몸을 둘러서 묶을 준비를 한 뒤, 세로로 끈 한 가닥을 위로 놓고는 머리에서 발까지 감싸도록 준비한다. 옷은 뒤집거나 거꾸로 놓되 옷을 사방으로 바르게 하고, 웃옷만은 거꾸로 놓지 않는다." 집사는 습전을 영좌의 서남쪽으로 옮긴다.

이것은 새로 소렴전을 설치한 뒤에 치운다.

(4) 소렴: 시종은 대야의 물로 손을 씻고 시신을 소렴을 할 평상으로 옮기는데, 남녀는 모두 이를 돕는다. 소렴 의식에 대해서 『가례』의 원주에서는 이렇게 말했다. "우선 베개를 치우고 비단 겹옷을 펼쳐서 머리에 괴고는, 그 겹옷의 양쪽 끝을 말아서 양쪽 어깨의 빈 공간을 메꾼다. 또 옷을 감아서 양쪽 다리에 끼워서 사방을 바르게 한다. 그런 뒤에 나머지 옷으로 시신을 덮는데, 왼쪽으로 옷섶을 여미되 인끈을 묶지는 않는다. 이불로 시신을 싸되 아직 효[絞]를 묶지 않고, 얼굴도 가리지 않는다."[238] 이와 같이 하는 까닭은 효자가 여전히 어버이가 되살아나기를 바라기에 옷섶이나 효[絞]를 묶지 않고, 때때로 어버이가 뵙고 싶기에 얼굴을 가리지 않는 것이다. 소렴을 마치고 따로 이불을 덮는다.

(5) 단袒, 괄발括髮, 문免, 좌髽: 소렴을 마치면, 주인과 주부는 시신에 기대에 곡을 하고 손으로 가슴을 치는데, 주인은 서쪽을 향하고 주부는 동쪽을 향해서 한다. 남자 중 참최복을 입은 이들은 윗도리의 왼쪽 어깨를 벗어젖히고[袒], 풀었던 머리를 삼끈으로 묶고[括髮], 자최복을 입은 이들 이하로 오대조五代祖가 같은 이들까지는 모두 별실에서 윗도리의 왼쪽 어깨를 벗어젖히고[袒], 머리에 문포免布를 묶는다. 부인들은 별실에서 복머리[髽]를 한다.

(6) 소렴의 전례奠禮를 올린다: 집사는 염습을 행했던 평상을 치우고, 시신이 누워있는 평상을 당 가운데로 옮겨서 전례를 올린다. 『가례』의 원주에서는 이 의식을 이렇게 풀었다. "축관은 집사를 데리고 대야 물로 손을 씻고 음식을 들고는, 동쪽 계단으로 올라가 영좌 앞에 이른다.

----

238 先去枕, 而舒絹疊衣以藉其首, 仍卷兩端以補兩肩空處, 又卷衣夾其兩脛, 取其正方, 然後以餘衣掩尸, 左衽不紐, 裹之以衾, 而未結以絞, 未掩其面.

축관이 분향을 한 뒤, 술잔을 씻어 술을 따르면, 비속이거나 어린 이들은 모두 재배한다. 시종은 헝겊보로 술잔을 덮는다."[239]

(7) 대곡代哭: 주인 이하로 곡을 하며 슬픔을 다한다. 단 망자로 인해 상을 치르는 산 사람까지 몸을 상할 것을 염려하여, 대신 곡해주는 이를 두어 곡소리가 끊어지지 않게 한다.

5) 대렴大斂

(1) 대렴은 소렴을 한 다음 날, 즉 죽은 지 사흘째 되는 날에 행한다: 집사는 대렴에 쓸 옷과 이불을 늘어놓는다. 옷에는 정해진 규정이 없고, 이불은 솜이 든 것을 사용하며, 당 동쪽 벽 아래에 있는 탁자에 놓는다.

(2) 대렴전大斂奠을 행할 도구를 늘어놓는다: 전례를 행할 도구를 늘어놓는 것은 소렴 때의 의식과 같다. 관을 들어 당 가운데에서 약간 서쪽, 즉 평상의 서쪽에 놓는다. 『가례』의 원주에서는 이렇게 사마광의 주장을 인용했다. "주나라 사람들은 서쪽 계단 위에 빈소를 차렸다. 오늘날 당과 방을 구성하는 체제는 그때와 다르거나 협소하기 때문에, 당 가운데의 약간 서쪽에 차릴 뿐이다."[240] 사마광은 오늘날 세속에서는 대부분 절간에 빈소를 차리는 경우가 많은데, 그 폐단이 막심하며, 불효를 저지르는 죄로서 이보다 더한 것은 없기에 절대로 그리해서는 안 된다고 했다.

(3) 대렴大斂: 『가례』의 원주에서는 이 과정을 이렇게 풀이했다. "시종

---

239 祝帥執事者, 盥手擧饌, 升自阼階, 至靈座前, 祝焚香, 洗盞斟酒, 奠之. 卑幼者皆再拜, 侍者巾之.
240 周人殯於西階之上, 今堂室異制, 或狹小, 故但於堂中少西而已.

과 자손 및 부녀자들은 손을 씻은 뒤, 머리를 가리고 효[絞]로 묶고는, 함께 시신을 들어 관에 넣는다. 망자가 살아있을 때 빠졌던 치아와 머리카락과 잘랐던 손발톱을 관 모서리에 넣는다. 또 관 속의 빈 공간을 헤아려, 망자의 옷을 말아 메꾸는데, 잘 채워 넣어서 시신이 흔들리지 않게 해야 한다. 또한 금이나 옥같이 귀한 물건들을 넣어서 누군가 도둑질 할 마음을 생기게 해서는 안 된다. 이불을 거두어서 발을 먼저 덮고, 다음으로 머리를 덮고, 다음으로 왼편을 덮고, 다음으로 오른편을 덮는데 관 속이 평평하면서도 가득 차게 만든다. 주인과 주부는 기대어 곡하면서 슬픔을 다한다. 부인들이 물러나 장막 안으로 들어가면 관 다루는 사람을 불러 관 뚜껑을 덮고 못질을 한다. 평상을 치운 뒤 망자의 옷으로 영구를 덮는다. 축관은 명정을 가져다 영구 동쪽에 설치한 깃대 받침대에 끼운 뒤, 다시 원래 있던 자리에 영좌를 설치하고는 부인 두 사람을 남겨 지키게 한다."[241] 이때 효자는 곡을 멈추고 지켜보면서 망자를 모시는 이 과정이 안정적으로 진행되도록 힘을 써야하며 그저 곡만 하고 있어서는 안 된다.

(4) 영좌를 설치하고 대렴전大斂奠을 차린다: 영좌를 설치한다는 것은, 평상·휘장·짚자리·돗자리·병풍·베개·옷·이불 따위를 영구의 동쪽에 망자가 살았을 때처럼 늘어놓는 것이다. 그리고 대렴전을 차리는데, 소렴 때의 의식과 같다.

(5) 주인 이하는 각기 임시 숙소인 상차喪次로 돌아간다: 『가례』의 원주에서는, 중문 밖에 투박한 방을 골라 남자의 상차로 삼으며, 참최복을 입

---

241 侍者與子孫婦女俱盥手, 掩首, 結絞, 共擧尸, 納於棺中. 實生時所落齒髮, 及所剪爪於棺角. 又揣其空缺處, 卷衣塞之, 務令充實, 不可搖動. 謹勿以金玉珍玩置棺中, 啓盜賊心. 收衾先掩足, 次掩首, 次掩左, 次掩右, 令棺中平滿. 主人主婦憑哭盡哀, 婦人退入幕中, 乃召匠加盖下釘. 徹牀, 覆柩以衣. 祝取銘旌設跗於柩東. 復設靈座於故處, 留婦人兩人守之.

는 사람은 거적을 깔고 자며 흙덩이를 베는데, 머리띠와 허리띠를 벗지 않는다고 했다. 또 자최복을 입는 사람은 돗자리를 깔고 자며, 부인들은 중문 안의 별실을 상차로 삼거나 빈소 옆에 거하는데, 휘장이나 요와 이불 중 화려한 것은 치운다고 했다. 이는 『의례』「기석례」에서 말한 '오두막에 거하는' 의식이다. 이미 빈소를 차린 뒤에는 아침저녁으로 곡을 한다. 슬픔이 치밀어 곡을 하되 대곡은 하지 않는다.

6) 성복成服

성복은 대렴의 다음 날, 즉 죽은 지 나흘째 되는 날에 행한다. 이 부분은 『의례』「상복喪服」에 근거한 것이지만 약간의 차이가 있다. 『의례』에서 「상복」은 「사상례」에 포함되지 않고, 「사상례」의 앞에 놓였지만, 『가례』에서 이 '성복'조는 「상례」에 포함되어 '대렴'조와 '조석곡전朝夕哭奠'조 사이에 놓였다. 이러한 위치 배정은 상을 치르는 순서에 근거한 것이다. 이 '성복'조의 내용은 두 부분으로 나누어 볼 수 있다. 하나는 상복을 입는 기간이고, 다른 하나는 상복의 차등이다. 이 '성복'조의 내용이 비록 대부분 『의례』「상복」과 『예기』「상복소기喪服小記」에서 온 것이지만, 내용상 다른 부분이 있다. 이는 『가례』가 당시 세속의 간편함을 따랐기 때문이다.

(1) 상복 입는 기간[242]

상기(喪期) 참최복(斬衰服) 3년	
정복(正服)	아들이 부친을 위해 입는다.
강복(降服)	-
가복(加服)	적손 중에 부친이 죽은 경우 조부 또는 증조부나 고조부를 위한 제사를 맡은 이가 입는다.
	부친이 적자 중 후사를 이었어야 하는 이를 위해 입는다.
의복(義服)	며느리가 시아버지를 위해 입는다.
	아내가 남편을 위해 입는다.
	첩이 주인(즉 남편)을 위해 입는다.
종복(從服)	남편이 할아버지의 제사를 맡았을 경우 (아내도) 따라서 입는다. 남의 후사가 된 사람이 자신을 후사로 삼은 부친을 위해 입는다. 자신을 후사로 삼은 제사를 맡은 조부를 위해 입는다.
	남편이 남의 후사가 되면 아내도 이에 따른다.
무복(無服)	-

상기(喪期) 자최복(齊衰服) 3년	
정복(正服)	아들이 모친을 위해 입는다.
	사의 서자의 경우 자신의 모친을 위해 입는다.
강복(降服)	사의 서자로 부친의 후사가 되었을 경우 입는다.
가복(加服)	적손 중에 부친이 죽어 조모 또는 증조모나 고조모를 위해 제사를 맡은 이가 입는다.
	모친이 적자 중에 후사가 될 이를 위해 입는다.
의복(義服)	며느리가 시어머니를 위해 입는다.
종복(從服)	남편이 제사를 맡게 되면, (아내는) 따라서 입는다.
무복(無服)	-

....

242 正服은 정상적인 친족 관계에 따른 상복이고, 降服은 남의 후사로 들어간 자나 시집간 여자가 私親의 상을 당했을 때 원래 입어야할 상복을 한 등급씩 내려 입는 것이다. 加服은 반대로 상복의 등급을 올려 입는 것이고, 義服은 상복을 입어줄 친인적이 없는 이를 위해 입어주는 상복이다. 從服은 망자와 직접적인 親屬 관계는 아니더라도 남편이나 어머니로 인해 입게 되는 상복이고, 無服은 상복을 입지 않는 경우를 말한다.

상기(喪期) 자최복(齊衰服)에 지팡이 짚고 1년	
정복(正服)	적손이 자신의 부친이 죽었으나 조부는 살아있는 경우, 조모를 위해 입는다.
강복(降服)	사별 후 재가한 모친 혹은 부친에 의해 쫓겨난 모친을 위해 입는다.
가복(加服)	-
의복(義服)	부친이 죽어 계모가 재가할 때 따라간 이를 위해 입는다.
	남편이 아내를 위해 입는다.
종복(從服)	-
무복(無服)	아들이 부친의 후사가 되었을 경우, 사별 후 재가한 모친 혹은 부친에 의해 쫓겨난 모친을 위한 상복은 없다.
	계모가 쫓겨났을 경우에는 상복이 없다.

상기(喪期) 자최복(齊衰服)에 지팡이 없이 1년	
정복(正服)	조부모를 위해 입는다. 여자는 비록 시집을 갔어도 강복하지 않는다.
	서인의 아들이 부친의 모친을 위해 입지만, 조부의 후사가 되면 입지 않는다.
강복(降服)	사별 후 재가한 모친 혹은 부친에 의해 쫓겨난 모친이 자신의 아들을 위해 입는데, 아들이 비록 부친의 후사가 되었더라도 입는다.
	첩이 자신의 부모를 위해 입는다.
가복(加服)	-
의복(義服)	계모와 사별 후 재가한 모친이 이전 전남편의 아들 중 자신을 따라온 이를 위해 입는다.
	첩이 여주인(즉 본처)를 위해 입는다.
	시부모가 맏며느리를 위해 입는다.
종복(從服)	남편 형제의 아들을 위해 입는다.
	계부와 함께 사는데, 계부와 그 아들에게 모두 대공복을 입어줄 친척이 없는 경우에 입는다.
무복(無服)	-

상기(喪期) 자최복(齊衰服) 5개월	
정복(正服)	증조부모를 위해 입는다.
	시집을 간 여자도 강복하지 않는다.
강복(降服)	-
가복(加服)	-
의복(義服)	-
종복(從服)	-
무복(無服)	-

상기(喪期) 자최복(齊衰服) 3개월	
정복(正服)	고조부모를 위해 입는다.
	시집을 간 여자도 강복하지 않는다.
강복(降服)	-
가복(加服)	-
의복(義服)	계부와 함께 살면서 계부에게 아들이 있어서 이미 대공복 이상의 상복을 입어줄 친척이 있는 경우 입는다.
종복(從服)	-
무복(無服)	계부와 함께 살지 않는 자는 입지 않는다.

상기(喪期) 대공복(大功服) 9개월	
정복(正服)	종부형제자매를 위해 입는다. (백부와 숙부의 자식들을 말한다.)
	증손자와 증손녀를 위해 입는다.
강복(降服)	-
가복(加服)	-
의복(義服)	중자의 부인을 위해 입는다.
	형제 아들의 며느리를 위해 입는다.
	남편의 조부, 조모, 백부, 백모, 숙부, 숙모, 형제의 아들 부인을 위해 입는다.
	남편이 남의 후사가 되었을 경우, 아내는 남편을 실제 낳은 시부모를 위해 입는다.
종복(從服)	-
무복(無服)	계부와 함께 살지 않는 자는 입지 않는다.

상기(喪期) 소공복(小功服) 5개월	
정복(正服)	종조조부와 종조조고를 위해 입는다. (조부의 형제자매를 말한다.)
	형제의 손자를 위해 입는다.
	종조부와 종조고를 위해 입는다. (종조조부의 아들과 부친의 종부형제자매를 말한다.)
	종부형제의 자식을 위해 입는다.
	종조형제자매를 위해 입는다. (종조부의 자식들을 말한다.)
	외조부모를 위해 입는다. (모친의 부모를 말한다.)
	외삼촌을 위해 입는다. (모친의 형제를 말한다.)
	생질을 위해 입는다. (자매의 자식을 말한다.)
	종모 즉 이모를 위해 입는다. (모친의 자매를 말한다.)
정복(正服)	모친은 같고 부친이 다른 형제자매를 위해 입는다.

상기(喪期) 소공복(小功服) 5개월	
강복(降服)	-
가복(加服)	-
의복(義服)	종조조모를 위해 입는다.
	남편 형제의 손자를 위해 입는다.
	종조모를 위해 입는다.
	남편 종형제를 위해 입는다.
	남편 고모의 자매를 위해 입는다.
	여자의 경우, 형제와 조카의 처를 위해 입는다. 이미 시집간 경우에도 강복하지 않는다.
종복(從服)	-
무복(無服)	손위동서나 손아래 동서를 위해서는 입지 않는다. (동서는 형제간의 처끼리 부르는 이름이다.)
	서자가 적모의 부모, 형제, 자매를 위해 입지만, 적모가 죽었으면 입지 않는다.

상기(喪期) 시마복(緦麻服) 3개월	
정복(正服)	족증조부(5촌증대부), 족증조고(5촌증대고모)를 위해 입는다. (증조부의 형제자매를 말한다.)
	형제의 증손을 위해 입는다.
	족조부(6촌대부), 족조고(6촌대고모)를 위해 입는다. (증조부의 아들을 말한다.)
	종부형제의 손자를 위해 입는다.
	족부(7촌숙부), 족고(7촌고모)를 위해 입는다. (족조부의 아들을 말한다.)
	종조형제의 아들을 위해 입는다.
	족형제자매(8촌)를 위해 입는다.(족부의 자식을 말한다.)
	증손과 현손을 위해 입는다.
	외손을 위해 입는다.
	종모형제자매(이종사촌)를 위해 입는다. (고모의 자식을 말한다.)
	외형제(고종사촌)를 위해 입는다.
	내형제(이종사촌)을 위해 입는다.
강복(降服)	서자 중에 부친의 후사가 된 이가 자신의 모친을 위해 입는다.
가복(加服)	-

	상기(喪期) 시마복(緦麻服) 3개월
의복(義服)	족증조모(5촌증대모)를 위해 입는다.
	남편 형제의 증손을 위해 입는다.
	족조모(종조백모, 숙모)를 위해 입는다.
	남편 종형제의 손자를 위해 입는다.
	족모(재종백모, 숙모)를 위해 입는다.
	남편의 종조형제의 아들을 위해 입는다.
	서손의 며느리를 위해 입는다.
	사가 서모를 위해 입는다. (부친의 첩 중에 아들을 둔 이를 말한다.)
	유모를 위해 입는다.
	사위를 위해 입는다.
	아내의 부모를 위해 입는다. (아내가 죽어 다시 장가들 들었어도 동일하다.)
	남편의 증조와 고조를 위해 입는다.
	남편의 종조조부모를 위해 입는다.
	형제 손자의 며느리를 위해 위해 입는다.
	남편 형제 손자의 부인을 위해 입는다.
	남편의 종조부모를 위해 입는다.
	종부형제 아들의 부인을 위해 입는다.
	남편 종형제 아들의 부인을 위해 입는다.
	남편의 외조부모를 위해 입는다.
	남편의 종모(이모)와 외삼촌을 위해 입는다.
	외손며느리를 위해 입는다.
	여자가 자매의 며느리를 위해 입는다.
	생질의 부인을 위해 입는다.
종복(從服)	-
무복(無服)	서자 중에 부친의 후사가 된 이가 자기 모친의 부모, 형제자매를 위해서는 입지 않는다.

(2) **상복의 차등**

① 참최복斬衰服: '참斬'에 대해, 『의례』「상복」에서는 "끝단을 꿰매지 않았다."는 뜻이라고 했다. 참최복의 윗옷과 치마 모두 매우 굵은 포를 사용하는데, 이는 효자가 애통한 마음에 스스로를 꾸밀 마음이 없음을 보여주는 것이다. 『가례』의 원주에서 서술한 복식은 다음과 같다.

- 윗옷: 솔기 자국이 바깥쪽으로 향하고, 그 길이는 허리를 넘어서 족히 치마의 윗단을 충분히 덮어야 한다.
- 치마: 앞이 세 폭, 뒤가 네 폭이며, 솔기 자국이 안쪽으로 향하고, 앞뒤를 잇지 않는다. 매 폭마다 주름 3줄을 만든다.
- 등 뒤에 늘어뜨리는 베 조각[負版]: 윗옷의 등에는 늘어뜨린 헝겊 조각이 있는데, 베로 만들고, 가로 세로를 한 자 여덟 치인 사각형이며, 옷깃 아래에 달아 드리운다.
- 가슴 부분에 붙이는 베 조각[衰]: 윗옷의 앞 가슴부분에는 '최衰'가 있는데, 베로 만들고, 길이는 여섯 치, 너비는 네 치이며, 왼쪽의 옷깃의 앞에 붙인다.
- 양쪽 어깨에 붙이는 베 조각[辟領]과 양쪽 겨드랑이에 붙이는 베조각[衽]: 왼쪽과 오른쪽에 붙이는 헝겊 조각이 있으니, 각각 베로 만들고 가로 세로 여덟 치의 사각형이다. 두 헝겊 조각의 머릿 부분을 접어서 너비를 네 치로 만든 뒤에 옷깃에 붙인다. 이것을 등 뒤에 늘어뜨리는 베 조각의 양 옆의 안쪽으로 각기 한 치씩 집어넣는다. 양쪽 겨드랑이 아래에 붙이는 헝겊 조각[衽]이 있으니, 각기 베로 만들고, 세 자 다섯 치다. 이것을 위아래로 각기 한 자씩을 남겨두는데, 이 한 자짜리 정사각형 밖에, 위로는 왼쪽 옆에서 여섯 자를 재단해 안쪽으로 들어가게 하고, 아래로 오른쪽 끝에서 여섯 자를 재단하여 안으로 들어가게 한다. 그리고

그 두 끝 지점을 서로 마주보게 하면서 비스듬하게 재단하되, 양쪽의 좌우가 서로 포갠 뒤 윗옷의 양 옆에 달아 아래쪽으로 드리우면, 제비의 꼬리 모양으로 치마의 옆단을 덮게 된다.

- 관[冠], 관 밑 테두리[武], 관끈[纓]: 관을 만드는 베는 윗옷과 치마보다 약간 가는 베를 사용한다. 풀 먹인 종이를 재료로 삼아서, 너비는 세 치에, 길이는 정수리를 충분히 넘길 수 있게 만든 뒤에, 앞뒤를 베로 싸고, 주름을 세 줄로 만들며, 모두 오른쪽을 향하게 만들고, 세로로 재봉한다. 삼으로 만든 끈 한 가닥을 이마 위에서부터 묶되, 정수리 뒷부분에서 교차시켜 앞을 지나 각기 귀에 다다랐을 때 묶어서 관 밑의 테두리로 만든다. 관의 양쪽 머리를 접어 관 밑 테두리 안쪽으로 넣고는 바깥쪽으로 다시 접어서 관 밑 테두리에 재봉한다. 관 및 테두리를 만들고 남아 있는 끈은 아래로 드리워 관끈을 만들어 턱 아래서 묶는다.

- 머리끈[首絰], 허리띠[腰絰], 덧띠[絞帶]: 머리끈은 씨 있는 암삼[有子麻]으로 만드니, 그 둘레가 아홉 치다. 삼의 밑동은 왼쪽에 두고, 이마 앞에서부터 오른쪽으로 둘러서 정수리 뒤쪽을 지나 그 끝을 밑동의 위에 포개고는 다시 또 끈을 관끈으로 삼아 고정시키니, 관에 관한 제도와 같다. 허리띠는 굵기가 일곱 치 남짓인데, 두 가닥을 서로 꼬아서 양쪽 끝을 묶는다. 각기 삼으로 된 밑동을 남겨서 아래로 세 자를 꼬인 것을 흩어서 늘어뜨린다. 꼬아서 묶은 곳의 양쪽에 각기 가는 끈으로 묶어서 매단다. 덧띠는 씨 있는 암삼[有子麻]로 만든 끈 한 가닥을 쓰는데 굵기는 허리띠의 절반이다. 중간을 접어서 두 가닥을 만들되 각기 한 자 남짓이 되도록 합치는데, 그 굵기는 허리띠와 같다. 허리에 두르는데, 외쪽에서부터 뒤를 거쳐 앞으로 오게 한 뒤에, 오른쪽 끝을 두 가닥 사이에 끼워 넣고 뒤집어 오른쪽에 꽂는데, 허리띠 아래에 있게 한다.

- 검은 대지팡이[苴杖]: 대나무를 쓰는데, 길이는 심장 높이로 하고, 밑동

을 아래로 한다.
- 신[履]: 굵은 삼으로 만든다.

부인이 입는 참최복은 매우 굵은 생포生布로 큰 소매 윗옷[大袖], 긴 치마[長裙], 머리 덮개[盖頭]를 만드는데, 모두 끝단을 꿰매지 않는다. 베로 된 두건을 두르고, 대나무 비녀를 꽂고, 삼으로 만든 신을 신고, 지팡이는 짚지 않는다.

여러 첩들이 입는 참최복은 소매가 없는 덧옷으로 큰 소매 윗옷을 대체하고, 지팡이는 짚지 않는다.

② 자최복齊衰服: '자齊'란 끝단을 꿰맸다는 뜻이다. 자최복 이하 대공복, 소공복, 시마복 등의 복식에서는 모두 상복의 윗도리와 아랫도리의 끝단을 꿰매니, 이 네 가지 상복 모두 '자齊'라고 부를 수 있다. 이런 상복들은 상복을 입는 기간이나 복식에 있어서 차이가 있기 때문에, '자최복'은 '참최복' 다음의 상복만 가리키는 고유명사로 사용했다. 『의례』「상복」은 원래 자최복을 '자최복 입고 3년', '자최복 입고 지팡이 짚고 1년', '자최복 입고 지팡이 없이 1년', '자최복 입고 3개월', 이렇게 네 가지로 나누었던 것인데, 『가례』에서는 다시금 '자최복을 입고 5개월'을 더해 다섯 가지로 만들었으니, 이 점이 서로 다르다.

- 자최복 입고 3년: 남자가 입는 자최복은 그 입는 옷과 관의 내용은 참최복과 같다. 참최복에 쓰는 생포에 버금가는 생포를 쓰되, 그 옆단과 아랫단을 재봉한다. 관은 베로 관 밑 테두리와 관끈을 만든다. 머리끈은 씨 없는 수삼[無子麻]으로 만드는데, 굵기는 일곱 치 남짓으로 밑동은 오른쪽에 두고 끝을 밑동 아래에 매며, 베로 된 관끈을 쓴다. 허리띠는

굵기가 다섯 치 남짓이고, 덧띠는 베로 만드는데, 오른쪽 끝을 한 자 남짓 접는다. 지팡이는 오동나무로 만드는데 위는 둥글고 아래는 네모나다. 부인이 입는 자최복은 참최복과 동일하지만, 베는 생포에 버금가는 것을 쓰는 것이 다르고, 이후의 복식은 이를 본받는다.

- 자최복 입고 지팡이 짚고 1년: 복식은 앞과 동일하지만, 3년 동안 입는 자최복에 쓰는 생포에 버금가는 생포를 사용한다.
- 자최복 입고 지팡이 없이 1년: 복식은 앞과 동일하지만, 단지 지팡이 짚고 1년 동안 입는 자최복에 쓰는 생포에 버금가는 생포를 사용한다.
- 자최복 입고 5개월: 복식은 앞과 동일하다.
- 자최복 입고 3개월: 복식은 앞과 동일하다.

③ 대공복 9개월: 복식은 앞과 동일하지만, 약간 굵은 삶은 베로 만들고, 등 뒤에 늘어뜨리는 베 조각, 가슴 부분에 붙이는 베 조각[衰], 양쪽 어깨에 붙이는 베 조각은 없다. 머리끈은 굵기가 다섯 치 남짓이고, 허리띠는 굵기가 네 치 남짓이다.

④ 소공복 5개월: 복식은 앞과 동일하지만, 약간 얇은 삶은 베[熟布]로 만든다. 관은 왼쪽으로 재봉하고, 머리끈은 굵기가 네 치 남짓이고, 허리띠는 굵기가 세 치 남짓이다.

⑤ 시마복緦麻服 3개월: 아주 얇은 삶은 베[熟布]로 만든다. 머리끈은 굵기가 세 치고, 허리띠는 굵기가 두 치다. 이 모두 삶은 삼[熟麻]를 사용하는데 관끈[纓] 역시 마찬가지다.

⑥ 기타: 이외에도 등급을 낮춰 입는 상복[降服]이 두 가지 있다. 첫

번째, 요절한 이[殤]²⁴³를 위해 입는 상복은 한 등급씩 낮춰서 입는다. 나이에 상관없이 남자가 이미 아내를 취했거나, 여자가 혼약을 맺은 경우엔 모두 등급을 낮추지 않는다. 두 번째, 남의 후사로 들어간 남자나 남에게 시집간 여자는 자신의 친부모 상에 모두 한 등급씩 낮춰서 입는다. 친부모 역시 이런 자식의 상에는 그리한다.

7) 조석곡전朝夕哭奠, 상식上食

(1) 아침에 전례를 올린다: 『예기』「단궁상」에서 이렇게 말했다. "아침의 전례는 해가 뜰 때 올리고, 저녁의 전례는 해가 질 때 올린다." 이는 해가 뜨고 질 때가 음양이 교차하며 서로 맞닥뜨리는 때이기 때문이다. 『가례』의 원주에서는 이렇게 말했다. "집사는 야채, 과일, 건포, 육장을 펼쳐놓는다. 축관은 대야의 물에 손을 씻은 뒤 향을 사르며 술을 따른다. 주인 이하도 재배하고 곡을 하며 슬픔을 다한다."²⁴⁴

(2) 저녁에 전례를 올린다: 이 의식은 아침에 올리는 전례와 같으나 의식을 마치고, 주인 이하로 혼백魂帛을 모셔서 영좌에 들여 놓고, 곡하며 슬픔을 다한다. 아침과 저녁 사이에 슬픔이 너무나 북받쳐 오르면 상차喪次에서 무시로 곡을 한다.

(3) 식사할 때 음식을 올린다[上食]: 그 의식은 아침에 올리는 전례와 같다.

(4) 매월 초하루: 매월 초하루에는 아침 전례를 올리며 음식을 차린

....

243 요절도 19세에서 16세 사이에 요절한 이[長殤], 15세부터 12세 사이에 요절한 이[中殤], 11세부터 8세 사이 요절한 이[下殤]를 구분해 차등을 두었으며, 8세 이전에 요절한 이는 상복을 갖추지 않았다.
244 執事者設蔬果脯醢, 祝盥水, 焚香斟酒, 主人以下再拜, 哭盡哀.

다. 『가례』의 원주에서는 이렇게 말했다. "올리는 음식으로는 고기, 생선, 분식粉食, 미식米食,²⁴⁵ 국, 밥을 각기 한 그릇을 마련하는데, 의식은 아침 전례와 같다."²⁴⁶

(5) 새로 난 음식물이 있으면 천신薦新한다: 갓 여물은 음식물이 있으면 반드시 천신해야 한다. 그 의식은 음식을 올리는 것[上食]과 같다.

8) 조弔, 전奠, 부賻

(1) 조상弔喪한다: 조상할 때는 모두 흰 옷을 입는다. 복두幞頭, 적삼, 허리띠는 모두 삶지 않은 흰 명주실로 만든다.

(2) 전례를 올린다: 향, 차, 초[燭], 술, 과일을 사용하는데, 간혹 다른 음식을 사용하기도 한다.

(3) 부의賻儀를 낸다: 부의에는 돈과 비단을 쓰는데, 오직 아주 친분이 두터운 친척이나 벗만이 이 절차를 차린다.

전례를 올리거나 부의를 표할 때는 명함[刺]을 갖추어 통성명을 하면서, 예물도 함께 들여보낸다. 통성명을 한 뒤에, 들어가 영좌 앞에서 곡하며 슬픔을 다한다. 전례를 마치면 조문하고 물러난다.

9) 문상聞喪, 분상奔喪, 치장治葬

(1) 상을 당했다는 부음을 듣다: 처음 어버이의 상을 당했다는 부음을

---

245 '粉食'과 '米食'은 각기 '麵'과 '米'의 번역이다. 여기서 분시이란 주로 만두를 가리키고 미식은 주로 쌀떡을 가리킨다.
246 饌用肉魚麵米食羹飯各一器, 禮如朝奠之禮.

들으면, 소식을 전한 사자에게 곡으로 응대한 뒤, 어찌 돌아가셨는지를 묻는다. 옷을 갈아입는데, 베를 찢어 사각건四角巾을 만들고, 흰 베적삼과 새끼줄 허리띠와 삼신[麻屨]을 만들어 착용한다. 자최복부터 차등적으로 상복을 갖춰 입어야 하는 이들은 상을 당했다는 부음을 들으면 자리를 마련해 곡을 한다. 존속이나 어르신들은 정당正堂에서 하고, 비속이나 어린이들은 별실에서 한다. 『가례』의 원주에서는 이렇게 사마광을 말을 인용했다. "오늘날의 사람들은 모두 날을 택해서 '슬픔을 일으킨다[擧哀]'[247] 슬픔이 최고조일 때가 갓 상을 당했다는 부음을 들었을 때이기 때문에 바로 곡을 할 수밖에 없거늘, 무슨 날을 택할 틈이 있단 말인가!"[248] 다만 송대의 법령은 주현州縣의 공청公廳에서 '슬픔을 일으키는 것'을 금지하였으므로, 관직에 있는 자는 절에 가서 곡하고 다른 이들은 본가에서 곡하였다.

(2) 상을 치르러 돌아간다: 효자는 처음 어버이의 상을 당했다는 부음을 들으면 곡을 하고 옷을 갈아 입고난 뒤에 길을 나선다. 밤에는 가지 않으니, 이는 해코지 당하는 것을 피하기 위해서다. 도중에 슬픔이 북받치면 곡을 하는데 저잣거리나 도시처럼 번잡한 곳은 피한다. 집이 있는 주의 경계가 보이거나, 현의 경계가 보이거나, 성읍이 보이거나, 집이 보이면 곡을 한다. 도중에 있거나 집에 도착한 경우엔 위의 의식대로 한다. 문에 들어가 영구 앞에서 재배한다. 다시 옷을 바꿔 입고 자기 자리로 가서 곡을 한다. 나흘 뒤에 성복한다. 만약 이미 장사를 지냈다면 먼저 묘소에 가서 곡을 하고 절한다. 『가례』의 원주에서는 이렇게 말했다. "이는 집에 있었을 때의 의식과 같다. 성복하지 않은 사람은 묘

....

247 '슬픔을 일으킨다[擧哀]'는 것은 머리를 풀고 곡을 하며 슬픔을 표현한다는 말이다.
248 今人皆擇日擧哀, 凡悲哀之至, 在初聞喪卽當哭之, 何暇擇日!

소에서 옷을 바꿔 입는다. 집에 돌아오면 영좌 앞에 나가서 곡을 하고 절을 올리고, 나흘째가 되면 의식대로 성복한다. 이미 성복한 사람 역시 이렇게 하되, 다만 옷은 바꿔 입지 않는다."[249] 만약 상을 치르러 갈 수 없으면, 자리를 마련하되 전례는 올리지 않는다. 『가례』의 원주에서는 이렇게 말했다. "의자 하나를 놓아 시신과 영구를 대신하게 한다. 전후좌우로 자리를 마련한 뒤에 의식대로 곡을 한다. 단지 전례를 올리지는 않는다. 만약 상을 당한 측에 자손이 없다면, 현장에 의식대로 전례까지 올린다."[250] 상을 당했다는 부음을 들은 지 나흘째 되는 날에 옷을 바꿔 입는다.

자최복부터 차등적으로 상복을 갖춰 입어야 하는 이들 중 상을 치르러 돌아가는 이는 화려한 복장을 벗고서 길을 떠난다. 집 근처에 도착하고 나면 자최복을 입는 자는 고을이 보이면 곡을 하고, 대공복을 입는 자는 집의 문이 보이면 곡을 한다. 재배하고 성복하고 자기 자리로 가서 의식대로 곡을 하고 조문한다.

만약 상을 치르러 집에 돌아가지 못하는 경우에, 자최복을 입는 자는 사흘 동안 아침저녁으로 자리를 마련해 모여서 곡을 한다. 나흘째 되는 아침에는 성복한다. 대공복을 입는 자 이하로는 처음 상을 당했다는 부음을 들으면 자리를 마련해 모여서 곡을 하고, 나흘째 되는 날 성복한다. 자최복을 입는 사람이든 대공복을 입는 사람 이하이든 상관없이, 모두가 매월 초하루에는 자리를 마련해 모여서 곡을 한다. 각자가 상을 치를 달수가 차고 난 뒤, 다음 달 초하루에는 자리를 마련해

---

249 如在家之儀. 未成服者, 變服於墓, 歸家詣靈座前, 哭拜, 四日成服如儀. 已成服者亦然, 但不變服.
250 設椅子一枚, 以代尸柩. 左右前後設位哭如儀, 但不設奠. 若喪側無子孫, 則此中設奠如儀.

모여서 곡을 하고 자신의 상복을 벗는다. 그 사이에도 슬픔이 북받치면 곡을 해도 된다.

(3) 장사葬事를 치른다: 3개월 뒤에 장사를 치르는데, 장사 기일이 되기 전에 장사를 치를만한 땅을 골라둔다. 옛날엔 묘 자리를 고르거나 장사치를 날짜를 정할 땐 점을 쳐서 결정했지만, 오늘날엔 시속을 따라 고른다. 장지를 반드시 잘 골라야 하는 이유에 대해 『가례』의 원주에서는 사마광의 말을 인용하여 "효자의 마음은 근심 걱정이 많다보니, 얕게 묻으면 남에게 도굴을 당할까 걱정하고, 깊게 묻으면 습기가 차올라 빨리 썩을까 걱정하게 된다. 그래서 반드시 땅이 두텁고 물길이 깊이 있는 곳을 찾아서 장사지내야 한다."[251]고 하고 또 정이의 말을 인용하여 "묘자리를 점치는 것은 그 땅이 좋은지 나쁜지를 점치는 것이지, 점쟁이들이 말하는 길흉화복 따위를 점치는 것이 아니다."[252] 라고 한다.

훌륭한 땅이란 땅이 윤택하고 풀과 나무가 무성하게 자란 곳을 기준으로 한다. 『가례』의 원주에서는, 정이의 말을 인용하며, 땅을 고르는데 삼가야만 하는 다섯 가지 사항을 나열했다. 첫째, 훗날 도로가 되지 않게 해야 한다. 둘째, 성곽이 되지 않게 해야 한다. 셋째, 도랑과 못이 되지 않게 해야 한다. 넷째, 권세가에게 빼앗기지 않게 해야 한다. 다섯째, 경작지가 되지 않게 해야 한다. 이런 것들이 또한 장지를 고르는 데에 신중하게 해야 할 이유이다.

(4) 묘역을 만들고 후토后土에게 제사 한다: 날을 택하면, 주인은 아침에 곡을 한 뒤 집사를 데리고 골라둔 땅에 가서 묘역墓域을 판다. 네 구석에서 파낸 흙은 밖에 두고, 가운데에서 파낸 흙은 남쪽에 두되, 그 다

....

251 孝子之心, 慮患深遠, 恐淺則爲人所扣, 深則濕潤速朽, 故必求土厚小深之地而葬之.
252 卜其宅兆, 卜其地之美惡也, 非陰陽家所謂禍福者也.

섯 곳에 각기 푯말을 하나씩 세우고, 남쪽 문에 해당하는 곳에는 푯말을 두 개 세운다. 토지신인 후토后土에게 제사지내는 것은 먼 친척이나 빈객 중 한 명을 택해 후토에게 고하는 것이다. 『가례』의 원주에는 후토에게 고하는 다음과 같은 축사가 있다. "어즈버 몇 년 아무 세차 몇 월 초하루인 날에 아무 관직의 이름이 아무개인 제가 감히 후토신后土神에게 고하나이다. 오늘 아무개 관직을 지낸 아무개를 위해 묘역을 만드니, 신령께서 보우하사 이후로 어려움이 없게 해주소서. 삼가 맑은 술, 건포, 육장을 신령께 올리오니 흠향하시길 바라나이다."[253] 축사를 마치면 주인은 집으로 돌아가 영좌 앞에서 곡하고 재배한다. 『온공서의』에 근거해보면, 거북점이나 시초점을 치는 자나 축관과 집사는 모두 길관吉冠을 쓰고 소복素服을 입는다. 이같이 하는 것은, 이 예식이 완전히 길사吉事도 아니고 그렇다고 완전히 흉사도 아니기 때문이다.

(5) 묘 구덩이를 판다: 묘 구덩이를 파는 방법은 두 가지다. 하나는 곧장 아래로 파고 들어가 묘혈을 만드는 것이고, 또 다른 하나는 옆으로 땅굴을 파고 들어가는 것이다. 옛날에는 오로지 천자만이 땅굴을 할 수 있었다. 그래서 오늘날엔 곧장 아래로 파고 들어가 묘혈을 만든 뒤, 관을 매달아 내린다. 땅을 팔 때는 응당 좁고 깊게 파야 하는데, 이는 얕게 팠다가는 남에게 도굴을 당할까봐 꺼려서이다.

(6) 회격灰隔을 만든다: 묘 구덩이를 다 팠으면, 먼저 재를 광의 밑바닥에 2~3치를 깔아 다진다. 그 후에 회격을 만든다. 회격은 숯가루, 석회, 고운 모래, 황토, 얇은 판, 송진 등으로 만든다. 이는 망자의 피부가 직접 흙에 닿는 것이 싫은데다가, 튼튼하게 보존하면서 개미 같은 벌레나

---

253 維某年歲月朔日, 子某官姓名, 敢告於后土氏之神, 今爲某官姓名, 永建宅兆, 神其保佑, 謹以淸酌脯醢, 祇薦於神, 尙饗.

나무뿌리나 도적 등으로부터의 피해를 막고자 하는 것이다.

(7) 기타: 미리 묘지석墓誌石을 새기고, 명기明器와 장막과 자리 등과 대나무싸개[苞]와 대나무그릇[筲], 단지[甖], 큰 상여[大轝], 운삽[翣]을 만들고, 밤나무로 된 신주를 만드는 등 장사를 치를 때 필요한 물건들을 마련한다. 『가례』의 원주에서는 정이의 말을 인용해, 신주 만드는 방법을 다음과 같이 설명하고 있다. "신주는 밤나무로 만드는데, 받침대는 가로세로 네 치고 두께는 한 치 이 푼이다. 바닥에 구멍을 뚫어 신주 몸통을 끼운다. 몸통은 높이가 한 자 두 치, 너비는 세 치, 두께는 한 치 두 푼이다. 맨 윗부분을 다섯 푼 정도 깎아서 둥글게 만들고, 한 치 아래의 앞을 깎아서 턱을 만들어 둘로 쪼갠다. 둘 중 네 푼 두께가 앞쪽 것이고, 여덟 푼 두께가 뒤쪽 것이다. 턱 아래 가운데 패인 부분은 길이가 여섯 치고 너비가 한 치고 깊이는 네 푼이다. 앞쪽과 뒤쪽을 합쳐서 받침대에 꽂으면, 가지런히 양 옆에 구멍을 뚫어 통하게 만든다. 원의 지름은 네 푼이고 세 치 여섯 푼 아래에 위치한다. 아래로 받침대의 면과 일곱 치 두 푼 떨어져 있으며, 분粉을 앞면에 바른다." 만약 밤나무가 없다면 견고한 나무를 골라서 신주를 만든다. 신주를 넣은 상자인 독櫝은 검은 칠을 하는데 부부가 함께 사당에 들어가니 사마광이 말한 '부군과 부인은 독을 같이 한다'를 따르는 것이다.

10) 천구遷柩, 조조朝祖, 전奠, 부賻, 진기陳器, 조전祖奠

(1) 영구를 옮기고 아침에 윗도리의 왼쪽 어깨를 벗어 젖힌다: 발인發靷 하루 전에 아침에 올리는 전례처럼 음식을 차린다. 아침 전례를 올리면서 영구를 올리겠다고 고한다. 주인 이하로 곡을 하며 슬픔을 다하고, 재배한다. 영구를 옮기려고 하면, 부인들은 물러나 자리를 피한다. 주인과

주인 이하 모든 사람들은 지팡이를 들어 바닥을 짚지 않은 채 들고 서서 살핀다. 이 의식에 대해서 『가례』의 원주에서는 이렇게 말했다. "축관은 혼백을 상자에 모시고 앞서서 사당 앞에 간다. 집사가 그 다음으로 전상, 교의, 탁자를 받들어 가고, 그 다음으로 명정이 간다. 그 다음으로 일꾼들이 영구를 들고 가면, 주인 이하는 곡을 하며 따른다." 사당 앞에 다다르면, "집사가 먼저 자리를 깔고 일꾼들이 그 위에 머리 쪽이 북쪽을 향하도록 영구를 놓은 뒤 나간다. 부인은 머리쓰개를 벗는다. 축관이 집사를 데리고 영구의 서쪽에 영좌와 전상奠牀을 동쪽을 향하도록 설치한다. 주인 이하는 각자 자기 자리로 가서 선 채로 곡을 하되 슬픔을 다한 뒤 그친다." 시신과 영구는 모두 남쪽에 머리를 두는데, 오직 아침에 조묘祖廟를 찾아뵐 때만은 북쪽에 머리를 둔다. 아침에 조묘를 찾아뵐 때 머리를 북쪽에 두는 것은, 망자의 효심을 따른 것이다.

(2) 전상奠牀을 설치한다: 영구를 대청으로 옮기면 집사는 자리를 깔고, 일꾼들은 영구를 자리 위로 옮기고, 머리를 남쪽에 둔 뒤 나간다. 축관은 영좌와 전상을 영구 앞에 남쪽을 향해 설치한다. 주인 이하는 자기 자리에 가서 앉아서 곡을 하는데, 대곡을 하게 한다.

(3) 부의賻儀를 낸다: 친척과 빈객들이 전례를 올리고 부의를 내는데, 그 의식은 초상 때와 같다.

(4) 명기明器를 늘어놓는다: 명기를 늘어놓는 의식에 대해, 『가례』의 원주에서 이렇게 설명한다. "방상시方相氏의 탈을 쓴 이가 앞서는데, 이는 광부狂夫가 행하는 것이다.[254] 그들은 의관을 도사처럼 차려입고, 창을

---

254 "方相氏의 탈을 쓴 이가 앞서는데, 이는 狂夫가 행하는 것이다."는 구절 중 '방상시'는 원래 중국 전설에 나오는 '역병을 몰아내고 사악한 귀신을 물리치는' 신인데, 『周禮』「夏官

들고 방패를 휘두른다. 망자의 벼슬이 사품 이상이라면 눈이 네 개 달린 방상시 탈을 쓰고, 4품 이하라면 눈이 두 개 달린 기두魋頭의 탈을 쓴다. 그다음에 명기, 장막과 자리 등, 대나무싸개[苞], 대나무그릇[筲], 단지[甖]를 평상에 놓은 뒤 들고 간다. 그다음에 명정을 받침대를 제거한 뒤 들고 간다. 그다음에 영거靈車로 혼백과 행불을 모신다. 그다음에 큰 상여[大轝]이니 큰 상여 옆에는 운삽[翣]을 두고, 사람들이 이를 잡게 한다."

(5) 조전祖奠[255]을 차린다: 당일 포시晡時, 즉 신시申時(오후 3-5시)에 조전을 차리는데, 음식은 아침에 올리던 전례와 같다. 전례를 올릴 때 다음과 같은 축사를 고한다. "영원히 떠나는 예식을 행하려 하는 것은 더 이상 머무를 수 없기 때문입니다. 이제 영구를 모시게 되었기에 조전을 예를 준행하나이다." 나머지는 아침과 저녁에 올리던 전례의 의식과 같다.

....

司馬』를 보면 관직으로 나온다. "방상시의 직무는 狂夫 네 명이 행한다." 그리고 그 직무에 대해서는 이렇게 설명한다. "방상시가 관장하는 직무는 다음과 같다. 곰 가죽을 뒤집어쓰고 황금으로 만든 눈 4개가 달린 탈을 쓰고 검은 윗도리와 붉은 치마를 입고 창을 잡고 방패를 쳐들고 노예 100명을 이끌며, 계절마다 儺禮를 행하며 집 안을 수색하고 역귀를 몰아낸다. 國喪 때는 앞에서 영구를 이끌면서, 묘소에 이르면 묘혈에 들어가서 창으로 네 모퉁이를 찌르며 도깨비[魍魎]를 몰아낸다.[方相氏, 掌蒙熊皮, 黃金四目, 玄衣朱裳, 執戈揚盾, 帥百隸而時難, 以索室毆疫, 大喪, 先柩, 及墓, 入壙, 以戈擊四隅, 毆方良.]" 이후 장사를 치를 때의 방상시는 묘혈을 판 뒤 잡귀를 물리치는 일종의 儺禮 일명 儺戱 때 사용하는 도구나 예식을 상징하게 되었다. 과거에는 狂夫가 양기가 너무 세서 狂症이 생긴 사람들을 가리키며, 그 넘치는 양기로 음기에 속하는 귀신들을 잘 쫓아낼 수 있다고 보았다. 하지만 청대 말엽의 학자 孫詒讓은 광부가 단지 벼슬을 하지 않고 있는 武夫를 가리킨다고 보았다.

255 조전이란, 장사를 치르려 묘소로 떠나기 전에 치르는 奠禮를 말한다. 원래 '祖'란 길 떠나는 이를 전송하며 길의 신[路神]에게 지내는 제사를 가리켰다. 조전 역시 이로부터 기원한 것으로 보인다.

11) 견전遣奠

견전이란, 망자를 보내는 것으로, 조전을 행한 다음 날 행한다. 큰 상여를 뜨락 한가운데에 들이고, 영구를 큰 상여로 옮겨 싣는다. 주인은 영구를 따라가며 곡을 하고, 내려와서 영구 싣는 것을 살핀다. 부인들은 휘장 안에서 곡한다. 영구를 다 실으면 영좌를 영구 앞으로 옮기는데, 남쪽을 향하게 한다.

견전을 차릴 때의 음식은 아침에 올리던 전례와 같이 하되 건포까지 갖춘다. 견전례를 마치면 건포를 대나무싸개[笤] 안에 넣는다. 견전례를 올릴 때 부인들은 물러나 피해 있는다. 축관은 혼백을 받들어 영거靈車에 올리고 분향한다. 부인들은 머리쓰개를 하고 휘장을 나와 계단을 내려가 선 채로 곡을 한다. 집을 지키는 사람은 슬픔을 다한 뒤 재배하고 돌아간다. 존속이나 어르신들은 절하지 않는다.

12) 발인發靷

발인은 영구가 장지로 출발하는 것이다. 영구가 출발할 때에는 방상시의 탈을 쓴 사람 등이 앞에서 이끈다. 이 의식은 기물을 늘어놓는 순서대로 간다. 다음으로 주인 이하 남녀는 곡하면서 걸어서 영구를 따라간다. 존속과 어르신들은 그 뒤를 따르며, 상복을 입지 않은 친척들이 이를 따르고, 빈객들이 다시 이를 따르는 데 이들은 모두 수레나 말을 탄다. 친척과 빈객들은 묘소에 먼저 가서 기다리거나 혹은 성곽 밖 길옆에 장막을 치고 있다가, 영구를 멈추게 한 뒤 전례를 올린 뒤 작별하고 간다. 그 의식은 집에서 올리는 전례와 같다. 만약 묘소가 멀다면 아침저녁으로 곡을 하고 전례를 올린다. 식사 할 때마다 음식을 올린다.

저녁엔 주인과 형제들은 모두 영구 옆에서 자고, 친척들도 함께 영구를 지킨다. 도중에 슬픔이 북받치면 곡을 한다.

13) 급묘及墓, 하관下棺, 사후토祠后土, 제목주題木主, 성분成墳

(1) 묘소에 도착하다[及墓]: 집사는 먼저 묘도墓道의 서쪽에서 남쪽을 향해 영구를 임시로 모시는 영악靈幄을 설치한다. 친척과 빈객들은 영악 앞에 마련한 상차喪次에 머무는데 모두 남쪽을 향한다. 부인들은 영악의 뒤 묘혈의 서쪽에 장막을 마련해 머문다. 방상시의 탈을 쓴 이가 도착하고, 기물인 명기 등도 도착하고, 영거도 도착한다. 전상奠牀을 설치하는데, 술, 과일, 건포, 육장을 차려 놓는다. 영구가 도착하면 주인과 남녀는 각기 자기 자리로 가서 곡을 한다. 빈객들은 절을 올리고 작별을 고하며 돌아간다.

(2) 관을 내리다[下棺]: 『가례』에서는 이 의식에 대해 이렇게 말했다. "먼저 나무 장대를 회격灰隔 위에 가로로 놓고, 새끼줄 네 가닥을 영구 바닥의 쇠고리에 끼우기만 하고 묶지 않은 채 늘어뜨린다. 나무 장대 위에 놓이면[256] 새끼줄을 뽑아 제거한다. 그리고 따로 가는 베나 삶지 않은 명주를 접어 영구 밑으로 넣어 두른 뒤 늘어뜨린다. 이것은 더 이상 빼내지 않고 나머지 부분만 잘라버린다. 영구에 쇠고리가 없는 경우엔 새끼줄을 영구 밑으로 넣어 두른다. 두른 새끼줄의 양쪽 끝을 내려서 나무 장대 위에 놓이면 새끼줄을 제거한다. 베를 사용하는 경우도

---

256 "나무 장대 위에 놓이면"이란 번역의 원문은 『성리대전』본에 근거하면 "至杠上"이지만, 『사고전서』본에 근거하면 "置杠上"이라고 되어 있다. 이 구절에 있어서는 후자가 보다 뜻이 분명하다.

전술한 것처럼 한다. 영구를 내릴 때는 가장 세세하게 살피고 힘써야만 한다. 실수하여 기울어져 떨어지거나 흔들려서는 안 된다. 주인과 형제들은 마땅히 곡을 멈추고 직접 가서 살펴보아야 한다. 영구를 내렸으면 영구를 덮은 옷과 명정을 다시 정돈하여 평평하고 똑바르게 해야 한다."

주인은 검은 비단 여섯 필과 붉은 비단 네 필을 외곽 안에 드린다. 주인은 그 비단을 받들어 영구 앞에 두고 재배하며 이마를 조아린다. 그러면 각자 자리에 있던 사람들은 모두 곡을 하며 슬픔을 다한다. 집이 가난해 이만큼 수량을 갖출 수 없다면 검은 비단과 붉은 비단을 각기 한 필씩만 드려도 된다. 회격 안팎의 뚜껑을 덮는다. 횟가루를 채워 넣는데, 횟가루를 많이 넣어 튼튼해지길 기다린다.

(3) 땅의 신 후토后土에게 제사한다[祠后土]: 후토에게 제하는 것은, 부모의 몸을 이 땅에 맡기기에 이 땅의 신령에게 제를 올려 편안케 하려하기 때문이다. 묘소의 왼쪽에서 제한다.

(4) 명기明器 등을 넣고 묘지석을 내린다: 흙을 반쯤 채운 뒤, 명기, 장막과 자리 등, 대나무싸개[苞], 대나무그릇[筲], 단지[甖]를 편방便房257에 넣는다. 묘지가 있는 곳이 평지라면, 묘혈 안에서 남쪽에 가까운 곳에 묘지석을 내린다. 묘지가 있는 곳이 산비탈이라면, 묘혈의 남쪽 몇 자 떨어진 곳에 땅을 파서 묻는다. 다시 흙을 채우고 단단히 다진다.

(6) 신주를 쓴다[題木主]: 신주라는 것은 망자의 넋이 모이는 곳이다. 신주를 꺼내, 우선 가운데 패인 부분에 글씨를 쓴다. 이는 글씨를 잘 쓰는 사람에게 쓰게 한다. 『가례』의 원주에 따르면 아버지의 신주는 "고故 아무 관직, 아무 공公, 휘諱는 아무개. 자는 아무개, 몇 번째 신주."라고 쓰고 분칠한 면에는 "고 아무 관직, 아무 봉시封諡 부군府君 신주"

....
257 편방은 무덤 속에 망자가 생전처럼 사용하도록 만든 공간을 이른다.

라고 쓰고, 그 아래 왼쪽 옆에는 "효자 아무개가 제사를 모심."이라고 쓴다. 어머니의 신주는 "고故 아무 봉호封號, 씨는 아무개, 휘는 아무개. 자는 아무개, 몇 번째 신주."라고 쓰고 분칠한 면에는 "비妣 아무 봉호, 씨는 아무개 신주."라고 쓰고, 옆에는 아버지 때와 동일하게 쓴다. 관직이 없으면 생전에 쓰던 이름을 호칭으로 삼는다. 신주를 다 쓰면 축관이 축판을 읽는다. 주인은 재배하고 곡하며 슬픔을 다한 뒤에 멈춘다.[258]

(6) 마침내 떠난다: 축관이 신주를 모셔서 수레에 오르고, 집사가 영좌를 거둔 뒤, 마침내 떠난다. 주인 이하 곡을 하는데, 왔을 때의 의식과 같다. 자제 한 명이 남아서 흙을 채우는 일에서 봉분封墳을 만드는 일까지를 살핀다.

(7) 봉분을 만든다[成墳]: 봉분의 높이는 네 자이고, 그 앞에 세우는 비석 역시 높이가 네 자이며, 비석 받침대의 높이는 한 자 남짓이다.

14) 반곡反哭

축관이 신주를 받들고 수레에 오른다. 혼백상자는 그 뒤에 있다. 집사가 영좌를 거두고 드디어 떠난다. 주인 이하는 천천히 걷는다. 슬픔이 북받치면 곡을 한다. 집에 이르러 문이 보이면 바로 곡을 한다. 축이 원래 있던 자리에 영좌를 설치한다. 축관은 신주를 모시고 들어가 자리로 가서 독櫝에 넣는다. 그리고 혼백상자를 내와서 신주 뒤에 둔다. 주인 이하는 문에 다다르면 곡을 하면서 들어간다. 서쪽 계단으로 올

....

258 아버지의 신주에는 「故官某公諱某字某第幾神主」라 하고 분칠한 면에는 「考某官封諡府君神主」라하고 그 아래 좌측에 「孝子某奉祀」라 한다. 어머니에 대해서는 「故某封號氏某諱某字某第幾神主」라 하고 분칠한 면에는 「妣某封某氏神主」라 하고 옆은 아버지와 동일하게 쓴다.

라가 대청에서 곡을 한다. 부인들은 당에서 곡을 한다. 그리고 영좌 앞에 나아가 곡을 한다. 빈객 중에 조문하는 사람이 있으면 처음 즉 초상 때처럼 절을 한다. 1년 상과 9개월 상을 당한 사람은 술도 마시고 고기도 먹지만 연회에는 참가하지 않는다. 소공복을 입는 사람 이하, 대공복을 입는 이와 따로 사는 사람들은 돌아가도 된다.

15) 우제虞祭

'우제虞祭'는 당초 제례이므로 길례에 속해야 하지만 제사이면서도 상을 치르는 의식이라는 특수성으로 인해 오례 중 흉례에 속하게 되었다.[259] 정현은 '우虞'는 '안정시키다[安]'의 뜻이라고 『의례』「기석례」'삼우三虞'의 주에서 해석하고 있다. 효자된 마음으로써 망자의 넋이 떠돌아다니며 기탁할 곳이 없는 것을 차마 두고 보지 못하므로, 세 번 제사를 지내 망자의 넋을 안정시키는데, 그 세 번의 제사가 바로 초우初虞, 재우再虞, 삼우三虞이다.

(1) 초우는 장사 지낸 날의 한낮에 지낸다: 만약 묘소가 멀어서 시간을 맞출 수 없다면, 그 날만 넘기지 않으면 된다. 만약 집에서 거리가 하루 이상 묵어야 할 거리라면, 머무는 곳에서 초우를 지낸다. 그 의식은 다음과 같다.

- 주인 이하는 모두 목욕을 한다.
- 집사는 기물들을 진설하고 음식을 갖춘다.
- 축관은 신주를 영좌에서 꺼내온다.

---

[259] 우제 전까지의 예식은 모두 '전(奠)'이라 표현하고 우제 때부터는 '제(祭)'라고 한다.

- 주인 이하는 모두 들어가 곡을 한다.
- 망자의 신령이 강림하는 예를 행한다.
- 축관이 음식을 올린다.
- 신령에게 첫 번째 술잔을 올리는 초헌初獻을 주인이 행한다.
- 신령에게 두 번째 술잔을 올리는 아헌亞獻을 망자의 아내인 주부가 행한다.
- 신령에게 세 번째 술잔을 올리는 종헌終獻을 친척이나 내빈 중의 한 사람이나, 주인의 자녀가 행한다.
- 집사가 잔에 술을 더 따르면서 신령에게 음식을 권한다.[侑食]
- 주인 이하는 모두 나가고, 축관은 문을 닫는다.
- 축관이 문을 열면 주인 이하는 들어가 곡을 하고 신령을 보낸다.
- 축관은 혼백을 묻는다. 장소는 외지면서 깔끔한 땅으로 한다. 아침저녁으로 올리던 전례는 그만 두되, 아침저녁으로 곡은 한다.

(2) 재우再虞: 십간十干 중 짝수 차례에 해당하는 '을乙, 정丁, 기己, 신辛, 계癸'가 들어가는 날을 유일柔日이라고 하는데, 이 날에 재우를 올린다.[260] 그 예식은 초우와 같지만, 하루 전에 기물을 진설하고 음식을 준비한다. 다음 날 새벽에 일어나 채소, 과일, 술, 음식을 진설하고 막 동이 틀 무렵 제사를 지낸다. 만약 묘소가 멀어서 집에 오는 도중에 유일을 만나면 숙소에서 재우를 지낸다.

(3) 삼우三虞: 강일剛日이 되면 삼우를 올린다. 십간 중 홀수 차례에 해당하는 '갑甲, 병丙, 무戊, 경庚, 임壬'이 들어가는 날을 강일이라 한다. 그 예식은 재우와 같다. 만약 묘소가 멀어서 집에 오는 도중에 강일을

....

260 柔日은 陰에 속하는 짝수에 해당하는 날이란 뜻이다.

만나면, 집에 도착해서 삼우를 지낸다.

16) 졸곡卒哭

삼우를 지낸 후 맞이하는 강일에 곡하기를 그치는 졸곡제를 지낸다. 이때부터는 아침저녁 사이에는 슬픔이 북받쳐도 곡하지 않는다. 주인과 형제는 거친 밥과 물을 마실 뿐 채소나 과일은 먹지 않고, 잘 때도 자리만 깔고 나무를 베고 잔다. 졸곡은 상제喪祭를 길제吉祭로 바꾸는 전환점이 되기 때문에 이 제사는 점차 길제로 쓴다.

(1) 하루 전날 기물들을 늘어놓고 음식을 갖춘다.
(2) 다음 날 일찍 일어나 채소, 과일, 술, 음식을 늘어놓는다.
(3) 막 동이 틀 무렵 축관은 신주를 꺼내온다.
(4) 주인 이하는 모두 들어가 곡을 한다.
(5) 망자의 신령이 강림하는 예를 행한다.
(6) 주인과 주부가 음식을 올린다.
(7) 초헌을 올리고, 재헌을 올리고, 종헌을 올린다.
(8) 신령에게 음식을 권하고, 문을 닫았다가 문을 열고는 신령을 보낸다.

『가례』에 실린 양복의 주에서는 "옛날에는 우제와 졸곡을 마치면 무거운 복장을 벗고 가벼운 복장을 받았다. 연제練祭, 상제祥祭, 담제禫祭 때도 가벼운 복장을 받았다. 이는 복장으로 슬픔을 나타내기 때문이다."²⁶¹ 라 한다. 즉 시간이 흘러 슬픔이 줄어들면 그 표현이 되는 복장도 따라서 점점 가벼워진다. 그러나『가례』는 이런 형식의 변화가 오히려 번거로움을 주는 폐단이 있다고 해서, 시속을 따라 죽었을 때부터 대상을 치를 때까지 가벼운 상복으로 갈아입지 않았다.

17) 부祔

졸곡을 마친 다음 날 부제祔祭를 올린다. '부祔'란 "덧붙이다.[附]"는 뜻이다.²⁶² 새로 돌아가신 분의 신주를 받들어 사당으로 옮겨 합사한다.

(1) 졸곡의 제사를 거두고 나면, 사당에 기물을 진설하고 음식을 갖춘다. 당이 좁다면 대청에서 행한다. 망자의 조고와 조비 신위를 중앙에 남향하여 두되, 서쪽을 상석으로 친다. 망자의 신위는 그 동남쪽에 서쪽을 향하게 둔다. 어머니 상을 당한 경우엔 조고의 신위는 놓지 않는다.

(2) 다음 날 새벽에 일찍 일어나 채소, 과일, 술, 음식을 늘어놓는다.

(3) 동이 틀 무렵 주인 이하는 지팡이를 계단 아래에 기대 놓고 들어가 영좌 앞에서 곡을 한다.

(4) 축관은 사당에 가서 합사할 조고와 조비의 신주를 받들고 나와서 영좌에 놓는다. 만약 상주가 종자가 아니면서 조고를 계승한 종가와 따로 사는 경우에는 종자가 조고에게 아뢰고, 허위虛位를 마련해 제사를 지낸다.

....

261 按古者既虞卒哭有受服, 練祥禫皆有受服, 蓋服以表哀.
262 陳澔의『禮記集說』「檀弓下」"다음 날 할아버지의 廟에서 合祀[祔]한다."에 대한 풀이

⑸ 축사는 새 신주를 받들고 사당에 들어가 영좌에 놓는다.

⑹ 차례대로 선다.

⑺ 참신예參神禮, 자리에 있는 모두가 재배하며 조고와 조비에게 예식을 행한다.

⑻ 망자의 신령이 강림하는 예를 행한다.

⑼ 축관이 음식을 올린다.

⑽ 우제와 마찬가지로 초헌을 올리고, 재헌을 올리고, 종헌을 올린다.

⑾ 신령에게 음식을 권하고, 문을 닫았다가 문을 열고는 신령을 보낸다.

⑿ 축관은 신주를 받들어 각기 원래 있던 곳에 둔다. 먼저 조고와 조비의 신주를 감실龕室 안으로 모셔 상자에 넣는다. 그 다음에 망자의 신주를 서쪽 계단의 탁자로 모셔와 상자에 넣은 뒤 받들고서 영좌로 돌아온다. 만약 다른 장소에서 제사를 지내게 되는 경우에는, 조고와 조비의 신주 역시 새 신주처럼 모셔 들인다.

18) 소상小祥

'상祥'이란 말은 "길吉하다."는 뜻이다. 초상부터 이 날까지 윤달은 빼고 도합 13개월이다. 그런데 예부터 소상을 치르는 날은 점쳐서 결정했지만 『가례』에서는 그저 첫 기일忌日에 지내는 것으로 하였으니 이는 간편함을 좇은 것이다. 예식은 다음과 같다.

⑴ 하루 전에 주인 이하는 목욕하고 기물을 진설하고 음식을 준비

한다. 막차幕次를 설치하고 연복練服[263]을 펼쳐놓는다. 소상을 치를 때는 연복을 입는데, 남자는 머리띠, 등 뒤에 늘어뜨리는 베 조각, 양쪽 어깨에 붙이는 베 조각, 가슴 부분에 붙이는 베 조각을 제거한다. 부인은 긴 치마를 잘라서 땅에 끌리지 않게 한다.

(2) 다음 날 새벽에 일찍 일어나 채소, 과일, 술, 음식을 진설한다.

(3) 동이 틀 무렵 축관이 신주를 내오면, 주인 이하는 들어가 곡을 한다.

(4) 그리고는 나와서 막차로 가서 옷을 갈아입고, 다시 들어가 곡을 한다.

(5) 망자의 신령이 강림하는 예를 행한다.

(6) 초헌을 올리고, 재헌을 올리고, 종헌을 올린다. 모두 졸곡의 의례와 같다.

(7) 신령에게 음식을 권하고, 문을 닫았다가 문을 열고는 신령을 보낸다.

소상을 이후로는 아침저녁으로 하던 곡을 멈춘다. 단지 초하루와 보름에 아직 상복을 벗지 않은 사람들만 모여서 곡을 한다. 이때부터 비로소 채소와 과일을 먹는다.

19) 대상大祥

2주년이 되면 대상을 지낸다. 초상부터 대상까지의 기간은 윤달을 빼고 도합 25개월이다. 대상은 두 번째 기일에 지낸다. 하루 전날 목욕하고 기물을 진설하고 음식을 갖춘다. 막차를 설치하고 담복禫服을 펼

---

[263] 소상 뒤 담제 전까지 입는 상복

쳐놓는다. 사당에 신주를 옮기는 체천遞遷을 아뢴다. 다음 날 본격적인 대상을 진행하는데, 소상의 의식과 같다. 예식을 마치면, 축관은 신주를 받들고 사당으로 들어간다. 이후 영좌를 거두고 지팡이를 부러뜨려 구석진 곳에 버린다. 체천한 신주는 묘지 옆에 묻는다. 이때에야 비로소 술을 마시고 고기를 먹으며 침실로 돌아간다.

20) 담제禫祭

비록 대상을 마쳤으나 어버이를 그리는 마음이 깊어 차마 갑자기 상복을 거둘 수 없기에, 담제를 지낸다. '담禫'이란 '차분하여 편안하다는 뜻'이다.[264] 대상을 마치고 한 달 뒤 담제를 지낸다. 초상부터 담제까지의 기간은 윤달은 빼고 도합 27개월이다. 담제를 지내는 날은 한 달 전 하순 초에 점을 쳐서 정한다. 하루 전에 목욕하고 신위를 영좌가 원래 있던 곳에 놓은 뒤 기물을 진설하고 음식을 갖춘다. 다음 날 지내는 모든 의식은 대상 때와 같다.

21) 상을 치를 때의 잡다한 의식들[居喪雜儀]

이 부분은 『온공서의』의 「거상잡의」와 약간 차이가 있다. 『가례』의 내용은 먼저 상을 치를 때의 여러 의식들에 대한 총론이고, 그 다음은 상중에 주고받는 계장啓狀의 서식들을 실어 놓았다.

(1) 총론 부분은 일곱 단락으로 나뉘는데, 그 대략적인 내용을 기술

---

264 『의례』「士虞禮」 "中月而禫"에 대한 정현의 풀이는 '澹澹然平安之意'이다.

하자면 다음과 같다.

- 상을 치를 때 시종일관 망자를 슬피 그리워하는 단락
- 상을 치를 때 상례에 관한 내용만 읽고 다른 학업은 하지 않는 단락
- 상을 치를 때 말하는 법도에 대한 단락
- 상을 치를 때 남을 대하는 단락
- 상을 치를 때 목욕하는 단락
- 상을 치를 때 생활하는 단락
- 위 내용들에 대한 총결

(2) 『가례』에 실린 상중喪中에 주고받는 계장啓狀 등의 서식
- 남에게 부의와 전의奠儀를 보내는 편지
- 감사장, 3년상을 치를 때 졸곡이 끝나기 전 아들이나 조카에게 명해서 감사의 편지를 보낸다.
- 부모상을 당한 사람을 위문하는 편지, 조상의 제사를 책임진 적손을 위로할 때도 이와 같다.
- 부모상을 당해 남의 위문에 답하는 편지, 조상의 제사를 책임진 적손의 경우도 이와 같다.
- 조부모상을 당한 사람이 답하는 계장, 이 계장은 조상의 제사를 책임진 사람이 아닌 경우에 쓰는 것으로, 백부, 백모, 숙부, 숙모, 고모, 형제, 자매, 아내, 자식, 조카, 손자도 동일하다.
- 조부모상을 당한 사람을 위문하는 계장, 위의 경우와 동일하다.

5. 「제례祭禮」

제례는 오례 중에 길례吉禮에 속한다. '제祭'란 '살핀다[察]'는 뜻이다. '살핀다[察]'란 '도달하다[至]'는 말이다.[265] 제사는 미처 다하지 못한 어버이 봉양을 뒤쫓아하고, 미처 다하지 못했던 효도를 계속하는 것이다.[266] 이는 자신의 뿌리인 조상의 은혜를 갚고자 하는 도리를 밝힌 것이다. 그래서 제사는 사랑과 정성을 다하는 것을 내용으로 한다. 「가례서」에 양복이 덧붙인 주를 보면, 「제례」에서는 사마광과 정이의 주장을 함께 사용했지만, 당초 시조始祖 즉 초조初祖에 제사지내다가 이후엔 제사지내지 않게 된 경우처럼 간혹 달라진 것도 있다. 「제례」에 실린 세부 조항은 (1) 사시제四時祭 (2) 초조初祖 (3) 선조先祖 (4) 녜禰 (5) 기일忌日 (6) 묘제墓祭의 여섯 가지가 있다.

1) 사시제四時祭

사시제는 시제時祭라고도 하는데 각 계절의 중월仲月에 올린다. 음력을 기준으로 춘하추동 네 계절을 각각 3개월씩 배당하고 한 계절 안에서 맹孟-중仲-계季로 나누었는데 이때 가운데 달을 말한다. 곧 봄을 예로 들자면, 음력 1월을 맹춘孟春, 2월을 중춘仲春, 3월을 계춘季春이라 불렀다. 시제를 중월에 올린다는 말은, 따라서 중춘仲春 중하仲夏, 중추仲秋 중동仲冬에 올린다는 뜻이다.

『예기』 「왕제」의 "대부와 사가 종묘의 제사를 지내는데, 밭을 가지고

---
265 이 설명은 『尙書大傳』에 보인다.
266 이 설명은 『예기』 「祭統」에 대한 陳澔 『禮記集說』의 주(注)에 보인다.

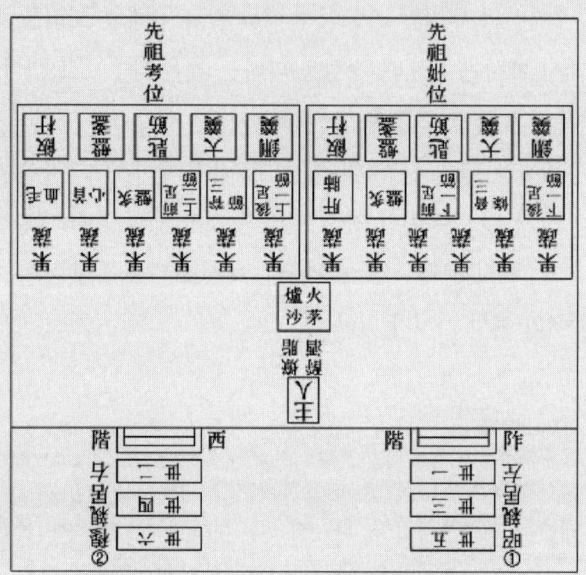

그림 12 사당에서 선조에게 제사를 지내는 그림(『家禮輯覽圖說』에서)

있으면 제사를 올리고, 밭이 없으면 천신薦新한다."²⁶⁷라는 구절에 정현은 이렇게 주를 달았다. "제사는 계절마다 첫째 달²⁶⁸에 올리고, 천신은 중월仲月에 올린다."²⁶⁹ 희생이 있는 것을 제사라 하고, 희생이 없는 것을 천신이라 한다. 국가는 나라를 세운 태조太祖에게 맹월에 제사를 올리기 때문에, 사가私家에서는 감히 맹월에 올리지 못하고 중월에 올린다. 제삿날은 열흘 전에 점친다.『가례』의 원주에서는 이렇게 말했다. "맹춘 하순 초에 중월의 삼순三旬 중 각기 하루를 택하되, 정일丁日이나 해일亥日로 정한다. 주인은 성복盛服하고 사당의 중문 밖에서 서쪽을 향하고, 형제들은 주인의 남쪽에서 조금 물러나 서는데, 북쪽을 상석으로 친다. 자손들은 주인 뒤에 여러 줄로 서서 서쪽을 향하되, 이 역시 북쪽을 상석으로 친다. 주인 앞에 탁자를 놓고 향로香爐, 향합香合, 배교杯珓,²⁷⁰ 쟁반을 그 위에 늘어놓는다. 주인은 홀笏을 꽂고 분향한 뒤 배교杯珓에 향을 쏘이고 상순의 날짜를 언급하면서 이렇게 말한다. '아무개가 다음 달 며칠에 세사歲事 즉 제사를 올려서 조고祖考 즉 돌아가신 할아버지를 모시려 하오니 상향하옵소서' 그리고 바로 배교를 쟁반에 던져 하나가 엎어지고 하나가 젖혀지면 길吉하다. 결과가 길하지 않으면 다시 중순의 날짜를 점친다. 또 불길하면 더 이상 점치지 않고 그냥 하순의 날로 정한다."²⁷¹ 이것이 제삿날을 점치는 방식이다.『가례』의 부주를 보

....

267 大夫士宗廟之祭, 有田則祭, 無田則薦.
268 '첫째 달'은 '首時의 의역으로, 원래는 맹월 즉 음력 기준으로 1월을 가리킨다.
269 祭以首時, 薦以仲月.
270 珓는 점 치는 한 쌍의 도구로, 조개나 반달 혹은 초승달 모양에 아래쪽은 편편하고, 위쪽은 볼록하게 튀어나와 있다. 이렇게 생긴 배교를 마치 윷처럼 던져서 하나는 앞면, 하나는 뒷면이 나오면 길하다고 본 것이다.
271 孟春下旬之首, 擇仲月三旬各一日, 或丁或亥, 主人盛服立於祠堂中門外西向, 兄弟立於主人之南, 少退北上. 子孫立於主人之後, 重行西向北上, 置卓子於主人之前, 設香爐香

면, 주희는 날짜를 정하는 점치는 것이 일정한 방식이 없으면 경건하지 못할까를 걱정했으므로 사마광의 주장을 좇아 하지, 동지, 춘분, 추분을 제삿날로 하는 것도 괜찮다고 하였다. 사시제의 과정을 기술해 보자면 다음과 같다.

(1) 3일 전에 재계한다: 『가례』의 원주에서 이렇게 말했다. "3일 전에 주인은 모든 장부丈夫들을 거느리고 밖에서 사흘간 재계한다. 주부는 모든 부녀자들을 데리고 안에서 사흘간 재계한다. 목욕하고 옷을 갈아입는다. 술은 마시되 소란을 피우는 지경이 되어서는 안 되고, 고기를 먹되 훈채葷菜[272]는 먹지 않는다. 남의 집에 조문 가지 않으며 음악도 듣지 않는다. 흉하고 더러운 일에는 모두 참여하지 않는다."[273] 재계하는 까닭은 신령과 만나기 위해 먼저 몸과 마음을 가지런히 하여 제사에만 마음을 집중하기 위해서이다.

(2) 하루 전날 신위神位를 설치하고 그릇을 진설한다: 주인은 장부들을 거느리고 심의를 입는다. 집사는 본채[正寢]를 청소하고 교의交椅와 탁자를 청소하여 청결하게 한다. 신위를 놓을 위치에 대해서 『가례』는 이렇게 말했다.

....

合杯珓及盤於其上. 主人搢笏, 焚香薰珓, 而命以上旬之日, 曰: 某將以來月某日, 諏此歲事, 適其祖考, 尙饗. 卽以珓擲於盤, 以一俯一仰爲吉. 不吉, 更卜中旬之日. 又不吉, 則不復卜, 而直用下旬之日.

272 마늘, 달래, 파, 양파처럼 매운맛과 향이 강한 채소류를 가리킨다. 주술적으로는 귀신을 물리치는 효능이 있어서 신령에게 제사 지낼 때는 금기시하는 것이다.
273 前期三日, 主人帥衆丈夫致齋於外, 主婦帥衆婦女致齋於內. 沐浴更衣, 飮酒不得至亂. 食肉不得茹葷, 不弔喪, 不聽樂. 凡凶穢之事皆不得預.)

고조고비高祖考妣의 신위를 당의 서북쪽 벽 아래에 남쪽을 향해 놓되, 고考는 서쪽으로, 비妣는 동쪽에 두고, 각기 교의와 탁자를 써서 함께 설치한다. 증고조비, 조고비祖考妣, 고비考妣를 차례대로 동쪽에 놓되 모두 고조高祖의 신위와 같이 한다. 세대마다 각기 자리를 만들어 이어지지 않게 한다. 부위祔位[274]는 모두 동쪽 벽에서 서쪽을 향하게 하되, 북쪽을 상석으로 친다. 간혹 동서로 양쪽 벽에 서로 향하는 경우엔 존속이 서쪽에 위치한다. 아내 이하는 계단 아래에 있다. 향안香案은 당 가운데 놓고, 향로와 향합을 그 위에 놓는다. 모사茅沙 그릇[275]은 향안의 앞과 매 신위 앞의 바닥에 놓는다.[276]

그릇을 늘어놓는 방식에 대해서는 『가례』의 원주에서 이렇게 말했다.

술 시렁은 동쪽 계단 위에 진설하고, 별도로 탁자를 그 동쪽에 놓는다. 그 위에 술 주전자 하나, 고수레할 뇌주잔酹酒盞 하나, 쟁반 하나, 음복飮福을 위하여 제사지낸 고기를 받을 그릇인 수조반受胙盤 하나, 숟가락 하나, 수건 하나, 다합茶盒, 다선茶筅, 찻잔받침, 소금그릇, 간장병을 그 위에 진설한다. 화로, 더운 물을 담는 병, 향을 떠 넣는 숟가락, 부젓가락은 서쪽 계단 위에 진설한다. 따로 탁자를 그 서쪽에 놓고 축판을 그 위에 진설한다. 대야와 수건을 각기 두 개씩 동쪽 계단 아래에 놓고, 그 서쪽에는 받침과 시

---

274 祔位는 후사가 없기 때문에 함께 제사 지내주는 친속의 신주를 가리킨다.
275 '모사 그릇'이란 '束茅聚沙'의 번역으로, 그릇에 띠풀 묶음과 깨끗한 모래를 담아 둔 것을 말한다.
276 設高祖考妣位於堂西北壁下南向, 考西妣東, 各用一倚一卓而合之. 曾祖考妣祖考妣考妣以次而東, 皆如高祖之位. 世各爲位不屬. 祔位皆於東序西向北上. 或兩序相向, 其尊者居西. 妻以下, 則於階下. 設香案於堂中, 置香爐香合於其上. 束茅聚沙於香案前, 及逐位前地上.

령을 둔다. 또 음식을 진설할 큰 상을 동쪽에 놓는다."²⁷⁷

주인은 장부들을 데리고 희생을 살핀다. 희생의 우렁찬 소리와 올바른 기색을 살핀 뒤, 자리를 잡고 희생을 죽인다. 옷은 심의를 입는다.

주부는 부녀자들을 데리고 소매가 없는 덧옷을 입고 기물을 씻고 음식을 갖춘다. 제기를 씻고 솥을 깨끗이 하며, 제사 음식을 갖춘다. 매 신위마다 과일 여섯 가지, 채소, 건포, 육장肉醬 각각 세 가지, 고기, 생선, 만두, 떡 각각 한 쟁반, 국과 밥 각각 한 그릇, 간肝 각각 한 꿰미, 고기 각각 두 꿰미를 차린다. 이는 신령을 섬기기 위한 것이므로 반드시 청결히 해야 하며 제사 전에 건드려서는 안 된다.

(3) 다음 날 새벽에 일찍 일어나 채소, 과일, 술, 음식을 진설한다: 주인 이하는 심의를 입고 집사와 함께 제사 지낼 곳으로 가서 손을 씻고 먼저 과일을 담은 접시를 탁자의 남쪽 끝에 진설한다. 채소, 건포, 육장은 그 다음에 차례로 놓는다. 그다음으로 술잔, 잔 받침, 초醋 접시는 북쪽 끝에 진설하되 술잔은 서쪽에, 접시는 동쪽에 놓고, 숟가락과 젓가락은 그 가운데 놓는다. 그날 우물에서 떠온 현주玄酒인 정화수와 술을 시렁 위에 가져다 두는데, 현주는 술의 서쪽에 놓는다. 화로에 숯을 피우고, 병에 물을 채운다.

주부는 배자를 입고 불을 때면서 제사 음식을 데운 뒤, 동쪽 계단 아래 큰 상 위에 놓는다.

....

277 設酒架於東階上, 別置卓子於其東. 設酒注一, 酹酒盞一, 盤一, 受胙盤一, 匕一, 巾一, 茶合, 茶筅, 茶盞托, 鹽楪, 醋瓶於其上. 火爐湯瓶香匙火筯於西階上. 別置卓子於其西, 設祝版於其上. 設盥盆帨巾各二於阼階下之東, 其西者有臺架, 又設陳饌大牀於其東.

(4) 동이 틀 무렵 신주를 받들어 자리에 간다: 주인 이하는 각각 성복하고 손을 씻고 사당 앞에 나아간다. 『가례』에서는 어떻게 차려 입는 것인지 성복에 대해서는 언급이 없다. 『온공서의』에 따르면, 장부 중 관직이 있는 자는 공복公服 즉 관복官服, 가죽신 홀을 갖추고, 관직이 없는 자는 복두幞頭, 적삼, 띠를 갖춘다. 부인은 큰 소매에 곧은 치마를 입는다. 이는 각각 입어야 하는 복장 중 가장 제대로 차려입은 것이다."[278]

주인은 사당 앞에 가고, 나머지 사람들은 모두 차례대로 서 있다. 서있는 자리에 대해서 『가례』의 원주에서는 이렇게 말했다.

> 장부들이 차례대로 서는 것은 날짜를 아뢸 때의 의식과 같다. 주부는 서쪽 계단 아래서 북쪽을 향해 선다. 단 주인에게 모친이 계시다면 주부의 앞에 선다. 백모, 숙모들과 고모들이 이어서 선다. 형수, 제수와 자매들은 주부의 왼쪽에 자리한다. 주인의 모친인 주모와 주부보다 어른인 사람은 모두 조금 앞으로 나가 선다. 자손, 부녀자와 내집사內執事 즉 여성 집사는 주부의 뒤에 여러 줄로 서는데 모두 북쪽을 향하며 동쪽을 상석으로 삼아 각자 자리에 똑바로 선다."[279] 주인이 아뢰길 마치면, 집사는 독櫝 즉 신주를 모신 상자를 받들어 모신 뒤, 주인이 앞에서 이끌어 본채[正寢]에 도달하면, 이를 서쪽 계단 탁자 위에 놓는다. 주인이 독을 연 뒤, 여러 고考들의 신주를 받들어 자리에 내놓는다. 주부가 여러 비妣들의 신주를 받들어 내놓는 것도 동일하다. 부위祔位는 자제 중 한 명이 받든다. 이를 마치고 주인 이하는 모두 제자리로 돌아간다.

....
278 『온공서의』「喪儀」중 '祭'조에 보인다.
279 衆丈夫叙, 立如告日之儀. 主婦西階下北向立. 主人有母則特位於主婦之前. 諸伯叔母諸姑繼之. 嫂及弟婦姊妹在主婦之左. 其長於主母主婦者皆少進. 子孫婦女內執事者在主婦之後重行, 皆北向東上, 立定.

(5) 신령을 참배하다[參神]: 주인 이하는 사당에서의 의식과 동일하게 차례대로 서서 두 번 절한다. 『가례』의 부주에서는 진순의 주장을 인용하여 요덕명廖德明이 광주廣州에서 간행한 판본에서는 '신령을 모시는 예식[降神]' 부분이 '신령을 참배하는 예식[參神]' 부분 앞에 있다고 한다. 시조와 선조의 제사의 경우엔 신주가 없이 그저 허위虛位만 마련할 뿐이기 때문에. 응당 먼저 신령을 모신 뒤에야 참배할 수 있다고 보는 것이다. 그러나 여기서는 이미 신주를 받든 뒤이기 때문에 신령을 참배하는 예식이 응당 신령을 모시는 예식보다 앞에 놓여야 하는 것이다.

(6) 신령을 모시다[降神]: 주인이 올라가 홀을 꽂고 분향한 다음 홀을 빼어들고 조금 물러나 선다. 집사 중 한 사람은 주전자에 술을 채운다. 한 사람은 동쪽 계단의 탁자 위에 있는 잔 받침과 술잔을 가지고 주인의 왼쪽에 가서 서고, 한 사람은 주전자를 들고 오른쪽에 선다. 주인이 홀을 꽂고 무릎 꿇으면, 잔 받침과 술잔을 든 사람도 무릎을 꿇는다. 주인이 잔 받침과 술잔을 받아들면, 주전자를 들고 있는 집사는 잔에 술을 따른다. 주인은 왼손으로 잔 받침을 들고 오른손으로 술잔을 들고서 띠풀 위에 붓는다. 엎드렸다가 일어나 재배하고는 내려와 제자리로 간다.

(7) 음식을 올린다: 주인이 올라가면 주부가 따라간다. 집사 중 한 명은 물고기와 고기를 받들고, 한 명은 분식粉食과 미식米食을 받들고, 한 사람은 국과 밥을 받들고 따라 올라간다. 고조의 신위 앞에서 주인은 잔 받침과 잔의 남쪽에 고기를 올리고, 주부는 고기 서쪽에 면식을 올린다. 주인이 초醋접시 남쪽에 물고기를 올리고, 주부는 물고기 동쪽에 미식을 올린다. 주인은 초 접시 동쪽에 국을 올리고, 주부는 잔 받침과

잔의 서쪽에 밥을 올린다. 여러 자제들과 부녀들은 각기 부위祔位를 진설한다. 다 끝나면 제자리로 돌아간다.

(8) 신령에게 첫 번째 술잔을 올리는 초헌初獻을 행한다: 주인이 올라가 고조의 신위 앞에 나아가면 집사는 잔에 술을 따르고, 주인은 이를 받들어 원래 있던 자리에 올린다. 다음으로 고조비高祖妣 역시 이와 같이 한다. 홀笏을 빼서 들고는 신위 앞에서 북쪽을 향해 선다. 집사 두 사람이 고조고비高祖考妣의 잔 받침과 술잔을 받들고 주인의 좌우에 선다. 주인은 잔을 받아 띠풀에 제사 드리고 집사는 잔 받침과 술잔을 받들어 원래 자리로 돌아간다. 홀을 뽑아 들고 엎드렸다가 일어난다. 집사는 화로에서 간을 구워 접시에 담는다. 형제 중 연장자 한 명이 이를 고조고비 앞, 숟가락과 젓가락의 남쪽에 올린다. 축관은 축사를 다 읽고는 일어난다. 주인은 재배하고 축관과 동일하게 축사를 올린다. 매 신위마다 축사 읽기를 마치면, 형제와 남자들 중 아헌亞獻과 종헌終獻을 하지 않는 사람이 본위本位에 덧붙여진 부위祔位에 동일하게 작헌酌獻하는데, 다만 축사를 소리 내어 읽지는 않는다. 축사 올리길 마치면 내려가 자기 자리로 돌아간다. 집사는 술과 간을 치우고 술잔을 원래 있던 곳에 놓는다.

(9) 신령에게 두 번째 술잔을 올리는 아헌을 행한다: 이 예식은 주부가 행한다. 여러 부녀자들이 구운 고기를 받들고, 나누어 작헌하는데 축사는 읽지 않는다. 『가례』의 부주에서는 다음과 같은 주희의 말을 인용하고 있다. "만약 아직 주인이 장가를 들지 않아서 주부가 없다면 아우가

아헌을, 아우의 아내가 종헌을 행할 수 있다."[280]

(10) 신령에게 세 번째 술잔을 올리는 종헌을 행한다: 이 예식은 형제 중 연장자, 혹은 장남, 혹은 아주 친한 외빈이 행한다. 여러 자제들은 구운 고기를 받들어 올리고 나누어 작헌하는데 아헌 때의 의식과 동일하다.

(11) 신령에게 음식을 권한다[侑食]: 유侑는 "권한다[勸]"는 뜻이다.[281] 이는 신령께서 들어와 드시라는 뜻이다. 주인이 올라가 여러 신위의 술잔들을 모두 가득 채운다. 주부는 올라가 숟가락을 밥 가운데 꽂되 손잡이를 서쪽으로 하고 젓가락을 바로 한다. 모두 북쪽을 향해 재배하고 내려와 제자리로 돌아간다.

(12) 문을 닫는다[闔門]: 주인 이하가 모두 나오면 축관이 문을 닫는다. 혹 문짝이 없는 곳에서는 발을 드리워도 된다. 이를 두고 "만끽했다[厭]"고 하는데, "만끽했다"는 것은 "배불리 먹었다"는 뜻으로,[282] 신령께서 흠향歆饗했음을 말하는 것이다. 주인은 문의 동쪽에 서서 서쪽을 향하고 장부들은 그 뒤에 자리한다. 주부는 문의 서쪽에 서서 동쪽을 향하고, 부녀자들은 그 뒤에 자리한다. 만약 존속이나 어르신이 있다면 잠시 다른 곳에서 쉬게 한다.

---

280 未有主婦, 則弟得爲亞獻, 弟婦爲終獻
281 이 풀이는 『의례』 「特牲饋食禮」 "축관은 주인에게 절하라 권한다.[祝侑主人拜.]"라는 구절의 정현 주에 보인다.
282 이 풀이는 陳澔의 『禮記集說』 「曾子問」 "厭祭에는 陰厭과 陽厭이 있다.[有陰厭, 有陽厭.]"란 구절의 주에 보인다.

⒀ 문을 연다[啓門]: 축관이 세 번 '어흠'하고 소리를 내고는 문을 연다. 주인 이하는 모두 들어간다. 주인과 주부는 고비考妣의 신위 앞에 차를 올린다. 여러 자제들과 부녀자들 역시 부위祔位 앞에 이와 같이 올린다.

⒁ 음복飮福한다[受胙]: 이는 제사를 지낸 음식을 받아 음복하는 것이다. 집사는 향안 앞에 자리를 펴고, 주인은 자리에 가서 북쪽을 마주한다. 축관은 고조고의 앞에 있는 술과 술 받침과 술잔을 들고 주인의 오른쪽으로 간다. 주인은 이를 받아 술을 땅에 조금 기울여 따라서 제사 지내고 술을 맛본다. 축관이 여러 신위의 밥을 각기 조금씩 가져다 주인의 왼쪽에 가서 주인에게 뭐라 뭐라 축복한다. 주인은 엎드렸다가 일어나 재배한 뒤, 무릎을 꿇고 밥을 받아 맛본다. (남은 밥을) 왼쪽 소매에 채워 넣으면서, 그 소매를 새끼손가락에 건다. 술을 가져다 다 마시면 집사가 술잔과 밥을 가져다 놓는다. 주인은 홀을 집고 엎드렸다가 일어나 '이성利成'[283]이라고 아뢴다. 주인이 내려와서 제자리로 돌아가면, 자기 자리에 있던 이들은 모두 재배한다. 주인은 절하지 않고 내려와 제자리로 돌아간다.

⒂ 신령을 보낸다[辭神]: 주인 이하 모두 재배한다.

⒃ 신주를 들인다[納主]: 주인과 주부는 함께 올라가서, 각기 신주를 받들어 독에 넣는다. 주인은 상자[笥]에 독을 거두어들이고, 이를 받들

....
283 '利成'이란 돌아가신 조상들을 봉양하는 제사를 잘 끝냈다는 뜻이다. '利'는 봉양한다는 뜻이고, '成'은 예식을 원만하게 완성했다는 뜻이다.

고 사당으로 들어가는데, 나올 때의 의식과 같이 한다. 『가례』에서는 부위에 대해 언급이 없는데, 아마도 이 역시 자제들이 받들어 들이는 것으로 보인다.

⒄ 상을 치운다[徹]: 주부는 치우는 것을 감독하며, 술잔의 술을 병에 담아 봉한다. 이는 신령의 뜻을 남기려는 것으로, 이 남긴 술을 복주福酒라고 부른다. 과일과 체소와 고기와 음식도 모두 평상시 쓰는 그릇에 옮긴다. 주부는 제기를 잘 씻어서 보관하도록 감독한다.

⒅ 남은 제사 음식을 먹는다[餕]: 제사를 마치면 남은 제사 음식을 먹는다. 『예기』 「제통祭統」에 따르면, 남은 제사 음식을 먹는 방법은 남긴 제사 음식으로 모두에게 은혜를 베푼다는 일종의 상징이다. 제사를 마치면 자손들이 당堂에 모두 모여 남긴 제사 음식으로 피붙이끼리 은애恩愛함을 나누고 우호를 다지는 것이다. 『의례』의 「특생궤식례特牲饋食禮」과 「소뢰궤식례少牢饋食禮」에서는 시동尸童이 나간 뒤에 묘당廟堂 안에서 남은 제사 음식을 먹는다고 되어 있다. 『가례』에서는 상을 치운 뒤에 남은 제사 음식을 먹는다고 하였다.

　이날 주인은 제사 음식들을 각기 살펴보고는 조금씩 취한 뒤 술까지 갖춘다. 시종에게 편지와 함께 제사 지낸 음식을 가지고 가서 친한 이들에게 전하게 한다. 그리고 자리를 펼쳐 남은 제사 음식을 먹는 의식을 행한다. 자리를 펼친 위치에 대해서 『가례』의 원주에서는 이렇게 말했다. "남녀는 처소를 달리 한다. 존속들은 따로 한 줄을 만들어 남향하되, 당 가운데서 동서를 나누어 윗자리로 한다. 만약 한 분뿐이라면 당 가운데 앉는다. 나머지 사람들은 차례대로 동쪽과 서쪽으로 나누어 마주 본다. 존속 한 분이 먼저 자리로 가서 앉으면, 모든 남자들이 차례대로 선다. 세대별로 한 줄을 만들되 동쪽을 상석으로 한다."[284] 주인 이하 여러 장부들이 자리로 나가서 모두 재배한다. 연장자 한 명이 존속에게 술을 올린다. 존속이 술을 들어 마시면 맏아들은 엎드렸다가 일어나서 물러나 제자리로 돌아간다. 남자들 모두가 재배한다. 존속은 집사에게 명해서 차례대로 자리로 가서 술을 따라 모두에게 돌리게 한다. 장자가 받은 술을 다 마시고는 엎드렸다가 일어나 물러나 선다. 뭇 남자들은 나가서 읍례하고 물러나 서서 술을 마신다. 연장자와 남자들은 모두 재배한다.

부녀자들은 안에서 남은 제사 음식을 먹는 의식을 행한다. 먼저 여성 존속과 연장자에게 술을 올리는데, 그 과정은 남자들이 올린 방식과 동일하지만, 무릎은 꿇지 않는다. 이 의식을 다 마치고 나면 자리로 나가서, 먼저 육식을 올린다. 부녀자들은 나가 남성 존속과 연장자들에게 술을 올리고 장수를 기원한다. 남자들은 가서 여성 존속과 연장자에게 술을 올리고 장수를 기원한다. 그 다음에 면식麵食을 올린다. 안팎의 (남성·여성) 집사들은 각기 안팎의 남성·여성 존속과 연장자들에게 술을 올리고 장수를 기원한다. 그리고 앉아있는 이들에게 두루 술을 따라준 뒤, 모두 마시면, 재배하고 물러난다. 그리고 미식米食을 올린다. 그런 연후에 두루 술을 돌린다. (이 의식이) 끝날 무렵, 주인은 바깥의 남자 종에게 제사 지낸 고기를 나눠주고, 주부는 여성 집사에게 제사 지낸 고기를 나눠준다. 제사 지낸 고기는 당일 다 소진한다. 받은 이들은 재배하고 자리를 거둔다.

284　男女異處. 尊行自爲一列, 南面, 自堂中東西分首. 若止一人則當中而坐. 其餘以次相對分東西向, 尊者一人先就坐. 衆男叙立, 世爲一行, 以東爲上.

2) 초조初祖

오직 시조始祖 즉 초조를 계승한 종자만이 제사를 올려 효도의 마음을 다할 수 있다. 초조에게 올리는 제사는 정이程頤의 설을 좇아 만든 것이다. 『가례』의 부주를 보면, 주희는 이 제사가 아무래도 제왕이 올리는 체제禘祭나 협제祫祭와 비슷하므로, 일반의 신민으로서 행해서는 안 된다고 여겨 감히 행하지 않았다고 했다. 동지를 제삿날로 한다. 시조란 처음으로 이 가문을 낳은 조상으로 동지에 양기陽氣가 생겨나기 시작하는 것과 그 상징성이 유사하기 때문이다. 의식은 다음과 같다.

(1) 사흘 전에 재계한다: 그 의식은 시제와 동일하다.

(2) 하루 전에 신위를 진설하고, 기물을 늘어놓고, 음식을 갖춘다: 주인과 장부들은 심의를 입은 뒤 집사를 데리고 가서, 사당을 청소하고, 제사 기물들을 깨끗이 닦고, 신위와 병풍과 밥상을 설치한다. 화로와 불을 때어 삶는 조리도구, 굽는 조리도구, 띠풀 묶음 등 제사 때 필요한 기물들을 설치한다.

주부와 부녀자들은 배자를 입고 집사를 데리고 제기와 솥을 깨끗이 씻는다. 과일 여섯 접시, 쟁반 세 개, 사발 여섯 개, 작은 쟁반 세 개, 잔받침대·술잔·숟가락·젓가락 각기 두 개, 기름 쟁반 한 개, 술 주전자와 고수레[酹酒]할 잔받침과 잔 한 개, 제사음식 담을 작은 쟁반과 숟가락 한 개를 마련한다. 사가에서 이렇게 할 수 없는 상황이라면, 간편하게 해도 된다.

음식을 갖춘다. 희생을 잡는데 왼쪽 절반과 항문과 가까운 부위는 쓰지 않는다. 갖추는 음식을 항목을 나열하자면 다음과 같다. 털과 피한 쟁반, 머리·염통·간·허파 한 쟁반, 기름과 쑥을 섞은 것 한 쟁반. 오른쪽 절반 중 앞다리 세 부위, 등뼈 세 부위, 갈빗대 세 조각, 뒷다리 세 부위, 도합 열두 덩이. 쟁반에 놓은 쌀 한 사발, 채소와 과일 각기 여섯 가지, 저민 간 한 쟁반, 저민 고기 한 쟁반 등이다.

(3) 그날 새벽에 일찍 일어나 채소, 과일, 술, 음식을 진설한다: 주인은 심의를 입고 집사를 데리고 전날 마련해둔 음식들을 진설한다. 『가례』의 원주에서는 제사 음식을 늘어놓는 위치와 종류에 대해 이렇게 기술하고 있다. "현주병玄酒瓶과 술병을 시렁 위에 둔다. 술 주전자와 고수레할 잔 받침과 술잔, 그리고 제사 음식을 담을 쟁반과 숟가락을 각기 하나씩 동쪽 계단의 탁자 위에 놓는다. 축판과 기름 쟁반은 서쪽 계단의 탁자 위에 놓는다. 숟가락과 젓가락 각각 하나씩을 밥상 북쪽 끝의 동쪽과 서쪽에 놓는데 서로 두 자 다섯 치를 떨어지게 놓는다. 잔 받침과 잔은 각각 하나씩을 젓가락의 서쪽에 놓는다. 과일은 밥상의 남쪽 끝에 놓고 채소는 그 북쪽에 놓는다. 털과 피, 날고기를 담은 쟁반, 저민 간과 고기는 모두 계단 아래에 있는 음식상 위에 진설한다. 쌀은 계단 아래 취사도구에 담고, 열두 덩이의 고기는 삶는 그릇에 담아 불을 피워 익힌다. 쟁반 하나와 사발 여섯 개를 음식상 위에 놓는다."[285]

(4) 동이 틀 무렵 성복盛服하고 자기 자리에 나간다: 의식은 시제와 동일하다.

(5) 신령을 모셔서[降神] 참배한다[參神]: 주인이 기름 쟁반을 받들고 당의 한가운데 놓인 화로 앞으로 가서 여러 신위들께서 강림해주시기를

---

285 設玄酒瓶及酒瓶於架上. 酒注酹酒盤盞受胙盤匙各一, 於東階卓子上. 祝版及脂盤於西階卓子上. 匙筯各一, 於食牀北端之東西相去二尺五寸. 盤盞各一於筯西, 果子仕食牀南端, 蔬在其北. 毛血腥盤切肝肉, 皆陳於階下饌牀上. 米實階下炊具中. 十一體實烹具中, 以火爨而熟之. 盤一杆六置饌牀上.

청한다고 아뢴 뒤, 화로의 숯 위에 기름을 태운다. 엎드렸다가 일어나 재배하고 띠풀 위에서 고수레를 행한다. 의식은 시제와 동일하다.

(6) 음식을 올린다: 주인이 올라가 신위 앞에 나아가 음식을 올린다. 그 순서에 대해서는 『가례』의 원주에서 이렇게 말했다. "집사가 털과 피, 날고기를 받들어 올리면, 주인은 이를 받아서 채소의 북쪽에 늘어놓는데, 서쪽을 상석으로 한다. 집사가 익힌 고기를 꺼내서 쟁반에 놓은 뒤에 받들어 올리면, 주인은 이를 받아서, 날고기 쟁반의 동쪽에 둔다. 집사가 밥을 담은 사발 2개와 순수한 고깃국[肉湆] 담은 사발 2개, 채소를 넣은 고깃국 담은 사발 2개를 받들어 올리면, 주인은 이를 받아 늘어놓는다. 밥은 술잔의 서쪽에, 양념 없이 끓인 고깃국은 술잔의 동쪽에, 소금과 채소를 넣은 고깃국은 양념 없이 끓인 고깃국의 동쪽에 놓는다."[286]

(7) 신령에게 첫 번째 술잔을 올리는 초헌을 행한다: 그 의식은 시제와 동일하다. 단지 주인이 술잔을 올리고 엎드렸다가 일어나면 형제가 간을 구워 소금을 뿌린 뒤 작은 쟁반에 담아 따라간다. 축사를 신령께 고한다.

(8) 신령에게 두 번째 술잔을 올리는 아헌을 행한다: 그 의식은 시제와 동일하다. 단지 부녀자들이 고기를 구워 소금으로 간을 해서 따라간다.

(9) 신령에게 세 번째 술잔을 올리는 종헌을 행한다: 그 의식은 시제 및 위의 의식과 동일하다.

(10) 신령에게 음식을 권하고[侑食], 문을 닫고, 문을 열고, 음복하고, 신령을

---

[286] 執事者奉毛血腥肉以進, 主人受, 設之於蔬北西上. 執事者出熟肉置於盤奉以進, 主人受, 設之腥盤之東. 執事者以杆二盛飯, 杆二盛肉湆不和者, 又以杆二盛肉湆以菜者. 奉以進, 主人受設之. 飯在盞西, 大羹在盞東, 鉶羹在大羹東.

보내고[辭神], 상을 치우고, 남은 제사 음식을 먹는다: 이 의식들은 시제 때의 의례와 동일하다.

3) 선조先祖

시조의 직계인 큰집 종가의 이세二世 이하 조상 및 방계傍系인 작은 집 종가의 고조는 제사를 마치는 대수代數라서, 이를 선조라고 하는 것이다. 『가례』의 원주에서 "시조와 고조를 계승한 종자가 제사를 지낼 수 있다"[287]고 한 것이 바로 선조를 두고 한 말이다. "시조를 계승하는 종자는 초조初祖 이하에게 제사지내고, 고조를 계승하는 종자는 선조 이하에게 제사지낸다."[288] 선조에 대한 제사는 입춘立春에 지내는데, 입춘은 만물이 새로이 자라는 절기로 선조와 그 상징성이 유사하기 때문이다. 선조에게 올리는 제사 의식은 다음과 같다.

(1) 사흘 전 재계한다: 이 의식은 초조에게 올리는 제사와 동일하다.
(2) 하루 전에 신위를 설치하고, 기물을 진설하고, 음식을 갖춘다: 이 의식은 초조에게 올리는 제사와 동일하지만, 신위는 조고비祖考妣의 두 신위만 설치한다. 조고祖考의 신위는 당 가운데의 서쪽에, 조비祖妣의 신위는 당 가운데의 동쪽에 설치한다. 진설하는 기물에 대해서, 『가례』의 원주에서는 이렇게 말했다. "채소와 과일을 담는 접시가 각기 열두 개, 큰 쟁반이 여섯 개, 작은 쟁반이 여섯 개다." 이 외에는 초조에게 올리는 제사 때와 동일하다. 갖추는 음식에 대해서『가례』의 원주에서는

---

[287] 繼始祖高祖之宗得祭
[288] 繼始祖之宗則自初祖而下, 繼高祖之宗則自先祖而下

이렇게 말했다. "털과 피로 한 쟁반, 머리와 염통 한 쟁반, 간과 폐로 한 쟁반, 기름과 쑥으로 한 쟁반, 저민 간으로 작은 쟁반 두 개, 저민 고기로 작은 쟁반 네 개."[289]를 만든다. 나머지는 초조에게 올리는 제사와 동일하다.

(3) 다음 날 새벽에 일어나 채소, 과일, 술, 음식을 진설한다: 이 의식은 초조에게 올리는 제사와 동일하다. 단지 신위 마다 숟가락과 젓가락을 각기 하나씩, 그리고 잔 받침과 술잔을 각기 둘씩 계단 아래 음식상 위에 놓는다.

(4) 동이 틀 무렵 성복하고 자기 자리로 나간 뒤, 신령을 모셔서[降神] 참배한다[參神]: 이 의식은 초조에게 올리는 제사와 동일하지만, 신령에게 아뢰는 축사 중 '시조始祖'를 '선조先祖'로 고친다.

(5) 음식을 올린다[進饌]: 이 의식은 초조에게 올리는 제사와 동일하지만 먼저 조고祖考 신위로 가서 털과 피를 묻고, 머리, 염통, 앞다리 위쪽 두 부위, 등뼈 세 부위, 뒷다리 위쪽 한 부위를 올린다. 그런 다음 조비祖妣의 신위로 가서 간, 폐, 앞다리 한 부위, 갈빗대 세 부위, 뒷다리 아래쪽 한 부위를 올린다.

(6) 신령에게 첫 번째 술잔을 올리는 초헌을 행한다: 이 의식은 초조에게 올리는 제사와 동일하지만 조고비祖考妣의 두 신위에 술잔을 올린 뒤, 각기 엎드렸다가 일어나 중앙에서 조금 물러나서 서면, 형제들이 구운 간을 담은 작은 쟁반 두 개를 가지고 따라간다. 축사를 아뢴다.

(7) 아헌을 행하고, 종헌을 행한다: 이 의식은 초조에게 올리는 제사 때와 동일하다. 단지 구운 고기를 각기 작은 쟁반 두 개에 담아서 따라간다.

....

289　毛血爲一盤, 首心爲一盤, 肝肺爲一盤, 脂蒿爲一盤, 切肝兩小盤, 切肉四小盤.

(8) 신령에게 음식을 권하고, 문을 닫고, 문을 열고, 음복한다: 이 의식들은 초조에게 올리는 제사와 동일하다.

4) 녜禰[290]

아버지[禰]를 계승한 종자 이상은 모두 제사 지낼 수 있다. 다만 그 이외의 아들[支子]들은 제사 지내지 않는다. 녜禰는 늦가을 즉 음력 9월에 지낸다. 늦가을은 만물이 성숙하기 시작하는 때이고 사람은 자신의 아버지로부터 몸이 이뤄지기 때문에 그 유사성을 취하여 늦가을에 지내는 것이다. 제삿날은 한 달 전 하순에 점을 쳐서 정한다. 그 의식은 시제와 동일하다. 단지 아뢰는 축사에서 '효손孝孫'은 '아들'로 고치고, '조고비祖考妣'는 '고비考妣'로 고친다. 만약 어머니가 살아계시면 '고考'라고만 하고 해당 감실龕室의 앞에 아뢴다. 녜에 대한 의식은 다음과 같다.

(1) 사흘 전에 재계한다: 이 의식은 시제와 동일하다.
(2) 하루 전에 신위를 설치하고, 기물을 진설하고, 음식을 갖춘다: 이 의식은 시제와 동일하지만 신위를 설치할 때, 본채[正寢]에서는 당 가운데 두 신위를 함께 설치하는데 서쪽을 상석으로 친다. 이하 내용은 모두 같다.
(3) 다음 날 새벽에 일어나 채소, 과일, 술, 음식을 진설한다: 이 의식은 시제와 동일하다.
(4) 동이 틀 무렵, 성복하고 사당에 나아가 신주를 받들어 본채에 내놓는다: 이 의식은 축사가 다른 것 말고는, 시제 때 본채에서 올리는 의식과 동

....
290 禰祭의 '禰'자는 원래 발음이 '녜'이지만 '예'로 읽기도 하고 '이'로 읽기도 한다.

일하다.

(5) 신령을 모셔서 참배한다. 음식을 올리고, 초헌을 행한다: 이 의식은 축사가 다른 것 말고는, 시제와 동일하다.

(6) 아헌을 행하고, 종헌을 행한다. 신령에게 음식을 권하고, 문을 닫고, 문을 열고, 음복하고, 신령을 보내고, 제사를 마친 신주를 감실에 모시고, 상을 치우고, 남은 제사 음식을 먹는다: 이 의식은 시제와 동일하다. 『가례』의 부주에서는 주희의 말을 인용해, 이렇게 말했다. 당초 주희의 집에는 시제 말고도, 동지·입춘·늦가을(음력 9월)에 세 번의 제사가 있었지만, 이후 동지와 입춘의 두 제사는 군주가 올리는 제사인 체禘·협祫의 제례에 가까워, 아무래도 참월僭越의 혐의가 있는 듯해서 결국 없애버리고, 오로지 늦가을의 제사만 지내게 되었다. 주희의 집에서 녜禰만은 예전처럼 늦가을에 지낸 것은, 주희의 생일이 마침 늦가을이기 때문이었다. 이를 보면, 주희는 가례를 시행하는데 있어서 참월하지 않는 것을 중시했으며 옛것에 얽매이지 않고 시속의 간편함을 따르려는 의도가 있었던 것이다.

5) 기일忌日

기일이란 어버이가 돌아가신 날이다. 이 까닭에 효자는 기일에 슬퍼해야 한다. 『예기』「제의祭義」에서 이렇게 말했다. "군자가 죽을 때까지 지내야 할 상喪은 어버이가 돌아가신 기일忌日을 말한다."[291] 그래서 『가례』에서는 효자가 기일에는 반드시 옷을 갈아입고 제사를 지내야 한다고 했다. 그 의식의 내용은 다음과 같다.

---

291 君子有終身之喪, 忌日之謂也.

(1) 하루 전 재계하고, 신위를 설치하고, 기물을 진설하고, 음식을 갖춘다: 이 의식은 녜와 동일하지만 신위를 하나만 설치하고, 음식도 한 분의 음식만 차린다.

(2) 다음 날 새벽에 채소, 과일, 술, 음식을 진설한다: 이 의식은 녜와 동일하다.

(3) 동이 틀 무렵 주인 이하는 옷을 갈아입고 사당으로 가서 신주를 받들고 나와 본채로 간다: 『가례』의 원주에서는 옷을 갈아입는 것에 대해 이렇게 말한다. "녜를 지낼 때는 주인과 형제들은 청흑색의 얇은 천으로 만든 복두幞頭, 청흑색 베적삼[黲布衫], 베로 싼 각대角帶을 갖춘다. 조부 이상은 청흑색의 얇은 천으로 만든 적삼을 입는다. 방계 친척은 검은색의 얇은 천으로 된 적삼을 입는다. 주부는 단지 장식을 뺀 특계特髻,292 흰 원삼[大衣], 담황색의 긴 치마를 입는다. 나머지 사람들은 모두 화려한 옷을 입지 않는다."293 신주를 받들고 나와 본채로 갈 때 아뢰는 축사 말고는, 모든 의식이 녜와 동일하다.

(4) 신령을 모셔서 참배한다. 음식을 올리고, 초헌을 행한다: 초헌 때 아뢰는 축사가 있다. 『가례』의 원주에서는 그 축사를 이렇게 기술하고 있다. "해가 바뀌어 휘일諱日 즉 돌아가신 날이 다시금 다가와, 이때를 즈음하여 슬픈 마음에 제사로 추모하니, 길이길이 그리는 마음 이길 수가 없나이다."294 그러나 '부모'의 제사에서는 "길이길이 그리는 마음 이길 수가 없나이다."라는 구절을 "은혜가 저 하늘처럼 끝이 없나이다."라고 고

....
292　特髻이 '特'은 '단지', '오로지'의 뜻이다. 가발을 사용하지 않고 자신의 머리만 감아 올린 것이다.
293　禰則主人兄弟黲紗幞頭黲布衫布裏角帶. 祖以上則黲紗衫. 旁親則皁紗衫. 主婦特髻去飾白大衣淡黃帔. 餘人皆去華盛之服.
294　歲序流易, 諱日復臨, 追遠感時, 不勝永慕.

친다. 방계의 친척은 "휘일이 다시금 다가오니, 슬픈 마음을 이길 수 없나이다."라고 한다. '고비'의 제사인 경우, 축관이 일어나면 주인 이하는 곡을 하며 슬픔을 다한다. 나머지 의식은 녜와 동일하다.

(5) 아헌을 행하고, 종헌을 행한다. 신령에게 음식을 권하고, 문을 닫고, 문을 열고, 신령을 보내고, 제사를 마친 신주를 감실에 모시고, 상을 치운다: 이 의식은 녜와 동일하지만 음복하지 않고, 남은 제사 음식을 먹지 않는다. 기일에는 오로지 돌아가심을 애도하기에, 술을 마시지 않고 고기를 먹지 않으며 음악을 듣지 않고 청흑색 두건, 소복素服 차림으로 지내면서 밤에는 바깥채에서 잔다.

6) 묘제墓祭

예법을 다룬 경서 중 묘제에 대한 내용은 없는데, 이는 하·은·주 이전에 이러한 제례가 없었기 때문이다. 진秦나라 때 묘소 곁에 '침전寢殿'[295]을 두면서 생겼으며, 당나라 때 개원연간開元年間의 칙령을 보면, "한식에 묘소에 가는 것이 … 근래에 전해지면서 점차 습속이 되었다."[296]고 기록되어 있다.[297] 『가례』에서는 시속을 따라 묘제를 기재하였는데, 주희는 "전대前代의 현인들께서는 모두들 묘제가 천리天理를 해치지 않는다고 말씀하셨다."[298]고 하였다. 제삿날은 음력 3월 상순 중에 골라 시행한다. 그 의식의 내용은 다음과 같다.

....

295 여기서의 '침전'은 황제가 잠을 자는 寢宮이 아니라, 陵墓의 正殿을 뜻한다.
296 寒食上墓, … 近代相傳, 寖以成俗.
297 이는 『通典』 권52 「禮」12 「沿革」11 「吉禮」11에 보인다.
298 先正皆言墓祭, 不害義理

(1) 하루 전날 재계하고 음식을 갖춘다: 이 의식은 가제家祭²⁹⁹와 동일하다. 단지 묘소에서 1인분마다 시제의 제수품과 같이 하되, 생선, 고기, 미식米食, 면식麵食을 마련해 후토신后土神에게 제사지낸다.

(2) 다음 날 청소하고, 자리를 펴고, 음식을 진설한다: 주인은 심의를 입고, 집사를 데리고 묘소에 가서 재배한다. 묘역墓域 안팎을 삼가 다니되, 세 바퀴를 돌면서 슬픈 마음으로 살핀다. 그런 뒤에 잡초나 가시덩굴을 칼이나 도끼나 호미로 자른다. 묘역의 청소를 마치고 제자리로 돌아가 재배한다. 또 무덤의 왼쪽 편 땅을 소제한 뒤 후토신에게 제사지낸다.

(3) 신령을 모셔서 참배하고, 초헌을 행한다: 축사가 다른 것 말고는 모두 집에서 지내는 제사와 동일하다.

(4) 아헌을 행하고, 종헌을 행한다: 아헌과 종헌 모두 자제와 친척과 빈객들이 올린다.

(5) 신령을 보내고, 상을 치운 뒤, 후토신에게 제사 지낸다: 이 의식은 집에서 지내는 제사와 동일하다.

(6) 자리를 펴고, 음식을 진설한다: 이 역시 위와 같다. 단지 자리의 남쪽 끝에 쟁반 네 개를 놓고, 잔받침, 술잔, 숟가락, 젓가락을 그 북쪽에 놓는다.

(7) 신령을 모셔서 참배하고, 초헌·아헌·종헌을 행한다: 후토신에게 드리는 축사가 다른 것 말고는 모두 위와 같다.

(8) 신령을 보내고, 상을 치운 뒤 물러난다.

---

299 家祭는 집에서 지내는 제사를 가리킨다. 상대되는 말이 바로 묘소에서 지내는 墓祭인데, 여기서의 뜻인즉, 묘소에서 지내는 제사는 집에서 지내는 제사와 같이하라는 것이다.

제4장

『주자가례』의 특징

1. 형식의 특징

1) 장절 순서와 『온공서의溫公書儀』

『가례』가 비록 전대 현인의 예서를 많이 참고해서 편찬하긴 했지만 예절 의식의 배치든 『가례』에 담긴 함의든 상관없이 분명 다음과 같은 독자적인 특징을 가지고 있다. 첫째, 장절의 순서에 있어서 『가례』는 대부분 『온공서의』에 근거하고 있다. 둘째, 원문과 원주의 편집형식이 『의례』와 『예기』 및 그 주소注疏와 유사하다.

『가례』의 편찬은 직접적으로 『온공서의』의 영향을 받았다. 「가례서」에서 인용한 양복의 주장에 그 단서가 있다.

> 「관례」는 사마광의 주장을 많이 취했다. 「혼례」는 사마광과 정이의 주장을 참작했다. 「상례」는 사마광의 주장에 근본하면서도, 고항高閌의 주장을 으뜸으로 쳤다. 합사合祀인 부祔와 체천遞遷을 논할 때는 장재의 주장을 취했다. 유언을 남기거나 상을 치르는 부분에 대해서는 『온공서의』가 너무 간략하다고 여기셔서 『의례』를 사용하였다. 「제례」는 사마광과 정이

의 주장을 사용하셨지만, 먼저 가졌던 견해가 이후 가졌던 견해와 다른 경우도 있었다. 절기에 맞춘 제사는 한기가 시행했던 바를 법도로 삼았다.[300]

양복의 주장에 따르면 주희는 『가례』의 구성에 있어 사마광의 『온공서의』를 주로 참고하되, 『온공서의』의 내용 중 문제가 있어 실행하기 어려운 부분이나 옛 예법의 근거가 결여된 부분이나 옛 것에 어긋나 수정해야할 부분은 『의례』에 근거해 수정을 가했다. 『가례』의 주요 참고서는 『의례』와 『온공서의』인 것이다.

『가례』는 전체적인 내용 구조나 장정의 순서에 있어서 대부분을 『온공서의』의 형식을 참조하였다. 그 연원과 상호 간의 차이를 살펴보기 위해, 표로 다음과 같이 비교해 본다.

서명 내용	온공서의(溫公書儀)	문공가례(文公家禮)
문서 文書 통례 通禮	Ⅰ. 표주表奏·공문公文·개인서신[私書]· 가족편지[家書] 형식 (1) 표주表奏 (2) 공문公文 (3) 개인서신[私書] (4) 가족편지[家書]	Ⅰ. 통례通禮 (1) 사당祠堂 (2) 심의제도深衣制度 (3) 사마씨거가잡의司馬氏居家雜儀
관례 冠禮	Ⅱ. 관의冠儀 (1) 관관 (2) 계笄 (3) 당실방호도堂室房戶圖 (4) 심의제도深衣制度	Ⅱ. 관례冠禮 (1) 관관 (2) 계笄

---

300 冠禮, 則多取司馬氏.「昏禮」, 則參諸司馬氏·程氏.「喪禮」, 本之司馬氏, 又以高氏爲最善. 及論祔·遷, 則取橫渠. 遺命治喪, 則以『書儀』疏略而用『儀禮』.「祭禮」兼用司馬氏·程氏, 而先後所見又有不同. 節祠, 則以韓魏公所行者爲法

내용 \ 서명	온공서의(溫公書儀)	문공가례(文公家禮)
혼례 昏禮	Ⅲ. 혼의婚儀 (1) 혼婚 (2) 납채納采 (3) 문명問名 (4) 납길納吉 (5) 납폐納幣 (6) 청기請期 (7) 친영親迎 (8) 부현구고婦見舅姑 (9) 서현부지부모壻見婦之父母 (10) 거가잡의居家雜儀	Ⅲ. 혼례昏禮 (1) 의혼議昏 (2) 납채納采 (3) 납폐納幣 (4) 친영親迎 (5) 부현구고婦見舅姑 (6) 묘현廟見 (7) 명일서왕현부지부모 明日壻往見婦之父母
상례 喪禮	Ⅳ. 상의喪儀 (1) 초종初終(병심부병심부病甚附) (2) 복復(입상주호상등부립상주호상等附호상주立喪主護喪等附) (3) 역복易服 (4) 부고訃告 (5) 목욕沐浴, 반함飯含, 습습襲(시사지전시사지전始死之奠哭泣附곡읍부始死之奠哭泣附) (6) 명정銘旌 (7) 혼백魂帛(영재승부影齋僧附) (8) 조뢰吊酹, 부수賻襚 (9) 소렴小斂, 관곽棺槨, 대렴빈大斂殯 (10) 문상문상聞喪, 분상奔喪 (11) 음식飮食 (12) 상차喪次 (13) 오복제도五服制度 (14) 오복연월략五服年月略 (15) 성복成服 (16) 조석전조석전朝夕奠 (17) 복택조장일卜宅兆葬日 (18) 천광穿壙 (19) 비지碑志 (20) 명기明器, 하장下帳, 포소苞筲, 사판祠版 (21) 계빈啓殯 (22) 조조朝祖 (23) 친빈전親賓奠 (24) 진기陳器 (25) 조전祖奠 (26) 견전遣奠 (27) 재도在塗 (28) 급묘及墓 (29) 하관下棺	Ⅳ. 상례喪禮 (1) 초종初終 (복復) (역복易服) (부고訃告) (2) 목욕沐浴, 습襲, 전奠, 위위爲位, 반함飯含 (3) 영좌靈座, 혼백魂帛, 명정銘旌 (4) 소렴小斂(단조袒, 괄발괄髮括髮, 문免, 좌체髽, 전奠, 대곡代哭) (5) 대렴大斂 (6) 성복成服 (7) 조석곡전조석곡전朝夕哭奠, 상식上食 (8) 조조吊, 전奠, 부수賻 (9) 문상聞喪, 분상奔喪, 치장治葬 (10) 천구遷柩, 조조朝祖, 전奠, 부수賻, 진기陳器, 조전祖奠 (11) 견전遣奠 (12) 발인發引 (13) 급묘及墓, 하관下棺, 사후토사祠后土, 제목주題木主, 성분成墳 (14) 반곡反哭 (15) 우제虞祭 (16) 졸곡卒哭 (17) 부祔 (18) 소상小祥 (19) 대상大祥 (20) 담禫 (21) 거상잡의居喪雜儀

서명 내용	온공서의(溫公書儀)	문공가례(文公家禮)
상례 喪禮	(30) 제후토제后土 (31) 제우주제虞主 (32) 반곡反哭 (33) 우제虞祭 (34) 졸곡卒哭 (35) 부祔 (36) 소상小祥, 대상大祥, 담제禫祭 (37) 거상잡의居喪雜儀	
제례 祭禮	(38) 제제 (39) 영당잡의影堂雜儀	V. 제례祭禮 (1) 사시제四時祭 (2) 초조初祖 (3) 선조先祖 (4) 녜禰 (5) 기일忌日 (6) 묘제墓祭

이상의 내용에 근거해 『가례』가 『온공서의』와 형식에서 다른 점을 살펴보면 다음과 같다.

(1) 머릿장에 「통례」를 둠

『온공서의』의 권수에 집에서 늘 사용하는 각종 문서 서식을 실어 둔 것과 마찬가지로, 『가례』에서는 '사당제도祠堂制度', '심의제도', '사마씨거가잡의司馬氏居家雜儀'를 「통례」로 묶어 가장 첫 권으로 실어 두었다. 사실 『가례』의 앞머리에 실려 있는 이 세 조항은 모두 『온공서의』에서 온 것이다. '사당'조는 『온공서의』 권10의 '영당잡의影堂雜儀'조에서 왔고, '심의제도'조는 『온공서의』 권4의 '심의제도'조에서 왔고, '사마씨거가잡의' 조는 『온공서의』 권4의 '거가잡의'조에서 왔다. 주희가 이 세 조항을 권수에 둔 것은, 이 세 조항의 내용들이 관혼상제와 같이 한 분야에 대한 전문적인 예법과는 다르고 일상생활에서 늘 사용하는 것이라 한시도 없어서는 안 되는 것이라고 여겼기 때문이다. 그래서 이들을 함께 나열하면서 「통례」라고 명명하여 책의 첫머리에 둔 것이다.

(2) 『온공서의』의 변경과 수정

『가례』는 「제례」 부분을 제외하면, 대체적으로 『온공서의』의 체재를 본떴으나 이를 그대로 따르지 않고 변경하거나 수정한 부분 또한 많이 보인다. 예를 들어 「관례」 부분에서 『온공서의』는 '관冠', '계笄', '당실방호도堂室房戶圖', '심의제도' 같은 조항이 있는데, 『가례』는 '당실방호도'조를 관례 부분에서 빼내어 「통례」의 '사당'조에 넣고, 다시 '심의제도'조를 「통례」에 넣었다. 그래서 『가례』의 「관례」에는 '관冠'과 '계笄', 두 조항만 남게 된 것이다.

또 「혼례」 부분에 있어서 『가례』는 『온공서의』 「혼의婚儀」에 실려 있던 '거가잡의'를 빼서는, '사마씨거가잡의'란 이름으로 「통례」 안에 넣었다. 「혼례」 부분의 조항들을 보면, 『온공서의』는 '혼婚'이란 이름을 제일 앞에 두었지만, 『가례』는 이를 '의혼議婚'이라 제목을 달았다. 다만, 이는 단지 명칭상의 변경일 뿐 내용에 있어서는 서로 다른 점이 없다. 『온공서의』는 『의례』의 옛 기록을 따라서, '납채納采'와 '납폐納幣(=납징納徵)' 두 조항 사이에 '문명問名'과 '납길納吉' 두 조항을 두었지만, 『가례』는 시속을 좇아 이를 삭제해 버렸다.

『가례』는 '부현구고婦見舅姑'조와 '명일서왕현부지부모明日壻往見婦之父母'조 사이에 '묘현廟見'조를 넣었다. 이는 옛날에 신부가 석 달이 지나 묘당을 찾아뵙는 예식이 『의례』와 『예기』에 실려 있었기 때문이다.[301] 이

---

301 『의례』「士昏禮」와 『예기』「曾子問」에 보이는데, 그 조건이나 풀이에 대해서는 약간의 이견이 있다. 『의례주소』「士昏禮」의 "만약 시부모가 이미 돌아가셨다면, 신부가 들어와 석 달이 지난 뒤에 奠菜를 지낸다.[若舅姑旣沒, 則婦入三月, 乃奠菜.]"란 구절에 대한 가공언 賈公彦의 소疏와 『禮記正義』「曾子問」의 "석 달이 되어 묘당을 찾아뵐 때, '며느리

부분은 『온공서의』에는 없는 내용이지만 주희가 독자적으로 수정을 가한 부분이기도 하다. 『가례』는 (옛 예법에 있어서) "석 달이 지나 묘당을 찾아뵙는 것"은 그 기간이 너무 길어서 사흘로 고쳤다.

「상례」 부분에서 『가례』는 대부분을 『온공서의』에서 가져왔다. 다만, 『온공서의』는 초종初終, 복復, 역복易服, 부고訃告를 순서대로 개별 조항으로 나눴지만, 『가례』에서는 이를 초종이라는 조항 하나로 총괄하고 세부 조항을 나누지 않았다. 또 『온공서의』는 문상聞喪과 분상奔喪 조항을 대렴大斂 조항 뒤, 성복成服 조항 앞에 두었으나, 『가례』는 성복과 조석곡전朝夕哭奠 조항 뒤, 천구遷柩 조항 앞에 두었다.

「제례」의 경우, 『가례』는 『온공서의』에 비해 덧붙인 바가 많다. 『온공서의』는 '제'와 '영당잡의影堂雜儀'라는 두 조항을 만들기는 했지만, 이를 「상의喪儀」 안에 예속시켜 두었을 뿐, 따로 별도로 「제의祭儀」편을 만들지는 않았다. 그러나 『가례』에서는 따로 「제례」편을 만든 뒤, 사시제四時祭, 초조初祖, 선조先祖, 녜禰, 기일忌日, 묘제墓祭라는 조항으로 세분해 두었다. 또 『온공서의』에 실린 '영당잡의'조를 '사당'으로 개명한 뒤 첫머리의 「통례」에 넣었다. 사실 『온공서의』의 '제祭'조와 『문공가례』의 사시제는 내용에 있어서 상호 이동이 있다. 『가례』가 정이의 제례를 취해 『온공서의』의 부족한 부분을 메꾼 것으로 보인다. 정이의 제례는 시조始祖, 선조先祖, 녜禰, 세 조항으로 나뉘어 있다.

상술한 바를 보면 알 수 있듯이, 『가례』의 구성은 비록 이동 및 변경 그리고 가감이 있었지만 기본적으로는 『온공서의』의 장절에 근거한 것으로 판단된다.

로 왔다'고 말한다.[三月而廟見, 稱來婦也.]"라는 구절의 공영달 소에서 '석 달이 지나 묘당을 찾아뵙는 것'에 대한 설명이 약간 다르다.

2) 원문·원주의 편집과 『의례』의 경전經傳

『가례』의 편집 방식은 대체적으로 『의례』와 『예기』 및 그 주소注疏를 따랐다.

■ 『의례』「사관례」의 「계빈戒賓」조를 보면 이러하다.

경문經文 – 주인은 정빈正賓에게 관례를 치르게 되었음을 알리면 정빈은 예의상 사양하다가 허락한다.

정현 주 – '계戒'란 '경계하다[警]', '알리다[告]'는 의미다. 정빈은 주인의 동료인 벗이다. 옛날엔 길한 일이 있으면 기꺼이 현자와 즐거워했고, 흉한 일이 있으면 현자와 슬퍼하고자 했다. 오늘날 아들이 관례를 치르게 되면 동료인 벗에게 와 달라 고한다. 그러면 그 벗은 예의상 사양하는데 한 번 사양했다가 허락한다. 두 번 사양했다가 허락하는 것을 고사라고 하고, 세 번 사양하는 것은 종사終辭라고 하는데 종사는 끝내 허락하지 않는 것이다."[302]

가공언賈公彦 소 – "주인은 정빈에게 관례를 치르게 되었음을 알린다"란 말은 주인이 직접 정빈의 집 대문 밖의 서쪽에서 동쪽을 마주한 뒤, 정빈이 대문 밖 동쪽에서 서쪽을 마주하면, 관례를 치르게 되었음을 알린다는 것이다. "정빈은 예의상 사양하다가 허락한다"란 말 다음에 이렇게 설명한다. "주인은 정빈에게 이렇게 알린다. '아무개에게는 아들 아무개가 있는데 이제 머리에 베를 씌우려 합니다. 그대께서 가르쳐주시길 바라나이다.' 정빈은 이렇게 답한다. '아무개는 불민하니 일을 아무개(정빈의 이름)가 불민하

---

[302] 戒, 警也. 告也. 賓, 主人之僚友. 古者有吉事, 則樂與賢者歡成之. 有凶事, 則欲與賢者哀戚之. 今將冠子, 故就告僚友使來. 禮辭, 一辭而許. 再辭而許曰固辭. 三辭曰終辭, 不許也.

여 이 일을 감당 못해 그대에게 누가 될까 두렵습니다. 이에 감히 사양하나이다.' 주인은 이렇게 말한다. "아무개는 그래도 끝내 그대께서 가르쳐주시길 바라나이다." 정빈은 이렇게 답한다. "그대께서 거듭 명하시니, 아무개가 감히 따르지 않을 수 있겠습니까!" 이는 한 번 사양한 뒤에 허락하는 것으로 이것이 바로 "정빈은 예의상 사양하다가 허락한다"는 것이다.[303]

■ 『온공서의』「관의冠儀」'관冠'조의 '계빈戒賓'조는 이렇게 말했다.

이에 사람을 보내 정빈에게 관례를 치르게 되었음을 알린다. 『의례』「사관례」에서는 "주인이 직접 사흘 전에 정빈에게 알리고, 하루 전에 정빈에게 간다."고 했지만, 지금은 간편하게 자제를 보낸다. 만약 시동侍童이나 종복從僕에게 말을 전하게 할 때 간혹 심부름 간 이가 그 전하는 말을 제대로 기억 못 한다면 의식대로 말을 적되 마지막에 "아무개가 종이로 한 말씀 올리나이다."라고 쓴다. 심부름 간 이가 이 의식 과정의 순서대로 말을 전달하면 정빈도 이에 맞춰 답을 한다. 이후 전하는 말은 모두 이와 같이 한다. 주인은 이렇게) 말한다. "아무개(이는 주인의 이름이다. 심부름 하는 이가 주인의 이름을 드러내고 싶지 않으면 관직을 말하거나 아무개의 아버지라고 말한다.)에게 아들 아무개(아들의 이름)가 있는데, 이제 그 아들의 머리에 관을 씌우고자 합니다. 그대께서 가르쳐주시길 바라나이다." 정빈은 이렇게 답한다. "아무개(정빈의 이름)가 불민하여 이 일을 감당 못해 그대에게 누가 될까 두렵습니다. (이에) 감히 사양하나이다." '누가 되다'란 말은

....
303 云主人戒賓者, 謂主人親至賓大門外之西, 東面, 賓出大門外之東, 西面, 戒之. 云賓禮辭許者, 卽下云: '戒賓曰: 某有子某, 將加布于其首, 願吾子之教之也. 賓對曰: 某不敏, 恐不能共事, 以病吾子, 敢辭. 主人曰: 某猶願吾子之終教之也. 賓對曰: 吾子重有命, 某敢不從. 是一度辭後乃許之, 是賓禮辭許者也.

'욕되게 하다'란 뜻이다. 예의상 사양하는데, 한 번 사양했다가 허락한다. 두 번 사양했다가 허락하는 것을 고사固辭라고 하고, 세 번 사양하는 것은 종사終辭라고 하는데, 이는 끝내 허락하지 않는 것이다. 주인은 이렇게 말한다. "아무개는 끝내 그대께서 가르쳐주시길 바라나이다." 정빈은 이렇게 답한다. "그대께서 거듭 명하시니 아무개가 감히 따르지 않을 수 있겠습니까!" 정빈과 주인의 말을 편지로 전하지 않는다면 잘못 전해지거나 잊어버릴 우려가 있으니, 응당 홀笏에 써서 기록해 두어야 한다. 홀이 없으면 종이 조각에 쓴다. 뒤에 나오는 「혼의婚儀」, 「상의喪儀」, 「제의祭儀」에서도 이를 따른다. 단지 납채納采에서는 반드시 편지를 쓴다.[304]

■ 『가례』「관례」'관'조의 '계빈'조에서는 이렇게 말했다.

정빈에게 관례를 치르게 되었음을 알린다. 옛날에는 점을 쳐서 정빈을 정했지만 지금은 그럴 수가 없으니 그냥 벗 중에 현명하고 예의를 갖춘 이 중 한 명을 뽑으면 된다. 이날 주인은 심의를 입고 정빈의 집 문에 이르면 청을 받을 사람이 나와서 맞이하기를 평상시의 의례대로 한다. 차를 마시고 난 뒤 청하러 온 이가 이렇게 말을 시작한다. "아무개에게 아들 아무개가 있는데', 혹은 '아무개의 아무 '친속에게 아들 아무개가 있는데' 이제 그의 머리에 관을 씌우고자 합니다. 그대께서 가르쳐주시길 바라나이다." 정빈은

....
304 乃遣人戒賓.(「士冠禮」: 主人自戒賓宿賓. 今欲從簡, 但遣子弟. 若童僕致命, 或使者不能記其辭, 則爲儀中之辭, 後云: 某上一辭爲一紙, 使者以次達之, 賓答亦然, 後致辭皆倣此.) 曰: 某(主人名也. 使者不欲斥主人名, 卽稱官位或云某親.) 有子某(子名), 將加冠於其首. 願吾子之敎之也.賓對曰: 某(賓名)不敏, 恐不能供事以病吾子, 敢辭.(病猶辱也. 禮辭, 一辭而許曰: 敢辭. 再辭而許曰固辭. 三辭曰終辭, 不許也.) 主人曰: 某願吾子之終敎之也. 賓對曰: 吾子重有命, 某敢不從.(凡賓主之辭, 或不以書傳, 慮有誤忘, 則宜書於笏記. 無笏者爲掌記. 後婚喪祭儀, 皆準此. 惟納采必用書.)

이렇게 답한다. "아무개가 불민하여 이 일을 감당 못해 그대에게 누가 될까 두렵습니다. 이에 감히 사양하나이다". 청하는 이는 이렇게 말한다. "아무개는 끝내 그대께서 가르쳐주시길 바라나이다." 정빈은 이렇게 답한다. "그대께서 거듭 명하시니 아무개가 감히 따르지 않을 수 있겠습니까!" 정빈이 먼 곳에 사는 경우는, 처음 청하는 말을 편지로 쓴 뒤, 자제를 보내 전한다. 자신이 정빈이 되었음을 알게 된 이가 사양하면 사자는 굳이 다시금 청한다. 이에 허락한 뒤 이렇게 답장한다. "그대께서 거듭 명하시니 아무개가 감히 따르지 않을 수 있겠습니까!" 만약 종자 자신이 관례를 행하는 경우라면 정빈을 청할 때 이렇게만 말한다. "아무개가 머리에 관을 쓰려고 합니다." 뒷부분은 동일하다.[305]

이상 세 가지를 비교해 보면, 『온공서의』는 원문 중에 진행 과정을 언급하고 있어서 주석 부분이 비교적 적다. 그러나 『가례』의 원문은 너무나 간략해서 마치 강목綱目처럼 보일 정도이고 이에 대한 보충설명은 모두 원주에 담겨 있다. 그래서 『가례』를 읽을 때는 반드시 원주의 설명을 봐야만 비로소 원문에 기술한 내용과 그 진행과정이 어떠한지를 이해할 수 있다. 이는 『의례』가 주소注疏 같은 전문傳文에 근거해야만 비로소 경문을 막힘없이 읽을 수 있는 것과 같은 방식이다. 『가례』의 나머지 항목도 모두 이러한 편집 방식으로 서술되어 있다.

이에 근거해보면, 주희가 『가례』를 지었을 때 내용과 형식에서 직접

---

305 戒賓. 古禮筮賓, 今不能然, 但擇朋友賢而有禮者一人可也. 是日主人深衣詣其門, 所戒者出見如常儀. 啜茶畢, 戒者起言曰: 某有子某, 若某之某親有子某, 將加冠於其首, 願吾子之教之也. 對曰: 某不敏恐, 不能供事, 以病吾子, 敢辭. 戒者曰: 願吾子之終教之也. 對曰: 吾子重有命, 某敢不從. 地遠則書初請之辭爲書, 遣子弟致之. 所戒者辭, 使者固請, 乃許而復書曰: 吾子有命, 某敢不從. 若宗子自冠則戒辭但曰: 某將加冠於首. 後同.

적으로 『의례』의 영향을 받았음을 알 수 있다. 경문과 이를 해설한 전문으로 구성된 편집방식은 『가례』에 보일 뿐만 아니라 주희의 다른 저술들에서도 볼 수 있다. 예를 들어 『의례경전통해』는 『의례』를 경문經文이자 벼리[綱]로 삼아 『예기』 및 다른 경서와 사서 및 잡다한 서적들에서 예를 언급한 부분을 전문傳文이자 세목細目으로 삼았다. 이러한 편집형식은 『가례』뿐 아니라 주희의 다른 문헌에서도 나타난다. 일례로 주희는 또한 『사서집주』 중 『대학』을 경 1장과 전 10장으로 나눴으며 『효경』까지 경經과 전傳으로 나눴다.[306]

2. 내용의 특징

『가례』의 내용을 논하기 전에, 먼저 '예'에 대한 주희의 역사관을 보기로 한다. 주희는 『주자어류』 권84에서 이렇게 말한다.

> 『예기』「예기禮器」에서 이렇게 말했다. "예는 때가 중요하다." 가령 성현이 나시더라도[307] 분명 옛 예법을 모두 따르지는 않을 것이다. 아마도 옛 예법의 일부를 덜어내고, 오늘날의 풍속에 맞는 예법을 따를 것이다. 약간 법도를 지키려는 예식이 있으며 너무 간소하지는 않을 것이다. 공자가 선진先進을 따르겠다고 한 것[308]과, 또 "올바르고 우수한 하夏나라의 달력을 따르고, 질

---

[306] 주희가 지은 『孝經刊誤』를 말하는 것이다. 주희는 『古文孝經』 22장을 경문 1장, 전 14장으로 정리하면서 223자를 삭제했다.
[307] 원래 '作'자는 '禮'자로 되어 있지만, 朝鮮本 『주자어류』에는 '作'자로 되어 있으며, 『朱子全書』본 『주자어류』에서도 이를 좇아 교감했다.
[308] 이 구절은 『논어』「선진」 제1장을 인용한 것이다. "공자께서 말씀하셨다. '앞선 벼슬

박하면서도 중용을 지킨 은나라의 수레를 타겠다."[309]고 한 것을 보면, 공자는 과도한 주나라의 꾸밈[文]을 덜어내서 옛날의 질박함을 따르고자 하는 의도를 가지고 있었다. 지금 예서를 집대성한 것[310]은 단지 옛날의 제도를 대략이나마 남겨두어, 후세 사람들로 하여금 스스로 덜어내면서 시행할 수 있는 것을 찾게 하고자 할 뿐이다.[311]

여기서 "옛 예법의 일부를 덜어내고, 오늘날의 풍속에 맞는 예법을 따른다"는 주장은 사실 『가례』를 저술하는데 있어 기본적인 입장이었다. 이에 근거해『가례』내용을 살펴보면 대략 세 갈래로 계승한 것, 수정한 것, 창출한 것의 세 갈래로 나누어 볼 수 있다. 여기서 세 갈래로 분류한 기준은 모두『의례』를 기준으로 한 것으로 주희는『주례』·『의례』·『예기』중에서도 특히『의례』를 중시했다. 이러한 주장은「걸수삼례차자乞脩三禮箚子」를 보아도 알 수 있다.

> 『주례』는 본래가 예의 강령이다. 예의법도에 대해서는『의례』가 본경이고, 『예기』의「교특생」,「관의」등의 편들은『의례』에 대한 해설일 뿐이다.[312]

아치는 예악에 대해 야인처럼 질박했다. 이후의 벼슬아치는 예악에 대해 군자처럼 세련되어 보인다. 만약 선택해야한다면, 나는 앞선 벼슬아치를 따르겠다.'[子曰: 先進於禮樂, 野人也. 後進於禮樂, 君子也. 如用之 則吾從先進.]"
309   이 구절은『논어』「위령공」제10장을 인용한 것이다.
310   이 인용문의 원문 제목이「論修禮書」, 즉「禮書 編修를 논함」인데, 여기서 '예서'란 바로『儀禮經傳通解』를 가리킨다.
311 『주자어류』권84, "禮, 時爲大. 使聖賢有作, 必不一切從古之禮. 疑只是以古禮減殺, 從今世俗之禮, 令稍有防範節文, 不至太簡而已. 觀孔子欲從先進, 又曰: 行夏之時, 乘殷之輅. 便是有意於損周之文, 從古之朴矣. 今所集禮書, 也只是略存古之制度, 使後人自去減殺, 求其可行者而已."
312 『회암집』권14. "『周官』一書, 固爲禮之綱領. 至其儀法度數, 則『儀禮』乃其本經, 而『禮記』「郊特牲」「冠義」等篇, 乃其義說耳."

『의례』를 중시하는 태도는 송유宋儒들의 '예'를 평가하는 데에도 반영되어 있다.

> 장재가 만든 예법은 대부분 『의례』에 근거하지 않고 함부로 만들어낸 부분이 많다. 사마광의 경우엔 『의례』에 근본하고 있어서 예부터 지금까지의 마땅한 바를 가장 적절하게 만들었다.[313]

또 이렇게 말했다.

> 여대림呂大臨이 여러 학자들의 주장을 모아 『의례』를 보충했으니 『의례』를 골간으로 삼았던 것이다.[314]

주희는 송유들의 예에 대한 여러 주장들 중에서, 사마광이 『의례』에 근거했기에 『온공서의』의 예법이 가장 뛰어나다고 여겼다. 이를 보면 주가가 『의례』를 가장 중시했음을 알 수 있다. 주희는 삼례를 연구하면서 실질적으로는 『의례』를 준거로 삼았다. 그러므로 이제 『가례』의 내용을 분석하면서도, 『의례』에 근거해 살펴보겠다. 여기서의 '계승한 것'과 '수정한 것'은 『의례』라는 원천에서 연유한 것과 약간 윤색이나 변경을 한 것을 말한다. 이른바 '창출한 것'은 전대에 다 갖춰져 있지는 않았던 것을 말하는데, 이는 실질적으로 시비득실을 따지는 주희만의 독창적인 견해라고 하겠다. 사실상 '계승한 것'과 '수정한 것' 또한 주희의

---

313 『주자어류』 권84. "橫渠所制禮, 多不本諸儀禮, 有自杜撰處. 如溫公, 卻是本諸『儀禮』, 最爲適古今之宜."
314 『주자어류』 권84. "呂與叔集諸家之說補儀禮, 以儀禮爲骨."

가치평가를 거친 뒤, 계승할 것은 '계승'하고 수정할 것은 '수정'했기에 자연스레 『가례』의 독자적 특징이라고 해도 손색이 없다. 내용 중에 전대에 비록 있기는 했지만, 주희의 가치판단을 거치면서 새로운 가치를 부여해 당시나 후대에 영향을 끼친 것은 주희가 '창출한 것'에 속한다. 이제 이상의 기준 및 개념에 근거해, 예를 들어 이러한 특징들을 설명해 보도록 하겠다.

1) 계승한 것: 고례古禮 취지의 계승

몇 개의 예를 들어 『가례』에 기술된 예법들이 『의례』를 계승한 것임을 설명하고자 한다.

■ 「관례」 '관'조의 "그리고 초례醮禮를 행한다."라는 구절의 주에서 이렇게 말했다. "정빈은 제자리로 돌아가 동쪽을 향해 답배答拜한다.[賓復位, 東向答拜.]"
: 이 주는 『의례』 「사관례」의 다음과 같은 구절을 계승한 것이다. "정빈이 동쪽을 마주하고 답배한다."라는 구절에 정현은 이렇게 주를 달았다. "동쪽을 마주한다는 것은 성인과 더불어 예를 행하는 것[315]이 주인에게 답배하는 것과는 다른 일임을 밝힌 것이다."[316]

■ 「관례」 '관'조에서 이렇게 말했다. "정빈이 관례를 치르는 이에게

....
315 "성인과 더불어 예를 행하는 것"이란 관례를 치른 당사자를 이젠 별도의 성인으로 상대해 준다는 뜻이다.
316 東面者, 明成人與爲禮, 異於答主人.

자를 지어준다."

: 이 구절은 『의례』 「사관례」의 다음과 같은 구절을 계승한 것이다. "정빈이 자를 지어주면, 관례를 치르는 이는 대답한다."

■ 「혼례昏禮」 '친영親迎'조의 "혼례를 치를 딸에게 술을 따라 주는 초례를 행하며 명한다."라는 구절의 주에서 이렇게 말했다. "아버지가 일어나 이렇게 명한다. '공경하고 경계하라. 밤낮으로 늘 네 시부모의 명을 어기지 말거라.'"[317]

: 이는 『의례』 「사혼례」의 다음과 같은 구절을 계승한 것이다. "아버지는 딸을 보내며 이렇게 명한다. '경계하고 공경하라. 밤낮으로 늘 시부모의 명을 어기지 말거라.'"[318] 『가례』에서는 단지 순서를 바꿔 "공경하고 경계하라."라고 한 차이가 있을 뿐이다.

■ 「상례喪禮」 '초종初終'조의 "시신을 옮긴다"는 구절의 주에서 이렇게 말했다. "시종은 시신을 놓은 평상 앞에 다른 평상을 마련해 가로로 놓는다. 평상에 대자리를 펴고 짚자리는 걷는다. 그리고 짚자리와 베개를 놓고는, 그 위에 시신을 옮기는데, 남쪽으로 머리를 둔다."[319]

: 이는 『의례』 「사상례」의 다음과 같은 구절을 계승한 것이다. "상대商代 예법을 익힌 축관이 베수건을 들고 주인을 따라 들어와, 남쪽으로 난 창에 가서 북쪽을 마주한 뒤, 베개를 치우고 시신의 얼굴에 베 수건

---

317 父起命之曰: 敬之, 戒之. 夙夜無違爾舅姑之命.
318 父送女命之曰: 戒之, 敬之, 夙夜毋違命.
319 侍者, 設牀於尸牀前, 縱置之. 施簟去薦設席枕, 遷尸其上, 南首.

을 덮는다."³²⁰ 여기서 "남쪽으로 난 창에 가서 북쪽을 마주한다"라는 말을 보면 시신이 남쪽으로 머리를 두고 있음을 알 수 있다.

■ 「상례」 '초종'조의 "습의를 늘어 놓는다."라는 구절의 주에서 이렇게 말했다. "비단 눈가리개는 사방으로 한 자 두 치니 얼굴을 덮기 위한 것이다."³²¹

: 이는 『의례』 「사상례」의 다음과 같은 구절을 계승한 것이다. "눈가리개는 검은 비단을 사용하며, 사방으로 한 자 두 치다." 이 구절에 대해 정현은 이렇게 주를 달았다. "눈가리개란 얼굴을 덮는 것이다."³²²

■ 「제례祭禮」 '사시제'조의 "문을 연다."라는 구절의 주에서 이렇게 말했다. "축관이 세 번 '어흠'하고 소리를 내고 문을 연다."³²³

: 이는 『의례』 「사우례士虞禮」의 다음과 같은 구절을 계승한 것이다. "축관이 (제물을 거두어 당에) 오르면 모두 곡을 멈춘다. 축관은 세 번 소리를 내고는 문을 연다."³²⁴ 이 구절에 대해 정현은 이렇게 주를 달았다. "여기서 소리란 것은 '어흠'이란 소리다. 문을 열려고 하는 것을 신령들에게 알리는 것이다."³²⁵

---

320 商祝執巾從入, 當牖北面, 徹枕, 設巾.
321 幎目帛方尺二寸, 所以覆面者也.
322 幎目, 覆面者也.
323 祝聲三噫歆, 乃啓門.
324 祝升, 止哭, 聲三, 啓戶.
325 聲者, 噫歆也, 將啓戶, 警覺神也.

2) 수정한 것: 시의時宜의 반영과 간약簡約化

수정사항은 대체적으로 번잡한 부분을 간소화하거나, 당대의 현실상황에 비추어 변경한 것들이다. 『가례』가 『의례』에 근본하면서도 수정한 것임을 보여주는 예시를 간단히 들어보면 다음과 같다.

- 「통례」'사당'조의 "설날, 동지, 매월 초하루와 보름이 되면 참배한다."라는 구절의 주에서 이렇게 말했다. "보름에는 술을 놓지도 않고, 신주를 내놓지도 않는다. 주인은 가루차[抹茶]를 올린다."[326]

『의례』「사상례」의 "'삭월'에 전례奠禮를 지내는데, 돼지 한 마리, 물고기, 토끼포를 세 세발솥에 넣는데, 당초 대렴전大斂奠을 지낼 때와 동일하다."[327]라는 구절에 대해 정현은 이렇게 주를 달았다. "'삭월'이란 매달 초하루를 뜻한다. 대부 이상은 반달, 즉 보름만에 다시 전례를 지낸다."[328] 그러나 주희는 한 달 내에 초하루에 전례를 지내고 보름에 다시금 차와 술을 올리는 것이 가난한 가문에서는 치르기 쉽지 않을 것이라 생각하여 간단하게 만들어 시행하기 쉽게 만들고자 했다. 그래서 이 예식은 비록 『의례』에 근본하면서도 위와 같이 수정하여 간소화하였던 것이다.

- 「관례」'관'조의 "하루 전날… 늘어놓는다."라는 구절의 주에서 이렇게 말했다. "대야와 수건을 대청에 놓는 것은 사당에서의 의식과 동일하다. 대청 동북쪽에 장막으로 방을 만든다. 만약 대청에 동쪽과

---

326 望日不設酒不出主, 主人點茶.
327 朔月奠, 用特豚·魚·腊, 陳三鼎如初.
328 朔月, 月朔日也. 自大夫以上, 月半又奠.

서쪽으로 난 두 계단이 없다면 백토白土로 선을 그어 구분해 둔다."[329]

『의례』「사관례」에서 이렇게 말했다. "아침에 일찍 일어나 물대야[罍洗][330]를 동쪽 벽에서 남북으로 당의 너비와 같은 지점에 두고, 물은 물대야의 동쪽에 둔다."[331] 당시 사람들 중 가묘가 있는 사람이 많지 않았으므로, 대청에서 관례를 시행하게 했고, 사가에는 관례에 사용하는 물대야가 따로 구비되어 있지 않았으므로, 그냥 일반 대야와 수건을 사용하게 했다.

■ 「혼례」 '납채納采'조에서 이렇게 말한다. "자제를 사자로 삼아, 여자 집에 가도록 한다."[332]

『의례』「사혼례」의 "중매할 사자는 현단복玄端服을 입고 간다."라는 구절에 대해 정현은 "사자는 신랑집의 친속으로 서리인 자가 사자 노릇하며 신붓집과 왕래하는 사람이다."[333]라고 풀이하였다.

예법에서 납채의 사자는 신랑집의 친속 중 서리를 하는 이가 맡았다. 이제『가례』는 간편함을 좇아 자제로 하여금 사자를 삼았다.

■ 「혼례」 '친영'조에서 이렇게 말한다. "주인은 나와서 신랑을 맞이하니 신랑은 들어가서 전안례奠鴈禮를 행한다."[334]

....

329 設盥帨於廳事, 如祠堂之儀. 以帟幕爲房於廳事東北, 或廳事無兩階, 則以堊畫而分之.
330 여기서 '뇌(罍)'는 손을 닦을 물을 담는 대야이고, '세(洗)'는 손을 닦은 뒤 물을 버리는 얕은 대야이다.
331 夙興, 設洗直于東榮, 南北以堂深. 水在洗東.
332 乃使子弟爲使者如女氏.
333 使者, 夫家之屬, 若群吏使往來者.
334 主人出迎, 壻入奠鴈.

혼례의 여섯 가지 예식, 곧 납채, 문명, 납길, 납징, 청기, 친영 중에서 납채, 문명, 납길, 청기, 친영 다섯 경우에는 기러기를 사용한다. 즉 납징에서만 기러기를 사용하지 않는데, 이는 검고 붉은 비단 열 필과 한 쌍의 사슴가죽을 예물로 사용하기 때문이다. 『가례』에서는 문명, 납길, 청기, 이렇게 세 예식을 생략해버리고, 납채, 납폐(즉 납징), 친영, 이렇게 세 예식만을 채용했고, 기러기를 사용하는 것은 친영에만 적용했다. 이 모두는 간편함을 따라 생략한 것이다.

■ 「상례」 '목욕沐浴, 습襲, 전奠, 위위爲位, 반함飯含'조의 "반함을 행한다."라는 구절의 주에서 이렇게 말했다. "숟가락으로 쌀을 떠서 시신의 입 오른쪽 즉 입의 동쪽에 채워 넣고, 아울러 동전 1개도 넣는다. 왼쪽과 가운데에도 이와 같이 행한다."[335]

『의례』「사상례」에서 이렇게 말했다. "주인은 왼손으로 쌀을 집어 시신 입 안의 오른쪽에 채워 넣기를 세 번 하고 조개[貝]를 채운다. 왼쪽과 가운데에도 똑같이 행한다. 다시 쌀을 채우는데 이는 그저 채우기만 하면 된다."[336]

「사상례」에서는 시신의 입에 쌀과 조개[貝]를 채우는데, 이는 당시 조개가 화폐의 기능을 담당했기 때문이다.[337] 따라서 『가례』에서는 조개를 사용치 않고 동전으로 대체했다. 쌀을 넣는 것에 대해 「사상례」에

---

335 以匕抄米實於尸口之右, 并實一錢, 又於左於中, 亦如之.
336 主人左扱米, 實于右, 三, 實一貝. 左中亦如之. 又實米, 唯盈.
337 『설문해자』 권6 「貝部」 '貝'조의 설명에 보인다. 그 설명에 보면, "옛날에는 조개를 화폐로 삼고 거북의 딱지를 보물로 여겼다. 周나라 들어서는 구리로 만든 貨泉이 있었는데, 秦나라에 이르러 조개는 완전히 없어지고 銅錢이 유행했다."(古者貨貝而寶龜, 周而有泉, 至秦廢貝行錢.)라고 했다.

서는 왼쪽, 오른쪽, 가운데에 각각 세 번씩이라고 했으니, 도합 아홉 번이 되지만, 『가례』에서는 횟수나 가득 채운다는 것을 따로 언급하지 않았다.

■ 「상례」 '소렴小斂, 단袒, 괄발括髮, 문免, 좌髽, 전奠, 대곡代哭'조에서 이렇게 말했다. "별실에서 윗도리의 한 쪽 어깨를 벗어젖히고[袒], 풀었던 머리를 묶고[括髮], 머리에 문포免布를 묶고, 복머리[髽]를 한다."[338]

『의례』「사상례」에서는 이렇게 말했다. "방에서 주인은 베로 머리를 묶고[髺髮], 윗도리의 왼쪽 어깨를 벗어젖히고[袒], 모든 주인들은 문포를 묶는다. 부인들은 방에서 복머리[髽]를 한다."[339]

『가례』에서는 "별실에서"라고 했는데 이는 고금古今의 당실堂室 구조가 다르기 때문이다.

■ 「상례」 '대렴大斂'조의 "대렴을 한다."는 구절의 주에서 이렇게 말했다. "주인과 주부는 관에 기대어 곡하면서 슬픔을 다한다. 부인들이 물러나 장막 속으로 들어가면 관쟁이를 불러 관 뚜껑을 덮고 못질을 한다."[340]

『의례』「사상례」에서는 이렇게 말했다. "주인 및 모두가 시신을 받들어 관에 넣으면 주인은 당초 시신을 옮길 때처럼 몇 번을 뛴 뒤에 관 뚜껑을 닫는다."[341]

....
338 袒括髮免髽於別室.
339 主人髺髮袒, 衆主人免于房. 婦人髽于室.
340 主人主婦憑哭盡哀, 婦人退入幕中, 乃召匠加蓋下釘.
341 主人奉尸斂于棺, 踊如初, 乃蓋.

「사상례」에서는 대렴 이후 관에 기대어 곡하는 부분이 없었지만, 『가례』는 먼저 입관에 대해 언급[342]한 뒤, 다시 관에 기대어 곡하는 과정을 넣었다. 이로 보아 입관 이후 관에 기대어 곡하는 것이 「사상례」의 내용과는 다르다는 것을 알 수 있다.

3) 창출한 것: 사당제와 사서士庶 중심의 예식

『가례』에서 가장 두드러진 특징은 '사당'의 명칭과 제도를 확립한 점이다. 「통례」'사당'조의 주에서 이렇게 말했다. "이 장은 본래 「제례」와 합해야 한다. … 옛 묘당 제도는 경서에 보이지 않는데다 지금의 사서인士庶人은 신분이 미천하다보니 행할 수 없는 바도 있다. 그래서 '사당'이라고 명명한 뒤에 그 예제 역시 대부분 시속의 예법을 채용했다."[343]

『가례』의 주에서 "이 장은 본래 「제례」와 합해야만 한다."고 한 것은 『온공서의』에서의 「제례」를 가리킨다. 『온공서의』의 「제례」를 보면 '사당'이 아닌 '영당影堂'이란 이름으로 되어 있다. '영당'은 사실 '가묘' 제도에서 온 것이다. 「통례」'사당'조의 부주에서 이렇게 말했다. "사마광이 말했다. '송 인종 때 일찍이 태자소부太子少傅 이상의 벼슬아치들은 모두 가묘를 세우라는 황제의 명령이 있었으나, 담당 관리는 이를 끝내 제도화하지 않았다. 오직 노국공潞國公 문언박이 가묘를 장안에 세웠을 뿐, 다른 이들은 모두 가묘를 세우지 않았다. 그래서 오늘날 단지 영당이라

---

342 『주자가례』의 주에서 "함께 시신을 들어 관에 넣고…"(共擧尸納於棺中…)라고 말한 부분을 가리킨다.
343 此章本合在祭禮篇. … 然古之廟制不見於經, 且今士庶人之賤, 亦有所不得爲者, 故特以祠堂名之, 而其制度亦多用俗禮云.

고만 할하는 것이다.'"³⁴⁴ 이를 보면 알 수 있듯이, '사당'이란 이름은 주희의 『가례』로부터 시작된 것이며, 그 연원은 '가묘'나 '영당'으로부터 온 것이다. 이 과정에 대해서는 사마광의 「문로공가묘비文潞公家廟碑」에 상세하게 나와 있다. 묘제의 변천과정을 잘 보여주는 글이다.

> 선왕의 제도에서는, 천자부터 벼슬아치들까지 모두가 종묘를 가지고 있었다. 군자는 집을 지을 때, 종묘 짓는 것이 먼저고, 집 짓는 것이 나중이었다. 진나라 때 성인의 가르침을 비웃고 전례典禮를 무너뜨리면서 군주를 높이고 신하를 낮추는 데에 힘썼다. 그래서 천자 말고는 감히 종묘를 짓는 이가 없었다. 한나라 때는 고관대작은 대부분 묘소에 사당을 세웠을 뿐 도읍 내에 세우는 경우는 드물었다. 위진 시기 이래로 점차 종묘 제도가 복원되기 시작했고 이후 결국 법령이 되어 관직의 품계로써 제사 지내는 세대수에 차등을 두게 되었다. 당나라 때 시중 왕규王珪가 자신의 종묘를 짓지 않아서 법관에게 규탄을 당하자, 태종은 담당 관리에게 명을 내려 왕규의 종묘를 지어주었는데, (사람들은) 이를 부끄러운 일이라 여겼다. 이 때문에 당나라의 고관대작들은 모두 자신의 종묘를 가지고 있었다. 오대십국 시기에 세상이 어지러워져, 선비와 백성들은 살아남기가 바쁘다 보니 예법과 가르침은 무너져 내렸고 종묘 제도 역시 결국엔 단절되고 말았다. 송나라가 세워지니 혼란함이 끝나고 피폐해진 백성들을 되살리는 동안 종묘 문제는 오래도록 따지지 않았다. 인종은 신하들이 높은 작위와 벼슬을 가지고 있으면서도 조상에게 침실에서 제사지는 것이 평민과 매일반이라는 점을 민망하게 여겼다. 그래서 경력慶曆 원년(1041)에 교사郊祀를 지내고 대

---

344 司馬溫公曰: 宋仁宗時, 嘗詔聽太子少傅以上皆立家廟, 而有司終不爲之定制度. 惟文潞公立廟於西京, 他人皆莫之立. 故今但以影堂言之.

사령을 내린 뒤 문무관들 모두에게 옛 법도대로 가묘를 세우도록 명령했다. 명령은 내려졌지만, 담당 관리는 이 명령을 거행하지 못했고 사대부들도 가묘에 대해 직접 보거나 듣지 못한 지 오래였기에 종종 종묘를 집에 지을 수 있다는 것을 알지 못했다. 황우皇祐 2년(1050) 천자가 종묘 제사를 마치자 평장사 송상宋庠이 이렇게 상주를 했다. "담당 관리가 선왕의 전례를 추진하지 못하니, 폐하께서 확실하게 가르침을 주셨음에도 불구하고 눈치를 보며 머뭇거리기만 한지가 어느새 10년이 넘었거늘 옛 폐습을 인습하고 있으니 너무나 안타깝습니다. 신이 폐하를 뵈었을 때, 여러 차례 폐하께서 여러 신하들이 오로지 집을 늘리기에만 열중하고 각자의 가묘를 짓지 않는다고 말씀하셨는데 폐하의 그 지극한 마음에 탄식까지 하셨습니다. 예와 지금은 적합한 바가 다르고, 책봉과 작위 등의 제도도 다르다보니, 미심쩍어하는 마음이 꺼려하는 바가 되었습니다. 결국 가묘를 지으라는 조서를 집행하지 못하는 상황이 되어버렸으니, 청컨대 예법을 다루는 관리와 학식을 갖춘 신하들에게 가묘 제도를 확정하게 하소서." 이에 한림학사 승지 이하 모두가 이렇게 주청을 올렸다. "재상급 평장사 이상은 고조부, 증조부, 조부, 부친의 사대四代를 모시는 '사묘四廟'를 짓게 하고, 동궁소보東宮少保 이상은 증조부, 조부, 부친, 이렇게 삼대를 모시는 '삼묘'를 짓게 하고, 그 외의 기물이나 의복, 그리고 관련 의식 등은 좀 더 논의하여 보고하도록 하소서." 이해 12월 주청한 대로 조령을 내렸다. 이후로도 벼슬아치들은 계속해서 이 조령을 어겨왔기에, 지금까지도 가묘 제도가 끝내 확립되지 못했고, 고관들은 전부터 늘 해오던 관습에 안주했기에 핑계를 대면서 가묘 짓기를 거부했다. 기꺼이 무리를 이끌며 가묘를 지으려는 사람은 없었는데 오로지 평장사 문언박만이 최초로 주청을 올려 하남에 가묘 짓기를 청했다. 다음해 7월에 조서를 내려 이를 윤허했다. 그러나 여전히 어떻게 가묘를 짓는지를 몰랐고, 따라 할 본보기가 없었다. 지화至和 원년, 1054년[345]에 문언박은 장안을 진수하면서 남아있는 당나라 때의 가묘를 찾다가 결국 두우杜佑 집 가묘의 옛 자취를 찾아냈는데, 남아있는 것은 단지 당堂 하나, 방 네 칸, 동쪽과 서쪽의 두 담장뿐이었다. 가우원년嘉祐元年(1056)에 두우의 가묘를 본떠 짓기 시작했다. 가우 3년(1058)에 그 앞의 동쪽과 서쪽에 두 거느림채와 문을 증설했는데, 동쪽 거느림채에는 제기를 보관하고, 서쪽 거느림채에는 족보를 보관하고, 묘문을 중문의 오른쪽에 두고, 희생을 살피고, 음식을 늘어놓고, 그릇 씻기를 살피는 곳은 중문의 왼쪽에 두고, 주방은 그 동남쪽에 둔다. 그 밖에 다시 문을 두고, 서쪽으로 꺾어 남쪽으로 나가게 했다. 가우 4년(1059) 가을 가묘가 완성되었지만, 문언박은 조정에서 요직을 맡거나 지방의 수장을 맡느라 잠시도 장안에서 머문 적이 없다가 낙양에 안거하게 되었다. 원풍元豐 3년(1080) 가을이 되어서야 장안에서 머물게 되면서 처음으로 가묘에서 제사를 올리게 되었다.[346]

....

345 정확하게는 至和 元年, 즉 1054년이다.
346 『溫國文正司馬公文集』 권79. "先王之制, 自天子至於官師皆有廟. 君子將營宮室, 宗廟爲先, 居室爲後. 及秦非笑聖人, 蕩滅典禮, 務尊君卑臣, 於是天子之外無敢營宗廟者. 漢世公卿貴人多建祠堂於墓所, 在都邑則鮮焉. 魏晉以降, 漸復廟制, 其後遂著於令, 以官品爲所祀世數之差. 唐侍中王珪不立私廟, 爲執法所糾, 太宗命有司爲之營構, 以恥之, 是以唐世貴臣皆有廟. 及五代蕩析, 士民求生有所未遑, 禮頹教陊, 廟制遂絶. 宋興, 夷亂蘇疲, 久而未講. 仁宗皇帝閱群臣, 貴極公相, 而祖禰食於寢, 儕於庶人. 慶曆元年, 因郊祀赦, 聽文武官依舊式立家廟. 令雖下, 有司莫之擧, 士大夫亦以耳目久不隙, 往往不知廟之可設於家也. 皇祐二年, 天子宗祀禮成, 平章事宋公奏言: "有司不能推述先典, 明諭上仁, 因循顧望, 遂逾十載, 緣偸襲弊, 殊可嗟憫. 臣嘗因進對, 屢聞聖言, 謂諸臣專殖產業, 不立私廟, 睿心至意, 形於歎息. 蓋由古今異宜, 封爵殊制, 因疑成憚, 遂格詔書, 請下禮官儒臣議定制度." 於是, 翰林承旨而下, 共奏請: "自平章事以上立四廟, 東宮少保以上三廟, 其餘器服儀範, 俟更參酌以聞." 是歲十二月, 詔如其請. 既而在職者違慢相仍, 迄今廟制卒不立, 公卿亦安故習然, 得諉以爲辭, 無肯唱衆爲之者, 獨平章事文公首奏, 乞立廟河南. 明年七月, 有詔可之. 然尙未知築構之式, 靡所循依. 至和初, 西鎭長安, 訪唐廟之存者, 得杜岐公舊跡, 止餘一堂四室及旁兩翼. 嘉祐元年, 始仿而營之. 三年, 增置前兩廡及門, 東廡以藏祭器, 西廡以藏家譜, 齋祐在中門之右, 省牲展饌視滌濯在中門之左, 庖廚在其東南, 其外門再重, 西折而南出. 四年秋, 廟成, 公以入輔出藩, 未嘗蹕時, 安處於洛. 元豐三年秋, 留守西

이를 보면 알 수 있듯이 송나라 때 이미 조서를 내려 문무관리들이 가묘를 지을 수 있게 했지만 담당 관리는 끝내 이를 제도로 확정 짓지 못했다. 오직 문언박만이 장안에 가묘를 세웠을 뿐 다른 사람들은 세우지 않았다. 그래서 사마광은 '영당'이라는 이름을 지어 가묘 대신 사용했던 것이다. 그러나 주희는 제사를 지낼 때 영정을 사용하는 것은 옛 예법이 아니라고 여겨 정이가 만든 목주木主만을 사용하고 영정을 사용하지 않았으므로 '영당'을 '사당'이라고 고쳤다.[347]

주희가 '사당'을 만들어낸 의도는 무엇인가? '사당'조의 주에서 주희는 "생각건대, 자신의 뿌리에 보답하고 시작을 되돌아보는 마음과 조상을 우러르고 종가의 적자에게 경의를 표하는 의도는 사실 가문의 명분을 지키는 것이다. …『가례』를 보는 이로 하여금 사당을 통해 우선 대체를 세우고, 이후의 장절들로 응대하고, 오르고 내리고, 드나들고, 향하고 등지는 세세한 부분들 역시 고증할 수 있는 근거가 있다는 것을 알게 한다."[348]라 하였다. 이것으로써 그가 사당을 확립하고자 한 의도를 알 수 있다.

■ 사당의 운영에 대한 구상과 방법에 대하여 제전祭田 혹은 묘전墓田을 마련할 것을 제의한다. 「통례」 '사당'조의 "제전을 마련해 둔다"이

....

都, 始釁廟而祀焉."
347 「통례」 '사당'조의 부주에서 劉垓孫은 이렇게 말했다. "정이 선생이 말씀하셨다. '옛 날엔 庶人은 침실[寢]에서 제사 지냈고, 사대부는 가묘에서 제사지냈다. 서인은 가묘가 없기에 影堂을 설치할 수 있다.' 오늘날 주자 선생께서 '사당'이라고 하신 것은, 아마도 정이 선생이 제사를 지낼 때 영정을 사용할 수 없다는 지적에, '영당'을 '사당'으로 고치신 것이리라.[伊川先生云: 古者庶人祭於寢, 士大夫祭於廟, 庶人無廟, 可立影堂, 今文公先生乃曰祠堂者, 蓋以伊川先生謂祭時不可用影, 故改影堂曰祠堂云.]"
348 以報本反始之心, 尊祖敬宗之意, 實有家名分之守. ……使覽者, 知所以先立乎其大者, 而凡後篇所以周旋升降出入向背之曲折, 亦有所據以考焉.

란 구절의 주는 다음과 같다. "당초 사당을 만들 때 소유한 전답을 헤아려 둔 뒤, 매 감실龕室마다 그 전답들의 1/20을 제전으로 삼았다가, 제사 지내는 대수代數가 다하면[349] 다시 이를 묘전으로 삼는다. 이후의 정위正位와 부위祔位가 다 이와 같다. 종자宗子가 주관하여 제사 비용을 지급한다. 윗대에서 당초 제전을 두지 않은 경우에는 해당 묘주墓主의 자손들이 지닌 전답을 합해 계산해서 할당한다. 이 모든 일들은 약정을 세워 관가에 등록하여 저당 잡히거나 팔 수 없게 한다."[350]

이러한 방식의 연원이 되는 것을 『예기』에서 볼 수 있다. 『예기』 「제의祭義」에서 "이 까닭에 옛날에 천자는 천 이랑의 제사에 바칠 수확물을 위한 자전藉田에 면복冕服을 하고 붉은 띠를 하고 직접 쟁기를 잡았다. 제후는 백 이랑의 자전에 면복을 하고 푸른 띠를 하고 직접 쟁기를 잡았다. 하늘과 땅과 산과 하천과 사직과 선조를 섬기기 위해 제사에 바칠 단술을 만들고 곡물을 제기에 담을 때에 그 수확물을 가져다 썼으니 경건함이 지극하였다."[351]라 하였다. 옛날엔 천자와 제후가 직접 밭을 가는 자전이란 제도가 있었는데, 제기에 채우는 곡물을 만들어 종묘사직을 받드는 것으로써, 최선을 다하고 있음을 드러내 보였다. 그래서 "경건함이 지극하였다."고 한 것이다. 주나라 봉건제도는 그 중심이 종묘에 있었다. 그래서 자전 제도는 제기에 채울 곡물을 생산하는 기능 말고도 상징적인 의미도 담겨있었다. '종묘를 받들어' '친족을 화합하게'

---

349 이는 '親盡'의 의역이다. 『가례』는 4대봉사를 원칙으로 하기에 그 대수가 넘은 조상의 신주는 체천하여 합사한다.
350 初立祠堂, 則計見田, 每龕取其二十之一, 以爲祭田. 親盡則以爲墓田, 後凡正位祔位, 皆放此. 宗子主之, 以給祭用. 上世初未置田, 則合墓下子孫之田, 計數而割之, 皆立約聞官, 不得典賣.
351 是故昔者天子爲藉千畝, 冕而朱紘, 躬秉耒, 諸侯爲藉百畝, 冕而靑紘, 躬秉耒, 以事天地山川社稷先古, 以爲醴酪齊盛, 於是乎取之, 敬之至也.

만드는 기능이 바로 그것이다. 자전 제도는 『의례』에는 보이지 않지만 주희가 창출해낸 제전祭田의 의의가 옛날의 자전과 다르지 않다. 제전을 일족의 공동재산으로 삼고 제사의 재원으로 삼아 종족의 단결과 협력이라는 효과를 거두고자 한 것이다.

■ '심의제도'의 실행을 시도하였다. 「통례」 '심의제도'조의 주에서 심의제도에 대한 설명이 있다. "이 조항은 본래 「관례」 뒤에 있었으나 지금 앞의 '사당'조에서 이미 관련 내용이 나왔고, 평소 입는 일상복이기도 하기에 '사당'조 뒤에 두었다."[352] 『가례』의 주에서 '심의제도'는 "본래 「관례」 뒤에 있었다"고 했는데, 『온공서의』 역시 '심의제도'를 '관례' 즉 「관의」 뒤에 두었다. 옛날에는 윗옷[衣]과 치마[裳]가 서로 떨어진 옷인데 심의만은 윗옷과 치마가 하나로 연결되어 있으며 천자로부터 평민에 이르기까지 모두가 입는 복장이었다. 단지 너무 오래되다 보니 옛날엔 모두가 입던 복장이 후대에 와서는 더 이상 볼 수 없게 되었던 것일 뿐이다. 심의의 옛 제도에 대해서는 『예기』 「옥조玉藻」에서 그 단서를 볼 수 있으며 심의에 담긴 의미는 『예기』 「심의」에 상세히 실려 있다. 사마광은 옛 책들 속에서 심의제도를 찾아낸 뒤 옛 심의제도를 본떠 평소 입는 연거복을 심의로 만들었다. 주희는 비록 고증은 상세했지만 옛 심의의 참뜻을 실현하지 못했던 사마광의 심의제도를 꼼꼼하게 가다듬어 『가례』에 실었던 것이다.

■ 종법제도의 강화를 통한 종족의 단결을 강조했다.
『온공서의』는 대가족제를 이상으로 하고 있기에, 조상의 제사를 지

---

352 此章本在冠禮之後, 今以前章已有其文, 又平日之常服, 故次前章.

낼 때 가장 위주로 제사를 지낸다.³⁵³ 그러나 『가례』는 조상제사의 제주祭主 뿐만 아니라 관례나 혼례의 주인 역시 모두 고조의 적장자가 맡게 하면서 종법제도를 표장했다. 마키노 다츠미牧野巽의 기술에 근거해 이러한 원인을 헤아려보면, 송나라는 중국 역사에서 대가족주의가 가장 발달한 시기였으며, 모두가 대가족제의 결점을 체감하고 있었고 그래서 다수가 모여 살면서 실질적으로 가족끼리 친하고 화합할 수 있는 방법을 생각해 보게 되었다. 또한 당나라 이후 문벌귀족이 점차 쇠락하면서 지방 호족들이 중요한 역할을 맡고 있었다. 지방 호족들은 동족의 단결을 위해 결국 종법을 중시하게 되었다.³⁵⁴ 이러한 시대적 배경 속에서 『가례』는 종법을 종족의 단결을 촉진하는 근본적인 법도로 삼아 사회를 안정시키는 기초가 되게 한 것이다.

『가례』가 보여주는 특징을 다시 요약하자면 『가례』의 대부분이 비록 전대 현인들의 예서를 참고해 편찬한 것이지만, 예절 의식의 배치와 『가례』에 담긴 함의에 있어서 확연한 특징을 가지고 있다. 형식의 특징은 두 갈래로, 첫째는 『가례』는 전체 체재에 있어서 장절의 순서는 대

---

353 『온공서의』「喪儀」의 '祭'조의 '主人'이란 낱말에 달린 주에서 이렇게 말했다. "여기서는 남자 가장을 가리킨다. 『예기』「곡례」에서는 '嫡子 이외의 아들[支子]은 제사 지내지 않는다'고 했고, '종가의 적자는 사가 되고, 庶子가 대부 이상이 되었으면, 종가의 적자 집에서 희생으로 제사한다'고 했다. 옛날의 제후와 경대부의 종족은 한 나라에 모여 살았기에 이렇게 할 수 있었지만, 지금은 형제가 벼슬을 하게 되면 사방으로 흩어지게 된다. 비록 적자가 아닌 아들이라도 사시사철 어버이를 그리워하거늘 어찌 제사를 지내지 않는단 말인가?[卽日在此男家長也,「曲禮」: 支子不祭.「曾子問」: 宗子爲士, 庶子爲大夫以上, 牲祭于宗子之家. 古者諸侯卿大夫宗族聚于一國, 故可以如是, 今兄弟仕宦, 散之四方, 雖支子亦四時念親, 安得不祭也?]" 『온공서의』에서는 따로 '祭禮' 부분을 장절로 구분하지 않았기에, 상례에 해당하는 「喪儀」에 속해 있는 것이다.
354 牧野巽,「司馬氏書儀の大家族主義と文公家禮の宗法主義」,『近世中國宗族研究』, 東京 日光書院, 1949 참고.

부분 『온공서의』의 형식에서 연원했다는 점이다. 둘째로 『가례』의 원문과 원주의 배치 형식은 『의례』의 경문과 전문의 배치 형식과 유사하다. 내용의 특징은 세 갈래로 첫째는 고례의 취지를 계승한 것, 둘째는 당시 상황에 맞게 과감하게 수정한 것, 셋째는 사서士庶 중심의 예를 위하여 사당제를 창출한 것 등이다. 이 세 갈래의 준거를 분석해보면, 실제로는 『의례』를 강목으로 삼고 있다. 이른바 '계승한 것'과 '수정한 것'은 『의례』에서 연원했으나, 윤색과 변경을 가한 것이다. 이른바 '창출한 것'은 전대에 다 갖춰져 있지는 않았던 부분으로, 주희가 실질적으로 시비와 득실을 따지면서 시대나 장소에 적절하게 맞춘 독창적인 견해이다.

제II편

『주자가례』의 한국 전래와 발전

惰則廢職。何以制情。要在勤恪。戒爾勿躁。應躁則浚

衙以治蹂。要在詳審。戒爾勿浮。氣浮則勝。何以鎮逐

要在沉靜。

叙曰謐者德之基。勤者事之幹。詳者政之要。靜者

心之體。君子執謐足以崇德克勤足以廣業詳慎

足以立政定靜足以存心君子行此四德然後可

以持己而應物乙亥冬存所子書。

戒女箴

曰婦德。性行心志務在柔順貞靜。戒其辨強專恣

제5장

『주자가례』와 성리학

1. 주자학과 『가례』의 전래

『가례』가 당대와 후대에 미친 영향은 중국에서보다 한국에서 훨씬 심원하여 고려와 조선에서는 거의 경전에 필적할 만큼 존중되었으며, 특히 조선의 사대부들은 이 책을 일생생활의 규범으로 삼아 실천하고자 하였다. 조야에서 모두 중시하였기에 조선의 학술계에서는 『가례』에 대한 연구가 널리 성행하였고 이는 예학파의 형성과 발전으로 이어져 마침내 한국에서만 볼 수 있는 '가례학'이라는 매우 두드러진 학문의 한 분야를 이루었다.

『가례』가 조선에서 절대적 입지를 구축한 것은 우선 조선 건국세력의 이해利害에 부합했기 때문이다. 즉 정치정책상의 이유에서이다. 한우근은 그의 『한국통사』에서 "신왕조를 연 왕과 신흥 유신들은 사회적 가치의 표준을 주자학에 두었다. 더욱이 『가례』를 표준으로 삼았다. 그래서 예가 본래 형식과 명분을 지니고 있기에 사회질서를 유지하는데 가장 좋은 방식이라고 보았다."[1]고 하였다. 어떤 사람은 이것이 결국 조

---
1   한우근 『한국통사』 p.219.

선왕조 양반계급 체제의 유지를 위해서라고 말하기도 한다. 복잡한 예 절차를 이용하여 일반 민중의 생활을 묶어놓고 자신들의 체제를 공고히 유지하려는 목적이 있었고 또 조선왕조가 오래 존속한데에는 이런 원인이 있다고도 한다.[2]

이러한 주장은 한국사상사에서 『가례』가 차지하는 위치와 여기에 영향을 끼친 시대적 배경을 좀 더 면밀히 고찰할 필요가 있음을 시사한다. 다만, 이에 관련된 문헌기록들은 대부분 사대부의 저술이므로 민중들의 생활에 미친 영향 또한 이들의 시각에 비친 것에 따를 수밖에 없다는 한계를 갖고 있다. 불교사상이 성행하던 고려시대에 『가례』가 어떻게 한국에 전래되고 중시되었는지를 우선적으로 살피고, 사회제도에 끼친 직접적인 영향과 『가례』의 현지화 및 변천에 대해 알아볼 것이며, 그리고 조선시대 유학자들의 『가례』에 대한 입장과 대응 및 수용방식, 그리고 그 결과 도출된 연구 성과들까지 탐구하려고 한다.

주자학 및 『가례』가 한반도에 전래한 것은 대략 고려 말이다. 이들이 전래 이후 뿌리를 내리고 싹을 틔워 번창할 수 있었던 것에는 시대적 요인과 사회적 배경이 있다. 918년에 개창한 고려왕조는 신라를 계승하여 한반도를 통치하였다. 이때의 중국은 당이 이미 멸망하고 오대십국의 혼란기가 이어지고 있었다. 고려 건국 초기의 정치기구가 앞 시대와 확연히 구분되는 점은 독특한 관직 계급의 창설이었다. 고려의 사상적 주류는 불교와 풍수지리였으나 정치와 교육에서는 유학을 장려하였다. 즉 고려사회에서 불교와 유학은 서로 영향을 주고받으며 발전했고, 충돌하지 않았다. 이러한 상황은 고려 말기까지 지속되었다. 고려 태조는 임종 때 후손들에게 내린 「훈요십조訓要十條」에서 불교를 억압하

---

[2] 稻葉岩吉「麗末鮮初における 家禮傳來及び其意義」, 靑丘學報, pp.137-140.

지 않고 장려하도록 하였다.

> 내가 들으니 순은 역산에서 농사짓다가 마침내 요로부터 왕위를 받았고, 한고조는 패택沛澤에서 몸을 일으켜 드디어 한의 왕업을 일으켰다고 한다. 나도 한미한 가문에서 몸을 일으켜 외람되게 여러 사람의 추대를 받았다. 여름엔 더위를 두려워하지 않고 겨울엔 추위를 피하지 않으면서 몸을 태우고 생각을 수고롭게 한 지 19년 만에 삼한을 통일하고 감히 왕위에 오른 지 25년이나 되었고 몸은 이미 늙었다. 다만 두려운 것은 후사가 정욕을 따라 하고 싶은 것을 마음대로 하여 국가의 기강을 어지럽힐까 하는 것이니, 이것이 크게 근심할 만하다. 이에 「훈요」를 지어 후세에 전하노니, 바라건대 밤낮으로 펼쳐보아 길이 귀감으로 삼으라.
> 첫째, 우리나라의 대업은 반드시 모든 부처가 보호하고 지켜주는 힘에 의지하고 있으므로, 선종과 교종의 사원을 창건하고 주지를 파견하여 분향하고 수도하게 함으로써 각각 자신의 직책을 다하도록 하는 것이다. 후세에 간신이 정권을 잡고 승려의 청탁을 받아 각자의 사사寺社를 경영하며 서로 싸우며 바꾸고 빼앗는 일을 결단코 마땅히 금지해야 한다.[3]

태조는 "선종과 교종의 사원을 창건하고 주지를 파견하여 분향하고 수도하게 함"을 제1조에서 말하여 불교 중시의 태도를 드러냈다. 이후 불교는 전성기를 맞이하게 되었으나, 시간이 지남에 따라 여러 가지 폐단 또한 발생하기 시작하였다. 첫 번째로, 역대 왕들과 조정의 과도한 숭봉과 불사로 인하여 소모한 비용이 막대하여 그 부담이 정치와 경제에 위기를 초래할 정도였다. 두 번째로 승려들 또한 부패하였는데, 고려

---

3 『고려사』 권2 태조 26년 4월

시대는 명승 또한 적지 않았지만 시대의 부침에 따라 불교계는 점점 타락하였으며, 그 결과 타락한 승려들이 불법을 오염시키고 풍속을 퇴폐하게 하는 일들이 도처에서 발생하였다. 세 번째는 미신의 범람으로[4] 장기간 민중을 지도하던 정법불교가 민중의 기복적 요구에 부합하여 각종 미신과 결합하여 사찰이 음사의 중심지가 되어버리는 일들이 많아졌다. 이로 인해 유학자를 비롯하여 대중들의 불교에 대한 비판과 증오심은 점차 높아졌다. 불교사상이 이미 세도와 인심을 널리 계도하는 권위를 상실하게 되자 비판과 증오는 배척의 태도로 바뀌어갔다.

불교계에 대한 우려의 목소리는 고려 초기에도 없지는 않았는데, 최승로의 불교에 대한 간언이 대표적이다. 성종 원년(982)에 최승로는 이른바 '시무28조'를 올렸는데 그 한 조항에서 다음과 같이 말하고 있다.

> 불법佛法을 숭상하고 믿는 것이 비록 나쁜 일은 아니지만, 제왕과 사서인이 공덕을 닦는 일은 실제로 같지 않습니다. 서민들이 수고하는 것은 자신의 힘이고, 소비하는 것도 자기의 재물이므로, 피해가 다른 사람에게 미치지 않습니다. 제왕은 즉 백성의 힘을 수고롭게 하고, 백성의 재물을 소비하는 것입니다. 옛날에 양梁 무제는 천자의 높은 지위로서 필부의 선덕을 닦았는데, 이 때문에 사람들이 그것을 잘못된 일이라 여겼던 것입니다. 그러므로 제왕들은 그 연유를 깊이 생각하고, 일마다 모두 적합함을 참작하여, 폐단이 관료와 백성들에게 미치지 않게 하는 것입니다. 제가 듣건대 사람의 화복·귀천은 모두 처음 태어날 때부터 받는다고 하니, 마땅히 있는 그대로 받아들여야 할 것입니다. 하물며 불교를 믿는 것은 단지 내세의 인과만 심을 뿐이고, 현세에서 보답을 받는 유익은 적으므로, 나라를 다스리는

---

[4] 현상윤『조선사상사』민중서관 1977, pp.78-92.

요체는 여기에 있는 것 같지 않습니다.[5]

최승로의 시각은 이른바 배불, 척불의 기본적인 시각으로 점차 바뀌어갔다. 불교 내부에서 자성과 갱신의 노력이 지눌 같은 승려를 중심으로 전개되었지만 시간이 흐를수록 부패타락상은 더욱 심화 확대된 까닭이다.

다만 고려도 통치는 유학에 근본을 두고 있어서, 정치와 교육에 강한 영향을 끼치고 있었다. 광종9년(958) 과거제를 실시하였고 명경과를 설치하여 오경을 교육하였다. 성종 5년(986) 교령을 발표하여 주공과 공자의 학문을 흥기시켰으며, 11년(992)에는 국자감을 창설하였다. 예종 14년(1119)에는 국학에 장학재단의 일종인 양현고를 설립하였다. 인종 9년(1131)에는 노장사상을 금지하였고, 12년(1134)에는 유가사상을 전파하고자 민간의 아이들에게 『효경』과 『논어』를 나누어 주었다.

고려시대 유학의 학풍은 둘로 나눌 수 있는데, 하나는 경전과 사서에 통달하는 것이고, 다른 하나는 사장학을 권장하는 것이다. 이는 모두 중국 한당대의 학풍을 따르는 것이었다. 이러한 학풍은 이른바 '위인지학爲人之學'의 한계를 벗어나지 못하고 있었다고 평가할 수 있다.

이러한 배경 속에서 한반도에 전래된 주자학은, 불교계의 부패와 척불이라는 시류를 타고 고려의 정치와 학술계에 큰 반향을 일으켰다. 이학理學 또는 성리학이라고도 불리는 주자학은 전통적인 훈고와 주소注疏 중심의 경학經學이나 변려체의 사장학詞章學과는 달랐다. 주자학은 우주와 인성의 의리를 탐구하고 실천할 것을 주장한다. 주자학의 사색적이고 형이상학적인 성격은 당대 이래의 불교와 도교를 비판 배척하

---

5 『고려사』 최승로 열전

는 과정에서 시작되어 북송시대에 흐름이 형성되었고 또한 그 영향을 받기도 하였다. 그렇지만 결과적으로 주희에 이르러 유가적인 정체성을 뚜렷이 드러내는 이론체계를 온전히 구축하게 되었고 지향과 태도에서 불교와 양립이나 병존이 어렵게 되었다. 이런 주자학이 원나라를 거쳐 사대부들을 통하여 고려에 유입되었다. 때마침 고려사회에서는 불교에 대한 거센 비판과 불만이 강해져 지식인들은 개혁의 필요성을 통감하였고, 이에 고려의 유자들은 주자학을 통해 배불론을 구축하였다. 이러한 과정을 통해 주자학은 고려의 정치와 학술에 깊고 강하게 접합되었다. 그 결과 새왕조를 개창하는 이념적 토대가 되었고 이후 높은 수준의 발흥을 이루었으니 마치 비 온 다음 죽순이 솟아나듯 지구상에 미증유의 유교국가 도학정치의 실험을 하게 되었다. 이러한 시대적 배경은 주자학 및 『가례』가 전래된 이후 오래지 않아 고려와 조선에서 지배적인 사상으로 자리 잡아 마치 '중류지주中流砥柱'라고 부를만한 지위를 얻을 수 있도록 하였다.

주자학은 『가례』에 앞서 전래되었는데, 그 전래시기에 대해 많은 학자들은 고려 충렬왕과 충선왕 사이로 본다. 이에 관계된 인물이 안향安珦(1243-1306)이라고도 하고 백이정白頤正(1247-1323)이라고도 한다. 『고려사』에 "왕과 공주·세자가 원으로 가는데, 조인규·인후·염승익·안향 등이 따라갔다."[6]는 안향 관련 기록이 있다. 이것은 안향이 처음으로 원에 사신으로 나간 기록인데 때는 충렬왕 5년으로 1289년 12월이다. 그가 두 번째로 원나라에 사신으로 나갔을 때는 충렬왕 24년(1298)이다.

충렬왕이 복위하게 되자 충선왕은 원나라로 가게 되었는데 안향은 그를

---

6   『고려사』 권30 세가 권30, 충렬왕 15년, 11월

따라갔다. 하루는 황제가 충선왕을 급히 불렀다. 왕이 겁이 나서 벌벌 떨자 승상이 나와서 말하기를 "함께 따라온 신하 가운데 우두머리로 되는 자가 들어와서 대답하도록 하라!"고 하였기 때문에 안향이 들어갔다. 승상이 황제의 분부를 전달하기를 "그대의 왕은 왜 공주를 가까이하지 않는가?"라고 하니 안향이 대답하기를 "안방 깊은 데서 일어나는 일을 외부에 있는 신하로서 어찌 알 일입니까? 오늘 이것을 가지고 물으시니 어찌 만족할 만한 대답을 해드릴 수 있겠습니까?"라고 하니 승상이 그대로 황제께 아뢰었다. 황제가 말하기를 "이 사람은 대체를 알고 있는 사람이라 할 수 있다. 어찌 먼 외국 사람이라고 가볍게 볼 수 있겠는가?"라고 하면서 다시는 묻지 않았다.[7]

안향의 두 차례 원나라 조정 사신 행차는 그가 주자학을 접한 계기가 되었을 것인데 이에 대한 구체적인 기록은 보이지 않는다. 그러나 원에서 돌아온 안향은 유학의 진흥을 위해 노력해야 한다고 주장하였고, 양현고를 설립하여 인재를 양성하였다. 『고려사』에 이에 대한 기록이 있다.

안향은 학교가 날이 갈수록 쇠퇴되는 것을 근심하여 첨의부와 밀직사의 대신들과 의논하기를 "재상의 직임은 인재 교육이 제일 긴급한 일인데 지금 양현고가 완전히 탕진되어 선비들을 양성할 비용이 없으니 6품 이상 인원들은 각각 은 1근씩, 7품 이하 인원들은 베를 차등 있게 내게 하여 양현고에 돌려주어 그 본전을 남겨 두고 이식만을 가져다 쓰도록 하되 이름을 섬학전贍學錢이라고 하기 바란다."라고 하니 두 부서가 동의하고 왕에게 그

---

[7] 『고려사』 권105, 열전, 안향

대로 보고하였다. 왕이 내고內庫의 돈과 양곡을 내주어 그 자금 조성을 돕게 하였다. 그런데 밀직의 고세高世는 자기는 무인武人이라고 하여 돈 내기를 싫어하였다. 안향이 여러 재상들을 보고 말하기를 "공자의 도는 만대의 규범이다. 신하가 군주에게 충성을 다하고 아들이 어버이에게 효도를 다하며 아우가 형에게 공손히 대해야 한다는 것이 누구의 가르침인가? 만일 '나는 무인이니 무엇이 답답해서 돈을 내어 그대들 문인의 생도들을 양성한단 말인가!'라고 한다면 이것은 공자를 무시한 것이니 그래도 좋단 말인가?!" 라고 하였더니 고세가 그 말을 듣고 매우 부끄러워하면서 바로 돈을 냈다.[8]

안향은 또한 일찍이 사람을 중원에 보내 유가의 서적과 대성전에 필요한 물품을 구입하였으며 박사 김문정金文鼎을 중국에 보내 공자 및 공자의 제자 70명의 초상화와 함께 제기, 악기, 경서, 제자서 사서 등을 사오게 하고 또 밀직부사로 물러난 이산李㦃, 전법판서 이진李瑱을 추천하여 경사교수도감사經史敎授都監使로 임명하였다.[9] 안향의 주희 숭상은 만년에 자신의 호를 주희의 호를 취하여 회헌晦軒이라고 바꾼 데서도 드러난다.[10] 그는 유학을 전파하는데 힘을 쏟았을 뿐만 아니라 이처럼 주희와 그 학문을 존경하였으니 안향과 주자학의 한국 전래가 전혀 무관하다고 하기 어렵다.

백이정은 원나라에 가서 주자학을 연구했다는 기록이 남아있는 최초의 학자이다. 『고려사』 백이정 열전에 의하면 그가 첨의평리가 되었

....
8   『고려사』 권105 열전 안향
9   『고려사』 권105 열전 안향
10 『고려사』 권105 열전 안향

을 때 원나라에 정주학이 행해지기 시작했지만 동방에는 미치지 않았는데 그가 원나라에 머물면서 이를 배워서 돌아왔고 고려에서는 이제현 박충좌가 먼저 그에게 배웠다는 것이다.[11] 안향은 주자학을 수입한 기초이며, 본격적으로 주자학을 연구하여 그 학풍을 형성한 것은 백이정부터라고 할 수 있겠다. 이 밖에 안향의 문인 우탁禹倬(1262-1342)은 한국에서 정주 역학을 이해한 첫 번째 학자이다.[12] 또 안향의 문인 권보權溥(1262-1346)는 『사서집주』를 간행하였고, 이색李穡(1328-1396), 정몽주鄭夢周(1337-1392), 길재吉再(1352-1419), 정도전鄭道傳(1342-1398), 권근權近(1352-1409) 등이 여말선초 주자학의 발전에 크게 공헌한 사람들이다. 그 밖에도 많은 학자들이 배출되며 마침내 주자학은 성행하였으며, 이로써 한국 사상사에 대전환을 이루게 되었다.

주자학의 한국 전래는 앞서 서술한 몇 사람의 공헌 이외에도 당시 충렬왕, 충선왕의 유교진흥정책과 연관이 있다. 충렬왕은 안향의 건의를 받아들여 국학國學과 문묘 그리고 양현고를 신설하였다. 그리고 유학을 배우는 생도들에게 전통적인 사장학을 버리도록 권장하였고 경학과 사학의 연구에 종사토록 하였다.[13] 충선왕은 또한 본인 스스로가 학자로서, 세자 시절 일찍이 원의 수도 북경에 유학하여 당시의 명망 높은 유학자인 조맹부, 요수와 교유하며 담론하였다.

> 사신은 말한다. 충선왕은 세자가 되어 원 조정에 입시하여 요수 조맹부 제공과 교유하였고 정치에 대하여 묻기도 하고 듣기도 하였는데 그 의론이

---

11   『고려사』 권106 열전 백이정
12   『고려사』 권106 열전 우탁
13   한우근 『한국통사』 p.206

볼만한 것이 있었다.[14]

충선왕은 귀국할 때에 송의 비각祕閣에서 소장했던 4,000여 책의 전적을 갖고 돌아왔다. 그가 물러날 때 다시 원의 수도에 가서 만권당萬卷堂 서재를 설립하여 고려의 유학자 이제현을 초청하여 원의 거유 염복 요수 조맹부 등과 더불어 경전과 역사서적을 연구하게 하여 고려 유학의 발전에 노력하였다. 주자학은 충렬왕과 충선왕의 적극적 격려에 힘입어 발전의 온전하고 공고한 기초를 얻게 되었다.

2. 고려 조정과 학계의 반응

『가례』가 고려 말 이후 한국 예학에 큰 영향을 주었다는 것은 주지의 정론이지만, 『가례』의 전래 시기와 이에 관련된 인물에 대해서는 아직까지 확정되지 않았다. 『가례』의 한반도 전래와 관련된 기록은 『고려사』 열전 정몽주전에 비로소 나타난다. 정몽주가 처음으로 사서士庶로 하여금 『가례』에 따라 가묘를 세워 선조의 제사를 받들도록 하였다. 당시는 상제喪制가 문란하고 해이하여 사대부가 모두 100일이면 길복吉服을 입었지만, 정몽주는 부모의 상에 혼자 여묘살이를 하면서 슬퍼하고 예를 다하는 것이 모두 극진하였으므로, 그 마을에 정표旌表하라고 명하였다. 당시의 풍속에서 상제喪制는 오로지 승려들의 방법을 숭상하고 있었다.[15]

---

14 『고려사절요』 권23
15 『고려사』 권117, 열전 정몽주

공민왕은 여러 학자를 선발하여 성균관에서 경학을 강론하게 하였다. 그들은 정몽주를 성리학의 조종祖宗으로 추대하였는데 고려에서 이학理學 연구가 이루어진 출발점이 바로 여기라고 한다. 장지연은 다음과 같이 기술한다.

> 『고려사』 본전에 의하면 병란 이래로 학교가 황폐하여지고 공민왕이 새로 성균관을 창설하여 먼저 정몽주 김구용 박상충 이숭인 박의중 등으로 학관을 겸하게 하였다. 이색으로 대사성을 삼아 매일 명륜당에서 경을 나누어 수업하였다. 경전 강의가 끝나면 서로 논란을 벌였다. 이때 정자 주자의 학문이 비로소 일어났다. 이 무렵 학자는 경서를 익히고 중국에서 들어온 주자의 사서집주四書集註를 공부하였다. 그리고 정몽주는 새로운 뜻을 많이 말했는데 듣는 사람들이 모두 크게 의심하였으나 나중에 호병문의 『사서통四書通』이 들어와서 살펴보니 서로 부합하지 않음이 없었다. 이색은 이에 그를 이학의 조종祖宗으로 추대하였다. 또한 시속에서 상례와 제례 때에 불교방식을 숭상하였는데 이를 폐한 사람이 자못 많았다. 정몽주는 고례의 회복을 말하여 삼년상을 말하고 가묘를 지어 조상을 제사하게 하려 하였다. 안으로 오부학당을 세우고 밖으로 향교를 세웠다. 이로 인하여 유학의 기풍이 크게 일어났다. 오랑캐 복식을 바꾸어 중국의 의복제도를 취하고 의창을 설립하고 궁핍한 자를 진휼하고 나루터 포구 등을 건설하여 조운을 편하게 하였다. 모두 정몽주가 지시하고 계획하여 이루어진 것이다.[16]

정몽주의 이학理學에 대한 정밀한 연구와 더불어 자주 원나라 조정에 내왕한 사실로 볼 때, 또 『고려사』 열전에 있는 것과 같이 "정몽주가

---

16 장지연 『조선유교연원』 p.6

비로소 사서士庶에게 명하여 『가례』에 따라 가묘를 세워 조상에 제사하게 했다"고 하는 기록으로 볼 때 『가례』의 고려 전래에 있어서 정몽주가 혹 첫 번째 수용자라고 할 수 있을 것이다. 만약 이같은 추정이 오류가 아니라면 정몽주의 생존 시기를 감안하면 『가례』의 한반도 전래 시기는 대체로 14세기 중후반이라고 할 수 있다.

정몽주 외에도 동시대 학자 중 『가례』를 언급한 사람이 있으니, 바로 조준趙浚(1346-1405)이다. 조준은 당시 국가의 전례나 사가의 예법에 해박한 지식을 지닌 관료였는데, 그는 예법에 관한 상소에서 『가례』를 언급한 일이 있다.

> 우리 동방에서 가묘의 법은 오래되어 없어졌으나 지금 국도國都에서 군·현에 이르기까지 집을 가진 자들은 반드시 신사神祠를 세워 위호衛護라고 부르는데, 이것은 가묘의 유법遺法입니다. 아아! 부모의 시신을 땅 밑에 내버려두고 가묘를 지어 제사를 지내지 않으니 부모의 영혼이 어디에 의지하겠습니까? 참으로 자식의 마음이 아니라, 다만 관습이 상례常例가 되어버렸을 뿐이고 일찍이 생각해 보지 않았을 뿐이옵니다. 바라옵건대 이제부터는 한결같이 『주자가례』를 써서 대부 이상은 3세世를 제사지내고 6품 이상은 2세를 제사지내며 7품 이하에서 서인에 이르는 사람들은 자기 부모만 제사지내게 하시옵소서.[17]

『가례』를 실천에 옮긴 사례도 있다. 정습인鄭習仁(?-?)은 부모의 상을 당했을 때 『가례』를 행하였다. 『고려사』 열전에 따르면 "정습인이 부친상과 모친상을 당했을 때 모두 여묘살이를 통하여 상례를 치렀으니 상

---

17 『고려사』 권 117, 열전 조준

례 중 한결같이 『가례』에 따랐다."고 한다.[18] 윤구생尹龜生(?-?) 또한 가묘를 세우고 제사를 지낼 때 『가례』를 사용하였다. 역시 『고려사』에서 "윤구생은 찬성사 택의 아들이다. 여러 차례 판전농시사를 역임하였다. 퇴거하여 금주에 거처하였는데 사우를 세워 삭망과 네 번의 중월과 속절의 3대를 제사하였다. 동지에는 시조를 제사하고 입춘에는 선조를 제사했으며 하나같이 『가례』를 사용하였다."[19] 하였다.

위에서 본 것처럼 정몽주와 비슷한 시기에 조준, 정습인, 윤구생 등이 『가례』를 예법의 기준으로 삼거나 실제로 적용하였다. 그러나 명확한 전래의 시초를 특정하기는 어렵다. 고려의 유학자들은 교양과 배양의 방법으로 『가례』를 적극 행하였다. 고려 조정은 율령으로 이의 확대 시행을 촉진하였다. 공양왕 2년(1390) 2월에는 대부, 사, 서인의 묘 세우는 법도와 제례의 법령을 제정하고 공포하였다.

> 공양왕 2년(1390) 2월 판시하기를, 대부 이상은 3대를 제사하고 6품 이상은 2대를 제사하며, 7품 이하부터 서인에 이르기까지는 부모를 제사하는 데에 그치도록 하였다. 아울러 가묘를 세워서 삭망에 반드시 제물을 올리고 출입할 때마다 반드시 고하도록 하였다. 사중四仲에 해당하는 달에는 반드

---

[18] 『고려사』 권112, 鄭習仁傳 정습인은 고려 후기 관리로 생졸연도는 미상이다. 공민왕 때 문과에 급제하여 성균학관에 보임되었고, 이어 知榮州가 되어 일을 보려 할 때 州吏가 故事를 들어 消灾圖에 분향하기를 청하므로 "人臣의 법이 아니면 행하지 않는다."고 하여 이를 철거하였다. 어버이의 상을 당하자 여막을 짓고 3년상을 행하는 등 한결같이 『가례』에 따랐다.

[19] 『고려사』 권121, 尹龜生傳 윤구생은 고려말의 유학자로 생졸연도는 미상이다. 개혁론자인 紹宗의 아버지이다. 여러 관직을 거쳐 判典校寺事로 은퇴하여 錦州에 살면서 사우를 세우고 삭망과 사중(四仲: 2월·5월·8월·11월)과 풍속으로 내려오는 명절에는 3대를, 동지에는 시조에게, 입춘에는 신조에게 제사하여 한길같이 『주문공가례』를 따랐다. 1391년 (공양왕 3)에 전라도 도감찰사 盧崇이 그의 효성을 기리기 위하여 정려를 내리고 효자비를 세울 것과 조세·부역을 면제하였다.

시 향식享食하고 햇곡식을 반드시 바치며 기일에 필히 제사하도록 하였다. 기일이 되면 말을 타고 문을 나서거나 빈객을 접대하는 것을 불허하였다. 속절俗節마다 분묘에 가는 일은 옛 풍습을 따르는 것을 허락하였다. 시향時享 날짜는 1·2품의 경우 매 중월仲月 상순으로, 3·4·5·6품의 경우 중순으로, 7품 이하부터 서인에 이르기까지는 하순으로 하였다.[20]

이는 『증보문헌비고』에 있는 정몽주의 말에 따라 조정이 영을 내려 확대 시행하게 한 것이다. 예를 행한 방식은 형편에 따라 더하고 뺌이 있을 뿐, 하나같이 『가례』에 따랐다.

8월 경신 초하루 사대부가의 제사의식을 반포 시행하였다. 사중월四仲月에는 증조부모·조부모·부모 3대를 제사하되, 적장 자손이 제사를 주관하도록 한다. 중자衆子·중손衆孫, 친백부親伯父·친숙부親叔父 및 그 자손, 당백조堂伯祖·당숙조堂叔祖 및 그 자손은 모두 제사를 주관하는 집에서 제사에 참여한다. 제사에 참여하는 사람의 할아버지 아버지이지만 이 제사를 흠향할 수 없는 자는 별도로 신주를 만들어 각각 그 집에서 제사를 모신다. 적장 자손에게 후손이 없다면, 그 다음 적자·적손의 장자가 제사를 주관한다. … 예를 거행하는 의식은 한결같이 『주문공가례』에 의거하지만 편의에 따라 줄이거나 늘일 수 있다.[21]

공양왕 3년(1391) 6월에 다시 가묘제를 시행하라는 영을 내렸다.[22]

---

20 『고려사』 권63, 대부사서제조
21 『고려사』 권63, 대부사서제조
22 『고려사』 권63, 대부사서제조

학자들의 연구와 조정의 명령에 기초하여 이때부터 민간에서 사당을 세웠고, 적서嫡庶의 구분이 엄격해졌으며, 자식이 없으면 족인의 자식을 취하여 후사로 삼는 것이 일반화되었다. 이는 『가례』가 민간에 뿌리를 내렸다는 사실을 보여준다. 『용재총화』에 다음과 같은 내용이 있다.

> 군자가 궁실을 짓고자 할 때 반드시 먼저 당을 지어 선대의 신주를 받든다. 이는 주자의 『가례』에서 제시한 방법이다. 삼국 고려시대 이래로 부처에게 전적으로 매달려 지내다보니 가묘가 밝아지지 않았으니 사대부는 모두 예로 조상을 제사하지 못했다. 포은 정몽주 이래로 도학이 창명되어 제사의 의절을 엄히 세우고 난 다음에 집집마다 사당을 세워 비로소 집에 적실 후손을 두어 비로소 적서의 구분을 무겁게 하였으며 자식이 없는 사람은 반드시 족인의 아들을 후사로 세웠다. 국가의 큰 제사에서는 사시의 첫달에 하였고 사대부는 네 개의 중월에 제향하였다. 이는 질서를 둔 것이다.[23]

고려말에 주자학과 『가례』를 큰 마찰이 없이 수용한 것은 시대적 요인과 사회적 수요와 연관이 있다. 고려 말에 이르러 불교의 적폐가 심하였고 인심은 날로 불교로부터 멀어졌으며, 불교사상은 이미 권위를 상실했다. 이에 식자들은 개탄하였고 개혁의 요구가 일어났다. 이때 중국학술계는 11세기부터 12세기에 걸쳐 이미 주자학이 확립되어 시대를 주도하고 있었다. 고려의 안향이 원나라 수도에 갔을 때는 이미 주희 사후 한 세기가 지난 시점으로, 주자학은 원나라 학문의 주요 원천이 되어있었다. 원과의 교류를 통해 고려 학자가 주자학을 접한 것은 자연스러운 일이었고 주자학은 시대적 요구에 힘입어 부패한 불교를 대

---

23 성현 『용재총화』 권28

신하는 사상적 대안으로 떠오르게 되었다. 이후 『가례』가 전해지게 되었는데, 이때 이미 고려 유학자들은 주자학에 대한 이해가 있었고, 『가례』를 실천하고자 했다. 고려의 학자들은 『가례』를 신속히 수용하여 퇴폐한 고려 불교 개혁의 요구에 발맞췄다. 『가례』는 인륜을 바로잡고 예의를 밝히며 염치를 알게 하는 교범이었다. 주자학의 한반도 전래와 관련된 인물은 대체로 안향을 거론한다. 만약 이 주장이 오류가 아니라면 주자학의 한반도 전래는 그가 처음으로 원나라에 사신으로 갔던 1286년이 될 것이다. 『가례』의 전래와 관련된 인물로는 주로 고려 말기의 정몽주를 거론한다. 만약 이 주장이 오류가 아니라면 『가례』의 한반도 전래 시기는 14세기 후반이 될 것이다. 그러나 동시대 다른 학자들 또한 『가례』를 활용한 사례가 발견되기에 전래의 시초를 확정하기는 어려운 실정이다. 고려사회가 『가례』를 수용하면서 소수의 유학자들은 이를 교화의 방안으로 사용하였다. 국가 또한 『가례』에 입각한 율령으로 이를 확대 시행할 것을 권장하였다. 전래 초기에 이 같은 수용과정을 거친 『가례』는 조선 건국 이후 예제의 실천에 한정되지 않고 학술적으로도 현저한 발전을 보이게 되었다.

3. 조선의 국가체제와 『가례』

조선은 법전 제전에 있어서 『대명률』을 전범으로 삼았다. 『대명률』에 『가례』가 반영된 부분이 있다 보니 조선 법제와 풍속에도 자연히 『가례』가 반영되었다. 양반은 원래 고려시대 관제상의 문반과 무반을 통칭하는 말이었으나, 조선시대에 이르러 벼슬할 자격을 독점하는 특수한 신분계층으로 구별되었다. 그 정체성이 관인官人 계급이었으므로 벼슬길에 나가는 것이 양반의 기본목표라고 할 수 있는데, 조선은 관리 등용에 있어 과거제도를 그 어느 시대보다 중시하고 체계적으로 운용했다. 과거에 응시하려면 성리학적 교양이 필수적이었다. 따라서 양반계급은 자연히 유교적 이념과 예에 대한 관념을 내재화하고 학술적으로 발전시켜나가게 된다.

또한 조선은 초기에 예속禮俗을 정비하고 유교정치를 실현하기 위해 『가례』를 조정 차원에서 확대 시행하였는데, 그 대상이 양반이었다. 이때부터 양반사회의 예식은 『가례』에 근거하게 되었으며 『가례』가 조선 법제의 전범인 『대명률』에도 일부 반영되어 있었기 때문에 『가례』는 조선의 법과 제도, 그리고 풍속에 자연히 스며들게 된다. 이렇게 조선 초기에 이미 조정과 민간에 예가 뿌리를 내리며 이후 17세기에 예학의 사상적 황금기로 이어질 기반이 마련되었다.

양반에 비해 서민은 예제상의 요구가 비교적 경미했으나, 조정은 서민에게도 기본적인 예를 권장하고 교화하기 위해 『삼강행실도三綱行實圖』를 편찬하였고 『효행록孝行錄』 등을 간행하였다. 후대로 갈수록 서민 중에서도 경제력을 갖춘 이들은 『가례』를 따라 가풍家風을 세우고 유교 이념을 실천하는 대열에 합류하게 되었다. 주희가 『가례』를 제정하며 주창한 이른바 사서통례士庶通禮의 정신이 명실상부하게 조선사회에서 꽃피운 것이다.

『조선유학사』에서 현상윤은 조선 문화에 미친 유학의 영향을 기술하였는데, 그에 따르면 조선 초기 주자학의 내용은 이기론理氣論, 심성론心性論 등의 윤리이론으로서의 이학과 『가례』를 중심으로 하는 예학으로 나눌 수 있다. 양자는 밀접하여 서로 떨어질 수 없는 관계로 서로 영향을 주고받으며 성장하였다. 그 결과는 두 가지인데 하나는 윤리도덕의식의 향상이고, 다른 하나는 유교철학사상의 업적이다.[24] 인류도덕의 향상은 예학이 이룬 조선사회에 대한 공헌이다. 근래의 학자들은 조선 유학의 내용을 성리학과 실학, 양명학 등으로 구분하는데 그 넓이와 수준 그리고 종사한 학자들의 수를 감안하면 현상윤이 조선 유학을 성리학과 예학 두 가지로 구분한 것은 탁견이다.

조선왕조의 주자학 운용은 사상과 사회 두 방향으로 나눌 수 있다. 태조 이성계는 불교도였으나 당대 불교의 타락과 병폐를 잘 알았던 까닭에 새 왕으로서 삼대三代의 통치를 이상으로 삼았다. 태종은 정책과 제도의 계획에 있어서 모두 유교에 의거하여 정치적 안정과 사회적 풍요를 도모하였다. 태조와 태종 양대에 걸친 제창과 중시에 기초하여 주자학은 조선의 국학이 되었다. 즉, 또한 주자학은 사회적으로도 적극 운용되었다. 예는 명분을 바로잡는 구체적 기능으로 사회질서를 유지한다. 그 구체적 규범이 『가례』였기에 『가례』는 주자학의 전래에 따라 당시 고려와 조선의 조정과 사회 주도층이 매우 존중하였다. 가묘 제도와 제사 의식은 이후 널리 확대 실시되어 사회질서를 회복하고 정치적 안정을 가져왔다.

조선 초기의 『가례』에 대한 인식은 법제화 방면에 치중되어 있었다. 조정에서 반포하고 이행하지 않는 자를 법사에서 규찰 치리하는 형태로 시행된 예는 통일된 풍속의 창출이라는 목적 아래 강제성을 지녔고 그렇게 추진한 결과 상당한 성과를 드러내어 빠른 속도로 정착할 수 있었다. 조선 중기 이후 성리학과 더불어 가례가 꽃을 피우고 열매를 맺을 수 있었던 것은 조선 초기에 제도적 노력을 통해 기초를 닦았기 때문이다. 조선 초기 조정의 제도적 노력은 다섯 가지로 나타난다.

---

24 현상윤 『조선유학사』 p.484

1) 가묘의 설립

고려시대의 가묘는 원래 사당으로 불렸다. 한국에서 가묘의 설립은 고려말기 조정에서 사대부들로 하여금 『가례』에 의거하여 조상을 제사함에 가묘를 세우도록 한 데에서 출발한다. 앞서 살펴본 것처럼, 『고려사』 '정몽주전'에 "비로소 영을 내려 사서士庶로 하여금 『가례』에 따라서 가묘를 세우고 조상을 제사하게 하였다"는 구절이 있다. 정몽주와 동시대에 조준 역시 "이제부터 『가례』에 따라서 대부 이상은 삼세를 제사하고 6품 이상은 2세를 제사하고 7품 이하로부터 사서인의 경우에는 그 부모를 제사하게 하여 깨끗한 방 하나를 정하여 각각 하나의 감실로 삼아 신주를 모시고 서쪽을 상석으로 삼아"라고 상소하였다. 『가례』에 따른 가묘 설립이 조정의 명령으로 시행되었음을 알 수 있다. 가묘는 추원보본追源報本의 마음을 두텁게 심어 마치 '물 마실 때는 근원을 생각하는[飮水思源]' 덕을 갖추게 하였다.

조선 초기에도 법령을 통한 가묘 확대시행은 계속되었다. 태조 4년 (1395) 12월 25일에 지익주사知益州事 민유의閔由義가 상소하여 가묘를 세울 것을 청하였다.

> 음사淫祠를 헐어 버리고 가묘를 세우며, 닭과 돼지를 쳐서 늙고 병든 사람을 봉양하고 제사에 이바지하게 하며, 절간에서 여종을 시켜서 반찬 장만하는 것을 금하고, 재인才人과 화척禾尺의 떠돌이 생활을 금하고 호적을 만들어 토지를 주자고 청하니, 왕이 "이것은 모두 이미 만들어 놓은 법령이 있으나, 다만 거행하지 못하였을 뿐이니, 사사使司로 하여금 각도에 이첩하

게 하라."²⁵

또한 태조 6년(1397) 4월 간관이 올린 열 가지 일 중에 다음의 두 가지가 있다.

1. 도읍을 정하는 처음에 첫머리로 종묘를 세워 시사時祀를 받들고 시물時物을 천신하니, 근본에 보답한다는 정성이 이르지 않는 것이 없습니다. 그러나 사시의 향사에 매양 대신을 명하여 섭행攝行하옵는데, 지금부터는 때 없이 천신하는 것을 제외하고, 사시의 대향大享에는 반드시 친히 강신하여 선조를 받드는 예를 밝히고 보본하는 정성을 다하소서.
1. 사대부의 가묘의 제도가 이미 영令에 나타나 있는데, 오로지 부도를 숭상하고 귀신을 아첨하여 섬겨, 사당을 세워서 선조의 제사를 받들지 않으니, 원컨대 지금부터는 날을 정하여 사당을 세우게 하되, 감히 영을 어기고 오히려 예전 폐습을 따르는 자가 있으면 헌사憲司로 하여금 규찰하여 다스리게 하소서.²⁶

이로써 조선 초기에 가묘제를 중시한 정도를 알 수 있다. 사대부 중에 가묘를 세우지 않은 자가 있으면 그들에게 거듭 영을 내려 세우게 하였으며 이행하지 않으면 법적 조치를 취하자는 것이었다. 태종 13년(1413) 5월 10일 한성부에서 가묘 설치·주택 상속·양자의 재산문제 소송의 세 가지 일을 조목별로 아뢰었다. "첫째, 가묘의 설치는 이미 뚜렷한 영令이 있는데, 사대부가 넓게 집터를 잡아 당침堂寢을 높이 하되 일

....

25 『태조실록』 4년 12월 25일
26 『태조실록』 6년 4월

찍이 가묘는 세우지 아니하니, 특히 근본에 보답하는 뜻이 없습니다. 바라건대, 승중자로 하여금 금년을 한정하여 모두 사당을 세우게 하고, 어기는 자는 헌사憲司에 문서를 이첩하여 규찰하고 치리하게 하소서."[27] 이는 조정의 영이 있음에도 막상 현장에서는 잘 시행되지 못하는 문제가 있었던 것을 보여준다. 이러한 현상은 세종 때도 거듭된다. 세종 12년(1430) 9월 판한성부사 서선徐選이 그 해가 5, 6품계의 신하들이 가묘를 세우는 최종의 해인데 사람들이 그의 조부가 살던 곳이라 핑계하고 계모 또는 계조모가 살고 있는 집에 사당을 세우려고 서로 다투는 자가 자못 많으니 이를 어찌 처리할지를 물었다. 이에 세종은 이미 가묘를 세운 집은 제사를 받드는 주도권을 둘째 이하의 아들이나 딸에게 주지 말고 종자宗子에게 주도록 그 법이 제정되었지만 아직 가묘를 세우지 않은 자가 하필이면 계모나 계조모가 살고 있는 집으로 나가야만 가묘를 세우겠다는 것은 허락하지 말고 다만 가묘를 세우고 안 세운 것만을 살피라고 하였다.[28] 이는 계속하여 조선 조정이 가묘의 설립 확대를 점차적으로 추진한 사실을 보여준다.

하지만 불교식의 기존 방식에 익숙하였던 일부 사대부들은 조정의 명을 이런저런 핑계를 대면서 이행하지 않는 경우가 많이 있었다.

2) 『가례』의 시행과 연관서적의 간행

조정에서는 법령 제정까지 하면서 『가례』의 시행을 추진하였으며, 솔선수범의 차원에서 왕실부터 『가례』를 실천하는 모습을 보였다.

---

27 『태종실록』 13년 5월 10일
28 『세종실록』 12년 9월 16일

1408년 태조가 죽자 그 상례의 절차를 한결같이 『가례』에 의해 시행한 기록이 있다.[29] 또한 세종 6년(1423) 2월에 세종의 맏딸이 13세의 나이로 병사하여 4월에 고양현 북쪽 산리동 언덕에 장사하기 위해 우제虞祭를 논하는 과정에서 『가례』를 활용하기도 하였다. 당시 예조에서 『두씨통전』[30]을 고찰하여 '삼상三殤은 우제에 신주는 세우지 아니하고 우제만 지내면 영좌靈座는 없이 한다'는 것을 들고 이어서 "이제 왕녀의 우제는 『문공가례』에 의하여 혼백魂魄으로 반혼返魂할 것이며 삼우만 거행하소서."하니, 왕이 그대로 따랐다고 한다.[31] 이는 당대 학자들의 요구가 반영된 결과로 볼 수도 있는데, 세종 6년 3월 12일 성균관 생원 신처중 등 101명이 다음과 같이 『가례』를 적극 시행할 것을 상소한 기록이 있기 때문이다.

> 초상이나 장사 때에는 한결같이 『가례』에 의거할 것이며, 이를 범한 자는 엄중하게 죄를 부과하여 그 나머지 사람에게 경계가 되게 한 뒤에, 오랫동안 젖었던 풍속은 예의로써 가르치고 도덕으로 기르면 몇 해 가지 아니하여 인심도 바르게 되고 천리도 밝아지게 될 것이며, 호구도 늘게 될 것이요, 군사의 수효도 충실하게 될 것입니다. 옛날에 군주를 등지고 아비를 등졌던 자도 이제부터는 충효를 당연히 다해야 할 것을 알게 될 것이고, 일찍이 놀고먹던 자도 이제부터는 농사에 당연히 힘써야 할 것을 알게 될 것이니, 어찌 한 사람이라도 변화되지 아니하여 예법의 밖에서 제 마음대로 할 자

---

29 『태종실록』 8년 5월 24일
30 『通典』은 당의 재상 杜佑(735-812)가 편찬한 제도사 책이다. 그는 상고로부터 당 중기에 이르기까지 국가제도의 긴요한 항목을 종합했다.
31 『세종실록』 6년 3월 25일

가 있겠습니까. 이것은 성상의 교화를 갱신하는 기회입니다.[32]

태종 3년(1403) 9월 『가례』를 인쇄하여 반포하였다. 왕이 주도적으로 여러 신하를 모아 놓고 효제를 돈독히 하고 풍속을 도타이 하는 방안을 논의하게 하였다. 이때 변계량卞季良(1369-1430)이 『효행록』 등의 서적을 널리 간행 반포하고 여항의 백성들이 일상적으로 읽게 하자고 청하니 이를 받아들여 『효행록』을 고쳐 편찬하도록 명을 내렸다.[33] 또 세종 16년(1434) 문자를 알지 못하는 백성을 위하여 도형이 붙어있는 『삼강행실도三綱行實圖』를 간행하며 교지를 내려 그 뜻을 밝혔다.

> 하늘이 준 바른 덕과 진심 그리고 아름답게 타고난 천성은 모든 사람이 똑같이 받은 것이니, 인륜을 돈독하게 하여 풍속을 이루게 하는 것은 나라를 가진 자의 우선적 임무이다. 세상의 도리가 이미 떨어지고 순박한 풍속이 예전과 같지 않아, 천경天經과 인기人紀가 점점 진실을 잃어버림으로써 신하는 신하된 도리를 다하지 못하고, 아들은 아들된 직책을 바치지 못하고, 아내는 부덕을 온전히 못하는 자가 간혹 있으니, 참으로 탄식할 뿐이다. 옛날의 성제聖帝·명왕明王이 친히 행하고 몸소 가르쳐, 옳은 도리를 드러내고 주창하며 이끌고 나아가 집집마다 충효로 봉함을 받을 만하게 하였음을 생각하고, 돌아보건대 나의 박덕으로는 비록 그의 만 분의 일이라도 바랄 수는 없지만, 그윽이 이에 뜻을 두었노라. 오직 오전五典을 도타이 하여 오교五敎를 펴는 도리에 밤낮으로 마음을 다하고 생각을 두었으나, 어리석은 백성이 나아갈 갈 바를 몰라 흐리멍덩하게 본받는 바가 없으므로, 이에

---

32 『세종실록』 6년 3월 12일
33 『증보문헌비고』 예고 권84

유신儒臣에게 명하여 고금의 충신·효자·열녀 중에서 뛰어나게 본받을 만한 자를 뽑아서 그 사실을 따라 기록하고, 아울러 시찬詩贊을 저술하려 편집하였으나, 오히려 어리석은 백성들이 아직도 쉽게 깨달아 알지 못할까 염려하여, 그림을 붙이고 이름하여 『삼강행실』이라 하고, 인쇄하여 널리 펴서 거리에서 노는 아이들과 골목 안 여염집 부녀들까지도 모두 쉽게 알기를 바라노니, 펴 보고 읽는 가운데에 느껴 깨달음이 있게 되면, 인도하여 도와주고 열어 지도하는 방법에 있어서 도움됨이 조금이나마 없지 않을 것이다. 다만 백성들이 문자를 알지 못하여 책을 비록 나누어 주었을지라도, 남이 가르쳐 주지 아니하면 역시 어찌 그 뜻을 알아서 감동하고 착한 마음을 일으킬 수 있으리오. 내가 『주례』를 보니, '외사外史는 책 이름을 사방에 펴 알리는 일을 주관하여 사람들로 하여금 책의 글자를 알게 하고 읽을 수 있게 한다.' 하였으므로, 이제 이것을 만들어 서울과 외방에 힘써 가르쳐 일깨우는 방법을 다하노라. 서울의 한성부 오부와 외방의 감사·수령은 널리 학식이 있는 자를 구하여 두터이 장려를 더하도록 하되, 귀천을 말할 것 없이 항상 가르치고 익히게 하여, 부녀까지도 친속으로 하여금 정성껏 가르쳐 분명히 깨달아 모두 알도록 하고, 입으로 외우고 마음으로 생각하여 아침에 더하고 저녁에 진취하여, 그 천성의 본연을 감발하지 아니하는 자가 없게 되면, 아들된 자는 효도를 다할 것을 생각하고, 신하된 자는 충성을 다할 것을 생각하며, 남편된 자와 아내된 자도 모두 자기의 도리를 다하게 되어, 사람들은 의리를 알고 스스로 새롭게 하려는 뜻을 진작할 것이니, 교화가 행하여지고 풍속이 아름다와져서 더욱 지치至治의 세상에 이르게 될 것이매, 예조는 나의 지극한 마음을 체득하여 중외에 일깨워라.[34]

---

34 『세종실록』 16년 4월 27일, 지중추부사 윤회가 지었다.

세조 10년(1465)에는 양성지 노사신 등에게 명하여 『오륜록五倫錄』을 찬술하였다.[35] 성종 2년(1471)에는 『소학』과 『삼강행실도』를 널리 간행 보급하여 백성들이 외우고 익히도록 하여 교화에 힘썼다.[36]

세종의 치세 기간에는 훈민정음을 제정하였으며 성종 12년(1481)에는 언문諺文으로 『삼강행실열녀도三綱行實烈女圖』를 간행하여 부녀들을 일깨우고 풍속을 바꾸게 하였다.[37] 이외에 세종 17년(1435) 2월 『가례』 제정에 의하여 '왕자 신민의 혼의'가 있었고 그 후에 세종의 명에 의하여 이 예의에 대한 상세한 절차를 정하는 일이 있었다. 성종 때에 이르러 『국조오례의國朝五禮儀』가 편성되어 길吉·흉凶·군軍·빈賓·가嘉의 오례五禮가 모두 갖추어졌다. 『국조오례의』 가운데 사례는 대부분 『가례』에서 온 것이다. 이는 그 후 왕가에서 행하는 예의 준칙이 되었다.

조선 초기 『가례』의 간행 반포를 제외하고도 그밖의 일반서민을 위한 윤리 강령의 책들을 여러차례 간행 보급하여 교화를 이루어냈다. 이는 모두 조선 왕조가 『가례』가 기초가 되는 신문화 건설을 위하여 총력을 기울였다는 증거이다.

3) 『주자가례』와 인재등용

태조 원년(1393) 과거를 실시하도록 지시하고,[38] 국가에서 사람을 등용하는 것은 오직 능력을 중심으로 한다고 하였다.

....

35 『증보문헌비고』 권84

36 『증보문헌비고』 권84 "예조에 교지를 내려 이르기를 또 여러 도에 영을 내려 『소학』과 『삼강행실도』를 널리 간행하여 백성들에게 암송하고 익히게 하라"

37 『증보문헌비고』 권84

38 고시과목에는 四書, 五經, 通鑑, 表章, 古賦, 策問 등이 있었다.

공적인 선거를 사적인 은혜로 하면 법의 취지에서 매우 벗어난다. 이제 후로 안으로 성균관 정록소, 밖으로는 안렴사를 통하여 경전에 밝고 행실에 닦음이 있는 자를 선택하여 삼대를 걸친 자와 및 능통하는 경서를 성균관 장에게 등록하고 다음으로 사서를 시험하고 오경 통감 이상을 시험하여 그 통과자의 다소에 따라서 이치의 정추精粗를 보아 그 고하를 정하고 제1장에는 입격자를 예조에 보내고, 표장表章 고부古賦를 시험하여 중장으로 삼고, 책문策問을 시험하여 종장을 삼아서 삼장을 모두 통과하여 입격한 자는 33인을 뽑아서 이조에 보내 그 내량을 헤아려 탁용하도록 하였다.[39]

태종 3년(1403) 6월 『가례』를 읽는 제도를 시행하여, 처음 벼슬하는 사람들에게 『가례』를 시험하도록 하였다. 이미 입사한 경우라도 7품 이하는 역시 시험을 치르도록 하라고 하였다.[40]

이 시기에 양반 자제는 과거에 응시하여 벼슬할 수 있었으나, 첩의 자손은 무과 응시는 가능한 반면 문과에는 응시할 수 없었다. 세종은 국가에 공이 있는 대신의 자손들이 그 뒤를 잇지 못하는 것을 애석하게 여겨 1446년 10월에 첩의 자식을 서용하라는 영을 내렸는데, 이 때 그 속에 『가례』를 시험치게 하라는 내용이 들어있다. 이에 앞서 8월 29일에는 『가례』 150부를 평양에서 인쇄해서 각사에 나누어 주었다.[41] 세종 28년(1446) 10월 19일 국가에 공로가 있는 신하의 양첩과 천첩의 아들이 대를 이은 경우에도 관직을 주게 하였다

---

39 『증보문헌비고』 권186
40 『태종실록』 3년 6월
41 『태종실록』 3년 8월 29일

이조와 병조에 전지하기를, "제사를 계승하고 대를 잇는 일이 인륜의 소중히 여기는 것이요, 공로가 있으면 공로를 기록하는 일이 나라를 다스리는『경국대전』인 것이다. 귀한 신하가 국가에 근로하여 의리상 마땅히 우대되어야 할 것인데도, 적실에서 아들이 없으므로 양첩과 천첩의 아들은 조정의 반열에 참여할 수가 없어서, 드디어 서민에 편입되어 되어 그 대를 계승할 수 없게 되니, 내가 심히 민망하게 여긴다. 2품 이상의 관원이 적실에서 아들이 없는데도, 양첩의 장자·장손이 대를 이은 경우에는 충순위忠順衛와 성중관成衆官[42]으로 하여금 재능 있는 자를 선발하여 반열에 들게 하여 특례로 관직을 주고, 천첩의 장자·장손이 대를 이은 경우와 적실에서 비록 아들이 있더라도 양첩의 둘째 이하의 이들과 손자에게는 사율원·사역원·서운관·전의감·제생원·혜민국에 속하게 하여, 관례에 따라 등용하고……[43]

또한 세종 8년(1426) 1월 27일에 "생원시에 응시하는 자에 대하여 비로소 문신으로 하여금 감찰을 실시하기 위하여, 성균관 정록소正錄所에 대관臺官을 나누어 배치하고, 『소학』과 『가례』를 시험 과목으로 정하였다."[44] 이로써 조선왕조는 백성들의 『가례』에 대한 숙련된 인식을 제고하기 위하여 조정은 처음 벼슬길에 나서는 사람에게 또는 생원시에 응시하는 사람들에게 『가례』를 시험하라는 규정을 만들었다는 것을 알 수 있다. 이것은 당시 『가례』 시행을 극력 추진하였다는 확실한 증거가 된다.

....

42 고려 및 조선시대 왕의 시종과 궁궐의 숙위 또는 각 司에 소속되어 관장을 시종하던 관인을 말한다.
43 『세종실록』 28년 10월
44 『세종실록』 8년 정월

조정에서 『가례』를 적극 확대 실시할 때 자연히 강제성을 띠게 되었으나, 『가례』 그 자체가 법률로 작용한 것은 아니다. 다만 조선 초기 법률의 제정은 『가례』의 확산에 일정 부분 도움이 된 측면이 있다. 태종 11년(1411) 12월에 『대명률』을 번역하고, 아울러 고려시대 이래의 『원율元律』을 섞어 쓰는 것을 금지하였다.[45] 태종 15년(1415) 『대명분류율大明分類律』을 편찬하였는데 이는 조선왕조 법률의 근본 대법이다. 조선의 『경국대전』은 『대명률』을 근거로 하였는데, 그 사례들이 『가례』의 예제였기에 대부분 서로 부합되는 것이었다. 그러므로 조선 초기에 『가례』를 확대 시행했을 뿐만 아니라 동시에 『대명률』을 반포 시행, 준용하였다. 양자의 예제는 법조가 대동소이하여 병행하여도 서로 어그러짐이 없었다. 『가례』를 정신적 중추로 삼고 『대명률』을 법률의 근거로 삼아 서로 표리가 되게 하고 피차 부응하게 하여 『가례』의 확대 시행에 더욱 유리한 국면이 조성되었다. 조정에서 『가례』 및 『대명률』 등의 새로운 예제의 시행을 추진하는 한편으로는 전통적인 제도 연구도 병행하였다. 세종 6년(1424) 3월 14일 종친과 대신의 예장禮葬에 관한 예조의 상주가 그것을 보여준다. 예조는 종친과 대신의 죽음을 예로 장례할 때에, 제전祭奠을 예조와 의례상정소가 함께 의논하여 작정하였다. 이때 일부는 고례로 일부는 『가례』에 따라서 조정하였다.

> 개토제開土祭는 옛날 법제에 의하여 변籩·두豆·보簠·궤簋를 배설하고 일헌삼전례一獻三奠禮로 거행하며, 그 찬품饌品은 변이 넷이요, 두가 넷이며, 보가 둘이고, 궤가 둘이며, 계빈啓殯할 때에 먼저 고하는 제는 옛날 법제에 없으니 마땅히 없애야 되며, 계빈전啓殯奠에는 유백병油白餠이 세 줄이요, 탁

---

45 『태종실록』 11년 12월

자 위에 화초를 갖추며 일헌삼전례로 거행하고, 조전祖奠과 견전遣奠은 위의 의식과 동일하게 하며, 교량제橋梁祭는 옛날 법제에는 없으니 또한 마땅히 없앨 것이며, 헐구제歇柩祭는 『문공가례』에서 말하는 친한 붕우들이 곽외郭外에 구柩를 멎어 놓고 전奠을 올리는 것이니 마땅히 노제路祭라고 개칭할 것이며, 곽외에서 거행하는 찬품과 행례는 견전遣奠과 같이 하고, 임광전臨壙奠의 찬품과 행례는 위와 같고, 사토제謝土祭는 개토제와 동일하고, 엄광전掩壙奠은 『문공가례』의 제주전題主奠이란 것인데, 찬품이나 행례는 임광전과 동일하며, 우제의 찬품은 위와 같으나, 비로소 삼헌례를 행하게 하소서.[46]

또 예조에서는 당나라 『개원례』의 대사大祀를 섭행하는 축판대로 시행하자고 하였다.[47]

이상의 사례로 조선왕조 초기 예제에 있어서 『가례』를 적극적으로 시행한 것 외에 『대명률』을 채록하여 시행하였고, 또한 근래의 전통적 제도를 연구하고 찾아내서 사용하였음을 알 수 있다. 이는 당시 학자들이 결코 『가례』를 맹종한 것이 아님을 보여주며 고증을 거쳐서 시행하였음을 알게 한다.

---

46 『세종실록』 6년 3월 14일
47 『세종실록』 6년 3월 23일 권23

4. 성리학의 심화와 『가례』

조선의 11대 왕 중종은 즉위 이후에 우선 연산군 시대 있었던 무오사화戊午士禍(1498)와 갑자사화甲子士禍(1504)에 희생된 사림을 신원하여 사풍士風을 진작하였다. 더불어 조광조趙光祖(1482-1519) 등의 신진사류들을 우호적으로 대하고 이를 양성하였다. 이는 지치주의至治主義 유학파가 출현하는 밑거름이 되었다. 현상윤에 따르면 이 학파의 주장과 특색은 문장이나 문장 이론 방면에 있는 것이 아니다. 오히려 공자 맹자의 사상과 도를 실행하는 것이다. 그리고 이를 정치 경제 교화 등의 방면에 실현하기 위해 최선을 다한 것이다. 곧 그들은 자기시대 군왕과 백성을 요순시대의 군왕과 백성이 되게 하고자 하였다. 이것이 그들의 정치 이상이다. 이 학파는 이론적 성격의 유가 주장을 말로 설명하는데 만족하지 않았다. 오히려 유학의 이상을 정치와 제도에서 몸소 실천하여 요순 삼대의 일월이 직접 눈앞에 출현하게 하는 것에 있었다. 따라서 이 학파를 실천유학이라고 할 수 있다.[48] 이런 까닭에 이때의 조광조 일파의 신진사류는 지치주의至治主義로 일컬어지기도 하고 혹은 위기주의爲己主義 학파로도 불린다.

그들은 우선 임금의 마음을 바로잡는 것이 중요하다고 생각하여 언제나 도학의 원리에 의거하여 되풀이 하여 철인군주哲人君主의 이론과 소인 군자의 분별을 천명하였다. 또한 구제도와 법 및 관례와 풍속 중에 불합리한 곳을 개혁하는데 힘을 쏟았다. 이 학파의 지도자 조광조는 과거에 합격한 후 먼저 홍문관에 들어가서 매번 "도학을 숭상하고 인심을 바르게 하며 성현을 본받고 지치至治를 일으키자는 주장을 중

---

48 현상윤 『조선유학사』 p.48.

종에게 반복하여 계달하였다."⁴⁹ 그가 펼친 이론과 시행 중에서 미풍양속을 배양한 것, 미신을 타파하기 위하여 노력한 것, 『향약』을 실시한 것, 그리고 각종 서책을 번역 간행하여 민간에 반포한 것, 중국의 제도를 모방하여 현량과를 설치하고 내외 요원들에게 어질고 착한 선비를 추천하게 한 것, 책문을 직접 시험하게 하여 탁용하게 한 것 등은 모두 현저하고 효력이 있는 공헌들이다. 또한 그가 펼친 정치적 조치들 가운데 『가례』의 준수와 『향약』의 시행은 나라의 전례와 풍속이 된 공적이어서 더욱이 가볍게 볼 수 없다. 이병도는 다음과 같이 말했다.

> 세종 초년에 불교를 억제하는 정책 중에서 고려시대 이래의 남아있는 풍속으로서 불교사원에서의 기도와 승도들의 경박한 행태를 왕명으로 혁파하였다. 민간의 상례는 마땅히 『가례』에 의하여 시행하였다. 이처럼 누차에 걸쳐 국왕의 칙령으로 유교예절의 시행이 있었는데 다만 당시에 보편적이지는 않으나 실제로 전국의 인민이 『가례』를 준수하게 되었으니 이는 중종대왕 시대에 조광조 등 신진유신들의 적극적인 확대 시행 이후의 일이다.⁵⁰

최남선도 조광조 일파의 개혁정치로 모든 국민이 예법을 준수하게 되었으니 특히 3년상이 정착되어 국가적 풍속이 되었다고 하였다.

한국의 삼국시대 이미 삼년상을 지낸 일이 있다. 다만 민간에서 일반화되지는 않았다. 고려시대에는 여전히 부모를 위하여 상복을 입는 기간은 백

---

49 장지연 『조선유교연원』 p.12.
50 이병도 『한국사대관』 p.361.

일 간이었다. 공민왕 16년에 이르러 1367년 간관인 이색의 주장에 따라서 영을 내려 삼년상을 입도록 하였다. 다만 철저히 실시되지는 못했다. 조선 왕조에 이르러 사대부계급이 대체로 삼년상을 제도화하였다. 그러나 일반 백성들은 여전히 백일상이었다. 중종 10년(1515) 조광조가 일파를 이루어 유교정치로 개혁을 주창하였는데 영을 내려 상하 계급에 상관없이 지방이든 서울이든 무론하고 모든 국민이 모두 이 예법을 준수하게 하였다. 비로소 삼년상이 국가의 예, 국가의 풍속이 되었다.[51]

조광조 일파의 지치주의가 대두하기 이전에 『가례』는 상류 계급의 관심사였고 그 테두리를 벗어나지 못하는 실정이었다. 그러다가 이후 이들 신진 사류들의 적극적인 시행 추진을 거쳐 전국적으로 『가례』와 향약은 상하 모든 계층에서 통행되어 받들어 시행하게 되었다. 『가례』 이외 향촌의 상부상조하는 것을 목적으로 시행된 『향약』의 시행에 대한 특징을 황원구는 다음과 같이 구분하였다. "『가례』는 조선사회에서 상층계급의 권력의 중심을 이루는 사람들의 예 관념이었는데 그 속에는 강제성이 들어있다. 『향약』은 하부 계층의 것이었지만 역시 주자학이 갖고 있는 사회통제의 도라는 관념을 지니고 있다. … 『가례』는 계층의 보편성이 있고 『향약』은 지역의 특수성이 있다."[52]

『향약』은 원래 송나라 말기 섬서성의 남전현에 있는 여씨 형제들이 그 향리 사람들을 교도하기 위하여 만든 것인데, 이후 남송 시기에 주희가 수정 보완하여 『증손여씨향약增損呂氏鄕約』이라 하였다. 조선에서 시행한 『향약』이 곧 주희가 수정 보완한 『증손여씨향약』이다. 『여씨향

---

51   최남선 『조선상식문답』 p.60.
52   황원구 「이조예학의 형성과정」 『동방학지』 6집, pp.244-245.

약』은 고려 말 주자학과 더불어 온 것으로 보인다. 조선왕조에서 『향약』
의 실시는 조광조의 주창에서 시작되었고 이황李滉(1501-1570) 이이李珥
(1536-1584) 등의 시행추진에 의해서 활성화되었다. 중종 12년(1517) 당
시 경상도 관찰사인 김안국金安國(1478-1543)은 『여씨향약』을 증간하였
다. 『증손여씨향약』은 이미 『주자대전』의 주요한 부분의 하나가 되었다.

중종 13년(1518) 김안국은 『여씨향약』『정속正俗』『농민잠서』『이륜
행실』『삼강행실』『벽온방辟瘟方』『창진방瘡疹方』 등의 책을 많이 간행하
여 널리 반포할 것을 주청하였다. 그는 경상도 관찰사 시절 살펴보니 그
도의 인심과 풍속의 퇴폐가 형언할 수 없었다고 하였다. 풍속 변화의
방법으로 옛 사람의 책 중에서 풍속을 바로잡을 수 있는 것을 택하여
거기에 언해를 붙여 반포하여 가르치게 하는 것이 가장 좋다고 하며
별도로 찬집청을 설치하여 문적文籍을 인출하고 있는데 이 책들을 다
시 교정하여 팔도에 반포하게 하면 풍속교화를 고쳐시킴에 도움이 있
을 것이라고 하였다.

> 『여씨향약』이나 『정속』 같은 책은 곧 풍속을 순후하게 하는 책입니다. 『여씨
> 향약』이 비록 『성리대전』에 실려 있으나 주해가 없어 우리나라 사람들은 쉽
> 게 이해하지 못합니다. 그러므로 신이 곧 그 언해를 상세하게 만들어 사람
> 마다 보는 즉시 이해하게 하고, 『정속』 역시 훈민정음으로 번역하였습니다.
> 농서農書와 잠서蠶書 등도 의식에 대한 좋은 자료이기 때문에 세종조에 이
> 어俚語로 번역하고 팔도에서 간행하였습니다. 지금 역시 농업을 힘쓰는 일
> 에 뜻을 두기 때문에 신 또한 언해를 붙이게 되었고 『이륜행실』은 신이 전
> 에 승지로 있을 때 개간을 청하였습니다. 삼강이 중요함은 비록 어리석은
> 사람들도 모두 알거니와, 붕우 형제의 윤리에 대해서는 보통 사람은 알지
> 못하는 이가 있기 때문에 신이 『삼강행실도』에 의하여 유별로 뽑아 엮어서

개간하였습니다. 『벽온방』 같은 것은, 온역질瘟疫疾은 전염되기 쉽고 사람이 많이들 그로 인해 죽기 때문에, 세종조에서는 생명을 중히 여기고 아끼는 뜻에서 이를 이어俚語로 번역하여 경향에 인쇄 반포하였는데, 지금은 희귀해졌기로 신이 또한 언해를 붙여 개간하였습니다. 『창진방』은 이미 번역하여 개간하였으나 경향에 반포하지 않았으므로 요절하는 사람들이 대부분 이 병으로 죽기 때문에 신이 경상도로 갈 적에 이를 싸가지고 가서 본도에서 간행하여 반포하였습니다. 바라건대 구급에 간편한 비방을 널리 반포하던 성종조의 전례를 따라 많이 개간하여 널리 반포하소서.[53]

『여씨향약』의 전국적 반포는 중종 13년(1518) 9월 조광조의 계청에도 들어있다. 그가 왕과 대신들이 『향약』 실시를 주제로 대화를 나누는 중 온양 사람이 잘 시행한다는 것을 듣고 만약 『향약』을 잘 이행한다면 진실로 아름다운 일이라고 하였다. 이때 영사 정광필은 『향약』이 좋기는 하지만, 모인 무리가 착한 일을 하지 않으면 수령의 권세가 도리어 약해질 수 있으니 경계해야 할 것이라 했다. 왕은 아무리 아름다운 일이라도 실행이 없으면 불가하며 모든 일은 이름에 따른 실지가 있어야 한다고 하였고 다시 조광조가 『향약』을 실행하는 고을에서는 양민을 강압하여 천인으로 만들고 관채官債의 납부를 막는 이러한 일은 모두 보지 못했다고 하면서 김안국의 『향약』 실행으로 시행착오가 있었지만 시초의 미숙함 때문이라 하였다.[54] 같은 해 대사헌 김정金淨(1486-1521)이 향약 실시에 대하여 상소하였다.

---

53 『중종실록』 13년 4월 1일조
54 『중종실록』 13년 9월

신이 외방에서 보니 『여씨향약』이 교화에 크게 관계가 있었습니다. 이보다 앞서, 불화하던 형제가 뉘우칠 줄 알아서 화합하고 패역하던 자가 고쳐서 양순하여졌으니, 사람마다 알아서 행하면 윤리기강을 도탑게 하고 풍속을 아름답게 이루는 방도에 어찌 도움이 적겠습니까? 시골의 소민들이 조정의 뜻을 모르고 감사의 한때의 영으로 여기기 때문에 모두 말하기를 "지금 감사가 교체되면 그만둘 것이다." 하며, 수령 중에서 더러 모르기도 하니, 이 뜻을 단단히 일러서 조정에서 힘쓰고 있는 뜻을 알게 하는 것이 좋겠습니다.[55]

김안국 조광조 김정 등 지치주의학파의 노력은 백성을 교화하고 풍속을 성숙하게 하는 데 매우 큰 공헌을 하였다. 당시 중종도 이들의 지향과 뜻을 같이 하고 있었다. 이병도는 이들 도학파들이 가장 관심을 갖고 또 흥미를 지닌 것은 교화사업이라고 하였는데,[56] 당시의 국왕과 이들은 백성을 교화하고 아름다운 풍속을 이루어내는 것에 마음을 다하고 힘을 쏟고 있었다. 『가례』와 『향약』을 시행하는데 전력을 기울인 것도 이러한 노력의 일환이었다.

그러나 조광조 일파의 지치주의 세력은 겨우 30대 전후의 소장학자들이었으며, 따라서 그 추진 방식에 있어서 급진적이었다는 평가가 있다.[57] 그들은 자신을 제외한 세력을 소인으로 지목하고 매번 그들을 배

---

55 『중종실록』 13년 9월4일
56 이병도 『두계수필』 p.249.
57 이이 『율곡전서』 卷35, 附錄 三, 行狀 [門人金長生撰] "기묘년(1519, 중종14) 간에 조광소가 임금에게는 훌륭한 임금이 되게 하고, 백성들을 윤택하게 해 줄 뜻이 있었지만, 나이 젊은 선비로서 일을 점진적으로 해 나가지 못해 시끄러움을 면치 못하였고, 결국 사림의 화를 불러오게 되었습니다."

척하고 공격하였는데, 이것이 마침내 그들의 개혁이 실패하는 원인이 되었다. 중종 14년(1519) 조광조 일파는 결국 반대파에 의해 밀려나고 말았다. 이른바 기묘사화라고 하는 참혹한 정변으로 이들 지치주의 순정유학파의 지난 5년간의 혁신 사업은 실패로 돌아갔다.

조광조의 공헌은 정치와 사회에 한정되지 않고 조선의 유학사에 있어서 매우 중요한 위치를 차지한다. 이이는 조광조의 이학 창도로 학자들이 흔연히 추존하게 되었음을 말하면서 정몽주는 단서를 열었지만 그 법식이 정밀하지 못했고 김굉필이 그 단서를 이었으나 크게 갖추지는 못하였기에 조선에 성리의 학문이 있게 된 것은 조광조의 힘이라고 평가하였다. 이이의 조광조 추존은 이후 이이가 지닌 영향력 등에 의하여 조선 도학의 태두로 이어졌다. 조광조가 한국의 도통에 있어 중심에 있음을 알 수 있다. 물론 그는 문묘에 종사되었을 뿐만 아니라 훗날 한국유학에서 오현五賢을 꼽을 때 거의 언제나 첫손가락에 꼽히곤 한다.[58]

조선 초기는 비록 유학 그 가운데서도 성리학으로 정치의 요강要綱을 삼았지만 『가례』 등의 예제 시행의 강제 추진의 실제 상황을 살펴보면 법제에 편중된 경향이 있었다. 예학이론에 대한 인식은 성리학에 대한 인식에 근거하여 점차 현저해졌다. 성리학의 전개 심화에 따라서 예학도 나날이 진보하였다. 한국 예학의 심화는 성리학의 심화와 연계됨이 더욱 분명해졌다. 예학의 입장에서 말하면 성리학의 심화기가 곧 예학 형성의 준비기이다. 성리학은 조선의 성리학 연구와 토론에서 발전의 정점에 이르렀다.

---

58 율곡은 "조광조 같은 이는 道學을 주창하여 밝혔고, 이황 같은 이는 이치의 근본을 오래도록 연구하였으니, 이 두 사람을 文廟에 從祀하여 선비들에게 착한 곳으로 향하는 마음을 흥기시켜야 합니다."라고 하였다. 임헌회 전우 등에 의하여 이루어진 『오현수언』에서는 조광조 이황 이이 김장생 송시열을 오현으로 꼽고 있다.

조선 성리학 융성기는 16세기경으로 이때 이황과 이이를 비롯하여 서경덕徐敬德(1489-1546), 이언적李彦迪(1491-1553), 기대승奇大升(1527-1572), 성혼成渾(1535-1598) 등이 활동하였다. 현상윤은 이 시기에 걸출한 학자들이 한꺼번에 나타난 것, 그리고 성리학의 융성을 이루어낸 원인을 둘로 구분한다. 하나는 송학의 영향이고 다른 하나는 사화士禍의 영향이라는 것이다. 그에 따르면 송학은 이론을 주안으로 하는 관계상 종래의 한당류의 유학에 비하여 면목을 일신한 것이어서 전고나 사장에 염증이 났던 학자들에게서 큰 흥미와 유혹을 느끼게 하였다. 또한 무오 이후에 사화가 이어져 당옥이 일어날 때마다 사류가 거의 멸문의 화를 당하니 유림이 이로 인하여 원기를 상실하고 학사學舍가 또한 소연하여 부형이 자제에게 입조立朝를 금하고 현철賢哲이 또한 손을 거두고 멀리 산야에 도피하기를 일삼게 되었다. 이황이 항상 관직에 물러나기에 급하고 전진을 꺼린 이유는 조광조의 실패와 자신의 형 이해李瀣(1496-1550)의 원통한 죽음을 통해 스스로 경계한 까닭이라고 볼 수 있다. 따라서 유자들이 실지로 정치 경제를 연구하여 조정에 서는 것보다 이론으로 성리의 철학을 배워 도를 산림에서 닦는 것이 현명하다고 생각한 것이다. 그리하여 전국의 유업儒業을 일삼는 자라면 성리의 학을 논하지 않는 자가 없게 되었다.[59]

연산군 4년(1498)부터 명종 즉위년(1545)까지 약 50년간 발생한 무오, 갑자, 기묘, 을사의 네 차례의 사화는 그 원인과 결과가 같지 않지만 대체적으로 본질은 정권 쟁탈전으로, 훈구권력과 신진사림세력 사이의 노선다툼이었다. 대립은 조선왕조를 세우고 수성하는데 공훈을 세운 훈구 권신세력들과 유교의 도학 정치적 이념과 명분으로 국가정

---

59 현상윤 『조선유학사』 p.61.

책방향을 이끌어내려는 신진 사림세력 사이에서 벌어졌고 네 차례 다 사림 세력의 처절한 패배로 이어졌다. 이들이 조정에서 다툴 때 서로 이해 관계가 상반되었고, 그에 따라 훈구세력이 여러 방법으로 사림을 혹독하게 탄압하였다. 사실 이러한 현상은 어떤 국가 어떤 시대든 모두 있을 수 있다. 그러나 조선왕조 시대의 사화는 이후 당쟁과 더불어 매우 격렬하였고 악순환이 이어졌으나, 역설적으로 조선성리학 발전을 촉진한 원동력으로 작용했다.

사화기가 지난 다음에 이루어진 정쟁은 당쟁이라고 구분한다. 이때의 당쟁은 주 대립대상이 모두 선비들이라고 할 수 있다. 이들이 제시하는 명분과 이론에 의한 싸움에서 승패가 갈라지곤 하였다. 그럼에도 이때의 당쟁이 격렬하게 된 원인에 대하여 대략 몇 개의 서로 다른 설명이 있다. 이익李瀷(1681-1763)은 이것이 이해관계에서 나온 것이라 한다.

> 붕당은 다툼에서 나온다. 투쟁은 이해관계에서 나온다. 이해가 절실하면 그 당이 깊어진다. 이해가 오래되면 그 당이 견고해진다. 이것은 세가 그럴 수밖에 없다. 그렇게 되는 이유는 무엇인가? 지금 열 사람이 함께 굶주리고 있는데, 한 그릇의 밥을 같이 먹게 되면, 그 밥은 다 먹기도 전에 싸움이 일어날 것이다. 조정의 붕당도 어찌 이와 다를 것이 있겠는가. … 이익은 하나인데 사람이 둘이면 두 개의 당이 되고 이익은 하나인데 사람이 넷이면 네 개의 당이 된다. 이익이 옮겨가지 않으면 사람은 더욱 많아진다. 열 개의 붕朋과 여덟 개의 당黨으로 더욱 갈라지는 것이 당연하지 않겠는가? [60]

---

60 이익 『성호전집』 卷45, 雜著, 論朋黨 "朋黨生於爭鬪. 爭鬪生於利害. 利害切. 其黨深. 利害久. 其黨固. 勢使然也. 何以明其然也. 今有十人共飢. 一盂而騈比. 不終器而鬪起…夫利一而人二則便成二黨. 利一而人四則便成四黨. 利不移而人益衆. 其十朋八黨. 宜乎愈歧也."

이건창(1852-1898)은 "도의가 지나치게 무겁고, 명의名義가 지나치게 엄하며, 문사文詞가 지나치게 번거롭고, 형벌이 지나치게 세밀하며, 대각臺閣은 지나치게 분기되었고, 관직은 지나치게 맑으며, 문벌은 지나치게 무겁고, 승평의 시대가 지나치게 오래되었다."는 여덟 항목을 당쟁의 주요 원인으로 꼽았다.[61] 그 폐단을 찾아보면 신구 양파의 감정적 충돌이 주요 원인이 되어 발생하였다. 사화가 정계와 학술계에 미친 영향은 결코 작지 않다. 특히 두드러진 것은 사림세력이 정계에 진출하고자 하는 마음을 단념하였다는 것이다. 강호에 은거하여 오직 학문에 임하는 기풍이 조성되었다. 그 학풍은 사변철학의 성격을 지닌 흐름으로 나타났다. 이러한 학풍은 인간본성에 대한 한층 심오한 이론체계로 이어졌다. 학술계는 정치철학으로 성리학을 수용하여 연구와 담론의 주요 대상으로 삼았으며 이미 태극·음양·이기·심성론에서 깊은 수준에 이르렀다. 성리학에서 논한 주요대상은 우주론 심리학 윤리학으로 귀결되었다. '이理'와 '기氣'는 모두 본체 개념이며 우주생성의 요소적 원리이고 기체基體이다. 조선 성리학에서의 심성정론 인심도심론 인물성동이론 등은 모두 우리 인간의 심리 현상을 연구하고 토론한 것이다. 성리학자들이 이같이 우주론과 심리현상을 연구한 목적은 하늘과 인간, 대상과 나와의 관계를 밝히고자 하는 데 있었다.[62] 그리고 양자가 궁극적으로 하나의 이치, 하나의 몸임을 설명하고, 그렇게 되기 위하여 양자가 서로 협력하여 그것이 온전히 구현된 경지에 이르고자 하는 데 있었다. 그 경지를 천지와 더불어 인간이 삼재三才가 되는 것이라고도 하고 천지의 화육을 돕는다고도 하며 천인합일, 만물일체라고도 표현한다.

....

61 이건창 『黨議通略』
62 현상윤 『조선유학사』 p.64.

조선왕조에서 본격적인 의미에서 성리학자를 꼽으라 하면 서경덕을 먼저 거론하여야 한다. 그는 주자학의 이기설을 견지하면서도 '기'에 많은 비중과 강조를 하였다. 이언적은 태극론을 강조하였는데 후대학자들에게 영향을 주어 주리파의 선구가 되었다. 서경덕과 이언적 두 사람의 학설을 계승하면서 심화시키는 학자들이 이후 이어 나왔고 이들이 조선성리학의 전성기를 이루었다. 대표적인 학자가 이황과 이이이다. 이황은 이언적의 주리설을 계승하였고 그래서 '이'가 '기'에 선행한다고 하였다. 그 문하에서 이후 영남학파로 불리는 학자들이 대거 출현하였다. 뿐만 아니라 이황의 저술은 임진년 왜란 때에 일본에 흘러들어가서 훗날 일본학자들에게 깊은 영향을 주었다. 이이는 '이통기국理通氣局'과 '기발이승일도氣發理乘一途'를 역설하였다. 그의 문하에서 많은 학자들이 이어져 나와 훗날 이들을 이른바 기호학파로 부른다. 양명학은 한반도에 전래한 이후 이황과 그 후학들의 철저한 배척을 받아서 충분히 발휘되지 못하였다. 결국 조선의 양명학을 대표할 수 있는 인물은 정제두鄭齊斗(1649-1736)와 그 집안의 사람들, 그리고 이른바 강화학파로 불리는 일단의 사람들에 그치게 되었다.

성리학과 예학은 사실상 불가분의 관계에 있다. 여러 요인이 있지만 가장 핵심적인 것은 둘 다 유학 안에서 윤리적 사회를 지향하기 때문이라 할 수 있다. 한쪽이 천인을 일관하는 궁극적 원리의 탐구에 집중한다면, 다른 하나는 그와 같은 탐구의 결과를 현실속에서 규범화하고 형식화하여 구현하여 내는 것을 보다 깊이 탐구한다. 이런 까닭에 조선의 성리학자들은 필연적으로 예학의 문제를 논하게 되었고, 성리학의 심화를 맞이하여 예학 또한 치열한 논쟁으로 나아갔다. 이런 관점에서 보자면 16세기 조선 성리학 심화기는 곧 한국 예학이 성장하고 발전하는 계기가 되었다.

제6장

『주자가례』가 한국 예학에 미친 영향

1. 예학파의 형성

조선 유학은 몇 단계로 나누어 볼 수 있다. 16세기 이황과 이이의 성리학을 중심으로 삼는다면 조선 전기 유학과 조선 후기 유학으로 나눌 수 있다. 또한 현상윤의 『조선유학사』의 구분에 따르면 제1기는 지치주의 유학이고, 제2기는 성리학 중심의 유학이며, 제3기는 예학 중심의 유학이고, 제4기는 실학 중심의 유학이다.[63]

성리학의 융성기는 대체로 16세기 전후이며 예학의 시기는 대체로 17세기 전후이다. 한국예학의 성립기와 예학자의 활동시기로 예학시대를 추정할 수 있는데, 임진왜란 이후부터 실학이 대두하기 이전까지를 예학시대로 잡을 수 있을 것이다. 주요 예학자와 그 주요 저술을 보면 다음과 같다. 정구鄭逑(1543-1620) 『오선생예설분류五先生禮說分類』, 김장생金長生(1548-1631) 『가례집람家禮輯覽』, 『상례비요喪禮備要』, 정경세鄭經世(1563-1633) 『상례참고喪禮參考』, 김집金集(1574-1656) 『의례문해속疑禮問解續』, 송시열宋時烈(1607-1689) 『경례문답經禮問答』, 이유태李惟泰(1607-

---

63 현상윤 『조선유학사』 참조

1684) 『사례홀기四禮笏記』, 유계俞棨(1607-1664) 『가례원류家禮源流』, 박세채朴世采(1631-1695) 『육례의집六禮疑輯』, 『삼례의三禮儀』, 『사례변절四禮變節』, 『가례요해家禮要解』, 『가례외편家禮外編』, 『남계예설南溪禮說』, 이재李縡(1680-1746) 『사례편람四禮便覽』, 이익李瀷(1681-1763) 『가례질서家禮疾書』, 정중기鄭重器(1685-1757) 『가례집요家禮輯要』, 류장원柳長源(1724-1796) 『상변통고常變通考』, 정약용丁若鏞(1762-1836) 『상례사전喪禮四箋』 등이다.

예학의 시기가 도래한 것은 조선 유학의 특색이라 할 수 있다. 중국 근세 유학의 변천 과정을 살펴보면 이학理學-심학心學-실학實學의 순서였다. 그러나 한국에는 심학의 시기를 잡을 수 없고[64] 그 대신 중국 근세 유학에서 찾을 수 없는 예학의 기간이 있다. 다시 말하면 조선 유학의 추세는 이학, 예학, 실학의 순서로 진행되었다. 조선에서 중국의 양명학과 같은 의미의 심학기가 없는 것은 억불책에 따라 선학으로의 오해의 여지가 있는 양명학의 배척 이유 외에도 예학이 발달한 것이 그 이유가 될 수 있다. 이에 대하여 현상윤은 다음과 같이 기술하였다.

> 지치주의 교화주의 실천유학이나 천리踐履를 힘쓰는 성리학이 흥왕하게 된 때에 그 뒤를 이어서 예학이 제창되는 것은 그 사이에 윤리적 관련과 사세事勢가 없지 못할 것이다. 그러면 그 관련이나 사세란 무엇인가? … 저 경전을 꿰뚫어 읽거나 역사에 밝고 또 문장을 힘쓰던 시대에 비하여 지치주의나 교화주의를 힘쓰던 실천유학시대나 위기지학을 힘쓰고 천리를 독신하던 이학시대가 더 한층 예를 힘쓰며 존중하고 예학을 숭상하게

---

[64] 일부 학자들은 조선성리학의 심학화라는 표현을 사용한다. 중국에서의 양명학 같은 심학은 없어도 심학에 대한 깊은 연구의 기간이 있었다는 것이다. 일테면 성리학적 심학이라고 할 수 있다는 것이다. 17-18세기에 송시열 학단의 심에 관한 연구가 매우 활발하였다.

될 것은 논리에 있어서 필연적 추세라 아니할 수 없으니 결코 우연한 일이 아니다.[65]

이 주장에 기초하면 예학의 성립은 조선 유학의 변천과정에서 나타날 필연적 추세임을 알 수 있다. 이것 외에도 성리학의 심학화 과정에서 자연스레 예의 준행이 강조되었으며, 임진왜란(1592-1598)과 병자호란(1636-1637)이라는 양대 전란 또한 예학 성립에 지대한 영향을 미쳤다. 전란으로 붕괴한 윤리강상과 사회질서를 재건하는 것이 시급했기 때문이다.

예학 융성의 요인을 다시 종합 정리한다면 이 시대의 사상 변천의 필연성 그리고 이 필연성과 연관된 유학자들의 성리학의 이론적 탐구의 심화 과정과 예에 대한 구체적 인식의 유도 등이다. 조선 유학자들의 필독서처럼 되어있는 『성리대전』에는 18권-21권에 『가례』가 수록되어 있는데, 이를 통하여 조선 유학자들이 성리의 이론을 연구하는 동안 자연스레 『가례』를 접하는 기회가 많았다. 또한 예에 대한 인식이 실용적인 의절 훈련과 익힘에 그치지 않고 예의 이론에 대한 깊은 연구에까지 이르게 되었다. 다른 방면으로는 당시 사회 상황의 수요에 따라 생겨났다. 즉 두 차례에 걸쳐 이민족의 침략을 당한 결과로 사회는 정치 경제 사회 전반적으로 심각한 손실을 입었다. 국가 재정은 파탄이 났고 사회의 윤리와 기강은 문란해졌으며 신분 제도의 해체 또한 동시에 일어났다. 당시 위정자들은 전란 이전의 현상 회복을 시도하였는데 조선 초기처럼 예학의 기능을 확립하고 강화하는 것만이 이러한 기대에 효과적으로 부응할 수 있다고 생각하였다.

....
65   현상윤『조선유학사』pp.165-166.

이러한 시대배경에서 김장생은 예학의 학술적 기초를 수립하였다. 그는 한국 예학의 종장으로 평가되고 있다. 김장생이 이룬 학술업적은 예학의 연구 방향을 제시한 것이다. 하나는 그가 조선 성리학의 종사인 이이를 사사하여 성리학에 깊은 연구가 있었고 또한 송익필宋翼弼(1534-1589)을 스승으로 모시고 예학을 연수하였다. 그러므로 성리학의 형이상학으로 현실사회를 관조할 수 있었으며 윤리강령과 행동강령의 영역에 실효를 거둘 수 있었다. 뿐만 아니라 종래의 실용적 의절 예학으로부터 학술방면으로 연구의 방향을 바꾸어 놓았으며 종래의 무의식적 실용으로부터 의식적 실천으로 전향하게 하였다. 김장생이 저술한 『가례집람』 10권과 『의례문해疑禮問解』 4권 두 책은 현존하는 조선 예학의 저술 가운데 학술 및 실용적 가치를 지닌 경전적 저작으로 평가되고 있다.

김장생의 『가례』에 대한 학술적인 노력은 그 학문체계에서 잘 드러난다. 주희를 중심으로 하는 전통학문체계에서는 대체로 『소학』, 『근사록』, 『대학』, 『논어』, 『맹자』, 『중용』 그리고 육경, 역사서, 제자서 등의 순서로 학문적 입문入門과 승당升堂의 과정과 사다리로 본다. 그런데 김장생의 독서의 차례는 다소 다르다. 그가 학생들에게 공부하는 차례로 준 책은 『소학』, 『가례』이고, 이어서 『심경』 『근사록』으로 근본을 배양하였으며 이것으로 그 문로를 열고 난 다음에 4서 5경의 차례로 나아가게 하였으니 그 단계가 심히 엄정하였다.[66] 여기서 김장생의 학당에서 생도들은 학문의 과정이 『소학』, 『가례』로부터 발전하여 『심경』 『근사록』과 사서, 오경으로 나아갔음을 알 수 있다. 즉 『가례』와 『심경』이 출

---

66 김장생 『사계유고』 권13, 부록 諡狀 송준길 "其授書次第. 必以小學, 家禮爲先. 次之以心經, 近思. 以培其本根. 啓其路逕. 然後及於四子五經. 階級甚嚴."

발단계에 들어있음이 기존 학자들과의 차이점이라고 할 수 있다.

송시열은 김장생이 편찬한 『상례비요』, 『가례집람』, 『의례문해』, 『예기기의禮記記疑』 등의 책은 털끝만 한 것조차도 세밀하게 분석하여 물을 담아도 새지 않을 정도여서, 국가의 전장과 사가私家의 경례와 변례로 하여금 모두 절충折衷하는 바가 있게 하였는데, 한결같이 정자와 주자의 학설을 위주로 하였기 때문에 비록 추향하는 길이 다른 사람들조차도 준용遵用하여 따르지 않는 사람이 없었으니 그 공로가 참으로 크다고 하고는 그를 동방의 예가禮家를 집대성했다고 추존하였다.[67]

김장생의 예학 연구에 대한 노력은 그 아들 김집金集(1574-1656)에게로 이어졌다. 김장생과 김집은 부자간이지만 예학에 있어서는 서로 '지기知己의 관계'였다고 한다. 김집은 예학에 밝아 모든 예서를 다 참고, 비교하여 모르는 것이 없이 통달하였는데 특히 그의 아버지가 문인 또는 벗들과 어렵고 의문나는 예에 대해 서로 문답한 『의례문해』를 종류별로 분류하고 또 이리저리 고증을 가하여 네 책으로 만들었으며, 이후 그 『속록』도 간행하였다. 김장생이 산절 보충한 바 있는 『상례비요』에 대해서도 김집은 김장생의 뜻을 이어 다시 고증을 가하여 이를 간행 배포했다. 이는 아버지의 일을 자식이 도와 이루어진, 계지술사繼志述事의 성과들이다. 후학 윤선거(1610-1669)는 "무릇 평소의 말과 예禮를 지킴이 정밀하여 조금도 어긋남이 없었다. 우리 동방에 유학자가 있은 이래로 선생님 두 세대에 이르러서 크게 갖추어졌으니 덧붙일 것이 없다."[68]고 하였다. 조선의 예학은 김장생·김집 부자의 노력을 거쳐 그

---

67 김장생 『사계전서』 권51, 附錄, 聖廟에 從享하는 데 대해 논한 소 [송시열]
68 김집 『愼獨齋遺稿』 권15 遺事 윤선거 "蓋雅言執禮. 精密不差. 自吾東方儒先以來. 至先生兩世. 而大備無以加矣."

기본 체계가 완비되었고, 그 결과 성리학 외의 새로운 학문을 이루게 되었다.

2. 예학파의 전개와 특색

김장생이 조선의 예학파를 수립한 이후로 종전에 경학과 사학에 포함되어 있던 예학은 마침내 독자적인 학문 분야로 변모하였다. 예학은 이후 여러 학자들이 계속하여 연구하게 되었으니 상당히 수준으로 발달하고 활약하는 모습을 보였다. 조선의 유학사상의 주류에서 말하면 예학과 성리학의 관계는 '뜻은 성리에 있고 행동은 『가례』에 있다'는 한마디 말로 포괄할 수 있다. 따라서 각 예학자의 본연은 그가 성리학의 입장을 어떻게 이해하느냐에 따라서 말할 수 있다. 즉 성리학에 대한 이해가 역시 직접 예에 대한 견해에 영향을 주고 차이를 낳게 되었다. 이후의 예송은 모두 예에 대한 견해의 차이와 당론의 결합에 따라서 발생한 것이다.

조선의 당쟁은 동서의 분당에서 시작되었다. 그리고 동서분당의 원인은 군자와 소인의 구별에서 비롯되었다. 당쟁의 영향은 정치에 그치지 않고 학술계에도 파급되어 학문적 견해에도 영향을 주었다. 뿐만 아니라 당쟁을 넘어서야할 학문이 오히려 당쟁의 소용돌이에 빠져서 마침내 소멸하게 되었다.

성리학과 예학은 지知와 행行, 즉 이론과 실천의 관계이기도 하다. 많은 학자들이 참여하게 되니 예서의 편찬이 더욱 풍부해졌다. 조선시대에 편찬된 예서의 목록은 다음과 같다.

조선시대 편찬된 예서의 목록

태종대	『예기천견록(禮記淺見錄)』 권근 『길례서례(吉禮序例)』 조선왕조실록
세종대	『예기대문언독(禮記大文諺讀)』 세종명편 『오례편찬(五禮編纂)』 세종명편, 실록 『예기일초(禮記日抄)』 어효첨
성종대	『국조오례의(國朝五禮儀)』 성종명편 『국조오례서례(國朝五禮序例)』 성종명찬
인종대	『가례집고(家禮集考)』 김인후
명종대	『봉선잡의(奉先雜儀)』 이언적 『퇴계상제례답문(退溪喪祭禮答問)』 이황
선조대	『사례훈몽(四禮訓蒙)』 이항복 『제의초(祭儀抄)』 이이 『예학찬요(禮學纂要)』 이항복 『상례고증(喪禮考証)』 유성룡 『신종록(愼終錄)』 유성룡 『상례고증(喪禮考証)』 김성일 『봉선제의(奉先諸儀)』 김성일 『사례집설(四禮集說)』 박지화 『의례고람(儀禮考覽)』 신설[69] 『상례통재(喪禮通載)』 신의경[70] 『오복통고(五服通考)』 신설
인조대	『가례언해(家禮諺解)』 신식(申湜) 『가례고증(家禮考證)』 조호익 『가례부췌(家禮附贅)』 안범 『가례집람(家禮輯覽)』 김장생

....

69 신설(申渫1561~?)은 호가 霞隱. 초명 湧. 임진왜란 때 의병장으로 활약했다. 1596년 著作, 修撰을 거쳐 승지, 대사간 등을 역임하고, 관찰사에 이르렀으며, 청주 鳳溪書院에 제향되었다. 저서에 『儀禮考覽』 『五服通考』 등이 있다.

70 박세채는 『상례통재』가 신의경의 저술이라고 한다. 『南溪集』 卷69, 題跋, 書喪禮通載後 장동우도 이렇게 주장한다. 이 책이 신설의 저서로 알려진 것은 성재 허전에 따르면 신설이 신의경의 이 책을 가져다가 다듬고 보완하여 120조항의 두 권으로 만들고 서와 발을 쓴 것이라고 하였다. 『性齋集』 卷31, 諡狀, 贈吏曹判書霞隱申公諡狀. 『송파집』에서도 신의경의 초고라고 한다. 『松坡集』 卷15, 墓碣, 贈吏曹判書行黃海道觀察使申公墓碣銘

조선시대 편찬된 예서의 목록

인조대	『가례소의(家禮疏義)』 이구징(李久澄) 『가례박해(家禮剝解)』 이분(李芬) 『상례초(喪禮抄)』 유희경(劉希慶) 『상례비요(喪禮備要)』 신의경 김장생 『안로상제례(安璐喪祭禮)』 『상례수록(喪禮手錄)』 장현광 『독례수초(讀禮手抄)』 김상헌 『의례문해(疑禮問解)』 김장생 『김사계의례문해(金沙溪疑禮問解)』 『심의제도(深衣制度)』 정구 『오선생예설(五先生禮說)』 정구 『오복연혁도(五服沿革圖)』 정구 『의례문해속(疑禮問解續)』 김집
효종대	『사례문답(四禮問答)』 김응조
숙종대	『가례원류속록(家禮源流續錄)』 유계 『예기유편(禮記類篇)』 최석정 『대명집례(大明集禮)』 『가례요해(家禮要解)』 박세채 『가례외편(家禮外篇)』 박세채 『남계예설(南溪禮說)』 박세채 『제의정본(祭儀正本)』 박세채 『육례의집(六禮疑輯)』 박세채 『사례변절(四禮變節)』 박세채 『삼례의(三禮儀)』 박세채 『개장의(改葬儀)』 박세채 『경례유찬(經禮類纂)』 『우암경례문해(尤庵敬禮問解)』 송시열 『명재의례문답(明齋疑禮問答)』 윤증 『사례찬설(四禮纂說)』 이혁 『사례홀기(四禮笏記)』 이유태 『예설집록(禮說集錄)』 이정은
영조대	『국조오례의(國朝五禮儀)』 홍계희 『국조오례의보(國朝五禮儀補)』 영조명 찬 정상기 『국조상례보편(國朝喪禮補編)』 영조명 찬 정종로 『국혼정례(國婚定例)』 영조명찬 『상제촉정례(喪祭) 觸 형 정례(定例)』 『오례의초(五禮儀抄)』 『오례편람(五禮便覽)』 권구(權絿) 『예기보주(禮記)보주(補註)』 김재로

조선시대 편찬된 예서의 목록

영조대	『성호예식(星湖禮式)』이익 『예의유집(禮疑類輯)』박성원 『의례유설(儀禮類說)』신유 『식례회통(式例會通)』홍양묵 『예서차기(禮書箚記)』남도진 『관례고정(冠禮)고정(考定)』서창재 『가례집요(家禮輯要)』정중기
정조대	『국조오례통편(國朝五禮通編)』[국조오례통론] 『가례증해(家禮增解)』이의조 『오복통고(五服通考)』조유선 『예의유집속편(禮疑類輯續編)』오재능 『상변통고(常變通考)』류장원 『근재예설(近齋禮說)』박윤원 『향례합편(鄕禮合編)』정조명찬 『오복명의(五服名義)』유언용 『사소절(士小節)』이덕무 『예기억석(禮記臆釋)』이덕무 『예기난자의의(禮記難字疑義)』이덕무 『속례회요(續禮會要)』인정복 『가례상해(家禮詳解)』인정복 『관혼작의(冠婚酌宜)』안정복 『가례집고(家禮集考)』김종석
순조대	『심의고증(深衣考証)』 『상례비요보(喪禮備要補)』박건승 『매산예설(梅山禮說)』홍직필 『빈례총람(賓禮總覽)』 『상례사전(喪禮四箋)』정약용 『상례외편(喪禮外編)』정약용 『상의절요(喪儀節要)』정약용 『사례가식(四禮家式)』정약용 『국조전례고(國朝典禮考)』정약용 『예의문답(禮疑問答)』정약용 『퇴계선생예설유편』이휘녕
철종대	『간예휘찬(簡禮彙纂)』 『전재예설(全齋禮說)』임헌회 『예의속집(禮疑續輯)』이응진

조선시대 편찬된 예서의 목록

고종대	『이례연집(二禮演輯)』우덕린 『이례축식찬요(二禮祝式纂要)』우덕린 『삼반예식(三班禮式)』 『대한예전(大韓禮典)』고종명찬 『대통식례(大統式禮)』 『길례요람(吉禮要覽)』 『삼례록(三禮錄)』조시범 『사례정변(四禮正變)』김경유 『오례편고(五禮便考)』 『예의문답(禮疑問答)』곽종석 『사의(士儀)』허전 『향례삼선(鄕禮三選)』민영휘

위의 서목일람표를 참고하고 탐구하여 조선 예학의 특징을 정리하면 대략 아래와 같다.

『가례』와 같은 사례 연구가 매우 왕성했다. 위의 일람표에 따르면 『가례고오家禮考誤』를 시작으로 하여 그 후의 『가례언해』『가례고증』『가례부췌』『가례집람』『가례소의』『가례박해』『가례원류』『가례원류속록』『가례요해』『가례외편』『가례원류왕복서』『가례집요家禮輯要』『가례증해』『가례상해』『가례집고』 등과 더불어 『사례훈몽』『사례집설』『사례문답』『사례찬설』『사례홀기』『사례편람』『사례가식』『사례정변』 등의 가례와 사례류가 매우 많다. 사례四禮의 명칭은 『가례』에서 시작되었다. 사례라는 것은 사가私家의 예로서 관례는 성인식이고 혼례는 이성二姓이 합하는 것이고 상례는 신종愼終이고 제례는 추원追遠하는 것이다. 이 네 가지를 사례라고 한다.[71] 가례와 사례의 서목의 종류는 언해류, 주해

....

71 정약용 『여유당전서』 제1집 雜纂集 제25권 小學珠串

류, 고증류, 그리고 개편류 등으로 나눌 수 있다. 참으로 조선 예학자들의 『가례』의 연구 정도를 알 수 있다. 또한 이에 근거하여 조선 예학에 발달 과정에서의 『가례』의 역할과 그 공헌도를 짐작할 수 있다.

상례 제례와 관련된 것들이 매우 많다. 위의 일람표에 따르면 『봉선잡의』와 『퇴계상제례문답』을 시작으로 하여 그 이후에 「제의초」 『상례고증』 『봉선제의』 『상례통재』 『오복통고』 『상례초』 『상례비요』 『안로상제례』 『상례수록』 『제의정본』 『개장의』 『국조상례보편』 『상제형정례』 『상례비요보』 『상례사전』 『상례외편』 『상의절요』 등이 상례와 제례 분야의 연구가 많다.

한민족은 고대로부터 죽은 자에 대하여 후장厚葬하는 예가 있었다. 이는 한편으로는 전통 습속의 영향이고 다른 한편으로는 유교 윤리에서 온 것이다. 따라서 조선의 예학자들은 사례 가운데서 상례와 제례에 대하여 자연 더욱 중시하게 되었다. 김장생의 『상례비요』 서문에서 그의 의도를 볼 수 있다.

> 그러나 예라는 것이 평상시 길사吉事 때에는 쉽게 행할 수 있어도 급박한 흉변을 당한 즈음에는 잘못하는 경우가 많다. 만일 평소에 강습한 바가 아니면 시의에 부합하고 절문에 상응하기 어려운데, 한 번 잘못한 바가 있으면 후회해도 어쩔 수 없다. 이 때문에 효자는 반드시 스스로의 힘을 다하고자 하고 사례 중에서 상례를 더욱 중대하고 절실하게 여기는 것이다…. 또한 뜻이 있고 예를 좋아하는 자가 혹 이것을 발판 삼아 여러 방면으로 자세하게 통달하여 마침내 성인이 예를 제작한 본의를 고찰함으로써 상례常禮와 변례變禮의 도리를 다한다면, 풍속의 교화에 만분의 일이라도 보탬

이 있을 것이다.[72]

효의 차원에서 성인이 예를 제작한 뜻을 고찰하고 천질天秩의 상과 변의 뜻을 다 구현하고자 함이니 인정과 도리에 극진할 것을 목적으로 하였다. 그리고 이 가운데 성리철학이 담겨 있음은 당연하다. 조선 예학은 성립할 때에 실제로 『가례』에 대한 인식으로 시작되었으며 그 발달의 과정 중에 성리학과 더불어 밀접한 불가분의 관계에 있었고, 그것은 예학의 방향에 있어서 더욱 상례와 제례를 중시하게 된 원인이었다. 상제례가 바로 효孝의 연장선에 있기 때문이다.

예학파가 번성할 즈음에 조정에서 예에 관한 치열한 쟁론이 벌어졌으니 바로 예송禮訟이다. 이는 현종 즉위년(1660)부터 숙종 20년(1694)까지 장장 34년간 이루어진 치열하고 거대한 논쟁이었다. 효종(1650-1659) 때 예학의 연구가 성행하였고 석학들이 줄줄이 배출되었다. 이들이 효종이 죽어 효종의 계모 자의대비 조씨가 효종을 위한 복상을 결정해야 하는 문제가 생겼을 때 각자의 이론을 갖고 각축하게 되었다. 문제의 발단은 효종은 그의 형 소현세자가 일찍 죽었기 때문에 둘째 아들의 신분으로 왕위를 계승하였는데 자의대비가 효종을 둘째 아들로 볼 것이니 아니면 왕위를 계승하였으니 둘째라도 적장자 대우를 해야 할 것이냐의 판단에 따라 상복이 달라지기 때문이다. 둘째로 보면 기년복이고 적장자 대접을 하게 되면 참최 3년복이 된다. 자못 왕위계승의 정당성문제로 비화할 수 있는 미묘한 문제이기에 당시 영의정이었던 정태화와 이경석 이시백 심지원 원두표 이후원 등이 숙고 심론 끝에 『국조오례의』에 의거하여 결정하였다.

---

72 김장생 『사계전서』 권5, 「상례비요서」

『국조오례의』는 성종 때 이루어져서 21대 영조 때 22대 정조 때『유편』및『보편』이 완성되었다.『국조오례의』와『경국대전』두 책은 그간 통치의 기초가 되었다. 이 책에서 어머니는 자식을 위하여 기년복을 입는다고 되어있다. 그래서 기년복으로 결정하였다. "고례에 비록 분명한 해석이 없지만 현재 통용되고 있는 예서에 따르면 마땅히 기년복을 입는 것이 옳다."[73]는 것이 당시 조정의 대신들의 중론이었다. 김장생의 수제자인 송시열과 송준길은 둘 다 성리학과 예학에 있어서 이미 명성이 높은 학자였는데 이들이 역시 기년복을 주장하였다. 고금의 예에 다름이 있고 제왕의 제도는 가벼이 논정할 수가 없지만 모든 대신들이 이미 현행의 제도를 논의하여 결정하였으니 감히 다른 이론을 수용할 수 없다는 것이었다. 송시열 등 기년복을 주장하는 학자들은 모두 서인에 속했다. 그런데 당시 남인에 속하는 학자인 윤휴尹鑴(1617-1680), 허목許穆(1595-1682) 등은『의례』「상복편」참최장 가공언의 주소에서 "제1자가 죽으면 적처 소생의 제2자를 장자로 세우고 이를 장자라 한다."라는 주장을 취하여 기년설을 쓸 수 없다고 주장하고 3년상이어야 한다고 하였다. 즉 왕대비는 대행왕 효종을 장자로 대우하여 3년복을 입어야 한다는 것이었다. 이때 송시열은『의례』가공언 소의 '비록 승중한다 해도 3년상이 아닌 경우' 네 가지를 들면서 이 가운데 효종은 '체이부정體而不正'에 속한다고 하였다. 적자이지만 장자가 아니라는 것이다. 이에 따라 조대비는 효종을 위하여 3년상을 입는 것이 부당하다고 주장하였다. 그가 거론한『의례』해당조항의 가공언의 소는 다음과 같다.

---

73 『현종실록』권1, 1년 5월 을축조

비록 후사가 되었으나 3년상을 입을 수 없는 경우는 네 종류가 있다. 하나는 적장자이지만 통을 이어 주지 못한 경우 곧 적자가 폐질이 있어서 종묘를 감당할 수 없는 경우이다. 둘째는 후사가 되었으나 적장자가 아닌 경우이다. 서손이 후사가 된 경우이다. 셋째 적장자이지만 후사가 아닌 경우이다. 서자를 세워 후사로 삼은 경우이다. 넷째 정이불체이다. 아들이 아닌 적손을 후사로 삼은 경우이다.[74]

이로부터 조정의 예송에 있어서 남인 서인 양파는 매번 부딪히며 상대를 인정하지 않았다. 결국 큰 옥사가 일어나 그 여파가 중앙은 물론 지방유림까지 미쳤다. 현종 7년(1666) 경남지역 유생 유세철柳世哲(1627-1681) 등 1,700여 명이 복제가 올바름을 잃었다 하여 공동 상소를 하였다. 그 상소문에는 "우리나라는 주공의 『의례』와 『가례』를 준용해왔으니 이미 조종의 서로 전해오는 가법이 되었습니다. 어찌 하필 우리 성상의 아버지의 경우에만 사용하지 아니합니까?"[75]라고 하는 항의가 들어있다.

예송은 『의례』 해석에 있어서 학술적 견해의 차이에 비롯되었지만 뒤에는 정권쟁탈의 수단으로 전락, 상대방을 공격하는 무기로 활용하였다.[76] 이로써 알 수 있는 것은 조선사회에서 예송은 정치적 당쟁과 결합하여 더욱 활성화되었으며, 그 폐단과는 별개로 학술적으로는 예학의 발달을 촉진하였다는 점이다. 조선 예학은 예송이 날로 거세짐과 더불어 매우 융성하게 되었다.

---

74 『의례』「상복」 참최장 가공언 소
75 『현종실록』 7년 3월
76 한우근 『한국통사』 p.326.

3. 실학의 대두와 예학의 변천

16세기 조선은 이황 이이 두 유종儒宗을 중심으로 성리학의 이론적 발전을 이룩하였지만, 조선 중엽에 이르러서는 기존의 성리학적 이론만으로는 당대에 직면한 내우외환에 즉각적이고 현실적인 해답을 줄 수 없었다. 이러한 괴리 속에서 민생문제를 해결하기 위해 급박하고도 현실적인 학풍이 요구된 것이니 이것이 이른바 실학實學이 출현한 배경이다. 당시 중국에는 실사구시實事求是의 고증학이 융성하고 있었는데, 이러한 학술과 문화는 외교사절, 상인, 민간의 학문적 교류 등을 통해 조선사회에 널리 알려지고 받아들여져 조선 실학의 출현에 상당한 영향을 미쳤다.

실학이란 명칭의 의미에 대해 도희성陶希聖은 "마음에 근본을 두고 밖에서 찾지 않는 것이 실학이다. 경제학 또는 경위를 통하여 쌓인 것은 실용이다."[77]라고 하였다. 즉 송대의 경학을 정치의 사실에 응용하면 이를 실학이라고 할 수 있으며, 나아가 청초의 실용주의자의 학풍 또한 실학이다. 성리학 또한 노장사상이나 불교와 차별화하여 자기 학문적 정체성을 실학이라 자처하였다. 즉 유학이 바로 실학이라는 것이다. 따라서 엄밀히 따지면 실학이라는 단어는 결코 청조 또는 조선후기 특정 학술 경향에 제한적으로 사용하는 것이 아니다. 흔히 말하는 조선후기 북학北學 및 실사구시 학풍의 실학은 결국 초기 유학자들과 예학파로 이어지는 실질의 정신이 시대적 변화와 만나 발생한 것이 된다. 이 시기에 활동한 주요 학자로는 이익과 정약용을 비롯하여 유형원柳馨遠(1622-1673), 안정복安鼎福(1712-1791), 박지원朴趾源(1737-1805), 홍대용洪

---

[77] 陶希聖『中國政治思想史』臺灣商務印書館, 책4, p.236.

大容(1731-1783), 이덕무李德懋(1741-1793) 등이 있다.

학풍의 변천과 상관 없이 당대 학자들은 예학을 계속해서 연구했다. 다만 그들의 연구 방향도 시대의 영향을 받아,『가례』와 사례를 위주로 하는 연구 외에도 예의 본질과 고례에 관한 연구에 집중하였다.[78] 즉 이 시기에 들어서는『가례』뿐만 아니라, 청조 고증학적 실사구시 정신에 입각하여 고례를 고증적으로 연구하는 풍토가 나타났다. 이익은 일생 향토에 살면서 서민중심의 예를 생각하며 기존의 가례를 일반 서민의 생활수준과 조선의 풍토에 적합한 것으로 알맞게 수정 제시하는 일에 몰두하였고 서인가례라는 개념을 제시하였다.[79] 정약용은 한대와 또 이전 상고대의 원형을 탐구하여 그 본래적 취지를 살리고자 하는 일에 많은 노력을 쏟았다. 아래의 그의 말로『주례』의 고대 제도를 연구하여 예학의 본질에 접근하고자 했던 그 시대 학자들의 일반적 학풍을 짐작할 수 있다.

주공이 예를 만들었을 때 그것은 만민을 가르치고 만민을 규찰하려는 것이었다. 현자를 등용하고 악인을 물리치는 것이었고, 부역과 세금, 정역을 고르게 하려는 것이며, 군대를 다스리고 예기禮器를 바로잡는 것이었으니 무릇 큰 규모와 절목 모두가 육향六鄕의 정사에 속한다.[80]

....

78　황원구「李朝禮學의 形成 過程」p.249.
79　이익의 예 사상은 이 책의 11장「이익의 가례질서」에서 보다 상세히 다루었다.
80　정약용『여유당전서』第一集 詩文集 第20卷 文集, 書, 答申在中 "王國者, 出治之本, 敎化之原, 四方之所爲式也. 故周公制禮, 其敎萬民糾萬民, 登賢黜惡, 平賦斂均征役, 治軍旅正禮器, 凡大規模大節目, 都在六鄕之政" 6향은 比, 閭, 族, 党, 州, 乡을 가리킨다. 상호간에 혈연관계가 있는데 서주시대 국가의 공민이다. 도성 주변에 산다. 문헌에 자주 나오는 国人이다. 이들은 자유민이고 노예가 아니며, 자기의 토지를 갖고 정전제를 실행하며 부역을 지고 있었다.

사상사에 예학의 전성기가 있는 것은 조선 유학의 특징이다. 여기에는 크게 두 가지 원인이 있다. 먼저 16세기 성리학의 전성기를 거치며 자연스레 예학에 대한 인식이 강화되었다. 또한 두 차례에 걸친 전란으로 조선은 사회질서를 회복하기 위한 사상적 토대가 필요했고, 이것이 바로 예학이었다.

조선 예학의 특색은 두 가지이다. 하나는 『가례』식의 사례가 연구의 중심을 이루었다는 것이다. 둘째는 상례와 제례에 대하여 매우 풍부한 저술이 있다는 것이다. 그 과정에서 사화와 예송 등 혼란과 정쟁의 시기를 지나며 많은 폐단이 있었으나, 역설적으로 이때의 피해가 학문이 심화되고 예학이 발달하는 결과로 이어지기도 했다.

예학파의 시대를 거쳐 18세기에 들어가면 실사구시 정신에 기초한 실학시대가 전개된다. 이들의 정신은 예학파의 학풍에 청조의 고증학적 영향을 받아 형성되었다. 시대의 변천에도 예학 연구는 단절됨 없이 오히려 새로운 전개를 맞이한다. 본원의 문제와 고례의 연구를 통해 한층 더 심화된 것이다.

이제 조선의 몇 예학자들의 『가례』 관련 연구 성과를 고찰해 보기로 한다.

제7장

이이의 「제의초」

1. 예서禮書『격몽요결』과 「제의초」

「제의초」는 이이가 초학자들을 위해 『격몽요결』을 저술할 때 부록으로 지은 것이다. 이이는 성리학적 가치관에 따른 이론 탐구와 함께 도학정치의 이념을 현실에서 구현하려는 양면을 갖추고 있었다. 그러므로 일상생활에서 오륜을 실천하고 타고난 품성을 올바르게 실현하여 성인이 되고자 하는 『소학』 공부를 중요하게 생각하였고 학문의 특색도 실천적이고 실질적이었다. 같은 맥락에서 관혼상제의 일체의 예를 『가례』에 의거하여 행할 것을 강조하였다.[81]

이이는 5세 때에 어머니 사임당이 병이 위독하여 온 집안이 어쩔 줄을 모르고 있었을 때 몰래 외할아버지 사당祠堂에 들어가 기도를 드렸다고 한다. 강릉 외가에서 태어나고 여섯 살 때까지 그곳에서 성장한 그였기에 어려서 외가의 가풍에 젖어 있었다. 그의 부친 이원수는 이른바 서류부가혼에 해당한 것으로 보인다. 이이가 여섯 살 때 서울로 옮

---

81   이이『율곡전서』, 권27,『격몽요결』,「喪制」, "喪制當一依朱文公家禮".「祭禮」, "祭祀, 當依家禮." 「居家」, "冠婚之制, 當依家禮, 不可苟且從俗."

겼으니 이원수는 혼인 후 처가에서 꽤 오래 머문 것으로 보인다. 외할머니 이씨는 아들이 없는 까닭에 훗날 집안 제사를 외손 이이에게 맡겼는데 외할아버지 사당에 들어가 어머니를 위해 기도하던 장면이 한 계기가 되었는지 모른다.

아홉 살 때에는 『이륜행실二倫行實』을 읽다가 장공예長公藝의 9대가 한 집에 산다는 대목을 보고서 "9대가 한집에 사는 것은 형편상 어려울 수도 있겠지만, 형제간에는 떨어져 살 수는 없다." 하고는, 마침내 형제가 함께 살면서 부모를 봉양하는 그림을 손수 그려 놓고 보았다고 한다. 이것이 훗날 그가 42세 때 해주에 형제들을 모아들이고 동거계사를 짓게 된 계기가 된 것으로 보인다.

16세에 모친상을 당하여 3년 동안 여묘廬墓살이 하면서 꼭 『가례』대로 하여 최질衰絰을 벗지 않고, 손수 제찬을 장만하였고, 그릇 씻는 일까지도 종들에게 맡기지 않았다고 한다.[82] 18세에 관례冠禮를 하였고 22세에 곡산 노경린의 딸과 혼인을 하였다. 혼인에 친영을 실행했는지의 여부에 관한 기록은 보이지 않는다. 26세 때 1561년 부친상을 당하였다. 모친상에 『가례』에 따라 여묘살이를 했다면 부친상에도 그러했을 것이다.

30세에 예조 좌랑禮曹佐郎이 되었다. 과거에 장원으로 합격하였으니 이는 그에 걸맞은 직위였다. 32세인 1567년, 명종의 장사 때에 대신들이 택일擇日하는 사람의 말을 듣고 넉 달 만에 장사를 지내려 하는 것을 유생들이 상소하여 예월禮月을 기다려야 한다고 하자 이이도 "제후가 다섯 달 만에 장사 지내는 것은 선왕이 정해 놓은 제도이며 달을 택한다는 말은 듣지 못하였다."고 하였다.

---

82 이이 『율곡전서』, 권35, 부록 3 행장[문인김장생찬]

34세 10월에 임금의 특별 휴가를 얻어 강릉 외조모에게로 가자, 외조모 이씨가 90세로서 별세하다. 이이는 외가에 아들이 없어서 그 봉사의 소임을 맡게 되었고 외할머니로부터 전답과 노비를 물려받았다. 42세 정월에 석담石潭에서 종족들을 모으고 「같이 살며 서로 경계하는 글[同居戒辭]」을 지어 읽혔다.[83] 이때 사당을 짓고 죽은 맏형의 부인 곽郭씨로 하여금 종가 신주를 모시고 와서 거하게 하였다. 12월에 『격몽요결』을 저술하였는데 이 책은 후학들에게서 예서로 불렸다.

이처럼 이이는 『가례』를 존숭하였지만 16세기 조선에서 12세기 중국에서 만들어진 『가례』를 준행하기에는 예의 시의성이라는 현실적인 문제점이 있었다. 이에 당시 조선의 시속과 현실을 고려하여 마련한 제사 의례가 바로 「제의초」이다. 이이는 관혼상제의 사례四禮 가운데 상례와 제례를 특히 강조하였다. 이는 『격몽요결』의 구성에도 반영되어 6장에서는 「상제喪制」장을 두었다. 이어서 제7장에 「제례」장을 두고, "제사는 마땅히 『가례』를 따라 반드시 사당을 세워서 선조의 신주를 받들고, 제전을 설치하고 제기를 갖추어서 종자宗子가 이를 주관해야 한다."고 하는 등 제례 일반의 내용을 서술하였다.[84] 그가 사례 가운데서 상례와 제례만을 『격몽요결』에 수록한 이유는 다음과 같다.

> 상례와 제례 두 예는 사람의 자식이 가장 정성을 다해야 할 일이다. 이미 돌아가신 어버이를 뒤쫓아 봉양할 수 없으니, 만약 상례를 치를 때 그 예를 다하고 제례를 치를 때 그 정성을 다하지 않는다면 평생 동안 남는 비

---

83 이이의 「동거계사」에 대해서는 이 책 부록Ⅱ. 한국예학자의 가계 첫장을 참고할 것
84 이이 『율곡전서』, 권27, 『격몽요결』 「祭禮」 "祭祀 當依家禮 必立祠堂 以奉先主 置祭田, 具祭器 宗子主之."

통함을 붙일 만한 일이 없고 쏟을 만한 때가 없을 것이니, 자식된 심정에 마땅히 어떠하겠는가? 증자가 "장례를 삼가 모시고 먼 조상을 추모하면 백성의 덕이 후한 데로 돌아가게 된다."고 하셨으니, 자식된 자가 마땅히 깊이 생각해야 할 바이다.[85]

이이는 「제의초」 찬술의 경위를 미리 『격몽요결』 「제례」에 밝혀 놓았다. 여기서 그는 이렇게 말한다.

오늘날 풍속이 대부분 예를 알지 못하여 제사를 지내는 법이 집집마다 같지 않으니 매우 가소롭다. 만일 예로써 한 번 재단하지 않으면 끝내 문란하고 질서가 없어져 오랑캐의 풍습으로 돌아가게 될 것이므로 이에 제례를 뽑아 뒤에 부록하고 또 그림을 그렸으니 자세히 살펴 이대로 따라 행하고, 만일 부형이 하고자 하지 않으면 간곡히 설명을 드려서 기필코 바른 데로 행하게 하라.[86]

제사의 예는 효를 바탕으로 한다. 효는 가정뿐 아니라 사회적으로도 백성을 교화하여 전체 사회를 안정시키는 효과가 있다. 첸무錢穆는 "주자의 예 공부는 사회 풍속을 교화하는 실제 응용을 위주로 하였다."고 한다. 이이도 이런 점에 주목하여 제사의 의절인 「제의초」를 찬술한 것이다. 조선과 중국의 습속과 제도가 다른 데다가 『가례』를 만든

---

[85] 이이 『율곡전서』, 권27, 『격몽요결』, 「祭禮」, "喪祭二禮 最是人子致誠處也 已沒之親 不可追養 若非喪盡其禮, 祭盡其誠 則終天之痛 無事可寓 無時可洩也 於人子之情 當如何哉 曾子曰 愼終追遠 民德歸厚矣 爲人子者 所當深念也."
[86] 이이 『율곡전서』, 권27, 『격몽요결』, 「祭禮」, "今俗多不識禮, 其行祭之儀, 家家不同, 甚可笑也, 若不一裁之以禮, 則終不免紊亂無序, 歸於夷虜之風矣. 玆鈔祭禮, 附錄于後, 且爲之圖, 須詳審倣行. 而若父兄不欲, 則當委曲陳達, 期於歸正."

때로부터 이미 많은 시간이 흘렀기에,『가례』본문의 내용만을 고집하고 변통할 줄 모르는 것은『가례』의 취지를 제대로 이해하지 못하는 것과 매한가지이다.『가례』역시 주희가 고례에 근거를 두면서도 시의성을 살려 당대의 일반인들이 쉽게 행할 수 있도록 만든 예서이기 때문이다. 예의 시의성과 변통을 중요하게 생각하였던 이이가 「제의초」를 지은 입장도 주희와 다르지 않다. 「제의초」에서 보이는 이이의 이런 입장은 이후 조선사회의 예 시행과정에서『가례』와 시속과의 절충 문제가 대두될 때마다 많은 논의가 있었던 것이기도 하다.

2.『가례』의「제례」와「제의초」의 대비

제례를 실행하는 것을 목적으로 쓴 책의 특성상 「제의초」에 이이의 이론적 설명이 따로 없지만 예의 실행 형식을 보고 그 속에 내재되어 있는 이이의 생각을 유추할 수 있다. 「제의초」는 사당도祠堂圖, 정침시제도正寢時祭圖, 매위설찬도每位設饌圖의 도편 세 개와 사당례에 해당하는 출입의出入儀, 참례의參禮儀, 천헌의薦獻儀, 고사의告事儀와 제사인 시제의時祭儀, 기제의忌祭儀, 묘제의墓祭儀, 그리고 상중에 지내는 제사에 대한 상중행제의喪中行祭儀로 구성되어 있다. 사당도, 정침시제도, 매위설찬도와 출입의, 참례의, 천헌의, 고사의는『가례』「통례」에 있는 부분인데 이이는 이것을 「제의초」의 맨 앞부분에 놓았다. 원래의 의미로 본다면 사당은 이이가 한 것처럼 제례편에 있어야 할 내용이다. 그러나 주희는 사당에 보본반시報本反始와 존조경종尊祖敬宗의 정신으로 가가의 명분을 지켜나가는 의미가 있기 때문에 중요하다고 생각하여『가례』의 제일 처음에 놓았던 것이다.[87] 「제의초」의 내용과 특징을 간명하게 알 수 있도록 『가례』와 비교함으로써 그 차이점을 보도록 하겠다.[88]

1) 출입의出入儀

『가례』에는 「출입의」가 「통례」의 사당조에 들어 있다. 출입할 때 사당에 고하는 의례에서 출입하는 기간에 따라, 고하는 사람의 신분에 따라 행하는 의식의 차이를 기재하고 있다. 이이는 출입할 때 뿐 아니라 매일 새벽에 일어나 의관을 정제하고 사당에 나아가 분향하고 절하는 의식을 행하였다고 한다.[89]

① 출입할 때 사당에 고함
- 「제의초」: 열흘이 걸릴 곳이면 중문을 열고 재배한다.[90]
- 『가례』: 멀리 출타하였다가 열흘 이상 지나 돌아오게 되면 두 번 절하고 향을 사르며… 달이 지나서 돌아오는 경우는 중문을 열고…[91]

중문을 열고 고하는 의절의 기준이 되는 날짜가 『가례』는 한 달이

....
87 『가례』에서 사당의 의미는 매우 크다. 주희가 창안한 것인데 이전의 예제에서 서인이 朝寢에서 녜를 제사하던 것과 사대부가 가묘를 세워 제사하던 두 방식을 절충하여 사세를 제사하면서 일반 사서에게 적합하도록 고안한 독창적인 장소가 바로 사당이다.
88 祠堂圖, 正寢時祭圖, 每位設饌圖는 제외한다.
89 이이 『율곡전서』, 권34, 「年譜」下, "出入則告于祠堂" 사당은 제사의 장소일 뿐 아니라 가족활동의 장소로 효의 실천 장소이자 가족간의 사회망이었으며 예의 평민화를 구현한 관건이었다. 노인숙, 「종묘에서 사당으로」, 『동양철학』 44집, 2015, pp.92-94 참조.
90 若遠出經旬處, 則開中門再拜.
91 遠出經旬以上, 則再拜焚香….經月而歸則開中門.

고, 「제의초」는 열흘이다. 이는 이이가 한국과 중국의 땅의 넓이를 감안하여 절충한 것이다.

2) 참례의參禮儀

「참례의」도 『가례』에는 「통례」의 사당조에 들어 있다. 설, 동지, 초하루, 보름이 되면 사당에 참례를 올린다. 실제로 이이는 제사 지내는 모든 일을 한결같이 『가례』에 따라 하였고, 초하루 보름날 사당에 참배하였다고 한다.[92] 찬품饌品과 참례하는 옷차림의 차이는 다음과 같다.

① 참례에는 각 신위마다 설찬을 하는데 그 내용이 다르다.
- 「제의초」: 포나 과일을 적절히 차리고 혹 떡을 써도 된다. 그리고 설이나 동지에는 찬을 몇 가지 더 진설하도록 하며 또 동지에는 팥죽을 더한다. 그러나 동지에 시제를 행하게 되면 참례는 행하지 않는다.[93]
- 『가례』: 햇과일을 탁자에 진설하고, 신위마다 찻잔과 받침, 술잔과 받침을 한 벌씩 진설한다.[94]

※ 이이는 설찬을 주희의 『가례』보다 진설이 더 풍성하고 다양하게 했다. 이것은 설과 동지를 중하게 여기는 조선의 절기풍속을 반영한 것이다.

....
92 이이 『율곡전서』, 권34, 「年譜」下, "每朔望, 率子弟行參禮於祠堂訖, 會于正寢."
93 每位設饌. 脯果隨宜. 或設餠亦可. 若正朝冬至. 則別設饌數品. 冬至則加以豆粥. 若冬至行時祭. 則不行參禮.
94 每龕設新果一大盤於卓上, 每位茶盞托, 酒盞盤各一於神主櫝前.

② 옷 차려입기[主人以下盛服]
- 「제의초」: 성복으로 단령이나 홍직령도 무방하다.[95]
- 『가례』: 성복을 벼슬의 있고 없음과 지위에 따라 상세하게 구분하고 있다. 벼슬이 있으면 복두와 관복에 띠를 두르고 신을 신고 홀笏을 든다. 진사는 난삼에 띠를 두른다. 처사는 복두와 조삼에 띠를 두른다. 벼슬이 없는 사람은 모자와 삼, 대를 통용하되 이것들을 갖출 수 없으면 심의 혹은 양의를 입으며 벼슬이 있는 사람은 통복을 입고 모자를 쓰는데 이하는 성복이 되지 못한다. 부인은 가계假髻에 대의와 장군을 입고, 처녀는 관자와 배자를 쓰고, 첩들은 가계에 배자를 쓴다.[96]

※ 이이는 중국과 우리의 복식이 다르므로 다른 고려를 할 필요 없이 우리의 복식을 그대로 활용하고 있다. 보름에 행하는 '참례의'는 초하루에 행하는 예절에 비해 간소하다.

③ 설찬設饌
- 「제의초」: 우리나라에는 차를 쓰는 예법이 없으니 보름에는 신주를 내지 않고 독櫝만 열고 술도 올리지 않고 향만 피워서 차등을 두는 것이 좋겠다.[97]

---

95 團領或紅直領亦可.
96 盛服者, 有官則襆頭, 公服, 帶, 靴, 笏. 進士則襆頭, 襴衫, 帶. 處士則襆頭, 皁衫, 帶, 無官者通用帽子, 衫, 帶, 又不能具, 則或深衣, 或凉衫, 有官者亦通服帽子以下, 但不爲盛服, 婦人則假髻, 大衣, 長裙, 女在室者, 冠子, 背子, 衆妾, 假髻, 背子.
97 按家禮, 望日則不出主, 不設酒, 只設茶, 今國俗無用茶之禮, 於望日, 不出主, 只啓櫝, 不酹酒, 只焚香, 使有差等.

- 『가례』: 보름에는 술을 진설하지 않고 신주도 내놓지 않는다. 즉 차만 쓴다.[98]

※ 이이는 여기서 『가례』를 따르되 우리의 시속을 반영하여 절충하는 입장을 보였다.

3) 천헌의薦獻儀

「천신의」도 『가례』에는 「통례」 사당에 들어 있다. 희생이 없는 것을 '천薦'이라고 하고 희생이 있는 것을 '제祭'라고 하며[99] '천헌의'는 시속의 명절에 사당에 올리는 의절이다. 중국과 우리의 시속 명절이 다르고 두 나라의 음식이 서로 다른 데서 오는 차이를 이이가 어떤 입장에서 정리했는지를 알 수 있다.

① 민간에서 시행하는 명절[俗節]
- 「제의초」: 정월보름, 3월 3일, 5월 5일, 6월 15일, 7월 7일, 8월 15일, 9월 9일과 납일臘日을 속절로 삼고 있다.[100]
- 『가례』: 청명, 한식, 단오, 추석, 중양 같은 중국의 향속에서 숭상하는 명절을 속절로 삼는다.[101]

....

98 望日, 不設酒, 不出主, 主人點茶.
99 『가례』에 의하면 대부는 제의 희생으로 양 새끼를 쓰고, 사는 돼지 한 마리를 쓰고, 서인은 일정한 희생이 없다. 천(薦)을 지낼 때는 봄에는 부추, 여름에는 보리, 가을에는 기장, 겨울에는 벼를 쓴다. 또 부추에는 계란, 보리에는 물고기, 기장에는 돼지, 벼에는 기러기를 쓴다.
100 謂正月十五日, 三月三日, 五月五日, 六月十五日, 七月七日. 八月十五日, 九月九日及臘日.
101 節如淸明, 寒食, 重午, 中元, 重陽之類. 凡鄕俗所尙者.

※ 중국과 우리나라의 속절이 다르다는 것을 알 수 있다.

② 계절의 음식을 올림[獻以時食]
- 「제의초」: 약밥, 쑥떡, 수증 같은 계절 음식을 올리는데 풍속에서 숭상하는 음식이 없으면 떡이나 과일 몇 가지를 올린다.[102]
- 『가례』: 명절에 숭상하는 쫑즈[角黍 粽子][103] 같은 음식을 큰 쟁반으로 올리되 사이에 채소와 과일을 곁들인다.[104]

※ 올리는 계절음식도 달라서 주희는 그 명절에 숭상하는 쫑즈 같은 음식을 큰 쟁반으로 올리되 사이에 채소와 과일을 곁들인다고 하였고 이이는 풍속에서 숭상하는 음식이나 떡 과일 몇 가지를 올린다고 하였다. 시속의 명절에 천신례薦新禮[105]를 행하는 것은 본래 고례에 없던 것인데 즐거운 명절에 부모에 대한 제가 없으면 마음이 편할 수 없다는 자연스러운 인정의 발로로 나중에 생긴 예이다. 그러므로 그 나라의 절기에 따라서 각각 그 절기의 음식을 쓰는 것이 마땅한 것이다. 이이는 그래서 우리의 풍속을 고스란히 반영하였다.

---

102 時食如藥飯艾餠水團之類. 若無俗尙之食, 則當具餠果數品, 如朔參之儀.
103 角黍는 '筒粽'이라고도 부르는, 중국 단오절의 전통 음식이다. 이것은 종려나무 잎에 대나무 연잎 등에 찹쌀과 대추 등을 넣어서 찐 것이다. 초나라의 굴원을 추모하기 위해 만들어졌다는 전설이 있다.
104 食如角黍, 凡其節之所尙者, 薦以大盤, 間以蔬果.
105 천신례는 청명·한식·단오·중양에 올리는 제사로서 별식이나 과일 등을 진설한다.

4) 고사의告事儀

「고사의」도 『가례』에는 「통례」 사당조에 들어 있다. 특별한 일이 있을 때 사당에 고하는 의식이다. 벼슬이 제수된 경우, 벼슬이 삭관된 경우, 급제한 경우, 생원·진사에 합격된 경우, 신주를 옮겨 모시거나 다시 모셔오거나, 딴 곳으로 이사할 경우, 주인이 적장자를 낳은 경우에 사당에 고유한다. 다음은 『가례』와 비교되는 부분이다.

① 축祝

- 「제의초」: 고사告事하는 축祝은 3대를 모두 한 판에 쓴다. 그리고 그 중에 가장 높은 자가 주장이 된다. 벼슬을 제수 받았으면 그 축사에 말한다. "아무 해 아무 갑甲 아무 달 아무 삭 아무 날 아무 갑에 효증손 아무 벼슬 아무는 감히 증조고 아무 벼슬, 증조비 아무 봉封 아무 씨와 조고 아무 벼슬, 조비 아무 봉 아무 씨와 아버님 아무 벼슬, 어머니 아무 봉 아무 씨에게 감히 고하나이다."[106]
- 『가례』: 『가례』에서 고사의 축祝은 사대를 한판으로 하며 자신에 대한 칭호는 그중 가장 높은 분을 위주로 한다. 그러므로 고조부 고조모에 대해서는 효원손孝元孫이라 하고 증조부 증조모에 대해서는 효증손이라 자칭하고, 할아버지 할머니에 대해서는 효손이라 하고, 아버지 어머니에 대해서는 효자라고 한다.[107]

106　三代共爲一版, 自稱以其最尊者爲主, 如告授官則祝詞曰, 維某年歲次某甲某月某朔某日某甲, 孝曾孫某官某, 敢昭告于顯曾祖考某官府君, 顯曾祖妣某封某氏, 顯祖考某官府君, 顯祖妣某封某氏, 顯考某官府君, 顯妣某封某氏.

107　維年歲月朔日, 孝子某官某, 敢昭告于故某親某官封諡府君, 故某親某封某氏, 某以某

※ 여기서 이이는 삼대봉사를 하는 국가의 제도에 의거하여 사대를 삼대로 변경하였다. 이 때, 축祝을 삼대를 한판으로 하여 가장 높은 분을 위주로 하기 때문에 자칭하는 것을 효증손부터 시작한다.

5) 시제의時祭儀

　「제의초」에서는 시제時祭라고 하고 『가례』에서는 사시제四時祭라고 한다. 시제는 제사 중에서 가장 큰 제사이며 고례에서 '제祭'라 하면 바로 이 시제를 가리키는 말이다. 『가례』에 근거하지만 명칭이 시제와 사시제로 서로 다르고, 제사지내는 시기가 「제의초」는 춘분, 하지, 추분, 동지이고 『가례』는 중월에 지내는 것으로 서로 다르며, 삼대 봉사와 사대 봉사로 제사의 범위도 다르며, 제찬祭饌이 다르다. 이 차이는 우리의 습속이나 속제를 반영하거나 고례에 근거하여 절충한 것에 기인한다. 실은 이것이 바로 주희의 『가례』 제정의 정신이다. 『가례』의 형식을 답습하려 하지 않고 우리의 풍속과 정서를 감안하고 시대정신에 맞는 예제를 추구하는 것이야 말로 이이가 『가례』 정신의 진수를 발휘한 것이다. 『가례』와 비교하여 「제의초」의 특징을 살펴보기로 한다.

　① 시제時祭
- 「제의초」: 시제의 일자를 춘분 하지 추분 동지로 정하고 있으므로 따로 점치는 날이 없다.[108]

月某日, 蒙恩授某官, 奉承先訓, 獲霑位 餘慶所及 不勝感慕 謹以..., 祿酒果, 用伸虔告, 謹告…告事之祝, 四代共為一版, 自稱以其最尊者為主.

108　用春分夏至秋分冬至.

- 『가례』: 시제[109]를 중월에 지내며 열흘 전에 날을 점친다.[110]

※ 시제의 날이 중국과 한국이 다름을 알 수 있다.

② 제사를 지내기 3일전의 제계[前期三日]
- 「제의초」: 3일 전에 고묘하는데, 고묘하기 4일전에 산재한다고 되어있다.[111] 즉 7일간 재계하는 셈이다.[112]
- 『가례』: 3일 전부터 조상弔喪하지 말며 풍류를 듣지 말고 모든 흉하고 더러운 일에 참여하지 말라."고 하는데 이것은 산재에 속하는 일이다. 즉 『가례』에는 산재와 치재가 이 3일 안에 다 포함되어 있다.[113]

※ 모두 3일 전에 재계한다고 되어 있지만 자세히 보면 두 예서의 내용에 차이가 있다. 『격몽요결』 「제례」에서 이이는 "시제에는 산재를

---

109 주희의 집안에서는 그전에 시제 외에도 동지, 입춘, 계추(季秋 9월)의 세 번 있었는데 나중에 동지 입춘에 드리는 제는 참람한 듯해서 그만두고, 주희의 생일이 음력 9월이어서 이때 부친에게 제사를 드렸다고도 한다.
110 用仲月, 前旬卜日.
111 齋戒에는 산재와 치재의 두 종류가 있다. 제사에 전념하기 위하여 제사 전에 외부의 일을 미리 다 처리하는 것을 산재라 하고, 그런 다음 잡념을 없애고 마음을 전일하게 하는 것을 치재라고 한다. 이이는 『격몽요결』 「제례」에서 산재와 치재에 대해 설명하기를 산재는 조문하지 않고 문병하지 않고 육식하지 않고 술을 마셔도 취하기까지 하지 않으며 모든 흉하고 더러운 일에 참여하지 않는 것이며, 치재는 음악을 듣지 않고 나들이 하지 않고 진심으로 제사 받을 부모나 조상만을 생각하여, 거처하시던 것을 회상하고 웃고 말하시던 것을 회상하고 좋아하시던 것을 회상하고 즐기시던 음식을 회상하는 것이라고 한다.
112 前期三日告廟, 未告廟前, 亦須前期四日散齋…自此日, 沐浴更衣致齋, 主人帥衆丈夫齋于外, 主婦帥衆婦女齋于內.
113 前期三日齊戒, 前期三日, 主人帥衆丈夫致齊于外, 主婦帥衆婦女致齊于內, 沐浴更衣, 飮酒不得至亂, 食肉不得茹葷, 不吊喪, 不聽樂, 凡凶穢之事皆不得預.

4일 하고 치재를 3일하며, 기제에는 산재를 2일 하고 치재를 1일 하며, 참례에는 재숙을 1일 한다."[114]고 하여 시제의 재계 기간을 7일로 하고 있다. 『예기』에도 "산재 7일, 치재 3일"이라 하였다.[115] 시제의 재계에서 『가례』는 간편함을 좇았고 「제의초」는 고례의 본뜻을 따른 것이다.

③ 제사 하루 전날[前一日…具祭饌]

- 「제의초」: 매 위마다 과일 5가지(가난해서 갖출 수 없으면 3가지도 괜찮음), 세속에서 좌반佐飯이라고도 하는 포 1접시, 숙채 1접시, 젓 1접시, 김치 1접시, 청장 1그릇, 초나물[醋菜] 1접시, 신선한 생선과 고기 각 1접시, 떡 1접시, 면 1그릇, 국 1그릇, 밥 1그릇, 탕 5가지(혹 생선이나 고기, 또는 나물로 하되 장만할 수 있는 대로 함. 만약 가난하여 마련할 수 없으면 3가지만 갖추어도 됨), 적炙 3가지 곧 간적肝炙이나 물고기, 꿩 등의 것을 차린다.[116]
- 『가례』: 매 위마다 과일은 6가지, 채소와 포해는 각각 3가지, 고기와 생선과 만두와 떡은 각각 1쟁반, 밥과 국은 각각 1주발, 간肝 각각 1꿰미, 고기 각각 2꿰미를 차린다.[117]

※ 제찬의 내용과 가짓수가 『가례』와 「제의초」에 차이가 있다. 이 차

---

114 이이『율곡전서』, 권27, 『擊蒙要訣』, 「祭禮」, "時祭則散齋四日致齋三日, 祭則散齋二日致齋一日, 參禮則齋宿一日."
115 『예기』「祭統」, "是故 君子之齊也, 專致其精明之德也. 故散齊七日以定之, 致齊三日以齊之."
116 每位果五品, 貧不能辦則三品亦可 脯一楪, 俗稱佐飯熟菜一楪, 醢一楪, 沈菜一 楪, 淸醬一器, 醋菜一楪, 魚肉各一楪, 魚肉, 當用新鮮生物, 餠一楪, 麪一盌, 羹一盌, 飯一鉢, 湯五色, 或魚或肉或菜, 隨所備, 若貧不能辦, 則只三色亦可, 炙三色, 肝肉及魚雉等物.
117 每位果六品, 蔬菜及脯醢各三品, 肉, 魚, 饅頭, 糕各一盤, 羹, 飯 各一碗, 肝各一串, 肉各二串.

이는 중국과 물산이 다르고 식생활이 다른 데서 연유하는데 이이는 우리의 습속을 전적으로 반영하였다. 제찬의 품수에서 『가례』는 과일 6가지, 포와 해를 합해서 6가지 등 제사에 음의 수인 6품을 쓰는데 「제의초」는 과일 5가지 혹은 3가지, 탕 5가지 등 양의 수인 5품을 쓰고 있다. 『가례』 양복의 주에 의하면 『가례』의 제례 부분은 주희가 사마광과 정자의 설을 참조하였다고 한다. 「제의초」에서 『가례』를 따르지 않고 5품을 쓰는 것은 『온공서의』의 "제때 채소와 제때 과일 각 5품을 쓴다"[118]에서 취하였을 가능성도 있다.

④ 궐명厥明, 제사 당일
- 「제의초」: 당일에 "닭이 울면 일어나 주인 이하가 깨끗하게 옷을 입고"라 하고[119]
- 『가례』: "일찍 일어나… 주인 이하는 심의를 입고"[120]

※ 복식에 대한 것으로서 심의가 「가례도」에 실려 있긴 하였지만 아직 우리의 생활 속에 뿌리내리지 않았던 것임을 알 수 있다.

⑤ 옷 차려입기[主人以下盛服]
- 「제의초」: "벼슬이 있는 사람은 사모와 단령과 품대로 차리고, 벼슬이 없는 사람은 단령과 조대로 차리며, 부인은 저고리 치마를

118　時蔬時果各五品.
119　鷄鳴而起, 主人以下著淨衣, 新澣直領也, 俱詣祭所.
120　厥明夙興…主人以下深衣, 及執事者俱詣祭所.

모두 선명한 성복으로 입는다"[121]

- 『가례』: 성복한다고만 하고 시제의 성복에 대한 설명이 따로 없어서 「통례」의 사당 참례의의 성복을 참고하게 된다.[122]

※ 참례의에도 성복에 대한 설명이 있는데 단령이나 홍직령도 된다고 간단히 기술하였었다. 여기서는 보다 자세하게 기술하고 있으나 홍직령도 된다는 언급은 빠져있다.

⑥ 주인이 섬돌로 올라간다[主人升自阼階]

- 「제의초」: 자리가 정해지면 주인이 동쪽 섬돌로 해서 올라가 향을 피우고 꿇어앉아 고한다. "효증손 아무는 이제 중춘仲春 이월달(여름, 가을, 겨울 등 때에 따라서 달리 쓴다)에 증조고 아무 벼슬 부군府君, 증조비 아무 봉 아무씨, 고조 아무벼슬 부군, 조비 아무봉 아무씨, 고 아무 벼슬 부군, 비 아무 봉 아무씨께 일이 있사와 (만일 부위祔位가 있을 때는 말하기를, 아무 어버이 아무 벼슬 부군, 아무 어버이 아무 봉 아무씨 부식祔食이라고 한다) 감히 신주를 정침正寢으로 모실 것을 공손히 받들어 청하옵나이다."[123]

- 『가례』: 꿇어 앉는 의식이 없고 홀笏을 쥐는 의절이 있다.[124]

....

121 有官者, 紗帽團領品帶, 無官者, 團領條帶, 婦人上衣下裳, 皆極其鮮盛之服.

122 凡言盛服者, 有官則襆頭, 公服, 帶, 靴, 笏, 進士則襆頭, 襴衫, 帶, 處士則幞頭, 皁衫, 帶, 無官者通用帽子, 衫, 帶, 又不能具, 則或深衣, 或涼衫, 有官者亦通服帽子以下, 但不爲盛服, 婦人則假髻, 大衣, 長裙, 女在室者, 冠子, 背子, 衆妾, 假髻, 背子.

123 主人升自阼階, 焚香跪告曰, 孝曾孫某, 今以仲春之月, 夏秋冬隨時 有事于曾祖考某官府君, 曾祖妣某封某氏, 祖考某官府君, 祖妣某封某氏, 考某官府君, 妣某封某氏, 有祔位, 則曰以某親某官府君, 某親某封某氏祔食, 敢請神主出就正寢, 恭伸奠獻.

124 主人升自阼階, 搢笏, 焚香, 出笏, 告曰: "孝孫某, 今以仲春之月, 有事于高祖考某官府君, 高祖妣某封某氏, 曾祖考某官府君, 曾祖 某封某氏 祖考某官府君 祖, …妣妣某封某氏,

※ 신주를 사당에서 정침으로 모실 때의 의식인데 「제의초」는 "주인이 분향하고 꿇어 앉아…"로 우리의 좌식 생활을 반영한 꿇어 앉는 의절이 있고, 『가례』는 홀을 잡는 의절을 말한다. 「제의초」는 증조고비, 조고비, 고비의 3대에 고하고, 『가례』는 고조, 고비부터 시작해서 4대에 고하므로 3대봉사와 4대봉사의 차이를 보여준다.

⑦ 아헌亞獻

- 「제의초」: 아헌은 주부가 행하고 모든 며느리나 딸들이 집사가 된다. 이때 집사가 구운 고기를 받들고 와서 바치는 절차는 초헌 때와 같다. 다만 다른 것은 이때는 술을 제祭하지 않고 또 축문을 읽지 않는다. 주부가 변고가 있으면 숙부나 형제 중에 제일 높은 자가 대신 행하고 자제들이 집사가 된다. 아헌의 절차가 끝나면 술잔과 구운 고기를 거두고 잔은 본래 있던 자리에 놓는다.[125]
- 『가례』: 주부가 없는 경우 주인의 동생이 아헌을 하고 동생의 부인[弟婦]이 종헌을 한다.[126]

※ 일반적인 상황에서 아헌을 주부가 담당하는 것은 「제의초」와 『가례』가 동일하다. 다만 변고가 있을 때 대처하는 방식이 다르다. 『가례』는 동생이 담당하고, 「제의초」는 숙부나 형제 중에 가장 높은 사람이 아헌을 행하고 중자제가 집사가 된다고 하여 아헌할 사람의 범위를

考某官府君, 妣某封某氏, 以某親某官府君, 某親某封某氏祔食, 敢請神主出就正寢, 恭伸奠獻.
125 行亞獻禮, 主婦爲之, 諸婦女執事奉炙肉, 如初獻儀, 但不祭酒, 不讀祝, 主婦有故, 則諸父若兄弟中最尊者爲之, 衆子弟執事.
126 亞獻主婦爲之, 諸婦女奉炙肉及分獻如初獻儀, 但不讀祝, 朱子曰: 祭禮主人作初獻, 未有主婦, 則弟得爲亞獻, 弟婦爲終獻.

확대하였으며 종헌을 누가 하느냐에 대해서는 언급하지 않아 상황에 따른 변통의 여지를 남겨두고 있다.

⑧ 이에 문을 연다[乃啓門]

- 「제의초」: 주인과 주부가 고비 앞에 차를 바치는데 혹 숭늉으로 대신할 수 있다. 국을 거두고 물러난다.[127]
- 『가례』: 유식侑食[128] 후 문을 닫았다가 문을 열고 주인과 주부가 차를 받들어 돌아가신 부모의 신주 앞에 올린다.[129]

※ 여기서 차 대신 숭늉을 올릴 수 있다고 한 데서 차가 일상에서 보편적이지 않은 우리의 습속을 반영하고 있음을 알 수 있다. 예의 본질은 살리되 형식은 변용하여 시속으로 절충하고 있음을 볼 수 있다.

이상이 시제의 내용인데 이이는 시제가 끝난 다음 토신에게 제사를 지내는 후토제后土祭를 지내는 것이 좋겠다고 제안한다. 이것은 주희가 사시와 세말에 모두 토신제사를 지낸 것에 근거를 둔 것인데, 그것을 다 따라할 수는 없지만 봄, 겨울의 시제 때 따로 한 몫의 찬을 마련하여 가묘의 제가 끝난 다음 집 뒤의 깨끗한 곳에 흙으로 단을 만들어서 토신제사를 지내는 것이 좋겠다고 하며 횟수는 줄이되 토신제는 살리자는 절충안을 제시한 것이다.

---

127 主人主婦奉茶, 或代以熟水分進于考妣之前, 徹羹而退.
128 侑食이란 제사에서 靈位에게 음식을 권하는 의식으로 잔에 술을 더하고 수저를 밥에 꽂고 젓가락을 시접위에 올려놓고는 주인과 주부가 북향하여 주인은 재배, 주부는 사배한다. 이때 제관들은 모두 엎드려 있는데 이를 유식 또는 부복이라 한다. 이것은 신이 충분히 흠향하기를 기다리는 뜻이다.
129 主人主婦奉茶, 分進于考妣之前.

6) 기제의 의절[忌祭儀]

『가례』에는 사시제와 기제 사이에 초조初祖, 선조先祖, 녜제禰祭[130]가 있다. 초조는 시조를 계승한 종자宗子만 지낼 수 있으며 동지에 지내고, 선조는 시조와 고조를 잇는 종자가 입춘에 지내며, 녜제는 아버지를 잇는 장자가 음력 9에 지낸다. 「제의초」에는 이 세 제사가 없다. 이이가 '녜제'를 제외한 것에 대해 송익필은 반대의견을 냈었는데 나중에 이재는 『사례편람』에서 다시 녜제를 넣고 있다.[131]

부모가 돌아가신 날을 기일忌日이라고 하며 이날에 지내는 제사를 기제忌祭라고 한다. 아무리 세월이 흘러도 이날은 자녀에게 상복을 입은 날이 된다.[132] 『가례』와 비교하여 특색을 보기로 한다.

① 제계齊戒[133]

- 「제의초」: 산재 2일, 치재 1일이라 하여 기일 3일 전에 한다.[134]

---

130 음력 9월 중에 길일을 택하여 돌아가신 부모를 위해 올리는 계절 제사이다. 아버지를 모신 가묘를 녜(禰)라고 하는데, 이 글자는 가깝다는 뜻을 가지고 있다. 이 글자는 '예'라고도 읽는다. 장자가 제사의 주인이고 다른 형제나 자손들은 제사에 참여하기는 하나 제사를 주관하지 못한다. 원래는 돌아가신 부모의 생일에 지내는 제사이다. 녜제를 9월의 시제라고 하는데 이때가 만물이 이루어지는 계절이기 때문이다.
131 예서에 있지만 실제로는 잘 행하여지지 않았다. 주희가 행했던 예이어서 실행하고 싶어 했던 유학자가 많았다. 선례가 거의 없고 유래도 다양하여 기준을 정하기 힘들어 공식적인 제사로 정착되지 못하였다.
132 『예기』,「祭義」,"君子有終身之喪. 忌日之謂也."
133 몸과 마음을 깨끗이 하고 행동을 삼가는 것을 재계라고 하는데 재계할 때는 반드시 목욕하고, 목욕이 끝나면 명의를 입는데, 몸을 명결히 하려는 것이다.
134 忌祭則散齋二日. 致齋一日.

- 『가례』: 제사 하루 전날에 하는데[135] 녜제의 의절과 같다.[136]

※ 기제의 재계는 「제의초」가 『가례』에 비해 더 일찍부터 정성을 들이는 것을 알 수 있다. 또 앞의 시제 7일과 비교하면 기제가 시제보다 덜 무겁다는 것도 알 수 있다.

② 설위設位

- 「제의초」: 돌아가신 아버지나 어머니 한 분의 것만 진설한다고 하면서도 정이가 돌아가신 부모를 함께 제사했던 사실을 기재하며 그렇게 해도 무방하다는 뜻을 보인다.[137]
- 『가례』: 해당되는 한 분의 것만 진설한다.[138]

※ 주희는 해당되는 한 분의 것만 진설한다고 했는데 이이는 주희와 마찬가지로 해당되는 고나 비 한 분의 것만 진설한다고 하면서도 정자가 고와 비를 함께 제사했던 사실을 기재하고 있음에서 인정의 후한 것을 따르고자 하는 생각을 드러내고 있다.

③ 제기를 진설하고 찬을 갖춘다[陳器具饌]

- 「제의초」: 시제와 같이 한다. 다만 과일과 탕을 모두 각 3가지를

---

135 前一日齋戒.
136 『가례』에서 기제의 재계는 禰祭와 같다고 하였고, 녜제를 보면 또 시제와 같다고 되어있다. 시제의 재계는 (前期三日), 主人帥衆丈夫致齊于外. 主婦帥衆婦女致齊于內. 沐浴更衣, 飮酒不得至亂, 食肉不得茹葷. 不弔喪, 不聽樂, 凡凶穢之事 皆不得預로 되어있다.
137 設所祭一位, 家禮則只祭或考或妣一位, 程子則幷祭考妣云.
138 但止設一位.

넘지 않도록 하고 만약 줄이려면 모두 한 가지만 한다. 그러나 부
와 모를 함께 제사하는 경우 각각 두 종류씩 준비한다.[139]

■『가례』: 녜제禰祭와 같게 하되 한 분 것만 준비한다.[140]

※ 구찬具饌은 『가례』에서는 기제의 찬품을 녜제와 같게 하되 한 분 것만 준비한다고 하였고, 녜제를 보면 또 시제와 같게 한다고 하였다. 『가례』의 시제 찬품은 과일 6품, 소채와 포해 각 3품, 고기와 생선과 만두 각 1접시, 국과 밥 각 1그릇, 간 각 1꿰미, 고기 각 2꿰미이다. 이이는 기제에는 과일과 탕을 각 3가지를 넘지 않도록 하여 약간 차등을 둔다고 하였다. 시제에 비해 기제를 간략하게 하였음을 알 수 있다.

④ 날이 샐 무렵[質明]

■「제의초」: 부모의 기제이면 벼슬이 있는 사람은 호색縞色 곧 흰색과 검은색의 잡색 모자에 끈을 드리우거나, 혹은 참색黲色 곧 옅은 청흑색 모자에 끈을 드리우며, 옥색 단령에 흰 베로 각대角帶를 싼다. 벼슬이 없는 사람은 호색의 갓을 쓰거나 혹 참색의 갓을 쓰며, 옥색 단령에 흰 띠를 띠고 흰 신을 신는다. 부인은 호색 배자에 흰치마와 저고리를 입는다. 조부 이상의 기제에는 벼슬이 있는 사람은 검은 사모에 옥색 단령을 입고 흰 베로 각대를 싸며, 벼슬이 없는 사람은 검은 갓에 옥색 단령을 입고 흰 띠를 띤다. 부인은 검은 배자에 흰 저고리와 옥색 치마를 입는다. 방친의

....

139 如時祭之儀, 但果及湯, 皆不過三色, 略有等殺, 但具一分, 若幷祭考妣, 則具二分.
140 如祭禰之饌 『가례』에서 禰祭의 具饌은 如時祭之儀二分이라 되어있다. 시제의 具祭饌을 보면 果六品, 蔬菜及脯醢各三品, 肉, 魚, 饅頭, 糕各一盤, 羹, 飯各一碗, 肝各一串, 肉各二串이다.

기제에는 벼슬이 있는 사람은 검은 사모에 옥색 단령과 검은 각 띠를 띠고, 벼슬이 없는 사람은 검은 갓에 옥색 단령을 입고 검은 띠를 띤다. 부인은 다만 화려한 옷만 입지 않는다.[141]

- 『가례』: 아버지에게 제사지낼 때 주인과 형제는 참사복두黲紗樸頭와 참포삼黲布衫과 포과각대布裹角帶[142]를 하며, 할아버지 이상에 제사를 지낼 때는 참포삼을 입고, 방친에게 제사지낼 때는 조사삼皁紗衫을 입는다. 주부는 특계特髻[143]를 하여 장식을 하지 않고 백대의白大衣와 담황피淡黃帔을 입으며, 나머지 사람들도 화려한 옷을 입지 않는다.[144]

※ 기제의 옷차림에 대해 주희는 제사의 대상이 아버지, 할아버지, 방친인 경우에 따라서 남녀가 제사지낼 옷을 어떤 옷으로 입을지를 설명한다. 이이는 여기에 더하여 제사지내는 사람의 관직의 유무까지 고려하여 상세히 구분하고 있다.

⑤ 제사 당일[是日]
- 「제의초」: 부모 기일이면 호색의 갓을 쓰고 흰옷에 흰 띠를 띠고, 조부 이상이면 검은 것을 쓰고 흰옷과 흰 띠를 매며, 방계친족이

---

141 主人以下變服 父母忌則有官者, 服縞色帽垂脚, 或黲布帽垂脚, 玉色團領, 白布裹角帶, 無官者, 服縞色笠, 或黲色笠, 玉色團領, 白帶, 通著白靴, 婦人則縞色帔, 白衣白裳, 祖以上忌, 則有官者, 烏紗帽, 玉色團領, 白布裹角帶, 無官者, 黑笠, 玉色團領, 白帶, 婦人則玄帔, 白衣, 玉色裳, 旁親之忌則有官者, 烏紗帽, 玉色團領, 烏角帶, 無官者, 黑笠, 玉色團領, 黑帶, 婦人, 去華盛之服. 縞, 白黑雜色也, 黲, 淺青黑色, 卽今之玉色也.
142 하얀 베로 싸서 상복에 매던 띠이다.
143 꾸미개를 하지 않고 본 머리 위에 다리로 틀어 얹는 머리 양식을 말한다.
144 禰, 則主人兄弟黲(淺青黑色)紗樸頭, 黲布衫, 布裹角帶, 祖以上, 則黲紗衫, 旁親則皁紗衫, 主婦特髻去飾, 白大衣, 淡黃帔, 餘人皆去華盛之服.

면 화려한 옷을 입지 않는다. 저녁에는 밖에서 잔다.[145]
- 『가례』: 이날 술 마시지 않고 고기먹지 않고 음악 듣지 않고 검은 두건, 흰 옷, 흰 띠를 두르고 밖의 방에서 잔다.[146]

※ 제삿날은 제사를 지낸 후에도 옷을 평일과는 다르게 입는다. 그런데 주희는 검은 두건과 흰옷, 흰 띠를 띤다고 하였다. 그런데 이이는 부모 기일이면 호색의 갓을 쓰고 흰옷에 흰 띠를 띠고, 조부 이상이면 검은 갓을 쓰고 흰옷과 흰 띠를 매며, 방계 친족이면 화려한 옷을 입지 않는다고 하여 관계에 따른 복식구분을 보다 상세하게 하여 인정의 차이를 밖으로 드러내 보이고 있다.

7) 묘제의 墓祭儀

묘제는 시속명절이 되면 묘소에 가서 청소하고 제사지내는 의식이며 예로부터 우리나라에서 중시했던 속제이다. 연원을 살펴보면 본래 고례에는 없었고, 진대에 시작되어 당대에 이르러서 성행하게 되었는데 주희는 이 제도가 '의리를 해치지 않는다'고 생각하여 『가례』에 수록하였다. 이이도 같은 취지에서 『제례초』에 넣은 것으로 보인다. 『가례』와 비교해보면 다음과 같다.

① 묘제墓祭
- 「제의초」: 시속에서 행하는 대로 우리나라의 네 명절인 설, 한식,

---

145 父母忌則縞色笠, 白衣白帶, 祖以上則黑笠, 白衣白帶, 旁親則去華盛之服, 夕寢于外.
146 是日不飮酒, 不食肉, 不聽樂, 黲巾, 素服, 素帶以居, 夕寢于外.

단오, 추석에 지낸다.[147]
- 『가례』: 3월 상순에 택일하여 지낸다.[148]

※ 묘제를 행하는 시기를 『가례』는 3월 상순上旬에 택일하여 지낸다고 하는데 「제의초」는 속제에 따라 우리나라의 네 명절인 설, 한식, 단오, 추석에 지낸다고 한다. 이언적의 『봉선잡의奉先雜儀』에도 네 명절에 묘제를 지내는 것을 보면 명절에 묘소에 가서 제사를 드리는 것은 그 연원이 오래된 우리의 속제였던 것 같다.

② 궐명厥明, 주인이하主人以下
- 「제의초」: 주인 이하는 검은 갓에 흰옷과 검은 띠를 띤다고 하고 있다.[149]
- 『가례』: 심의를 입는다.[150]

※ 묘제의 복장을 보면 『가례』는 심의를 입는다 하고 「제의초」는 주인 이하는 검은 갓에 흰옷과 검은 띠를 띤다고 하고 있다. 「제의초」에서 심의에 대한 언급이 없는 것을 보면 이때까지만 해도 아직 심의에 대한 관심이 생기지 않았음을 알 수 있다.

그런데 사당에서 사시제를 행하면서 또 네 명절에 묘소에 가서 제사를 지내는 것은 사당과 묘소를 동등하게 여긴다는 문제가 생긴다.

....
147 依俗制, 行于四名日, 正朝, 寒食, 端午, 秋夕. 散齋二日, 致齋一日.
148 三月上旬擇日, 前一日齋戒.
149 玄冠, 素服, 黑帶.
150 主人深衣.

즉 『가례』에서는 명절에 사당에서 제사지내는 사당제가 있기 때문에 묘제가 일 년에 한 번인데 우리의 풍속에는 네 명절에 모두 묘제를 지내기 때문에 일 년에 네 번이 된다. 이이는 국속에서 행한지 오래되는 이 습속을 갑자기 바꿀 수 없다고 생각하여 절충안으로 묘제와 가묘제와의 차별성을 확보하고자 한다. 묘제를 사시로 행하면 가묘와 동등하게 되니 한식과 추석에는 성찬盛饌과 축문을 갖추어 토신土神에게 제사하여 가묘의 묘제와 같게 하고, 설과 단오에는 약간의 찬물饌物과 단헌單獻에 축이 없이 하고 토신 제사도 지내지 않으면 가묘와의 차별성도 유지하고 속제도 지킬 수 있다는 것이다. 여기서 시의성과 합리성을 살리는 이이의 예에 대한 입장을 볼 수 있다.

8) 상중에 드리는 제사의절[喪中行祭儀]

이 항목은 『가례』에는 없다. 이이는 고례에는 삼년상 중에 사당의 제사를 폐하고 있지만 지금은 상중에도 제사를 지내는 것이 합당하다고 한다. 왜냐하면 주희가 말한 대로 '고인은 거상하면 상복을 입고 곡하는 소리가 입에서 끊어지지 않았으며 출입, 거처, 언어, 음식이 모두 평일과 달라서 사당의 제사를 폐하여도 유명幽明의 사이가 다 유감이 없었는데 지금은 그렇지 않으면서 이 한 가지, 즉 제사 지내는 일만 폐하는 것이 미안한 듯하다'고 생각하기 때문이다. 그리하여 장사하기 전까지만 제사를 폐하고 길제吉祭에 해당하는 졸곡 뒤에는 사시의 명절 제사나 기제忌祭 묘제墓祭를 복이 가벼운 사람을 시켜 제사를 행하되 찬의 가짓수를 보통 때보다 줄이고 단헌에 축문은 읽지 않으며, 제사 지낸 고기인 조육胙肉도 받지 않는 것이 좋겠다고 한다. 기년이나 대공은 장례를 모신 뒤에 평시와 같이 제사지내고 장사지내기 전에는 시제는 폐하고 기제나 묘제는 위처럼 하며, 시마와 소공은 성복하기 전에는 제사를 폐하고 성복한 뒤에는 평시와 같이 제사를 지내도록 하며 제사 의복은 검은 갓, 흰옷, 검은 띠로 한다.

이상으로「제의초」의 내용과 특징을 살펴보았다. 이이가 일상에서 관·혼·상·제의 사례를 실행하는데 있어『가례』를 준거로 삼을 것을 주장하였고 실제 자신도『가례』를 독실하게 실천하였다. 그러나 위의「제의초」의 내용에서 보듯 대체로『가례』의 항목을 따르지만 구체적인 실천세절에서는『가례』의 내용과 상이한 부분이 다수 있다. 여기서 그가『가례』를 존숭하면서도 묵수하지만은 않았음을 알 수 있다.

3.「제의초」편찬의 원칙

「제의초」는 본래 의절중심의 행례서이며 이와 관련된 이이의 이론적 설명이 따로 없기 때문에 행례의 형식 속에서 이이의 생각과 의미를 유추하는 수밖에 없다. 앞에서 고찰한 내용을 바탕으로 귀납적으로 이이의「제의초」편찬의 원칙과 예 정신을 정리해보면 그는 예서에 근거하였으며, 절충의 입장을 보이고, 습속과 속제를 따랐으며, 독창성을 보이고, 인정을 따랐다. 이 다섯 가지를 다시 묶으면 다음 세가지로 정리된다.

1) 예서에서 근거를 찾음

시제의에서 재계를 주희는 간편함을 쫓아서 진기 3일로 하고, 이이는 고례의 본뜻을 중시하여 전기 7일로 하였다. 기제의에서 재계를 주희는 전기 1일로 하고 이이는 전기 3일로 한 것도 마찬가지 입장이다. 또 『가례』는 사대봉사를 하지만 「제의초」는 조선조의 국제를 지켜 삼대봉사를 하여 고례와 국제를 지키는 입장을 보인다. 『가례』를 따를 수 없는 부분은 고례에 근거하거나 국제를 따른 것이다. 현실적 상황과의 상충이나 원리적으로 시비를 논하기 어려운 문제의 경우에 상위 권위를 갖는 텍스트를 원용하는 것은 권위에 있어서나 합리성의 확보에 있어서 매우 바람직하고 지혜로운 방안이라고 할 수 있다.

2) 시의時宜 중시의 절충

이이는 제의초의 편찬에서 무엇보다 시의성을 중시하고 있음이 드러난다. 예가 본래 상황적 적합성을 중시하는 것이지만 상황이 바뀌었을 때에 그에 적합한 형식과 도수를 찾아내는 일은 상당한 창의성을 요하는 것이다. 이이는 출입의 의절에서 중문을 열고 사당에 고하는 기준이 『가례』는 한 달 출타하는 것이고, 「제의초」는 10일을 기준으로 잡았다. 이이는 중국의 땅이 우리에 비해 넓은 것을 감안하고 규모에 적합한 선택의 차원에서 절충해서 10일로 한 것으로 보인다. 또 묘제의에서 『가례』에서는 묘제를 년 1회 행하지만, 「제의초」에서는 년 4회를 행하는데 이렇게 되면 묘제와 사당제와의 차별성이 없게 된다. 이 점을 해결하기 위해 이이는 한식과 추석에는 묘제를 정식대로 행하고 설과 단오에는 약식으로 행하도록 절충하여 속제도 지키고 예의 본질도 훼손하지 않도록 절충한다.

참례의를 보면 이이는 설이나 동지에는 찬을 더 진설하도록 하는데 이것은 설과 동지를 중시하는 우리의 습속을 반영한 것이고, 동지에 콩죽을 올리는 것도 우리의 습속을 반영한 것이다. 차를 숭늉으로 대신하는 것도 같은 맥락이다. 또 시제에서 주인이 분향하고 꿇어앉는 방식은 우리의 좌식생활을 반영한 것이다. 이외 모든 제식의 설찬과 복식도 우리의 습속을 그대로 반영하고 있다. 천헌의의 속절을 보면 『가례』에서는 청명, 한식, 단오, 추석, 중양 등 중국의 명절을 속절로 삼는다. 이에 대해 이이는 우리의 전통명절인 정월보름, 3월 3일, 5월 5일, 6월 15일, 7월 7일, 8월 15일, 9월 9일, 납일을 속절로 삼고 있다. 또 시제의에서 시제의 시기를 『가례』는 중월仲月로 하는데, 「제의초」는 춘분, 하지, 추분, 동지로 하여 우리의 속제를 따르고 있다.

3) 인정人情을 우선함

예가 본래 인정을 바탕으로 그것을 절문하여 낸 것으로 규정된다. 예가 인정을 반영해야 하는 것은 원칙이라 할 수 있다. 예에서 친친親親의 문제와 명분名分 또는 존현尊賢의 문제가 엄정하게 구별될 때도 있지만 가끔 충돌할 때도 있다. 이럴 경우 이이는 명분보다는 인정을 중시하였다. 시제의에서 주부가 없거나 유고일 때 『가례』는 주인의 동생이 아헌을 하고 동생의 부인이 종헌하는 것으로 되어 있다. 그런데 이이는 백부 중부 숙부 계부나 형제 중의 높은 사람이 아헌을 하도록 하고 종헌에 대해서는 언급하지 않는다. 상황에 따른 대처의 여지를 남겨두는 독창성을 보인 것이다.

기제의에서 설위할 때 『가례』는 해당되는 한 분만 설위하는데 이이는 정이가 고考와 비妣 두 분을 병위竝位하였던 것을 예로 들어 병위도 무방하다는 입장을 보인다. 인정을 중시한 것이다. 또 기제의에서 제사 후의 복식을 『가례』는 참건과 소복과 소대로 통일하였는데 이이는 부모 기일, 조부모 이상의 기일, 방친의 기일을 구분하여 인정에 두터움에 따라 옷을 달리 입도록 하였다. 예를 실천함에 있어 인정을 중시하는 이이의 이러한 입장은 서모庶母에 대한 태도에서도 보이는데 초하루 보름에 사당에 참례할 때 서모의 자리를 높인 것 때문에 예에 밝았던 성혼과 송익필 두 사람과 여러 번 논쟁이 있었다. 이이는 "내 스스로의 생각이 이와 같으니 다른 사람은 본받을 필요가 없다."고 하였는데 예에 어긋나면서 인정을 주로 하는데 힘썼기 때문에 생긴 논쟁이었다.[151] 이처럼 인정을 중시하는 점이 「제의초」의 찬술에서도 확인된다.

4. 진성盡誠과 경종수족敬宗收族의 지향

일반적으로 제례에서 보본반시報本反始, 또는 보본추원報本追遠을 근간으로 한다. 이 때문에 이이는 「제의초」에서 의절에 있어서의 시의성과 합리성을 살린 변통을 바탕에 두면서도 제례가 근본에 보답하고 시원으로 돌아가고 가족의 유대를 강화하는 경종수족敬宗收族을 참마음을 다해야 한다고 강조한다. 그는 신종愼終의 상례에서는 그 예를 한껏 다 하라고 하였고 보본추원의 제례에서는 참마음을 다 기울여야 한다는 상진기례喪盡其禮와 제진기성祭盡其誠을 강조한다.

이이가 보이는 「제의초」의 편찬정신은 우선 변통이다. 그는 『가례』를 존숭하여 여러 곳에서 『가례』를 준용할 것을 강조하였거니와 자신도 일상에서 실천하였다.[152] 그러나 한편으로 위의 「제의초」를 보면 세

---

151 이이 『율곡전서』, 권34, 「年譜」下, "先生待庶母, 奉養起居, 無異親母, 要爲..其心而後已. 至於朔望位次 多與牛溪龜峯爭論 而亦務主情 學者疑而問權之 先生曰, 我自意見如此, 他人不必法也."

152 김장생이 쓴 「행장」에 보면 이이는 16세에 어머니의 상을 당하여 3년 동안 여묘살이

세한 절목에서 『가례』의 내용을 많이 수정한 것을 볼 수 있다. 이렇게 보면 일견 『가례』를 중시하지 않은 것으로 보이나, 이는 이이가 변통을 매우 중요하게 생각하였던 까닭이다. 이것은 무실務實을 지향하는 이이 사상의 특성과 무관하지 않다. 인순왕후의 상사 때 오례의대로 예 집행을 해야 하는지의 여부를 두고 의논이 있었다. 조종 때 만든 것이므로 경솔히 고칠 수 없다는 입장에 대해 이이는 "상례가 옛날과 같지 않은지 오래되었으니 이 기회에 고쳐서 근고近古의 예에 따라 변통을 해야 합니다."라고 하였다.[153] 만들 때 미비한 점이 있을 수도 있고, 세월이 흘러 세태도 달라져서 고칠 것이 있으면 마땅하도록 변통하여 법을 세우자는 것이 이이의 입장이다. 설령 존숭하는 『가례』라 하더라도 중국과 우리의 습속과 제도가 다르고 『가례』를 만든 때로부터 이미 4세기나 되는 많은 시간이 흘렀기 때문에, 이를 지킬 줄만 알고 변통을 할 줄 모른다면 이것은 『가례』의 원뜻을 제대로 이해하지 못하는 것이기 때문이다.

　이이는 『격몽요결』과 「제의초」를 저술한 후 세상에 내기 전에 예에 밝았던 송익필에게 먼저 보여 질정을 구하였다. 송익필은 두 차례에 걸쳐 수정을 요하는 부분을 이이에게 서신으로 보냈는데, 「제의초」의 내용이 주희의 『가례』와 다르다는 것이 주된 이유이다.[154] 그러나 이이는

하면서 꼭 『가례』대로 하여 최질을 벗지 않고, 손수 제찬을 장만하였고, 그릇 씻는 일까지도 종들에게 맡기지 않았다. 또 제사 지내는 모든 일도 주희의 예인 가례에 따라 행하였다. (『율곡전서』, 권35, 「行狀」)

153 　이이 『율곡전서』 권35, 「行狀」, "力言喪禮不古久矣, 因此幾會, 當變通從近古之禮".
154 　『龜峯先生集』, 권5, 「玄繩編」 下, 송익필은 脯醢는 제물에서 중요한 것인데 佐飯으로 脯를 바꾸고 밥과 국과 잔도 위치를 마음대로 바꾼 것은 안 될 일이라고 한다. 또 시제를 이이는 춘분 추분, 동지, 하지로 정하였는데 구봉은 주희이 생가도 그렇지 않았다고 증거하며 반대 의견을 피력한다. 묘제의 참신 강신도 『가례』에서 이미 정한 것인데 이이가 갑자기 바꾸려 하는 것은 합당치 않다고 한다. 반대의 근거가 『가례』에 있는 것을 볼 수 있다.

거의 수용하지 않았다. 이는 그가 몰라서 『가례』와 달리 하였던 것이 아니라 스스로 설정한 저술의 기준이 있었기 때문임을 알 수 있다. 이것은 곧 주체적 변통의 정신이다. 예의 본질을 잃지 않으면서 시의성을 살려 실용성을 갖춘 예제를 만들고자 한 것이 이이의 생각이다. 주희가 『가례』를 저술한 중요한 이유에도 이러한 변통의 정신이 들어있다. 이런 점에서 볼 때 이이는 「제의초」의 저술에서 주희의 『가례』 정신을 계승하고 발양하였다고 볼 수 있다.

'보본반시'는 제사가 예의 연장선에 있는 행위임을 나타내는 또 다른 표현이다. 제사의식을 통해서 과거의 조상과 내가 하나로 이어지는 것을 인식하게 되고, 나 자신 역시 조상의 역사를 이어가는 한 맥락임을 확인하는 자리가 제사이다. 여기서 책임감과 함께 나의 가치를 깨닫고 인생의 목표와 열정을 확립할 수 있다. 그리고 돌아가신 조상에게서 느끼는 이 유대감과 책임감은 눈앞의 부모에게는 더 발현될 수밖에 없다. 『논어』에서 증자는 "초상을 삼가서 치르고 멀리 돌아가신 선조를 추모하면 백성의 덕이 후한 데로 돌아갈 것이다."[155]라고 하였다. 신종愼終은 상례의 부분이고 추원追遠은 제사의 부분이다. 백성의 덕이 후한 데로 돌아간다는 것은 백성들이 교화되어 사회풍속이 교화되는 실제 응용을 말한다.

보본반시가 나와 조상과의 정체성을 확인하는 맥락에서 시간적인 의미를 갖는 것이라면 이것의 공간적 의미는 '경종수족'이라 할 수 있다. 「제의초」를 보면 사당을 중심으로 모든 의식절차가 진행되는 것을 볼 수 있다. 사당제도는 종법주의를 차용하여 강화한 것이다. 이는 주희가 만든 제도로 전통의 종자법을 당시 사회에서 행하던 동족공묘同

---

155 『논어』, 「학이」, "曾子曰 愼終追遠 民德 歸厚矣."

族共廟의 제사 이념에 융합시켰고, 사당이라는 이름을 붙임으로써 사인은 조고만 제사하도록 되어있던 신분계급의 문턱을 없애고 일반 서민도 사대봉사를 할 수 있는 틀을 만들었다.[156] 이이는 「제의초」를 저술하여 사당을 중심으로 진행되는 의식을 통해 효도를 강화하며 관계망을 형성하여 가족들이 일상 속에서 질서 있고 상부상조하는 이상적인 사회를 이루고자 하였다. 모든 예가 갖는 궁극의 가치는 사실 일상의 성화聖化라고 할 수 있다. 공자에게 있어서 예의 의미는 개인의 완성 자체보다 인간 공동체의 완성, 또는 그 공동체 속에서 이루어지는 교제의 완성이다. 이것에는 다음의 조건이 요구된다. 그 사회의 구성원에게 학습되었거나 용납된 관습이 있을 것, 적절한 상황에서 관습의 힘에 호소할 수 있을 것, 의식이 충분히 이루어질 것, 의식수행의 역할을 담당한 사람이 적절한 권한을 부여받을 것 그것이다. 「제의초」에서 보는 사당은 이러한 기능을 할 수 있는 공간이다. 조상을 제사지내는 사당은 산 사람의 생활공간인 본채의 동쪽 위치한다. 산사람과 죽은 사람을 구분하여 생각하지 않았으므로 같은 공간에 배치한 것이다. 이 사당에서 '죽은 이를 섬기는 것을 산 사람 섬기는 것처럼' 하여 제사를 지내는 것뿐 아니라 중요한 일이 있으면 고하고, 결정하고, 거행하게 되는데, 이것은 제사를 통하여 주기적으로 일상성 안에서 비일상성을 부단히 재현함으로써 인륜일상으로 표현되는 세속의 영역에 성스러움이 스며들게 하는 일상의 성화聖化라고 할 수 있다.[157]

이이는 일상생활에서 오륜을 실천하고 타고난 품성을 올바르게 실현하여 성인이 되고자 하는 『소학』 공부를 중요하게 생각하였고, 같은

---

156 노인숙, 「종묘에서 사당으로」, 『동양철학』, 44집, 2015, p.92.
157 노인숙, 「성·속의 관점에서 본 공자의 예」, 『유교사상연구』 3집, 1988, pp.217-222 참조.

맥락에서 일체의 예를 주희의 『가례』에 의거하여 행할 것을 강조하였다. 「제의초」는 『가례』의 제례를 기본으로 하여 제사를 지내는 행례의 지침서로 마련된 것이다. 「제의초」는 본래 의절중심의 예를 실행하는 책이며 이와 관련된 이이의 이론적 설명이 따로 없기 때문에 행례의 형식을 보고 이이의 생각과 그 의미를 유추하고자 하였다. 그리하여 결론적으로 「제의초」 편찬의 원칙이 첫째 예서에 근거하였고, 둘째 우리의 습속과 주희의 『가례』를 절충하였으며, 셋째 우리의 전통인 습속과 속제를 따랐으며, 넷째 새로운 독창성을 보이고, 다섯째 인정을 따랐던 것이었음을 알 수 있다.

제8장

김장생의 『가례집람』과 『상례비요』
家禮輯覽

1. 한국 예학의 종장

　예학을 성리학에서 실학으로 넘어가는 교량의 위치로 이해하면 상호 연계성 및 차이를 확인하고 그 학문적 변천 과정을 포착할 수 있다. 한국 예학을 다룸에 있어 가장 주목받는 인물은 김장생이다. 그가 살았던 시대는 이황·이이에 의해 이미 천리와 인성에 대한 탐구가 유감없이 천명되어 이제 이러한 이론적인 성과가 구체적인 실사에 구현되어야 할 시기였다. 한편으로는 정치적 사회적 상황 또한 사화 왜란 호란을 거치면서 무너진 강상과 사회의 구조적인 양상이 예학이라는 구체적, 실천적 학문의 방향으로 전환되는 과정에 있었다. 또 인조반정으로 인한 왕위승계에 있어서의 정통성의 문제, 즉 국가기강의 확립을 예학의 종통宗統의 확립에서 찾고자 한 것도 간과할 수 없다.

　16세기 이후 발흥한 조선의 예학은 앞서 다루었듯이 여러 사회적 또는 유학 내재적 이유들이 있었는데 그에 부응하여 이 흐름의 선두에 섰고 종장의 위치에 자리 매김이 되는 인물이 김장생이다. 그가 태어나고 활동한 시기는 이황 이이에 의해 성리학의 진수가 한껏 발휘되어 천리·인성 등에 대한 문제가 이제 구체적인 현실에 나타나 유학 본래의 이상사회를 건설할 수 있어야 하는 때이었다. 그는 과거에 응시하지 않았지만 추천을 받아 여러 내외직을 역임하였다. 그의 삶은 주로 산림에서의 학문하는 삶이었고, 그것도 확고한 원리와 엄정한 형식을 동반한 실천적 성격의 예학을 정립하는 삶이었다. 김장생은 송익필과 이이를 스승으로 모시고 성리학을 이이에게서, 예학은 송익필에게서 배움으로써 성리학과 예학을 융통하여 한국 예학의 종장이 되었다.

김장생의 예의 학술화 노력은 그 학문체계에서도 찾아 볼 수 있다. 성리학의 전통 학문체계는 『소학』으로부터 『근사록』, 『대학』, 『논어』, 『맹자』, 『중용』, 육경, 제자諸子의 순서이다.[158] 다소의 차이는 있어도 조선의 대표적 성리학자들도 이 순서를 강조하였으며, 이는 이황 이이 성혼 또한 마찬가지였다. 그런데 김장생은 『소학』, 『가례』, 『심경』, 『근사록』, 『대학』, 『논어』, 『맹자』, 『중용』, 그리고 오경을 차례로 하여 학문 성취의 단계로 삼았다.[159] 『소학』을 머리에 둔 것은 같으나 그 다음이 『가례』와 『심경』이라는 것이 다른 학자들과 다른 점이다. 김장생 학문의 특징이 긴장된 성실성과 실천에 있음을 알 수 있다. 경敬을 주로 하여 남이 보지 않는 데서도 부끄러움이 없도록 하는 공부가 제일 긴요하다는 것은 주희를 비롯한 성리학자 일반의 주장이기도 하고 자신의 아언이기도 한다.[160]

그는 송익필·이이·성혼 등을 스승으로 섬겼는데 예학 분야는 송익필의 영향이 컸고, 이것은 그의 아들 김집에게 이어져 문하에서 많은 예학자들이 배출되었다. 김장생의 문인으로는 송시열·송준길·이유태·

....

158 大規信良, 「朱子의 學問觀」 「東方學」 10輯 1955 p.8.
159 김장생 『사계전서』 沙溪年譜
160 『사계신독재전서』 沙溪年譜 "爲學之本 先主於敬 不愧屋漏士夫 最緊要也."

강석기·장유·정홍명·김경여·이후원·조익·이시직·윤순거·최명길 등 그 수가 매우 많다. 이처럼 많은 문인이 있었던 것은 그가 산림형 학자였기 때문에 가능한 일이었고, 이로 인하여 그는 조선 예학의 태두로 추존되었다.

김장생의 대표적 예서는 『전례문답典禮問答』, 『가례집람』 『상례비요』 그리고 『의례문해疑禮問解』를 들 수 있다. 김장생의 학문적 영향력은 인조반정 이후 중앙 정치에서 집중적 조명을 받으면서 증폭되었다. 한 명의 산림이 열 정승을 능가한다는 말이 있을 만큼 영향력이 컸던 산림의 효시적 인물이 김장생이다.

본 장에서는 조선 예학의 종장으로서의 김장생의 예학사상을 그의 『가례집람』과 『상례비요』를 중심으로 살펴보고, 이에 대한 『가례』의 영향, 또 『가례』의 내용과 구별되는 점 등을 고찰하여 김장생 예학사상의 특징을 살펴보도록 하겠다.

2. 『가례집람』 편찬정신

『가례집람』은 김장생이 『가례』를 연구하다가 선명히 알지 못하는 부분을 신의경申義慶(1557-1648)[161]과 논의하고, 이이의 지도를 받아 여러 학자들의 주장을 취하고 국법을 참작하는 동시에 상황적 필요에 부응하기 위하여 쓴 것이다. 『상례비요』는 본래 신의경의 편저로서 『가례』

---

101 신의경의 호는 西坡이다. 어려서부터 김장생과 함께 『가례』 등을 공부하였고, 예학에 조예가 깊었다. 사대부의 喪에서 執禮 경험을 바탕으로 『상례비요』를 저술하였다. 그가 지은 이 책은 나중에 김장생이 고증하고 수정하여 완성하였다.

의 「상례」편을 주로 하여 고금의 의례와 여러 학자들의 주장을 참고하고 당시의 국법을 참작하여 실용에 알맞게 하고자 한 것인데, 그 중 수정되지 않고 누락된 부분을 김장생이 다시 첨삭하고 고증한 것이다. 이 과정에서 그는 『가례』에는 없는 길제吉祭와 개장改葬 두 조항을 『상례비요』에 추가로 기재하였다.[162] 이들 예서에서 김장생 예학에 대한 『가례』의 영향력을 충분히 확인할 수 있다. 동시에 김장생의 관계 전적 인물에 대한 해박한 이해와 김장생이 『가례』를 존중하면서도 당시의 시의에 맞도록 보완하는 입장을 취하여 한국적인 예학으로 수용하려 하였음을 보여준다. 김장생은 『가례집람』의 서문에서 다음과 같이 밝히고 있다.

> 나는 어릴 적부터 『가례』를 배우면서 일찍이 그 뜻이 잘 이해되지 않는 것을 문제로 삼았다. 그러다가 벗 신의경과 여러 해 동안 강론하였고 또 스승을 찾아가 바로잡음으로써 마침내 조금이나마 그 줄거리를 알게 되었다. 이를 계기로 여러 학자들의 말들을 취하여 요약해서 매 조목의 아래에 주해를 편집하여 하나의 책으로 엮은 다음 『가례집람』이라 이름하고, 또한 도설圖說을 만들어 책의 첫머리에 실었다. 이렇게 하고 나니 이 책의 각종 물건의 명칭과 용도가 모두 갖춰지고 그 의의가 조금이나마 밝혀지게 되었다. 처음 배우는 선비들이 혹시 이 책을 본다면 또한 작은 보탬이 없지 않을 것이다.[163]

---

162 배종호 「韓國儒學史에 있어서의 沙溪와 愼獨齊의 位置」 제1회 沙溪 愼獨齊思想學術會議 1988, p.13.
163 김장생 『사계전서』 권5 『가례집람』 서문

이 책의 성격은 중국의 '집주' 혹은 '장편長編'과 유사하며 당시 학자들의 견해를 집록하고 시속의 예제를 참작하여 『가례』를 풀이한 것으로 그의 나이 52세(1599)에 완성되었다.

그 형식을 보면 권차를 나누지 않고 전적으로 『가례』의 순서에 의거하여 조목을 좇아 해석하였다. 그리하여 『가례』 본문은 맨 윗칸에서부터 큰 글자로 썼고 『가례』 부주는 큰 글자를 한 칸 내려서 썼으며 자신이 붙인 소석疏釋은 작은 글자로 두 줄이 되게 썼다. 또 여러 학설을 인증하거나 첨부할 때에는 모두 그 서명과 편명을 명기하였으며 김장생 자신의 견해를 '우愚'자나 '안案'자로 구별하였다. 그 중에는 『설문說文』, 『이아爾雅』, 『운회韻會』, 『용감롱수감함龍龕籠手鑑』 등의 책으로 문자의 음과 뜻을 설명한 것이 많으며 『여복지輿服志』 『박물지博物志』, 『문헌통고文獻通考』, 『형초세시기荊楚歲時記』, 『풍토기風土記』, 『사물기원서事物記原書』 등으로 복제服制, 기물을 해석하였다. 『가례』 본문이나 부주에서 언급하는 인명은 사지史志에 근거하는 것이 많은데 여기에는 소전小傳을 덧붙였다. 이러한 것은 모두 중국의 전거를 잘 모르는 사람이라도 쉽게 『가례』의 내용을 이해할 수 있도록 주석을 붙인 것이다. 한국학자의 학설로는 이황 이이 김인후 송익필 이언적의 것을 많이 인용 하였다. 이해를 돕는 주석 이외에도 고증한 부분도 많다. 「가례도」가 주희의 작이 아님을 변증하는 데에 있어 명의 구준이 이미 『가례』에서 6개의 증거를 들어 논한 바가 있다. 구준이 제시한 논거는 다음과 같다.

1) 본서의 「통례」에는 "사당을 세운다."고 하였는데, 도에서는 "가묘를 세운다."고 한 것이 다르다.
2) 본서의 심의제도深衣制度에서는 치관緇冠이 주에 "관冠의 양梁은 무武를 덮고서 그 끝을 구부린다."고 하였는데, 도에서는 "무의 위에 양을 덮어

씌운다."고 하여 다르다.
3) 본문에는 '흑리黑履'라고 하였는데, 도 아래의 주에서는 "흰색을 쓴다."고 하였다.
4) 본문의 상례에는 습의를 진설할 적에 질質과 쇄殺를 쓰지 않는다고 하였는데, 도에서는 진설한다고 하였다.
5) 본문의 대렴조에는 포효布絞의 수를 말하지 않았는데, 도에는 수가 나와 있다.
6) 본문의 대렴조에는 관 속에서 효絞를 묶는다는 글이 없는데, 도 아래의 주에서는 관 속에서 묶는다고 하였다.

구준의 주장에 의문을 가진 사람도 있었다. 도가 주희가 만든 것이 아님은 이해되는데 사당장祠堂章 아래에 "신주의 법식에 대해서는 상례 및 전도前圖에 나온다."는 문구가 있으니 여기서의 전도는 무엇인가를 물으니 이에 대하여 구준은 "남옹南廱에 있는 구본舊本의 『가례』에는 단지 「신주의 법식에 대해서는 상례의 치장장治葬章에 나온다."라고만 되어 있고 "앞의 그림에 나온다."는 문구가 없다고 하였다. 뒷사람이 덧붙인 것이라는 말이다.
그런데 김장생은 「가례도」가 『가례』본문과 맞지 않는 곳이 구준이 지적한 외에 더 많다고 하고 13가지를 제시하였다.

1) 사당도祠堂圖 아래에 나오는 "자손들이 순서대로 서 있다."고 한 부분이 본문과 서로 맞지 않는 것이 첫 번째 다른 점이다.
2) 본문에서는 관례에 나오는 공복公服과 조삼皁衫과 심의深衣에 대하여 옷깃을 동쪽으로 하되, 북쪽을 위로 한다 하였는데, 도에서는 옷깃을 서쪽으로 하되, 남쪽을 위로 한다고 하였다.

3) 본문에서는 빗, 머리끈, 망건에 대하여 자리의 왼쪽에 놓아둔다고 하였는데, 도에서는 오른쪽에 놓아둔다고 하였다.
4) 본문의 혼례에서는 주인과 사위가 재배하는 예가 없는데, 도에는 이 예가 있다.
5) 본문의 상례에서는 염습斂襲과 반함飯含을 할 적에 시신의 머리를 남쪽으로 둔다고 하였는데, 도에서는 북쪽으로 머리를 둔다고 하였다.
6) 본문의 습襲에서는 주인의 자리에 대해 상牀의 동쪽 전奠의 북쪽에 앉는다고 하였는데, 도에서는 동남쪽에서 조금 물러나 앉는다고 하였다.
7) 본문의 소렴에서는 의금衣衾을 탁자를 써서 진설하되 당의 동쪽 벽 아래에 진설한다고 하였는데, 도에서는 북쪽 벽 아래에 진설한다고 하였다.
8) 본문의 대렴에서는 효포絞布의 수에 대해서 포布를 쪼개어서 다섯 가닥으로 만든다고 하였는데, 도에서는 열다섯 가닥으로 만든다고 하였다.
9) 본문에서는 삽翣에 단지 두 개의 뿔만 있을 뿐인데, 도에서는 세 개의 뿔이 있다고 하였다.
10) 본문에서는 대여大轝의 횡강橫杠 위에 단강短杠을 놓고 단강 위에 다시 소강小杠을 놓는다고 하였는데, 도에서는 소강 위에 다시 소강을 놓는다고 하였다.
11) 본문에서는 조고祖姑, 고姑, 종자매從姉妹가 출가하였을 경우에는 모두 한 등급 강복降服한다고 하였는데, 도에서는 두 등급 강복한다고 하였다.
12) 본문에서는 아내가 남편 쪽 집안의 중자衆子나 적부嫡婦를 위해서는 부장기不杖朞를 입는다고 하였는데, 도에서는 모두 장기杖朞를 입는다고 하였으며, 본문에서는 남편쪽 집안의 고姑와 남편쪽 집안의 곤제昆弟와 남편의 종조고從祖姑에 대해서는 모두 복이 없다고 하였는데, 도에서는 모두 시마를 입는다고 하였다.

13) 본문에서는 본생本生의 부모가 다른 사람의 후사가 된 자기 자식을 위해서는 강복하여 대공복을 입는다고 하였는데, 도에서는 부장기를 입는다고 하였다.[164]

김장생은 이 13조항 이외에도 「가례도」가 본문과 같지 않은 곳이 매우 많다고 하였다. 신주를 만드는 법식의 도에 들어있는 대덕大德이란 글자는 원元나라 성종成宗의 연호라고 하면서 『가례』의 첫머리에 나오는 「가례도」가 주희가 만든 것이 아님을 확신하고 있다. 전반적으로 『가례』에 대한 그의 공력을 짐작할 수 있는 부분이다.

3. 『상례비요』에 나타난 특성

『상례비요』는 간행된 후 세간에 널리 전파되어 조선조 및 한국의 예속에 큰 영향을 주었다. 『상례비요』는 1583년 저술되었고 1620년 지방 유생들에 의해 초간되고 다시 김장생의 둘째 아들인 김집의 교정을 거쳐 1648년 재간된다. 다만, 저자에 대하여 논란이 상존하는데, 대체로 신의경의 초고에 김장생이 보완했다는 것이 정설이다. 이 경우 신의경과 김장생의 관계, 그리고 김장생이 어느만큼 보완했느냐가 중요한 문제일 것이다. 그런데 신의경의 저술로 추정되는 『상례통재喪禮通載』가 있는데,[165] 이에 대한 연구에 따르면 두 문헌 사이에는 다음과 같은 특징

164　김장생 『사계전서』 권25, 家禮輯覽 家禮圖
165　『상례통재』에 대한 기초적 분석을 통하여 이 책이 『상례비요』의 초본임을 밝힌 연구가 있다.(장동우, 「『상례통재』의 예학사적 위상」, 태동고전연구32, 한림대학교 태동고전연구소, 2014)

이 있다. 첫째 『상례비요』는 『상례통재』가 『가례』를 보완한 내용을 전폭 수용한다. 둘째, 『상례비요』는 『상례통재』가 『가례』를 보완한 사항을 경학적 엄밀성을 강화하여 조정한 뒤 반영한다. 셋째, 『상례비요』는 『상례통재』가 주희의 정론定論에 근거해 『가례』를 보완한 사항을 그대로 수용한다. 넷째, 『상례비요』는 『상례통재』가 『가례』를 개정하거나 보완한 내용을 '『가례』체제의 준수'라는 원칙에 따라 거부한다.[166]

『상례비요』는 예의 시행에 있어서 이때까지의 상례에 대한 연구를 총결한 저술이다.[167] 이 책은 상례와 제례를 다루고 있지만 가례의 체제를 유지하면서 고례와 주희의 정론定論 그리고 『가례』의 선후 의리적 정합성을 중심으로 보완하는 작업을 했다. 뿐만 아니라 당시의 상황 여건 특히 시속을 반영하여 가례를 토착화하는 의미도 부여하였다. 그럼으로서 『국조오례의』에 있는 대부 사서인의 의절을 진전시켰다. 이후 간행되는 예의 시행서들은 대부분 『상례비요』를 전범으로 하였고 그 체제와 양식을 사례 중 남은 관례와 혼례까지 확대하였다.[168]

『상례비요』는 『가례의절』의 '의식절차' 항목을 제거하여 본주로 환원시키고 '기구'와 '써야 할 사람' 그리고 '써야 할 물건'을 '기구'로 통합한 뒤, 초종 10개, 습 3개, 소렴 5개, 대렴 4개, 문상 1개, 치장 3개, 계빈 3개, 급묘 2개, 성분 1개, 우제 1개, 졸곡 1개, 부 1개, 소상 1개, 대상 1개,

---

166 장동우「행례서를 통해 본 조선후기 가례연구의 특성 및 함의」, 『국학연구』 36권, 2018
167 『상례비요』는 1583년 저술된 것이지만 1620년 지방 유생들에 의해 초간되고 다시 둘째 아들인 신독재 愼隻의 교정을 거쳐 1648년 재간되다.
168 장동우, 「家禮註釋書를 통해 본 朝鮮 禮學의 進展過程」, 동양철학34 한국동양철학회, 2010.

담 1개, 길제 1개 등 『가례의절』의 세 배에 달하는[169] 총 39개의 항목을 보완한다. 아울러 『가례』의 본주를 상황에 맞게 해석하여 적용하는 수준에서 벗어나 고례를 근거로 기물 또는 기구의 용도를 설명하고 당시 상황과 풍속을 반영하여 토착화하는 등 『가례』의 수행가능성을 높이는 방향으로 재구성한다.

김장생은 『상례비요』를 찬술한 이유를 서문에서 밝히고 있다.

상례 등이 이미 『가례』에 상세하게 갖추어져 있지만 간혹 고금에 그 마땅한 바가 달라서 당장 사용하기에 맞지 않는 것이 있다. 일반 사인들이 그 요령과 변상의 도리를 알지 못하여 이를 병통으로 여겼다. 내 친구 신의경이 예학에 깊은 조예가 있어서 일직이 많은 경적들을 탐구하고 그 대요를 잡아 한편의 책을 엮어 『상례비요』라고 하였다. 『가례』에 토대를 두고 고금의 예서들을 참고하며 제가의 학설을 일에 따라 첨가하고 보완하였는데 간간이 시속에서 사용하는 제도를 붙여 실제 사용에 도움이 되게 하였다. 절목이 매우 잘 갖추어져 있다. 내가 여기에다 반복하여 상정하고 대략 덜어내고 보태고 하였다. 대저 규모와 조례가 모두 주자의 뜻에 따랐다. 감히 내 개인적 억측의 이론을 내어 상을 쌓고 옥을 짓는 일을 하지 않았다. 몽학자들이 책을 펼치기만 하면 한눈에 알 수 있다. 창졸의 사이에 근거로 삼아 잃어버리는 일이 없어야 겠다. 예를 좋아하는 자가 있어 이것에 근거하여 발단이 되어 곡진하게 두루 펼치고 주변에 두루 통하여 끝내 성인이

---

[169] 구준의 『가례의절』은 『가례』의 수행가능성을 높이기 위해 本註에서 儀節과 器物에 관한 내용을 분리하여 '의식절차'와 '기구', '써야 할 물건', '써야 할 사람'이라는 항목을 구성한다.

예를 제작하신 뜻을 탐구하고 그림으로써 하늘의 진서와 상변의 도리를 알아 풍화에 만의 하나 도움이 된다면 만족하겠다.[170]

즉, 그의 저술 동기를 보면 여러 의절 중에서도 상례가 가장 번쇄하여 알기가 어려우며 또 상喪은 준비가 안 된 상태에서 급작스럽게 당하는 경우가 많으므로 유감없이 치러내기가 힘들고, 그 때에 제대로 행하지 못하면 후회해도 다시 고쳐 행할 수 없기 때문에 가장 유념해야 하기 때문이다.[171] 그 편집의 원칙은 『가례』에 있는 고금의 예와 여러 학자들의 주장을 참고하여 일에 따라 보태고 시속의 제도를 덧붙여 실제 사용하는데 편하도록 하였으며, 대개의 규모와 조례는 주희의 뜻을 따랐다.[172] 즉 『상례비요』 찬술의 취지가 『가례』중 고금의 차이로 인하여 행하기 어려운 것을 상황에 맞게 수정하여 변례와 상례를 통하여 행할 수 있게 하려 함이었다. 이는 『가례』 저작의 취지와도 부합한다.

그러나 『상례비요』가 비록 『가례』를 조술하였으며 그 취지가 서로 부합한다 하여도 자세히 비교하여 보면 차이점이 드러난다. 예를 들면

---

170 『사계선생유고』 권5, 「상례비요서」 "人有恒言. 必曰冠昏喪祭. 蓋有家日用之體. 而通于吉凶之需. 固不可廢一而不講也. 然而禮之用. 易行於平閑吉常之時. 而多失於急遽凶變之際. 苟非素所講習. 則難以合宜而應節. 一有所失. 悔不可追. 此孝子之所以必欲自盡. 而在四禮. 爲尤重且切焉者也. 子朱子家禮所載. 固已詳備. 而或有古今異宜不合於時用者. 委巷之士. 有不能領其要而通其變常. 以是病焉. 吾友申生義慶. 深於禮學. 嘗博考經籍. 撮其大要. 編爲一書. 名曰喪禮備要. 蓋因家禮本書. 而參以古今之禮. 諸家之說. 隨事添補. 間亦附以時俗之制便於實用者. 節目甚備. 愚於此. 反覆詳訂. 略加損益. 大抵規模條例. 悉遵朱子之旨. 非敢創爲臆說. 疊床架屋而已. 欲使蒙學之士. 開卷瞭然. 倉卒之間. 有所考據而無失. 有志好禮者. 亦或因此發端. 旁通曲暢. 終有以考聖人制作之意. 而盡天秩常變之道. 庶幾有補於風化之萬一云爾."
171 『사계신독재전서』 권5 「상례비요서」 "頁易行於平閑吉常之時. 而多失於急遽凶變之際. 苟非素所講習. 則難以合宜而應節. 一有所失. 悔不可追. 此孝子之所以必欲自盡. 而在四禮. 爲尤重且切焉者也."
172 『사계신독재전서』 권5

『가례』에 없는 것을 보충한 것이 있는데 초종장에서 '설치楔齒' 일절을 보충하고 습장襲章에서 '모冒'와 '설빙設氷'절을 두었다. 또한 『가례』의 예제를 고치어 효자출입복에 '방립생포직령方笠生布直領'[173]으로 검은 상복을 대신하였다. 『가례』의 순서를 바꾸어 '대상'장의 '음주식육飮酒食肉'을 '담禫' 뒤로 옮기고 '길제', '개장'의 두 장은 본래 『가례』에는 없는데 구준의 『가례의절』을 좇아 보완 삽입한 것 등이 그것이다. 여기에 김장생의 예 제정의 원칙이 반영되어 있음을 알 수 있는데 이를 다음의 다섯 경우로 나누어 볼 수 있다.

1) 『의례』를 좇아 『가례』에 없는 것을 늘리고 보충하였다. 초종初終에서 '설치楔齒' '철족綴足', 습襲에서 '모冒', '설빙設氷'[174] 소렴小斂에서 '수질首絰' '요질腰絰' '주인지배빈습경主人之拜賓襲經', 대감에서 '포효금의布絞衾衣', 조석곡朝夕哭에서 '조곡朝哭' '석곡夕哭', 치장治葬에서 '고계기告啓期' 등을 둔 것은 김장생이 『의례』의 「사상례」 「기석례」 두 편에 의거하여 보충하여 넣은 것이다.

2) 『예기』를 좇아 보충하여 넣었다. 성복成服에서 '심상삼년心喪三年' 을 보충하여 넣고 대상에서 '음주식육飮酒食肉'을 『예기』 간전間傳에 의거하여 '선禫' 후로 옮기고 대상의 '천주遷主' '복침復寢'을 「상대기」에 나오

---

[173] 方笠은 방갓으로 상제가 밖에 나갈 때 쓰던 갓이다. 가는 대오리를 결어서 큰 삿갓 모양으로 만들되 네 귀를 우묵하게 패고 그 밖은 둥그스름하게 만들었다. 生布는 마전하지 않은 생베를 말한다. 상복을 만드는데 사용하며 극히 굵고 거친 것에서부터 다음 굵은 것, 조금 가늘고 약간 세밀한 것, 가늘고 세밀한 것 등에 이르기까지 신분과 용도에 따라 등급을 달리한다. 首絰 腰絰 絞帶 大袖 長裙 뿐 아니라 侍女의 背子 蓋頭 帶에 이르기까지 넓게 이용되며 笠, 帽, 頭巾을 싸거나 冠의 둘레와 끈[纓]을 만드는데도 쓰인다. 직령은 곧은 깃이라는 뜻으로 조선시대 때에 무관이 입던 웃옷으로 소매가 넓고 깃이 뻣뻣하다.

[174] 設氷은 시신의 부패를 방지하기 위하여 얼음을 두는 것을 말한다. 음력 2월 이후부터 그 날씨를 감안하여 襲衣를 입히고 혹은 소렴을 하고 난 다음에 얼음을 사용한다.

는 '길제이복침吉祭而復寢'의 글에 의거하여 길제 후로 옮긴 것 등은 김장생이 『예기』를 좇아 보충하여 넣은 것이다.

3) 정현의 주장을 따랐다. 역복易服에서 『예기』 「상대기」편의 정현의 주를 좇아 '심의'로 고친 것이 그것이다.

4) 구준의 『가례의절』을 좇아 보충하였다. '길제' '개장' 2장은 본래 『가례』에는 없던 것으로 『가례의절』을 좇아 보충한 것인데 김장생은 '길제'의 경우는 누락된 것을 보충한 것이고 '개장'은 변례를 갖춘 것이라 하고 있다.[175]

5) 시속을 따랐다. '성복成服'에서 효자가 출입할 때 묵최[176]를 입는 것은 옛 제도도 아니려니와 나라의 습속도 아니라는 이유에서 당시 민간의 제도를 좇아 방립方笠 생포生布[177] 직령直領으로 대신하였다.[178]

『가례』를 실제 생활에서 수행할 수 있게 하려는 의도가 구준이 지은 『가례의절』과 신의경의 『상례통재』 그리고 『상례비요』에 공통적으로 드러난다. 『상례비요』는 '의절'을 제거하여 본주로 되돌리고 실제로 사용되는 여러 '기물'들에 대한 내용을 강화하여 실행에 도움을 주려고 하였다. 이 과정에서 고례를 찾아 연원을 밝히고 그것이 갖는 철학적 의미를 밝힌 주석을 통하여 이해를 도와 예경학적 근거를 갖춘 의절이 되게 했다. 이처럼 『상례비요』는 고례와 주희의 확정된 이론에 근

---

175 『상례비요』 凡例
176 墨衰는 검은색 상복을 말한다. 상례에서 베 直領에 墨笠과 墨帶를 갖추어 입은 옷이다. 아버지가 살아 있을 때에 죽은 어머니의 담제 뒤와 생가 부모의 소상 뒤에 입는다.
177 生布는 마전하지 않은 베. 생베를 말한다. 상복을 만드는데 사용하며 극히 굵고 거친 것에서부터 아주 가늘고 세밀한 것에 이르기까지 신분과 용도에 따라 등급을 달리한다. 머리띠, 허리띠 絞帶 큰 소매 긴바지 뿐 아니라 背子 蓋頭 帶에 이르기까지 넓게 이용된다.
178 『사계신독재전서』 권3, 12, 547頁

거해『가례』를 보완한다는 문제의식과 함께『가례』의 본문과 본주라는 체제를 준수하려 하였다.

이상에서 김장생이 예를 제정함에 있어 단순히『가례』를 신봉한 것만도 아니요, 예에 대한 깊은 연구와 확연한 기준이 전제되어 있으면서 시속의 편의성을 많이 고려하였음을 알 수 있다. 조인영趙寅永은 "『가례』를 이어 예를 말한 것으로는 조선에서『상례비요』가 가장 절실하고 요긴하며 사대부들이 모두 준행한다."[179]고 하여 그것이 조선의 풍속 교화에 미친 영향이 컸음을 말하고 있다.『상례비요』는 후세까지 준행된 실용적인 공 또한 지대하였다.

4. 한국적 가례의 대중화 선도

예학이 기본적으로『가례』를 바탕으로 전개되었다는 점에서 그 기본 틀을 존중하고 본의가 무엇인지를 찾아내는 작업이 우선일 수밖에 없다. 그러나 지리적 풍토적 역사적 배경의 차이가 주는 영향 또한 간과할 수 없다. 한국의 예학에는 이런 문제가 고스란히 담겨있다. 한국에서는 새로운 학풍을 창출해 내는 것보다는 원류와 원천에 대한 바른 이해와 그것을 계승 발전시키는 경향이 발달하였다. 이는 중국보다 국토가 좁기 때문에 중앙의 행정력이 구석 구석 미쳐 문화 학술까지 다 그 영향 아래에 놓인 까닭에 학문의 다양성이나 자율성이 크게 보장되지 못하였던 점도 간과할 수 없다. 또 중국의 학문이 실학의 표방 여부를 차치하고 그 이면은 생활의 실용적 지혜 추구가 강하다고 할 수 있

....
179 이재『사례편람』跋 "繼家禮而言禮者, 在我東惟喪禮備要爲最切. 今士大夫皆遵之."

는데 이에 비하여 한국의 경우는 학문의 실천적 경향이 강하며 철학적이라기보다 종교적인 색채가 강하다. 기본적으로 행례서 또는 의절서인 『가례』가 오랜 동안 심화된 단계에서 신봉되었으며 여기에 예학파를 형성하기에까지 이르렀던 까닭일 수도 있다.

한국의 예학은 학파별로 약간의 차별성이 보인다. 이른바 영남학파는 『의례』를 중시하는 경향이 보이고 기호학파는 『가례』를 중시하여 예의 가변성과 시의성을 구현하는 데에 중점을 두었다. 『가례』는 고례에 시의성과 변통성을 보인 것이고 의례는 예의 원형적 위치에 있어서 그 자체로 지니는 권위가 있고 다른 한편 『가례』가 송학이라면 의례는 한학을 넘어 고학 또는 원전학이라고 할 수 있다. 하나 더 첨가하면 『가례』는 사중심의 예라면 의례는 사가 그 안에 포함되지만 제왕가의 의례가 중심을 차지한다. 이는 대체로 리理의 절대성을 존중하는 성향을 보이는 영남학파와 기氣의 힘을 배제하지 않으려 하는 기호학파의 학풍과 무관하지 않다.

김장생은 성리학자이면서 예학자이며, 예학자이면서 성리학자이다. 조선의 유학자들은 '추구하는 가치는 『성리대전』에 있고 행위 규범은 『가례』에 있다[志在性理 行在家禮]'로 이해되며, 보다 주목하는 대상이 리理이냐 기氣이냐의 태도 차이가 '예'에 대한 견해에 직접적으로 영향을 주었다. 경전과 사서에 들어있던 예가 분리되어 독립적인 학문을 형성하여 예학이 이제 공인하는 독립된 체계를 갖게 된 것에 김장생의 공이 크다. 김장생 이후 조선조의 예학은 『가례』식의 사례 연구가 발달하게 된다. 사례란 개인의 통과의례인 관·혼·상·제례로써 다음과 같은 대의를 지닌다.

관례는 오늘날의 성인식에 상당하는 것으로서 이 의식을 통하여 표준의 성인이 되는 자격을 가지면 부친을 이어 일가의 계승인이 될 수 있음을 뜻하는 것으로 일체의 예절의 기점이 되는 의미를 갖는다. 혼례는 양가가 연결됨으로써 사회적으로는 가족 간의 횡적인 연계를 맺으면서 위로는 조상을 모시는 종묘를 섬기고 아래로는 후손을 이어 생명을 연속시킴으로써 예의 기초가 되는 의미를 가진다. 상례는 어버이의 사망 앞에서 다하지 못한 친애의 정을 드러내기 위하여 제정한 예이며, 제례는 인사가 다한 후에 육신이 없어져서 이루지 못하는 미진한 효를 다하고자 하는, 곧 근본을 섬기는 의미를 갖는다. 이 관·혼·상·제의 예는 모두 지성소라 할 수 있는 조상을 모신 사당에 고하는 의식을 거치면서 엄숙성과 신성성이 확보된다. 이는 인륜성과 종교성이 합일되는 것으로서 여타 종교와 구별되는 유교의례의 특징이다. 이러한 의미를 갖는 사례의 실천을 통하여 인륜관계의 기축이 되는 가족 내의 의례를 정비함으로써 혈통 지연적인 인륜공동체, 즉 가족·지역·국가·사회·천하 등의 인간관계에 있어서 명분적인 질서를 확보하고자 하는 것이다.

김장생은 사례四禮 중에서도 특히 상·제례를 중시하는 경향이 있다. 이는 서초書鈔와 문인 그리고 당시 사람들과 토론한 중에서 상·제례에 대한 것이 많음을 미루어서도 알 수 있다. 예를 들면 「답정경임유관상중」에서 '동자수질童子首絰'을 위시하여[180] 「답한사앙」의 '분상성복奔喪成服',[181] 「답이문백」의 '부상중모사父喪中母死',[182] 「답인자여」의 '개장복改葬服',[183] 「답김헌문목」의 '조석상식朝夕上食' '담후길제禫後吉祭' '상변례喪變

....

180 『사계신독재전서』 권2 答鄭景任有關喪中
181 『사계전서』 권3 答韓士仰
182 『사계전서』 권3 答李文伯
183 『사계전서』 권3 答忍子餘

禮'·'추복追服'·'개장改葬'[184]「신흠과의 문답」에서 묘제廟制를 토론한 것[185] 등이 있다. 이는 한국민족이 고대로 부터 죽은 사람에 대하여 후장(厚葬)한 전통 습속의 영향과도 무관하지 않지만 한편으로는 인정에 근거한 유교윤리에 기인한다고 볼 수도 있다. 특히 그가 상례를 중시한 것은 그가 말한대로 예는 보통 좋은 일과 평상의 때에는 행하기가 쉬우나 갑자기 당하는 흉변의 경우에는 빠뜨리는 것이 많기 때문이다. 그러므로 평소에 강습하여 둔 바가 아니면 마땅하게 하기 어려우며 행하여야 할 절목을 하나라도 빠뜨리면 나중에 후회하여도 바로 잡을 기회가 없게 된다. 이것이 바로 효자가 유감없이 이를 다 행하려 하고 사례 중에서 중대하고 절실하게 여기는 까닭이다.[186] 이러한 생각은 상·제례를 중시함으로써 인정의 도리를 유감없이 다 할 뿐만 아니라 한걸음 더 나아가 하늘의 질서가 갖는 상常과 변變의 도리를 구현하여 인간의 정감에 기반을 둔 도덕적인 질서를 구축함으로써 풍속을 교화하는 효과를 가지게 된다.

결론적으로 김장생 예학의 의의는 다음과 같이 정리할 수 있을 것이다. 첫째, 『가례』를 존숭하면서 이를 한국이라는 지역적 특성과 당시의 시의에 맞도록 보완하여 주체적인 수용을 시도하였다. 둘째, 종통을 중시함으로써 인조반정으로 인한 왕위 승계의 정통성이 심각하였던 왕가의 정통을 바로 하고자 하였다. 셋째, 살아 있는 자와 죽은 자와의 관계에 따라 구체적으로 명확하게 절목이 규정되는 상·제례를 강조

---

184 『사계전서』 권3 答金獻問目

185 『사계전서』 권3 答申欽

186 『상례비요』 序 "禮之用 易行於平間吉常之時 而多失於急遽凶變之際 苟非素所講習 則難以合宜 而應節一有所失 悔不可追 此孝子之所以 必慾自盡 而在四禮爲尤重且切焉者也."

하여 인정의 순수성을 확립하며 이를 통하여 인륜질서를 회복하고자 하였다. 넷째, 『가례』의 사례를 제정하여 개인의 통과의례인 관·혼·상·제를 중심으로 현실에 있어 누구나 실천할 수 있는 예의 대중화를 기하였다.

제9장

정구의 『오선생예설분류』
五先生禮說分類

1. 학문 배경

정구鄭逑(1543-1620)는 16세기 후반-17세기 초 영남권의 예학자로서 충청권의 김장생과 쌍벽을 이루고 있었다. 그는 네 차례의 사화가 끝날 무렵에 태어났다. 그리고 이어진 당쟁 초기에 그는 생애의 대부분을 보냈으며 7년 왜란을 겪기도 하였다. 정구의 선조들은 대대로 서울에서 살았다. 정구의 조부 응상應祥은 사헌부 감찰을 지냈는데, 사림파 형성의 실질적인 개산조라 할 수 있는 김굉필의 문인으로 수학하다가 나중에 그의 사위가 되었다. 정구의 부친 사중思中이 모부인을 모시고 현풍 외가에 살다가 성주 이씨와 결혼하면서 성주에 정착하게 되었고 정구는 3형제 중 막내로 태어났다.

정구는 13세 때 오건吳健(1521-1574)[187]에게 『역전易傳』을 배웠는데

---

[187] 조식의 문인으로 후에 김인후·이황의 문하에도 출입하였다. 11세에 부친상을 당했으나 효성으로 소문이 났으며, 모친상 때에는 더욱 예의에 힘써 1549년(명종 4) 예조의 포상과 함께 왕으로부터 소세와 부역을 면세받았다. 경연에서 학문의 길은 궁리와 거경에 있음을 강조하였다. 1572년 이조정랑으로 있다가 관직을 버리고 경상도 산음 德溪里로 낙향하였다.

건乾 곤坤 두 괘를 배우고 나서 나머지는 유추하여 스스로 통달하였다고 한다.[188] 오건은 특히 사색 공부가 깊었던 학자로 정구가 깊이 있는 학문의 토대를 갖도록 영향을 주었다. 정구는 오건이 성주에 있던 4년간(1559-1562) 사사하였다. 조식曺植(1501-1572)과 이황의 문인이었던 오건은 정구에게 그들의 스승에 대하여 자주 이야기 했다. 『언행록』에서는 그의 학문적 지향과 태도를 다음과 같이 밝히고 있다.

> 선생은 이미 퇴계선생의 문하에 들어가서 『심경』을 질의하고 생각하기를 정밀하게 하고 실천하기를 힘썼다. 또 조식 선생을 배알하고는 그 고상한 풍모를 경앙하였으며 대곡의 성운成運(1497-1579)[189] 선생을 찾아 인사하고는 존모하였다. 이 분들을 좇아 노닐며 질문하여 지혜와 견문이 광대하고 뜻을 돈독히 하고 행하기에 힘써서 홀로 그 으뜸이 되었다.[190]

정구가 이황을 찾은 것은 21세 때이다. 23세 때에는 『심경』을 질의하고 그 이후로 이 책을 매우 중시하여 일생동안 손에서 놓지 않았을 뿐 아니라 제자들에게도 이를 주로 가르쳤다.[191] 이 무렵 정구는 이황에게 예학에 대하여 질의하였는데 퇴계문집에는 정구가 이황에게 올린 6편의 서신이 실려 있다. 그 중 세 편에 예학에 대한 88조의 문목이 담

---

188 정구『한강전집』上 卷1,「寒岡先生年譜」
189 창녕이 본관이고 호는 大谷이다. 중종 때 사마시에 합격, 1545년 형이 을사사화로 화를 입자 보은 속리산에 은거했다. 이지함 · 서경덕 · 조식 · 정구 등과 교유하며 학문에 전심했다. 문집으로『大谷集』이 있다.
190 정구『한강전집』下 卷1.
191 정구『한강전집』上 卷2,「寒岡先生行狀」

겨 있는데[192] 그 내용은 관혼상제의 의식 절차 전반에 걸쳐 있다.[193] 이황의 수많은 제자 가운데 정구가 가장 스승과 유사한 점이 많았다고 한다. 혼란한 시대를 당하여 벼슬길에 뜻을 두지 않고 학문에 전력한 점, 경전과 사서를 탐구하여 고금에 널리 통달한 점, 동서의 분당에 초연한 자세를 견지한 것이 그것이다.[194] 그리하여 류성룡柳成龍(1542-1607) 김성일金誠一(1538-1593)과 더불어 이황의 적전으로까지 평가되고[195] 이황과 함께 영남의 학맥을 잇고 있는 것으로 간주되었다.[196]

정구는 24세에 진주로 와서 조식을 배알하고 그에게서 '출처'의 절의를 인정받는다. 기절을 존숭하는 의리정신을 그에게서 배우고 다양한 분야에 대한 관심이 촉발되었다.[197] 있었다. 정구가 성리설에 박통하고 있음에도 불구하고 논변을 위한 글이 별로 없는 것을 보면 이론에 치우치는 것을 경계한 조식의 학문적 입장이 정구에게 수용되어 있는 것을 알 수 있다.[198] 정구와 조식의 관계를 짐작할 수 있는 글이 1572년에 몰세한 조식에 대한 제문에 들어있다.

---

192 이황, 『퇴계전서』 권55, 「答鄭道可述問目」.
193 그는 31세 때 『家禮集覽補註』를 저술하였고, 37세 때는 『昏儀』, 40세에는 『冠儀』를 저술하였다. 이 무렵 그는 이미 당대 학자들 사이에 예학으로 명성이 높았다. 그는 제자들과의 문답에서 이황과의 문답의 일화를 자주 소개하며 설명하고 있다.
194 이가원, 「退溪弟子列傳(三)」, 『퇴계학보』 3, 1974.
195 河謙鎭, 『東儒學案』, 第中編 "寒岡受學退溪南冥之門, 親炙南冥, 尤爲久熟, 而論者擬以爲退溪之嫡. 蓋以其氣象而言也."
196 정약용, 『여유당전서』 제1집, 「玄坡尹進士行狀」, "退溪寒岡之學 獨傳大嶺之南."
197 김충열, 「생애를 통해본 南冥의 爲人」, 『대동문화연구』 17, 1983. 이에 따르면 조식은 20세 전에 이미 경서와 역사서를 익혔고 천문, 지리, 醫方, 수학, 弓 馬, 行陳, 關防 등을 두루 섭렵하였다.
198 정구 『한강전집』 下 卷1

아! 소자는 15, 6세 때부터 선생의 명성을 듣고 흠모하였으나 자질이 어리석은 데다 가난하고 거리도 멀어 스스로 문하에 찾아가지 못하고 밤하늘의 빛나는 별처럼 우러러 바라볼 뿐, 봄바람이 이는 자리를 모시지 못한 지가 10년 가까이 흘러갔습니다. 정식으로 제자로서의 예를 갖춘 것은 1566년 봄이었는데, 다행히도 선생께서는 저를 하찮게 보아 버리지 않으시고 거두어 제자의 반열에 앉히셨으며, 게다가 또 가르칠 만하다 하여 도의의 정분으로 서로 교제할 사이로 인정해 주셨습니다. 그리하여 선생께서는 평소에 사우들과 교제한 일과 살아오신 역정이며 학행과 절개에 관한 것, 그리고 고금 인물들의 뛰어나고 무능한 현황, 국가의 선정과 혼란이며 잘하고 잘못한 일, 세상과 시대 풍속의 변화, 사리의 사특함과 올바름이며 옳고 틀린 문제를 비롯하여 나가서 벼슬하고 은퇴하는 일과 발언하고 침묵하는 도리, 쓰이면 도를 행하고 버려지면 물러나 숨는 의리 등에 관하여 어느 것 하나도 숨기지 않고 모두 소자에게 가르쳐 주셨는데, 종일토록 밤새도록 게을리 하지 않으셨습니다. 그 결과 어리석고 무지한 소자가 감동을 받아 분발하여 스스로 태만하고 옹졸한 몸과 마음을 일으켜 세운 보람이 어떠하였겠습니까.[199]

조식은 정구가 모친을 잃고 병까지 들어 사경을 헤맬 때 계속 위문편지를 보냈고 혹 죽을 지도 모른다는 생각에 사람들을 만나 이야기하다 목이 메어 눈물을 흘리기도 했다고 한다. 그는 조식의 죽음에 대하여 '저 푸른 하늘을 믿을 수 없고 신령의 세계에 신이 없는' 것처럼 생각하기도 했음을 밝히고 있다. 참으로 돈독한 사제간이 아닐 수 없다.

조식의 문하에 있을 때 정구는 김우옹, 최영경, 정인홍 등과 친교를

---

199 정구『한강문집』卷11 祭文, 祭南冥曺先生文

맺었다. 정구의 나이 28세(1570) 때 이황이 죽고, 30세(1572) 때 조식이, 32세(1574) 때 오건이 죽었다. 스승들이 돌아가시고 나자 정구는 성운成運(1497-1579)을 찾았다. 성운은 을사사화에 형이 어려움을 당한 이래로 줄곧 보은 속리산에 은거하면서 수양한 학자로서 정구가 찾아 가서 가르침을 얻은 것이다. 정구의 문집에 성운에 대한 제문이 있다. 성운의 죽음은 1579년이니 이때 정구의 나이 37세이다. 그 일단에 다음과 같은 글이 있다.

> 원근에서 종주로 모셔 화산 숭산처럼 우러렀네
> 저는 후배로 태어나 늦게나마 공 모시고
> 가르침을 받드니 우매한 자의 다행이나
> 어리석음 심하여 실천 못해 부끄럽고
> 우러르는 정성만이 가슴에 절절했네[200]

그는 성운이 죽기 전 해에도 속리산의 성운을 찾아갔다가 현기증에 누워있는 그를 뵙고 온 일이 있다. 일생 산림처사로 지낸 성운이 그의 스승이었다는 점을 유의해 볼 부분이다.

정구는 21세 때 향시 진사시에 합격했으나 오건의 가르침에 따라 이내 과거를 포기하고 '위기지학'에 전념한다. 31세에 김우옹의 추천으로 벼슬이 내려졌으나 부임하지 않다가 38세(1580) 때에 선조와 대면하고 창녕 현감으로 나아간 것을 시작으로 하여 55세(1597) 때 성천 부사로 나갈 때까지 외직을 주로 역임하였다. 그동안 정구는 예설을 비롯해

....
[200] 정구『한강문집』卷11 祭文 祭成大谷運文 "…遠近宗之 望若華嵩 述也後生 晚襲春風 陪奉誨言 竊幸顓蒙 惟其頑甚 愧不克躬 瞻載之忱 徒切悾悾…"

많은 저술을 하였으며 각 지방의 읍지邑誌들을 편찬하였다. 정구는 다양한 분야에 관심을 가졌는데 특히 풍수, 천문, 지리, 의방 같은 실생활과 관련되는 부분에 적극적인 관심을 표명하였다.[201] 이러한 실용적인 분야에 대한 관심은 정구의 학문이 실천적인 경향을 띠게 하였으며, 이는 다시 예학 연구와도 연결될 수 있었다.

2. 예학중심의 거경居敬과 치용致用

정구는 진사시험에 합격한 이후에는 대과를 단념하고 자아의 존재론적 완성을 겨냥하는 학문의 길에 매진하면서 주로 수양과 저술과 강학에 전념하였다. 『언행록』에서는 그가 항상 당시의 문장이 비루함을 탄식하며 개연히 구도의 뜻을 가졌고 오로지 성현의 학문에 뜻을 두었다[202]고 하였다.

정구의 독서 경향은 정이와 주희의 글을 기본으로 하는 유가의 경전과 성리서가 중심이 되었으니 『주자어류』 『주자대전』 『심경』 『근사록』 『논어』 『맹자』 『중용』 『대학』 등이 그것이다. 그가 『주자어류』와 『주자대전』을 탐구한 공은 더욱 깊고 절실하였으며 또 『심경』은 더욱 존신하여 만년에 이를 편집하여 후학에게 전수하였다.[203]

---

201 조카사위인 장현광은 정구가 우주간의 허다한 일이 자신의 책임 아닌 것이 없으니 일의 大小와 精粗를 막론하고 모두 배우지 않을 수 없다 하였다고 행장에서 밝히고 있다.
202 정구 『한강전집』 下 卷1, 「言行錄」, "先生 常歎時文之累, 慨然有求道之志. 旣冠, 謝棄場屋專意聖賢之學."
203 정구 『한강전집』 下 卷1. 「言行錄」, "先生於濂洛關閩之書, 無不該通. 而於朱子語類大全講明之功益深切. 眞西山心經尤所尊信. 故晚年編集發揮以授後學有志於學者, 不可不考究."

성리학자들이 대부분 입에 올리는 용어이지만 정구 역시 '정靜'과 '경敬'의 공부에는 더욱 힘을 쏟았다.[204] 『언행록』 역시 "일생의 공부는 오로지 주자를 법도로 살았다. 그러므로 『주자대전』『주자어류』『주자어록』『근사록』 등에 더욱 힘을 쏟았다."[205]고 기록하고 있다. 정구의 경 공부는 구체적인 실천으로 이어져서 일상생활에서도 흐트러짐이 없었다. 그리하여 한가롭게 거처할 때도 옷차림을 흐트리지 아니하였고 게으른 모습이 없었으며 밤이 늦은 뒤 잠자리에 들고 새벽이면 일어나며 종일토록 단정하게 앉아 강독에 여념이 없었다.

정구는 심성을 수양하는 공부에 진력하면서도 저술사업에 적극적인 노력을 보이는 등 '치용'의 면도 겸비하였다.[206] '경'을 주로 하는 학문적 태도를 견지하면서 한편 조식의 '궁리의 목적은 치용에 있으며 수신의 목적은 행도에 있다'는 언명에[207] 영향을 받아 학문의 사회적 실천에 많은 관심을 가지고 있었다. 그리하여 학문에 뜻을 둔 이래로 섭렵하지 않은 책이 없으며 익히지 않은 일이 없었고 천문, 지리, 의방에도 통달하였고 관혼상제의 의례와 제도에도 정밀히 강습하여 밝았다.[208] 천지간의 모든 도리가 유학자의 사업이라고 간주하고 학자는 모름지기

---

204 정구 『한강전집』 下 卷1. 「言行錄」, "先生之學, 博求經典, 得其大義. 語孟庸學尤所致力, 至於靜字敬字上工夫, 益加勉勵."
205 정구 『한강전집』 下 卷1. 「言行錄」, "先生一生用功 專取法於朱子. 故於大全語類語錄近思錄諸書尤爲致力."
206 박영호, 「한강 정구의 학문정신과 문학관」, 『退溪門下』(예문서원 1999)
207 조식 『남명집』 卷2, 「戊辰封事」, "爲治之道. 不在他求. 要在人主明善誠身而已. 所謂明善者, 窮理之謂也. 誠身者修身之謂也. 性分之內, 萬理備具. 仁義禮智, 乃其體也. 萬善皆從此出. 心者, 是理所會之主也. 身者, 是心所盛之器也. 窮其理, 將以致用也. 修其身, 將以行道也. 其所以爲窮理之地, 則讀書講明義理, 應事求其當否, 其所以爲修身之要, 則非禮勿視聽言動."
208 정구 『한강전집』 「言行錄」 卷1.

일상생활에 필요한 모든 분야에 대해 관심을 가지고 연구해야 한다고 역설한다. 그의 이러한 태도는 송대 학자들이 지닌 사회적 책임과 맥을 같이 한다. 사회적 사명감은 예를 확립하여 풍속을 변화시키고 질서를 확립하고자 하는 생각과 많은 저술 및 편찬사업으로 이어진다. 정구는 예에 대하여 다음과 같은 생각을 지니고 있었다.

> 예라는 것은 하늘의 이치를 절도 있게 꾸며내고 인간의 일에 법칙으로 삼는 것이다. 그것을 분산시키면 예의禮儀 삼백 가지와 위의威儀 삼천 가지가 모두 질서가 정연하고, 한군데로 집약하면 모든 사람들 각자의 몸과 마음의 근간이 되는 것으로, 잠시 잠깐이라도 군자의 몸에서 떠나지 않는다. 그리하여 도덕과 인의가 이것으로 인해 이루어지고 군신, 부자, 형제 상호간의 구분도 이것으로 인해 정해진다. 이 때문에 옛사람은 보고 듣고 말하고 행동하는 등 신변의 가까운 행위에서부터 더 멀리는 한 가정과 고을, 그리고 나랏일에 이르기까지 예의 본질인 성誠과 경敬을 다하지 않은 경우가 없었던 것이다.[209]

그는 여러 분야에 대한 폭넓은 관심과 학문적 사명감으로 일생토록 많은 저술을 하였는데, 성리서, 읍지, 역사·전기서, 의서, 문학서 예서 등으로 나누어 볼 수 있다. 이처럼 다양한 방면에서 저술을 하였지만 그의 평생 주된 관심사는 예학에 있었다. 그는 31살에 『가례집람보주家禮集覽補註』[210]를 편찬했다. 이 해 그는 한강정사寒岡精舍를 완성했

....
209　정구 『한강전집』 권10, 五先生禮說分類 서문
210　『가례집람보주』가 『가례집람』에 대한 주를 보완한 것인지 『가례집람』의 보주만 수록한 것인지 알 수가 없다. 그의 이 책은 세상에 남아있지 않고 어떠한 해설도 현재로서는 보이지 않는다.

다. 한강은 창평산蒼坪山 선영의 서쪽 기슭에 있다. 정구가 선영을 돌보기 위해 그 자리에 집을 짓고 주희가 모친의 거상을 했던 한천정사寒泉精舍의 의미를 취해 이름을 붙인 것인데 이때 본격적으로 학문의 길에 매진하기로 한 것을 보여준다. 37세에는 『혼의昏儀』, 40세에는 『관의冠儀』를 저술하였으며, 61세 때 사마광 장재 정호 정이 주희의 예설을 모아 분류한 『오선생예설분류』의 완성을 보았고, 68세에는 『심의제조법』, 73세에는 『예기』 중의 상례를 정리한 『예기상례분류禮記喪禮分類』를 편찬하고, 75세에는 『의례』의 오복도五服圖를 수정하고 역대의 제도를 참고하여 『오복연혁도五服沿革圖』를 완성하였다.[211] 저술의 차례에서 예학이 『가례』로부터 출발하였음을 알 수 있고, 이러한 저술을 통하여 정구는 『가례』의 말단의 절목만을 따지는 수준을 넘어서 예학의 학문적 기초를 확립하고 체계적인 구성을 이룩하였다.[212]

그가 예서 편찬에 주력하고 바른 예의 실천과 풍속의 교화에 심혈을 기울였던 이유와 성과를 문인들은 다음과 같이 기술하고 있다.

> 사대부의 집안이라 하여도 모두 관혼상제에 시속의 예를 쓰고 불교의식도 섞여 있었다. 선생이 나옴으로써 선비들이 다투어 스스로 갈고 닦아 서로 본을 받게 되었다.[213]

우리나라는 황폐한 곳에 외따로 치우쳐 있어서 의거할 만한 예법이 없었다. 비록 명현과 석사가 우뚝하게 일어나서 탐구하고 토론하였지만 정하여

---

211 정구『한강전집』序「한강선생문집서」[許穆]
212 금장태,『寒岡 鄭逑의 禮學思想』, p.224.
213 정구『한강전집』,「言行錄」卷1, "嶺南 雖稱文獻之邦, 而乙巳摧沮之餘, 人皆樂放曠而賤名敎, 雖士大夫家冠婚喪祭皆用俗禮, 雜以佛敎. 自先生出, 士爭自濯磨轉相慕效."

일정하게 귀속시킬 수가 없었다. 선생이 이 폐단을 깊이 연구하여…『의례』를 근본으로 삼고 당시 통용되는 제도를 참조하여 관혼상제에 각 의절을 편찬하여 지금에 행할 수 있으면서 옛날과 어긋나지 않게 하였다.[214]

당시에 일정한 기준이나 원칙이 없이 행하여지던 예를 정구가 일상생활의 절실한 관혼상제에서부터 바로 세워서 풍속을 바꾸어 나가는 모습을 보여준다. 이 무렵에는 불교 도교적 의식과 전래 관행 등이 뒤섞여서 이른바 '풍속의 부제不齊' 상태였다. 정구는 학문을 연마함에 있어 개인적 수양의 차원에 머물지 않고 사회적 차원으로 실현시켜 나가는 것을 온전한 공부의 완성으로 보았던 것이다.

정구의 예서 이외 저술로는 『염락갱장록濂洛羹墻錄』,[215] 『성현풍범聖賢風範』, 『고금충모古今忠謨』, 『수사언인록洙泗言仁錄』, 『심경발휘心經發揮』, 『무이지武夷志』, 『곡산동암지谷山洞庵志』, 『와룡지臥龍志』, 『역대기년歷代紀年』, 『고문회수古文會粹』, 『중화집설中和集說』, 『낙천한적樂天閑適』, 『주자시분류朱子詩分類』, 『고금인물지古今人物志』, 『고금명환록古今名宦錄』, 『고문회수古文會粹』, 『경현속록景賢續錄』, 『유선속록儒先續錄』이 있으나,[216] 1572년 화재로 대부분 소실되고 『심경발휘』와 『무이지』, 『역대기년』과 예서만 남았다.

214　정구 『한강전집』下 「言行錄」 卷1, "我國僻在偏荒 禮法無憑 雖有名賢碩士 崛起探討 而不免爲流風習俗之所移卒不能斷以權制歸宿一定先生深究此弊 (中略) 本之以儀禮參之以時制, 冠婚喪禮各編儀節, 使可行於今而不悖於古."
215　염락 선현들의 가르침을 아침저녁으로 생각한다는 뜻을 담은 것이다. 羹墻은 순이 요를 사모하여 국을 대하면 요의 모습이 보이고, 담장을 바라봐도 요의 얼굴이 보인다는 뜻이다. 정조도 규장각 관원 이복원 등 10인에게 명하여 열성조 19대의 업적을 정리하여 1786년에 편찬한 역사서를 『성조갱장록』・『열조갱장록』・『어정갱장록』이라고 했다.
216　『한강연보』권2 한강행장 [張顯光] 과 神道碑銘 [申欽]

3. 『오선생예설분류』의 편찬 동기와 과정

정구의 시대에는 아직 조선 나름의 규정화된 유교예식이 정착되지 못했고, 시속에서 이루어지는 각종 예식에는 불교적인 요소가 섞여 있었다. 당시 문헌의 고장으로 일컬어지는 영남지역의 사대부 집안에서조차 관혼상제에 모두 속례俗禮를 쓰고 불교 의식을 곁들이고 있었다. 그 때문에 무당을 불러 기도하는 일과 우란분공盂蘭盆供[217]을 설행하는 일이 사족의 집안에서도 있었다.[218] 혼사가 있는 집에서는 '친영'이 무슨 일인지도 모르고 반드시 3일이 지난 뒤에야 부부가 비로소 서로 만나 보는 일도 있었고, 제사가 있는 집에서는 '기일忌日'에 간혹 음식을 마련하여 공양하는 불가의 일을 집이 아닌 절에서 행하기도 하였다.[219] 초상집에서조차 술과 밥을 준비하여 손님들을 대접하고 취하도록 마시게 하는 것을 법도로 삼기도 했다.[220] 향음례鄕飮禮와 향사례鄕射禮에 대해 사람들이 그 명칭은 알고 있었으나 예식을 행하는 모습은 본 적이 없었다. 이런 상황은 성리학자 정구의 마음을 많이 아프게 했던 것으로 보인다. 그는 자녀들의 관례와 혼례를 『가례』에 의하여 행하였고 고을을 다스릴 때에 선비들로 하여금 그 향음 향사례를 설행하게 하였다.[221] 당시 대부분의 유학자들은 계몽적인 일에 주력하고 있었다. 이이도 「절서책」이나 「기도책」 「의약책」 등 각종 책문에서 민중계몽적인 내용을

---

[217] 盂蘭盆供은 목련존자가 餓鬼道에 떨어진 어머니를 구하기 위해 여러 수행승에게 공양을 올린 것이 유래가 되어 夏安居 끝날인 음력 칠월을 앞뒤로 한 사흘간 여러 가지 음식을 만들어 조상이나 부처에게 공양하는 의식이다.
[218] 『한강언행록』 권1, 類編 禮學 [이육]
[219] 『한강언행록』 권1, 類編 禮學 [이육]
[220] 『한강언행록』 권1, 類編 禮學 [이서]
[221] 『한강언행록』 권1, 類編 禮學 [곽근]

집중적으로 다루고 있는데, 이는 치인治人 의식을 갖고 있는 유자로서는 당연한 마음가짐일 것이다. 정구는 이를 의례절차를 통하여 바로 잡으려 생각했다.

정구가 편찬한 예서 가운데 훗날 가장 회자되는 것이『오선생예설분류』이다. 이 책은 정구 예학의 주요한 특징을 잘 보여주는 저술로 이후 예학자들로부터 주목을 받았고 근래 학계에서도 관심을 보였다.[222] 이 책은 송대의 대표적인 성리학자들의 예론을 모아 분류해 놓았다는 점에서, 또 다른『가례』주석서들과는 그 편찬의 취지 등이 다르다는 점에서 정구 예학을 논하는 주요 자료가 된다.[223]

이 책은 그가 일생 가장 심혈을 기울인 것으로 스스로 밝히고 있다. 정구가『오선생예설분류』를 시도한 것이 61세 때인 1603년에 충청도 목천에 머물러 있을 때이다. 이웃에 사는 친구 이복장李福長[224]이 권유를 받아 정호, 정이, 사마광, 장재 주희 등 다섯 선생의 예설을 모아『오선

---

[222] 금장태「한강 정구의 예학사상」(유교사상문화연구 45, 한국유교학회 1992.), 고영진 17세기 초 예학의 새로운 흐름- 한백겸과 정구를 중심으로 (한국학보 68집, 일지사 1992.), 李完栽 한강 정구 선생의 예학 (동방한문학 제10집, 1994.), 배상현 한강 정구와 그의 예학사상 (유학연구 제3집,1995.), 정경희 16세기 후반 17세기 초반 퇴계학파의 예학 - 한강 정구를 중심으로 (한국학보 101집, 2000), 彭林 寒岡鄭逑五先生禮說初探(남명학 연구 제11집, 경상대 남명학연구소, 2001), 도민재 한강 정구의 학문과 예학사상 (한국사상과 문화 18집, pp.200-228, 한국사상문화학회, 2002.), 김현수 한강 정구의 예학사상 오선생예설을 중심으로(동양예학 6집, 동양예학회 2001.), 김현수 한강 정구의 예학 -예문답을 중심으로-(한국학논집 제48집 2012. 정경주「五先生禮說分類 의 편차와 그 의의」退溪學과 儒敎文化 第58號

[223] 정경주,「五先生禮說分類 의 편차와 그 의의」『退溪學과 儒敎文化』第58號, p.130.

[224] 『한강전집』별집 권2, 詩 李仲綏福長 만사. 정구의 나이 63세 때인 1605년경에 쓴 것으로 보이는, 이복장에 대한 만사가 있다. 정구는 61세 때 龍驤衛副護軍을 사직하고 목천에서 5개월 동안 머무른 적이 있는데, 그가 목천을 떠나 성주로 옮겨간 다음 2년 후 쓴 것이다. "憶昔同鄰寓 重歡舊契深 每承編禮勸 時共瀉情斟 千里溪橋上 三年雲樹陰 忍題今日挽 衰淚滿衣襟."

생예설분류』를 편찬하였다.²²⁵ 이복장은 주변에 있는 선비 15명 정도를 불러들여 붓을 잡고 작업을 도와주게 하여 반 달 만에 초고를 완성했다고 한다.²²⁶ 곧장 판각하여 책으로 간행하자는 주변의 요청이 있었지만 정구는 그 작업이 본디 자신이 편하게 상고하기 위해 시도한 작업이고 애초에 널리 유포할 것까지 없다고 생각한 데다가, 내용이 거칠고 소략하니 더욱 함부로 세상에 내놓는 것은 합당치 않다고 여겨 응하지 않았다.²²⁷

이내 그는 목천을 떠나 성주로 이사하였는데 1811년 경 초고 상태로 상자 속에 섞여있던 것을 사우들이 다듬고 필사하여 책을 묶었다. 앞의 것은 두 책이고 뒤의 것은 세 책으로 모두 다섯 책이 되었다. 이때 그는 서문을 썼다.²²⁸ 그러나 그는 여전히 누락되거나 잘못된 부분이 없지 않다고 여겨 다시 정리하여 정밀히 등사한 뒤에야 조금 완전해질 것이라고 생각하고 있었다.²²⁹

그러다가 1614년 봄, 그의 나이 72세 때 노곡정사蘆谷精舍에 노복이 불을 내 가재도구는 물론 서가에 가득한 서책이 모두 소실되었다. 이때 정사해 놓은 『오선생예설분류』를 비롯 『수사언인보주속록』, 『후록』, 『경현속록』, 『유선속록』 등을 위시하여 기타 새로 편찬한 글 100여 책 및 죽은 친구가 편찬한 『선현수적先賢手蹟』 등 대체로 문방에서 보물로 여

---

225 정구 『한강전집』 권4. 答金邦良德民에 따르면 이 책의 당초 이름은 『伊洛五先生禮說』로 7권으로 편집된 것으로 보인다.
226 이때 그를 도와 작업을 하던 박진휘가 일찍 죽자 애도의 글을 지었다. "五賢禮說集爲書 共事多君屢起余 惜也修文何太遽 每因編校淚沾裾" 『한강전집』 권1, 挽詞 朴秀才震輝
227 정구 『한강전집』 별집 권2, 五先生禮說分類 발문
228 정구 『한강전집』 권10 五先生禮說分類 서문
229 정구 『한강전집』 별집 권1, 與李汝懋

길 만한 것들이 모두 사라지고 말았다.[230]

정구는 이후 3년이 지나, 죽음을 앞두고 있는 상태에서 『오선생예설』과 『오복연혁도』 등을 다시 편찬하였다.[231] 화재로 인한 정신적 타격도 컸지만 이때 이미 그는 맏아들의 상을 당한 데다 또 풍병에 걸려 침상에 누워 지내는 처지에 놓여 있었다. 하지만 이 책에 대한 애착과 미련을 떨쳐 버릴 수가 없었다.[232] 마침 서사원徐思遠과 송원기宋遠器가 함께 힘써 재편집을 하였고 많은 문인들이 오가면서 혹은 등사도 하고 혹은 교정도 하며 일을 진행한 지 4년만인 1618년에 마무리했다.[233] 1603년 초고가 목천에서 이루어졌으니 그로부터 16년이 지나 편집이 끝난 것이다.[234]

최근 여러 학자들이 『오선생예설분류』에 대하여 연구하면서 조금씩 다른 규정을 하고 있다. '주자의 『의례경전통해』를 모범으로 하고 고례古禮를 참조하여 가家 향鄕 방국邦國 왕조례王朝禮를 균형 있게 복원하는 것'[235]으로 규정하거나, "변례變禮를 절충하는 방법에 대하여 강구하였다."고 하기도 한다. 한편으로는 "왕조례까지도 사례의 체계로 분류하여 체계화함으로써 고례의 본의를 살리면서도 실행가능성을 높이는

---

230 정구『한강전집』권4, 答李茂伯潤雨
231 정구『한강전집』속집 권2, 與宋學懋遠器
232 『한강언행록』권4, 부록 實記, [李天封]에 의하면 정구는 말년에 風痺의 증세를 앓아 항상 신음하며 약을 복용하는 중에 있었으나 제생을 불러 모아 학문을 강론하고 예를 토론하는 일을 게을리 하거나 폐한 적이 없었다. 심지어 세상을 떠나던 그날에도『家禮會通』을 열람하여 손에서 책을 놓지 않았다고 한다.
233 정구『한강전집』별집 권2, 五先生禮說分類 발문
234 정구『한강전집』별집 권2, 五先生禮說分類 발문. 이 책을 편집하는데 가장 결정적 도움을 주었던 이복장 서사원 송원기는 이미 세상을 떠나 책의 완성을 보지 못했다.
235 고영진, 「17세기 초 예학의 새로운 흐름-한백겸과 정구의 예설을 중심으로」『한국학보』68

방향으로 기획되었다."[236]고 평가하거나, 또는 성리학을 주도한 다섯 선생이 제기한 '예설의 본의'를 체득함으로써 예의 본원을 이해하는 경지에 도달하는 것, 즉 '예학'의 학문 방법과 목표를 분명하게 하려는 것이라고 보기도 한다.

『오선생예설분류』의 오선생은 모두 송대 성리학자 또는 예학자이다. 유학에서 어떤 경우든 예를 배제할 수 없으므로 이른바 신유학자라는 성리학자들의 예 이론을 밝히는 것은 당시 학자로서는 당연한 과제이다. 또한 책 자체가 구체적 행례의 지침을 제공하는 것이 아니라 이론적 접근의 형태를 띤다. 그런데 이론서라 하더라도 이미 무엇에 관한 이론이냐가 중요하기 때문에 편목이 무엇이냐 하는 것이 중요할 수밖에 없다. 여기서 그가 왜 북송의 네 사람과 남송의 주희 총 다섯 사람의 예설을 모아 분류했을까 하는 문제를 생각하여야 한다. 여기서 우리는 정구의 시각이 주희 중심이라거나 주희 일변도가 아님을 알 수 있다. 다시 말하면 『오선생예설유편』은 주희 절대주의의 시각에서 쓰인 것이 아니며, 따라서 정구가 다른 학자들처럼 『가례』 중심이 아니라는 것을 보여준다.

1811년에 정구가 쓴 서문에 편찬과 간행의 동기가 보이는데, 여기서 오선생예설을 주제로 한 이유가 드러나 있다. 그는 상례常禮는 하나이지만 변례變禮는 그 가짓수가 무수하기 때문에 아무리 박식한 선비라 하더라도 특별한 경우를 만나면 의심스러워 옳고 그른 것이 서로 혼동되고 여러 사람의 말들이 분분하여 서로 헐뜯고 증오하는 관계로까지 발전하게 마련이라 한다. 그리하여 결국에는 온 세상 사람의 지혜를 모아도 그 시비를 분간하지 못하고 여러 세대를 내려가면서 의문을 남기기까지 하니, 예라는 것은 정밀하여 알아보기가 사실 이처럼 어렵고 또

---

236 박종천, 「한강 정구의 예론과 예설」, 『태동고전연구』 29집, 2012

참되고 옳은 본색을 보기도 이처럼 어렵다고 한다.[237]

그런데 이런 어려움을 해결해 줄 다행스런 일이 바로 다섯 선생이 번갈아 나온 것이라고 한다. 정구는 이 다섯 선생은 사람의 도를 선양하되 예를 근본으로 삼고 사안에 따라 분석하기를 손바닥을 가리키듯 환하게 해 놓았다고 여겼다. 이들 다섯 선생은 크게는 사안이 큰 문장과 논단에서부터 작게는 한두 마디의 단편적인 말까지 오로지 하늘의 법을 따르고 사람의 정서를 구현하지 않은 것이 없는데, 그것이 다 정밀하고 깊으며 철저하고 분명하였으니, 정녕 후학의 눈과 귀를 열어 준 것으로 말하면 어찌 남북의 방향을 가리키는 지남거指南車와 어둠을 밝히는 촛불 이상이라고 하였다. 다만 아쉽게도 그와 같은 말씀들이 문집과 어록 등 책들과 여러 경전의 주석에 흩어져 있기에 찾기가 막연하고 다급한 비상시에 어찌 두루 열람하여 끄집어낼 수 없음이 안타까웠고 한 번 그때가 지나가 버리고 일이 잘못된 뒤에는 혹시 나중에 그 자료를 찾아냈더라도 잘못을 바로잡을 수 없는데, 더구나 영영 잘못을 깨닫지 못하고 경솔하게 계속 잘못을 되풀이하기까지 하는 일은 막아야 한다는 생각에서 이 작업을 했다는 것이다.[238]

그는 이같은 문제의식을 갖고 선행 성과를 고찰한 결과 『상제례록喪祭禮錄』[239]과 『주문문례朱門問禮』[240] 같은 것이 있음을 확인하였다. 하지만 이것들은 모두 주희의 글만 취한 것으로서, 완비되었다 할 수 없

---

237 정구 『한강전집』 권10, 五先生禮說分類 서문
238 정구 『한강전집』 권10, 五先生禮說分類 서문
239 이 책의 저자는 백현룡(1543-1622)으로 호는 惺軒이다. 이황에게 수학하였고 서애, 학봉 월천 대아 등과 교유하고 원황에서 후진에게 글을 가르치는데 힘썼다. 임진왜란 때 창녕의 화왕산성에 창의군으로 참전해서 공을 세웠다. 저서로는 성헌문집, 상제례록이 있다.
240 이 책의 저자 辛應時(1532-1585)의 호는 白麓이다. 백인걸의 문하에서 배웠다. 모친상 때 이 책을 저술하였다. 成渾, 李珥와 특히 교분이 두터웠다.

고, 게다가 부문이 갈라지지 않아 서로 비슷한 성격의 사안들이 여기저기 뒤섞여 나옴으로써 잡다하고 엉성하기는 예전이나 마찬가지라고 보았다.[241] 여기서 그는 예설에 있어서 주희의 것만을 취급하는 것에 만족하지 않는 태도를 보이고 있음을 알 수 있다. 따라서 그는 『가례』로 만족하지 않는 태도를 보이며, 이것은 그의 학풍이 당시 주희를 거의 절대시하던 학계의 분위기와 차이가 있음을 보여준다. 이 때문에 정구는 『오선생예설유편』에서 주희의 『가례』는 포함시키지 않았다. 이는 당시 학계의 반발을 사기에 충분하였기에 여기에 대한 해명이 요구되었다. 또 여러 선생들의 말씀은 대부분 한때 어떤 특별한 사안에 따라 문답한 것으로, 애초에 예를 행하는 절차를 위해 뚜렷한 목적을 가지고 가르침을 행한 것이 아니기 때문에 중복되어 복잡하기도 하고 누락되어 엉성한 경우도 있다. 그러나 『가례』는 부문이 나뉘어져 있으니 그 속에 유별로 끼워 넣는다면 항목이 다 갖추어지고 차례도 빠진 것이 없으므로, 이 책을 근거로 삼아 예를 행할 수 있을 것이다. 그럼에도 불구하고 『가례』를 포함시키지 않은 이유에 대해 정구는 다음과 같이 밝힌다.

> 그 말은 사실 일리가 있습니다. 나도 처음에 그 생각이 들어 일찍이 그 내용을 관혼冠婚 등의 예에 한 번 첨부해 넣었습니다. 그러나 이윽고 또 생각하니, 이 책을 만든 이유는 사실 옛사람의 글보다 그 양을 더 풍부하게 하기 위해서가 아니고 다만 여러 책 속에 말씀이 산재해 있어 급작스럽게 찾아 열람하기에 매우 불편하였기 때문에 지금 우선 그것들을 뽑아 모아 열람하기에 편하도록 하자는 것이었습니다. 『가례』로 말하면 이미 당대에 성행하는 책으로, 어느 집이든 없는 집이 없고 어느 누구도 익히지 않은 자가

---

241 정구 『한강전집』 권10, 五先生禮說分類 서문

없습니다. 그런데 지금 이것을 다시 취하여 편입한다면 어찌 중복되어 너저분하지 않겠습니까. 더구나 『가례』는 이미 한 부의 책이 되어 있고 이 책은 예를 고증하고 도움을 주는 용도에 지나지 않으니, 더욱이 저것을 망가뜨려 이것을 보충하는 것은 합당치 않습니다. 이것이 『가례』의 내용을 첨부하려다가 그만둔 이유입니다."[242]

정구가 말한 이유는 그리 설득력이 있는 것 같지 않다. 급할 때 편하게 보기 위함이란 이유도 충분하지 않다. 『가례』도 급할 때 보기 편하게 하려는 의도가 이미 반영되어 있기 때문이다. 다섯 선생의 예설도 편하게 참고하게 위하여 결국은 분류되었다. 그리고 분류의 기준은 관혼상제가 근간이다. 다만 『가례』의 이미 확정된 체제나 권위를 무너뜨리지 않겠다는 점에서 겸손함과 차별성을 보여주고 있다. 또한 드러나지는 않았어도 주희 중심으로만 보지 않겠다는 의도가 은연중 편집체제 속에 담겨있다.

4. '왕사부동례王士不同禮'의 체제와 편차

『오선생예설분류』는 관혼상제와 잡례雜禮 등을 체계 있게 분류하여 전집 8권 3책, 후집 12권 4책으로 되어있다. 전집은 주로 천자와 제후에 대한 예를 다루었고, 후집은 일반 사대부에 관한 예를 다루었다.
이 책에는 인용서목이 매우 다양하다. 당시의 예학자들이 『가례』 중심으로 연구할 뿐만 아니라 『가례』에서 전거로 삼고 있는 삼례 등과 그

---

242 정구 『한강전집』 권10, 五先生禮說分類 서문

주석을 활용하고 있었는데, 정구의 경우 이들 문헌뿐만 아니라 여타 문헌들도 폭넓게 동원 활용하고 있다. 『오선생예설분류』에 인용한 서목은 다음과 같다.

『오선생예설분류』의 인용 서목			
程氏遺書	宋朝名臣言行錄	儀禮經傳通解	韓昌黎集
程氏外書	伊洛淵源錄	儀禮經傳通解續	柳先生集
經說	性理大全	論語集註	小學集解
伊川文集	文獻通考	孟子集註	韓魏公祭式
橫渠理窟	易傳	中庸章句	事文類聚
正蒙	書傳	中庸或問	顔氏家訓
家禮	詩傳	通典	文翰類選
朱子大全	春秋公羊傳	大學衍義補	鶴林玉露
朱子語類	春秋胡傳	資治通鑑網目	鄕校禮輯
晦庵語錄	禮記	家禮會通	易本義
朱子行狀	周禮	網鑑大成	呂氏宗法
朱子年譜	大戴禮	家禮儀節	張南軒集

『오선생예설분류』에서 인용된 서목을 보면 단순히 다섯 학자의 예설을 소개하는데 그친 것이 아니다. 인용 서목만도 48서가 되는 방대한 작업이었다. 서목 가운데 통상의 예서가 아닌 것들이 많이 눈에 띈다. 『춘추공양전』 『춘추호전春秋胡傳』 『대학연의보』 『유선생집柳先生集』 『사문류취』 『문한유선』 『학림옥로鶴林玉露』 『정몽』 『강감대성網鑑大成』 등 참으로 다양하다. 이는 17세기에 학자들의 예 의식이 확대되어 『가례』 절목의 수준을 넘어서 주희 이외의 다른 학자들의 예설에까지 관심을 돌려 예설의 폭을 넓히는 한편, 『가례』보다 더 구체적으로 상세히 논술된 예의 절목을 추구하고자 하는 요구가 학계에 있었다는 것을 의미한다.[243] 그렇지만 같은 시대의 김장생이 『가례』를 근간으로 하고 주희

---

[243] 윤사순, 「性理學 時代의 禮思想」, 『한국사상대계』 4, 1984

의 예설을 더욱 충실히 하는 방향에서 예서를 편찬한 입장과는 분명 비교된다.

여기서 우리는 정구와 김장생의 예에 대한 인식의 차이를 알 수 있다. 김장생은 사대부의 예를 근간으로 하는 『가례』의 입장에 서서 왕도 사대부의 예를 따라야 한다는 입장이다.[244] 반면 정구는 『오선생예설분류』를 편찬하면서 고례에 근거하여 천자 제후의 예와 사대부의 예를 구분하여 항목을 정하여 천자제후와 사대부 사이에 서로 다른 예가 적용될 수 있음을 제시하고 있다.

정구가 왜 『가례』의 체제를 따르거나 그것을 보충하는 방식을 취하지 않았느냐에 대한 충분하지 못한 변명은 그의 책이 선명하게 또는 웅변적으로 보여준다. 그것은 왕가의 사례를 사대부의 사례와 분리하여 드러내고 있다는 점이다. 1611년 정구의 서문에 다음의 글이 있다.

> 독자들이 만일 다섯 분 선생이 준칙을 세운 본의를 깊이 이해하고 주자와 황간이 편찬한 『의례경전통해』에서 정도를 취해 표준으로 삼아 저 위로 주공과 공자의 큰 근원을 거슬러 올라갈 수 있다면, 이른바 "예는 의리의 기본 법도이다."라는 뜻을 스스로 터득할 수 있고, 또 이른바 "예는 그 근거를 천지의 근원에 두고 있다."라는 뜻을 깊이 알 수 있게 되어 삼강오륜의 큰 근본이 서게 될 것이다.[245]

여기서 『가례』가 아니라 『의례경전통해』와 삼강오륜이 등장하는 것

---

244 김장생, 『사계전서』 卷36, 「疑禮問解」, "古之制禮者皆自士而始也先儒云有其事則假士禮而行之蓋家禮所以只據士禮而作恐亦足此意歟."
245 정구 『한강전집』 권10, 五先生禮說分類序

에 유념할 필요가 있다. 그리고 이후 두 차례 예송 때 이 문헌이 집중적으로 거론되었음과 왕가의 예와 사대부의 예가 같을 수 없다는 주장이 강력히 대두하였고, 또한 이것이 정구와 같은 남인학자들의 견해임을 기억해둘 필요가 있다. 정구의 『오선생예설분류』는 다시 말하면 『가례』의 범위를 넘어서겠다는 그의 의지가 반영된 책이다. 신흠이 지적하였듯이 정구도 처음에는 주희의 『가례』에 근거하여 한 몸과 한 집안에 따라 행하였다. 그러다가 『의례』와 『예기』를 공부하게 되었고 그 내용이 가정뿐만 아니라 향촌과 국가에 미치며 갈래로는 오례가 되는 것을 알았다. 여기에 역사의 변천에 따라 제도가 가감되었음을 참작하였고 이에 대한 다섯 선생의 견해들로 방증을 삼으려 한 것이다.[246]

정구는 일찍이 이황과의 대화에서 국상國喪이 있을 때는 기복朞服과 소공小功, 대공大功의 복을 입을 사람에 대해서는 성복成服을 허용하지 않았다는 가르침을 기억하고 있었다. 또 제자와의 문답에서 옛날에 증자가 스승 공자에게, 군주의 상복을 입고 있을 때는 사적인 상사의 복색을 어떻게 할 것인가에 대해 묻자, 공자가 "몸에 군주의 상복을 입고 있으면 감히 사적인 상복을 입을 수 없다." 하였고, 그 내용을 풀이한 사람이 "군주가 중하고 부모는 가벼운 것은 의리가 은정을 차단하기 때문이다."라고 설명해준 일이 있다. 또 어느 제자가 국상 중에 종조從祖에 대한 상복을 입고 싶어 문의를 한 적이 있는데 이때 그는 국상 중에는 대부와 사인의 부모에 대한 상복도 성인이 오히려 허용하지 않았으니 방친旁親에 대한 상복은 입기가 어렵다고 하였다.[247]

---

246 『한강연보』 권2, 한강행장 [張顯光]
247 정구 『한강전집』 권4, 答李茂伯潤雨

『오선생예설분류』 중 천자제후례와 사대부례 항목 비교

天子 諸侯	분류	士
1. 禮總論, 天子諸侯冠禮	총론. 관례	6. 冠婚總論, 冠總論, 冠禮
2. 天子諸侯昏禮, 昏變禮(娶同姓)	혼례	7. 昏禮, 昏家禮
3. 天子諸侯喪禮, 喪祭總論 喪禮總論, 君有疾, 君喪 冊禮吉服, 祠于先王, 君喪服 行三年, 宅憂亮陰, 遺詔 以日易月, 喪無二嫡, 繼統執喪, 論居喪吉禮 越紼祭天地, 葬不及期 受外國弔, 諡法 諱法 論漢王稱親 公族, 山陵, 改葬 吉補後附, 碑	상례	8. 祭總論, 喪禮總論, 疾病, 豫凶事, 始死, 復, 立喪主, 相, 袒免, 不食, 銘, 重, 治棺, 殯, 不用浮屠, 喪服總論, 喪服制度, 五服總論, 五服, 稅服, 君臨臣喪, 刺史吏民喪, 弔, 奠應, 哀有喪, 朔望喪變禮(聞喪, 奔喪) 卜兆, 井槨, 治葬, 明器 翌靈, 作主, 功布, 飾棺. 啓殯, 朝祖, 陳器, 遣奠. 發引, 合葬, 反哭, 墳墓 廬墓, 行狀, 誌石, 墓表 墓碑, 葬家禮(並有喪, 返葬, 旅葬, 久不葬, 火葬, 招魂葬, 改葬, 地風) 虞祭, 卒哭, 門人私諡諱法, 祔, 短喪, 祥 遷主, 毁喪服, 禫, 喪畢裕祭祧遷, 居家雜儀, 五服喪, 司馬公致磚奠狀式
4. 天子諸侯祭禮, 祭總論, 天地之祭, 方明, 明堂 社稷, 風師, 域隍, 山川 旅祭, 祈雨, 蠟, 五祀 厲, 灘, 神祀, 淫祀, 聖賢, 朱子文廟釋奠, 祭器, 宗廟, 同堂異堂 原廟附, 昭穆, 祧 補裕, 追王, 上祀先公 三侯幷配, 祭因國之主 先代帝王陵寢, 追廢先后 宗法	제례	9. 祭禮, 祭總論, 宗法, 祭祀 墓祭, 影堂, 配祭, 出母不可入廟, 鷄與無後者尸, 主祭, 七十老而傳, 主婦, 支子不祭, 祭田, 祭器, 祭服, 祭饌, 祭儀, 時祭卜日, 齊戒, 設位, 降神, 紙錢, 祝, 第三獻, 受胙, 酸, 冬至祭始祖, 立春祭先祖, 禰祭, 忌祭, 晨謁, 朔望, 節祠, 焚黃, 墓祭, 正祭, 節祠, 墓祭, 齊享, 設位, 三獻, 齊戒, 祭儀, 土地, 祝文, 告祀, 授官, 立後, 異姓受後, 立外孫後. 祭外家, 祭非其鬼, 祭禮附錄(生日, 飮食, 必祭, 封贈,姓氏, 親屬, 外屬, 鄕飮酒,旅酬,鄕約,鄕射
5. 天子諸侯雜禮, 天子之禮 尊號, 聖節, 國忌 天子車服, 朝廷之儀 冊名, 巡守, 覲禮 援相之禮, 聘享之禮附圭 臣民禮, 宮室	기타 잡례	10. 以雜禮, 堂室, 父子異宮, 處家 冠服之祭, 明衣, 寢衣, 深衣 贄, 笏, 拜, 跪坐, 步趨 乘車, 乘轎, 門生, 赴試 雜儀, 編禮

표에 나타나듯 정구는 크게 천자 제후의 예와 사의 예로 전후집을 나누었다. 전집 서두에 예의 총론을 두고 다음으로 천자제후의 관혼상제례를 차례로 포치하고 이어서 후집에는 사의 예제에 관한 논의를 역시 관혼-상제 그리고 잡례의 차례로 두었다. 그리고 마지막에 편례編禮 한 편을 추가하였다. 전집 서두에 예의 총론이 후집 말미에 이 책의 편례가 들어 있는 것이다.

제목이 『오선생예설분류』인 이상, 이 책은 다섯 선생의 예에 대한 학설을 우선적 중심에 두는 체제를 택하고 있으며,[248] 다른 학자들의 이론이 덧붙여진 경우에는 이를 구별하여 표기하였다.[249] 이런 외양을 두고 말하면 결국 해당 저서는 천자 제후 등의 왕가례와 사가례에 대한 성리학자들의 이론적 이해와 근거를 제시하기 위한 편찬서에 속한다. 그리고 이는 왕가례와 사가례가 이미 다르다는 것과 그 이유에 대하여 대표적인 근거 자료로 활용할 수 있다.

예의 총론은 오선생이 예를 논하게 되는 근거가 되는 내용을 수록하고 있다. 그것은 『예기』의 곡례상과 예운편 그리고 「예기禮器」에서 취한 7개 조항이다.[250] 그것은 다음과 같다.

(1) 예는 마땅한 것을 따르고 남의 나라에 사자로 가면 그곳의 풍속을 따른다.[251]

---

[248] 오선생의 예설을 해당 항목 上欄에 붙여 시작하며 그 주장의 마지막에 출전을 밝혀놓았다.
[249] 정경주의 조사에 따르면 덧붙여 학설이 인용된 인물로는 주희의 경전 주석에 간접 인용된 인물 외에도 韓愈와 邵雍, 張栻, 劉璋, 呂祖謙, 陳淳, 陳埴, 黃幹과 문헌으로는 顔氏家訓, 朱元陽祭錄, 伊洛淵源錄, 家禮儀節, 家禮會通, 韓魏公祭式 등이다.
[250] 정구『오선생예설분류』前集 권1 禮總論篇題.
[251] 『예기』曲禮 상 禮從宜 使從俗.

(2) 예는 친소를 정하고 혐의를 해결하며 같음과 다름을 구별하고 시비를 밝히는 것이다.²⁵²

(3) 도덕 인의는 예가 아니면 이루어지지 않고 교훈과 정속은 예가 아니면 갖추어지지 않는다. 다툼을 분간하고 소송을 판결하는 것도 예가 아니면 결정 나지 않으며 군신 상하 부자 형제도 예가 아니면 정해지지 않는다. 벼슬하고 배움에서 선생을 섬기는 것도 예가 아니면 친해지지 않고 조정에 반열하고 군대를 통치하며 벼슬에 나아가고 법을 시행하는 것도 예가 아니면 위엄이 서지 않는다. 사당에 기도하고 제사하며 귀신에게 공급하는 것도 예가 아니면 정성도 장엄함도 이루어지지 않는다. 그러므로 군자는 공경하고 절도 있게 하고 물러나고 겸손하여 예를 밝힌다.²⁵³

(4) 사람이 예가 있으면 안정되고 예가 없으면 위태롭다. 그러므로 예는 배우지 않을 수 없다.²⁵⁴

(5) 군자가 예를 행함에 시속을 바꾸려 하지 않으니 제사의 예와 거상의 복과 곡읍의 위치는 모두 그 나라의 오랜 관습대로 하는 것이니 그 법도를 잘 닦아서 삼가 행해야 한다.²⁵⁵

(6) 예라는 것은 의로움의 실제이다. 의로움에 협력이 되면 예는 비록 선왕이 두지 않았어도 그로써 의를 일으킬 수 있다.²⁵⁶

---

252 『예기』 曲禮 상 夫禮者 所以定親疎 決嫌疑 別同異 明是非也.
253 『예기』 曲禮 상 道德仁義 非禮不成 教訓正俗 非禮不備 分爭辯訟 非禮不決 君臣上下 父子兄弟 非禮不定 宦學事師 非禮不親 班朝治軍 涖官行灋 非禮威嚴不行 禱祠祭祀 供給鬼神 非禮不誠不莊. 是以 君子恭敬撙節退讓以明禮.
254 『예기』 曲禮 상 人有禮則安, 無禮則危. 故曰禮者不可不學也.
255 『예기』 曲禮 君子行禮 不求變俗 祭祀之禮 居喪之服 哭泣之位 皆如其國之故 謹脩其法而審行之.
256 『예기』 禮運 禮也者 義之實也. 協諸義而協 則禮雖先王未之有 可以義起也.

(7) 선왕이 예를 세울 때 근본이 있고 문식이 있었다. 최선을 다하는 것과 심의를 지키는 것은 예의 근본이고 일과 사물에서 옳음을 표방하는 것은 예의 문식이다. 근본이 없으면 서지 못하고 문식이 없으면 시행이 되지 않는다.[257]

이상의 『예기』에서 취한 7개 조항이 정구가 판단하는 오선생 예설의 근간이 되는 예설이다. 이 외에 정호 정이의 15조, 장재의 6조, 주희의 77조 모두 98조의 원론적 예론이 수록되어 있다. 여기에 사마광은 빠져 있다.

총론 다음에 전후집 모두 관혼상제의 편제를 취하고 있는데 이는 순서에 있어서 『가례』와 같다. 실상 주희는 제자와의 문답에서 "예경은 모름지기 문류門類로 편성되어야 한다. 관혼상제 및 다른 잡다하고 자잘한 예수禮數까지 모두 문류로 나누어 편집하여 그 이동異同을 상고하고 그 당부當否를 바로잡아 결정하여야 될 것이다. 그러나 이제 기력이 이미 미치지 못하게 되었으니, 우선 후인들에게 남겨 둔다."[258]라고 하였다. 다른 방식을 따르지 않은 것은 성리학자인 주희의 분류 외에 달리 취할 만한 충분한 이유를 찾지 못한 때문일 것이다. 성종 때 완성된 『국조오례의』가 두우의 『통전』 등에 근거하여 길가군빈흉吉嘉軍賓凶례의 차례로 편집되어있으니 이 체제를 취하여도 문제될 것이 없는데 그는 어쨌든 관혼상제의 차례를 택하였다. 이렇게 보면 『가례』의 통례가 『오선생예설분류』에서는 예 총론이 된 셈이다. 주희가 황간과 함께 작업한

---

257 『예기』 禮器 先王之立禮也. 有本有文. 忠信禮之本也. 義理禮之文也. 無本不立 無文不行.
258 『주자어류』 83:132 問: "禮經要須編成門類, 如冠·昏·喪·祭, 及他雜碎禮數, 皆須分門類編出, 考其異同, 而訂其當否, 方見得. 然今精力已不逮矣, 姑存與後人." 大雅

『의례경전통해』에는 가례家禮 향례鄕禮 학례學禮 방국례邦國禮 왕조례王朝禮의 구분을 두었는데 이것을 취하지도 않았다. 정구가 향약과 향음 향사 등에 관심이 많았던 것을 생각하면 『의례경전통해』의 편차와 분류를 택하였어도 문제될 것이 전혀 없는 상황이다.

후집 말미, 그러니까 제례가 끝난 다음에 편례編禮 편이 있다. 여기에는 주희가 『의례경전통해』를 편찬할 때 문인들과 주고받은 내용들이 많이 수록되어있다. 주희는 이 책에서 『의례』를 중심으로 하고 『예기』와 주례의 내용을 갖고 이를 해설하는 형식을 취하였는데 『오선생예설분류』의 형식은 이것을 의식한 것으로 보인다.

정구와 거의 같은 시대를 살았던 이이는 『경연일기』(1580)에서 "정구는 예학에 삼가하여 몸가짐이 매우 엄격하고 의론이 꽃처럼 피어나 맑은 이름이 날로 드러났다."[259]고 했다. 이이의 예리한 인물평의 칼날을 비켜가거나 그로부터 긍정적 평판을 얻은 사람이 많지 않다는 것을 염두에 둔다면 정구의 사람됨을 짐작할 수 있다.

성리학을 신유학이라 부르듯이 성리학자들의 생각이 반영된 이론들은 자연스레 새로운 예설이 되어야 한다. 정구가 다섯 학자의 예설을 찾아 이를 분류한 것은 새로운 예에 대한 바른 이해를 위해서 필요한 절차적 과정이다. 이미 『가례』가 널리 통과의례의 준거가 되고 있는 상황에서 그 예론의 정합성을 찾는 작업이 불가피하였는데 따라서 그가 송대 성리학자들의 예설을 집성한 것은 매우 시의성과 당위성을 갖는 일이었다. 정구 이전의 예학자들에서는 예학 연구의 범위가 『가례』의 범주를 넘지 못하였던 데에 비해, 정구는 40여 종류에 달하는 경서

---

[259] 이이 『율곡전서』 卷30, 經筵日記 三.

와 예서를 참조하여 예의 방대한 사전적 작업을 해냈다. 예 총론편에 『예기』에서 채택하여 수록한 글에서 확인할 수 있는 것처럼 정구는 예에서 가장 중요한 것이 시의時宜라고 보았다. 옛 것에 얽매일 필요도 없고, 특정 지역의 것을 고집할 필요도 없으며, 상황에 따른 변통의 길을 열어놓고 있다. 사대부의 제례 부록에 보면 「향음주」, 『향약』, 「향사鄕射」 등의 항목이 있다. 선진시대의 예는 국가 정치 문화 일체의 문제를 포함하였다. 그런데 주희 『가례』의 예가 관혼상제로 모아지는 사가의 일상생활의 예였다면, 정구는 향촌사회의 질서를 도모하는 사회규범의 요소로서 예를 중시하고 이를 드러냈다. 이는 향촌 의례를 통해 사대부 계층의 사회적 기능과 문화를 고취하는 의미를 갖는다. 정구는 천자례, 제후례와 사대부의 예를 구분하여 왕가의 예와 사가의 예를 성리학자들의 예설을 동원하여 균형 있게 정리하였으며 이는 훗날 허목 등 그의 후학들이 예송 때 고례 중심의 예설을 주창하는 근거가 되었다.

제10장

이재의 『사례편람』과 정중기의 『가례집요』

1. 조선 사민士民의 사례四禮

조선 중기 이후 사민의 상례에 강한 영향을 준 것으로는 앞서 살펴본 『상례비요』를 들 수 있다. 『상례비요』는 경향 간에 널리 사대부들 사이에 존중되었지만, 한편으로는 이 책의 문제점이 거론되거나 이를 보완하고자 하는 흐름이 생겨났다. 이 시기를 전후하여 상례에 대한 실행 안내서들이 저술되었다. 앞에서 『가례』 또는 사례와 관련된 저술들의 목록을 제시한 일이 있기에 여기서 다시 상론하지 않는다. 이규경李圭景(1788-1856)이 거론했던 것만 대략 꼽아도 장현광張顯光(1554-1637)의 『상례수록喪禮手錄』, 허목의 『경례유찬經禮類纂』 유계의 『가례원류家禮源流』, 박세채의 『가례요해家禮要解』, 이재李縡(1680-1746)의 『사례편람』, 정중기鄭重器(1685-1757)의 『가례집요』, 영조가 명하여 찬한 『상례보편喪禮補編』, 박성원朴聖源(1697-1767)의 『예설류집禮說類輯』과, 정조가 명하여 찬한 『예의류집禮疑類輯』과 오재능吳載能(?-?)의 『속예의류집續禮疑類輯』이 있다. 이들 예서는 항간에 통행되었던 것들이며 공사간에 금과옥조처럼 떠받들어 준행되었던 것들이다.[260]

그 가운데 18세기의 대표적인 예서로는 이재가 1746년에 저술한 『사례편람』과 정중기[261]가 1752년에 저술한 『가례집요』가 있다.[262] 당시는 『상례비요』의 저작이 이루어진 1583년으로부터[263] 이미 160여 년이 지난 시점으로 그 사이에 상당량의 가례 또는 사례라는 이름의 편찬서들이 쏟아져 나왔다. 이 시기에 『상례비요』의 문제점을 해소하고 이를 발전적으로 향상시키기 위해 18세기 율곡학파에서 나온 것이 『사례편람』이라면, 영남 지역에서 나온 대표적인 예서는 『가례집요』이다.

『사례편람』의 저자 이재는 『가례집요』의 저자 정중기와 같은 시대를 살았으나, 둘 사이에 교류는 보이지 않는다. 이재는 고관대작을 역임하였으나 부침이 있었고 만년 25년간은 산림형의 학자로 처신하였다. 정중기 역시 관직에 출입이 있었으나 주로 강학에 전념하였던 학자이다. 『사례편람』과 『가례집요』의 저자의 당파는 다르지만 두 저술에 당색이 드러나지는 않는다. 다만 사회에 미친 영향은 『사례편람』이 비교할 수 없을 만큼 강했다.

---

260 이규경 『오주연문장전산고』 경사편 4 - 경사잡류 2, 其他典籍 - 家禮에 대한 변증설
261 호가 梅山이다. 아버지는 鄭碩達이며, 어머니는 權墩의 딸이다. 정만양·정규양 형제 및 이형상의 문인이다. 경전과 사서에 통달하고 전고와 예제에 밝았다. 결성현감 시절 『여씨향약』으로 향속의 순화에 노력하였다. 문집에 『매산집』이 있고, 편저로는 『가례집요』 외에 『圃隱續集』・『朱書節要集解』가 있다.
262 『가례집요』가 이 시기 영남권을 대표하는 예서인가에 대해서는 재고의 여지가 있다. 다만 이 글에서는 영향력의 문제 대표성의 문제보다 『상례비요』에 대한 비판적 시각에서 보완의 작업을 해나간 것에 주목했다. 그리고 이러한 문제의식은 장동우의 논문에서 상당한 도움을 받았다.
263 『상례비요』가 김장생에게서 정리된 것이 1583년이지만 이때는 수초본 상태였다. 1620년 호서 지방 유생들에 의해 초간되고 다시 김장생의 둘째 아들인 김집외 교정을 거쳐 재간된 것은 1648년이다. 널리 사대부들에게 날려져 행례서로 활용된 것은 초간 이후부터이다.

이 두 저술이 갖는 여러 의미가 있지만 우선 들 수 있는 것은 둘 다 『상례비요』를 의식한 편찬서라는 점이다. 『상례비요』는 상제례 부분을 다룬 책이고 두 저서 또한 이 부분에 대한 비중이 높다. 뿐만 아니라 두 저서 모두 상제례에 국한하지 않고 관례와 혼례도 함께 다루었다. 즉, 『상례비요』에 담긴 내용의 문제만을 보완하려한 것이 아니라 체제 자체에 대한 비판적 안목과 시대적 요구에 대한 부응이 이 두 책에 담겨있다.

2. 이재의 『사례편람』

1) 이재의 학문

이재는 정치적 학문적 위상에 비하여 그 행적이 잘 정리되어 있지 못하다.[264] 사승관계는 뚜렷하지 않으나, 굳이 말하자면 이만성李晚成(1659-1722)과 김창흡金昌翕(1653-1722)을 꼽을 수 있는데, 그는 어려서 부친을 잃고 중부 이만성에게 수학하고 김창흡의 문인이 되었다. 그가 송준길의 외손이라는 점까지 감안한다면 큰 틀에서 볼 때 서인 노론의 정통을 잇는 가계의 배경으로 갖고 있다. 곧 이이-김장생-송시열-김창협 김창흡으로 이어지는 기호학파의 학맥을 이은 학자이다. 1702년 급제하였고 형조 이조 참판, 양관의 대제학, 공조판서서·의정부 좌

---

[264] 그의 본관은 牛峰, 자는 熙卿, 호는 陶庵·寒泉이다. 『민족문화대백과사전』에서도 그에 대하여 개략적인 서술만 있을 따름이다. 현행 그의 문집에 신도비도 행장도 들어있지 않다. 朴胤善이 찬한 행장이 있으나 출간되어있지 않고 芸窓文集에 수록되어 있다. 『영조실록』에 들어있는 이재 졸기도 그 내용이 매우 소략하다.

우참찬 등 화려한 경력을 갖고 있다. 1721년 신임사화 때 이만성이 4대신의 당으로 몰려 옥사하자 벼슬을 버리고 인제의 설악에 들어가 지냈고, 1725년 여러 번 상소를 올려 흉역의 무리를 몰아낼 것을 청했으나 받아들이지 않자 용인에 퇴거하였다. 1721년 이후 만년 25년간은 은거 수양하며 한결같은 자세로 제자를 양성하였다. 그는 영조의 탕평정책에 대한 반론을 제기하는 노론 준론의 대표적 인물이었다. 학문적으로는 성리학과 예학에서 유명하였으며, 당시 논란이 분분하였던 인물성 동이론에서는 동론을 취했다. 영조 52년 존현각에서 승지와 유신들과 나눈 대화중에 이재의 학문 인품 그리고 행적에 관한 부분이 있다. 승지 이양정李養鼎이 "과거 출신 중에 널리 학문하고 도리를 지킨 경우로 말하면 이재 같은 사람이 없다."고 하였고 서유방은 "중신으로는 김창협, 이단상과 이재 세 사람은 모두 과목 출신 가운데 학문이 출중한 사람"이라 하였다. 함께한 유신들의 관점이기는 하지만 이재의 고재로는 "오직 이의철과 조중회趙重晦가 있다."고 하였고 이재의 학문 연원으로는 "따로 사수한 곳과 연원은 없지만 송준길의 외손이기 때문에 그 집안의 예법은 한결같이 송준길 집안의 예법과 같다."고 하였다. 그리고 김창흡에게 오랜 기간 수업했고 신축년(1721)과 임인년(1722)의 화란이 일어나기 전에 기미를 보고 조용히 물러나 종신토록 벼슬길에 나오지 않았다고 하였다.[265]

이재의 저술에 대하여는 박유선[266]이 찬한 「도암행장」에 간략한 해

---

265 『일성록』 영조 52년 병신(1776)2월 24일(병인)
266 朴聖源(1697-1767)은 호는 諭善이며 이재의 문인으로 저술에『禮疑類輯』이 있다. 이는 관혼상제에 관한 우리나라 제현의 예설을 초록한 것이다. 본집 24권, 목록 2권, 부록 2권, 도합 28권 15책으로 이루어져 있으며, 1783년에 간행되었다. 『회재집』부터 이재『사례편람』에 이르기까지 조선 중기 이후 예학자의 서적이 대부분 인용되어 있다.

설이 있다. 그에 의하면 이재는 『주자어류』가 호한하고 말이 중첩되는 부분이 많으므로 그 절요한 곳을 취하고 번거로운 곳을 깎아내고 때로는 상하의 문자를 바꾸어서 어세와 의리가 통창무애通暢無礙하게 하여 일생의 정력을 기울여 정리하고 이 책의 이름을 『어류초절語類抄節』로 지었다. 또한 『근사록』의 내용이 모두 육경사서에서 취한 것이므로 그 원천이 되는 육경사서를 다시 찾아 그 핵심적인 개념들을 찾아 그 본주로 풀이하고 그것을 『근사심원近思尋源』이라 이름붙였다. 또 경서에서 시작하여 후현들의 언행 가운데 절요하고 수용 가능한 것들을 뽑아 공부에 도움이 되는 것들을 갖추어 수록하고는 이것의 이름을 『검신록檢身錄』이라고 하고 서문에서 '삼십 년 공부가 모두 여기 있다'고 하였다. 주돈이周敦頤(1017-1073) 이정 장재 주희의 글에서 대의에 관계된 것들을 보아 한 질로 만들어서 『오선생휘언초五先生徽言抄』라 하였다. 학문하는데 가장 절요한 것들을 삼십여 편 뽑아 모아 제생들에게 삭망으로 강송하게 하고 『서사윤송書社輪誦』이라 하였다. 주희의 감흥시 가운데 소학을 논한 것 일편을 주로 하여 고인들의 시 가운데 어린아이들에게 절실한 것들을 추리고 마지막으로 『동몽수지』와 『격몽요결』 몇 장을 묶어서 『동자조석가童子朝夕歌』라고 하였다. 김장생의 『상례비요』의 예에 따라 『가례』를 주로 삼아 여러 학설들을 참고하고 관의와 혼의 둘을 첨가하여 『사례편람』이라고 하였다. 일에는 상변이 있어 대처하기가 더욱 곤란한데 고금 성현들의 처변의 도와 일의 선불선에 대한 논설들을 수집하여 분류하여 기록하고 오륜으로부터 응사應事 접물接物 출처出處 치도治道 학술學術에 이르기까지 논한 것 10편을 『주형宙衡』이라 이름하였다. 명이 멸망하고 난 다음 당시까지의 국조의 존양의 실적을 채록하였는데 재상으로부터 여항의 천민들의 사실과 시문까지 수록하고 대의와 상반되는 일도 두어 엄하게 권징하는 뜻을 두었는데 이것을 『존양

編尊攘編』이라 하였다. 말년 병중에 평일 듣고 본 것을 입으로 불러 기록하여 냈는데 이를 『삼관기三官記』라고 하였다. 이 『삼관기』 한 책을 통하여 도암의 출처 언행의 골격과 사람들의 선악의 감계할 만한 것들을 모두 볼 수 있다.[267] 물론 이 가운데 가장 널리 알려져 있는 것이 『사례편람』이다.

이재는 영조가 등극한 1725년 이후 용인에 머물며 한천寒泉이라는 호를 사용하였고 학인들도 그를 천옹泉翁으로 불렀다. 한천은 찬 샘물이 나는 곳을 가리키는데 도처에 한천이라는 지명이 있을 정도로 인기가 있는 이름이다. 이 이름이 학자들에게 주목받은 것은 주희와 연관이 있는데, 주희가 1169년 모친을 복건성 건양시 천호의 남쪽 언덕에 장례하고 그곳에 한천정사를 지어 교학을 했기 때문이다. 이곳에서 그는 『자치통감강목』 『이락연원록』 『근사록』 『논어집주』 『맹자집주』 『논어혹문』 『맹자혹문』 등의 저작을 하였다. 이후 그는 무이정사 죽림정사

267　朴性陽『芸窓文集』卷9 雜著 芸窓瑣錄 陶菴行狀 朴諭善撰. "曰. 朱子語類編帙浩汗. 語多疊復. 先生抄其切要而刪其繁亂. 又或移易上下文字. 使語勢義理通暢無礙. 費盡一生精力而成焉. 名曰語類抄節. 近思錄所載四先生之訓. 其所由來則皆本於六經四書. 先生溯而求之. 以其要語一隨近思類例而編之. 如太極圖說爲流. 則易繫易有太極爲源. 又各以本註註之. 名以近思尋源. 自經書以及後賢言行要切可以受用者. 輒段段抄出. 備述爲學工程. 而總名之曰檢身錄. 自序有曰三十年精力. 都在此矣. 取周程張朱書中關繫大義理者合成一帙. 名曰五先生徽言抄. 取其最切於學問者三十餘篇. 令諸生朔望講誦. 名曰書社輪誦. 取朱子感興詩中論小學一篇爲主. 幷載古人韻語之切於幼少者. 終之以童蒙須知, 擊蒙要訣數章. 名曰童子朝夕歌. 依沙溪備要之例. 以家禮爲主. 參以諸說. 而添入冠昏二儀. 名曰四禮便覽. 事有常變. 處之尤難. 故遂蒐輯古今聖賢論說處變之道及事之善不善而各以類錄. 自五倫至應事接物出處治道學術尙論凡十篇. 名曰宙衡. 皇明亡後. 孝廟復雪之策. 尙矣無論. 而歲月寢久. 大義淹晦. 於是幷採國朝尊攘實蹟. 自戊午深河之役. 而列聖誌狀. 御製中關係大義者. 輯爲別編. 次及群臣. 自宰執以至閭巷賤庶之事實詩文. 莫不備錄. 以闡其微. 其與大義相反者. 亦或幷存. 以嚴勸懲之義. 名曰尊攘編. 末年未及卒業. 以付門下. 又於病中. 以其平日耳聞目見心思者口呼錄出. 名曰二官記. 先生出處言行之大致及他人善惡之可鑑可戒者. 具在一部. 以寓哀鈇云云. 按四禮便覽數十年前. 始爲入梓. 三官記雖未刊行. 而京鄕士友家. 往往有謄置者."

에서 계속 이론체계를 구축하고 강론을 하였다. 이로 인해 조선의 많은 학자들이 호를 한천이라 하기도 하고, 이 이름으로 정사와 서원을 짓기도 하였다. 송시열의 영동 황간의 한천정사, 이재의 용인 거주지에 한천이라는 호가 그것의 대표적인 경우이다. 한천은 주희의 예학이 집중적으로 다듬어졌다고도 할 수 있는 곳으로, 이곳에서 『가례』를 편찬한 것으로 알려져 있다.

2) 『사례편람』의 의의

『사례편람』은 이재가 사망하던 해인 1746년에 저술했다. 손자인 이채李采(1745-1820)의 교정[268]을 거쳐 증손인 이광정李光正(1780-1850)이 1844년에 목판으로 간행하였다. 후에 황필수黃泌秀(1842-1914)[269]·지송욱池松旭 등이 여기에 보정을 하여 『증보사례편람』을 간행하였다. 전파되었으며, 『사례편람』은 『가례』의 본문을 위주로 하고 고례와 이전 학자들의 여러 가지 학설을 참작하고, 『상례비요』의 체제를 준수하면서 여기서 빠뜨리거나 소략하게 다룬 부분을 보충하였다. 『상례비요』가 상제례 중심인 것과 달리 이재 『사례편람』에서는 「관의冠儀」와 「혼의昏儀」를 첨부하여 편찬하였고,[270] 「통례」의 '사당'을 제례의 앞부분으로 옮기고 주희 자신이 거행하지 않았다는 것을 이유로 제례의 '초조初祖'와 '선조先祖'의 두 가지 제사를 제거했다. 또 상례의 표제인 '계빈'을 '천구'로

---

268 이재『사례편람』이 개간되기까지 이루어졌던 교정 과정에 관해서는 김윤정, 「白水 楊應秀의 四禮便覽辨疑연구」, 『규장각』 44 (규장각 한국학연구원 2014) 참조.
269 호는 愼村이다. 저서에『達道集註大全』, 「斥邪說」이 있다.
270 이재『사례편람』凡例, "沙溪先生於喪祭二禮, 祖述家禮, 參證諸說, 作爲 備要之書, 然其爲書, 猶有所未盡備者, 今一依其例, 以朱夫子本文爲主, 參之以古禮, 訂之以先儒說, 以補其闕略, 而又添入冠婚二儀, 合爲一書."

바꾸고 '발인'을 복원했다. 여타의 것은 『상례비요』를 거의 그대로 수용했다. 이재는 이 책의 저술 동기에 대하여 다음과 같이 밝히고 있다.

> 고금의 예서가 상세하고 간략함이 한결같지가 않다. 지나치게 자상한 것은 번잡한 단점이 있고, 지나치게 간략한 것은 단순함이 탈이다. 오직 『가례』는 주자가 옛 것을 짐작하고 지금 것을 통달한 제도로 진실로 하나하나 존중하고 받들어 행함이 당연하나, 그 조목 사이에 간혹 소략한 곳이 없는 것도 아니어서 선유들은 완성된 책이 아니라는 말도 한 적이 있었다. 그러므로 사계선생은 상례와 제례에는 『가례』를 조술하되 여러 설을 참고해서 『비요』의 책을 이루어내었다. 그러나 그 책에도 오히려 다 갖추지 못한 것이 있었다. 이제 그 예에 의거하되 주자의 본문으로 주를 삼고, 고례를 참고하고 선유의 설로 정정해서 빠진 것을 보충하고, 또 관례와 혼례의 두 의례를 첨가해서 한 책으로 합쳤으니 살펴보기에 편하도록 하였다.[271]

여기에 보이듯이 그는 김장생이 이루어놓은 『가례』의 학문화를 보다 발전시킴으로써 간편하면서도 실제 생활에 적용하는 데에 일차적 뜻을 두었다.[272] 『가례』가 주로 왕가 및 사대부가에서 활용되었다면 『사례편람』은 조선중기 이후 민간에도 널리 보급되어 이를 그대로 실행하는 집안이 많아졌다.

---

[271] 이재 『사례편람』 「凡禮」, "古今禮書詳略不同太詳者失於煩太略者傷於簡惟家禮則是朱夫子酌古通今之制固當一一遵奉然其節目之間或不無疏略處先儒多以未成書爲言故沙溪先生於喪祭禮祖述家禮參證諸說作爲備要之書然其爲書猶有所未盡備者今一依其例以朱夫子本文爲主參之以古禮訂之以先儒說以補其闕略而又添入冠昏二儀合爲一書蓋爲其便於考覽."

[272] 최배영, 「가례서를 통해 본 혼례관 연구」, 성신여자대학교 대학원 가정관리학과 박사학위논문, 1999, pp.10-20.

『사례편람』의 권1은 관례, 권2는 혼례, 권4-권7까지 상례, 권8은 제례로 되어있다. 이 책은 시의에 따라 실천의 편의를 위해 편집한 부분이 있다. 권수에서 드러나듯 관례 혼례 제례 부분을 다 합쳐야 상례의 양에 상응하는데, 이는 상례가 중시되었음을 보여주는 것이다. 그리고 「통례」중의 사당조는 제례의 첫머리로 옮겼고, 심의제도는 관례에서 다루고 혼례의 내용 중 신부가 시아버지 시어머니를 뵙는 것, 묘당에 나아가 뵙는 것, 신랑이 신부의 부모를 뵙는 것 등의 조항은 친영의 절차 속에 두었다. 구체적인 서식이나 물품과 기구들도 그림을 통하여 제시함으로써 참고에 편하도록 하였다.

『사례편람』은 『상례비요』가 취한 『가례』의 보완을 대부분 수용한다. 이를테면 "화톳불을 설치한다.[設燎]"는 의절은 『가례』와 『가례의절』에는 빠져 있고 『상례비요』는 소주小註에 두었는데 『사례편람』에서는 이것을 본문에 배치하였다. 그렇다고 『사례편람』이 『상례비요』의 구성과 내용에 전적으로 동의하고 이를 수용하는 것은 아니다. 어떤 조항에서는 『사례편람』은 『상례비요』가 고례에 입각하여 본문에 반영한 것을 다시 예의 근본 정신에 입각하여 삭제하기도 한다. 또한 『가례』의 실행력을 높이기 위하여 『상례비요』와는 달리 『가례』의 본문을 과감히 삭제하거나 개정하였다. 사례편람이 개정한 것은 불필요하거나 수행의 과정에서 순기능보다 역기능이 많은 규정을 삭제한 것과 보다 효율적인 규정으로 대체한 것들이다.

일례로 "불교 행사를 하지 않는다.[不作佛事]"는 규정은 상례의 의절이 아니지만 『상례비요』는 이것은 남겨두고 다만 여기에 있는 사마광의 주장을 인용한 본주는 제거했다. 반면, 『사례편람』은 "근래 예교가 밝아져 사대부가에서 불사를 행하는 경우가 적기 때문에 이에 기록하지 않는다."고 그 이유를 설명한다. 또 "역청과 숯가루를 사용하는 제도가 『가례』에 있지만 지금 시속에는 사용하지 않는다."는 이유를 들어 삭제했다.

명기明器에 대해서도 그것이 갖는 부정적 요소를 들어 『가례』 본문에서 삭제했다. 습에 대해서도 이재는 수정안을 낸다. 습이 사망 당일 시행하면 문제가 없지만 혹 사정이 생겨 미루어진다면 문제가 될 수 있기에[273] 습전이 아닌 시사전을 '초종'의 단계에서 올리는 것으로 개정한다. 이는 고례에 따른 것이다.

『가례』의 수행가능성을 높이기 위해 본문을 보완하고 삭제하며 개정하는 『사례편람』의 재구성은 본주에서도 이루어지지만, 『사례편람』의 중심을 차지하는 것은 『가례』의 본주이다. 이는 『사례편람』의 전체 163개 항목 가운데 대부분이 『가례』의 본주와 동일한 내용으로 구성되어 있다는 것에서 확인된다. 『가례』의 본주와 동일한 내용만으로 구성된 『사례편람』의 본주 항목이 41개이며, 그 아래 세주나 뜻풀이 형식의 항목이 거의 동일하다. 다시 말하면 『사례편람』은 가능한 한 『가례』의 틀을 유지하고 있다. '편람'이라 하였듯이 이 책이 지니고 있는 특색 있는 편술 방법과 여러 학자의 주장에 대한 비교 분석 등은 사민들이 이 책을 활용하는데 도움이 되었다. 이는 『가례』의 원칙을 지키면서도 시속과 절충하는 과정을 통해 예의 보편성을 추구함으로써 시대에 따라서 변화하기 마련인 예속의 당위성을 보여주었기 때문이다. 따라서 이 책이 간행되고 보급된 후에 편술된 사례 관련 예서는 대부분 이 책을 기준으로 삼아 편술되었다.

존경각의 대화에서는 이재의 고제로 이의철李宜晢(1703-1778)과 조

---

[273] 이재 『사례편람』 권3, 喪禮, "按. 古禮有始死奠, 而家禮則有襲奠, 備要仍之, 蓋以襲在當日故也. 今或襲斂過期, 甚或至於多日, 其間全無使神憑依之節, 豈非未安之甚者乎?"

중회趙重晦(1711-1782)를 꼽았지만 김원행金元行(1702-1772), 임성주任聖周(1711-1788), 박성원朴聖源(1697-1767) 등 수많은 인재가 그 문하이다. 이의철은 예조참판·홍문관제학을 지냈고, 『주자어류고문해의』를 지었다. 조중회는 1772년 이조참판, 이듬해 대사헌·예조판서 등을 거쳐 다시 대사헌이 되었다. 1775년 이조판서에 이어 다시 예조판서가 되었으며 이듬해 영조가 죽자 빈전도감殯殿都監의 도제조를 겸하였다. 『사례편람』에 대하여 보완적 성격의 저술을 남긴 문인은 박성원으로 이재의 행장도 그가 지었다. 그의 저술로는 『예의유집禮疑類輯』이 있는데 이는 관혼상제에 관한 우리나라 제현의 예설을 초록한 것으로,[274] 『회재집』부터 『사례편람』에 이르기까지 조선 중기 이후 예학자의 서적이 대부분 인용되어 있다. 성姓이 다른 친척 간의 통혼에 관한 설은 『예의유집』 「혼례총론」조가 아닌 「혼례이성파족혼婚禮異姓破族昏」 조에 이황, 김집, 송시열, 박세채, 이재 등 다섯 학자의 설이 순서대로 실려 있다. 이황은 성이 다른 7촌은 족의族義가 이미 다하였기 때문에 통혼할 수는 있으나 존비가 같지 않은 다른 항렬 간에는 안 된다고 보았다. 그러나 김집은 8촌 이내에서는 통혼할 수 없다고 보고 이황의 주장에 동의하지 않았다. 송시열은 성이 다른 친척 간의 통혼은 풍속을 따라 조금 가까운 친척이라 하더라도 혐의될 것이 없다고 보았다. 박세채는 이황의 설과 당시의 예율禮律을 근거로 들어 존비가 다른 친척 간의 통혼은 반대하였으나 성이 다른 8촌 간에 통혼하지 못한다는 근거는 없다고 하였다. 이재는 『주자어류』의 구절을 들어 송시열의 주장을 간접적으로 지지하고 9촌 숙질간의 혼인 사례를 들고 있다.

---

[274] 본집 24권, 목록 2권, 부록 2권, 도합 28권 15책으로 이루어져 있으며, 1783년에 간행되었다.

3. 정중기의 『가례집요』

1) 정중기의 학풍

『가례집요』의 저자 정중기는 그간 널리 알려진 인물은 아니다. 그의 부친은 정석달鄭碩達(1660-1720)로『가례혹문家禮或問』을 저술하였고, 종형인 정만양鄭萬陽(1664-1730)[275]은『가례차록家禮箚錄』을, 정규양鄭葵陽(1667-1732)[276]은 정만양과 함께『의례통고疑禮通攷』를 저술하였다. 정중기의 스승 이형상李衡祥(1653-1733)은『가례부록家禮附錄』과『가례편고家禮便考』를 저술하였다. 이들은 모두 이황-김성일-장흥효張興孝(1594-1633)-이현일李玄逸(1627-1704)로 이어지는 학파에 속한다.

이상정李象靖(1711-1781)이 쓴 행장에 따르면 정중기는 어려서 부친의 명으로 정규양에게 가서 배웠는데 이때 장만양과 정규양 형제가 횡계橫溪에서 가르치고 있었다. 이인좌의 난(1728)에 호서 지방에 반역자들이 일어나 낙동강 동쪽의 몇몇 고을로 세력을 넓히니, 정중기가 대궐로 나아가려 하다가 정규양의 권고를 듣고 함께 영천에서 창의병을 일으켜 참모장이 되었고 거병의 계획이 대충 완성되었으나 반역자들이

---

[275] 경상도 영천 출신으로 본관은 迎日. 호는 塤叟·企菴·定齋이다. 이현일의 문하에서 동생 정규양과 함께 수학하였다. 經史에서부터 성리학·예학 등 거의 모든 분양에 걸쳐 두루 통달하였다. 당파 학파를 초월하여 학문적 교류를 하였다. 동생 정규양과 함께「家禮箚疑」·「改葬備要」·「疑禮通攷」등을 저술하였다. 또한「塤篪樂譜」를 지었는데, 塤과 篪는 피리과 악기로 형은 훈, 아우는 지를 불어 음률의 조화를 이룬다는 뜻에서 동생과 함께 지었다. 저서로는『塤篪文集』이 있다.

[276] 본관은 오천, 영일이고 호는 篪叟이다. 이현일의 문하에서 형 정만양과 함께 수학하였다. 경사는 물론 성리학·예학·천문·지리·역학·정치·경제·율려 등에 정통하였다. 형제 간의 우애를 기리기 위해 형 만양과 함께「塤篪樂譜」를 지었다. 모든 저술을 대부분 형제가 같이 했다.『疑禮通攷』·『改葬備要』·『上醫治心丹』·『塤篪文集』이 있다.

이미 처형되었다는 소식을 듣고 중지하였다. 예문관에서 숙직할 때 항상 책을 읽어 때로는 한밤중에 이를 때도 있었는데 동료들이 "예문관이 어찌하다 보니 자네의 독서실이 되었네."라고 놀렸다고 한다. 결성 현감에 제수되자 청렴과 검소로 자신을 지키면서 피폐하고 허물어진 기풍을 다시 일으키고 소생시켰으며 선비를 격려하고 노인을 봉양하였다. 『여씨향약』을 본떠, 글을 지어 고을 사람들을 깨우쳤다. 그 대략의 내용은 다음과 같다. "예절을 높이고 풍속을 바로잡는 길은 오로지 향리에서 단속하고 살피는 데 있으니, 향약이 무너지고 나면 예의와 풍속을 진작시킬 방법이 없다. 고관 세족 집안의 사람이라도 탁월한 자질이 있거나 넓은 학식이 있는 이가 아니면 법도를 준수할 수 있는 사람이 드문데 하물며 비천한 백성과 어리석은 남편들이 할 만한 좋은 일과 해서는 안 될 악한 일을 어떻게 알겠는가. 우리 고을은 비록 궁벽한 바닷가에 있지만, 명문거족이 밀집하여 서로 바라보고 있는 곳이다. 중간에 뜻밖에도 고을이 혁파되는 변고가 있었지만 이것은 봉새 무리 가운데 올빼미 한 마리가 있었던 것과 무엇이 다르겠는가. 고을을 복구하는 이즈음에 관직을 맡아 외람되이 지방관의 책임을 맡았으니 교화를 펴고 풍속을 후하게 하는 것을 다스림으로 삼으려 한다. 그런데 지금 이임里任들은 지위가 낮고 식견이 어두워 이 일을 함께 의논하기 어려워 여러 어른에게 물어서 만들었으니, 이것은 자잘한 일을 가지고 번거롭게 하고자 한 것이 아니다. 이것은 실로 주자께서 「여씨향약」을 증손한 뜻에서 나온 것이니, 이에 따라 열 가지 절목으로 고을의 선비들을 권면하고, 또 여섯 조목으로 서민들을 격려하고자 한다." 그러나 결성 현감으로 있을 때 송사문제로 방백과 갈등을 빚은 후 물러나서는 궁벽한 산골에서 나오지 않고 학문을 익히고 연구하며 오록서당梧麓書堂을 열어 배우러 오는 사람들을 맞았다. 매번 시골의 별장이나 산사에 함께 들어가『포은속집圃隱續集』과『훈지록塤篪錄』을 편찬하고,『개장비요改葬備要』와『의례통고疑禮通攷』를 수정하였다. 그의 부친이 우리나라 선유들의 예설을 모아서『가례혹문』을 썼으나 완성하지는 못하였는데 정중기가 이를 분류하고 편차를 나누어 완전한 책으로 만들었다. 또 김장생의『상례비요』에 내용이 틀리거나 흩어진 폐단이 꽤 많고 더구나 관례와 혼례가 빠진 것을 보충하는 의미에서『가례집요』를 지었다.[277]

2)『가례집요』의 의의

정중기는『가례집요』서문에서 주희의『가례』에 대하여 그 규모와 절목이 정정명비井井明備하여 성인이 다시 태어나더라도 덧붙일 것이 없다고 하고 아쉽게도 저작 초년 동자승이 훔쳐가는 바람에 다시 수정하지 못하고 후인에게 넘기게 된 것이 천고의 한이 된다고 하였다.[278] 이어서 구준이 의절로서 본래의 뜻을 발휘하고 조선의 신의경과 김장생이『상제례비요』로서 그 신종愼終과 추원追遠으로 도리를 다 드러내고자 한 것에서 그 부지런히 노력함과 그로 인하여 세교世敎에 큰 도움이 있었음을 기술하였다.[279] 그러나 이어서 이 책들의 문제점을 지적한다.

구준의『가례의절』은 오류가 상당히 많고, 신의경과 김장생의『상례비요』

---

277 이상정『대산집』권51, 行狀 通政大夫刑曹參議梅山鄭公行狀
278 정중기『梅山文集』卷9 序 "紫陽朱夫子惟是之盡然. 參古今酌情文. 著爲家禮一書. 規模節目. 井井明備. 雖聖人復作. 亦無以加矣. 而惜其初年爲童行所竊. 未得再修以嘉惠後人. 此雖爲千古之恨. 然顧其大綱已擧. 其間瑣節. 又有晚來定論. 今於附註中. 可班班考也 然而委巷之士, 倉卒間未易尋考."
279 정중기『梅山文集』卷9 序 "瓊山氏作儀節發揮之. 我東申金兩家又述喪祭禮備要. 俾盡其愼終追遠之道. 其用力勤矣. 裨世敎亦至矣."

는「통례」를 분할하여 제례에 옮겨 합침으로써 이미『가례』의 본지를 잃었다. 또 상례는 비록 자못 상세하고 엄밀하지만 고례를 기필코 온전하게 적용하려고 하는 것은 주자가 죽음을 앞두고 머리를 저었던 뜻과 어긋나는 점이 있다. 그밖에 설명을 잘못하여 사람을 그릇치게 하는 것 또한 간혹 있다. 관례와 혼례에 대해서는 또한 전혀 버려 두었다.[280]

정중기는 부친이『상례비요』의 이러한 문제점을 바로 잡으려 하였지만 탈고하지 못한 것을 안타깝게 여겨서 부친과 스승으로 섬긴 정만양 규양 형제들이 편찬한 예서를 취하여 하나같이『가례』의 항목과 차서에 따라서 이 책을 작성하였다. 그는 스스로 편집 원칙 몇 가지를 세우고 저술하였다. 예를 들면 사당장을 다시 권 머리에 두고『상례비요』에 있는 주소를 가져다 누락된 부분을 채우고 이어서 심의제도를「거가잡의」에 두었다. 이는『상례비요』에서 부분적으로 무너뜨린『가례』의 체제를 복원한다는 의미가 있다. 또『상례비요』에 누락된 관혼례 부분을 두어서『가례』체제처럼 사례로 하였고 미비한 곳은 고례와 선현의 학설을 가져다 보충하였다. 그러나 상례 부분은 전부『상례비요』의 것을 쓰되 번거로운 것은 삭제하고 잘못된 것은 바로 잡으며 제례부분 역시『상례비요』의 것을 쓰되 대략 수정하고 윤문하였다. 정중기는 이러한 작업을 마치고 이름을『가례집요』라고 했는데 비로소 편과 장이 그 순서가 제대로 되고 나뉘고 찢기지 않게 되었으며 의문儀文이 그 절도를 갖추어 빠지거나 새는 것이 없게 되었다고 하였다. 다만『상례비요』가 이

---

[280] 정중기『梅山文集』卷9 序 "但丘儀紕繆處尙多. 備要割通禮. 移合祭禮. 已失家禮本旨. 喪禮雖頗詳密. 必欲盡用古禮. 有違於夫子臨歿時搖首之意. 其他錯說了誤人者. 亦或有之. 於冠昏二禮. 卻又全然拋置. 我先君子泊塤篪兩先生. 並治禮學. 嘗竊病是焉."

미 선배들이 이루어놓은 책인데 이제 짧은 식견으로 함부로 교정하였으니 참람하다는 기롱을 면하지 못할 것이라고 우려하기도 하였다. 그는 그 책의 좋은 점은 절로 좋아서 자신이 존숭하고 믿는 바이고 잘못된 곳은 잘못되어 누구라도 덮기 어려울 것이니 따라서 대안大眼과 공심公心을 지닌 자는 이것으로 죄를 삼지는 않을 것이라고 한다.[281]

『가례집요』는 『상례비요』에서 고례에 근거하여 보완한 내용을 본문의 위치가 아니라 본주의 자리로 옮겨 두었다. 이는 『가례』를 우선하려는 취지이다. 또한 정중기는 『가례』의 본문에 대한 『상례비요』의 보완을 검토하여 그것이 주희의 정론인 경우에만 인정한다. 아울러 『상례비요』에서 미처 보완하지 못한 주희의 정론을 적극 반영한다. 『가례집요』가 『상례비요』의 재구성을 적극 수용한다는 사실이 『가례』본주로부터의 이탈을 의미하는 것이 아님은 두말할 필요가 없다.

그럼에도 불구하고 상당부분 수정 보완한 것은 사실이다. 『가례』에 대한 많은 책이 나온 것은 그저 이해를 돕기 위한 단순한 주석서의 성격이라고 할 수만은 없다. 철학적 원리와 더불어 그것을 반영하는 구체적 형식에 대한 고민 또한 반영되어 있기 때문이다. 중종 때 도입된 것으로 보이는 구준의 『가례의절』은 예의 구체적 시행에 크게 도움을 준

---

281 정중기『梅山文集』卷9 序「家禮輯要序」"我先君子泊塤篪兩先生. 並治禮學. 嘗竊病是焉. 欲一釐正而竟未果. 篪先生草冠昏儀若干條. 蓋將補備要之缺而未得脫藁…謹取先君子泊兩先生所編禮書. 俯讀仰思. 略窺影響. 敢就家禮全書. 一依舊目而序次之. 還置祠堂章於卷首. 用備要註脚而補其闕略. 繼之以深衣制度居家雜儀. 稍加裁節. 冠昏禮則用篪先生遺儀. 而間有未備處. 輒敢以古禮及先賢說益之. 喪禮則全用備要而刪其繁正其誤. 於祭禮亦依備要. 略爲修潤. 工旣訖. 名之曰家禮輯要凡三冊. 夫然後篇章得其序而無割裂之弊. 儀文盡其節而無闕漏之欠…抑愚於此又有所深懼者. 備要乃前輩已成之書. 而今以眇識管見. 妄加雌黃. 知其必不免於僭猥之譏矣. 然其書好處自好. 吾所尊信. 誤處自誤. 人所難掩. 世之揩大眼秉公心者. 其或不以爲罪否…"

것도 사실이지만[282] 거기에 사용된 각종 의복이나 기구 등은 당시 조선의 상황과 맞지 않는 점이 너무 많아 상당한 곤란을 초래하였다. 정중기는 『가례집요』의 서문에서 상례의 미진한 점을 고례를 통하여 온전히 갖추고자 하는 것에 대하여 반대한다. 그것은 주희의 『가례』 편찬의 정신에 맞지 않는다는 것이다. 이는 주희가 죽음을 앞두고 고례를 온전하게 적용하려는 것에 머리를 저었던 까닭이 그의 장례를 『의례』에 따라 치르는 것에 동의하지 않았기 때문인 것과 문제 의식을 공유한다.

다만 주희 임종과 관련된 이야기에는 두 가지 상반되는 자료가 있다. 「주자행장」에 의하면 "병이 위독하자 제자들이 '만일의 경우를 당한다면 『서의』에 의하여 하리까?' 하니 '너무 소략하지 않느냐' 하고 '『의례』를 따라야 됩니까?' 하자 마침내 고개를 끄덕였다." 하였다. 그런데 『명신록』에는 "'『서의』를 써야 합니까?' 하자 선생이 머리를 흔들었다. 그래서 '『의례』를 써야 합니까?' 하니 역시 머리를 흔들었다. '그렇다면 『서의』·『의례』를 참작하여 쓰리까?' 하니 그제서야 고개를 끄덕였다."고 하였다. 두 군데의 설이 동일하지 않으므로 예를 배우는 자가 어느 것을 따라야 할지 판단이 어려운 처지다. 그런데 이 부분에서 정중기는 『명신록』의 입장을 택한 것으로 보인다. 『상례비요』와 『사례편람』은 행장의 기록을 의미 있게 본 것이다. 즉 『가례』가 온전한 책은 아니라 하더라도 옛 제도와 당시의 제도, 그리고 상황적 여건을 고려하여 편찬했다는 근본 취지는 존중되어야 한다는 것이다. 다시 말해, 체제와 의리의 완벽을 고제로 보충한다는 것에 동의하지 않음이다.

장동우의 조사에 따르면 '초종'에서 '담제'까지의 의절을 분석하면

---

[282] 정현정, 「丘濬 家禮儀節의 家禮재구성에 대한 고찰」, 『대동문화연구』 78, 대동문화연구원, 2012, pp.15-21.

『가례집요』에서 『상례비요』의 본주 부분을 그대로 수록한 항목이 77개, 본주 부분을 동일하게 수록하되 소주를 재배치하거나 세주를 부가한 것이 23개, 본주 부분을 중심으로 하여 일부를 삭제하는 등 정리를 하거나 세주를 부가하여 보완한 것이 37개이다. 전체 155개 조항의 88%에 달하는 항목이 『상례비요』와 동일한 내용으로 구성되어 있다.[283]

『가례집요』는 『가례』의 체제를 가능한 한 지키려 하는 동시에, 『가례』 안에서 그 논리적 정합성을 추구하고 또 주희의 만년 정론이 반영되어야 한다는 나름의 기준을 준수한다. 이는 정중기가 그 서문에서 밝힌 '번쇄한 것은 깎아내고 잘못된 것은 바로 잡으며, 편장이 그 차례를 얻고 짤리고 찢기는 폐단이 없으며, 의절이 그 절도에 맞고 비거나 새는 일이 없게 하고자 하는' 목적으로 이루어 내고자 했던 것이다.

이재의 『사례편람』은 기본적으로 『상례비요』의 『가례』 재구성을 토대로 하여 예경과 주희의 관점 그리고 조선의 당시적 상황 등에 근거하여 『가례』의 취지를 드러내고 실천하는데 주안점을 둔 것이다. 이런 과정에서 이재는 필요하다면 『가례』의 명문규정을 과감하게 삭제 또는 개성했다. 이는 그만큼 당시 예학자들의 학문적 자신감이 높아진데서 온 현상이다. 다시 말하면 조선의 성리학이 이제 맹목적으로 주희의 학설을 추종하는 단계를 넘어섰다는 것이다. 주희의 『가례』는 조선인의 『가례』를 위한 창조적 해석을 돕는 프리텍스트 이상이 아닐 수 있음을 보여준 것이다.

---

[283] 장동우의 통계에 따르면 『가례집요』에서 『상례비요』와 동일한 내용만으로 구성된 항목은 모두 77개이다. 본주 부분을 동일하게 수록하되 소주를 재배치하거나 세주를 부가한 항목은 모두 23개이다. 본주 부분을 중심으로 하여 일부를 삭제하는 등 정리를 하거나 세주를 부가하여 보완한 항목이 모두 37개이다. 이는 『가례집요』가 『상례비요』의 단처를 보완하고자하는 동기에서 저술된 것임을 추정하게 하는 자료가 될 것이다. (장동우, 「행례서를 통해본 조선수기 가례연구의 특성및함의」, 『국학연구』 36권, 2018)

정중기의 『가례집요』 역시 혹독한 당쟁기를 거치고 난 이후 여전히 그런 갈등과 긴장이 지속되는 상황에서 나온 것이다. 이는 합리성 시의성 반영의 투쟁인 동시에 주자학적 최고 권위 획득의 방편적 산물로 볼 수 있다. 한편 『가례집요』의 편찬 과정에서 그 본주는 『상례비요』와 거의 일치하고 『가례』 본주와도 거의 일치[284]함을 보면 이 책의 편자가 『상례비요』의 문제의식을 계승하고 있음을 부인 할 수 없다.

18세기 예의 시행서의 편찬에서 나타나는 의미는 대략 다음과 같이 정리할 수 있다. 『가례』가 조선의 사민에게 폭넓게 통과의례로서 자리잡아가는 과정에서 보다 이해하기 쉽고 실천하기 쉬운 지침의 필요성이 대두하였고 이에 대한 학계의 부응이 요구되었다. 더불어 여전히 주자학의 권위가 절대적인 정치 사회적 상황에서 누가 어느 정파에서 보다 논리적 정합성과 심화된 이론을 개발해내느냐의 절대적 요구와 압력이 작용하고 있었다. 따라서 『가례』의 현실상황적 타당성을 발굴하고 예경과 성리학적 의리 그리고 현실적 적합성에 대한 제반 요구가 어우러진 예식의 제시가 필요하였다. 『사례편람』과 『가례집요』는 이러한 보이지 않는 갈등의 긍정적 산물이다.

---

284 장동우 「행례서를 통해 본 조선후기 가례연구의 특성 및 함의」

제11장

이익의 『가례질서』

1. 예에 대한 실학적 관심

이익은 18세기 전반기에 활동한 사상가이다. 그가 활동한 시기는 임진왜란과 병자호란을 겪으면서 정치 질서는 동요하고 사회는 기강이 문란해짐에 따라 정치적으로 왕조 사회를 재정비하려는 의도에서 새로운 사회 정책과 실천 방법이 대두되기 시작하였으며, 학문적으로는 이러한 변화에 부응하여 실학사상이 대두하기 시작했다.

이익은 대대로 근기지역에 기반을 둔 남인계의 명문 집안으로, 증조 조부 부친이 모두 조정의 대관을 지냈다. 숙종시대 중앙 정계의 주도권을 두고 서인과 경쟁하던 상황에서 환국이 거듭되다가 1680년 허적許積(1610-1680)과 허견許堅(?-1680)의 일로 남인은 정계에서 축출당할 때 부친 이하진李夏鎭(1628-1682)도 평안도 운산으로 유배되었다. 이때 유배지에서 이익이 태어났다. 그런데 이듬 해 이하진이 유배지에서 죽자 어머니 권씨가 가솔을 이끌고 선영이 있는 경기도 안산의 첨성촌으로 돌아왔고 이후 이익은 이곳에서 자신의 80평생을 보내게 된다.

그는 아버지가 청나라에 사행차 다녀오며 모아온 서학에 대한 책들을 기존의 성리학과 함께 익히고 양자의 접목을 시도하였다. 정계에의 진출의 길이 사실상 막혀있는 상황에서 그는 비판적으로 시대의 상황을 읽고 변혁에의 꿈을 다듬어가며 기존의 것들을 재해석하고 문제해결책을 찾아 나아갔다. 그는 기본적으로 학문은 반드시 사회에 유용한 것이 되어야 한다는 생각을 갖고 있었다. 학자가 경전을 연구하는 것은 그 쓰임을 극대화하려는 것이라 하며, 경전의 내용을 말하면서 그것을 세상 온갖 일에 활용하지 않는다면 그 읽는 것은 다만 헛된 능력일 뿐이라 하였다.[285]

남인계열에 있었던 만큼 이익은 남인 학자들의 종사인 이황에 대하여는 그 인격에 대한 무한 존숭과 사숙의 태도를 지니고 있었다. 따라서 기본적으로는 이황의 학문을 중심으로 성리 철학의 근본 문제 윤리 도덕 실천 문제에 힘썼다. 그러나 그의 태도는 거기에 머물지 않았고, 이황과 달리 현실의 사회·정치적 문제에 적극적 글쓰기를 하였다. 그는 선배학자 가운데서 이이와 유형원을 조선왕조 개창 이래 정치적 식견이 가장 탁월했던 두 사람이라 하면서, 이이가 주장하고 건의한 것들은 거의 대부분 시행할 만한 것이었다 하고 유형원은 본원을 궁구하여 모두 혁신하여 왕도정치를 행하고자 하였다고 평가하였다.[286] 그는 이 두 사람의 실학적 태도에 자극을 받고 여기에 성리학적 이론에 관한 연구를 결합함으로써[287] 새로운 면모를 드러내었다.

이익의 학문적 관심사는 다방면에 걸쳐있지만 경학에 있어서는 『맹

---

[285] 이익『성호사설』권20 經史門, 誦詩, "窮經將以致用也. 說經而不措扵天下萬事, 是徒能讀耳."
[286] 이익『성호사설』권11 變法 "國朝以來屈指識務, 惟李栗谷柳磻溪二公. 在栗谷太半可行, 磻溪則究到源本, 一齊剗新爲王政之始, 志固大矣."
[287] 정성철,『실학파의 철학사상과 사회정치적 견해』, 한마당, 1989, pp.160-161.

자』를 먼저 읽고,[288] 이어 『맹자질서孟子疾書』를 지었다. 그 다음에는 『대학』『소학』『논어』『중용』『근사록』『심경心經』『역경』『서경』『시경』을 차례로 읽고 각각의 '질서疾書'를 지었다. 그는 앞의 견해를 그대로 따르는 것을 좋아하지 않고 자득을 중시하였다. 따라서 주석에 의심나는 것이 있으면 생각을 거듭하여 터득하면 얼른 기록하였고 터득하지 못하면 나중에 다시 생각하여 터득해야만 그만두곤 했다. 그러므로 질서 중에는 앞의 학자들이 미처 해명해내지 못한 뜻이 많다.[289]

그가 '질서'라고 한 것은 주희의 「횡거화상찬橫渠畵像贊」에 "터득한 바가 있으면 얼른 기록하였다.[妙契疾書]"라는 뜻을 취한 것이라 한다.[290] 그는 『맹자질서』의 서문에 "질서란 무엇인가. 생각이 떠오르면 곧 기록하는 것이니, 이내 잊어버릴까 염려하기 때문이다. 익숙하지 않으면 잊어버리고, 잊어버리면 생각이 다시 떠오르지 않는다. 이 때문에 익숙하게 하는 것이 귀하니, 얼른 기록하는 것은 차선이고, 또한 익숙해지기를 기다리는 것이다. 주부자께서 말씀하기를, '초학자는 반드시 책자를 비치해 두고 터득한 바와 본 바를 기록해야 한다' 하였으니, 이 말이 어찌 우리를 속이겠는가."[291] 하였다.

예의 문제에 대해서도 이익은 깊은 관심이 있었다. 그는 일찍이 예를 소홀히 하면 군주를 업신여기며 아버지를 꾸짖고 어른과 어린사람의 질서가 거꾸로 되며 남녀가 문란하여져 모든 강상이 무너져 버리는 것으로 경계하였다. 그의 예에 대한 관심은 삼례三禮를 근본으로 하면

---

288 그 해에 늦게 아들을 얻었는데 이름을 맹휴(1713-1751)로 지은 것은 맹자를 읽은 것과 관련이 있다.
289 이익 『성호전집』 부록 제1권 家狀 從子 李秉休
290 이익 『성호전집』 부록 제1권 家狀 從子 李秉休
291 이익 『성호전집』 부록 제1권 行狀 門人 尹東奎

서 두우杜佑의 『통전』 및 역대 제유들의 설을 두루 통섭하고 『가례』로 절충하였다. 그의 대표적 예학 관련 저술로는 『가례질서家禮疾書』를 꼽을 수 있다. 또한 『관의冠儀』, 『가취의嫁娶儀』, 『상위록喪威錄』, 『묘묘향사의廟墓享祀儀』의 제편을 산절한 데에 이르러서는 이를 드러내어 일가一家의 법으로 삼았다.[292]

『가례질서』는 이익이 『가례』를 볼 때마다 수시로 기록하여 십수 년 만에 완성한 것이다. 이 책의 서문에서 그는 하늘에는 하나의 이치만이 있을 뿐인데, 삼대가 예를 달리하는 까닭은 마치 사시의 기운이 같지 않기 때문에 추우면 갖옷을 입고 더우면 갈옷을 입는 것과 같다고 설명한다. 즉, 생활하는 방식은 다르지만 그 이치가 다르지 않고, 또 이 치가 처한 상황에 따라 생활 방식은 달라지지 않을 수 없는 것과 같은 것이다. 따라서 그는 예를 시의時宜라고 하는 것에 동의한다. 그러나 천하가 다스려지지 않은 지 오래되었고 예를 제정하는 사람이 없어 나라마다 풍속을 달리하고 집안마다 습속을 달리하여 법칙으로 삼을 만한 것이 없게 되니 주희가 이것을 염려하여 『가례』를 지으니 세상이 모두 그것을 따랐다고 한다. 그는 『가례』를 좇는 것이 문제가 없지 않으나, 성인이 나오지 않는다면 함부로 절충할 수 없으므로 충분히 변통할 수 있는 것 이외에는 그대로 행할 뿐이라고 하였다. 그러나 한편으로는 『가례』가 실제로 완전하게 감정을 거친 책이 아니어서 마음을 집중하여 읽지 않으면 자세히 알 수 없는 부분이 있지만 종래의 여러 학자들은 대충 보아 넘겼다고 여겼다. 이에 자신이 십여 년에 걸쳐 그 시말을 궁구하고 차이점을 구별하여 어느 정도 체계가 갖추어졌다고 믿

---

292 이익 『성호전집』 부록 제1권 墓碣銘 幷序 蔡濟恭

고 지은 책이 바로 『가례질서』이다.²⁹³ 이 책은 정약용이 1795년 금정으로 좌천되어 가서, 그해 10월 25일에 온양의 봉곡사鳳谷寺에 모여 범례를 만든 다음, 이가환이 교정하고, 그의 벗들이 베끼는 일을 하여 편집이 완성되었다고 한다.²⁹⁴

2. '서인가례庶人家禮'의 주창

이익은 『가례』가 주희의 학문적 정수가 담긴 것으로 보지 않고, 이를 절대시하지 않았다. 그는 후인들이 『가례』를 『주례』·『의례』·『예기』의 삼례처럼 여기거나 심지어 『가례』를 절대시함에 따라 삼례 같은 것은 잊어도 된다고 여기는 것에 대하여 매우 비판적이다. 『가례』가 이루어진 이후에도 주희는 30년이 넘도록 살아 있었고, 『주자대전』과 『주자어류』와 『가례』를 대조하면 어긋나는 말이 매우 많기 때문에 이익은 만년 정론을 따르는 것이 타당하다고 주장한다.

그는 『가례』를 주희가 한천寒泉에서 모친상을 치르는 잠시 동안에 지은 것에 지나지 않는다고 본다. 물론 그것이 완성되기도 전에 어떤 아이가 훔쳐갔다가 나중에 주희가 죽어 장사지내던 날에야 비로소 나타났으니 이로 본다면 『가례』의 내용 안에는 30년의 세월이 그 사이에 지나갔다. 따라서 반드시 없애야 할 것도 있고 더 보태야 할 것도 있었을 것이며, 또는 만년의 정론과 같지 않은 것도 여러 곳 지적할 수 있었을 것이라고 한다.

---

293 이익 『성호전집』 권49, 序 家禮疾書序
294 『다산시문집』 권13, 序, 鳳谷寺에서 지은 述懷詩의 서

이익은 주희가 친구 혹은 문하생과 더불어 문답할 때도 『가례』에 대하여 한 번도 언급하지 않았음에 주목한다. 이는 주희가 『가례』를 소중하게 여기지 않았다는 방증이 된다. 그는 주희가 남긴 글과 『어류』를 두루 상고하면 『가례』와 관련되는 대목은 세 가지가 있을 뿐이라고 한다.

"내가 일찍이 제의祭儀를 만들 때 다만 중간 행례行禮하는 데에만 5 -6단계로 나눠 놓았다. 이는 매우 행하기도 간략하고 깨닫기도 쉬웠는데, 나중에 어떤 이가 훔쳐가서 없어졌다."
"나는 제례祭禮에 대해서 책을 만들지 못하고 다만 사마공이 말한 것을 가지고 몇 곳은 줄여 없앴으나 수정해서 고친 것은 없다."
"『가례』는 세상에서 많이들 사용한 다음에 덜기도 하고 보태기도 한 것이 많으나 다시 정해서 만들 겨를이 없다."

이익은 만약 잃어버린 『가례』를 일찍 되찾았더라면 주희가 반드시 수정해 고쳐서 완전하게 만들었을 것인데 그렇게 못한 것은 참으로 한스러운 일이라고 하고, 『가례』 가운데서 시의時宜에 알맞고 옛 뜻에 위배되지 않는 것만 뽑아서 전례로 만들어야 한다고 보았다. 즉, 그는 허다한 세월이 지나면 풍속이 또 달라진다는 것도 의식하고 있었던 것이다.[295] 또 경례經禮와 어긋나는 곳을 나중에 와서 다시 결정한 말이 있어도 오히려 취사取捨할 수 없다면 수주守株와 각검刻劍에 가깝다고 보았다. 수주는 우연한 사실에 기대고 거기에 매여 있는 합리적이지 못한

---

295 이익 『성호사설』 권24, 經史門 家禮

태도를 뜻하며,[296] 각검은 물정에 어두움을 비유하는 것이다.[297] 이 때문에 그는 『가례』가 실제로 하나하나 다 따를 만한 것이라면 주희는 더 생각해서 더할 것은 더하고 없앨 것은 없애서 대략 수정을 했을 것이며, 또 주희에게 있어 그것은 대단히 어려운 작업도 아니었을 것인데 왜 주희는 언제나 늙고 병들어서 해낼 수 없다고만 하였을까를 묻는다.

이익도 정중기처럼 앞 장에서 언급한 바 있는 주희의 유명遺命에 주목한다. 「주자행장」에서는 "병이 위독하자 제생이 만일에 돌아가시는 경우를 당한다면 온공의 『서의』에 의하여 할까요?' 하니 '너무 소략하지 않느냐' 하매, '『의례』를 따라야 되는 것이지요?' 하자, 마침내 고개를 끄덕였다." 하였다. 반면, 『명신록』에는 "'『서의』를 써야 합니까?' 하자, 선생이 머리를 흔들었다. 그래서 '『의례』를 써야 합니까?' 하니, 역시 머리를 흔들었다. '그렇다면 『서의』・『의례』를 참작하여 쓰리까?' 하니, 그제서야 고개를 끄덕였다."고 하였다. 두 군데의 설이 동일하지 않으므로 예를 배우는 자가 어느 것을 따라야 할지 미혹하였는데, 이 문제에 대하여 이익은 『가례』에 대한 박세채의 생각에 동의한다. 박세채는 다음과 같이 주희의 말을 풀이한 바 있다.

> 『가례』란 것은 본시 사마광의 『서의』에다 다시 예경 『의례』를 상고하여 정리해서 한 집안에 소용되게 책을 만든 것인데, 전에 이미 없어지고 미처 다시 편수하지 못했던 것이다. 그래서 급한 때에 수용될 만한 것이 없기 때문에

---

[296] 守株는 『韓非子』 五蠹 편에 있는 고사 "춘추 시대 송나라 어떤 농부가 나무에 토끼가 부딪친 것을 잡은 후, 또 토끼가 오면 잡을까 하여 일도 않고 나무만 지키고 있었다."는 이야기이다.

[297] 각검(刻劍)은 『呂氏春秋』 察今 편에 있는, "초 나라 어떤 사람이 강을 건너가다가 배 안에서 칼을 물에 떨어뜨린 후, 떨어뜨린 뱃전에다 칼을 새겨 놓고 물속으로 들어가 찾으려고 했으나 배는 벌써 떠내려가 버려 칼이 어디에 있는지 몰랐다."는 고사이다.

그의 유명遺命의 본뜻[298]은, 지어놓은 『가례』가 이미 없어졌으니 단지 『예경』에 의거하여 참작해서 시행하라는 것이다.

이는 황간이 말한 바와 같이 한결같이 『의례』로써 행하라는 것은 아니라는 것이다. 이는 김장생이 황간의 행장에 따라서 언제나 고례를 『상례비요』안에 첨가하였지만, 그러나 작변爵弁·중착重鑿 같은 것은 비록 황간이라 해도 제대로 다 행했다고 보증하기는 어려우며, 장례를 치를 때에 송지松脂를 사용하는 경우는 『의례』에 보이지 않는데도 오히려 사용했다는 것이다. 그러면서 "한결같이 『의례』에 준하여 일을 치렀다.' 하고, 또 따라서 그리도 많은 고례를 『상례비요』에다 첨가해 놓았지만 이는 다 반드시 평소 『가례』의 제도라든가 주희의 임종할 때의 뜻과 서로 부합된다고는 못할 것이다." 하였다.

이익은 주희의 생각이 송대에는 고대의 예가 폐기된 뒤라서 갑자기 행할 길이 없으며, 또한 시대도 달라지고 정황도 바뀌었으니, 구태여 옛날의 예를 다 행하려 들 필요도 없으므로 별도로 『가례』를 만든 것이라고 하였다. 또 『가례』는 주희가 어머니 축 부인이 작고하였을때 거상하면서 만든 것이니, 곧 평소 몸소 실행한 것이 이와 같았던 것인데, 만약 임종시 유언할 때에 『가례』가 남아 있었다면 비록 만년에 정했던 것과 약간의 차이점이 있다 할지라도, 어찌 『가례』를 들어서 명하지 않았겠는가 라고 하였다. 또 주희의 문인으로 친히 스승의 말씀과 뜻을 받든 자는 반드시 이것을 참작하여 그 핵심을 실행할 것인즉 못할 것이 없었을 것이라고 하고, 『의례』의 세부적인 여러 절차는 그 본래의 뜻도 밝혀지지 못했는데, 갑자기 일일이 시행하려 든다면 매우 부담스러울

....

298 박세채 『남계집』 권54 隨筆錄

수밖에 없는데 다른 경우는 그만 두고 오직 상례에만 『의례』를 온통 쓰려고 하면 안될 것이라고 하였다.299

이익은 『가례』에 대해서 사대부만이 아니라 서인들을 생각하였다. 이는 그가 당시 널리 통용되고 또 학자들 사이에서 깊은 관심의 대상이 되며 연구되어 나오던 여러 예서들에 대하여 비판적 시각을 갖고 있었음을 나타낸다. 우선 그는 김장생의 『가례집람』은 자료를 모은 것이 참으로 광대하지만 간혹 요점이 부족하고, 구준의 『가례의절』 역시 소략하고 허술하다고 생각한다.300 이것이 그가 『가례질서』를 쓰면서 갖고 있었던 문제의식이다. 그는 주희가 거상居喪할 때에 『가례』를 지었으니, 지위가 없는 사인까지 통틀어서 말한 것은 아니라고 생각한다고 풀이하였다. 하물며 서인까지를 염두에 둔 것이 아님은 더 말할 나위가 없다는 것이다. 그는 『의례』 「상복喪服」의 전傳의 "대부와 학사學士는 조상을 높일 줄 안다." 하였고, 이를 "학사는 상서庠序 및 나라의 태학과 소학의 선비이다. 비록 관작은 없지만 대부와 동등할 수 있다."고 풀이하였다. 그리고 이 말을 근거로 삼아 서인도 관직이 없는 사인과 동등하게 예를 거행할 수 있겠지만, 기본적으로 사서인을 위한 예가 필요하다는 인식을 갖고 있다.301

그는 서인庶人에 대하여 우선 군자와 상대적인 소인을 염두에 둔다. 그가 보는 소인은 그 행태가 아녀자와 같다. 그가 보기에 여자는 밤낮으로 생각하는 것이 얼굴 모습을 예쁘게 꾸미려는 것에 지나지 않아 머리에는 가발을 쓰고 얼굴에는 분과 기름을 바르는데, 이는 자기 눈에

---

299 이익 『성호사설』 권9, 人事門 朱子末命
300 이익 『성호전집』 권25, 答安百順
301 이익 『성호전집』 부록 제1권 家狀 從子 李秉休

들게 하려는 것이 아니고 남에게 잘 보이기 위해서이다. 남들이 이 모습을 보고 모두 예쁘다 칭찬하고 부러워하면 아양을 떠는 웃음과 부드러운 말씨로 앞뒤를 재면서 스스로 만족하게 여기고, 그렇지 않으면 큰 수치로 생각한다. 그런데 대개 소인들은 자기 집에서는 험한 음식도 배부르게 먹지 못하고 남을 대할 때 떨어진 옷도 제대로 입지 못하면서 혹 저자에 나갈 때면 반드시 좋은 의복을 입으려 하여 심지어 이웃집의 의복을 빌어 입고 남에게 뽐낸다. 혹 자기보다 더 낫게 입은 사람을 만나면 자기의 옷차림이 그만 못한 것을 부끄럽게 여겨 비록 집안 살림을 다 들여서라도 남보다 더 잘 입어야 하겠다는 생각만 가지니, 이는 다만 속이 비었기 때문에 겉치레만 힘쓰는 것이다. 자로子路가 떨어진 옷을 입고도 남 대하는 것을 부끄러워하지 않았다는 것은 자기 분수만을 지키고 겉치레를 원하지 않은 것에 불과할 뿐이다. 진실로 생활에 여유가 있다면 긴 옷자락과 넓은 소매를 무엇 때문에 싫어할 이유가 있겠는가?

그는 예가禮家에서 마련한 의상衣裳 제도는 정도에 따라 할 수 있는 것을 하라는 것이지, 누구든 꼭 그렇게 해야 한다는 것은 아니라고 한다. 그러므로 상제喪祭처럼 큰 예절에도 토지가 없어서 농사짓지 못하는 백성은 자성粢盛을 쓰지 않고, 가난해서 길쌈하지 못하는 집안은 최복衰服을 입지 않아도 군자는 허물하지 않는다고 한다. 고례는 차치하고서라도 간략하다는 『가례』의 의식마저도 가난한 자는 그대로 다 행할 수 없다. 이른바 사당祠堂의 제도, 염장殮葬의 기구, 궤향饋享의 절차, 거가居家의 의식 등은 적은 돈으로 마련할 수 없는 것인데, 주희가 어찌 집집마다 꼭 이와 같이 하라고 했겠는가를 물으며 혼례처럼 중한 일에도 비녀·팔찌·과실 따위만 쓰도록 하고 다른 것은 자기 형편에 따라 알맞게 하라고 하였다.

따라서 예를 마련함에 있어서는 이익은 반드시 빈천한 이를 표준으로 삼아야 한다고 말한다. 비록 자천자의 원자元子라 할지라도 처음 날 때는 빈천뿐인데, 하물며 선비의 부귀는 혹 오기도 하고 오지 않기도 하여 본래부터 지닌 것이 아니니, 어찌 혹 오는 것으로써 본분의 법을 삼을 수는 없다는 것이다. 그런데 예학가들이 이런 뜻을 깨닫지 못하고 온갖 문서에 씌어져 있는 것만 따지면서, 꼭 그대로 하는 것을 높은 것으로 치고 미치지 못하는 자에 대해서는 비웃기만 한다고 비판한다. 그것은 마치 저 속마음이 튼튼치 못해서 남을 잘 따르는 무리는 제 분수를 모르고 호화롭게 지내는 경상卿相만을 꼭 본받아야 한다는 생각으로 온갖 재물을 그릇되게 쓰니, 공사의 재정이 바닥나고 만다는 것이다. 그는 당시의 세속에는 저 짙은 화장을 하고 놀아나는 여자와 다른 사람이 드물 것이라고 말했다.[302]

그의 이런 생각은 '서인가례庶人家禮'라는 개념으로 나아간다. 『대대례大戴禮』에 따르면 신분에 따라서 희생의 종류와 의절이 다르다. 대부의 제사에는 희생으로 양을 쓰는데 소뢰少牢라 하고, 사의 제사에는 희생으로 한 마리의 돼지를 쓰는데 궤사饋食라 하며, 봉록이 없는 자의 제사에는 직궤稷饋만을 쓰는데, 직궤에는 시동尸童이 없으며 시동이 없는 제사를 염제厭祭라 했다. 직궤라는 것은 고기를 쓰지 않고 기장[黍]도 쓰지 않는다. 또 『국어國語』에 "대부는 특생特牲을 먹으므로 제사에 소뢰를 쓰고, 사는 어적魚炙을 먹으므로 제사에 특생을 쓰고, 서인은 채소를 먹으므로 제사에 물고기를 쓴다. 이처럼 상하의 질서가 있으므로 백성의 법도가 흐트러지지 않는다." 하였다.

---

302 이익 『성호사설』 권10, 人事門, 小人意態

서인은 봉록이 없기 때문에 제사에 생선만 쓰고 고기는 쓰지 않는다. 그런데 이익이 활동하던 당시 조선에서는 『가례』로써 사士와 서庶가 통용하는 규례를 삼았다. 그러다보니 그 제사지내는 대수와 여러 가지 제물은 봉록이 없는 자로서는 좀처럼 감당할 수 없었다. 이를 의식한 이익은 송나라의 이정二程과 주희는 모두 조정에 벼슬한 몸이었으며, 주희가 어머니의 상을 당했을 때 일찍이 그가 행한 것을 이와 같이 『가례』에 적어 놓았을 뿐, 가난하고 비천한 자도 모두 그렇게 해야 한다는 것은 아니라고 하였다. 이익은 이러한 전거를 다시 『경국대전』의 6품 이상만이 3대를 제사지내도록 하였고 7품 이하는 이를 허락하지 않았다는 규정에서도 찾았다. 동월董越(1430-1502)[303]의 『조선부朝鮮賦』에도 "경대부는 3대를 제사지내고 사서는 다만 2대만 지낸다."한 것은 직위가 없는 7품 이하의 선비를 가리킨 말이었다고 한다. 『경국대전』과 『조선부』가 나온 때는 바로 성종 19년(1488)으로, 이익은 이 시기에 국법이 제대로 행해졌다고 하였다. 그는 또 『가례』에도 그 당시 종자를 세우는 법이 없었다는 것을 핑계로 삼았는데, 지금 제도는 부조묘不祧廟의 제사까지 허락하고 있으니 이것 역시 주희의 본뜻은 아니라고 본다.

결국 이익은 예를 아는 자는 마땅히 '서인가례'를 별도로 만들어야 한다고 주장한다. 그래서 봉록이 없는 자들이 널리 실천할 수 있게 해야 옳다는 것이다. 누구라도 제전祭田이 없으면 천신薦新만 하고 제사는 지내지 못하기 때문이다.[304] 재야의 학자로서 일생을 보낸 이익으로서

---

303 江西 寧都 사람이다. 1488년 중국 홍치제의 등극을 알리기 위하여 성종 19년에 조선에 사신으로 온 명의 관리이다. 돌아가서 『朝鮮賦』와 『朝鮮雜志』를 저술하였는데 모두 조선 사신으로서의 경험과 그때의 시문들이었다. 남공부상서(南工部尙書)에 임명되었고 '文僖'라는 시호를 받았다. 『조선부』는 모두 464구로 3부분으로 구성되어 있었다.
304 이익 『성호사설』 권10, 人事門 庶人家禮

는 봉록을 받는 사람 중심의『가례』가 서인에게도 강요되는 상황이 마땅치 않았던 것이다.

3.『가례질서』의 특성

이익의『가례질서』는 그의 나이 50세(1731년) 때 완성되었다. 그는「통례」에 126조, 관례에 56조, 혼례에 57조, 상례 상에 137조, 상례 중에 143조, 상례 하에 109조, 제례에 126조 모두 754조항에 걸친 질서가 있다. 이익이 논증을 위하여 기본 자료로 삼은 것은 삼례와 주희의 저술이다. 이것 외에도 그는『논어』『시경』『춘추삼전』『이아』『장자』『순자』『오월춘추』『한서』『백호통의』『설원說苑』『개원례』『통전』『여동래종법조목』『문헌통고』『몽계필담夢溪筆談』『동경몽화록東京夢華錄』『연번록演繁錄』『풍토기風土記』『역어지남譯語指南』『옥무』『불국기佛國記』『권유록倦游錄』『이모록貽謀錄』『승암필기升庵筆記』『퇴계집』『사계집』등을 인용하고 있다. 그 학문의 범위가 얼마나 넓고『가례』에 대한 이해와 탐구가 얼마나 깊었는지를 짐작할 수 있다. 이익은『가례』를 읽으면서 다음과 같은 점에 유의하였다.

1)『가례』원문의 궐오闕誤 고증

『가례』문구의 잘못된 것을 살펴 따지고 수정하며 빠진 문자를 보충한 예로 '친영', '설찬設饌' 조의 경우를 들 수 있다. 이익은 "시자가 술을 따르고 음식을 갖추어 놓으면 신랑과 신부는 술을 약간 땅에 붓고 안주를 들어 탁자 위 빈 곳에 놓아둔다. 다시 술을 따라서 신랑이 읍揖

하면 신부가 마신다."에서 서제 다음에 '읍揖'자가 빠졌고, 부제주婦祭酒 다음에 '졸작卒爵' 두 글자가 빠졌다³⁰⁵고 지적하고 있다. 그러나 『가례』의 원문대로 보아도 문맥에 무리가 없고 다른 『가례』 연구가들에게는 이런 지적이 없다. 송시열은 '서읍부거읍壻揖婦擧飮'의 부분을 신랑이 먼저 마시고 난 후 읍揖³⁰⁶을 하여 신부로 하여금 마시도록 이끄는 것이라고 친절히 설명하면서도 이익과 같은 의문은 제기하지 않았다. 이것으로 보면 『가례』의 원문을 굳이 수정할 필요가 없을 듯하다. 그의 사시제 진찬 조의 반盤은 반飯 자의 오자임³⁰⁷을 지적하고 있다. 또한 연문衍文 곧 글 가운데 쓸데없이 들어간 글자나 문장을 교정하기도 했다. 예를 들면, 「거가잡의」 '범수여서급외생凡受女壻及外甥' 조에서 그는 생甥이란 여형제의 아들 즉 생질을 일컫는 것이므로 이때의 '外' 자는 덧붙이지 않아도 되는 글자라고 하였다.³⁰⁸ 그런데 이는 중국어의 백화체에서 생질을 외생外甥이라 함에 주의하지 않은 때문인 듯하다.

그는 여러 예서를 참조하여 예의 근본 이치에 어긋나지 않으면서 합리성을 추구하고 있음을 볼 수 있다. 다음과 같은 기준이 있다.

① 『가례』의 전후 문장을 비교하여 교정하였다

상례 성분成墳 「축봉입승거祝奉立升車」조에서 이익은 『가례』의 견전遣奠 조의 문장으로 보건대 영거靈車에 모신 후에 다시 분향하는 의절이 있다고 교정하고 있는데 이것은 『가례』에 "축관이 혼백을 받들고 영거

---

305 『가례질서』 "下恐脫揖字, 婦祭酒下恐脫卒爵二字."
306 揖은 중국인들의 인사하는 예법의 한 가지로 두 손을 맞잡아 얼굴 앞으로 들어 올리고 허리를 앞으로 공손히 구부렸다가 몸을 펴면서 손을 내린다.
307 『가례질서』 "主婦奉盤之盤 恐飯字之誤."
308 『가례질서』 "女壻者 外甥也, 甥者 姊妹之子也, 外字當衍."

에 모시고 분향한다."고 한 것에 근거하였던 것으로 보인다.

② 삼례에 의거하여 교정하였다

상례 '소렴빙시小斂憑尸' 조를 보면『가례』본주에 "凡子於父母憑之, 父母於子, 夫於妻執之, 婦於舅姑奉之, 舅於婦撫之"라 한 것을 이익은 '婦於' 아래에 '妻於夫抱之' 다섯 글자를 보충해야하며 '婦於' 앞에 '姑' 한 글자를 보충하여야 한다고 하였다. 이것은『예기』「상대기」의 "사망한 사람과의 관계에 따라 죽은 사람이 부모인 경우 의지하고, 자녀이거나 아내 남편의 경우 잡으며, 시부모인 경우 받들며, 며느리인 경우 어루만진다"고 한 것에 근거하여 교정하였던 것으로 보인다.

상례 급묘及墓 조를 보면『가례』본래의 주에는 "하관할 때 상주의 형제는 곡을 그치고 지켜 본다."고 하였는데 이익은 "곡용한다는 문구가 없는 것은 빠뜨린 때문이다."라 하여 예경에 의거할 것을 주장한다.

③『통전』에 의거하여 교정하였다

상례 명정銘旌장을 보면『가례』본주에서는 "명정은 삼품 이하는 9척尺, 오품 이하는 8척, 육품 이하는 7척을 쓴다"고 되어 있는데 이익은 이에 대해 "『통전』에 보면 상공 이하는 9척, 4품·5품을 8척이라 하였는데『가례』의 명정에 관한 글은『통전』에서 비롯된 것이므로 '五'자는 아마 '四'자의 오기이고 '下'자는 '上'자의 오기인 듯하다."고 하여 이 부분은『통전』을 따르는 것이 옳다고 한다.

상례 치장治葬 개영開塋 조를 보면『가례』본주에는 "네 귀퉁이에 구덩이를 판다."고 되어 있는데 이익은 "『통전』에는 네 귀퉁이를 판다고 되어있고 구덩이라는 말은 없다.『가례』의 이 부분은『통전』에서 비롯된 것이니 혈穴 자는 연문인 것이 틀림없다."³⁰⁹고 하여 미세한 부분까지 고증하여 원뜻을 밝히고 있다.

2) 고례古禮의 이동異同 비교 논증

『가례』는 본래 주희 당시 이미 고례가 고증하기 어렵고 또 준용하기에 적합하지 않아서 예의 대본을 잃지 않으면서 시의성을 살린 예가 있어야 한다는 시대의 요청에 부응하여 제정된 예의 의절이다. 일반 서인들까지도 준거로 삼아서 일상생활에서 행할 수 있도록 제정한 예인 만큼 고례와 맞지 않는 부분도 있고, 주희 당시 행하여지던 제도와 절충한 것도 있다. 이익은 『가례』가 고례와 부합되지 않는 부분을 고증하면서 이에 대한 자신의 견해를 밝히고 있다. 이 부분에서 이익의 『가례』에 대한 입장을 읽을 수 있다.

① 분향한 후에 관주灌酒하는 것에 대한 고증

『가례』 사당장에는 정正, 지至, 초하루, 보름의 제사에 모두 먼저 분향하고 나서 제를 지낸다고 되어있다. 이익은 이에 대해 "먼저 창주를 땅에 부어 신神을 구하니 이는 주대 사람들의 예가 먼저 음陰에 구하는 것을 좇았기 때문에 먼저 술을 붓고 나중에 향을 사르는 것이었다. 그러나 『가례』에서는 분향을 먼저하고 술을 나중에 부으니 이는 고례와 맞지 않는다."고 하고 있다.

---

309 『가례질서』 "按 通典掘四隅 無穴字 家禮一遵其文 則穴字當衍無疑."

② 며느리가 시부모를 뵐 때 폐백 드리는 것에 대한 고증

『의례』「사혼례」장에 며느리가 시부모를 처음 뵐 때 시아버지에게는 대추와 밤을 시어머니에게는 육포를 예물로 준비하여 뵙는데『가례』에서는 폐幣를 쓰고 있다. 이익은 이에 대해 주희가 당시에 일반적으로 행하여지던 풍속을 고치지 않고 그대로 쫓아 사용한 때문인데 이것은 예제에 맞지 않는 것이며 고례를 따르는 것이 옳다고 하며『가례』에서 고쳐 시행해야할 점을 지적했다.

③ 복식服飾에 대한 고증

『가례』의「심의」를 보면 심의를 입고 검은 신을 신는 것으로 되어있는데, 이익은 이것이 옛날의 복식방법에 어긋나는 것임을『주례』에 근거하여 고증하면서 '심의' '대대大帶'가 흰색인 만큼 신도 흰색에 검은 장식을 하는 것이 옛 법도에 맞는 것이라고 하여『가례』의 심의 제도에 대해 다른 입장을 보인다.

3) 속례俗禮와 고례古禮 사이의 합리성 도출

『가례』는 그 제정의 의도가 실제생활에서 준행할 수 있도록 하는데 있었으므로 당시의 시속을 절충하여 따른 부분이 상당히 많다. 예를 들면 혼례의 경우 신부의 집에서 사위방[壻室]을 차리는 것과 상례에서 본래 베[布]로 만들어 사용하는 면免을 명주[帛]로 만드는 것 등이 그것인데, 이것은 굳이 세세한 곳까지 고례를 고집하지 않고 이미 보편적으로 행하여지던 당시의 예속을 받아들인 때문이다. 시속의 예를 따른 때도 그 근본 예에 대한 고찰은 필요하다 하겠다.

주희가 당시에 행하여지던 예를 따른 경우와 이익의 시속 제도에

대한 비판적인 태도를 아래에서 볼 수 있다.

①『가례』사당장 '일이 있으면 아뢴다'조에 분황焚黃[310]의 의절이 있다.『가례』부주에서는 주희의 말을 인용하여 근세에는 이 의절을 묘에 가서 행하는데 어디에 근거한 것인지 알 수 없다고 하였다. 이익은 분황에 대해 "『주례』「대종백大宗佰」에 보면 연煙이라고 풀이가 되어 있다. 또『예기』「교특생」의 글을 인용하여"라 하여 분황의 원형을 밝히고 이것이 시속을 좇아 변형된 것임을 분명하게 설명하고 있다.

주나라 사람들은 냄새를 숭상하여 연기냄새를 하늘에 닿게 하였다. 양陽으로써 양에 답하는 것이다. 이에 옥백玉帛을 불에 살라 연기를 올려 보내는데 폐백을 태워 하늘에 제사지내는 것이 바로 이것이다. 지금의 분황은 시속을 따라 노란 것을 쓰는 데 조서를 황마黃麻에 쓰기 때문이다.

이병휴가 예전에는 교지를 황마에 썼다고 하더라도 근래는 백지에 사용하므로 김장생이 이미 제기하였듯이 황마 대신 백지를 불살라도 되는 것 아니냐고 한 물음에 대하여 이익은 안 될 것이 없다고 하였다.[311] 시의를 따른다는 예의 정신을 다시 확인할 수 있는 부분이다.

---

310 焚黃이란 관직이 사후에 주어질 경우에 사령장과 누런 종이에 쓴 사령장의 부본을 주는데 자손이 추증된 이의 무덤 앞에서 이를 고하고 누런 종이의 부본을 불태우는 일을 말한다.
311 이익『성호전집』卷36 書 答秉休問目 戊辰 "焚黃之禮. 朱子已謂行之墓次於禮無据. 今依朱子說焚告于家廟. 恐爲得禮. 然朱子又有恐未免隨俗之語. 今我東墓次焚黃. 已成大同之俗. 從俗行之亦無妨否. 沙溪云古之制誥用黃紙. 故謄以黃紙焚之. 今敎旨旣用白. 雖用白以焚似無妨. 此說似然. 雖違焚黃之名. 恐得從時之實. 未知如何" "追贈則改題廟主. 塋墓焚黃. 從俗無妨. 誥命今不用黃麻則用白未爲不可."

②『가례』혼례에 보면 친영 하루 전날 신부의 집에서는 서실壻室을 차린다고 하는데 이것은 송나라의 풍속을 따른 것이다. 이익은 이것이 고례가 아니며, 당시에 이미 친영의 예가 행해지지 않은 것이 오래되었기 때문에 당시의 풍속을 따라 이것을 친영의 의절에 넣은 것이라고 설명한다.

③ 고례에는 면免을 모두 베로 만들어 사용했으나 『가례』에서는 사마광의 『온공서의』의 예를 쫓아 일년복 이하는 명주로 만들어 쓰는 것으로 되어있다. 이에 대해 이익은 옛날에는 모든 상복이 다 베로 면을 만들었지만 『가례』는 『온공서의』를 쫓아 자최상 이하는 베와 명주를 쓰는데 모친상에는 베[布]로 하고 기년복 이하는 명주를 쓰도록 제정한 것[312]이라 설명한다.

또 이익은 시속의 이치에 맞지 않는 예를 행하는데 대해 비판을 서슴치 않는다. 예를 들면 상례에서 복의는 복이 끝나면 영좌靈座에 놓아야 하는데 시속에서는 복의를 찢어 혼백상자에 넣어 두는 것이 타당치 않다고 하며, 혼백을 상자에 부착시켜 놓는 것도 예의 본래 뜻에 없는 것[313]임을 지적하고 있다.

이외에도 이익은 세미한 문제에 대하여도 하나하나 고증하는 작업을 게을리하지 않았다. 『가례』 상례 치장治葬에는 택일의 문구가 있는

---

312 『가례질서』 "免 五服皆用布未有用絹者也. 然古今異俗 自期以下惟衰之外去華飾而已 免不過掠頭編子 未成服之用也. 故書儀齊衰以下用布編 蓋爲母則布 而期以下用絹也 家禮因之從時宜也."
313 『가례질서』 "今俗魂帛不離於箱 恐非禮意 箱者只是出入奉將之用 不特魂帛主亦用箱遺奠條所謂別以箱盛主是也."

데 주희가 진동보陳同甫에게 보낸 편지에서 "아들을 장사지낼 날도 정하고 장지도 정하였는데 음양가가 내년 여름이 좋다 하여 지금 분암墳庵에 빈殯을 해두고 있다."는 구절이 나온다. 이익은 이 편지 글을 들어 이것은 장사지낼 때 달과 날만 택한 것이 아니라 해[年]도 택하였던 사례를 보여주는 것인데, 『가례』의 글과 주희의 서신이 이처럼 서로 다르니 알 수 없는 일이라 하고 있다. 또 상례의 괄발括髮을 『의례』 「사상례」에는 「괄발단括髮袒」이라 하고 『예기』 「잡기雜記」에는 '단괄발袒括髮'이라 하였는데 '괄단括袒'은 두 항목으로써 선후의 순서가 있는 것이다. 그런데 『가례』에서는 「잡기」의 문구를 따르고 「사상례」를 따르지 않았는데 이익은 반드시 빠진 문자가 있어 그런 것으로 보고 있다. 이처럼 한 줄의 편지글도 놓치지 않으며 미세한 절목에 대하여도 여러 예서를 망라하여 고증하는 것에서 이익의 정심精審 세밀한 학문적 자세를 볼 수 있다.

또 『가례』의 원류에 대해 새로운 견해를 피력한다. 일반적으로 『가례』는 사마광의 『온공서의』에 직접적인 영향을 받고 『온공서의』는 『의례』에 의거한 것(『가례』←『온공서의』←『의례』)으로 보는 것에 반해 이익은 『가례』가 『통전』에 뿌리를 두고 있다[314](『가례』←『통전』←『주례』)고 하여 전혀 독창적인 주장을 하고 있다.

이익의 학문은 사회적 현실과 깊은 연관 속에 있었으며 또 현실에 대한 역할과 기능을 추구 하는 깨어있는 학문이었다. 그의 예학도 예외가 아니었으며, 그가 실학자 중 예 관련 저술을 가장 많이 남긴 인물이라는 점은 시사하는 바가 크다.

『가례질서』는 『가례』 전반에 걸쳐 미세한 절목까지 철저한 검증을

---

314 『가례질서』 "家禮之所本則通典, 通典本於周禮."

한 본격적인 '가례학서'이다. 위에서 보았듯이 실증과 비판의 학문적 방법으로 예의 고증, 고례 동이同異의 논증을 이끌어나가며, 시속의 예와 고례 사이에서 합리성을 도출하고 있다. 경세론을 바탕으로 한 예 연구로써 실학파 학자들에게 이어지는 후기 예학에 새로운 지평을 열어주고 있다.

제III편

한국유학의 관혼상제

惰則廢職。何以制憜。要在勤恪。戒爾勿踱。應何以治踱。要在詳審。戒爾勿浮氣。浮則勝。何以鎮浮要在沉靜。

叙曰。謐者德之基。勤者事之幹。詳者政之要。靜者心之體。君子執謐足以崇德。克勤足以廣業。詳愼足以立政。定靜足以存心。君子行此四德然後可以持己而應物己亥冬存所子書。

戒女箴

曰婦德。性行心志務在柔順貞靜。戒其辯強專恣

제12장

관례-사회적 존재로 나아가는 문

1. 성인成人 의식과 관례

　문화권마다 젊은이들을 성인 또는 사회 구성원으로 인정하는 통과의례通過儀禮가 있다. 이런 의식은 대체로 그 부족이나 국가의 일원으로서 살아가는데 필요한 생존 역량이나 문화 속의 일원으로서 갖추어야 할 행동 양식에 대한 사항과 교양 등을 묻고 시험한다. 아이가 성장하고 나면 생산 활동과 전쟁을 감당할 자질을 갖추었는지를 여러 가지 방식으로 검증한 후에 정식 구성원으로서 사회활동에 참여할 수 있는 자격을 부여하는 것이다. 부족국가 시대의 성인식은 육체적 고통이나 용맹스러운 모험을 요구하는 경우가 대부분이다. 통과하지 못하면 사냥이나 전쟁에 참여시키지 않는다든가 투표권 또는 혼인의 자격을 부여하지 않는다. 이는 오늘날 나이나 체격조건이 갖추어지지 않으면 병역의 의무와 선거권, 피선거권이 주어지지 않는 것과 같다. 이런 의례에는 그 문화권 나름의 가치관이 담겨있다.
　유교문화권의 성인식은 관례冠禮라고 한다.[1] 이는 주대周代부터 문헌

---
[1] 관은 본래 머리에 쓰는 모자로 예복의 한 부분이다. 관례에서는 성인이 된 후에 그 용

에 나타난 것으로서 관을 씌워주는 의식에서 비롯되었다. 『의례』「사관례士冠禮」와 『예기』「관의冠義」가 그것이다. 성인이 되었다는 표지로 관을 씌워주는 의식의 유래는 분명하지 않다. 『후한서』「여복지輿服志」에 "새에게는 벼슬이 있고 짐승에게는 뿔과 수염이 있는 것을 보고 관과 면과 끈과 늘어뜨린 술을 만들어 머리에 장식하였다."²고 하였다. 또 황제黃帝가 처음으로 포백으로 면류관을 만들어 썼다는 말이 있어 이를 기원으로 추정하기도 한다.³ 『의례』는 17편 중 첫 번째 편이 「사관례」이다. 관례를 행함으로써 젊은 사인士人이 비로소 종법사회의 일원이 될 수 있기 때문에 곧 성인의 출발이라는 의미에서 관례를 『의례』의 제일 첫머리에 둔 것이다. 『의례』의 「사관례」가 사인의 관례 의식과정을 완벽하게 기재하고 있는 것이라면 『예기』「관의」는 관례의 의의를 천명하고 있으며, 그 속에는 종법과 예악제도 등 유가의 가치가 내재되어 있다. 그러므로 『의례』「사관례」와 『예기』「관의」를 상호 보완하여 보아야 관례의 의식절차와 내포하는 의미를 온전히 파악할 수 있다.

　'관례'라는 명칭에서 알 수 있듯이 의식에는 '관冠'이 우선이지만, 그 관과 어울리는 의복 또한 간과할 수 없다. 형태상으로는 상의, 하의, 신발, 모자가 통상 사회에 나갈 때 갖추는 차림이다. 관은 형태와 재질이 다양한데 이것도 의복의 하나이다. 그래서 관을 '원복元服'이라고도 한

도에 맞게 입을 수 있도록 세 벌의 각각 다른 예복을 준비한다. 관례의식 중에서 본인이 옷은 먼저 입고, 다른 사람이 그 옷과 한 벌이 되는 관을 씌어 준다. 관을 씌어 주는 것이 의식의 핵심이므로 관례라고 이름을 붙인 것이다. 周何, 『禮記』(臺北: 時報出版公司, 1981), p.145.

2　『후한서』「輿服志」"聖人…見鳥獸有冠角髥胡之制 遂作冠冕纓蕤 以爲首飾."
3　『예기』「冠義」疏 "冠禮起早晚 書傳無正文 世本云 皇帝造旒冕 是冕起於 黃帝也 黃帝以前 以羽皮爲冠 以後乃用布帛."

다.⁴ 다만, 관을 옷의 하나로 본다면 신발도 그리 볼 수 있음에도 불구하고 신발을 특별히 옷의 일종으로 부각시킨 의식은 보이지 않는다.

관례는 남자의 경우에 해당하는 것으로서 사람마다 시행하는 나이의 차이가 있기는 하지만 본래 종묘에서 그 의식을 거행하였다.⁵ 그런데 그 자격을 사냥 실력을 보인다든가 담력을 시험한다든가 하는 것으로 부족이나 국가 단위로 시험을 쳐서 결정하지는 않았다.⁶ 집안과 향촌 사회에서 인정하면 집안의 어른과 향촌 사회의 존경하는 어른들을 모시고 의식의 절차에 따라서 축하하고 권면하고 사실상의 서약을 받는 성격의 의식을 거행하는데 주로 인격적으로 갖출 요소를 중심으로 판단하고 진행한다. 유가의 관례는 이런 형태의 성인식이 사회가 발전하고 인문 문화가 발달하면서 합리적이고 문화적인 형태로 다듬어진 것이다. 20세 정도가 되면 신체적으로는 거의 성숙하여 성인의 모습을 갖추지만 정신적인 면이나 일을 처리하는 능력은 아직 미숙하므로 관례를 거침으로써 성인으로서 지녀야할 도리를 갖추고 실행하는 전환점을 마련하였던 것이다.⁷ 이리하여 아이의 태도와 습관을 버리고, 공인된 성인의 지위를 획득하여 정식으로 사회활동에 참여할 수 있게 된다. 이것은 본인이나 사회에 있어서 대단히 중대한 일이므로 의식을 행하는 날짜의 결정이나 의식을 집행할 사람을 정하는 일은 모두 점을 쳐서 정

---

4   『의례』「士冠禮」"令月吉日, 始加元服" 옛날에는 관례를 원복지례 또는 줄여서 "元服"이라 했다. 顏師古의 注에서 "元은 首이다. 冠이란 머리에 붙이는 것이다. 그래서 元服이라 한다"고 하였다.
5   『예기』,「內則」, "十年出外就傅, 宿於外, 學書記… 十有三年學樂, 誦詩, 舞勺. 成童舞象學射御, 二十而冠, 始學禮."
6   마을 단위 활쏘기를 한 일은 있다. 전투력 증강과 더불어 예를 익히는 기회로 삼았던 것이다.『중용』에서 공자가 '활쏘기는 군자의 태도와 흡사하다'고 칭송한 것이 있다.
7   『예기』,「曲禮上」, "人生十年曰幼, 學. 二十曰弱, 冠."

하고, 의절의 집행 장소는 조상의 혼이 깃든 종묘에서 하는 등 신중을 기하였다.

2. 『의례』·『예기』의 관의冠儀

『의례』 첫 편이 「사관례」이다. 본래 천자, 제후, 경대부, 사인의 각 신분에 상응하는 관례가 있었으나 다른 계층의 관례는 단편적인 것만 전해졌으며 사인의 관례만 비교적 온전하게 남아있다.[8] 여자의 성인식은 계례笄禮라고 하는데 이는 관례처럼 예서禮書에 기록된 전편專篇도 없고 의절도 남아있지 않다.

1) 관례 원형의 절차

(1) 사전준비

■ 며칠 전-날잡기[서일筮日], 초대 손님들에게 알리기[계빈戒賓]: 관례를 행하기 며칠 전에 행사일자가 길한지 여부를 점을 친다. 장소는 묘문廟門에서 진행하는데 세 번 점을 쳐서 길하면 그날로 정하고, 불길하면 열흘 뒤의 날을 다시 점친다. 종묘에서 의절이 진행되는 것과 점을 쳐서 행사일자를 정하고 관례를 집전할 정빈正賓을 정하는 절차는 모두 신성성을 부여하면서 정성을 다하여 신중히 진행한다는 의미가 깃들어 있다. 신중히 하는 이유는 관례가 당사자에게는 개인적으로 성인

---

8 『예기』, 「玉藻」에 천자의 관에 대해, 『大戴禮記』, 「公冠」에 제후의 관에 대해 기재되어 있다.

이 되는 새 출발의 날임과 동시에 가문의 입장에서도 대를 이어나갈 소중한 구성원이 배출되는 날이기 때문이다. 계빈戒賓의 계戒는 알린다는 의미이다. 날짜가 정해지면 관자의 부친이나 형이 주인이 되어 관례를 집례할 분에게 가서 와 줄 것을 요청한다. 요청을 받은 빈은 일단 사양하였다가 다시 청하면 승낙한다.

- 삼 일 전-집례자 정하기[서빈筮賓]: 집례자와 도움자에게 가서 알리기[숙빈宿賓]: 관례를 행하기 삼 일 전에 주인은 여러 빈 중에서 한 사람을 가관加冠의 집례자를 택하기 위해 점을 친다. 그 절차는 날짜를 점치는 것과 같으며 길하다는 결과가 나오면 주인은 집례를 맡을 정빈을 특별히 요청한다. 숙빈宿賓의 숙宿은 나아간다는 뜻으로 관을 씌워 줄 정빈과 도우미 역할을 해줄 찬관자贊冠者의 집으로 특별히 나아가서 요청함으로써 신중하고 정중하게 예의를 다한다는 의미를 갖는다.

- 하루 전[위기爲期]: 관례를 행하기 전날 저녁에 형제, 집사들을 묘 문밖에 모으고 다음 날 진행할 행사를 점검한다. 주인을 도와 예 진행을 맡은 찬관자는 정빈을 비롯한 여러 빈의 집에 가서 다음 날 아침 일찍 예를 행한다고 미리 알린다.

(2) 당일의 본 의식

- 기복器服 진설: 이른 새벽에 동옥東屋의 처마 끝과 정면으로 마주하는 곳에 손 씻을 도구를 준비하고 작변복爵弁服, 피변복皮弁服, 현단상玄端裳을 동방東房의 안쪽 서벽 아래에 진설한다. 머리싸개와 비녀, 관끈, 빗을 상자와 작은 대바구니에 담아 놓고 주기酒器와 말린 포脯와 젓[醢]을 방에 진설한다. 집사 세 사람이 각기 치포관緇布冠, 피변, 작변을 담은 대나무상자를 들고 당堂의 서쪽 계단에 남향하며 동쪽을 위로 하고 선다. 정빈이 당에 오른 후 동향하여 선다.

■ 주인 등은 자리에 나아가 섬: 주인은 조복朝服을 입고 동쪽계단 아래의 동서東序를 정면으로 마주하는 곳에서 서쪽을 바라보고 선다. 이때 관자는 방에서 채의彩衣를 입고 머리를 빗어서 상투를 틀고 방안에 남향하여 선다.

■ 빈과 찬자贊者를 맞이함: 여러 빈은 조복을 차려입는다. 찬자는 현단을 입고 여러 빈의 뒤에 선다. 이들이 바깥문에 이르면 안내를 담당하는 빈자擯者가 안으로 들어와서 주인에게 여러 빈이 도착했음을 알린다. 주인은 문밖에 나가서 맞이하는데 주인이 서향하고 재배하면 빈은 답배한다. 주인이 먼저 들어오면 빈과 찬자가 들어오며 묘문에 들어와서는 세 번 읍하고 세 번 사양하며 계단을 오른다. 오르고 나서 주인은 동서東序의 끝에 서향하여 서고, 빈은 서서西序의 남쪽 끝에 동향하여 선다. 찬자는 세洗의 서변에서 손을 씻고 당에 올라 방안에 서쪽을 보고 남쪽을 위로 하여 선다.

■ 초가初加: 주인의 찬자는 동서에 자리를 깔고 남향하여 선다. 당사자인 관자가 방에서 나와서 남향하여 서면 정빈은 관자에게 읍을 하고 깔아놓은 자리에 앉으라고 한다. 찬자도 앉아서 관자의 머리를 빗기고 망건으로 머리를 싼다. 청결을 기하는 의미로 손을 씻기 위해 정빈이 서쪽 계단을 내려가면 주인도 동쪽 계단을 내려간다. 손을 씻은 후 정빈과 주인은 한 번 읍하고 한 번 사양하면서 계단을 다시 올라와서 주인은 자기 위치에 서고 빈은 깔아놓은 자리 앞에 앉는다. 정빈이 망건을 정리하고 나서 몸을 일으켜 서쪽 계단을 한 단 내려가면 치포관을 든 집사가 계단을 한 단 올라와서 정빈에게 건네준다. 정빈은 자리로 가서 오른손으로 관의 뒤를 잡고, 왼손으로 관의 앞을 잡고서 엄숙하게 관자에게 축사를 하고 앉아서 관을 씌우고 나면 일어나서 원래 위치로 돌아온다. 관자는 일어나서 방으로 들어가 현단玄端, 작필爵韠로

갈아입고 나와서 남쪽을 향해 서서 하객들에게 보여준다.

- 재가再加, 삼가三加: 집례자인 정빈이 관자에게 읍을 하면 관자는 앉는다. 찬자가 관자의 머리를 빗기고 망건을 씌우고 계笄로 고정시킨다. 정빈은 손을 씻고 관자의 망건을 바로 하여주고 서쪽 계단을 두 단 내려가서 피변을 받아들고 올라와서, 깔아 놓은 자리 앞으로 나아가 재가의 축사를 하고 피변을 씌운다. 정빈은 자기 위치로 돌아오고 찬자는 관자에게 변대弁帶를 매어준다. 관자가 일어나면 정빈이 읍한다. 관자가 방에 들어가서 소상素裳과 소필素韠의 피변복으로 갈아입고 의젓한 모습으로 방에서 나와 남면하여 보여준다. 정빈은 다시 계단을 삼단 내려가서 작변을 받는다. 삼가의 축사를 하고 앞의 의식대로 하여 작변을 씌운다. 관자는 방에 들어가서 현단, 작필의 작변복으로 갈아 입는다. 삼가를 마치면 벗어놓은 피변, 치포관과 깔아놓았던 자리를 거두어 방안으로 치우고 예醴 즉 술 따라주는 의식을 준비한다.

- 집례자가 관자에게 술을 준다[예醴를 행함]: 삼가의 의식이 끝나고 나면 정빈은 관자에게 술을 주는 예醴를 행한다.[9] 먼저 자리를 당상의 실室 서쪽에 깔고 남쪽을 향하게 한다. 찬자는 방에서 뿔로 된 잔 치[觶]잔에 술[醴]을 따른다. 빈이 읍을 하면 관자는 자리에 나아와서 남면한다. 집례자가 찬자에게서 잔을 받아서 북쪽을 향하면 관자는 배하여 잔을 받고 정빈은 답배한다. 찬자가 포와 젓을 올린다. 정빈이 치사하면 관자는 자리로 가서 왼손으로 잔을 잡고 오른손으로 포와 젓을 조금 덜어 제사 지낸다. 술 국자로 술을 세 번 따라서 제사 지내고

---

9 거르지 않은 탁주를 '醴'라 하고 거른 청주를 '酒'라 한다. 예를 쓰는 의절을 '禮'라 하고 酒를 쓰는 의질을 '醮'라고 힌다. 초는 또 잔을 받기만 하고 돌리지 않는 것을 말하기도 한다. 관례에서는 빈이 관자에게 주는 것도, 주인이 정빈을 대접할 때도 모두 바탕과 원형을 숭상하는 의미의 '예'를 사용한다.

난 후 자기자리에 앉아서 술을 맛본다. 그리고는 일어나서 정빈에게 관례가 원만히 행하여진 것에 대해 감사하는 의미의 절을 하면 정빈도 답배한다.

■ 어머니를 뵘: 관자는 북향하고 앉아서 포를 집어 들고 서쪽 계단으로 내려와서 어머니의 거처로 간다. 북향하여 서서 어머니를 뵙고 포를 올리면 어머니는 절하고 받는다. 관자가 절하면 어머니도 또 절한다.

■ 자字를 내려줌[10]: 빈이 서쪽계단으로 내려와서 동향하면 주인은 동쪽계단으로 내려온다. 관자冠者는 서쪽계단 아래 동쪽에 남향하고 선다. 집례자는 관자에게 자를 내려주며 축사를 한다. 관자도 답사한다. 집례자가 밖으로 나오면 주인이 묘문 밖까지 배웅하며 대접하기를 청하면 집례자는 수락한 다음 묘문 밖의 장소에서 잠시 휴식을 취한다. 이로써 관례의 정식 의식절차가 끝난다.

(3) **이후의 의식**

형제, 찬자, 고모와 손위 누이를 뵌다. 관자가 형제를 뵈면 형제는 두 번 절하고 관자는 답례를 한다. 찬자의 경우도 마찬가지이다. 들어가서 고모와 손위 누이를 뵙는 형식은 어머니를 뵐 때와 같다.

군君, 향대부鄕大夫, 향선생鄕先生을 뵙는다.[11] 관자는 입고 있던 착변복을 현관, 현단, 작필의 차림으로 갈아입고 사인의 예물인 꿩을 들고 가서 국군國君을 뵙는데 직접 드리지 않고 땅에 놓아둔다. 직접 주

....

10 이름은 태어나서 3개월이 되면 부친이 부여하는 것이고 자(字)는 20년 후 관례를 행할 때 주례자인 정빈이 부여하는 사회적 이름이다. 성인이 되어 사회활동을 할 때 연장자나 존자는 이름을 직접 호칭할 수 있지만 그 외의 경우 이름을 부르는 것은 실례가 되며 자로 호칭하게 되어 있다.

11 이것은 관자가 성인의 신분으로 행하는 첫 사회활동으로 공동체의 최고 신분을 만나 뵙고 덕담을 듣는 것이다.

고 받는 것은 존자들 간의 예이기 때문에 직접 드리지 않는 것이다. 다음으로 향대부를 뵙고, 퇴직하고 향리로 돌아온 향선생을 뵙는데 역시 꿩을 예물로 가지고 간다.

빈을 접대한다. 정빈에게 일헌一獻의 예로써 접대한다. 즉 주인이 빈에게 헌獻을 하면 빈이 주인에게 작酌을 하고 주인이 빈에게 수酬를 돌리는 형식이다. 주인은 빈에게 예물을 드리며, 접대가 끝나고 빈이 나가면 주인은 대문 밖까지 배웅하며 재배한다. 빈을 대접할 때 차렸던 음식을 집사를 시켜서 빈의 집으로 보내는 것으로 관례와 관련된 모든 행사가 마무리된다.

2) 관례의 특징적 절차

관례를 특징짓는 몇 개의 절차 가운데 대표적인 것이 삼가례三加禮,[12] 명자命字, 축사祝辭, 종법宗法이다.

(1) 삼가례三加禮

삼가례는 관례의 전 과정 중에서 가장 핵심이 되는 의식이다. 그러나 복식의 변화로 인해 제일 먼저 쇠퇴한 의식이기도 하다. 삼가에는 치포관, 피변복, 작변복의 세 단계가 있는데 단계가 진행됨에 따라 성인

---

[12] 삼가는 관례를 행할 때 일차로 緇布冠을 그 다음에 皮弁을 세 번째로 爵弁을 행하는 것을 三加라고 한다. 『예기』 冠義, "故冠於阼, 以著代也. 醮於客位, 三加彌尊, 加有成也." 鄭玄 注, "冠者, 初加緇布冠, 次加皮弁, 次加爵弁, 每加益尊, 所以益成也." 『梁書』・處士傳・阮孝緒 "十五, 冠而見其父, 彦之 誡曰: '二加彌尊, 人倫之始. 宜思自勗, 以庇爾躬'" 宋 蔡絛 『鐵圍山叢談』 卷二 "於是天子御 文德殿, 百僚在位, 命官行三加禮畢, 當命字, 儀典甚盛." 清 侯方域 『豫省試策二』 "然則, 不必三加, 而未始不冠: 不必六禮, 而未始不婚."

으로서의 자격과 부여되는 의무의 내용도 점점 더 높아진다.[13]

치포관은 관례를 행할 때 첫 번째로 쓰는 관이다. 주나라 때에 미성년자는 채색 옷을 입고 관을 쓰지 않다가 관례를 행하고부터 비로소 성인의 옷을 입고 관을 쓰게 된다. 관례의절에서 제일 처음 쓰는 관이 치포관이다. 상고시대에는 삼베만 있고 비단이 없었기 때문에 평상시에는 흰색의 삼베로 만든 관을 쓰고 재계齋戒와 제사 때에는 이것을 검은색으로 물을 들여 썼다. 이것을 치포관이라고 한다.[14] 그러므로 치포관은 본래 일상적으로 쓰던 관이 아니었고 관례에 사용하기 위해서 태고시대의 것을 특별히 재현하여 만든 것이었기 때문에 관례가 끝나고 나면 버리는 것이었다. 주대에 실제로 일상적으로 쓰던 관은 현단玄端의 예복과 한 벌이 되는 검은색 비단으로 만든 현관玄冠이었으며 다른 명칭으로는 위모委貌라고도 한다.[15] 예서에서는 첫 단계인 초가初加에 치포관을 씌우면서 이와 짝하여 무슨 옷을 입는지에 대해서는 언급하지 않았는데 실제로는 현단의 복식을 하였다. 원래 주나라의 예복은 검은색의 현단이었다. 사대부가 조朝·제祭·관冠·혼婚의 예에 참여할 때나 평일에도 이 현단을 입었다. 그러므로 초가의 치포관에 이 현단의 복식을 맞추어 입는다는 것은 이제부터 사인의 신분으로 사회의 지도층이 되는 것임을 의미한다. 치포관은 앞에서도 언급한 바와 같이 일상생활에서 실제로 사용한 것이 아니라 관례를 위해 특별히 만든 것이었기 때문에 관례가 끝나면 내버리는 것이었다. 그러므로 치포관과 한 벌이

....

13 『예기』,「冠義」,"三加彌尊,加有成人也."
14 『예기』,「郊特牲」,"冠義, 始冠之, 緇布之冠也. 大古冠布, 齋則緇之."
15 삼대가 모두 치포를 사용하였는데 그 형태는 각기 달랐다. 주는 委貌, 은은 章甫, 하는 毋追의 형태였다. 委貌라 하면 주나라의 법도이다. 孔穎達疏, "三代具用緇布, 而其形自殊, 周爲委貌之形, 殷則爲章甫之形, 夏則爲毋追之形. 故云委貌, 周道也."

되는 옷이 없기 때문에 치포관복이라고 할 수도 없고, 그렇다고 해서 초가의 관이 당시 일반적으로 쓰던 현관이 아니라 특별히 만든 치포관이었기 때문에 현관복이라고 할 수도 없어서 치포관이라고만 한 것이다.

당시에 실제로 일상에서 사용하지도 않았고, 한 번 사용하고 버릴, 실용성이 없는 치포관을 초가에 굳이 택한 이유에 대하여 공영달은 '상질중고尙質重古' 곧 태고의 남은 흔적을 잘 보존함으로써 처음 예를 만들 때의 소박함을 잘 계승하자는 정신이라고 한다.[16] '문질文質이 빈빈彬彬하여야 군자'라고 하듯[17] 자신에게 내재된 선한 본질을 잘 보존할 것을 초가의 의식을 치르는 젊은이에게 당부하는 의미가 치포관에 내재되어 있다.

피변관은 흰 사슴 가죽으로 만든 관으로 하·은·주 삼대에 다 사용하였다. 이는 고대에 수렵과 전쟁을 할 때 쓰던 관으로 여기에는 새와 짐승 가죽으로 옷을 만들던 수렵시대의 유풍이 그대로 반영되어 있다. 같이 한 벌이 되는 옷은 소적素積, 소필素韠인데, 활쏘기가 사냥이나 전쟁의 기본이 되기 때문에 이들 피변복은 사례射禮의 복식이었다. 따라서 피변관은 두 번째 단계에서 사용하는 관으로, 부여되는 의미도 한 단계 더 높아져서 이제부터 군사행동에 참여하고 국가를 지킬 책임을 갖는다는 의미가 있다. 피변복을 입는 이유에 대해서 공영달은 삼왕三王의 덕을 행하고자 하는 것이라고 설명한다.[18] 삼왕의 덕이란 바로 '무사無私'를 말한다. 공자는 일찍이 우禹, 탕湯, 문文의 삼왕은 천·지·일

---

16 『예기』,「郊特牲」, 孔穎達 疏, "初加緇布冠,欲其尙質重古."
17 『논어』,「雍也」, "質勝文則野, 文勝質則史.文質彬彬,然後君子."
18 『의례』,「士冠禮」, 孔穎達 疏, "加皮弁, 欲行三王之德."

월의 '삼무사三無私'를 봉행하여 천하를 위무했다고 칭송하였다. 즉 하늘은 사사롭게 덮어줌이 없고 땅은 사사롭게 실어주지 않으며 일월은 사사롭게 비춤이 없다는 것을 세 개의 무사無私라고 한 것이다.[19] 이는 성인이 된 젊은이가 이제부터 앞으로 전개될 사회생활에서 지켜야 할 덕목 중에서 지극히 공평하여 사사로움이 없는 자세가 중요하다는 것이 피변복이 상징하는 가르침이다. 작변은 세 번의 가관의식 중에서 가장 존귀한 의관이다. 작변은 종묘에서 쓰는 관이고 작변복은 제복祭服으로 종묘제사에 참여할 때 입는 성복盛服이다. 제사와 전쟁은 국가의 두 가지 큰일이다. 작변복을 입는다는 것은 종묘제사에 참여할 권리를 부여받는다는 뜻이며 따라서 집안일 뿐 아니라 국사에도 참여할 수 있음을 의미한다. 그러기 위해서는 어떠한 자질을 갖추어야 할까? 공영달은 신명을 공경하여 섬기는 마음가짐이라고 한다.[20] 이는 곧 내 속에 있는 하늘인 내재된 도덕성을 체현하는 것으로서 경천이며, 이것이 작변복이 상징하는 의미이다.

초가의 치포관은 바탕을 강조하여 착한 인성을 발양할 것을 나타내면서 사인으로 대중을 이끌 책임을 나타내며, 재가의 피변복은 무사無私의 가르침을 상징하여 자신의 도덕성을 갈고 닦으며 사회적 책임을 다하고 국가를 지킬 책임을 나타내고, 삼가의 작변복은 예의 최고 경지인 덕을 체현하는 내적 성숙을 지향하며 종묘제사에 참여할 권리와 의무를 나타내면서, 성인으로 첫 걸음을 떼는 젊은이를 향한 축복이자 바람이 깃들어있는 상징성을 갖는다.

....

19 『예기』,「孔子閒居」, "子夏曰, 三王之德, 參於天地, 敢問何如斯可謂參於天地矣? 孔子曰, 奉三無私, 以勞天下. 子夏曰, 敢問何謂三無私? 孔子曰, 天無私覆, 地無私載, 日月無私照. 奉斯三者, 以勞天下, 此之謂三無私"
20 『의례』,「士冠禮」, 孔穎達 疏, "加爵弁, 欲其行敬事神明, 是志益大也."

(2) 명자命字

명자는 자字를 부여한다는 뜻이다. 고대에 사대부는 모두 이름과 자가 있었다.[21] 남자는 20세에 관례를 행하면서 자를 갖게 되고, 여자는 15세에 정혼을 하고 계례를 행하고 나면 자를 갖게 되었다. 남자의 자를 짓는 방식은 백중숙계伯仲叔季의 순서(이름과 관련 있는 글자) 보甫 혹은 보父의 세 부분으로 구성되었다.[22] 그러나 오늘날 이름을 부를 때 줄여서 부르는 경우가 있는 것처럼 당시에도 실제로는 백금伯禽, 중니仲尼에서 보는 것처럼 이것을 생략하였다. 이마저도 50세 이후에는 백伯, 중仲으로만 부르는 것이 주나라의 방식이었다.[23] 여자의 자에 대하여는 어떤 방식으로 구성되었는지 『의례』에 언급된 바가 없다.

왕국유(1877-1927)는 금문의 기록에 근거하여 남자의 자를 모보某父라고 하는 것처럼 여자의 자는 모모某母라고 한다고 규명하였다. 그 이유는 보父는 남자의 미칭으로서 남자 젊은이에 대한 최고의 칭송이 그 아버지와 같다는 것이고 여자 젊은이에 대한 최고의 칭송은 그 어머니와 같다는 것이기 때문에 남녀가 관례와 계례를 행하고 성년이 되면 부모의 도를 지니므로 그 미칭인 보 혹은 모를 붙이는 것이라고 설명한다.[24] 그런데 모母와 여女는 고문에서 통용하므로 모모某母는 모

---

21 命名하는 의식을 보면, 아이가 태어나서 석 달이 되면 날을 택하여 어머니가 아이를 아버지에게 보인다. 아버지는 아이의 오른손을 잡고 턱을 받치면서 이름을 불러준다. 『예기』, 「內則」, "三月之末, …妻以子見於父, …父執子之右手, 咳以命之."

22 『의례』, 「士冠禮」, "曰伯某甫, 仲叔季, 唯其所當." 字法의 변화를 보면 춘추시대 이후로는 자 앞에 남자의 미칭인 子를 더하는 경향이 있었다. 子淵(顔回), 子有(冉求)같은 경우이다. 이것도 생략하여 직접 顔淵, 冉有라 칭하게 되고, 원래의 伯某甫식의 命字法은 점차 자취를 감추게 되었다.

23 『예기』, 「檀弓上」, "幼名, 冠字, 五十以伯仲, 死諡, 周道也."

24 王國維, 『觀堂集林』, 卷3, 「女字說」, "余謂此女字.女子之字曰某母,猶男子之字曰某父…. 蓋男子之美稱莫過於父, 女子之美稱莫過於母. 男女旣冠笄, 有爲父母之道, 故以某

녀某女로 할 수도 있다고 본다.[25] 왕국유의 이 논거에 의하면 여자의 자는 백중숙계의 순서-모가母家의 성姓-자字-모母(혹은 女)의 네 부분으로 구성된다. 원칙적인 구성은 이러하였지만 실제로 사용할 때는 간략하게 두 글자로 줄여서 사용하였다. 여자의 자와 남자의 자가 구성방식은 이렇게 같았지만 다른 점이 두 가지 있다. 하나는 여자의 자에는 모가의 성이 하나 더 붙게 된다는 것이다. 이것은 족외혼, 동성불혼을 고수하던 당시 사회에서 모가의 성이 무엇인가를 드러내는 것이 동성이 아니라는 것을 증명하기 때문에 중요하였고 또 자신이 제후 국군의 친속임을 표시하기 위해서도 중요하였기 때문이다.

또 하나의 다른 점은 모모某母의 모某는 남자의 경우처럼 이름[名]의 뜻과 관련 있는 다른 글자로 바꾼 것이 아니고 원래 부친이 준 이름이라는 점이다. 그 이유는 부인의 경우는 사회 활동이 없어서 이름이나 자를 사용하는 곳이 모가와 부가夫家라는 제한적 범위 안이었기 때문에 굳이 다른 글자로 바꿀 필요가 없었던 것이었다. 자는 성인으로 대접하여 존중하는 칭호로 사용되었고, 성인이 되었으므로 부모가 될 수 있는 자격을 갖추었음을 나타내는 표시이기도 하였다.[26]

이처럼 본래의 이름 이외에 새로운 호칭을 갖는다는 것은 새롭게 태어남을 상징하는 의미가 있다. 중국 이외의 다른 오래된 문화권을 보면 씨족사회의 성년식 과정 중에서 성년이 되는 당사자가 갓 태어난 아기처럼 말하고 걷고 먹지 못하는 것처럼 하다가 성년식을 치른 후에 이

父某母字之也."
25 楊樹達,『積微居金文餘說』, 卷2,「京姜鬲跋」.
26 『의례』,「士冠禮」, "冠而字之, 敬其名也.";『예기』,「冠義」, "已冠而字之, 成人之道也."

런 것들을 하고, 이때 새 이름을 갖는 의식이 있다.[27] 어린아이의 유치함을 버리고 어른으로 거듭 태어남을 재현하는 이런 의식과 성인이 되어 새 이름을 받는 명자命字의 취지가 서로 통함을 알 수 있다. 또 다른 이유는 자는 성인이 된 사람에 대한 정중함과 존경의 표시로서, 이제는 성인이 되어 결혼하고 아버지가 될 자격을 갖춘 사람이므로 친구 사이에서도 서로 직접 이름을 부르지 않고 별도의 자를 불러 줌으로써 존중한다는 의미이다.

정현은 이름과 자가 갖는 의미를 질質과 문文의 관계로 설명한다.[28] 이름은 부모에게서 받은 바탕으로서 '질'에 해당하며, 자는 관례를 올려 성인이 된 뒤 더욱 문식을 갖추었기 때문에 존중해 주는 의미의 '문'에 해당한다는 것이다. 이 또한 자를 존중의 표시로 보는 것이다. 그밖에도 금기 사상에서 연유되었다고 보는 견해가 있다.[29] 고대사회에서는 사람들이 '이름'과 '나'를 동일시하여 가족 이외의 남에게는 실명을 알려 주지 않았으며, 가명은 진짜 내가 아니므로 상대가 알아도 해를 당할 염려가 없으므로 대외적으로는 자에 해당하는 가명을 사용하였다는 것이다. 실제로 고대 이집트를 비롯한 많은 민족들에게서 실명과 가명을 사용한 사례를 볼 수 있다. 자의 기원에 대하여는 확실히 상고할 수는 없지만 이처럼 명자는 새롭게 다시 태어남과 존중의 표시를 의미하는데 여성의 명자는 위에서 살펴본 바와 같이 동성불혼, 남존여비 등의 봉건제도하의 가부장적 특징을 보여준다.

---

27 崔載陽,「初民心理與各種社會制度之起源」, 婁子匡, 阮昌銳編校,『中山大學民俗叢書』, 第1冊 참조.
28 『의례』,「士冠禮」, "冠而字之, 敬其名也": 鄭玄注, "名者質, 所受父母. 冠成人, 益文, 故敬之也."
29 葉國良,「冠笄之禮的演變與字說興衰的關係」,『臺大中文學報』, 제12기, 2000, p.65.

(3) 축사

관례의 의식에서 중요한 의미를 갖는 축사는 총 네 가지가 있다. 삼가례 의식 중에 가관을 할 때마다 하는 세 번의 축사와 자를 지어 줄 때의 축사가 그것이다. 그 내용은 권면과 축복이다. 초가 때의 축사는 다음과 같다.

> 좋은 달 길일을 택하여 처음으로 치포관을 쓰게 되니, 부디 어린 마음을 버리고 성인으로서의 아름다운 덕을 이루어 장수와 길상이 있게 하고 하늘이 큰 복을 내리도록 노력할지어다.[30]

이 축사를 통해 성인이 되면서 외형적으로 미성년이 입는 색동의 채색 옷을 벗고 성년의 옷을 입는 것처럼 심리적으로나 언행에 있어서 이제부터는 누구의 도움이나 보호 없이 모든 것이 자기 책임 아래에 있음을 일깨워 주는 것이다. 재가 때의 축사는 다음과 같다.

> 길한 달 좋은 때에 그대가 다시 피변을 쓰게 되었으니 경건하게 위의威儀를 갖추고 마음을 착하고 신중하게 하여 덕을 쌓아서 만년토록 장수하고 영원토록 복을 누릴지어다.[31]

외표는 단정하고 장중하여 당당한 모습이고, 심성은 온화하고 신중한 이상적인 성인의 모델을 젊은이에게 제시하고 그렇게 행할 것을 당

---

30 『의례』, 「士冠禮」, "始加祝曰, 令月吉日, 始而元服, 棄爾幼志, 順爾成德, 壽考惟祺, 介爾景福."
31 『의례』, 「士冠禮」, "再加曰, 吉日令辰, 乃申爾服, 敬爾威儀, 淑愼爾德, 眉壽萬年, 永受胡福."

부하는 것이다. 삼가 때의 축사는 다음과 같다.

> 좋은 해 좋은 달에 그대를 위해 삼가三加의 예를 모두 올리니 형제 친척이 함께 자리하여 그대가 아름다운 덕을 이룬 것을 축하한다. 원컨대 무한히 장수하고 하늘이 내려주신 복을 받을지어다.[32]

세 번째의 축사는 이제 덕을 닦아서 가문의 구성원으로서 가정과 사회에 대한 책임을 다할 것을 이르는 내용이다.
자字를 줄 때의 축사는 아래와 같다.

> 예의가 갖추어졌으니 좋은 달 길한 날에 그대의 자字를 밝게 고하노라. 이 자가 참으로 좋아서 선비에게 적합하니 이것을 마땅하게 하는 것이 복이 될 것이니 영원히 보전할지어다.[33]

위의 모든 축사의 요점은 세 번째인 삼가에 있다.[34] 모든 축사의 말미는 '수고유기壽考惟祺', '미수만년眉壽萬年', '황구무강黃耇無疆'으로 건강과 장수를 기원하고, '경복景福', '호복胡福',[35] '원천지경爰天之慶'으로 무한한 행운과 복을 누릴 것을 축복하는 것으로 마무리 된다.
이상의 축사를 종합하면 유치한 단계와의 단절, 성인으로서의 통합,

---

32 『의례』, 「士冠禮」, "三加曰, 以歲之正, 以月之令, 咸加爾服, 兄弟具在, 以成厥德, 黃耇無疆, 受天之慶."
33 『의례』, 「士冠禮」, "字辭曰, 禮儀旣備, 令月吉日, 昭告爾字, 爰字孔嘉, 髦士攸宜, 宜之于假, 永受保之."
34 周何, 『古禮今談』臺北 萬卷樓, 1992. p.24.
35 胡福은 큰 행복을 뜻한다. 『의례』, 「士冠禮」 "眉壽万年, 永受胡福" 정현의 풀이에 따르면 胡는 遐의 뜻이고 远의 뜻인데 멀다 함은 무궁하다는 뜻이다

성인으로서의 문화습득과 사회화, 가족 안에서의 역할수행, 사회적 역할수행, 세대의 계승과 지속이라는 전체적인 구조를 지닌 것으로 유가의 수신제가치국평천하修身齊家治國平天下의 도를 실행할 것을 권고한 것이다.[36]

(4) 종법宗法-적장자 우선의 원칙

관례는 날을 정하고 빈 곧 집례자를 정하는 것에서부터 시작하여 전 과정이 종묘 또는 사당을 중심으로 거행된다. 종묘는 종법제도를 가장 집중적으로 실행하는 장소이다. 종宗의 본래 뜻은 『설문』에 의하면 조묘祖廟를 높인 것이다. 천자는 7묘, 제후는 5묘, 대부는 2묘, 사인은 1묘를 세우며, 서인은 묘가 없고 침寢, 즉 본채에서 제사지낸다. 종묘를 세우는 중요한 이유는 제사를 지내기 위해서인데 이외에도 일체의 중요한 관혼상제의 예가 이곳을 중심으로 이루어진다. 관례를 종묘에서 행하는 것도 관례를 중시함을 의미한다.[37] 이를 통해 종주宗主의 권위를 담보하고 결속을 공고히 하는 효과가 있다. 관례가 중대한 일이기 때문에 종묘에서 행하고, 제반 절차를 마음대로 정하지 않고 선조의 뜻을 묻는 절차로 그 신성성과 권위를 담보한다는 것이다.

관례가 중대한 일이라는 것은 당사자 개인의 생애에서 보면 성인으로 새롭게 태어나서 혼인을 하고 부모가 되고 전쟁에 참여하고 출사할 자격을 갖추는 중요한 전기가 되고, 사회적인 의미에서 보면 '지난 것을 잇고 새로 올 것을 열고', '앞 사람을 이어받아 뒤의 사람에게 이어

---

36 趙昌圭, 「儒家 冠禮의 文化解釋」, 『대동한문학』, 제27집, 2007, p.432.
37 『예기』, 「冠義」, "是故古者重冠, 重冠故行之于廟, 行之于廟者, 所以尊重事. 尊重事而不敢擅重事, 不敢擅重事, 所以自卑而尊先祖也."

주어' 가정과 국가를 지킬 구성원을 배출한다는 의미가 있기 때문이다. 그러므로 지성소인 종묘에서 의식을 행함으로써 선조에게 인정을 받음과 동시에 가호를 간구하기 위하여 장중함과 신성성을 확보하는 것이라 할 수 있다. 관자가 종족 내에서 적장자인지 서자인지에 따라 관례를 종묘의 안에서 행하느냐 밖에서 행하느냐의 구분이 있고, 아버지가 없을 때 적장자는 동쪽 계단으로 오르는 구분이 있다. 이것은 종법제도의 핵심인 적장자 제도의 반영으로 관례 속에 들어 있는 종법제의 한 특징이다. 관례가 종묘를 중심으로 진행되어 종법을 구현한다는 것도 중요하지만 남자가 종법사회의 일원이 되는 출발점이 바로 이 관례의식으로부터라는 점 또한 중요한 의미를 갖는다.

3. 관례의 변천

1) 중국에서의 변천

사관례에는 가부장적 봉건제와 적장자 계승을 뒷받침하는 종법제도가 중요한 요소로 깃들어 있다. 그러나 진秦의 통일 이후 각 시대에 따라 정치제도와 사회풍속이 변화함에 따라 종법제도도 그 의의가 점차 퇴색하고 관례도 변화와 부침이 이어지다가 쇠퇴의 길을 걷게 된다. 관례가 시대의 변화에 따라 어떠한 변천과정을 거쳤는지를 개관해보기로 한다.[38]

관례는 송대 사마광과 주희에 의해 주목을 받게 되기 전까지는 한

---

[38] 李隆獻,「歷代成年禮的特色與沿革」,『臺大中文學報』, 제18기, 2003. 참조.

대 이후 주로 황실을 중심으로 행하여지고 민간에서는 거의 행하지 않았다. 한 왕조는 천자의 관례를 '가원복加元服'이라 하여 황제가 즉위하여 친정을 하는 상징으로 간주하였다. 가관의 횟수가 많을수록 귀하다고 여겨서 사가四加로 하였고, 그 의식절차는 「관례」의 원형대로 따랐으며 태묘에서 행하였다. 날짜는 정월의 갑자甲子, 병자丙子, 즉 순양純陽의 강일剛日을 택하였는데[39] 이것은 후세에 관례를 정월에 행하는 선례가 된다. 또 관례를 마친 후 궁정에서 연회를 베풀었는데 이것은 위魏 진晉 이후 궁정에서 관례를 올리는 효시가 되었다. 천자의 경우는 사가四加로 행하였던 것에 비해 왕공 이하는 일가로 낮추어 신분에 따라 차등화 되었으며, 관례를 마친 후의 의식에서 원래는 어머니에게 절하는 절차만 있고 아버지에게 절하는 절차는 없는데 동한 시기에는 아버지에게 절하는 절차를 어머니에게 절하는 절차 앞에 설정하였다. 이는 왕권이 강화되면서 군君, 부父의 권위를 높이기 위한 것으로 보인다. 위魏나라는 번쇄함을 멀리하는 정치적 사회적 풍조가 예제에도 반영되어 천자의 가관을 삼가에서 일가로 줄이고[40] 종묘에서 진행하던 것을 조정의 정전에서 거행하였다. 그 대신에 관례 전 또는 후에 종묘에 고하는 의식을 두었다.

진은 신분의 구분 없이 일률적으로 일가로 통일하고, 사용하는 관의 종류만 구분하여 황제와 태자는 책면幘冕을, 품관 이하는 책幘[41]을

---

39 『後漢書』,「禮儀志上」, 志四, "正月甲子若丙子爲吉日, 可加元服, 儀從冠禮. 乘輿初加緇布進賢, 次爵弁, 次武弁, 次通天. 冠訖, 皆於高祖廟如禮謁."
40 士禮에 三加를 하는 것은 점점 단계가 높게 이루는 것이 있는 것을 상정한 것인데, 천자는 이미 최고의 존엄과 덕을 갖추고 있기 때문에 일가로 한다는 것이다.『晉書』「禮志下」, 卷21, "魏天子冠一加, 其說曰, 士禮三加, 加有成也. 至於天子諸侯無加數之文者, 將以踐阼臨下, 尊極德備, 得與士同也."
41 幘은 한-육조시대에 사용된, 얕은 宗匠頭巾狀의 윗부분이 편편한 모자로서 천으로

사용하였다. 택일은 한때 정월 초하루인 삼원길일三元吉日이 성행하였으나,[42] 후에 "예서에 관례는 정해진 날이 없다"는 논리에 밀려 이 방식은 사라지게 되었다. 행하는 장소는 궁정의 정전이었으며, 장소가 궁정이었던 까닭에 태자의 가관에 황제가 참석하는 경우가 빈번하였다. 장소가 종묘에서 궁정으로 바뀜에 따라 숭상의 대상이 황제가 되다 보니 관례에서 최고 권위가 조상에서부터 황제로 옮겨가게 된다.

북위의 효문제는 대규모 한화漢化운동의 일환으로 모든 관원에게 중국의 의관을 하사하고 또 태자의 관례를 시행하였는데 고례의 전통을 회복하여 종묘에서 행하고 삼가를 행하였다. 이처럼 한대부터 육조까지 관례는 왕조의 교체에 따라 변화를 거듭하는데 강력한 정치적 힘의 무게 중심이 제왕에게 있었던 까닭에 제왕의 신분과 은택을 강화하는 방향으로 바뀌었다.

당唐 왕조에 들어『정관례貞觀禮』,『현경례顯慶禮』,『개원례開元禮』가 편찬되는데『개원례』의 관례를 보면 천자, 황태자, 친왕에서부터 품관, 서인에 이르기까지 각층의 관례 의절을 모두 기재하였으며『의례』의 정신을 계승하였다. 예를 들면 날을 택하고 주례를 정하는 설자를 두어 신중을 기하였고 의식은 궁정의 조정에서 행하였지만 천자는 천지종묘에, 태자는 태묘에 고하는 의식이 있었다. 가관을 보면 천자는 곤면袞冕을 한 차례 더함으로써 위나라 이후의 전통을 계승하였고, 태자 이하는 삼가례를 행하여 고례와 수나라의 제도를 채택하였다. 그러나 황태자의 관례에서 2월이 길하다는 음양가의 설은 농사에 방해가 된다고

만든다. 머리 뒷부분에 뾰족한 '귀'가 나와 있거나 귀로부터 머리 뒷부분 덮개가 있기도 하다.
42 徐堅,『初學記』, 卷4, "正月謂端月, 其一日謂元日, 亦云正朝, 亦云三元, 亦云三朔."

물리치고 10월에 행하였다.⁴³ 황실에서는 이처럼 관례가 행해졌으나 한대 이후 당 대에 이르기까지 민간에서는 실제로 거의 행해지지 않았던 것 같다. 이를 뒷받침하는 자료로 자주 인용되는 당 유종원의 글이 있는데 "수백 년 동안 관례를 행해오지 않았는데 근자에 손창윤孫昌胤이란 사람이 발분하여 관례를 행하고는 다음 날 조정에 들어와서 경사卿士들에게 자신의 아들이 관례를 행했다고 말하였다. 모두 뜬금없어 멍하게 있다가 경조윤京兆尹 정숙鄭叔이 발끈하며 그게 우리하고 무슨 상관이냐고 하자 모두 크게 웃었다."고 하고 있다.⁴⁴ 이미 수백 년간 관례가 행해지지 않았음을 알 수 있는 자료이다. 이처럼 관례는 사대부들 사이에서도 관심의 대상이 되지 못하였을 정도로 쇠락했던 것이다.

송대 『정화오례신의政和五禮新儀』에 기재된 품관의 관례 절차를 보면 관례 날짜 잡기[장관추일將冠諏日], 집례자 택하기[택빈擇賓], 묘당에 고하기[고묘告廟], 집례자에게 알리기[계빈戒賓], 집례자에게 가서 전하기[숙빈宿賓], 예복 진설하기[진복陳服], 세 차례 관 씌우기[삼가三加], 술과 음식 차리기[설주찬設酒饌], 먼저 아버지에게 절하기[선배부先拜父], 뒤에 어머니에게 절하기[후배모後拜母], 집례자가 자를 내리기[빈명이자賓命以字], 관자가 묘당에 나아가 뵙기[관자묘현冠者廟見], 아버지 형제들, 자신의 형과 고모, 누이들 뵙기[현제부제형고자見諸父諸兄姑姉], 폐백을 집례자에게 드리기[이폐수빈以幣酬賓]로 되어 있는데 고례를 많이 따랐다. 민간에서 이루어진 의절은 사마광의 『온공서의』와 주희의 『가례』에 보이

---

43 杜佑 『通典』, 卷56.
44 柳宗元, 『柳宗元集』, 卷34, 「答韋中立論師道書」 "古者重冠禮, 將以柵城人之道, 是聖人尤用心者也. 數百年來, 人不復行. 有孫昌胤者, 獨發憤行之. 旣成禮, 明日造朝, 至外廷, 薦笏焉言於卿士 曰, 某子冠畢. 應之者咸憮然. 京兆尹鄭叔則怫然曳笏卻立, 曰何預我邪. 廷中皆大笑."

는데 대략의 절차는 주인성복 친림서일主人盛服親臨筮日, 서빈筮賓, 계빈戒賓, 숙빈宿賓, 관시행삼가冠時行三加, 현모見母, 명자命字로 되어 있어 사관례와 흡사하다. 그러나 『온공서의』에 "관례의 예가 없어진지 오래 되었다. 내가 소싯적에는 아직 시골사람 중에 상두上頭라고 하여 행하는 사람이 있다는 것을 들었는데 성안에서는 아무도 행하는 사람이 없었다."라고[45] 한 것을 보면 송대에도 실제로 행한 경우는 드물었던 것 같다. 뒤를 이은 금金과 원元은 이민족이 건립한 왕조로 중원의 문화와 다른 것이 많았다. 이 시기에는 조정에서도 거의 관례를 행하지 않았으며, 원대에는 민간에서 혹 행하더라도 결혼을 앞두고 관혼의 예를 합하여 행하는 방식으로 진행되었다.

명明 태조는 중원을 회복하고 중국 고유의 풍속과 문화를 진작시키고자 힘을 기울였다. 그 일환으로 여러 차례에 걸쳐 예제를 바꾸고 관례도 만들었다. 『명회전明會典』에는 "관례는 천자는 일가례만 하며 곤면을 쓰는데 태위太尉가 머리싸개를 설치하고 태사가 면冕을 받는다. 태자, 황손은 12세 혹은 15세에 관례를 행하는데 천자가 주인이 되고, 삼공과 태상太常을 택하여 빈과 찬자로 삼는다. 삼가관三加冠, 일축예一祝醴를 한다. 성화 년간에 비로소 축사祝辭, 초사醮詞, 칙계사敕戒詞를 제정하였다. 제왕諸王의 관과 축사, 초사는 모두 홍무년간에 제정하였다. 아래로 관민에 이르기까지 모두 예가 있다."[46]고 하였다. 명대에는 각 계층의 관례가 모두 제정되어있었다. 명 태조 홍무년 간에 황제의 관례, 태자의 관례, 친왕의 관례, 품관의 관례를 정하고 헌종 성화년 간에 황태자와 황자의 관례 의절을 정하였는데 삼가의 관의 종류에 변화가 많

---

45 사마광, 『온공서의』, 卷2.
46 申時行, 『明會典』(北京: 中華書局), 卷63.

았다. 서인의 관례는 『온공서의』와 『가례』에 기재된 대로 삼가를 취하되 그 종류를 바꾸어 건巾, 모帽, 복두幞頭를 사용하였다고 한다. 그러나 서민까지 모두 관례를 행하라고 조서를 내려도 품관 이하 누구도 행하는 사람이 거의 없었다는 「예지禮志」의 기록을 보면[47] 실제로 행한 경우는 별로 없어 그야말로 쇠퇴 일로였다. 청대에 이르면 사지史志에 관례는 더 이상 실리지 않는다. 이미 행하지 않으므로 찬술할 필요가 없다는 것이다.[48] 행해지지 않으니 황실에서도 관례 의절을 제정하지 않았다. 그러므로 오례 가운데 관례冠禮가 가례嘉禮의 세목에서도 누락되어 버렸다.

민간의 사대부가에서는 아직도 『온공서의』, 『가례』, 구준이 찬술한 예서를 숭상하여 관례를 행하는 사례가 있었고 각 지방지에 관혼상제를 『가례』에 의거해서 준행한 것이 많다. 『가례』가 민간에 널리 영향을 주었음을 알 수 있다. 그러나 『가례』에서도 관례는 정식으로 행하지 않고 혼례 전에 약식으로 행하는 경우가 많아 거의 유명무실해지고 점차 혼례 속에 합류되는 경향이었다.

2) 한국의 관례 수용과 시행

한국인이 어떤 형태의 성인의례를 언제부터 갖고 있었는지는 상세하지 않다. 삼국시대와 그 이전 시대에 어떤 형태로든지 성인의식이 있었을 것으로 추정하지만 현재 남아있는 문헌에서 찾아내기가 어렵다.

---

47 『明史』, 「禮志」 8, "明洪武元年詔定冠禮, 下及庶人, 纖悉備具. 然自品官而降, 鮮有能行之者, 載之禮官, 備故事而已."
48 『淸朝通典』(臺北: 臺灣商務印書館 十通本) 卷51, "顧冠禮自宋, 明以來, 雖或考定其制, 而當世鮮有行之者… 冠禮今旣不行, 自無庸纂述."

유교적 성인의식으로서의 관례는 고구려 태조왕 때(109년) 한나라 안제安帝의 원복元服을 하례하기 위해 사신을 보냈다는 기록[49]이 보일 뿐 관례와 관련된 어떤 것도 『삼국사기』와 『삼국유사』에서 찾을 수 없다.

고려왕실에서 관례를 행한 것은 광종 때(965년) 왕이 아들 주에게 원복을 입혔다고 하는 것이 처음으로 보인다. 원복 관련 기사는 경종 예종 때에 보이고, 관을 씌우는 기사는 인종 명종 등 여러 왕 때에 시행되었다. 희종 강종 고종 원종 충렬왕 때에 가관이 이루어졌는데 이때는 『가례』가 전래되었을 가능성이 있지만 그에 의한 것인지는 확인이 되지 않는다.

조선왕조는 초기부터 『가례』가 법제화되어 있었으니 관례가 시행되었음을 추정할 수 있다. 태조는 즉위교서에서 "관혼상제는 나라의 큰 법이므로 예조에 명하여 경전을 세밀히 밝히고 고금을 참작하여 일정한 법령을 정하여 인륜을 후하게 하고 풍속을 바로 잡으라."는 명을 내렸으니[50] 왕명에 따라 연구와 시행이 추진되었을 것이다. 태종 때는 의정부에서 공신과 종친의 후손이 가관하고 종사從仕하는 법을 세우기를 청하였다.

> 사간원에서 받은 교지 안에 있는 한 조목에 "지금 부유한 집의 자제가 더벅머리 어린아이 때부터 이미 현달하게 제수를 받게 되니, 어찌 백성들의 어려움을 알겠으며, 어찌 통치의 완급을 알겠는가? 원하건대 이제부터 공신과 종친의 후손 가운데 나이가 성년이 되지 아니한 자의 관직을 아울러

---

49 『삼국사기』 고구려본기, 태조왕 57년 "春正月 遣使如漢 賀安帝元服"
50 『태조실록』 태조 1년 7월 28일 태조의 즉위 교서 "冠婚喪祭 國之大法 仰禮曹詳究經傳 參酌古今 定爲著令 以厚人倫 以正風俗."

모조리 정지시키거나 파하고 그 나이가 장성하여 글을 읽고 재기才器를 이 룩하기를 기다린 뒤에, 재주를 헤아려 직임을 제수하라." 하였고, 이달 23일 에 지신사 박석명이 왕의 뜻을 받들어 전하기를, "고례에는 20세에 관례를 행하였고, 『문공가례』에는 15세에 관례하였는데, 지금 자제의 종사從仕하 는 나이는 16,7세 이상이니, 의논하여 보고하도록 하라." 하였습니다. 본부 에서 의논하니, "옛날에는 20세에 관례하고 30세에 장가 들며, 40세에 벼 슬에 나간다고 하였습니다. 대저 사람의 도리는 고금에 시의時宜가 다르니, 후세의 사람은 관례·혼인·종사를 모두 2,30세에 하였습니다. 관례는 『문 공가례』에 의거하여 15세에 하고, 종사는 고금을 참작하여 18세 때에 관직 을 받도록 허락하고, 어리석고 게을러서 배우지 아니하는 자는 그 학문이 예의를 알 만하기를 기다린 뒤에 입사하는 것을 허락하자."고 하였습니다.[51]

세종 16년(1434) 4월 12일 예조판서 신상申商(1372-1435)이 관례와 혼인의 예가 모두 시행되지 않는다고 하고 관례는 비록 다 행하지는 않 더라도 오히려 풍속이 남아 있지만 혼례는 남자가 여자의 집으로 장가 를 들게 되어 매우 합당하지 못하니, 옛 예제를 따라 친영親迎의 예를 행하게 할 것을 건의하였다.[52] 세종이 『가례』에 대한 관심이 높았고 신 료들도 적극 건의가 자주 있어 비교적 갖추어져 가고 있었지만 그 가 운데 관례와 혼례는 상대적으로 그 정비와 시행이 지지부진했던 것이 다. 문종 1년(1451) 11월에 왕이 윤대輪對할 때 집현전 부제학 신석조가 예제가 이제 다 갖추어졌으나 단지 관례를 행하지 못하는 것이 예전을 온전히 갖추지 못하고 비어있으니 예관에게 명하여 상세히 논하여 정

....

51 『태종실록』 4년 8월 25일 가관종사법을 정하다. 벼슬 시작하는 나이를 18세로 하였다
52 『세종실록』 16년 4월 12일 계모의 복제·관혼의 예제에 대하여 논의하다

하기를 청원하자 왕이 "관례는 선왕 세종께서도 뜻이 있었으나 이루지 못하였으니, 마땅히 그것을 행하여야 한다."[53]고 하였다. 세조 2년(1456)에 양성지가 다시 관례의 중요성을 강조하여 관례를 의논하여 행하여야 한다고 하였다. "예전에 남자는 20세이면 관을 한 것은 성인成人의 길을 일깨우려는 것이라고 하고, 고려 명종 때에 원자가 관례를 행한 다음 그 뒤로는 듣지 못하였다고 하면서 예관에 명하여 고례를 풀이하여 채택하고 겸하여 현재 시행하고 있는 제도를 상고하여 위로는 종실로부터 아래로는 사대부의 자제에 이르기까지 나이 13세이면 관례를 행하게 하여 입자笠子·두건頭巾·사모紗帽로써 삼가三加를 하고, 혹은 사모紗帽·복두幞頭·양관梁冠[54]을 사용하며, 미이행자는 입학을 불허하게 하고, 혼인이나 벼슬에 나아감에 있어 능히 선왕先王의 제도를 회복하여 크게 누추함을 벗어나게 하라."고 청했다.[55] 그는 나이를 다시 13세로 수정하였고 구체적인 절차도 말했을 뿐 아니라 종실뿐만 아니라 사대부 자제도 모두 관례를 행하게 하여 이행하지 않으면 관학에 입학하는 것이나 혼인이나 벼슬길에 나가는 것도 금하는 강력한 조치를 취할 것을 청하고 있다.

성종 때에도 아직 일정한 관례의 제도가 정착하지 못하고 있었다. 1486년 2월 성건成健(1439-1496)은 세자의 관례를 논하면서 15세가 되면 관례를 행하겠다고 하고 주나라 문왕은 15세에, 성왕은 12세에, 노

....

53 『문종실록』 1년 11월 11일 집현전 부제학 신석조가 관례를 정하도록 청하다
54 양관은 조선시대 백관이 朝服이나 祭服에 착용하던 冠帽이다. 검은색 帽에 둘레가 있어 앞면 둘레는 너비가 그다지 넓지 않으나 뒷면 둘레는 위로 치솟아 두 작은 角을 이루게 하였다. 앞의 면서 밑에서 위로 금색실로 縱線을 두어 이를 梁이라 하였다. 둘레에는 唐草模樣紋을 수식하였으며, 또 木簪으로 머리에서 관이 벗겨지지 않게 하기 위하여 관을 가로지르는 비녀가 있다.
55 『세조실록』 2년 3월 28일

나라 양공은 12세에 관례를 행하였던 것을 들어 옛날의 예제와 조종
祖宗朝의 일을 상고하게 하자고 청하였다.[56] 통상 관례가 20세에 한다
고 했으나 15, 12세의 사례가 있기에 상세히 살펴서 확정할 필요가 있
다는 것이었다. 이때 완성된 『국조오례의』「가례嘉禮」문무관관의조文武
官冠儀條에는 처음 관을 쓰고 원령圓領과 조아條兒를 착용하고, 두 번째
관을 쓰고 원령과 각대角帶를 착용하고, 세 번째 관을 쓰고 공복公服을
착용한다고 하였다.

중종 11년(1516)에는 정광필·김응기·신용개·권균·장순손·김전·안
당·남곤이 "관례는 예문에 실려 있고 옛사람들이 중히 여기던 것인데,
우리 나라 시속이 특히 거행하지 않으니 사대부들로 하여금 예문대로
거행하게 함이 지당합니다." 하니 조계상·이자견, 김준손·이점·이자건·
홍숙·임유겸·송천희·성몽정·유미·한세환·조원기·윤순·윤금손·고
형산·황맹헌 등이 모두 동조하여 예관으로 하여금 마련하여 시행하도
록 해야 한다고 했다.[57] 한편 서둘러 행하다보니 일부에서 부작용도 빚
어지고 있었는데, 사대부 자제들이 서둘러 관례를 행한 다음 벼슬길에
나서려 한다든가 혼인을 하려들거나 명성과 이익을 일삼는 일이 종종
빚어지기도 하였다.[58]

이런 과정을 거치면서 16세기에 성리학의 이기심성론의 심화가 이
루어지고 이러한 이론들의 현실 구현의 차원에서 예학의 시대에 접어
들면서 『가례』의 이론과 의례에 대한 정합성을 논하는 연구가 활발하
여졌다. 관례에 대한 연구도 『가례』에 대한 연구, 또는 혼·제례와 묶은

56　『성종실록』 17년 2월 19일
57　『중종실록』 11년 11월 19일
58　『중종실록』 6년 5월 4일

사례의 틀에서 이루어졌다. 노수신盧守愼(1515-1590)이 1572년 상관의祥 冠儀를 저술하였고, 이이가 조카에게 관례를 행하고 그 관례도를 남겼으며[59] 삼가례는 처음에는 갓을 씌우고, 두 번째에는 두건頭巾을 씌우고, 세 번째에는 사모紗帽를 씌우고 각대를 착용하게 하였다.[60] 또 김장생의 『가례집람』에서 보면 관례에 관한 많은 관련 자료들이 모아졌고 체계적 해석이 이루어졌다. 대부분의 학자들이 관례만을 독립적으로 연구하는 일은 별로 없었으나 정구가 『가례집람보주』와 함께 1582년 「관의冠儀」를 저술하고 자제에게 관례를 행하였으며, 장현광도 1615년 「관의」를 편술하였다.[61] 신달도申達道(1576-1631)가 1625년에 사마광의 의절을 참작하여 「관례의절冠禮儀節」을 찬정하여 자손들로 하여금 세습하라고 하였고, 권시도 1643년 아들 유惟의 관례를 행하고, 「관례의冠禮儀」를 지었다.[62] 이렇게 보면 16-17세기에는 사대부가에서 관례가 일반화된 것으로 보인다.

『가례질서』의 저자 이익은 「산절관의刪節冠儀」를 저작했다. 여기서 그

---

59 이이 『율곡전서』 拾遺 卷4, 雜著 — 姪景恒冠禮儀
60 이이 『율곡전서』 拾遺 卷2 與成浩原 甲戌
61 장현광 『旅軒先生續集』 권7, 雜著 冠儀
62 권시 『炭翁集』 卷10 惟兒冠禮儀 "癸未正月人日 某立堂下東. 惸立其後. 惟在房南面. 執事奴在庭北面. 一奴守笠. 一奴備盥. 某升堂立. 惸布席干堂北少西南向. 降盥升. 立于房中惟左西面. 惟出房南面. 惸取梳帖網巾. 奠于席之左揖之. 惟就席右坐. 惸亦即席坐. 櫛髮合髻. 某降盥升. 執事進笠子. 降受詣惟. 祝曰. 以玆元月. 令日吉辰. 載加元服. 汝惟勉旃. 展也大成. 克終允欽. 乃成爾德. 顧諟明命. 順爾彝倫. 永受胡福. 固汝欽哉. 加之復位. 惟視畢. 袖而興. 命適房着直領. 出南面. 惸洗盞. 酌酒于房中. 出立惟之左. 命惟即席右. 南向如初. 詣之祝曰. 旨酒嘉薦. 拜受祭之. 承天之休. 以定爾祥. 無若爾父之酗于酒. 令德令儀. 壽考不忘. 畢惟受視袖畢. 再拜升席受酒. 某復位揖之. 惸薦脯醢. 惟進席前跪. 祭脯醢于盤. 祭酒于臺. 三退席末. 啐酒少許. 奠盞于盤上. 脯醢之左. 興席末再拜. 徹脯. 降自西階. 字之. 某西向. 惟堂下南面. 字辭曰. 惟汝旣冠. 禮儀旣備. 昭字欽名. 用彰爾美. 仁者人也. 惟仁克人. 戰競夙夜. 恕于終身. 內省不疚. 宜之于胡. 永保受之. 曰子仁甫. 惟受視畢. 對曰. 惟不敏. 敢不夙夜祗奉."

는 다음과 같이 말했다.

> 관례라는 것은 성인成人이 되는 시발점이므로 그 예가 매우 중요하다. 그러나 궁벽한 시골의 가난한 선비는 의식에 필요한 물품을 갖출 수 없고 비용도 많이 들어 예법에 맞게 할 수 없는 점이 있다. 그러므로 사람들이 모두 이것을 핑계대고 거행하지 않는데, 관례, 혼례, 상례, 제례가 다 마찬가지이다. 『가례』에서는 혼례에 대해 육례六禮를 갖추지 않았고, 제례는 삼헌三獻이 있지만 예를 생략하는 경우에는 일헌一獻으로 하였으며, 상례는 절목을 간소화한 것이 더욱 많다. 관례도 고금古今을 참작하여 번다한 것을 삭제함으로써 사람들이 쉽게 거행할 수 있도록 해야 한다. 그래야 빈한한 집안의 사람들도 비로소 모두 거행할 수 있어 아쉬움이 없을 것이다. 빈한하지 않은 경우에는 의례대로 거행해야 본래 마땅하다.

이익은 기본적으로 예에 있어 간소한 것을 지향하고 또 서인의 가례를 주창하기도 하였는데, 이는 관례에서도 이러한 태도를 보인다. 그는 치포관緇布冠은 옛 제도이니 이것을 쓰지 않을 수 없다고 하였으나 삼가례三加禮를 합하여 하나로 만들었다. 먼저 치포관을 씌운 뒤에 축 읽기를 마치고 갓[笠]을 씌워도 무방하다고 보았다. 복건幅巾은 본래 옛 제도가 아니고, 흑리黑履는 지금 사람들은 마루 위에서 신을 신지 않으므로 모두 없애며, 갓은 우리나라의 시속에서 제사를 받들고 빈객을 접대할 때에 원복元服으로 삼으니, 마땅히 시속을 따른다고 했고, 망건網巾도 시속을 따르고 도포道袍는 우리나라의 시속에서 상복上服으로 삼으니, 마땅히 시속을 따른다고 하고 속옷은 평상복을 쓰며 너른 소매의 옷에 늑백勒帛을 두르는데, 심의를 쓰지 않으므로 대대大帶를 두를 필요가 없다고 했다. 또 따로 빈객을 청하지 않고, 모인 사람 가운데 연배나 지위가 다소 높은 사람이 맡아서 한다고 하고, 축사도 "좋은 달 좋은 날에 비로소 원복을 썼으니, 너의 어린 마음을 버리고 너의 성숙한 덕을 따르며, 늙도록 오래 살아 하늘의 복을 받으라."라고 하여 초가初加와 삼가三加의 축사를 합하여 만들었다.[63] 시속과 형편에 맞게 간략함을 추구한 것이다. 그는 손자의 관례에 이것을 직접 적용하였다.

서창재徐昌載(1726-1781)는 조선시대 최초의 관례만을 대상으로 한 전문적인 주석서인 『관례고정冠禮考定』을 편찬하였다. 이 책은 1779년에 이루어졌고 후손 서간발 서간익 그리고 이상정의 손자 이병원이 함께 교정하여 1831년에 목판으로 간행 유통되었다.[64] 서창재는 이 책을 편찬하면서 김장생의 『가례집람』과 조호익의 『가례고증』 등을 인용하고, 정구와 박세채의 문집에 들어있는 예설을 인용한 뒤, 자신의 의견을 제시하는 형태를 취하였다. 서창재는 기존 학자들의 예설을 비판적으로 수용하고 고문헌과 대명집례 등을 활용하여 『가례』의 미진한 부분을 보완하였다. 특히 그는 박세채의 학설을 많이 인용하였다.[65]

또 정약용은 1810년 봄에 『관례작의冠禮酌儀』를 저술하였다.[66] 유배지인 강진에서 편찬된 이 책은 저자가 주인 아들의 관례를 주관하면서 『의례』와 『가례』를 중심으로 시속을 참작하면서 관례 실행의 절차를 기록한 것이다. 이 책에서 정약용은 관례의 절차를 15개로 나누어 고례와 『가례』와 우리 현실의 사정을 감안한 본보기를 제시하려 하였다.[67]

---

63 이익 『성호전집』 권48, 雜著 刪節冠儀.
64 韓榮美 「梧山 徐昌載의 학문과 冠禮考定 고찰」 東方漢文學, 東方漢文學會, p.390.
65 韓榮美 「梧山 徐昌載의 학문과 冠禮考定 고찰」 東方漢文學, 東方漢文學會 p.388.
66 이는 『혼례작의』와 함께 『가례작의』에 들어있고 『사가례식』에 편집되었다.
67 정약용 저, 전성건 옮김 『다산정약용의 사례가식』 실시학사 실학번역총서 성대출판부, 2015.

『관례고정』은 18세기 후반에 이루어져 19세기 중반 이후에야 간행 유통되었고 『관례작의』는 19세기 초반에 저술되었으니 간행보급된 것은 20세기에 들어와서이다. 다른 예 곧 『상례비요』 등에 비하면 200여 년 뒤늦은 셈이다. 뿐만 아니라 이들의 저자가 당시로서는 사회적 영향력도 적었기에 널리 보급 시행되지 못하였고 또 전반적으로 예학자들이 크게 관심을 기울이지도 않았다. 그리고 곧이어 문화의 전반적 변화에 따라 사회의식 전반에 걸친 변화의 대세에 휩쓸려 내려가고 말았다.

1894년 갑오경장에서 2차에 걸쳐 전통적인 의복 제도를 서양식으로 개정한 '변복령變服令', 곧 의제개혁이 공포되었고 1895년 11월 15일 단발령을 선포한 고종은 태자와 함께 당일로 단발을 감행하여 상투를 잘랐다. 성인 어른의 상징이 관과 상투였고 의복이었는데 상투가 잘리고 복장이 서구식으로 바뀌는 과정은 전통적 관례를 더 이상 관심의 대상이 되지 못하게 하였다.

4. 종법과 사회 속의 자아

'상투를 틀었다'라는 말은 남자가 장가를 들었다는 것, 어른이 되었다는 것을 나타내며 동시에 관례를 치렀다는 뜻도 담겼다. 시속에서는 혼인의 전 단계처럼 관례를 치렀다. 관을 쓰려면 머리를 위로 묶어 올려야 한다. 중국인들은 상터우[上頭]라는 말을 사용했고 우리나라에서는 상투라고 하는데 우리의 전통사회에서 남자가 상투를 틀었는지의 여부는 사회적 관계에서 매우 중요했다.

관례 속에 내재된 의의로 우선 꼽을 수 있는 것은 인성과 덕성의 중시이다. 형식적으로 봐서는 관례를 행함으로써 성인이 되는 것 같지만 명실상부한 성인이 되기 위해서는 이에 걸맞는 인성과 덕성을 갖추어야 한다.[68] 이러한 것들은 관례를 행했다고 해서 당장 그날부터 갖추어지는 것이 아니고 어릴 때부터의 인성교육과 생활교육을 통해 언어, 동작, 풍격, 생활의식, 도덕행위, 처신의 기본원칙 등이 먼저 형성되어있어야 가능한데, 이러한 것은 주로 가정을 중심으로 길러지는 바탕교육이다. 이런 점에서 관례를 가정교육의 졸업식이라고도 한다.[69] 이러한 인성교육을 바탕으로 갖춘 뒤에 관례를 행하고 나면 어른의 복식을 갖추었으므로 외형이 달라지고, 이 외형적 변화에 맞추어 가족과 사회는 그를 성인으로 대접하면서 동시에 성인에 걸맞은 덕행을 요구한다. 자녀로서, 아우로서, 신하로서, 젊은이로서 효도와 우애와 충성과 순복의 태도가 있어야 하며, 그래야만 사람의 도리를 제대로 하고 남을 교화시킬 수 있기 때문이다.[70]

관례는 신분에 따라서 예를 행하는 연령도 다르고 가관의 차수도 달라진다. 사인의 예를 기본으로 하는 관례의 원형에서는 20세에 행한다고 하였지만 천자, 제후, 대부는 나이가 더 어린 12세 혹은 15세에 행하기도 하였다. 현존하는 자료가 거의 없어 전체 규모를 알 수는 없지만 단편적인 기록으로 그 대강을 살펴보면 12세부터 22세까지 다양하다. 『좌전』에 보면 진도공晉悼公이 노양공魯襄公의 나이가 만 12세라는 말을 듣고 관례를 행할 것을 권하며 "국군은 15세면 아이를 낳는다. 관

---

68 『예기』, 「冠義」, "凡人之所以爲人者, 禮義也. 禮義之始, 在於正容體, 齊顏色, 順辭令…冠而后服備, 服備而后容體正, 顏色齊, 辭令順." 참조.
69 周何, 『古禮今談』 p.10.
70 『예기』, 「冠義」, "成人之者, 將責成人禮焉也. 責成人禮焉者, 將責爲人子, 爲人弟, 爲人臣, 爲人少者之禮行焉. 將責四者之行於人, 其禮可不重與. 故孝弟忠順之行立, 而后可以爲人, 可以爲人而后可以治人也."

례를 치르고 나서 아이를 낳는 것이 예이다."고 하였고 양공은 그 말을 따라서 관례를 행하였다고 한다.[71] 『사기』에 명기된 전국시대 제후들의 관례 연령은 이보다 많다. 진秦의 혜문왕惠文王, 소양왕昭襄王, 진시황 이 세 사람은 모두 22세에 가관하였다고 하는데[72] 이것을 보면 관례 시행의 연령이 고정되어 있지는 않았고 현실적 제약이나 정치적 요소 등의 이유로 실제로는 약간 차이가 있었던 것 같다. 천자나 제후의 경우 사인과 차이를 두어 12세부터 관례를 시행한 원인은 조혼과 관련하여 생각해 볼 수 있다.

어른이 되어야 혼인하고 자손을 생산할 수 있으므로 손이 귀한 집에서는 자손을 더 빨리 보기 위하여서 조혼을 하고 따라서 이른 나이에 관례를 행하게 된 것이다.[73] 신분에 따라 가관의 차수도 차이를 두었다. 명확한 문헌은 남아있지 않지만 대부의 관례는 사례와 큰 차이가 없어서 삼가례를 하였는데, 제후는 사가四加, 천자는 오가五加였다고 한다.[74] 유가에서는 귀천과 친소에 따라 예를 세분하여 적용하였는데 관례에서도 신분의 귀천에 따라 예를 행하는 연령과 가관의 차수에 구분을 두어 이러한 특징을 드러내 보인다.

처음부터 주대의 봉건적 종법제도와 밀접한 관련을 가졌던 관례는 한나라 이후 정치 사회제도의 변화에 따라 급격히 힘을 잃게 되고 형식에 있어서도 변화를 거듭하면서 쇠미하여졌다. 특히 민간에서는 거의

71　『좌전』 襄公九年, "晉侯曰, 十二年矣. 是爲一終, 一星終也. 國君十五而生子, 冠而生子, 禮也. 君可以冠矣."
72　李隆獻,「歷代成年禮的特色與沿革」,『臺大中文學報』, 제18기, 2003, pp.11-12 참조.
73　張煥君,『制禮作樂』 p.211.
74　『大戴禮記』,「公冠」, "公冠四加玄冕.":『예기』,「冠義」, 孔穎達疏, "…是大夫雖冠, 用士禮. 若諸侯, 則有冠禮…其加則四加, 而有玄冕也. 故大戴禮公冠四加也. 諸侯尙四加, 則天子亦當五加袞冕也."

실행되지 못하다가 송대에 이르러 사마광과 주희에 의해 복원되었지만 혼례 상례 제례에 비하여 그 실행의 효과가 크지 않았다. 그 까닭은 관례의 경우에는 복식이 차지하는 비중이 큰데 시대의 흐름에 따라 복식이 현저하게 달라진 이유도 있고 경제적 부담과 조혼의 영향으로 인해 혼례와 합쳐서 관례 본래의 의미를 살리지 못하고 부차적으로 간략히 시행했던 이유도 있다.

제13장

혼례-인륜의 바른 시작

혼인예식은 부부관계를 이루는 것이요, 부부는 인륜의 바른 도리의 출발점이라는 점에서 옛날부터 가장 중요한 의례로 간주하였다. 예를 따르게 되면 스스로 깊은 학문적 수양을 쌓지 않은 사람도 그 행실이 도를 벗어나지 않게 된다. 즉 유학적 이론을 교조적으로 강요하는 것이 아니라, 반대로 예를 일반 대중이 실제로 행할 수 있을 때 사회가 이론적 이상에 근접하게 된다. 즉 예의 실천은 교화와 이상 실현의 방법론이라고 할 수 있다.

그렇기때문에 예에서는 원형의 순수성을 보존하는 것 이상으로 적시성適時性이라는 개념이 중요하다. 현실을 이상에 맞도록 강제로 왜곡하는 것이 아니라, 이상을 현실 속에서 실천하기 위한 치밀한 연구가 필요한 것이다. 바로 이 속성 때문에 시대가 변할 때마다 고례古禮를 참조하여 현실에 맞는 예법의 연구가 이어져왔다.

1. 정시正始의 도리와 공동체 기초의 성화聖化

가정은 전통사회에서 사회의 기본단위로 실질적으로는 삶의 근거이자 터전이었고, 이 때문에 부자관계 군신관계 등 모든 사회적 관계가 여기에서 출발한다고 보았다. 따라서 전통사회에서는 혼례를 예의 근본이라고 하여 중시하였으며 전통 종법제도를 유지하는 중요한 관건으로서 인륜과 의리의 가치와 의미를 부여하고자 하였던 것이다. 교화의 관점에서 생각해보면 혼례의 중요성은 더더욱 커진다. 성인식에 해당하는 관례는 신분이나 형편에 따라 행할 수도 있고 행하지 않을 수도 있지만, 혼인은 신분과 지위의 고하에 관계없이 장성한 남녀라면 가정을 이루는데 있어 누구나 거치는 과정이다. 따라서 일반을 교화하고자 한다면 누구는 하고 누구는 하지 않는 관례보다는, 규모의 차이는 있을지라도 결국 인구의 대부분이 행하게 되는 혼례의 정립이 선행되어야 하는 것이다.

맹자는 아들이 태어나면 그를 위해 아내가 있고, 딸이 태어나면 그를 위하여 시집이 있기를 원하는 것은 천하의 모든 부모가 다 가지고 있는 공통된 마음이지만 부모의 말과 중매쟁이의 말을 기다리지 않고 구멍을 뚫고 서로 엿보며 담을 넘어 서로 따라다녀 사사롭게 관계를 맺는 것은 부모와 온 나라 사람이 모두 천하게 여기는 것이라고 하였다.[75] 장성한 자녀가 혼인하여 가정을 가지는 것을 모든 부모가 간절히 원하지만 혼인은 법도를 따라 행하여야 한다는 것을 짚어주는 말이다.

『의례』의 「사혼례」편은 본래 주周나라의 혼례로 중국 고대 혼례의 원

---

75 『맹자』「滕文公下」 "曰 丈夫生而願爲之有室, 女子生而願爲之有家 父母之心也. 人皆有之, 不待父母之命, 媒妁之言, 鑽穴隙相窺, 踰牆相從, 則父母國人皆賤之."

형이다. 사계급이 부인을 맞이하는 전체 과정이 기술되어 있는데 시대의 흐름에 따라 변형이 있기는 하지만 전체적으로는 본래의 원형에서 크게 벗어나지 않는다. 「사혼례」의 중요 내용은 납채納采·문명問名·납길納吉·납징納徵·청기請期·친영親迎의 육례六禮로 되어있다. 전통적으로 혼인의 법도란 이 육례를 갖추는 것으로 남녀 쌍방이 혼인의 약속을 지킬 것을 맹세하여 가정과 사회의 안정적인 지속을 도모하며 사회윤리도덕을 지킨다는 중요한 의미가 있다.

주희가 경험했던 실제의 경우를 통하여 혼인의 예가 풍속의 교화 및 사회의 안정과 밀접한 관련이 있음을 확인할 수 있다. 주희는 24세에 지금의 복건성 하문廈門인 천주泉州 동안同安에 주부 벼슬로 첫 부임을 하였다. 송대 사회는 이미 귀족계층은 몰락하고 평민이 과거시험을 통해 권력사회로 나아갈 수 있는 발판이 마련되었으며 상품경제의 발달로 사회 계층에 큰 변화가 있었던 시기였다. 이것은 달리 말하면 통치 질서와 사회 질서에도 혼란이 있었음을 의미한다. 예의 입장에서 보자면 왕안석이 『의례』를 인정하지 않고 과거 과목에서도 폐지함에 따라 지식인의 예제에 대한 이해나 인식도 현저히 낮아졌다. 주희는 당시 동안 지역 민정의 실상을 보고 "정해진 혼인의 예가 없다. 일반 서민은 가난해서 혼인의 예를 올리지 못하고 말로 약속하면 그냥 부부가 된다. 이런 습속이 풍속이 되어버려 사계급과 부호들까지도 이렇게 하고도 조금도 꺼리지 않는다."고 개탄하였다.[76]

주희는 관혼상제의 사례 중에서 혼례가 매우 중요하다고 생각하였다. 혼인은 가정의 출발점이며 부부 사이의 관계가 사회윤리의 기본관계여서 이것이 잘 확립되어야 풍속도 순화되고 사회도 안정될 수 있다

---

76   주희 『주자전서』「申嚴婚禮狀」 21책, p.896. 상해고적출판사, 2002.

고 생각했기 때문이다. 그러므로 그는 백성들로 하여금 먼저 예제를 이해하도록 하는 것이 중요하다고 생각하였다. 당시에 준행할 만한 예도 없었으며 제대로 한다해도 너무 어렵고 복잡했기 때문이다. 그리하여 그는 실제로 사용할 수 있고 알기 쉬운 예서를 편찬하여 풍속을 교화하고자 하였으며, 조정에 혼례를 엄히 행하도록 할 것을 주청하기도 하였다. 주희의 이러한 노력은 혼례를 비롯하여 상례에 이르기까지 당시 사회에 큰 영향을 주어 이 지역의 풍속이 크게 변하였을 뿐 아니라 사회질서의 안정에도 크게 기여하였다. 젊은 시절 주희의 이러한 현장 경험은 이후 사회와 민생에 대한 관심을 갖게 하는 주요한 계기가 되었을 것이다.

전통혼례의 원형이라고 할 수 있는 「사혼례」는 『의례』에 실려 있다. 『의례』는 모두 17편으로 되어있으며 혼례와 관련된 내용은 사계급의 혼례를 서술한 「사혼례」 한 편이 있을 뿐, 다른 계층의 혼례는 남아있는 자료가 없다. 다만, 사계급은 본래 하층귀족으로 위로는 천자 제후 경 대부가 있고 아래로는 서민계층이 있어 그 경계의 계층이라는 점에서 볼 때, 「사혼례」편을 통하여 그보다 상층계층의 결혼은 더 장중하고 호화로웠고 하급계층은 간소하고 소박하였을 것으로 추측할 수 있다. 『예기』 46편 중 혼례와 관련이 있는 것은 「혼의」편이다. 『예기』 「혼의」편은 『의례』 「사혼례」편의 각 의절이 설정된 이유를 설명하며, 나아가서 혼례가 가족의 흥성과 단결을 기약하는데 어떤 의미가 있고 사회적 안정을 도모하는데 어떤 기여가 있는지를 설명하고 있다. 『예기』 「혼의」편에 근거하여 혼례의 절차와 그 의미를 살펴본다.

혼례는 본래·납채·문명·납길·납징·청기·친영의 육례로 진행된다. 친영을 제외한 오례는 본 의식인 친영의 준비과정에 해당하는데 모두 이른 새벽에 의식이 시작되며, 신랑이 정식으로 부인을 맞이하는 친영만은 황혼 무렵에 의식이 시작된다. 그러므로 본래 황혼의 혼昏을 취하여 혼례婚禮라고 한다. 첫 번째 절차인 납채는 신부를 맞이할 신랑의 집에서 신부의 집으로 귀댁의 규수가 신부감으로 채택되었으니 허락해달라고 청하면서 예물을 갖추어 보내는 의식이다. 신부의 집에서 예물을 받아들이면 허락이 이루어져서 이로써 혼인의 약속이 성립된다. 납채에 보내는 예물을 『의례』「사혼례」에서는 기러기라고 명시하고 있다. 혼례의 육례 중에서 풍성한 예물을 보내는 납징을 제외한 모든 절차에는 기러기를 예물로 쓴다. 혼례의 특색 중의 하나가 기러기 예물이지만, 사실 기러기는 대부가 쓰는 예물이다.[77] 사계급은 다른 예식에서는 꿩을 써야 하지만, 혼례에서만은 예물과 복식을 모두 대부의 것으로 한 등급 올림으로써 인생의 첫걸음을 시작하는 새사람을 응원하고 돋보이게 해준 것이다.[78] 문명은 정식으로 신부가 될 사람의 신분자료 곧 성명 사주 등을 신랑집으로 보내는 것이다. 신랑집에서는 이 자료를 근거로 하여 사당에서 길흉을 점치고 길함을 얻으면 신붓집으로 이 혼인이 길하다는 소식을 전하는 것이니 이것이 납길이다. 미신적인 요소가 있는 것처럼 보이는 이 과정이 실은 이 형식을 거치면서 가족뿐 아니라 조상들까지 참여하여 결정한다는 것을 나타내 보임으로써 혼인의 경건성과 장중함을 더하고자 하는 의미가 있다. 납길을 하고 나면 납징의 순서가 있는데 춘추시대에는 납폐納幣라고도 하였고 후세에는 행빙行聘이라고

---

77 『주례』「大宗伯之職」"以禽作六贄, 以等諸臣, 孤執皮帛, 卿執羔, 大夫執雁, 士執雉, 庶人執鶩, 工商執鷄."
78 혼례에서 기러기를 쓰는 이유에 대해 鄭玄과 班固는 다음의 세 가지로 설명한다. 1.기러기는 가을에는 남쪽으로 가고 봄에는 북으로 가는 철새로 陽을 향해가는 성질을 가지고 있어 부인이 남편을 따르는 의미를 나타낸다. 2.기러기는 줄을 지어 날아가니 長幼 先後의 의미를 취한 것이다. 3.본래 사계급은 죽은 꿩을 예물로 쓰는데 이는 상스러운 혼례에는 맞지 않으므로 기러기로 바꾼 것이다.

도 한다. 징徵은 이루었다는 뜻으로 혼인의 약속이 이미 이루어졌다는 뜻이다. 폐幣는 폐백의 뜻으로 요즘 식으로 표현하면 예약을 했다는 뜻, 즉 약혼의 의미가 된다. 그러므로 같은 뜻이지만 납폐보다는 납징이 더 품위있는 표현이라 할 수 있는데 후대에는 주로 납폐라는 명칭을 사용한다. 납징은 신랑집에서 신붓집으로 풍성한 예물을 보내는 것인데 이 의식은 신랑집의 경제력을 보여줌으로써 신부 부모가 딸의 장래에 대해 불안해할 걱정을 덜어주고 친척들에게 신부의 체면을 세워주는 의미가 있다. 납징에서 받았던 예물은 신붓집에 보여주기만 하고 친영할 때 신부가 고스란히 그대로 다시 지참해 가야 한다. 청기는 혼인 날짜를 정하는 일이다. 신부 측이 날짜를 결정하기를 청한다는 뜻이지만 실제로는 신랑측에서 정한다. 신랑측에서 미리 날짜를 정한 다음에 사람을 보내어 신부 측에 날짜를 택할 것을 청하면 신부 측에서는 사양의 예의를 보인다. 그다음에 비로소 신랑측에서 정해온 날짜를 제시하면 동의하는 방식으로 진행한다.[79] 혼인날짜가 정해지고 나면 이제 혼인의 완성인 친영이 있다. 친영은 신랑이 직접 신부의 집으로 가서 신부를 맞이하는 의식이다.[80]

『의례』「사혼례」에 의하면 친영하여 돌아온 후 신방에 들 때까지 시부모와 만난다는 기록이 없다. 혼인례를 올린 다음 날 새벽 일찍 신부

---

[79] 鄭玄은 신랑 측에서 날짜를 정해서 오는 것이 양이 이끌고 음이 화답하는 방식이라 하여 이것을 음양의 이치로 설명하면서 실제로는 신랑 측에서 정하는 것이라 하고, 賈公彦은 신랑측에서 겸양하여 사람을 보내어 신부 측으로 하여금 날짜를 정하게 하기 때문에 請期라고 한다고 달리 설명한다.

[80] 『예기』「昏義」편에 의하면 친영에는 세 가지 의미가 있다. 음양의 이치에 따라 신부가 주동적으로 신랑집으로 가는 것이 아니라 신랑이 직접 신부를 맞이하러 간다는 의미가 있고, 친영을 함으로써 신랑이 신부의 부모에게서 직접 신부를 건네받음으로써 신부 부모의 입장에서는 딸의 장래를 부탁한다는 안도감이 있다. 또 신부의 입장에서는 새롭고 낯선 환경이 두려울 수 있는데 신랑과 함께 출발함으로써 심리적인 안정감을 얻을 수 있다는 점이다.

는 단장하고 비로소 시부모를 만나 뵙는다. 비록 어제 성혼을 했다 해도 이 의식을 통하여 비로소 가족 구성원이 되는 것이다. 만약 시부모님이 이미 돌아가셨으면 석 달 만에 종묘에서 인사를 드리고 가족의 구성원이 된다. 사마광의 『서의』나 『주자가례』에서는 시부모에게 인사드리는 예를 이튿날 하는 것으로 규정하고 있고 석 달 만에 사당에 인사드리는 것을 『가례』에서는 사흘 만에 인사드리는 것으로 기간을 단축하고 있다.

북송시대까지만 해도 혼례에서 육례는 유지되고 있었다. 아래의 도표에서 보는 것처럼 사마광의 가문에서 실제로 행하였던 『서의』에도 이렇게 되어있다. 그러나 때에 따라 간편함을 쫓아서 납채와 문명을 합하여 동시에 진행하고 납길과 납징을 합하여 동시에 진행하는 경우도 있었다.[81] 그리하여 『가례』에서는 문명 납길 청기를 없애고 납채 납징 친영을 남기고 맨 처음에 의혼의 과정을 두고 있다.

『의례』에서부터 이재의 『사례편람』까지의 혼례절목의 변화를 보면 다음과 같다.

書名 편명	儀禮 사혼례	禮記 혼의(昏義)	溫公書儀 혼의(婚儀)	朱子家禮 혼례(婚禮)	四禮便覽 혼례(昏禮)
절목	납채(納采)	납채	납채	의혼(議昏)	의혼
	문명(問名)	문명	문명	납채	납채
	납길(納吉)	납길	납길	납폐(納幣)	납폐
	납징(納徵)	납징	납징	친영(親迎)	친영
	청기(請期)	청기	청기	부현구고 (婦見舅姑)	부현우구고 (婦見于舅姑)
	친영	친영	친영	묘현(廟見)	묘현

---

81 賈公彦의 『儀禮疏』에 此言一使兼行納采問名이라는 설명이 있다. 납채와 문명 두 개의 의식을 한 번에 시행하였음을 보여준다.

書名 편명	儀禮 사혼례	禮記 혼의(昏義)	溫公書儀 혼의(婚儀)	朱子家禮 혼례(婚禮)	四禮便覽 혼례(昏禮)
절목	부현구고	부현구고	부현구고	서현부지부모 (壻見婦之父母)	서왕현부지부모 (壻往見婦之父母)
	묘현		서현부지부모		
			거가잡의 (居家雜儀)		

- 서의에는 묘현廟見이 없다. 참고로 사마광은 고래로부터 내려오던 가묘家廟를 영당影堂으로 대체하였다. 즉 주희『가례』의 사당祠堂 대신에 영당을 두었다.
- 『의례』와『예기』에는 납징이라고 하였고『온공서의』에서는 납폐라고 하였다.(『가례』,『사례편람』은 모두『온공서의』를 따른다)
- 『온공서의』의 '서현부지부모'는 본래『예기』에는 없는 것이다.『가례』에는 '서왕현부지부모'로 되어있다.
- 『온공서의』의 '거가잡의'는『예기』에는 없는 것이다.
- 『의례』『예기』『온공서의』의 6례가『가례』『사례편람』에서는 모두 '의혼' '납채' '납폐' '친영'의 사례로 간소화되있다.

2.『사례편람』의 혼례 절차

이재가 편찬하여 조선사대부 가례의 정형이 된『사례편람』속에 담긴 혼례절차는『가례』에서와 같이 크게 네 가지 곧 의혼 납채 납폐 친영으로 진행된다. 의혼은 남자측에서 혼인의 의사를 타진하는 절차이고, 납채는 남자측에서 여자 측에 귀댁의 규수를 며느리로 받아들이기로 결정했음을 통보하는 절차이며, 납폐는 신부댁에 예물을 보내고 친영은 신붓집에 가서 신부를 데려와 신랑 집에서 치르는 교배례를 비롯하여 다음 날 시부모를 뵙는 의식이며, 친영은 사흘째 사당에 고하는 묘현례 등의 절차이다.

1) 의혼

아이가 성장하면 혼인을 추진하게 된다. 혼인은 장차 두 성姓의 좋은 뜻을 합하여, 위로는 종묘를 섬기고, 아래로는 후세를 잇는 일로 인식되었다.[82] 고례에서의 혼인은 기본적으로 두 집안[家]의 결합이었으므로 기본적으로 다른 성씨 사이에 이루어졌다. 젊은 남녀 본인의 의지나 서로에 대한 애정 등은 혼인에 있어서 주요 요소가 되지 못하였다.

혼인이 반드시 이성異姓 간에 이루어지는 이유에 대하여 『예기』에서는 "이성을 아내로 맞이하는 것은 소원한 사람과 혼인함으로써 분별을 엄격히 하기 위함이다."[83]라고 했다. 후한대의 문헌 『백호통의』에서는 "같은 성씨姓氏끼리 혼인하지 않는 것은 금수와 같게 됨을 부끄러워해서이다. 같은 성의 친가뿐만 아니라 외가 쪽도 소공 이상의 경우에는 역시 혼인하지 않는다."라고 하였다. 이성간의 결합이라 함은 공간적으로 멀리 떨어져 있는 곳에서 배필을 찾는 것인데 그렇게 함으로써 경건함이 생기는 것이라고 한다. 오늘날 근친혼은 유전학적으로 나쁘다고 평가받지만, 당시 과학기술의 한계상 이성간의 결혼을 고수하는 것에 이런 이유는 보이지 않는다.

혼인의 연령은 시대에 따라 많이 다르다. 그런데 혼인의 연령을 옛

---

82 『예기』「昏義」
83 『예기』「坊記」, "取妻不取同姓, 以厚別也."

날에는 '남자의 나이 16에서 30까지 여자의 나이 14에서 20까지'라고 했다.[84] 『시경』 모씨毛氏 서문에, '표유매摽有梅'는 남녀가 제때에 혼인함을 읊은 시라고 하였는데, 「소남」편에 있는 시로 '매실 따기'이며 성인이 천하사람을 근심하여 지었다고 한다.

> 매실 땄네 일곱 개 남았네. 날 찾는 선비님 좋은 날 꽉 잡으시길.
> 매실 땄네 세 개가 남았네. 날 찾는 선비님! 지금 이 때를 잡으세요.
> 매실 다 따서 광주리에 담았네. 날 맞을 선비님 말씀이라도 하세요.[85]

남녀의 혈기가 이미 장성해지면 스스로 자신을 다 검속하기가 어려운 법이고, 정욕이 이미 열리면 예의를 돌아보기가 어렵다. 그러므로 혼인을 제때에 하게 하고자 하였는데, 이것은 깨뜨려지기 전에 절행節行을 보전하기 위해서이고, 배움을 제때에 하게 하고자 하였는데, 이것은 나누어지기 전에 지려志慮를 보전하기 위함이다. 사마광은 남자는 30에 장가들고 여자는 20에 시집간다 했으나 이제 법령으로 남자의 나이 15세, 여자의 나이 13세 이상이면 모두 장가 시집을 허락하였으니, 지금 이 말은 예전과 지금의 법도를 참조해서 예절과 법령의 중도를 참작하였으니, 천지의 이치에 순응하고 인정에 마땅함에 합치된 것이라 하였다.[86]

---

84 男子年十六至三十, 女子年十四至二十
85 『시경』「召南」'摽有梅' "摽有梅, 其實七兮 求我庶士, 迨其吉兮 摽有梅, 其實三兮 求我庶士, 迨其今兮 摽有梅, 頃筐墍之 求我庶士, 迨其謂之."
86 이재『사례편람』卷2 婚禮 議婚, "司馬溫公曰古者男三十而娶, 女二十而嫁, 今令文男年十五, 女年十三以上拜聽昏嫁. 今爲此說, 所以參古今之道酌禮今之中順天地之理合人情之宜也"

자녀가 혼인의 연령에 이르면 여러 조건에서 적절한 규수감을 찾게 되고 물색이 되면 상대방의 의중을 살펴보아 혼인의 의사를 전하는 것을 의혼이라 한다. 혼인 당사자를 직접 대면할 수 없었기 때문에 주변에서 들은 바를 확인하기 위해 사람을 시켜 신부 후보를 보러 가게 한다. 적절한 신부 후보가 발견되면 중매인을 정해 사회 경제적 배경을 알아보도록 한다. 이때 반드시 먼저 중매인을 내세워야 한다고 하는데 이는 염치를 지키기 위한 조치라고 한다. 『시경』 제풍齊風 남산南山에, '아내를 취하고자할 때 중매가 아니면 얻지 못한다고 하니라.' 하였다.[87] 혼인을 함에 있어서 반드시 중매인을 통하여 교접하는 것은 염치의 도리를 기리기 위해서라는 것이다.[88] 혼주는 통상 신랑의 아버지이지만 처지 여건에 따라서 적절히 족인 가운데서 대리인을 내세우기도 한다. 혼인 당사자가 고아이면서 족장도 없는 경우에는 외삼촌이 주관하며, 외삼촌마저 없을 경우에는 아버지뻘 되는 이재里宰가 주관하기도 한다.

혼인의 상대를 정할 때 좋은 가문을 택하려 함은 사람의 상정일 것이다. 그런데 한대의 우번은 '지초芝草는 뿌리가 없고, 예천醴泉은 근원이 없다'고 하였다. 문중자[89]는 "혼인에 재물을 따지는 것은 오랑캐의 도리"라고 하였다. 또한 사마광은 재물이나 부귀를 보지 말라고 한다.

> 무릇 혼인을 의논함에는 먼저 신부 신랑의 성행과 가정의 법도를 살펴야지, 부귀를 흠모하지 말라. 신랑이 진실로 현명하다면 지금 비록 빈천하지

---

[87] 『시경』 南山 "取妻如之何 匪媒不得"
[88] 『의례』「士婚禮」의 주
[89] 문중자는 수나라 王通(584-617)의 시호이고 동시에 그가 지은 글을 가리킨다. 모두 10권으로 王道·天地·事君·周公·問易·禮樂·述史·魏相·立命·關朗의 각 편이 있다.

만 어찌 다음 날 부귀하게 되지 않겠느냐. 진실로 불초하면서 지금은 비록 부유하더라도 어찌 훗날 빈천하지 않겠느냐. 부인은 한 가정의 성쇠가 매인 것이니, 한때의 부귀만을 탐하여 장가든다면 부귀를 끼고서 남편을 가벼이 여기며 시부모에게 오만한 신부가 적지 않다. 교만하고 투기하는 성질을 길러 다음 날 환란 됨이 심할 것이다. 설령 처가의 재산으로 부자가 되거나 그 세도에 의지해서 귀하게 된다 하더라도 장부의 기개가 있는 자라면 어찌 부끄럽지 않겠는가.[90]

이재는 혼인은 두 성씨의 우호가 결합하는 일이며 사당을 섬기고 후사를 잇는 것인데 예나 이제나 혼인에서 탐욕스럽고 야비한 이들이 있어서 상대의 자산의 넉넉함을 묻거나, 혼수의 많고 적음을 따져 폐백을 따지거나, 중간에 약속을 어기는 이가 있음을 안타까워하였다. 혼사가 마치 장사치가 중개하는 방법과 같다는 것이다. 시부모가 폐백에 속임을 당하고 나면 며느리를 학대하여 분노를 터뜨리니, 이런 이유로 재물을 후하게 해서 시부모를 기쁘게 하려 하지만 재물에는 한계가 있고 책임은 끝이 없어 혼인하는 집들이 이따금 원수가 되기도 하는데 이렇다면 혼인의 의논에서 재물과 관계됨이 있다면, 그와는 혼인을 하지 않음이 옳다는 것이다.[91]

....

90 이재『사례편람』「議婚」, "司馬溫公曰, 凡議婚姻,當先察其壻與婦之成行及家法何如, 勿苟慕其富貴, 壻苟賢矣. 今雖貧賤, 安知異時不富貴乎. 苟爲不肖. 今雖富盛, 安知異時不貧賤乎. 婦者家之所由盛衰也. 苟慕其一時之富貴而娶之. 彼挾其富貴, 鮮有不輕其夫而傲其舅姑, 養成驕妒之性, 異日爲患, 庸有極乎, 借使因婦財以致富, 依婦勢以致貴, 苟有丈夫之志氣者, 能無愧乎."
91 이재『사례편람』「議婚」, "文中子曰, 昏娶而論財, 夷虜之道也. 夫昏姻者所以合二姓之好. 以事宗廟繼後世也. 今世俗之貪鄙者, 先問資裝之厚薄, 聘財之多少, 亦有欺紿負約者, 是乃駔儈買鬻之法, 豈得爲之士大夫哉. 其舅姑欺紿,則殘虐其婦, 以擄其忿由是務厚其資裝以悅其舅姑. 貨有盡而責無窮. 昏姻之家往往爲仇讎. 然則議有及於財者, 勿與爲昏

혼인에는 나이 못지않게 주요한 제약이 있는데 그것은 혼인하고자 하는 기간에 기년 이상의 상이 없어야 한다는 것이다. 상례에서 기년 이상에 해당되는 범위는 삼족 이내이다. 삼족이라 함은 아버지의 형제 자신의 형제 그리고 자식의 형제를 말한다. 그런데 이 범위 안에서 상이 발생할지를 미리 예측할 수는 없다.[92]

김장생은 우리나라의 제도에는 사대부로서 아내가 죽은 자는 3년이 지난 뒤에 다시 장가를 드는데, 만약 부모의 명이 있거나 혹은 나이가 40세가 넘었는데 자식이 없는 경우에는 기년이 지난 뒤에 다시 장가 드는 것을 허락한다고 하였다.[93]

2) 납채

중매인을 왕래하게 하여 의사를 전달하고, 여자 집에서 허락하면 납채를 한다.[94] 납채란 그 채택采擇을 받아들이는 예이니, 근래의 약혼과 같은 뜻이다. 납채, 납길, 납징 등에서 납納이라고 하는 이유에 대하여 김장생은 다음과 같이 풀이한다.

> 납채 때 납이라고 말한 것은, 처음에 서로 채택할 적에 여자 쪽에서 허락하지 않을까 염려하므로 납이라고 말한 것이다. 문명問名 때에 납이라고 말하지 않은 것은, 여자 쪽에서 이미 허락하였으므로 납이라고 말하지 않은

姻可也."
92 『의례』「士婚禮」
93 김장생 『사계전서』 권26 『가례집람』
94 『의례』「士婚禮」 "下達納采."

것이다. 납길納吉 때 납이라고 말한 것은, 남자 쪽 집에서 길일吉日을 점친 다음 여자 쪽 집에 가서 길일을 줄 적에 여자 쪽 집에서 번복하고서 받지 않을까 염려되기 때문에 다시 납이라고 말한 것이다. 납징納徵 때 납이라고 말한 것은, 폐백을 바치면 혼례가 이미 이루어진 것이나 다시 여자 쪽에서 받지 않을까 염려되기 때문에 다시 납이라고 말한 것이다. 청기請期와 친영親迎 때 납이라고 하지 않은 것은, 폐백을 바쳤으면 혼례가 이미 이루어진 것으로 여자 쪽 집에서 다시 고칠 수가 없으므로 모두 납이라고 하지 않은 것이다. 혼례에는 여섯 가지 예가 있는데, 존귀한 자나 비천한 자나 그 절차는 모두 같다.[95]

신부 측의 허락이 있으면 신랑 쪽에서 신부 쪽으로 사주단자를 보낸다. 사주단자가 도착하면 신붓집에서는 대청에 상을 놓고 사주를 받는다. 그리고 택일擇日할 준비를 한다. 여자 측의 사정과 견주어서 좋은 날짜를 가려 혼인예식의 날을 정해 남자 측에 보내는 것이다. 여기에는 전안奠雁 일시와 납폐 일시를 쓴다. 납폐 일시는 '혼인일시'와 나란히 '납폐동일선행納幣同日先行'이라고 쓴다. 택일이 되면 신랑 집이나 신붓집 양가에서 모두 혼인일이 될 때까지 제사를 지내지 않는다. 남자측의 혼인을 주관하는 자가 납채의 편지를 다음과 같은 형식과 내용을 담아 쓴다.[96]

아무 군 아무 성 아무개는 아무 군 무슨 벼슬 집사에게 사뢰옵니다. 엎드

....

95 긴장생『가례진람』
96 이재『사례편람』「納采」, "主人卽主婚者. 書牋紙如世俗之禮. 若族人之子, 則其父具書告于宗子."

려 높으신 사랑을 입어 한미한 집을 누추하다 여기지 않으시고, 중매의 논의를 곡진히 따르사와, 영애를 허락하여 저의 아들 아무개의 아내로 내리셨습니다. 이에 선대로부터 내려오는 예절이 있어, 삼가 사람을 보내어 채택된 예를 올리오니, 엎드려 바라건대, 높으신 사랑으로 굽어 살펴 주소서. 이만 더 사뢰지 못합니다.

년, 월, 일 아무 군 성 아무개는 사뢰옵니다.

일찍 일어나 사당에 고하는데, 그 서식과 내용은 다음과 같다.

유세차 몇 년 몇 월 초하루 며칠

효 현손 아무 벼슬 아무개는 감히 밝혀 공경 하는 고조부 님 벼슬 부군 공경 하는 고조모님 아무 봉호 모씨 이에 아뢰옵니다. 아무개의 아들 아무개가 배필이 없더니 아무 군 아무개의 따님과 장가 들기로 이미 논의되어 오늘 납채하오니, 조상님께 느끼는 슬픈 마음 이기지 못하여, 삼가 주과酒果를 베풀어 정성스럽게 삼가 아뢰옵니다.[97]

그리고 나서 신붓집에 납채서를 보낸다. 신부 측의 주인이 나와 맞으며 서신을 받아 소반에 사위 집 서신을 담아 향안 위에 놓는다.[98] 그리고는 다음과 같이 고한다.

....

97 이재『사례편람』「納采」, "若昏者之母已歿, 雖在位, 亦當有告. 下同. 維年號幾年歲次干支幾月干支朔幾日干支孝玄孫繼祖以下之宗, 隨屬稱某官某敢昭告于顯高祖考某官府君顯高祖妣某封某氏曾祖考妣至考妣列書, 祔位不書. 非宗子之子, 則只告昏者祖先之位某之. 非宗子之子, 則此下當添某親某之四字子某. 若宗子自昏 則去之子某三字. 年已長成, 未有伉儷, 再娶, 則去年已以下八字, 娶某官某郡姓名之女, 今日納采, 不勝感愴, 謹以酒果, 用伸虔告謹告."

98 이재『사례편람』「納采」, "如壻家之儀, 以盤盛壻家書, 置香案上."

유세차 연호 몇 년 몇 월 초하루 며칠 효 현손 아무개는 감히 공경하는 고조할아버지 아무 벼슬 부군 공경하는 고조할머니 아무 봉호 모씨께 밝히 고하옵니다. 아무개의 몇째 딸이 나이 점점 자라, 이미 아무 벼슬 아무 군 아무개(성명)의 아들에게 출가를 허락하여 오늘 납채하였습니다. 감격과 슬픔을 이기지 못하여, 삼가 주과로 정성을 펴서 삼가 아뢰옵니다.[99]

이렇게 신붓집에서 조상님께 고함이 끝나면 신랑 집에 심부름꾼을 통해 답신을 보낸다. 답신 서식은 다음과 같다.

아무 군 성명 아무개는 아무군 아무 벼슬 집사께 사뢰옵니다. 높은 사랑을 엎드려 받자와 한함을 거리끼지 않으시고, 매파의 말을 지나치게 들어, 저의 몇째 딸을 채택하시어 자제의 배필로 삼으셨습니다. 연약한 여식이 어리석고 또 가르치지 못하였는데, 이리 욕되이 채택되었으니 감히 따르지 않으리까. 엎드려 생각건대 높으신 사랑으로 특별한 살핌을 주십시오. 더 펴지 못합니다. 년 월 일 아무군 아무개 사뢰옵니다.[100]

신부 측 답신을 신랑 측 아버지가 받아 소반에 담아 향안에 놓고 사당에 고한다. 고사할 때는 다음의 내용으로 한다.

아무개의 아들 아무개가 아무 군 성명의 몇째 딸을 맞아 오늘 납채納采의

---

99 이재 『사례편람』 「納采」, "年號幾年歲次干支幾月干支朔幾日干支, 孝玄孫某敢昭告于顯高祖考某官府君顯高祖妣某對某氏某之第幾女, 年漸長成, 已許嫁某官某君姓名之子, 今日納采, 不勝感愴, 謹以酒果, 用伸虔告謹告."
100 이재 『사례편람』 「納采」, "某郡姓某白, 某君某官執事, 伏承尊慈不棄寒陋過聽某氏之言, 擇僕第幾女作配, 令似弱息憃愚又不能教, 旣辱采擇, 敢不拜從, 伏惟尊慈特賜鑑念不宣."

예禮를 마쳤기에 감히 아뢰옵니다."[101]

문명問名이란 것은 여자의 집에 이름을 물어서 장차 그 길하고 흉함을 점치려는 것이다. 명첩名帖을 쓰는 서식은, "아버지 아무개와 어머니 아무개씨의 딸인 아무개는 몇째 딸인데, 아무 연 몇 월 몇 일 아무 시에 출생하였습니다."이다. 주희는 납길을 하는데 점괘가 불길하게 나올 경우 혼인을 그만두어야 한다고 하였다. 납채를 하고 난 다음 문명을 하는데 이는 사람의 계책에 바탕해서 의사를 전달하는 것이고, 사람의 계책을 이미 전달하였으면 의당 귀신의 계책을 귀하게 여겨 이로써 결단을 해야 하는 법이다. 그러므로 그 다음에 납길을 한다.

3) 납폐

이재는 육례의 납길納吉과 청기請期를 납폐에 함께 넣었다. 납길이란 것은 사당에서 점을 쳐서 길한 조짐을 얻으면 다시 심부름꾼을 시켜서 혼사가 정해졌음을 고하게 하는 것이다.[102] 납폐란, 여자 측에서 사주를 보낸 남자와 결합이 길하다며 혼인할 날짜를 보내왔으므로 혼인이 확정되었다고 판단하고 신랑 집에서 혼서지婚書紙와 채단采緞을 함函에 넣어 신붓집에 보내는 것을 말한다. 여자 측에서는 그 남자와의 혼인을 점쳐 길한 조짐이 나와서 아내가 될 것을 승낙했더라도 남자 측의 성의 있는 예물이 없으면 움직이지 않는다는 의미가 내포되고 있다. 채단은

101　이재『사례편람』「納采」, "不用祝以盤盛所復, 置香案上, 主人自告, 某之子某聘某官某郡姓某之第幾女, 今日納采, 禮畢敢告."
102　『주자어류』89:11 曰 "古人納采後, 又納吉. 若卜不吉, 則如何?" 曰: "便休也." 淳.

청단과 홍단 2종류를 준비하여 청홍지로 각각 싸서 함에 넣는다. 『주례』에서는 이를 납징納徵[103]이라 했다. 『예기』 혼의昏義에 "납징이란 것은 납폐를 해서 맞이해 오는 것이다. 옛날에는 선비를 초빙하거나 여자를 맞이해 올 적에 모두 폐백으로 교제하였는데, 이는 공경하는 예를 빈손으로 해서는 안 되기 때문이다. 정결正潔한 여자가 바른 예로 부르지 않으면 가지 않는 것이, 정결한 선비가 바른 예로 초빙하지 않으면 가지 않는 것과 같다. 그러므로 선비를 초빙하는 예로써 여자를 초빙하는 것이다. 이 때문에 여피儷皮나 속백束帛이 있어서 예물을 가지고 만나니, 곧 예를 갖추어 만나는 것이다." 하였다.[104] 『사례편람』에서 폐백은 색깔 있는 비단을 쓰되 집안 형편에 따라 한다고 하였다.[105] 폐백에 색깔 있는 비단을 쓰는 이유는 청홍으로 나누어서 남녀의 구분을 상징하는 것이다. 『의례』 「사혼례」에 "신붓집에 보내는 예물은 검은색[玄]과 분홍색[纁]의 속백束帛과 여피儷皮로 한다." 하였는데 역시 음과 양에 해당한다. 정현은 "납폐에 검은색[緇]을 쓰는 것은, 부인은 음陰이기 때문이다. 무릇 장가드는 예에 있어서는 반드시 그 유類로 한다. 5냥은 10단이다. 이를 반드시 양兩이라고 말하는 것은 배합配合하는 이름을 얻고자 해서이다. 10이란 숫자는 오행五行이 10일로 서로 이루어지는 것을 형상한 것이다. 사대부는 이에 검은색과 분홍색의 속백을 쓴다."고 하였다.[106] 『국조오례의』에서는 "폐백은 주紬나 포布로 한다. 2품 이상은 검은색 3필과 분홍색 2필로 하며, 3품 이하에서 서인에 이르기까지는 검은색과

....
103 남자 측에서 여자 측에 아내로 맞이하기로 결정한 징표를 보내는 절차로서 사실상의 定婚인 약혼절차이다. 이때 약간의 재물을 보내는데 근래의 '함보내기'와 같은 것이다.
104 『예기』 「昏義」 납징에 대한 주
105 이재『사례편람』 「納幣」, "幣用色繒, 貧富隨宜"
106 『의례』 「士婚禮」

분홍색을 각각 1필로 한다." 하였다.

폐백을 보낼 때는 납폐서를 써서 함께 보낸다. 신붓집의 주인은 이를 받아서 북향하여 재배하고 주찬과 폐백으로 심부름꾼에게 사례한 다음 답서를 보낸다.

송대 정이가 아들을 장가보내며 사돈댁에 써 보낸 편지가 있다.

> 삼가 생각건대 옛날에는 대혼大昏을 중하게 여겼으니, 이는 대개 만세토록 후사後嗣를 전하는 일이기 때문이었으며, 그 예가 지극히 공경스럽다고 칭하였는데, 이는 두 성씨姓氏가 합해지는 기쁨이 있기 때문이었습니다. 돌아보면 저희 집안은 명망이 화려하지 않아서 귀댁과 명예와 업적을 다투기에는 부끄럽습니다. 그런데 어울리지 못함을 헤아리지 않고서 망녕스럽게도 높은 가문과 혼사를 맺을 생각을 하였습니다. 저 아무개의 몇째 아들이 비록 이미 관례를 올려 성인이 되기는 하였으나, 가정을 이루기에는 흡족하지 않습니다. 어지신 합하閤下의 몇째 아가씨가 성품과 바탕이 아주 좋아서 덕스러운 용모가 빛나기에, 문득 정의情誼가 도타운 집안임을 인하여 감히 혼인을 맺고자 하는 희망을 품었습니다. 그런데 어찌 지나치게 겸양하시어 선뜻 따라 주실 줄을 생각이나 하였겠습니까. 이에 공경스럽게 길흉을 점쳐서 공손하게 정혼할 날짜를 말씀드립니다. 하찮은 예물을 마련하였기에 별폭과 같이 갖추어 올립니다.[107]

주희가 둘째 딸을 시집보내면서 황간 집안의 납폐에 대한 회답의 글은 다음과 같다.

---

107 程頤「聘定啓」. 빙정계의 빙정은 납폐할 때의 婚約을 뜻한다.

옷자락을 말아 쥐고서 정사에 대해 물으면서 일찍부터 이사吏師의 어지심에 대해 흠앙하고 있었습니다. 그런데 폐백을 받고서 혼인을 맺게 되었는바, 덕문德門과 오랜 우호를 맺게 되어 몹시 기쁩니다. 멀리서 아름다운 명을 받들매 참으로 저의 마음에 위로가 됩니다. 영형令兄 찰원위察院位의 넷째 영질令姪인 직경直卿 선교宣敎는 뜻을 가다듬어서 유자가 되어 오랫동안 '위기지학'을 하였습니다. 저 희熹의 둘째 딸은 여자의 일에 부지런히 종사하였으나, 다른 사람에게 훨씬 못 미칩니다. 비록 사돈의 인연을 맺고자 하나, 참으로 재능을 헤아려 보매 부끄러운 마음이 깊습니다. 오직 이후에 비녀[笄]를 잡고서 뵙게 되었을 적에 예법대로 하지 못함을 면하게 된다면, 뒷날에 부족하나마 가풍을 전하는 일은 거의 실추시키지 않을 것입니다. 참으로 다행스럽고 기쁜 이 마음을 어디에 비유하겠습니까.[108]

육례에 청기의 의절이 있는데 대례를 행하는 날짜를 신부 측에 구하는 것이다. 구준은 이것을 납폐 조항에 합하였다. 그리고 "즉시 친영하지 않을 경우에는 별도로 청기하는 절차를 행한다." 하였다. 어떤 사유때문에 친영이 바로 이루어지지 않으면 청기를 해야 한다는 것이다.

4) 친영

친영親迎에서 영迎은 먼저 가서 맞이한다는 뜻으로, 상대편이 와서 맞이한 다음에 가는 것을 말한다. 신랑이 신부의 집에 가서 신부를 데려다가 신랑의 집에서 올리는 혼인 의식을 친영이라고 한다. 주희는 "친영의 예는 가까우면 그 나라에서 맞이하고, 멀면 그 관사館舍에서 맞이

---

108 김장생 『사계전서』 권26. 가례집람 납폐조에 있다.

한다."고 하였다.[109]

친영의 절차는 이재『사례편람』의 '친영親迎'조에 따르면 ① 초자례醮子禮 ② 초녀례醮女禮 ③ 전안례奠雁禮 ④ 교배례交拜禮 ⑤ 서천지례誓天地禮 ⑥ 서배우례誓配偶禮 ⑦ 합근례合졸禮 ⑧ 합궁례合宮禮 ⑨ 부현구고례婦見舅姑禮 ⑩ 부현우존장례婦見于尊長禮 ⑪ 상면제친相面諸親 ⑫ 궤우구고饋于舅姑 ⑬ 구고향지舅姑饗之 ⑭ 부현우사당婦見于詞堂 ⑮ 서현부지부모례壻見婦之父母禮의 절차로 진행된다.

① 초자례醮子禮

혼인 하루 전날 신붓집에서는 사위의 방을 꾸며 놓는다. 다음 날 새벽에 신랑 집에서는 대례청을 준비한다. 그리고 그 날 저녁에 신랑이 옷을 갖추어 입고 주인과 사당에 가서 고축한다. 신부를 맞이하러 가기 전에 조상 사당에 정성스럽게 술과 과일을 진설해 놓고 아뢴다. 그리고 신랑의 아버지는 자식을 초례醮禮[110]하고서 친히 맞아 오기를 명한다. 명을 내릴 때 신랑에게 술잔을 내리면서 "가서 너의 아내를 맞이하여 우리 종사宗事를 잇되, 공경으로 통솔하기를 힘쓰며, 너에게는 상도常道가 있어야 한다."고 명을 내리면 신랑이 "예 알겠습니다. 오직 감당하지 못할까 두렵습니다. 감히 명을 잊을 수 없습니다."라고 대답한다.[111]

....

109 한국의 전통적 예속은 남자가 여자 집으로 가서 혼인예식을 하고 그곳에서 일정기간 살다가 데려 왔으니 중국과는 다르다. 요즘은 이성이 아니라 이민족과의 결혼도 잦고 따라서 외국인 신부를 맞이하는 경우도 많으니 과거와 같은 형식의 친영은 이미 곤란해졌다.
110 醮는 祭祀를 지내다, 빌다, 祈願하다, 술을 따르다의 뜻이 있고 또 혼례를 달리 이를 때 사용하는 말이다.
111 이재『사례편람』「親迎」, "先以卓設酒盞盤於堂上. 主人盛服坐於堂之東序西向設. 壻度於其西北南向. 壻升自西階立於席西南向. 贊者取盞斟酒執之詣. 壻度前壻再拜, 升席南向受盞跪祭酒興就席末跪啐酒, 興, 降度西授, 贊者盞又再拜, 進詣父坐前東向跪. 父命之曰往迎爾相, 承我宗事, 勉帥以敬. 若前有常. 壻曰諾惟恐不堪不敢恩命勉, 伏興再拜出."

초자례가 끝나면 신랑이 나와 말을 타고 신붓집으로 간다. 시간은 초저녁이다. 이때 신랑이 입는 옷은 『오례의』에서 "관직이 있는 자는 현직이나 이미 지난 직이나를 막론하고 공복公服 차림을 한다. 문무 양반의 자손 및 급제한 생원은 사모에 각대 차림을 한다. 서인은 입자笠子에 조아絛兒 차림을 한다. 사모와 각대를 갖출 수 없는 사람은 입자에 조아 차림을 해도 괜찮다. 의복은 모두 면주綿紬나 목면木綿으로 만든 것을 착용한다." 하였다.

시간이 초저녁이라 하였지만 정자의 견해에 의하면 양가의 거리가 멀고 가까움에 따른 상대적인 의미가 된다.[112] 즉 신부의 집이 멀면 일찍 출발해야 하는 것이고 가까우면 해 질 녘에 도착하도록 감안하여 떠나면 된다. 혼례의 혼昏은 아내를 맞이하는 예가 어두워지기를 기다려 이루어지는데서 나온 이름이다. 『의례儀』 「사혼례」의 기記에서 "혼례에 관계되는 모든 일은 반드시 저물기 시작할 때와 밝기 시작할 때의 시간을 쓴다." 하였는데, 밝기 시작할 때의 시간을 쓰는 것은 신랑이 신부의 집을 향해 가는 것으로, 납채, 문명, 납길, 납징, 청기의 다섯 가지 일은 모두 밝기 시작할 때이고, 저물기 시작할 때의 시간을 쓰는 것은 신랑이 친영할 때를 말하는 것이다.

이때 통속적 관행으로는 한 사람이 기러기를 가지고 앞서 간다.[113] 먼저 촛불로 앞에서 인도하고 기러기 안은 사람이 신랑을 인도한다. 신붓집에 도착한 신랑은 대문 밖에서 말을 내려 들어가 다음의 차례를 기다린다.[114]

....

112 이재 『사례편람』 「親迎」, "程子曰 禮雖曰初昏, 然當量居之遠近."
113 이재 『사례편람』 「親迎」, "以燭前導俗用一人執雁前行."
114 이재 『사례편람』 「親迎」, "壻下馬于大門外入竢于次."

② 초녀례醮女禮

이때 신붓집에서는 신부의 초녀례醮女禮가 거행된다. 물론 신붓집의 혼주도 먼저 혼사의 일을 사당에 고한다. 그리고 딸을 초례하여 명령을 내린다. 혼주가 딸에게 술잔을 내린 뒤에 "공경하고 경계하여 아침저녁으로 시부모의 명령을 어기지 말라." 하는 명을 내리고, 어머니는 관과 배자를 정돈시키며 "힘쓰고 공경하여 밤낮으로 너의 규문의 예절을 어기지 말라." 당부한다. 여러 백숙모와 고모 올케 언니들은 중문안에서 배웅하고 옷차림을 고쳐주며 부모님의 명령을 거듭 환기시키면서 "너의 부모님의 말씀을 삼가 들어 밤낮으로 허물됨이 없게 하라."고 한다.[115]

③ 전안례奠雁禮

초녀례가 끝나면 신부 측의 혼주가 나와 신랑을 맞아들이고 신랑은 기러기를 드린다.[116] 이것을 전안례라 하는데 이는 신랑이 신부와 화목하게 살겠음을 다짐하는 예이다. 『의례』 「사혼례」에는 육례에서 모두 기러기를 썼는데 『가례』에서는 친영에서만 기러기를 썼다. 이것은 간략하게 줄여서 그렇게 한 것이다. 기러기의 의미를 『가례』의 「혼례」와 『의례』의 「사혼례」 소에서 설명하였다. 『가례』에서는 폐백은 살아 있는 기

---

115 이재 『사례편람』 「親迎」, "女盛飾, 姆相之立於室外南向, 父坐東序西向, 母坐西序東向, 設女席於母之東北南向, 贊者醮以酒如醮禮, 姆導女出於母左, 父起命之曰, 敬之戒之, 夙夜無違舅姑之命, 母送至西階上, 爲之整冠斂帔, 命之曰, 勉之敬之, 夙夜無違爾閨門之禮, 諸母姑嫂姉送之于中門之內, 爲之整裙衫申, 以父母之命 曰謹聽爾父母之言, 夙夜無愆, 非宗子之女 則其父醮於私室."

116 이재 『사례편람』 「親迎」, "主人迎壻于門外, 壻出次東面, 主人西面, 揖讓以入, 捧鴈進鴈, 壻執鴈左首, 以從至于廳事, 主人升自阼階立西向, 壻升自西階就階上北向跪置鴈於地, 主人侍子受之壻俛, 伏興再拜, 主人不答拜, 若族人之女, 則其父從主人出迎, 立於其右, 尊則少進, 卑則少退."

러기를 쓰는데, 없으면 나무를 조각하여 만든다. 이는 음양을 따라 왕래하는 뜻을 취한 것이다. 정자는 두 번 짝하지 않음과 음양의 왕래를 취한 것이라고 하였다.[117] 『의례』에서는 기러기가 나뭇잎이 떨어지면 남쪽으로 날아가고 호수가 얼면 북쪽으로 돌아가니 음양을 따라 왕래하는 것이니 이것을 통하여 부인이 남편을 따르는 의리를 밝힌 것이라고 하였다.[118] 「사혼례」에서는 아래 신분에도 통용하여 납채에 기러기를 쓴다고 하였다. 주희에 따르면 "「사혼례」에서 아래의 신분에도 통용하여 납채에 기러기를 쓴다고 한 것은 사인부터 서인에 이르기까지 모두 '임시로 성대하게 한다.[攝盛]'"는 뜻이라고 하였다. 그런데 정작 주희는 『가례』에서 이 조항을 삭제하였는데 구준은 주희가 간략함을 따른 것이라고 하였다. 기러기를 사용하는 의미를 『가례』에서는 음양에 따라서 오고 간다는데서 뜻을 취하였고, 또 정자의 "다시 짝을 맺지 않는다는 뜻을 취한 것이다."라는 말을 인용하고 있다. 이재는 이것이 『가례』가 『온공서의』를 바탕으로 지었기 때문에 그리 말한 것으로 본다. 사실 『의례』를 가지고 따져보면 기러기대신 오리 거위 등 대체물이 등장하고 있음을 보면 『가례』에서 말하는 전안의 의미는 옛 뜻이라 확정하기 어렵다. 만약 정자나 『가례』와 『온공서의』 등에서 말한 기러기의 상징성에 의미를 둔다면 반드시 기러기를 써서 해야지, 결단코 다른 것으로 대체해서는 안 될 것이다. 다만 기러기가 없을 경우에는 나무로 기러기 모양을 깎아서 하는 것은 가능할 것이다. 또 나무를 깎아 만든 기러기라면 기러기와 흡사한 것으로 대용하는 것도 가능하다. 사실 기러기는 사

---

[117] 『주자가례』「昏禮」, "凡贄用生鴈, 左首以生色繒交絡之 無則刻木爲之 取其順陰陽往來之義. 程子曰 取其不再偶也. 陰陽往來之義."
[118] 『의례』「士昏禮」 疏, "取其木落南翔永泮翔北徂, 能順陰陽往來, 以明婦人從夫之義."

시사철 구할 수 있는 것도 아니며, 이것을 잡는 것도 쉽지 않다. 중국의 강남지역에서는 아예 구경도 하지 못한다. 거위는 기러기와 모양새가 비슷하니 이를 대신 써도 될 것이다. 어느 지역에서는 닭을 사용하기도 했다.

'음양을 따라서 왕래하는 것이다[順陰陽往來]'라는 해석에 대하여도 이견이 있다. 『의례』「사혼례」의 소에서 "기러기는 본디 나뭇잎이 떨어지면 남쪽으로 날아가고, 얼음이 풀리면 북쪽으로 돌아오는 법이다. 남편은 양陽이고 부인은 음陰인바, 지금 기러기를 예물로 바치는 것은 역시 부인이 남편을 따르는 뜻을 취한 것이다." 하였다. 그런데 주희는 "음양에 따라서 오고 가는 뜻이다." 하였고 또 "기러기를 쓰는 것은 역시 섭성의 뜻이다."라고 하였다. 주희가 이미 섭성[119]하는 것을 인정하였으니, 서인庶人이라도 오리를 쓸 수가 없다는 것이다.

이때 기러기는 살아있는 것을 사용하는데 이는 『의례』「사혼례」의 기記에 "예물로 바치는 것은 죽은 것을 쓰지 않는다." 하였기 때문이다. 기러기가 없을 경우에는 나무를 깎아 만들어서 사용한다고 하였다. 이에 대하여 구준은 『가례의절』에서 "살펴보건대, 『백호통』에 '혼례에 쓰는 예물은 선비들이 서로 교제할 때 사용하는 예물인 꿩은 죽은 것[120]이기에 이를 사용하지 않고 대신 찾아낸 것이 기러기라고 하였다.'고 기록했다. 나무를 깎아서 기러기를 만들어 쓰는 것은 죽은 것을 쓰는 데 가깝다고 여겨 기러기가 없을 경우에는 검은 거위로 대신하였다. 거위

---

119 攝盛은 빌린다[假]는 뜻이다.
120 『의례』「士相見禮」 "士가 상견할 때의 예물은 겨울에는 雉를 쓰고, 여름에는 腒를 쓰는데, 꿩의 머리를 왼쪽으로 가게 하여 받든다." 주에서 "군자는 존경하는 사람을 뵐 적에 반드시 손에 예물을 들고서 가는데, 이는 도타운 뜻을 표하기 위해서이다. 여름에는 腒를 쓰는 것은, 썩는 것을 방비하기 위해서이다."

의 모양과 색깔은 기러기와 비슷하며, 모두 발에 물갈퀴가 달려 있기 때문에 이를 가지고 대신하는 것이라고 하였다. 그런데 기러기는 고례에는 대부의 경우에 사용하였고 사의 경우에는 오리를 썼다.

『의례』「사상견례士相見禮」에 따르면 사가 상견할 때의 예물은 겨울에는 치雉를 쓰고, 여름에는 거腒를 썼다고 한다. 존경하는 사람을 뵐 적에 반드시 예물을 들고 가야 한다. 이는 도타운 뜻을 표하기 위해서이다. 여기서 예물로 꿩을 사용하는 것은 꿩이 지조가 굳어서 교접함에 있어서는 때가 있고 헤어진 뒤에는 무리가 있는 뜻을 취한 것이라고 한다. 꿩을 예물로 쓸 때에 반드시 죽은 것을 쓰는 것은 생포하기가 어렵기 때문이다. 여름에는 '거'를 쓰는 것은, 썩는 것을 방비하기 위해서이다. 헤어진 뒤에 부류가 있다 함은 꿩은 암수가 교접을 끝내고 헤어진 뒤에는 암컷과 수컷이 서로 뒤섞여 살지 않음을 취한 것이다. 곧 꿩은 봄에는 교접하고 가을에는 헤어지는 것을 말한다.

④ 교배례交拜禮

전안이 끝나고 나면 신부는 신랑집으로 향하는 수레에 오른다. 신랑도 말에 올라 신부의 가마에 앞서간다. 날이 이미 어두우므로 촛불로 앞서 인도한다. 신랑이 자기 집에 도착하면 신부를 인도하여 맞아들인다. 예를 올릴 방으로 인도하는 것이다.[121] 신랑 신부가 서로 절한다. 앞서서 신랑과 신부는 서로 상대측이 건네는 물 축인 수건으로 손을 씻는다. 그리고 신랑이 신부의 얼굴가리개를 걷어주고 나서 신부가

---

121 이재『사례편람』「親迎」, "婦車亦以燭前導, 至家導婦以入, 壻至家大門外下馬, 立于廳事竢婦下車, 廳前揖之, 導以入, 及寢門揖入升自西階, 婦從之適其室."

자리에 나아가 절하고, 신랑은 답배한다.[122] 『가례』「혼례」편에서 협배俠排의 의미와 시의성에 따른 형식의 변화의 예를 말하고 있다. "여자가 남자와 예를 하는 데는 협배를 한다. 남자는 재배로 예를 삼고 여자는 사배로 예를 삼는다. 옛날에는 신부의 교배례가 없었다. 지금은 세속을 따른다."[123]

⑤ 천지에 서약하는 예[誓天地禮]
⑥ 배우자에게 서약하는 예[誓配偶禮]
⑦ 하나됨을 선언하는 예[合졸禮]

신랑신부의 교배가 끝나면 자리로 옮겨서 서천지례誓天地禮, 서배우례誓配偶禮, 합근례合졸禮를 차례로 행한다. 첫 번째, 서천지례는 양과 음의 기본적 상징으로서 하늘과 땅에 부부가 될 것을 서약하는 절차이다. 두 번째, 서배우례는 신랑과 신부가 배우자에게 서약하고, 서로의 서약을 받아들이는 의식이다. 세 번째, 합근례는 하나의 박이 두 개의 바가지로 나뉘었다가 원 자리로 돌아와 하나가 되었음을 선언하는 의례이다. 근배란 표주박잔이란 뜻이다. 표주박잔은 한 통의 박이 나뉘어져 두 개의 바가지가 된 것인데, 그것이 다시 합해 하나가 된다는 의미이다. 남자와 여자로 따로 태어났다가 이제 다시 합해 부부가 되었다는 선언적인 절차이다.

김장생은 공뢰共牢와 합근合졸을 풀이하여 희생을 함께 먹으므로 존비가 같고, 몸을 합치는 것은 존비가 같아지고, 존비가 같아지면 서

---

122 이재 『사례편람』「親迎」, "婦從者布堵度於東方, 堵從者布婦度於西方, 堵盥于南, 婦從者沃之進帨, 婦盥于北, 堵從者沃之進帨, 堵揖婦就席, 婦拜堵答拜."
123 『주자가례』「昏禮」, "女子與丈夫爲禮則俠拜, 男子以再拜爲禮, 女子以四拜爲禮, 古無堵婦交拜之儀, 今從俗."

로 친해져서 서로 떨어지지 않는다고 하였다.[124]

⑧ 합궁하는 예[合宮禮]

합근례가 끝나고 신랑이 방 밖으로 나가면 음식을 치우고 신방을 꾸민다. 촛불을 켜면, 신부의 시종은 문 밖에서 모신다.[125] 혼인 예식의 절정은 부부가 몸을 합치는 데에 있다. 그리고 이것은 천지지합(天地之合) 음양지교(陰陽之交)에 의해 만물이 생성되듯이 가문을 계승해 간다는 의미가 있다. 혼주는 이 사이에 하객들을 접대하는데 예전에는 남자 손님은 밖의 대청, 여자 손님은 내당에서 한다. 음식만이 아니라 손님을 배웅할 때는 모두 선물로 대접한다.[126]

⑨ 신부가 시부모를 뵙는 예[婦見舅姑禮]

신부는 혼례를 치룬 다음 날 시부모님을 뵙는다. 신부는 일찍 일어나 옷을 갖추어 입고 뵙기 위하여 기다린다. 시부모는 탁자를 앞에 놓고 앉으면 집안 남녀가 시부모보다 나이가 적은 사람은 두 줄로 선다. 신부가 돕는 이들을 통하여 폐백이 담긴 소반을 들고 들어가 절한다.[127] 형식은 시부모가 초례하는 의식처럼 한다.[128] 『의례』「사혼례」에서는 "다

124　김장생『가례집람』「昏禮」, "合巹有合體之義, 共牢有同尊卑之義, 體合則尊卑同, 同尊存卑則相親而不相離矣."
125　이재『사례편람』「親迎」, "壻脫服 婦從者受之, 婦脫服 壻從者受之, 燭出 女從者侍于戶外."
126　이재『사례편람』「親迎」, "男賓於外廳, 女賓於中堂, 饗送者, 凡女家送來者皆酬以幣."
127　이재『사례편람』「親迎」, "婦夙興盛服, 竢見, 舅姑坐於堂上, 東西相向, 各置卓於前, 家人男女少於舅姑者, 立於兩序, 如冠禮之序婦進立於阼階下北面拜, 舅升奠贄幣于卓上, 舅撫之, 侍者 以入, 婦降 又拜畢, 詣西階下, 北面拜姑, 升奠贄幣, 姑擧以授侍者, 婦降又拜."
128　이재『사례편람』「親迎」, "女父母醮女之儀"

음 날 아침에 신부는 일찍 자리에서 일어나 목욕한 다음 머리띠로 머리를 묶고 비녀로 쪽을 찌고 검은색의 예복인 소의宵衣를 입고 시부모를 뵙기 위해 기다린다."하였다. 이때 기다린다는 것은 시부모의 침문寢門 바깥에서 기다린다고 하였다.

⑩ 신부가 시댁의 존장들을 뵙는 예[婦見于尊長禮]

신부가 이미 예를 행하고 난 다음 동거인 중에 시부모 보다 어른이 계시면, 시부모는 신부를 데리고 그 방으로 가 뵙되, 시부모를 뵙던 예와 같이 하여 두 서열로 두루 어른들에게 절한다. 관례 때의 예식처럼 하되, 폐백은 없다. 시숙이나 시누이는 모두 서로 절한다.[129] 이때 시조부모님께 폐백을 드린다.

⑪ 신부가 시댁의 여러 친족들과 서로 만나는 예[相面諸親]

그 밖의 집안 어른들께 차례로 절만 한다. 손아랫사람들과는 맞절을 나눈다.

⑫ 신부가 시부모에게 음식을 대접하는 예[饋于舅姑]

이때 신부가 만일 맏며느리일 때에는 친정에서 가져 온 음식과 술을 상에 차려 시부모님께 술, 밥, 국을 차례로 대접[130]하고, 남은 음식은 물려서 신부가 먹는다.

129　이재『사례편람』「親迎」, "婦旣行禮, 降自西階. 同居有尊於舅姑者, 則舅姑以婦見於其室如見舅姑之禮, 還拜諸尊長于兩序如冠禮, 無贄小郞小姑皆相拜."
130　饋于舅姑: 음식을 대접하는 것은 며느리의 도리가 이미 이루어져 효도로써 봉양을 이루는 것이다. (『家禮』, [補註], 饋者, 婦道旣成, 成以孝養也.)

⑬ 시부모가 신부에게 음식을 내린다[舅姑饗之]

이어 시부모도 또한 신부에게 잔칫상을 차려 주는데 그 상의 음식은 신부 집에도 보낸다.[131]

⑭ 신부가 사당에 나아가 뵈는 예[婦見于祠堂]

신부는 대례를 치르고 3일 째에 시아버지의 안내로 사당에 가서 고사하고 절을 하여 조상을 뵙는 의례이다. 옛날에는 석 달 만에 알현하였는데, 지금은 너무 멀어서 사흘로 고쳐 행한다.[132] 『가례의절』에서는 "신랑과 신부가 나란히 양쪽 계단 사이에 선다. 함께 사배四拜를 한다."고 하였다. 사당에 고하는 서식은 내용은 다음과 같다.

> 아무 성씨가 며느리로 들어와서 감히 시아버님 아무 벼슬 부군께 가채嘉菜의 전례를 드립니다. 아무 성씨가 며느리로 들어와서 감히 시어머님 아무 성씨께 아뢰옵니다.[133]

대례 후 즉시 사당에 고하는 것이 옳으냐 아니면 일성 기간이 지난 다음에 사당에 고하는 것이 옳으냐에 대하여 논란이 있는데, 『사례편람』에서는 3일째에 사당에 고하는 것을 택하였다. 『가례』에는 석 달이 지난 다음에 사당에 고하는 것으로 되어있다. 이는 『의례』를 근거로 한 것으로 보인다. 『의례』 「사혼례」에 이르기를, "만약 시부모가 모두 돌아

---

131 이재『사례편람』「親迎」, "如禮婦之儀禮畢, 舅姑先降自西階, 婦降自阼階."
132 婦見于祠堂: 『家禮』, 「昏禮」: "古者三月而廟見, 今以其太遠, 改用三日." 석 달 동안 시부모에게 죄를 짓거나 쫓겨날 일이 없어야 비로소 제사를 받들고 사당을 알현하여 며느리가 되었음을 인정받았다.
133 이재『사례편람』「親迎」, "某氏來婦, 敢奠嘉菜于皇舅, 某子某氏來婦, 敢告于皇姑某氏."

가신 뒤에 혼인하였다면, 신부가 혼인한 지 3개월 뒤에 날을 택하여 시부모의 사당에 가서 채소를 시부모의 신주에 올린다."하였고 이에 대한 소에서 "반드시 석 달 만에 사당에 알현하게 하는 것은, 석 달이면 한 철로, 천기가 한 번 변하는 때여서 부도婦道가 이루어질 수 있기 때문이다. 여기에서 말한 '시부모가 모두 돌아가셨다'는 것은, 만약 시아버지는 돌아가시고 시어머니는 살아 계실 경우에는, 혼례 당시에는 시어머니를 뵙고, 석 달이 지난 뒤에는 역시 사당에 나아가서 시아버지를 알현하는 것이며, 만약 시아버지는 살아 계시고 시어머니는 돌아가셨을 경우에는, 신부는 들어가서 뵐 사당이 없으며, 혹 다시 계고繼姑가 있을 수도 있으므로 이 경우에는 자연 일상적인 예식 절차와 같이 하는 것이다."하였다. 이에 대하여 주희와 제자의 문답이 있다. 이미 며느리가 되었으면 즉시 사당에 알현시키는 것이 마땅한데, 반드시 석 달이 지나기를 기다려서 알현시키는 것은 어째서인지를 제자가 묻자 주희는 "석 달이 지난 뒤에 일이 결정되는 것이다. 석 달이 되기 이전에는 다시 신부를 혹 내쫓을 일이 있을까 염려하는 것이다. 그러다가 석 달이 지난 뒤에도 내쫓을 만한 일이 없으면 며느리로 정하는 것이다. 그러므로 반드시 석 달이 되기를 기다린 다음에야 사당에 알현시키는 것이다."라고 대답하였다.[134] 신부를 사당에 고하는 시일이 3일과 석 달 중에 어느 것이 더 합리적이냐 하는 문제는 오늘날 혼인신고를 언제 하느냐의 문제와 맞닿아 있다.

---

134 『주자어류』 89:11 問: "廟見當以何日?" 曰: "古人三月而後見." 曰: "何必待三月?" 曰: "未知得婦人性行如何. 三月之久, 則婦儀亦熟, 方成婦矣. 然今也不能到三月, 只做箇節次如此." 曰: "古人納采後, 又納吉. 若卜不吉, 則如何?" 曰: "便休也." 淳(61·70세). 89:12 或問: "古者婦三月廟見, 而溫公禮用次日. 今有當日卽廟見者, 如何?" 曰: "古人是從下做上, 其初且是行夫婦禮: 次日方見舅姑: 服事舅姑已及三月, 不得罪於舅姑, 方得奉祭祀." 義剛.

⑮ 신랑이 신부의 부모를 뵙는 예[壻見婦之父母禮]

다음 날 신랑이 처가에 가서 장인과 장모에게 절하고 폐백을 올린다. 이어서 신붓집 집안의 친척을 뵙고 절한다. 신붓집에서는 신랑에게 잔칫상을 차려 대접한다.[135]

이로써 혼례의 절차가 다 끝난다.

현대사회는 공동체보다 개인의 삶이 중요하며 중심이 되고 있다. 근래 비혼非婚이라는 단어가 빠르게 미혼未婚을 대체하고 있다. 뿐만 아니라 결혼을 하는 경우에도 그 형식과 절차가 다양하게 진행되는 것을 본다. 이러한 세태 속에서 위에서 살펴본 혼례가 현실에서 얼마나 기능할 수 있을지, 또 그 의미가 과연 구현될 수 있을지 혼란스러울 수 있다. 그러나 혼례 연구는 『논어』 「팔일」에도 소개된 바 있는 곡삭告朔의 예와도 같다고 할 수 있다. 곡삭은 매월 초하루에 조묘에 살아있는 양을 희생으로 바쳐 제사 지내는 주나라의 의식으로, 공자가 살던 시대에는 이 의식의 의미는 없어지고 희생양만 바치는 형식만 유지되고 있었다. 이에 자공은 형식만 남은 이 의식을 아예 없애는 것이 낫겠다는 의견을 제시하는데 이에 대해 공자는 형식까지 없어져 버리면 앞으로는 곡삭의 예 자체가 없어져버릴 것을 염려하였다.

사실상 오늘날 행하여지는 전통혼례뿐만 아니라 현대적 예식에서도 옛 친영에서의 절차만을 압축하여 다루고 있는데 이재 『사례편람』의 저자 이재는 당시의 혼례에서 친영의 중요성을 다음과 같이 밝혔다.

....

135 이재 『사례편람』 「親迎」, "饌如俗儀, 酒或三行五行, 親迎之夕不當見父母及諸親, 設酒饌以婦未見舅姑故也."

살펴보면 옛날 혼인에는 반드시 친영을 했는데, 오늘의 세속에는 행하는 이가 적으니, 대체로 예교가 해이해져서 그렇다. 자사 중용에서 말씀하시되, 군자의 도는 부부로부터 시작된다 했거늘, 이제 혼인의 처음부터 예로써 서로 따르지 않는다면, 첫출발을 바른 도에 견주면 과연 어떠하겠는가. 만약 옛것을 좋아하는 군자라면 스스로 마땅히 『의례』대로 해야 할 것이다."[136]

당시 조선사회에서 신부의 집에 가서 혼례를 치르고 그곳에서 살다가 본가로 돌아오는 것이 일반화되어 있었기 때문에 나온 의견인데, 예와 혼인의 본질에 대한 성찰에서 나온 견해이다.

3. 조선시대 '친영제 수용과 정착

1) 천 년 전통의 '서류부가혼壻留婦家婚'

조선은 사士의 나라이다. 조선의 학인들은 중국과 조선이 땅과 풍기風氣가 같지 않을 뿐만 아니라 제도와 문물이 서로 다르다는 것을 명백히 인식하고 있었다. 일례로 사족士族 제도와 노비법은 중국에 없지만 조선에 있는데, 조선의 학인들은 이것이 중국과 다르다고 하여 폐하거나 없앨 수 없다고 하였다.[137] 이는 사헌부 관리들이 조선이 중국처럼 혼인을 친영제로 하여야 하고 기존의 사위가 처가에 가서 혼인예식을 올

---

136 이재 『사례편람』 「親迎」, "案古者昏必親迎, 今世行之者絶少, 禮廢敎弛而然也. 子思曰, 君子之道, 造端乎夫婦. 今於昏姻之初, 不以禮相從, 則其視正始之道, 果何如也. 若好古之君子, 自當如儀."
137 『명종실록』 9년 9월 27일 사헌부

리고 거기서 머물러 살며 자식을 낳는 제도를 폐하여야 한다는 것의 부당함을 내세우며 한 말이다.

그러나 사의 나라인 조선에서 사대부 중심의 국가 운영을 함에 있어서 사에 관한 예를 제정해 놓은 예서와 사의 신분에서 사를 중심에 두고 제정된 『가례』는 그들의 정체성을 확립하고 사회적 위상을 정립함에 있어 매우 고마운 문헌이 아닐 수 없었다. 주희가 현자를 넘어 성인으로 추앙받는 위치에 있었던 것은 조선이 사의 나라였기 때문이라 할 수 있다.

사례 가운데서 혼례는 상대적으로 조선에 쉽게 정착되지 못했다. 『가례』에서 말하는 친영은 혼인에서 남자가 주도권을 쥐고 있는 제도이다. 이것은 종법제도와 밀접한 관련이 있다. 혼례에 대한 규정에서 종법을 자주 거론하는 것에서 잘 드러난다. 그런데 서류부가혼례제는 이 종법제의 취지와 맞지 않는다.

『가례』 속의 혼례제도를 적극적으로 시행하고자 하는 노력이 구체화된 것은 조선초기부터로 보인다. 그런데 다른 예제와 달리 사대부도 민간에서도 혼례에 대해서는 별 호응이 없었다. 풍속이 지니고 있는 보수성 때문일 것이다. 서류부가혼제는 사실 삼국시대 이래로 지속되어 온 혼속으로 보인다. 『후한서』 고구려전에 "혼인을 하면 남자는 모두 신부의 집으로 가서 자식을 낳아 다 자란 뒤에 돌아온다."고 하였다. 『삼국지』 「위지魏志」 동이東夷전에도 고구려의 혼인 풍속을 전하고 있는데, 이에 따르면 '혼인의 약정이 이루어지면 여자의 집에서는 집 뒤에 작은 집을 지어놓고 서옥壻屋 곧 사위집이라 이름한다. 남자가 저물 때 여자의 집에 와서 자기의 이름을 알리고 무릎 꿇고 절하면서 따님과 함께 자고 싶다고 세 번 요청하면 여자의 부모가 듣고 서옥에서 자게 한다. 이때 주변에 돈과 비단을 차려놓는다. 아이를 낳아 장성하면 아내를 데

리고 남자의 집으로 돌아간다.'[138]

송나라 서긍이 1123년 고려에 사절로 왔다가 돌아간 다음 쓴 책[139]에는 고려는 이적夷狄들 가운데서는 문물이 발달하고 예의바른 나라로 불리지만 관혼상제는 예禮를 따르는 것이 매우 적으며 부인이 땋은 머리[髽髻]를 아래로 내려뜨리는 것은 오히려 완연히 좌수髽首와 같은 모양이며, 귀족이나 벼슬하는 집안[仕族]에서 혼인할 때는 대략 예물[聘幣]을 쓰지만, 백성들은 단지 술이나 쌀로 혼인할 따름이고, 부유한 집에서는 아내를 서넛이나 맞이하는데, 조금만 맞지 않아도 헤어진다고 하였다.[140] 그가 '예'를 따르지 않는다 함은 예서 곧 『예기』나 『의례』에 의한 것이 아니라는 뜻이다. 고려의 혼인제도는 일부일처제가 원칙이었지만, 권세가나 부유한 사람들은 일부다처제의 현상도 있었던 것으로 보인다.

그로부터 150년이 경과한 고려 원종 12년(1271) 고려의 다루가치였던 원의 탈타아脫朶兒가 고려의 재상 가문에서 며느리를 보려고 하자, 나라에서 재상 가문 두세 곳을 적어 주고 스스로 택하라고 하였더니 탈타아가 자태가 고운 김련金鍊의 딸을 고르자 그 집의 데릴사위가 신변의 위협을 느껴 집을 나가버렸다고 한다.[141] 재상집에 데릴사위가 있

....

138 『삼국지』 「위지동이전」 고구려전

139 서긍(徐兢)이 1123년(인종 1) 송의 사절의 한 사람으로 고려에 왔다가 한 달간 머물며 보고들은 것을 그림을 곁들여 지은 『선화봉사고려도경(宣和奉使高麗圖經)』이다. 이 책은 금의 개봉부 공격 때 없어지고 그의 집에 남아있던 부본만 남아 그림 없는 도경이 되었다.

140 서긍『宣和奉使高麗圖經』卷22 雜俗1, "冠婚喪祭, 鮮克由禮. 若男子巾幘, 雖稍放唐制, 而婦人髽髻下垂, 尙宛然髽首辮髮之態. 貴人仕族, 昏嫁, 略用聘幣, 至民庶, 唯以酒米通好而已. 又富家, 娶妻至三四人, 小不相合, 輒離去."

141 『고려사』世家 卷27 元宗 12年 2월 "是月, 脫朶兒爲子求婦, 必於相門, 凡有女者懼, 競先納壻. 國家記宰相兩三家, 使自擇焉, 脫朶兒選姿色, 欲聘金鍊女, 其家已納預壻, 其壻懼而出. 鍊時入朝未還, 其家, 請待以成禮, 不聽. 國俗, 納年幼者, 養于家待年, 謂之預

었던 것을 알 수 있다. 이러한 혼속은 삼국시대부터 고려를 거쳐 조선 중엽에 이르기까지 1천여 년을 거쳐 오도록 지속된 것으로 보인다.[142] 그리고 이것은 북방민들의 결혼풍속이었던 것이다.

1483년 조선의 성종과 건주위建州衛 여진족 지도자들과의 대화에 그들의 혼속에 대한 문답이 들어있다.

> 성종의 물음: 너희들은 혼인을 어떻게 하는냐?
>
> 야인의 답변: 남자가 여자의 집에 갑니다.
>
> 물음: 납채納采와 납폐納幣의 예식이 있느냐?
>
> 야인의 답변: 사위 집에서 먼저 갑옷과 투구, 활과 화살을 폐물幣物로 삼아서 여자 집에 보내고, 다음은 금술잔, 다음은 소 두 마리와 말 두 필, 다음은 의복과 노비를 보내는데, 각각 그 집의 경제력에 따라서 주며, 부자는 3, 4년 만에 예식을 이루고, 가난한 자는 비록 10년의 오랜 세월에 이르러서도 예를 이루지 못합니다.
>
> 물음: 혼인하는 날에 잔치하여 술을 마시는 예식이 있느냐?
>
> 야인의 답변: 사위가 가는 날 저녁에 여자 집에서 소를 잡아 잔치하여 술을 마시고 이튿날 사위의 친척을 맞이하여 위로합니다.
>
> 물음: 같은 형제가 만약 먼저 죽는 이가 있으면, 그 아내에게 장가간다고 하는데, 그러한가?

壻." 脫朶兒는 톡토르로 불렸다고 한다.

142 이는 중종 때 박열의 언급이다.『중종실록』11년 2월 20일 1번째 기사 朴說曰: "親迎, 乃婚姻之正禮, 斯爲美事也. 然自三國, 高麗已歷千餘年, 尙未能行. 今使行之, 至爲美矣, 然其習尙, 不可卒變, 治罪而使行之, 亦未合宜, 試令行之而已." 上曰: "風俗, 何可以法變之哉? 使人心皆知其當行, 而先行於上, 則下可白爲矣." 여기서 삼국시대 고려시대에 친영이 없었다는 것이지 그것이 줄곧 예서제라는 말은 아니다. 그러나 친영이 아니라면 그것은 서류부가혼 곧 남자가 여자의 집에 머물며 혼인을 하는 것을 말한다.

야인의 답변: 형의 아내가 만약 얼굴이 아름답고 재물이 많으면 장가갑니다.
이때 다른 일행 중 한 명이 급히 중지시키며 "네가 어찌 이런 말을 하느냐? 귀족貴族에게 어찌 이런 풍습이 있겠습니까? 이는 다만 종의 무리들의 일일 뿐입니다."[143]

2) 조정의 '친영'제 시행 권장

『조선경국전』을 지은 정도전은 예전편에서 "남자가 여자의 집으로 가니 부인이 무지하여 자기 부모의 사랑을 믿고 남편을 가볍게 여김이 없지 않고, 교만하고 질투하는 마음이 나날이 커져서 마침내 반목하기에 이르니 무너지고 바뀜이 모두 시작이 근엄하지 못한 데 있다."[144]고 하였다. 그는 이러한 폐단이 예경에 있는 친영을 행하지 않음으로 생겼다고 보았다. 『가례』에 따른 친영제가 잘 이행되지 않는 이유로 오랜 풍속의 서류부가혼 때문이라는 지적은 『실록』에 여러 차례 나온다. 이를테면 태종 14년 의정부에서 "혼인의 예가 남자가 여자의 집으로 들어가서 아들과 손자를 낳아 외가에서 자라니 사람들이 본종의 중함을

---

143 『성종실록』14년 1483년 10월 19일 1번째 기사 野人趙伊時哈等八人辭. 命都承旨李世佐賜酒, 仍問曰: "汝衛男婚女嫁, 何以爲禮?" 答曰: "男往女家." 又問: "有納采, 納幣之禮乎?" 答曰: "壻家, 先以甲冑, 弓矢爲幣, 而送于女家, 次以金盃, 次以牛二頭, 馬二匹, 次以衣服, 奴婢. 各因其家之貧富, 而遺之, 富者三四年, 而成禮, 貧者雖至十年之久, 而猶未得成禮." 又問: "婚娶之日, 有宴飮之禮乎?" 答曰: "壻往之夕, 女家宰牛宴飮, 翌日邀壻之親戚, 而慰之." 又問: "同生兄弟, 若有先死者, 娶其妻, 然乎?" 李木長哈曰: "兄妻若貌美, 而多財者, 則娶之." 童巨右同遽止之曰: "汝何發此言? 貴族, 則安有此風乎? 此特奴輩之事耳."
144 정도전 『삼봉집』 권13 朝鮮經國典 上 禮典 婚姻

모르고 어머니가 천인이면 모두 천인이 되는 것"을 지적하였다.[145] 여기서 혼인과 관련된 신분의 문제 특히 천인의 신분 계승의 문제인 노비종모법까지 거론되고 있다. 같은 해 10월에는 나라의 여러 풍속이 중국과 대등하나 혼례만은 재래의 풍속을 따르니 고금을 참작하여 혼례제도를 정할 것을 명하였다.[146] 태종15년 1월 15일에는 예조에서 고려 때의 혼인 예법이 남자가 여자의 집으로 들어가 아들과 손자를 낳아서 외가 外家에서 자라게 하기때문에 외가 친척의 은혜가 중하여져서 외조부모와 처부모의 상을 당하면 모두 30일 휴가를 주었는데 본조에 이르러서 아직도 그대로 옛 풍속을 따르므로 친소親疏에 차등이 없어 참으로 편안하지 않다고 하고 외조부모의 대공大功에는 말미를 20일 주고, 처부모의 소공小功에는 15일을 주자고 하였다.[147] 친영이 아닌 상례에서까지 연관된 문제가 이어져 나온 것이다.

　태종이 친영제의 전면 실시와 정착을 위해 노력했으니 잘 이루어지지 않았다. 1430년 세종 12년 12월 22일 왕은 태종 때 친영의 예를 실시하자는 의논이 있었으나, 사대부가에서 나이 어린 처녀도 모두 서둘러 결혼을 시켰다. 세종은 이것이 친영을 행하기 어려웠기 때문이라 생각하고 그 어려운 이유를 캐물었다. 이때 김종서는 남자가 여자의 집으로 가는 것이 그 유래가 오래라고 하고 "만일 여자가 남자의 집으로 들어가게 된다면, 곧 거기에 필요한 노비 의복 기명器皿을 여자의 집에서 모두 마련해야 하기 때문에, 그것이 곤란하여 어려운 것입니다. 남자의 집이 만일 부자라면 신부를 접대하는 것이 어렵지 않겠지만, 가난한

145　『태종실록』14년 1월 4일
146　『태종실록』14년 10월 18일
147　『태종실록』15년 1월15일

사람은 부담하기가 매우 어렵기 때문에, 남자의 집에서도 이를 꺼려왔습니다."라고 하자 왕은 왕실에서 먼저 실시하여, 사대부들로 하여금 본받게 하자고 하였다.[148] 그리하여 세종은 예조에 명하여 "이제부터는 왕자·왕녀의 혼인에는 한결같이 옛 제도를 따라서 시작을 반듯하게 하는 도[正始之道]를 삼가 행할 것이니, 친영의주親迎儀註를 옛것을 참작하여 시의에 맞게 상정詳定하여 아뢰라. 혹 사대부의 집에서도 역시 이를 행하고자 한다면 의주儀註가 있어야하니, 아울러 정하여 아뢰라."[149] 하였다.

이듬해인 1435년 정월 23일 예조에서 전년도의 왕명에 따라「친영의주」를 제정하여 올렸다. 이에 따라서 3월 4일 왕가의 친영이 솔선수범의 형태로 이루어졌다.[150] 이 의주는 매 단계마다 구체적인 도수를 밝히는 등 매우 상세하게 또 『가례』의 친영의절과 맞게 제정되었다. 이때의 신랑은 사대부 가문의 윤평이었고 신부는 태종의 13녀인 숙신옹주였다. 이듬해에는 왕실의 광평대군이 사대부가 신자수의 딸을 친영하였다.

그러나 세종의 거듭된 권고와 정책이 있었음에도 불구하고 사대부가에서는 친영이 좀처럼 수용 시행되지 않은 듯하다. 세종 21년(1439) 사헌부의 계달에는 "근자에 사대부의 집에서 혼인하는 일을 예제에 따르지 아니하고, 남녀의 나이가 겨우 열 살이 지나면 혼인하며, 열 살에 이르지 못하였는데 납채와 납폐을 하여 임시 혼인을 하고 예혼預婚이라고 이르는 자까지 있다."고 하였다.[151]

----

148 『세종실록』 12년 12월 22일
149 『세종실록』 16년 4월 17일
150 『세종실록』 17년 1월 23일
151 『세종실록』 21년 6월 26일

세종시대를 지나 조정은 권력다툼의 소용돌이에 빠지게 되고 사화도 발생했다. 성종을 거쳐 중종대에 조광조를 비롯한 신진 사류들의 분위기 쇄신에 따른 친영제도가 다시 집중 거론되었다. 중종 5년(1510) 12월 19일 성균관의 생원 이경李敬 등이 편의10조便宜十條를 올렸는데 그 가운데 제6조에서 혼인의 예를 바로잡자는 내용이 들어있다. 그는 우리나라의 예악 문물은 중화를 모방하였는데, 이 혼례만은 아직 이적夷狄의 풍속을 따르니, 세종께서 인심의 민멸泯滅을 슬프게 여겨 친영親迎의 예를 제작하고 왕궁에서부터 시행하였는데 이는 솔선수범의 경우이며 사부士夫의 집에서는 옛 습속에 젖어서 이것을 행하지 못하고 있다고 지적하였다.

> 혼인에 바른 예법을 따르지 않고, 남자가 어두운 밤을 타서 여자의 집에 이르러 얼굴도 보기 전에 정의情誼가 이미 친압하게 되니, 예물을 갖고 서로 보는 예절이 어디에 있습니까. 초례를 마치면 남편은 아내의 집에 기대어 지내면서 마치 머슴이 부잣집에서 호구하는 것 같으니, "너의 집으로 가라."고 한 경계가 어디 있습니까? 그런 까닭에 며느리가 시부모 섬기는 일을 알지 못하여 업신여기는 마음이 생기며, 남편이 집안을 다스리지 못하여 부부의 도가 어그러지게 되고, 존비가 서로 업신여기며 음양이 서로 저항하여 하늘과 땅이 거의 위치를 바꾸는 지경에 이르게 되니, 작은 사고가 아닙니다. … 지금 사람들은 나이가 열 살도 못 되어서 반드시 갓 쓰고 비녀 꽂아 아내를 맞고 남편에게 시집가곤 하여, 이미 실가室家의 책임이 있게 되니, 예절을 훼손하고 도리를 어그러뜨림이 또한 심합니다. … 또 혼인하는 집의 복색服色과 좋은 음식은 다투어 화려하고 사치하게 하여, 재물이 있는 자는 한 번에 거만巨萬의 돈을 소비하고, 가난한 자도 따라가기를 힘써서 스스로 마련하지 못하게 되면 아들은 장성하고 딸은 장년壯年이 되

도록 때를 잃게 되어 홀몸을 원망하는 자가 있기에 이르니, 화기를 손상하는 것은 실로 여기에서 연유됩니다. … 원컨대 전하께서 친영의 예를 회복하여 인륜의 시초始初를 바르게 하시고… 혼례가 바르게 되고 음양이 화순하게 될 것입니다."[152]

성균관 생원 뿐 아니라 언론 삼사에서는 더욱 적극성을 보이기 시작했다. 중종 7년(1512) 석강夕講에서 시강관 윤은필尹殷弼이 세종 때 그러했듯이 지금 만약 위에서 친영을 실행하면 사대부와 서인이 절로 친영을 하게 될 것이라고 건의하니 왕은 "요사이 더러 남자가 여자의 집으로 가는 것을 그르다고 상소하는 사람이 있다고 하면서 대신의 집부터 실행한다면 아랫사람이 절로 본받을 것"이라고 하였다. 소세양이 "지금은 진秦나라 풍속의 처가살이[出贅]와 같이 남자가 여자의 집에서 사는 이가 매우 많으니, 이것이 심히 그릅니다."하고, 손중돈은 "이는 갑자기 고쳐지는 일이 아니니, 점차로 고쳐야 합니다. 거주하는 곳을 '어느 곳에 살라'고 할 수는 없습니다." 하였다. 왕은 "거주하는 곳을 '어느 곳에 살라'고 할 수는 없으나 혼인에서 친영親迎하지 않음은 지극히 불가하다."[153]하였다. 이틀 후 중종은 승정원에 전교하여 친영에 대한 세종의 유훈을 환기하고 이어서 "또한 『오례의五禮儀』에도 종친과 문무 관원 1품 이하 모든 사람의 혼인에 친영하는 의식이 실렸는데, 습속에 버릇이 되어 버려 두고 거행하지 않으니 결여된 법이라 하겠다. 만일 위에 있는 사람들이 먼저 그 예절을 실행한다면 아랫사람들은 자연히 감화될 것이다. 이 뒤부터 경대부의 집에서 혼인할 때에는 친영의 의식을 한

---

152 『중종실록』 5년 12월 19일
153 『중종실록』 7년 11월 22일

결같이 예문禮文에 따라 하면 사서士庶의 집들 또한 본받게 될 것이니, 수의하여 아뢰도록 하라."고 하였다. 친영에 대하여 세종과 같은 의지와 지침과 정책이 내려지고 있었고 이제 왕실 뿐만 아니라 경대부들의 솔선수범을 강조하고 나선 것이다. 중종 13년(1513) 유학幼學 김치운金致雲이 비로소 친영례를 행하여 드디어 일정한 예식으로 삼았다고 한다.[154] 그는 조선에서 기록에 나온 첫 번째 친영을 행한 인물이다.[155] 중종 10년(1515)에는 조정에서 친영에 대한 논의가 매우 활발하였다. 그러나 일부 대신들은 습속이 오래되어 잘 고쳐지지 않는다는 것과 사는 곳을 법으로 지정하는 것은 옳지 않다는 것 그리고 예도 인정과 토속에 맞아야 된다는 것 그래서 역대 왕들이 적극 시행을 장려하고 강행하였어도 잘 되지 않았다는 것, 법에 의한 강행은 옳지 않다는 등 찬성하지 않는 의견을 내고 있었다. 이는 대체로 유순 정광필 김응기 김전 등 원로대신들이었다.

이런 소극적 태도에 신진 사류들은 보다 적극적인 자세로 친영강행론을 펼쳤다. 중종 11년(1516) 박세희 박열 등은 이행하지 않는 사람을 법사로 하여금 규찰 치리하게 할 것을 주장하였다. 정언 박세희는 친영을 "모두 습관에 젖어 거행하지 아니하니… 마땅히 법사로 하여금 규찰하게 하여야 할 것"이라 하였고, 대사헌 박열은 친영은 "삼국에서 고려까지 1천여 년을 거쳐 오도록 아직도 능히 실행하지 못하였으니, 이제 시행케 하면 극히 아름다운 일입니다. 그러나 풍습을 갑자기 고치기가 어려울 것이고, 죄로 다스리면서까지 시행하도록 한다는 것도 합당

---

154 『연려실기술』 별집 제12권, 政敎典故 婚禮
155 『증보문헌비고』 "十三年 許 士庶親迎禮 幼學金致雲始行親迎 遂爲定禮 己卯文正公 趙光祖等被禍 是禮亦從而廢."

하지 않으니 시험 삼아 시행하여 볼 따름입니다." 하였다. 이때 영사 정광필도 "수백 년이 되도록 오히려 시행하지 못한 것은 갑자기 고치기가 어렵기 때문인데 법을 세워서 시행케 한다는 것은 마땅하지 않다."고 하였다. 왕은 우의정 김응기도 시행하지 말라는 의견을 내는 판국에 처벌은 곤란하다는 입장을 표명하였다.[156] 그러나 중종은 이듬해 영돈녕부사 윤지임의 딸을 계비로 맞으면서 예조에 고례古禮를 참작해서 '친영의주親迎儀註'를 마련하여 아뢰라는 전교를 내렸고, 마침내 7월 19일에 태평관에서 계비의 친영례를 행하였다.[157] 이처럼 친영이 어느 정도 정례화 되던 차에 1519년 조광조가 실각하자 따라서 폐하여졌다.[158]

그러나 중종 19년(1524) 세자친영의주世子親迎儀註와 책빈의주冊嬪儀註를 군자감정軍資監正 최세진崔世珍[159]에게 언문諺文으로 번역하게 하였다. 친영의주의 언해는 조정에서 사서인에게까지 친영의 예를 시행하게 하

---

156 『중종실록』 24권, 중종 11년 2월 20일 熹曰:"近日親迎及鄕飮酒禮, 上欲斷然行之, 甚盛事也. 婚禮, 乃萬福之始, 婚禮正然後, 夫夫婦婦, 而父子定矣. 鄕飮酒禮, 亦使鄕黨, 習於禮, 而朋友和睦者也. 玆皆先王之良政善俗, 而今皆因循不擧, 豈非大欠事乎? 宜使法司糾察. 且於外方, 須下諭監司, 行之甚當." 上曰:"在世宗朝, 常欲行之, 而至今不行. 前日雖議之, 以爲舊習不可卒變, 故至今尙未行矣. 祖宗命使行之, 而至今未能行, 亦有其意. 近者大臣又請勿行. [前日經筵, 右議政金應箕所啓] 大臣旣曰不可, 則朝士之不行者, 何可罪乎? 宜上自公卿先行之, 使下人自然效之, 可也." 朴說曰:"親迎, 乃婚姻之正禮, 斯爲美事也. 然自三國, 高麗已歷千餘年, 尙未能行. 今使行之, 至爲美矣, 然其習尙, 不可卒變, 治罪而使行之, 亦未合宜, 試令行之而已." 上曰:"風俗, 何可以法變之哉? 使人心皆知其當行, 而先行於上, 則下可自爲矣." 朴說曰:"法司固當糾察矣, 然使其卽變, 甚難矣." 領事鄭光弼曰:"親迎, 乃美事也. 世宗亦欲行之, 今幾百年, 而尙未行. 此 未能卒變而然也. 若曰不可行, 則似有沮抑美事, 然立法行之, 則似未得宜."

157 『중종실록』 12년 3月 24日, 4月 9日, 7月 19日

158 『증보문헌비고』 "十三年 許 士庶親迎禮 幼學金致雲始行親迎 遂爲定禮 己卯文正公趙光祖等被禍 是禮亦從而廢."

159 최세진(1468-1542)은 漢學敎授를 겸하여 『四聲通解』를 완성했고, 중종 19년(1524) 軍資監正으로 『親迎儀註』와 『冊嬪儀註』를 諺解하고, 중종 22년(1527)에 『訓蒙字會』를 저술하였다.

려는 의지의 표현으로 보인다. 중종은 1540년 다시 혼례가 정도를 잃고 있다는 홍문관 등의 상소에 따라 친영례를 시행할 것을 전교하면서 중국 사람이 우리나라의 풍속을 물을 적에는 먼저 혼인과 상제喪祭에 대해 묻는다고 하면서 혼례를 바르지 않은 방법으로 거행해서는 안 된다고 하고 해오던 일을 중도에서 폐기한 채 거행하지 않고 있으니, 마땅히 신명申明하여 거행하게 해야 된다고 하였다.[160]

3) 절충형의 혼의婚儀 - 반半친영

초기 훈구 권신들 중심의 조정이 사림에 의하여 주도되면서 친영을 중심에 둔 혼례는 당연시 되어 그 시행과 정착이 활기를 띠게 되었다. 그러나 조정의 친영강행에 세간에서는 절충형의 예제가 나타나기 시작하였다. 이것을 '반半친영'이라 불렀다. 이에 대한 첫 제안은 명종 4년(1549) 4월 2일 예조 판서 윤개尹漑[161]의 진언이라 할 수 있다. 기묘사화 때는 친사림파이기도 했던 그는 그로부터 상당한 세월이 흐른 다음인 이때 다소 유연한 형태의 친영론을 주장했다. 그는 혼인은 넉넉함과 간약함이 알맞고 인정에 편해야 영구히 행해질 수 있는 것인데 『오례의』에서 신분의 귀천과 상하를 막론하고 다 친영을 제도로 삼고 있는데, 국속國俗이 전혀 이를 따르지 않고 있다고 하고 친영이 이것이 비록 이상적인 예제이기는 하지만 인정人情을 거스르면서까지 강행할 필요는

---

160 『중종실록』35년 1540년 5월 22일
161 윤개(1494-1566)는 호가 西坡이다. 사간원정언을 거쳐, 1519년 이조좌랑으로서 인사에 관여, 사림을 힘써 등용하였다. 이 해에 기묘사화가 일어나 조광조·김안국 등이 몰려나자 이에 관련되어 외직으로 좌천되었다. 탁월한 한어실력으로 재기용되어 성절사·사은사의 서장관으로서 명나라에 내왕하였다. 인종 이후 예조판서로서 오래 근무하면서 의식과 법도를 대략 정돈했다.

없다고 하였다. 그는 나라의 시속에서 행하는 혼례는 '남녀가 외진 골방에서 몰래 서로 만나 3일이 지난 뒤에야 비로소 상견相見하니, 이는 사정私情을 앞세우고 예의禮義는 뒤로 한 것으로 매우 무례한 제도'라고 하면서 "만약 혼인하는 날 저녁에 상견하고 마주 답배答拜하기를 마치 동뢰연同牢宴처럼 한다면 그래도 괜찮겠습니다."하면서 이를 법령으로 정해서 사람들이 편리하게 여긴다면 점차적으로 습관이 될 것이라고 하였다.[162]

명종 9년(1554) 9월 27일 사헌부에서 우리와 중국은 땅도 달라 풍기風氣가 같지 않기 때문에 제도와 문물은 서로 다르지 않을 수 없는 것이라고 하면서 예제에 대한 이의를 제기하였다. 이 때 사헌부가 든 예시는 다음의 몇 가지다. 사족 제도는 중국에는 없는데 우리나라에는 있고, 노비법도 중국에 없지만 우리나라에는 있는데 이렇게 다르다고 하여 사족을 폐하거나 노비를 없앨 수는 없는 것이며 혼례 또한 마찬가지라고 하였다. 아내가 남편 집으로 가는 것이 순례順禮이지만 우리나라에서는 남편이 아내 집으로 가며, 여묘廬墓살이가 옛적부터 하던 것이 아닌데 우리나라에서는 3년을 여묘살이를 하는데 그러하다고 '친영'을 복구할 수 있고 여묘를 폐할 수 없는 것과 같이 한결같이 중국의 제도를 따를 수는 없는 것이라고 하였다.[163] 당시 예조판서나 사헌부 헌관들은 대부분 사림들인데 이들이 친영 강행에서 한발 물러서는 듯한 태도를 취한 것은 권신들과 일반의 친영 강행에 따른 반론이 점점 확산되고 있음을 의식하고 현실적 절충안을 택한 것이라고 할 수 있다.

반친영은 신랑이 신부를 맞아 시댁으로 돌아간다는 시가살이의 친

---

162 『명종실록』 4년 4월 2일
163 『명종실록』 9년 9월 2일

영개념은 같으나, 혼례식은 신랑집이 아닌 신붓집에서 올린다는 점에서 차이가 발생한다. 그렇기 때문에 완전한 친영은 아니지만 결과적으로는 신부가 시댁으로 향한다는 뜻에서, 그 이름을 일러 '반친영'이라 한 것으로 보인다. 친영 시행 강경론을 펼치던 사림이 명종대 이후 '반친영'이란 타협안을 제시한 것은 친영 정착이 힘들다는 것과 그럼에도 남자가 여자 집에 들어가 사는 제도는 종법제적 사회구조에서 물러설 수 없는 사안이었기 때문으로 보인다. 그들에게 처가살이 혼속은 반드시 개혁이 필요한 '합당하지 못한' 의례였을 것이다.[164] 이제신李濟臣(1536-1584)의 「청강쇄어淸江瑣語」에 다음의 기록이 있다.

> 우리나라의 혼례 풍속은 혼인날 저녁에 촛불을 밝혀 놓고 신부를 들여보낸다. 그 다음 날에는 신랑의 친지들이 그 처가로 일제히 방문하면 그 집에서는 음식을 차려 잔치를 벌이는데, 이것을 '남침覽寢'이라 한다. 3일째에 부부가 비로소 동뢰연同牢宴의 상견례를 행하고 이것을 '독좌獨坐'라 하는데 대단히 무리한 일이다. 남침이라는 말은 고려말에 생긴 말인데 또 부정不正한 말을 억지로 갖다 붙이니 더욱 폐지하여야 할 일이다. 하물며 직업 없이 돌아다니는 무뢰배들이 남침을 칭탁하여 알고 모르고 간에 날마다 혼가를 찾아다니며 음식을 싫도록 얻어먹는다. 혹은 매일 저녁 높은 곳에 올라 횃불만을 살펴보고 그 집을 찾아가기도 한다. 대체로 남녀의 관계는 시초를 바르게 하는 것이 중한데, 여러 밤을 같이 지내고 나서 비로소 상견례를 행하는 것은 외설猥褻하고 무례하지 않은가. 중종 무인년 무렵에 비로소 친영례를 행하였는데, 기묘년에 사류들이 화를 당하자 예도 따라서 폐지되었다. 근래에 와서 사족의 집에서 혼인날 저녁에 『가례』에 의하여 행사

164　김연수 「혼례제도 '친영'의 정착과 변화-서울지역을 중심으로-」 서울 민속학 제3호

하는 것을 곧 '진친영眞親迎'이라 이르고, 신랑이 저녁에 신부의 집에 가서 신랑·신부가 서로 절하고 혼례의 잔치를 행하고는 그 이튿날 시아버지와 시어머니를 알현하는데, 이것을 '반친영半親迎'이라 이른다. 남침의 폐단이 점차로 개혁되어 혼인의 예가 거의 옛 성인의 예법을 회복하였다."[165]

이제신도 '반친영'이 당시 상황에서 합리적 절충이라고 본 것이다. 홍적洪迪(1549-1591)[166]은 선조 4년 12월 청주 한씨 효윤의 딸과 혼인하면서 여자의 집에 의논하고 저녁에 혼인하여 즉시 교배와 합근의 예를 행하니 그 후 사대부가에서 다투어 부러워하고 본받으려 하여 드디어 하나의 풍속이 되었다. 그것을 '반친영'이라 불렀다.[167] 성해응成海應(1760-1839)[168]도 이제신과 같은 견해를 피력하였다.[169]

....

165 淸江瑣語의 저자는 이제신이다. 현재 원문은 대동야승, 패림에 들어있다. 원명은『淸江先生鰲鯖瑣語』이고『鰲鯖瑣語』로 약칭되기도 한다. 우리 나라의 풍속·습관 및 문물제도의 변천과 고사 등이 실려 있다.『연려실기술』별집 제12권, 政敎典故 婚禮에도 수록되어 있다.

166 호는 양재(養齋), 하의자(荷衣子)로, 이황의 문인이다. 예조·병조의 좌랑을 거친 뒤 지제교를 겸하였다. 1580년 예조정랑이 되고, 이듬해 병조정랑으로 옮겼다가 곧 경기암행어사가 되어 민정을 살폈다. 그 뒤 교리·수찬을 지내고, 1583년 정언이 되었다. 이 해 양사에서 이이를 탄핵하자, 이것을 반박하다가 장연현감으로 좌천되었다. 경학에 밝고 論思를 잘하여 홍문관에서 '學士全才'라 불렸다.『하의집』·『荷衣詩什』이 있다.

167 洪迪『荷衣遺稿』年譜 荷衣年譜 荷衣遺稿 附錄: "時國俗不好古. 婚禮尤草草. 壻至女家三日. 始行同牢. 因循旣久. 爲識者所恨. 公當再娶. 議于女氏. 婚夕. 卽行交拜合졸之禮. 其後士夫家爭慕效之. 遂成俗焉. 號爲半親迎者. 是也."

168 1788년 규장각 檢書官으로 임명되었다. 그 뒤 내각에 봉직하면서 李德懋·柳得恭·朴齊家 등 북학파 인사들과 교유하고 각종 서적을 광범위하게 섭렵, 학문의 바탕을 이룩하였다. 옹방강과 같은 청의 학자들과 마찬가지로 訓詁·考證을 바탕으로 하면서도, "한학과 송학의 요점을 잡아 博文約禮의 가르침으로 돌아간다."는 것이 그 주장의 핵심이었다.

169 성해응『硏經齋全集外集』卷58, 筆記類 蘭室譚叢 婚禮 "我國婚禮. 於吉夕燭出. 納新婦就寢. 翌日. 新郞知舊齊訪婦家. 求釃酒食. 名曰覽寢. 覽寢之名. 出於麗季. 至第三日. 夫婦始行同牢宴. 謂之獨坐. 中廟戊寅. 趙靜菴始令行親迎禮. 吉夕卽依家禮行事者. 謂之眞親迎. 卽夕就女家. 交拜釁宴. 明日謁舅姑者. 謂之半親迎. 同牢宴至今稱獨坐床. 而覽寢變爲東床禮者. 婚之日相聚. 打新郞足. 備詰謷語. 討索杯盤. 極可醜潰. 不知更有何人能起

절충형이 아닌 가례대로 해야 한다는 주장도 여전히 강했다. 선조 7년(1574) 9월 8일의 기사에서는 아직까지 혼례 예제가 마련되어 있지 못해 잘못된 옛 풍속을 따르고 있는 상황을 지적하며, 앞으로는 일체 『가례』에 의하여야 한다고 주장하고 있다.[170] 조헌 또한 혼인에 있어 반드시 친영을 하였다고 한다.[171] 강석기가 김장생에게 묻기를 "세속의 혼인에서는 신랑의 아버지가 그의 아들을 거느리고 며느리의 집에 가서 혼례를 올리고는 이어서 신부를 봅니다. 신부가 이때 집지執贄의 예禮를 행하여야 합니까, 아니면 다른 날을 기다려 신랑의 집에 돌아와서 행해야 합니까?"하자 김장생은 "시아버지가 온 때를 인하여 집지를 하고 뵙는 것은 예의 본뜻에 어긋나므로, 뒷날을 기다려서 행하는 것이 좋을 듯하다. 그러나 이것도 큰 근본이 이미 잘못되었으므로 일체 다 잘못이다."라고 하여 제대로 친영이 이루어져야 한다고 보았다.[172]

1647년 송준길은 딸의 혼사에서 사돈이 될 나우천에게 혼사를 예서에 있는 친영의 예대로 행하기를 논의하였다. 그는 친영이 근세의 여러 노선생께서도 행하고자 하였으나 미처 행하지 못한 예이지만 사우士友들이 앞장서 행하여서 이미 통용하는 규례가 되었으니 이것이 도로 폐해지는 것은 옳지 않다고 생각한다고 하였고 다른 것은 몰라도 특별히 친영에 대한 한 절목만은 고례古禮를 따르고 찬품饌品도 고례를 따라 질박한 데로 돌아가는 뜻을 보이고 싶다고 하였다. 그러면서 그는 근래에 한 사인이 한 관인과 사돈을 맺었는데, 사인이 고례를 행하

而正之."
170 『선조실록』 7년 9월 8일 "近年以來, 嫁娶之人, 知古禮之正, 而或以參以舊俗之謬, 二三其禮, 莫適所從. 請自今以後, 婚禮, 一依朱文公家禮."
171 송시열『송자대전』卷207, 行狀 重峯趙先生行狀 "昏姻之禮. 必以親迎."
172 김장생『사계전서』권36 疑禮問解 婚禮

고자 하자 관인이 놀라 고개를 저으며 반대하였고, 강요하자 옷을 떨치고 일어나 돌아가려 하므로 부득이 세속의 예에 따라 행한 일이 있는데, 이 소문이 인근에 전파되어 웃음거리가 되고 있으니, 형과 나는 이 사람들과 같은 불명예가 없었으면 다행이겠다고 하였다.[173] 송준길의 연보에 따르면 그의 사위는 나명좌羅明佐이고 나공羅公이 처음에는 반대하였으나, 송준길의 의사를 따랐고 이때부터 이를 본받는 사람이 많이 생겼다고 한다.

송시열도 61세 되던 1607년 봄에 외손녀 혼례를 행하였는데 사위 권유權惟를 주혼으로 삼고 일체를 『가례』에 따라서 가관假館하여 친영의 절차대로 행하였다. 무릇 모든 자손의 혼인을 『가례』의 혼인 의절대로 하였다고 한다.[174]

이익도 온전한 친영을 행한 것 같지 않다. 그는 안정복과의 문답에서 "나에게 마침 손자의 약혼이 있었습니다. 그 아비가 비록 심상 중에 있으나, 당사자와 혼인을 주관하는 사람이 이미 복을 벗은 뒤이므로 내년 봄에 신붓집에서 혼례를 치르고, 그 아비의 심상이 끝나기를 기다렸다가 신부를 맞이하려고 합니다. 예법에 크게 어긋나지 않을지 모르겠습니다."고 하였다.[175]

---

173 송준길 『동춘당집』 권12, 나우천에게 답함 정해년(1647)
174 송시열 『송자대전』 附錄 卷17, 語錄, 崔愼錄[上] "丁未春. 先生戒李草廬作賓. 而行第三孫茂錫冠禮. 先生曰. 宋人不識冠禮. 至有駭笑者. 故朱子嘗言關著門行吾禮也. 是年春. 先生又行外孫女婚禮於家. 乃使塔權惟主婚而遵行家禮假館親迎之儀. 凡子孫婚娶. 無不用家禮冠婚儀也"
175 이익 『성호전집』 권24, 答安百順 鼎福 問目

4) 주요 친영의절서親迎儀節書

진친영과 반친영의 혼조 속에 예학자들의 혼례에 대한 저술들이 나왔다. 앞에서 다룬 『사례편람』처럼 대부분 『가례』 전반에 대한 주석서 형태의 풀이나 또는 사례를 함께 다루는 가운데 포함된 것도 있지만 관례와 묶어서 혹은 혼례만 다룬 예서들이 있다. 다음과 같은 것들이 주목을 받았다. 정구의 「혼의婚儀」, 송준길의 『관혼의절冠婚儀節』, 장현광의 「혼의婚儀」, 서종화徐宗華(1700-1748)의 「친영의절親迎儀節」,[176] 이익의 「취부의娶婦儀」와 「가녀의嫁女儀」, 안정복의 『관혼작의冠婚酌宜』, 정약용의 『가례작의嘉禮酌儀』 등이 있다.

장현광은 「혼의婚儀」에서 그 의절을 모두 19절차로 나누었다.[177] 그런데 그는 '그릇과 음식을 차림[陳器饌]'을 설명하면서 "친영을 하게 되면 기물과 음식 진설을 마땅히 신랑집에서 해야 할 것이나, 지금은 시속을 따라 친영하지 않으므로, 신붓집에서 이러한 진설을 하는 것이다."[178]라고 하였다.

송준길은 인조10년(1632) 사우였던 권사성權思誠에게 "며느리를 만나 보는 의절은 후일 며느리가 '우귀于歸'하여 시부모를 뵐 때 예에 따

---

176 서종화 『藥軒遺集』 卷3, 書[上] 上陶庵先生書 "近者. 風日之不佳. 生來邜覯. 伏問靜攝體中若何. 漢陰葬事奄過. 摧隕之恫. 想益難耐. 歲初仄聞悠候添症. 旋獲少間之報. 神明所相. 乍驚還忻. 今則寢啖諸節. 幾至復常耶. 門人歲末節祀之行. 大傷風寒. 泬望呻苦. 尙未蘇快. 擬與舍季幷轡進候. 病卽妨行. 且難辦得騎牽. 伏歉伏歎. 當俟日氣稍暄. 委進修候. 親迎儀節. 謹此奉完. 疑自胎呈. 乞賜批誨."
177 장현광 『旅軒先生續集』 권7, 「昏儀」. 절차는 다음과 같다. 1. 納采 2. 納徵 3. 請期 4. 笲禮 5. 陳器饌 6. 壻行告祠堂 7. 醮子 8. 壻至告祠堂 9. 醮女 10. 奠雁 11. 同牢 12. 壻見婦之父母 13. 婦見舅姑 14. 舅姑醴婦 15. 婦見于諸尊丈 16. 冢婦饋舅姑 17. 饗婦 18. 饗送者 19. 婦廟見
178 장현광 『旅軒集別集』 권5, "親迎則陳器饌 當在壻家 而今從俗不親迎 故婦家有是陳也."

라 폐백을 올리도록 하는 것이 마땅할 것 같은데, 어찌 생각하십니까? 며느리가 시부모를 뵙기 전에 사위가 처부모를 먼저 뵙는 것은 본래 예의 뜻이 아니지만, 오늘의 사세로는 그렇게 하지 않을 수 없을 것 같습니다."라고 하여, 폐백의 시기에 관해 며느리가 결혼 후 처음 시부모를 뵐 때가 적당하다는 말을 하고 있다. 이는 송시열과의 혼인을 앞둔 권시權諰에게 준 도움말로 보인다.

『경국대전』(1481) 이후, 영조대의 『속대전』(1746), 『대전통편』(1785)과 같은 대법전에서 『가례』에 따른 혼례절차가 법적 효력을 가지게 된다는 점을 보여주었다. 조선시대의 혼례의 시속은 처가살이 성격을 갖는데 조정에서는 친영을 권장하고 있었는데 1749년 영조는 당시 사대부들이 혼인하는 날에 납폐하고 또 친영을 하지 않는 까닭을 대신들에 묻자 우의정 김약로와 호조 판서 박문수가 "가난하고 군색하여 예를 갖출 수 없고 또 부자에게 미치지 못하는 것을 부끄러워하기 때문에 행하기를 즐겨 하지 아니함이니, 이 또한 사치하는 폐단"이라고 하였다.[179] 조선초 김종서의 사례와 같이 친영의 실시가 어려운 것이 경제적인 이유때문이라고 보고 있으며 조정의 일관된 정책에도 불구하고 18세기 중반까지 친영은 보편화 되지 않았음을 알 수 있다.

이익은 '서인가례'를 주장할 만큼 서민들의 생활에 적합한 예를 주장했는데 이런 의식은 부인을 맞이하는 의절인 「취부의」라는 글에서도 드러난다. 그는 청기請期에서 이미 시속에 따라 신부의 집에서 예를 행하기로 했다면, 신부의 집에서 택일한 뒤에 와서 묻도록 하는 것이 마땅하다고 하여 온전한 친영을 전제로 하지 않고 있으며 시속을 배제하지 않았다. 기러기는 나무를 조각하여 만들되 시속에서는 모두 빌려

---

179 『영조실록』 25년(1749) 9월 21일

쓰는데, 이는 매우 옳지 않으며 비단 보자기로 싼다고 한다. 신부가 시부모를 뵙는 의식은 길이 멀면 택일을 하고 뵙는다고 하며 신부가 시부모에게 음식을 올리는 의식은 『가례』에서는 풍성한 음식이라고만 말하였는데, 시속에서는 잘 차리는 것에 힘을 들여서 남보다 못하면 부끄럽게 생각하는데 반드시 그럴 필요가 없다고 하고 단지 미식米食, 면식麪食, 대추, 밤, 어魚, 육肉 및 술의 7품을 있는 대로 쓰면 되지 멀리까지 구할 필요는 없고 또한 남겨서 허비하는 것을 금해야 한다고 하였다.[180]

이익은 딸을 출가시키는 의절인 「가녀의」도 정리하여 제시하였다. 여기서 그는 혼인에 친영의 절차가 있은 지 오래이지만 양가兩家가 의견이 같을 수만은 없으며, 더구나 사는 곳이 서로 멀어 객사客舍를 빌려야 하고 어른과 젊은이가 오가야 한다면 일에 불편한 점이 있음을 들어 친영을 고집하지 않는다. 맹자孟子도 친영을 고집하지 않았다고 하고 「사혼례」에도 친영하지 않는 사례가 있으니,[181] 방편을 써서 곡진하게 대처하면 된다고 하였다. 우선 속례俗例에 따라 여자의 집에서 성례成禮를 하더라도 크게 문제될 것은 없을 것이고 다만 의리義理와 크게 배치되는 경우에는 따를 수 없다고 하였다.[182]

안정복의 『혼례작의』는 1760년 사위 권일신權日身을 맞을 때 정한 것이다. 그는 여기서 우리나라의 풍속 중에 혼례가 가장 거칠고 소략한데, 인습해 온 지 오래되어 변경하기 어려운 것도 있다고 하였다. 더구나 우리나라는 습속이 중국과 현격히 다른데다 『가례』가 제정된 지 지

---

180 이익『성호전집』권48, 雜著, 娶婦儀
181 『의례』「사혼례」의 記文에 "만약 친영하지 못하였다면 신부가 신랑 집에 들어간 지 3개월 뒤에 신랑이 신붓집에 가서 장인·장모를 뵙고… [若不親迎 則婦入三月 然後壻見曰…]"의 글이 있다.
182 이익『성호전집』권48, 雜著 嫁女儀

금까지 5백여 년이 넘는 세월이 흘렀기 때문에 그간에 자연히 서로 억지로 맞출 수 없는 것들이 있기 마련이라 하면서 옛것과 지금의 것을 서로 참작해서 혼례 의식을 만들어서 한 가문의 사규私規로 삼는다고 하였다.[183] 이글에서 그는 친영이 「사혼례」와 『가례』의 본문에 보이지만 우리나라 속례에는 없다고 하고 친영이란 몸소 맞이한다는 말로서 이것은 남자가 여자보다 먼저 하는 뜻이라고 하였다. 그는 우리나라 사람들은 친영의 예를 행하지 않는데, 그 풍속은 이미 오래 되었다고 하면서[184] 친영에 대하여 기본적으로 이익의 견해에 동의한다. 그에 의하면 『가례』에서는 준비하고 방을 마련하는 것은 여자 집에서 하는 일이고, 납폐와 전안은 모두 남자가 먼저 하는 것이니 우선 속례俗例에 따라 여자 집에서 성례成禮를 하더라도 크게 해롭지는 않겠다고 한다. 또 처가가 멀면 사관舍館을 빌려서 행례하여야 한다고 주자가 말했으니, 멀고 가까움을 막론하고 예禮로 보아서는 당연히 친영해야 하는 것이지만 우리나라는 사는 형편이 가난하여 의물儀物을 갖추기가 어려운 것이 참으로 이익의 말과 같다고 하고 같은 고장에 산다면 당연히 예에 정한 대로 해야 한다고 하였다. 예는 본래 간이簡易한 것이어서 시행하기에 어렵지 않으며 더구나 사는 형편에 따라 적절히 해야한다고 했으니 당연히 그 의절을 준행하되 쓸데없는 비용을 들여서 보기 좋게 하려고 하지는 말아야 한다고 하며 지금 시속에서는 궁가宮家에서만 당일에 친

....

[183] 안정복『順菴文集』卷14, 雜著 婚禮酌宜 "戊寅迎女壻權日身時所定 按國俗婚禮. 最爲沽畧. 循襲已久. 或有難變者. 夫風氣之變而古今殊制. 此家禮所以作也. 我東與中華俗習懸殊. 由宋至今. 亦踰五百有餘歲. 其間自有不可强而相合者. 故酌古參今. 作婚禮儀. 爲一家之私規."

[184] 『後漢書』「고구려전」에, "혼인을 하면 모두 신부의 집으로 가서는 자식을 낳아 다 자란 뒤에 돌아온다." 하였으니, 지금 세속에서 예를 신부의 집에서 행하고 있는 것은 그 유래가 오래인 것이다.

영하는데, 의문儀文이 옛스럽지 않고 사치스러워 경비가 많이 드니 사인士人들의 집에서 이를 부러워하며 흉내 내려 하지만 미칠 수 없기 때문에 하지 못하니 안타까운 일이라고 한다.[185]

정약용은 1810년 다산에서 저술한 「가례작의」 서문에서 "혼례의 친영은 양이 가고 음이 오는 의미인데 우리나라의 풍속은 혼례가 여자집에서 이루어지니 한나라 위나라의 역사서들이 이를 기롱하고 폄하하고 있어서 읽으면 부끄럽다. 근세의 선배학자들이 풍속을 따라서 예서를 만들었지만 나는 양쪽의 의절이 어긋나서 하나가 될 수 없다고 생각한다고 하고 현재 한양의 귀가貴家에서는 하루 사이에 신랑은 전안을 하고, 신부도 예물을 드려 이를 '당일신부'라 하는데 이 어찌 친영이 아니겠는가라 하며 다만 합근을 여자집에서 하는 것일 뿐이라고 하였다.[186] 그리고 고례와 『가례』를 참작하여 정비한 다음에 이익의 「취부의」, 「가녀의」에서 지적한 당시의 예에서 불합리한 사항들을 말미에 첨

---

[185] 안정복 『順菴文集』卷14 雜著 婚禮酌宜 戊寅迎女壻權日身時所定 "親迎. 見士皆禮. 家禮本文. 俗禮無. 按親迎者. 謂躬親迎之也. 詩曰親迎于渭. 記曰冕而親迎. 是男先女之義也. 東人不行親迎. 其俗已舊. 後漢書高句麗傳云. 婚姻皆就婦家. 生子長大然後將還. 今俗行禮於婦家. 其來久矣. 星湖先生曰. 親迎之禮. 兩家未必意同. 況居遠借舘. 長少搬移. 事勢有甚不便者. 且孟子答親迎得妻之問. 不曾道不迎不得. 士昏禮. 又有不親迎之例. 則古人亦或隨事方便以處矣. 據家禮張陳舖房. 卽女家事. 而納幣奠鴈. 則皆男先之義也. 姑從俗例. 成禮於女家. 抑未爲大害. 惟甚背于義者. 雖違衆不可從. 尹丈曰. 蓋坐貧困. 則雖大賢或不能如禮. 如晦翁子塾爲潘叔度之壻. 勉齋爲先生之壻. 至生子而後婦見是也. 且親迎之禮. 自是都人士之禮. 至於几庶. 恐不可一一行之也. 按妻家遠. 則借舘行禮之說. 朱子言之. 則勿論遠近. 禮當親迎. 而東俗貧寠. 儀物難備. 誠如師說. 若同居一鄕. 自當依禮. 禮本簡易. 未見難行. 況云貧富隨宜平. 當邊其儀節. 鐲省浮費. 勿爲觀美可也. 今俗惟宮家當日親迎. 而儀文不古. 侈費又多. 士人家慕效而不可及. 故因以不行. 惜哉."
[186] 정약용『與猶堂全書』三集 禮集 3 권23 嘉禮酌儀, 冠婚禮 婚禮 "婚禮親迎. 陽往陰來之意也. 吾東之俗. 婚禮成於女氏. 漢魏諸史. 竝有譏貶. 讀之可愧. 近世先輩. 因俗爲禮. 著之爲書. 余謂兩家儀乖. 未易歸一. 則苟且因循. 容或無怪. 其ст立言. 垂後使爲成法. 大不可也. 今京城貴家. 一日之內. 壻旣委禽. 婦亦薦贄. 謂之當日新婦. 斯豈非親迎哉. 特合巹在女家耳. 若於是稍. 加釐正. 斬斬乎古禮也. 今取古禮. 及朱子家禮. 檃括爲文如左."

부하였다.

『임하필기』의 저자 이유원李裕元(1814-1888)도 아들의 혼사를 치르면서 『가례』를 준행하면서, 사단紗緞이나 주취珠翠를 가까이하지 않고 토산土産의 물건만으로 줄이고 절약하여 혼수를 마련하였으며, 여피儷皮로 폐백幣帛을 삼아 친영의親迎儀를 거행하고는, 그것을 그대로 법식으로 정하여 후손으로 하여금 준행하게 하였다.[187] 위정척사파의 거두 이항로李恒老(1792-1868) 역시 친영을 시행하였다고 한다.[188] 전우田愚(1841-1922)도 『가례』에 따른 친영을 시행하였다.

다른 예들과 마찬가지로 서세동점과 환경의 급박한 변화에 따라서 혼속은 크게 바뀌었다. 언제부터인가 시속에서는 겉보리 서말만 있으면 데릴사위 안 산다는 말이 있다. 한편 고초당초 맵다 해도 시집보다 더할 손가 하는 노랫말도 있다. 처가살이도 시집살이도 둘 다 만만치 않다. 자식세대에 그 부모 양가의 영향이 없을 수 없지만 변화의 시대답게 시집살이나 처가살이의 어려움과 불편함이 극복되는 삶의 형태의 새로운 혼속이 계속 만들어지고 있다.

---

187 이유원 『林下筆記』 권27, 春明逸史, 婚禮를 검소하게 치른 일
188 이항로 『華西文集』 附錄 권4, 語錄, 金平默錄四

제14장

상례의 의절과 상복-신종

1. 상례-그 신종愼終의 절차

죽음의 문제는 개인에게 있어서 세상과의 마지막 작별이기도 하고 자녀가 부모에게 행할 수 있는 마지막 효도의 기회이기 때문에 상장喪葬 의례는 『가례』 중에서 중요한 위치를 지닌다. 죽은 이에 대하여 살아 있는 사람이 갖는 심정의 변화가 행동으로 표현되는 것이 곧 상장喪葬 의례이다. 이것이 중요한 이유는 부모상을 당한 자녀와 그 가족이 갑자기 전개된 비통한 사건을 현실로 받아들이고 애통한 심정을 점차적으로 수렴하여서 복상기간이 끝날 때쯤이면 마음의 평정을 회복하여 정상적인 사회생활을 계속할 수 있도록 하기 때문에 이를 위해 각 단계마다 상응하는 장치를 설정하고 있다. 그러므로 상례의 제반 의절儀節은 번쇄하게 느껴질 수도 있지만, 오히려 이러한 제반 절차를 통해 유족들이 서서히 감정을 수습하고 절제할 수 있는 것이다. 또한 다른 의식은 또 다시 행할 기회가 있는 반면 상례만은 다음의 기회가 없기 때문에 나중에 유감이 일절 없도록 정성을 다하여야 하기 때문이기도 하다.

유교의 상례는 크게 복식服飾, 상복을 입는 기간, 의절로 크게 구분할 수 있는데, 우선 고례를 기술하고 있는 『의례』와 송대에 이르러 주희가 당시의 일상생활에서 실천할 수 있도록 찬술한 『가례』를 기본으로 상장 의절을 살펴보기로 한다. 상장 의례는 초종初終에서 길제吉祭인 담제禫祭까지 모두 18단계의 절차로 나뉘어 있다.

1) 초종初終

'종終'은 죽음을 의미한다. 『예기』「단궁」에서 "군자는 종終이라고 하고 소인은 사死라고 한다." 하였는데, '종終'은 '시始'에 대응하여 말한 것이고, '사死'는 다 없어져서 남은 것이 없음을 의미한다. 군자에 대하여 종이라 표현함은 행실을 이루고 덕을 세움에 있어서 처음이 있고 끝이 있기에 종이라고 하였고, 소인은 뭇 사물과 더불어 같이 썩어 없어지기 때문에 사라고 구별한 것이다. 이는 신분제 사회에서 있었던 표현의 차이이다. 초종에는 임종에 대한 준비와 초혼례招魂禮, 시신 거두기, 상장례 기간 중의 역할 분담, 관 준비, 부고 등에 대한 내용이 포함된다.

병이 심해지면 아픈 사람이 평소에 거처하던 방으로 옮기는데, 집의 주인인 경우에는 정침正寢으로 옮긴다. 그리고 집 안팎을 깨끗이 하고 자녀는 모두 옷을 갈아입고 빈객이 와서 문병할 것에 대비한다. 아픈 사람을 북쪽 벽 밑에 머리를 동으로 향하게 하여 바닥에 눕힌다. 북쪽은 생기가 시작되는 곳이고 동쪽은 만물이 생동하기 시작하는 곳이므로 망자의 생명을 최후의 순간까지 연장시키고자 하는 가족들의 안타까움에서 나온 정성이다. 옷을 갈아입히고 집 안팎을 조용히 하여 임종을 기다리는데, 햇솜을 입과 코에 놓아 그 움직임에 의해 죽음을 확인한다. 숨이 끊어지면 이불로 덮어주고 남녀가 가슴을 치며 곡을 한다.[189]

---

[189] 『穀梁傳』莊公 32年조에도 '男子住于婦人之手, 以齊終也'라 하였으니 남자는 여자의

사망하면 가족은 죽은 사람이 회생하기를 회구하는 마음에서 초혼招魂 의식인 복례復禮를 행한다. 이는 사망이라는 현실을 얼른 받아들이지 못하고 죽은 사람의 혼백이 신체에서 다시 돌아와 회생할 수 있기를 비는 효심의 발로이다. 가족 중의 한사람이 죽은 사람의 평소 입었던 윗옷을 가지고 지붕 위에 올라가서 북쪽을 바라보며 "○○야 돌아오라."하며 세 번 부른다. 마치고 내려와 그 옷으로 시신을 덮는다. 자녀는 곡을 하면서 가슴을 수없이 친다. 세 번 부르는 것은 예는 세 번에 완성된다고 생각하였기 때문이다. 옛날 사람들은 사람이 살아있을 때는 혼백이 있고, 사망하면 혼백이 시신을 떠나버리는 것으로 생각하였기 때문에 자식된 마음에서는 부모의 죽음을 안타까워하여 정기精氣와 혼백이 되돌아와서 부활하기를 회구하게 된다. 그러므로 복례는 아들된 자의 자연스런 효심에서 비롯되는 것이다.

복례를 행하여도 회생하지 않으면 비로소 죽음을 인정하고 상장의 예를 행하게 된다. 상례는 크게 두 가지 형식으로 구분되는데, 하나는 체백體魄을 받드는 것이고, 다른 하나는 정신精神을 받드는 것이다. 다음에 이어지는 설치楔齒, 철족綴足은 체백을 받드는 행사의 시작이며, 성신을 받드는 행사는 포해脯醢를 제물로 바치는 데부터 시작된다.

이어서 상주喪主를 세운다. 상주는 장자로 대표된다. 장자가 이미 사망하여 없으면 장손이 이어받는다. 주부主婦는 죽은 이의 아내가 되며 없을 때는 상주의 아내가 주부를 맡는다. 조문객에 대한 인사는 친족 중에서 존자尊者가 맡는다. 고모, 누나, 누이동생의 남편이 사망하였을 때 남편 쪽에 형제가 없을 경우 이 역할은 남편의 족인族人이 하며 족인

....

손에서 죽지 않고 여자는 남자의 손에서 죽지 않는다고 하는 것은 고례를 따른 것으로 남녀유별을 중히 여겨 최후를 바르게 하고자 하는 것으로 보인다.

도 없으면 마을의 이장이 맡는다.

호상護喪을 세운다. 자손 중에서 예를 알고 일을 잘 처리하는 사람을 호상으로 삼아 의식의 진행과정에서 일체의 일을 여쭌다.

복장을 바꾸고 음식을 먹지 않는다. 다만, 아직 정식의 상복을 입는 것은 아니어서 복장은 남자는 심의를 입고 옷을 여미지 않으며, 처자·며느리·첩 등은 모두 관과 웃옷을 벗고 머리를 풀고 부인은 흰옷을 입으며 모두 신을 벗어 맨발을 한다. 나머지 사람 중에는 상복을 입는 자는 모두 화려한 장식을 버린다. 양자로 간 아들이나 혼인한 딸은 머리만 풀고 맨발은 하지 않는다. 음식을 먹지 않는 기간은 상복을 입는 기간, 즉 망자와의 친소에 따라 달리한다. 자녀는 사흘을 먹지 않으며 일년복과 9개월복을 입어야 하는 관계의 사람은 세 끼를 먹지 않고 5개월복과 3개월복의 관계는 두 끼를 먹지 않는다.[190]

관棺을 만든다. 재질로는 소나무가 제일 좋으며 직사각형으로 하여 머리쪽은 크고 발쪽은 작게 하여 겨우 몸을 넣을 수 있게 한다.

부고訃告를 낸다. 호상·사서가 부고를 보낸다. 담당할 사람이 없으면 주인이 직접 하는데 친척에게는 부고하고 친구에게는 하지 않는다. 그 이외의 모든 편지는 중지하며 조문편지에 대해서는 졸곡 후에 답신한다.

설치, 철족, 목욕, 습, 반함은 모두 복례를 행한 후에 실시된다.

설치·철족한 다음에 제물을 바친다.[191] 전奠이 제祭와 구분되는 점은 시동尸童 없이 땅에 차려 올리는 것에 있는데, 전을 하는 이유는 사람

---

[190] 그러나 이웃사람이 미음을 끓여 와서 어른이 강요하면 억지로 먹는다.
[191] 奠은 이때 행하는 始死奠을 비롯해서 小殮後에 행하는 小斂奠, 대렴 후에 행하는 大斂奠, 死後第四日부터 葬日前까지 조석으로 행하는 朝夕奠, 초하루에 올리는 朔月奠, 햇곡식이나 햇과일이 생기면 올리는 薦新奠, 遷柩하여 朝祖할 때 행하는 朝祖奠, 장일에 행하는 大遣奠 등이 있다.

이 죽으면 혼백이 몸을 떠나게 되는데 복례를 행하여 초혼을 하여도 돌아오지 않으면 그 혼백이 제 곳을 잃고 떠다닐 것을 두려워하여 전을 올려 사자의 혼백이 의지할 곳을 찾아서 몸 곁을 떠나지 않게 하기 위함이다. 그리하여 음식의 예로 섬기는 것이니, 이는 사망한 사람을 사망한 사람으로 대하는게 아니라 살아있는 사람처럼 대하려는 효심의 표현이라 하겠다.

상주·주부·호상·사서·사화를 정하고 복을 입는 사람은 옷을 갈아입고 음식을 먹지 않는다. 상주는 원칙적으로 사자의 장자가 되며, 장자가 없는 경우에는 장손이 승중하므로 이에 해당한다. 주부는 사자의 아내를 말하는데, 아내가 없으면 상주의 아내가 주부가 된다.

호상과 사서는 부고를 돌린다. 부고를 하는 대상은 『의례』「사상례」에는 군君에게 고하는 의절만이 있으나 『의례』에 백고伯高가 사망했을 때 백고와 공자는 친한 사이가 아니었음에도 불구하고 공자에게 부고한 것이 보이는데, 부고는 공자 때에 벌써 단편적으로 전해졌던 것으로 보인다.

호상은 목수에게 명하여 좋은 재료를 택해 관을 만든다. 장지를 택하고 장사치를 날을 택하여 모두에게 알리는데, 상주는 슬퍼서 경황이 없으므로 제반 절차는 호상과 집사가 담당한다.

집사는 장막을 쳐서 시신을 가리도록 하고, 시자는 시신을 남쪽으로 머리를 두게 하여 침상에 눕힌다.[192] 반함할 때를 대비하여 이가 서로 닿지 않도록 각사角柶를 물리고, 발이 굽지 않도록 연궤燕几로 발을 묶고 이불로 덮는다.

192　머리를 남쪽으로 두게 하는 것은, 이미 절명은 했으나 살아 돌아오기를 갈구하여 생시와 다름없이 대하고자 하는 효심의 표현이라고 보겠다.

시자가 목욕물을 가지고 들어가면, 주인 이하 모두는 다 장막 밖으로 나가 북향한다. 시자는 쌀뜨물로 머리를 감기고 빗질하고 따뜻한 물로 씻기는데, 임종시에 입었던 옷과 초혼례에 사용했던 옷을 치우고 이불을 들어 씻긴다. 이때 상체를 먼저 씻기고 하체를 씻기며 수건도 각각 구분하여 사용한다.[193] 목욕한 물과 수건, 빗 등은 이미 파놓은 구덩이에 묻는다.

2) 염습殮襲

습襲이란 죽은 사람에게 옷을 입히는 의식이다. 사람이 사망하면 타인에게 혐오감을 줄 수 있고, 또 시신을 보호하기 위해 노출되지 않도록 가릴 필요가 있는데, 숨이 끊어지면 장막을 치고 습襲·염斂·빈殯·장葬 등을 하는 것은 이런 의미에서 이해할 수 있다. 휘장을 쳐서 시신이 누워 있는 안을 가리고 시상尸牀 앞에 다시 세로로 상을 놓고 대자리를 펴고 베개를 놓는다. 그 위에 시신을 옮겨 머리를 남쪽으로 향하게 한 후 이불로 덮는다. 한편 집의 담벽 정결한 곳에 구덩이를 판다. 이후 습의를 진열한다. 습은 몸을 가리고 매무새를 단단히 하려는데 그 의미가 있다.

목욕·반함에 필요한 것들을 진열한다. 쌀뜨물로 머리를 씻기고 빗질하고 상투를 틀며 얼굴, 손, 상하체의 순서로 씻기고 상하체는 수건을 각각으로 하여 닦는다. 손톱, 발톱을 깎고, 깎은 것은 대렴 때 관속

....

[193] 이러한 의식은 데·호르도의 『中國宗敎制度』에서 서술하는 것과는 다소 차이가 있는데, 그에 의하면 "대개 죽은 사람을 목욕시키는 의무는 가족 중의 여자 일인이 하게 되는데, 만일 이 일을 감당할 만한 여자가 없으면, 경험 있는 중년의 부인이 행하게 된다. 목욕시키기 위해 유체를 벗기지 않고 의복 속으로 손을 넣어 유체를 젖은 물수건으로 깨끗하게 닦을 뿐이다."라 하였는데 이처럼 유체를 목욕시키지 않고 닦기만 하는 습속은 『순자』에서도 볼 수 있으니 고대에는 이 두 가지 습속이 병존했던 것 같다.

에 넣는다. 목욕한 물과 수건, 빗은 구덩이에 버리고 메운다.

습을 한다. 자리에 요와 베개를 놓고 입힐 옷을 그 위에 놓는다, 시신을 그위로 옮겨 입었던 옷과 초혼례를 행하고 덮었던 옷을 모두 거두고 준비한 새 옷으로 바꾼다. 아직 복건[194]·심의·신은 입히지 않는다.

전奠을 차린다. 집사가 포와 절인고기로 상을 차려 올리며 축祝이 술을 따른다. 전은 상을 차려 올리되 강신降神하지 않는다. 시자는 장막 밖에 염습하는 상을 놓고 대대大帶, 심의, 도포, 한삼, 바지, 버선, 행전이라 불리는 허리띠인 늑백勒帛, 과두裏肚 등을 위에 진열한다. 그 다음엔 상을 들어 목욕하는 상의 서쪽에 놓고 유체를 그 위에 모시고 옷을 입히는데 옷은 모두 오른쪽으로 여민다. 복건·심의·신발 등은 아직 착용시키지 않고, 이불로 덮어둔다.

습복은 『의례』「사상례」에 보면 왼쪽으로 옷을 여미고[左衽] 매듭을 매지 아니한다고 하였으며, 『가례』도 역시 의례를 따른다. 이는 살아 있을 때에는 옷깃을 오른쪽으로 여미므로, 이와 구별하기 위해 좌임左衽하는 것이며, 매듭하여 매지 않는 것은 두 번 다시 풀지 않을 것이므로 그러한 것이다. 『사례편람』에서는 오른쪽으로 옷을 여민다고[右衽] 하고 그 이유에 대하여는 설명이 없는데, 옛 법에 의하면 사자의 옷은 좌임하는 것이지만 습의만은 몸에 직접 닿는 것이므로 생시와 마찬가지로 우임右衽하는게 마땅하다는 설이 있는 것을 보면 여기에 연유하는 것으로 보인다.

....

194 幅巾은 검은 천으로 만든 관모다. 중국 고대로부터 관을 대신하는 간편한 쓰개이다. 후한 때 유행되었으나, 진나라와 당대에 이르러서는 은사나 도인의 평상복이 되었다가 송대 사마광이 복건과 심의를 연거복으로 착용하였는데, 이를 주희가 『가례』에 사용한 이후 유학자들 사이에 널리 퍼지게 되었다. 조선시대에 유학자들이 심의와 함께 유가의 법복으로 착용하였으니 일반화되지는 못하였다. 요즘에는 남자아이의 돌잔치에 장식적 쓰개로 쓰게 하여, 관례를 치르기 전까지 예모로 착용하였다.

모두 자리 잡고 앉아 곡을 하며 이에 반함을 한다. 반함이란 죽은 자의 입에 쌀이나 조개, 옥을 넣는 의식이다. 주인은 곡을 하며 슬픔을 다하여 왼쪽 소매를 벗고[左袒] 상자를 가지고 들어오면 시자는 숟갈을 쌀그릇에 꽂아들고 따라 들어온다. 베개를 치우고 주인은 쌀을 떠서 입 오른쪽을 채우고 또 구슬을 하나 채운다. 입 왼쪽과 중간을 차례대로 이와 같이 한다. 상주는 곡을 하며 좌단左袒하여 벗은 소매를 앞으로 하고 허리 오른쪽에 끼운 다음 손을 씻고 들어간다. 시자가 쌀을 담은 주발에 숟가락을 꽂아 들고 따른다. 상주는 동쪽을 향하고 쌀을 떠서 시신의 입 오른쪽에 넣고 동전 한 닢을 넣는다. 왼쪽에도 마찬가지로 한다. 이는 화폐로 대용되기도 했던 조개나 쌀이 생식과 생명력을 상징하기 때문에 소생을 희구하는 의미로 해석된다.

주인이 어깨를 드러냈던 상복을 이제 제대로 입고 제자리에 서면, 시자는 시신에 복건을 씌우고 귀를 막고 편목便目하고 신을 신기고 심의를 입히고 큰 띠를 매고 악수한 후에 이불을 덮는다.

반함은 중국고대로부터 있어왔던 습속으로, 유가적인 해석으로는 효자가 그 어버이의 입을 공허하게 비워두지 못하는 마음에서 반함을 행하는 것으로 보고 있으나, 초혼하는 복과 같이 소생을 희구하는 데에 의미를 부여하기도 한다.

3) 영좌靈座·혼백魂帛[195]을 설치한다

횃대를 시신의 남쪽에 세우고 수건으로 덮는다. 의탁椅卓을 그 위에 놓고 명주를 매어 혼백을 만들어 교의交椅 위에 놓는다. 향로합, 술, 과

---

195 상례에서 습과 염을 마친 뒤 죽은 사람의 영혼이 머무를 수 있도록 임시로 만들어 놓은 신위의 일종이다.

일 등의 전을 탁자위에 진설하며 아침저녁으로 몸단장하는 빗 같은 것을 생시에 섬기던 바와 같이 놓는다. 흔히 초상화를 그려 혼백 뒤에 놓기도 한다.

4) 명정銘旌을 세운다

진홍색의 명주로 명정을 만드는데 너비는 폭대로 하며 길이는 관직 3품 이상이 면 9척, 4품 이하면 8척, 6품 이하면 7척으로 한다. '아무개 벼슬 아무개 공의 구[某官某公之柩]'라 하고 관직이 없으면 생시에 칭하던 것을 쓴다. 깃대는 대나무로 하는데 명정의 길이와 같이 하며 영좌의 오른쪽에 기대어 놓는다.

이러한 절차가 일단 끝나면 가까운 친구는 들어가서 곡을 해도 된다. 상주는 이에 곡만 하고 말로써 인사하지 않는다. 부모상이면 가슴을 치면서 우는 곡哭, 뛰면서 우는 용踊 등을 하게 되는데 이는 다 슬픔을 이기지 못하여 나타나는 행동의 양상이다. 곡용哭踊하는 것은 슬퍼하는 마음이 꽉 차 답답해지면 기가 성하게 되므로 울면서 뛰어 몸을 움직임으로써 마음을 가라앉히고 기를 가라앉히는 효과가 있다는 해석도 있다. 이외에 민속학적 해석으로 객가인客家人의 곡에 대한 이해를 들 수 있다. 즉 곡은 첫째는 비통하는 효심을 다하는 것을 나타내고 두 번째는 사자가 사후에 적막하지 않음을 나타내고, 세 번째로는 아무도 비통해하며 울어주지 않는 사자는 '냉시冷屍'라고 하고 이 경우에는 조문하는 이에게 불길하다는 것이다.

5) 소렴小殮

염殮은 죽은 사람에게 정식의 의복을 입히는 의식이다. 소렴과 대렴으로 구분하는데, 소렴은 사망한 다음 날 거행하며 대렴은 소렴의 다음 날, 즉 사망한 3일만에 거행하는 것으로 사자에게 옷 입히는 최후의 의식이 된다. 대렴이 끝난 후 사자를 입관하는 것을 빈殯이라고 한다. 소렴은 집사가 먼저 필요한 옷과 이불을 준비하고 소렴상을 올리고서부터 행한다. 옷은 죽은이가 가지고 있던 것을 사용하는데 많으면 다 쓸 필요는 없다. 이불은 겹으로 하며, 가로로 세 번 매고, 세로로 한 번 맨 다음 겉으로 다시 매지는 않고 다른 이불로 덮는다. 소렴 때는 아직 얼굴을 덮거나 시신을 매지 않는데 이는 효자의 마음이 아직까지도 다시 소생하기를 바라는 마음에 차마 시신을 매지 못하고 회생하기를 기다리는 것이며, 또 얼굴을 보고 싶을 때 다시 볼 수 있도록 하기 위함이다.[196]

사망한 다음 날 즉 제2일에 소렴을 하는데 습은 시신에 옷을 갈아 입히는 것이고 염은 시신을 싸는 것이다. 소렴에서는 좋은 옷을 안에 입히며 이불은 겹이불을 사용한다. 있는 옷을 마땅한 대로 다 사용하여 네모지게 염을 하며 견실하게 따로 묶어 나중에 오랜 시간이 경과하여도 육신의 형태가 나타나지 않도록 한다.[197] 소렴이 끝나면 전을 차려 올린다.

소렴을 행하고 그 다음 날 즉 사망한 제3일은 대렴을 행하는데 모든 절차에서 살아있는 자 즉 자녀는 갑작스러운 충격과 회생을 희구하는 마음을 이기지 못하여 죽은 자를 죽은 자로 대하지 않고 마치 살아있는 것처럼 모시니, 머리를 남쪽으로 두게 한다든지, 시자가 아침저녁으로 빗과 세면도구를 살아있을 때와 마찬가지로 갖추어 놓는 것이 그

---

[196] 옛날에는 사망한 다음 날 소렴을 하고 제3일에 대렴을 하였는데 지금은 대렴, 소렴은 없어지고 사망한 당일 행하는 습만 남아 있다.
[197] 세속에서는 입관을 소렴으로 삼고 관을 덮는 것을 대렴으로 삼는데 입관은 습할 때 하고 관을 덮는 것은 상복으로 갈아입는 날 하니 대렴과 소렴의 의례가 다 없어진 셈이다.

것이다.

6) 대렴大殮

소렴한 다음 날 즉 절명한지 제3일에 대렴을 행한다. 옷과 이불을 준비하고 영좌를 치운다, 대렴전을 차린 후 관을 들여온다. 관을 시상 쪽에 두고 관 밑을 평평하게 한 다음 칠성판과 요를 깐다. 시신을 대렴상에 옮기고 베개를 치우고 이불을 걷은 다음 먼저 발을 가리고, 머리를 가리고, 왼쪽을 가리고, 오른쪽을 가리는 순으로 한다. 먼저 세로로 매고 다음에 가로로 매는데 두 번 다시 풀지 않을 것이므로 매듭을 매지 않는다. 시신을 들어 관속에 넣는데 생시에 빠진 치아, 머리카락, 깎은 손톱, 발톱을 귀퉁이에 넣는다. 빈틈에는 옷을 말아서 넣어 움직이지 않도록 한다. 목수를 불러 관 뚜껑을 덮는다. 두꺼운 종이로 싸서 새끼줄로 묶는데, 겨울이면 담요로 싼다. 다시 유지油紙로 싸서 굵은 세 끼줄로 맨 다음 이불을 덮는다.

대렴을 행한 다음에 오복 이내의 모든 사람은 상복을 입게 된다. 대렴이 끝난 뒤에야 상복을 입는 것은 성복하는 것은 부모의 사망을 얼른 받아들이지 못하므로 급속히 성복하지 않는 것이다. 상주들은 곡을 하여 슬픔을 다하고 난 후 부인들은 휘장 속으로 피한다. 관에 뚜껑을 덮고 못질을 한 후 옷으로 관을 덮는다. 명정을 영구 옆에 두고 영좌를 다시 놓고 전을 차려 올린다. 남자 상주는 중문 밖 누추한 곳에, 여자 상주는 중문 안 별실에 자리를 정한다. 이때부터는 남이 대신 하던 곡을 그치고 아침저녁으로 상주가 곡을 한다. 어버이가 돌아가시면 삼일을 아무 것도 먹지 않으며, 대렴을 하고 나면 상주는 중문밖에 있는 방에서 거적을 깔고 흙뭉치를 베개로 하며 거처한다. 이는 상을 당한 슬픔으로 인해 생활상에 나타난 변화의 한 예라고 할 수 있는데 애통한 심정을 극진히 하는 것과 부모를 잃었다는 죄의식이 생활상에 나타난 것이다.

7) 상복으로 갈아 입는다[성복成服]

임종에서 소렴까지는 상주의 복식은 큰 변화가 없으나, 소렴이 끝나면 남자로서 참최복에 해당하는 자는 웃옷을 한쪽 어깨를 드러내고 머리를 삼끈으로 묶는다. 자최 이하의 사람은 다른 방에서 머리만 묶고 부인은 복머리를 한다. 대렴이 끝나면 죽은 자의 가족들은 모두 친소 관계에 따라 정해진 상복喪服을 입는다.[198] 모든 상복은 베로 만들며 사자와의 친소 관계가 멀어 질수록 상복의 조악함이 점점 덜해진다. 상을 당하여 복식이 바뀌는 것은 친인을 잃고서 고운 옷과 화려한 장식을 하여서는 마음이 편하지 않고, 또 잘 모시지 못하여 돌아가시게 했다는 죄책감에서 조악한 차림을 하는 것이니 마음에 느끼는 애통함이 복식 상에 표현된 것이라 하겠다. 이날부터 상주들은 죽을 먹는다.

8) 죽은 이를 애도함[조상弔喪]

조弔는 죽은 사람의 가족에게 타인이 애도를 표하는 예이다. 『예기』에 다음과 같은 말이 있다.

> 죽은 자의 남아있는 가족을 아는 경우에는 조하고 죽은 자를 아는 경우에는 슬퍼한다[傷]. 남아있는 가족을 알고 죽은 자를 모르는 경우에는 조만 하고 상은 하지 않으며, 죽은 자를 알고 남아 있는 가족을 모르는 경우

---

[198] 고례에서는 대렴 다음 날 즉 제 4일에 행하였다가 후에는 입관하면 즉시 상복을 입었는데 요즈음은 3일장이므로 부고를 내면 바로 상복을 입는 것으로 바뀌었다.

에는 상만 하고 조는 하지 않는다.[199]

조를 할 때는 대개 부증賻贈도 함께 행하게 된다. 부賻와 증贈은 돈이나 비단, 혹은 기물器物을 보내는 것을 말하는데 죽은 사람을 아는 경우는 증이라고 하고 상주를 아는 경우는 부라고 한다.[200] 모두 장사 지내기 하루 전까지 보낸다.[201] 요즘은 부의라고 하여 주로 봉투에 금전을 담아 보내지만 예전에는 장례에 사용할 물품을 직접 구입하여 보내기도 하였다. 이는 죽은 사람에게 애도를 표하면서 유가족을 위로하며 또 한편으로는 장례에 보탬이 되고자 함이다. 인생에 있어서 가장 비통한 순간인 죽음에 임하여 비록 타인의 죽음이지만 자신과 무관한 것으로 돌리지 아니하고, 깊이 참여하여 그 슬픔을 같이 나누고자 함이다. 상주가 상복을 입기 전에는 조상이나 문상을 할 수 없으며 조상할 때에는 베옷을 입는다.

9) 아침저녁으로 곡을 하고 전을 올리며 상식을 올린다

상주들은 매일 새벽에 일어나서 상복을 차려입고 자리에 들어가서 어른은 앉아서 곡[202]하고 아랫사람은 서서 곡하며 해가 뜨면 조전을 올

---

199 『예기』「曲禮」, "知生者弔, 知死者傷, 知生而不知死, 弔而不傷, 知事而不知生, 傷而不弔."
200 돈이나 재화를 가져다 장사 치르는데 도움을 주는 것을 부라고 한다. 이는 『춘추』 공양전·은공원년에 나온다. 贈은 자기가 사용했거나 여전히 사용가치 또는 교환 가치가 있는 것을 무상으로 남에게 주는 것을 말한다. 『의례』·「기석례」에서는 죽은 사람을 알고 있는 경우는 증이라 하고 살아있는 사람 곧 상주를 알고 있는 경우는 부라고 한다고 구별하고 있다. "知死者贈, 知生者賻"
201 『의례』「士喪禮」
202 초상을 당했을 때 슬픔을 표시하기 위해 일정한 격식과 절차에 따라 소리 내어 우는 것을 곡이라 한다. 『주례』에 곡의 내용이 보이고 있으며, 우리나라에서도 오래 전부터 죽

리고 해가 지면 석전을 올리고 곡을 한다. 식사시간에는 상식을 올린다.

10) 조석으로 뿐만 아니라 슬픔이 북받치면 언제든지 곡을 한다. 곡에는 때가 정해져 있지 않다는 말이다.

11) 장사한다[치장治葬]

고례에는 대부大夫는 석 달 만에 장사지내고 사士는 한 달 만에 지냈는데 송대에 이르러서는 석 달만에 지내는 것이 보편적이었다. 이는 묘지의 위치 선정, 방위와 일자의 길흉을 고려하는 데에 시간이 필요하였기 때문인 듯하다. 발인하기 하루 전날 조전 때 천구한다는 것을 고하고, 사당으로 옮겨 조상들에게 하직하는 예 곧 조조朝祖를 거행한다. 구柩를 마루로 옮기는데 머리는 남쪽으로 두게 하고 영좌와 제물을 구앞에 올린다.

조조의 예는 '효'의 관점에서 그 의의를 찾아볼 수 있다. 즉 살아있을 때 출입할 때 반드시 어버이에게 출입의 향방을 고하던 의식을 따라 이제 영원히 떠나감에 마지막 이별을 조묘祖廟에 고하는 것이다. 정이는 묘지를 선정할 때 유의하여야 할 점으로 첫째, 도로가 날 곳이 아닌가, 둘째, 성곽이 설 자리가 아닌가, 셋째, 묘가 파일 자리가 아닌가, 넷째, 세력 있는 자에게 빼앗길 자리가 아닌가, 다섯째, 농토로 변할 자리가 아닌가를 꼽고, 이 다섯 가지 이외의 길흉은 고려할 바가 아니라고 하였다.

....

음을 슬퍼하는 곡이 있었다. 곡은 일반적으로 哀哭과 平哭으로 구분된다. 애곡은 朞年服 이상이 곡하는 방법으로 '아이고' 또는 '애고'의 소리를 내며, 곡하는 대상에서도 구분이 다양하다. 평곡은 '어이 어이'소리를 내어 곡하는 것으로 대공 이하의 복인과 친척·조문객들 모두가 망인을 조상할 때 곡하는 방법이며 널리 통용되는 곡이다.

장사 지낼 일자를 정하면 묘역에 공사를 시작하고 산신제인 사토제祠土祭를 지낸다. 사토제를 지낸 후 땅을 파기 시작하여 관이 들어갈 자리를 만들고 지석을 새긴다. 상여와 상여 옆에 세우는 운삽雲翣[203]을 만들고 신주를 만든다.

12) 영구가 떠날 때 지내는 제사[견전례遣奠禮]

발인하기 하루 전날 조전 때에 천구할 것임을 고한 후 영구를 받들고 사당으로 가서 뵈옵고 다시 마루로 옮기고 나서 대곡代哭을 시킨다. 이때 죽은 사람의 친구들은 부의賻儀를 올린다. 발인 날 날이 밝으면 영구를 옮겨 상여에 모시고 견전을 지내고 북쪽을 향해 고사를 읽고 난 후 혼백을 받들어 상여에 모시고 향을 피우고 나면 발인하여 영구靈柩가 장지로 떠난다. 곡을 하며 걸어서 그 뒤를 따르되 상주 다음에 어른이 가고 그 다음은 상복을 입지 않는 친척이 가고 손님은 그 다음이다. 장지가 멀거나 상주가 병이 들어 걸어갈 수 없으면 수레나 못난 말을 탄다.

영구가 묘소에 도착하면 집사는 관이 들어갈 자리 남쪽에 자리를 펴고 구를 북쪽으로 머리를 향하게 모신다. 하관할 때는 곡을 그치고 하관하는 것을 조용히 지켜본다. 부인들은 서쪽 장막에서 동쪽을 향한다. 하관한 다음 상주는 현훈玄纁을 바치고[204] 두 번 이마를 조아려 절하면 모두 울면서 슬픔을 다한다. 관 위에 회를 뿌려 빈틈을 채우는데

....
203 발인할 때 영구 전후에 세우고 가는, 구름 무늬를 그린 부채 모양의 널판이다.
204 상주가 현훈을 하관한 다음에 바치는 이유에 대해 오계공은 설명하기를, 이때의 현훈은 죽은 사람의 자식이 죽은 사람에게 드리는 증물로써, 친소의 합리적이고 마땅한 도리에 따라 친구는 집에서 바치고, 상주는 묘지의 광에서 바침으로서 상례가 다 끝나가는 가는 매장의 순간에 와서야 비로소 사자에 대한 증물을 바침으로써 마지막까지 회생에의 미련을 갖고 있음을 보여주는 '효'의 관념에서 풀이하고 있다.

가로판을 대어 회가 직접 관에 닿지 않게 한다. 묘 왼편의 후토后土에 제사를 지내고 지석誌石을 묻고 다시 흙을 쌓아 분묘를 만든다. 분묘의 높이는 넉자 정도로 하고 비석의 높이도 그 정도로 한다. 준비된 위패에 누구의 신위인지를 표시하는 신주를 쓴다. 이렇게 하여 안장의 의식을 끝내고 축관이 축문을 읽고 신주를 모시고 수레에 오르면 상주 이하는 울면서 따른다. 친인을 산에 남겨두고 떠나므로 차마 발걸음이 내키지 아니하여 천천히 가며, 길에서도 슬픔이 북받치면 슬피 운다.

13) 반곡反哭

시신을 땅속에 묻고 장사를 끝마쳤지만 망자의 혼을 집으로 불러들이는 의식을 반혼反魂이라 한다. 반곡은 장지로 갔던 길을 되돌아 집으로 오면서 슬픔이 일어날 때마다 토해져 나오는 울음을 말한다. 상주는 신주를 실은 수레를 모시고 천천히 집으로 돌아오면서 곡을 하며 오는데 집이 바라보이는 곳에 이르면 곡을 시작하여 도착하면 또 곡을 한다. 그리고 신주를 모셔다가 장지로 출발하기 전에 안치했던 곳으로 옮기고 온 가족이 모여서 곡을 한다. 남자들은 서쪽 뜰로 올라가서 청廳에서 곡을 하고 부인들은 마루에 올라가서 곡을 한다. 시간은 일정하지 아니하고 대체로 슬픔이 다할 때까지 곡을 한다. 장지에 가지 못했던 사람들도 모두 같이 곡을 하는데 절을 하고 곡을 하는 것이 원칙이다. 이때 일반 조객들도 반혼하여 오는 길을 따라 집까지 왔으면 다시 조문한다. 만약 장지에서 조문을 못했을 경우에는 집에 돌아와서 반곡이 끝난 뒤에 조문하는 것이 예이다. 반곡이 끝나면 기년복이나 대공복을 입는 상주들은 술을 마시고 고기를 먹을 수 있으나 잔치는 허락되지 않으며, 소공복 이하의 상복을 입는 사람들은 자기 집으로 돌아갈 수가 있다. 다만 기년복을 입는 상주로서 아버지는 살아 있고 어머니의 상을 당한 경우와 남에게 양자간 사람이 친부모를 위한 상에는 복상하는 기간을 다 마칠 때까지 술과 고기를 먹을 수 없다.

14) 우제虞祭

우제는 죽은 사람의 체백을 매장한 뒤 그 혼을 위안하는 의식이다. '우虞'에는 여러 가지 뜻이 있지만, '염려한다'와 '편안케 한다'는 뜻이 가장 크다. 정현도 "골육은 흙으로 돌아갔으나 그 혼기魂氣는 가지 않는 곳이 없으므로 효자가 그 방황하는 것을 생각하여 세 번 제사를 지내 안정시킨다."라고 하였다. 이처럼 염려하고 안정시키는 진혼鎭魂의 제사를 세 번 지낸다. 혼백을 모신 장례 날에 초우제初虞祭, 초우제를 지낸 다음의 첫 유일柔日 곧 일진의 천간이 을·정·기·신·계인 날에 재우제再虞祭, 재우제를 지낸 다음의 첫 강일剛日 곧 일진의 천간이 갑·병·무·경·임인 날에 삼우제三虞祭를 지낸다. 지금은 재우는 장례 다음 날, 삼우는 3일째에 제사를 지내며, 삼우제를 지낸 후 성묘를 간다.

초우 때 상주들은 목욕은 하지만, 빗질은 하지 않는다. 지금까지는 전奠만 올리고 제祭는 지내지 않았지만 조우부터는 성식의 세사로 지내는데 그것은 체백體魄이 아닌 신을 모시는 제례이기 때문이다. 이로부터 조석전을 올리지 않는다. 즉 죽은 이를 이제부터는 완전히 죽은 이로 섬기는 것이다.

15) 졸곡卒哭

삼우 후 석 달 만에 강일剛日이 되면 졸곡卒哭을 지낸다. 졸곡은 글뜻 그대로 곡을 그치는 것으로써 이제부터는 조석으로 슬픈 마음이 생겨도 곡을 하지 않는다. 졸곡부터는 흉사凶事가 아닌 길사로 간주하며 상주는 밥과 음식을 먹고 조문한 이에게 답하는 편지를 낸다.

16) 소상小祥

소상은 초상 때부터 계산하여 13개월 만에 지내는데 윤달은 계산하지 않는다. 처음에는 13개월이 되면 날을 받아서 지냈다고 하는데 보통은 사망한 지 1주년이 되는 날 아침 해가 뜰 무렵에 지낸다. 아버지가 살아계시고 어머니가 먼저 돌아가시면 1년 만에 탈상해야 하므로 11개월 만에 날을 받아 소상을 지내고, 13개월째 대상을 지낸다. 아내가 죽은 경우도 이와 같다.

소상 하루 전날 상주를 비롯해 상복을 입은 사람들은 모두 목욕하고 제기를 진설하고 제물을 마련한다. 이어 남자와 여자는 모두 별도의 자리를 마련하여 연복練服을 준비해놓고, 남자는 머리테를 벗고 부판附版과 벽령辟領을 떼고, 여자는 상복의 허리띠를 벗고 긴치마를 끌리지 않도록 한다.

제사는 소상 당일 새벽에 일찍 일어나서 채소·과일·술·안주를 진설해 지낸다. 날이 밝으면 축관이 신주의 뚜껑과 덮개를 열어 놓으면 상주 등이 들어가 곡한다. 모두 슬프게 곡을 하고 난 뒤 남자와 여자가 연복으로 바꾸어 입고 들어가서 곡한다. 축관은 곡을 그치게 하고, 강신·초헌·아헌·종헌·유식·합문闔門·계문啓門·사신辭神 등의 절차로 제를 지낸다. 소상을 지내고 나면 아침과 저녁에 하던 곡을 그치고 비로소 채소와 과일을 먹는다.

장례를 마친 뒤 만 일 년이 되면 천도가 한 번 변하며 점차 슬프고 측은한 마음이 줄어든다. 그래서 '상喪'자 대신 '길吉'의 의미가 담긴 '상祥'자를 써서 '소상小祥'이라 했다. 상주와 주부는 상복을 벗고 연복練服으로 갈아입기에 '연제練祭'라고도 한다. 연복은 누런 베로 새로 만들거나 입던 상복을 빨아서 다듬은 옷을 말한다.

17) 대상大祥

사망한 날로부터 25개월 만에 대상을 지낸다. 대상은 죽은 자에 대한 두 번째 큰 제사이다. 대상은 원칙적으로는 3년상을 치르는 경우에만 해당된다. 전날 상주 등 상복을 입은 사람들은 목욕을 한 뒤 제기祭器를 진설하고 찬饌을 준비한다. 그리고 새 신주를 부묘祔廟하겠다는 뜻을 사당에 고한다. 당일에는 소상 때와 같은 절차로 진행하는데 사신 후에 축관이 꿇어앉아서 "사당으로 들어가기를 청합니다."라고 고한 뒤 신주를 받들고 사당으로 들어가면 상주 이하는 곡을 하면서 그 뒤를 따라가다가 사당 앞에 서서 곡을 멈춘다. 축관이 신주를 모셔두는 사당문을 열고 신주를 동편에 서향하여 안치하면 모두 두 번 절하고 축관이 문을 닫으면 모두 그 곳을 물러나온다. 그 다음 영좌靈座를 철수하고 상장喪杖·짚베개·초석草席 등을 불살라 없앤다.

대상이 끝나면 상주는 젓갈·간장·포 같은 것을 먹을 수 있다.

18) 담제禫祭

'담禫'은 담담澹澹하니 평안하다는 뜻이고, 대상 후 숭월中月에 지낸다고 하였으니, 한 달을 건너뛰어 날을 점쳐서 정한다. 정현은 "초상부터 이때까지 모두 27개월이다."라고 하였다. 27개월이라는 것은 윤달을 계산에 넣지 않고서 초상부터 이때까지의 달수를 가리킨다.

대상이 지났다고 해서 바로 일상적인 생활로 바로 돌아오기에는 마음에 미진하고 인정에 너무 야박한 듯하므로 이 제사를 지내는 것이다. 일자는 정일丁日이나 해일亥日 중에서 택하며 대상을 지내고 상복은 벗었으나 아직 평상복을 입지 못하고 흰 갓에 흰옷을 입고 있다가 담제를 지내면 완전히 평상복으로 회복하며 술과 고기를 먹는다. 제사의 절차는 대상 때와 같다.

이상의 상장례의 내용은 『의례』와 『가례』 그리고 『상례비요』 속에서 보이는 가장 기본이 되는 형태이고 그 이외에 시대의 흐름에 따라, 지역에 따라, 또 동일 지역에서도 가문에 따라 그 변형은 무수히 많다. 이러한 의식 속에 담겨 있는 의미는 무엇이며 그 가치는 어디에 있는가? 이는 다음의 3가지 점으로 요약할 수 있다. 첫째, 슬픔을 다한다. 이 세상에서 어버이를 영원히 잃는 것보다 더 큰 슬픔이 있겠는가? 하늘이 무너지고 땅이 꺼지는 듯한 절망감과 슬픔은 동작, 복식, 거처, 음식 등에서 그 애통함이 표현되는데 자연발생적인 이러한 슬픔의 표현을 통하여 자식된 도리를 다하고자 하는 것이다. 둘째, 부모의 은혜에 보답한다. 어버이가 돌아가시면 자식 된 마음에서는 안타까워하고 그 은혜의 만분의 일이라도 보답하고자 하는 것이 인정의 자연스런 현상이다. 이러한 생각은 상장례 의절 전반에서 나타난다. 그러므로 돌아가신 이를 차마 돌아가신 이로 모시지 못하고 살아계신 것처럼 섬기는 것은 자식이 어버이가 돌아가신 후 마지막으로 직접 행할 수 있는 유일한 보은의 방법이니 전이나 반함은 그 한 예이다. 셋째, 죽은 사람 때문에 산 사람을 상하게 하지 않는다. 어버이의 사망은 자녀에게는 충격적이며 절망적인 슬픔을 가져다주므로 그 슬픔이 너무 절실하고 또 그 시간이 오래 경과되면 살아 있는 사람이 상하게 된다. 이것은 돌아가신 부모가 결코 바라는 바가 아닌 것이다. 그러므로 상장례의 제반 의절에는 산 사람을 상하게 하지 않도록 하는 배려가 마련된다. 상사가 난 뒤 3일간은 아무 것도 먹을 수 없으나 이웃에서 권하면 죽이나 미음을 먹는 것, 소렴 이후 대곡을 하는 것 등이 그것이다.

상례의식은 매우 복잡하지만, 이는 의례 하나 하나가 다 죽은 이에 대한 살아있는 사람의 애통해하고 사모하는 심성이 행동과 의식으로 표현된 것이다. 다른 예에서는 또 기회가 있으나 상례에 있어서만은 다음의 기회가 없기 때문에 유감이 없도록 정성을 다하는 것이다. 상례를 일관하여 흐르는 중심사상은 '효'로, 살아 있을 때만이 아니고 사후에까지 효가 계속되는 것을 볼 수 있다.

2. 상복喪服의 기간과 원리

주대에 확립된 종법제도는 중국 고대의 가장 특징적인 사회 제도중 하나이고, 상복제도는 종법제도가 상례 복식의 구체적인 형식으로 구현된 것으로 서로 표리관계를 이룬다. 그 주요 내용을 구체적으로 보면 혈연관계의 친소 원근에 근거하여 상례 중 살아있는 자식이 죽은 부모를 위하여 입는 복식의 규격, 모양과 상복을 입는 기한을 규정하며, 참최斬衰, 자최齊衰, 대공大功, 소공小功, 시마緦麻의 오복五服 제도를 이루고 있다. 이것은 주대의 상복제도의 기본 내용이 되며, 춘추 전국시대 유가학자의 체계적인 정리를 거쳐 『의례』「상복」편으로 편성되었다. 『의례』「상복」편에 기재된 상복제도와 주대에 형성된 종법제도가 이처럼 밀집한 관련을 가지기 때문에 「상복」편은 주대의 상복제도 자체만 담고 있는 것이 아니라 종법제도와 밀접한 상관관계가 있는 계승제도 분봉제도 가족제도 혼인제도 및 이와 관련한 정치 및 윤리사상 등의 중요한 내용을 많이 보유하고 있다.

『의례』의 저자에 대한 설은 주공 저자설과 공자 저자설 두 가지가 있다. 주공 저자설은 고문경학가가 주장하는 바이고, 공자 저자설은 금문경학가의 주장이다. 이에 대해 피석서皮錫瑞는 『의례』 17편이 비록 주공이 남긴 것이라 하나, 당시 17편 이상이었던 것을 공자가 17편으로 산정한 것인지, 17편이 안 되는 것을 공자가 증보하여 지금 전해지는 바와 같이 17편이 된 것인지를 불문하고 17편이라는 숫자가 공자로부터 시작되는 점을 들어 공자를 저자로 간주하고 있다.[205] 이러한 점에 비추어 『의례』는 일단 공자에 의해 정본이 되어 고당생高堂生, 후창后倉 등에 전해진 것으로 봐도 무리가 없을 것이다. 『의례』의 내용은 사례士禮를 근본으로 하고 있으며, 그 중에서도 상례가 중요한 위치를 차지하고 있다. 『의례』 17편 가운데 상례에 속하는 부분이 4편이나 되는데,[206] 이는 상례가 당시의 사회에서 차지했던 비중이 얼마나 컸던가를 짐작케 한다.

상례와 관계되는 4편 가운데에서도 다른 편이 모두 의절을 기재하고 있음에 비해 「상복」편만은 특히 복제를 기술하고 있는 등 상례와 관계된 편들과 차이가 있다. 뿐만 아니라 다른 16편과도 비교해 보면 편명 만으로는 예의 주재자를 알 수 없는 점과 전문傳文이 별도로 존재하는 점, 일정한 조건하에서 이론적으로 체계화되어 있는 점, 성립 과정이 다른 점 등의 특이성이 있다. 또 다른 점은 「상복」편의 성립을 고찰함으로써 의례 성립을 추정할 수 있으며, 「상복」편의 복제가 역대 복제의 근간을 이루고 있다는 점이다.[207] 이처럼 「상복」편이 기타 『의례』 16편과 그 성격을 달리하고 있기 때문에, 전한 시대부터 「상복」편만을 달리 분별하여 연구하는 학풍[208]이 있어 왔다.

「상복」편의 특징이 되는 복제는 제정된 당시 친족 사이에 '친친親親·존존尊尊'의 질서를 유지하는 규범이었을 뿐만 아니라[209] 근대에 이르기

---

205 皮錫瑞『經學歷史』, pp.1-2.
206 喪服, 士喪, 旣夕, 士虞 등이 그것이다.
207 影山誠一『喪服總論』, 日本大東文化大學東洋硏究所叢書, p.152.
208 藤川正數『魏晉時代における喪葬禮の硏究』, p.94.
209 위진시대는 상복례의 연구가 현저한데, 이는 상복 자체가 의심나는 부분과 빠진 부분

까지 유교의 영향을 받은 동방 여러나라의 가족 도덕규범 및 친족법의 근간이 되었다. 상복제도는 그 성격상, 사상의 변천과 각종사회제도와 밀접한 관계를 가지며, 시간의 흐름에 따라 복제 자체 역시 변화와 증감이 많아 '예' 연구 중 난해한 부분 중의 하나이며, 고증의 한계성 때문에 아직까지 정론이 나 있지 않다. 복제에는 거상중의 의복, 상복, 음식, 거처 등 근신 생활의 등급을 나타내는 광의의 의미와, 복식제도 및 상기의 장단을 나타내는 협의의 의미가 있다. 상복의 기원을 확연히 규명할 자료는 없으나, 인류학적으로 미개사회의 예에 비추어 보면 죽은 자 혹은 악령에 대한 두려움과 애도에서 시작된 것으로 추정할 수 있다. 이것이 읍제邑制 국가의 성립을 거쳐 봉건 예제의 확립에 따라, 이른바 '친친'·'존존'을 기축으로 하는 종법 질서유지의 기본 원리로써, 계층적으로 정리된 것이 바로 「상복」편이다.[210]

상복이 일단 제정된 후, 죽은 자에 대한 살아있는 자의 친소 관계가 복제상에 확연하게 표현되고, 이와 같은 죽은 사람에 대한 각 개인의 친소의 표현은 죽은 사람과 살아 있는 자와의 관계뿐만 아니라, 살아있는 자들 사이의 친소의 등급을 가름하는 기준이 되었다. 이는 또한 한 각 사람과 사람간의 행위를 결정하는 기준이 됨으로써, 개인에서부터 가족, 가족에서부터 종족, 종족에서부터 국가로 이어지는 사회질서를 연결하는 작용을 하게 되었다. 이것이 바로 상복제정의 의의이다.

상복의 문제가 중요하게 인식되어 왔던 이유에 대하여, 최술崔述

이 많기 때문에 그 연구가 요구되었던 외에, 이 시대에 문벌제도가 채용된 결과, 가족적 질서의 규범으로 상복례가 각별히 중시되었기 때문이다. (藤川正數 『魏晉時代における 喪葬禮の 硏究』 p.97)

210 池田末利 『儀禮』 Ⅲ, 日本東海大學古典叢書 p.5.

(1740-1816)[211]은 이것이 기강을 세우고, 명분을 바로 하며, 친소·존비를 구별하려는 것이기 때문이라고 설명하며, 「상복」편의 중심사상을 '존존·친친'의 두 단어로 요약했다.[212] '존존'은 존귀한 사람을 존귀하게 대하는 것, 그리고 '친친'은 친족을 친족으로 대하는 것이다. 기강·명분이 이처럼 강조된 까닭은 당시의 시대배경과 밀접한 관련이 있다. 춘추전국시대는 오늘에 까지 혼란기의 대명사로 일컬어지는데, 당시 사회질서의 혼란은 종법가족제도 및 군신질서의 붕괴에 크게 기인한다. 유가의 입장에서 이러한 당시사회를 개혁하기 위해 제일 시급하고 중요한 해결방책이 윤리도덕의 관념을 수립하는데 있다고 본 것은 당연한 귀결이다. 그러나 도덕은 하나의 추상적인 관념이어서 구체적인 강령을 필요로 한다. 이에 해당되는 것이 종법제도이며, 이러한 요구에서 종법제도는 더욱 세밀화되었고, 그 방법으로 상복제도의 강화가 대두된다. 즉 상복제도는, 종법조직의 친속관계에 근거하여, 그 친소·귀천의 정도와 구별에 따라 5복으로써, 상·하·방旁의 모든 친속을 하나의 친속강으로 조직하여, 이를 사회 기층 조직에까지 확대하여 사회질서를 수립하는 기본 틀이 되는 것이다.

『백호통白虎通』에 의하면, 상복을 입는 기간 제정의 원리는 다음과 같이 설명된다.

> 제도를 세움에 그 등급을 나누고 차등을 두어 내림에 곱절로 하는 것을 원칙으로 삼는다. 삼년상은 기년상의 두 배이다. … 대공은 왜 9월인가? 기

---

[211] 호가 東壁이다. 고증학자로서 經傳 諸子 속의 전설·우언·참위설 등의 성분을 분석하여 상고 시대의 역사적 사실을 객관적 합리적으로 고증했다. 그의 저술로서『洙泗考信錄』이 유명하다.

[212] 최술『崔東壁遺書』五服異同考, 卷3

년의 절반이다. 기를 취하여 그 셋의 하나를 줄인 것이다. 소공은 왜 5월인가? 시마의 두 배이다. 기를 취하여 그 삼분의 둘을 없앤 것이다. 시마는 왜 3월인가? 빈으로부터 장에 이르기까지 계산한 것이다. 매장에 늦고 빠름에 비록 차이가 있지만 핵심은 모두 석 달로 잡는다. 대체로 시마복은 가장 가벼운 것이다. 그래서 장례가 되면 멈춘다.[213]

상복을 입는 기간의 제정에서 참최·자최·대공·소공·시마의 오복으로 나누는데 있어서 1년, 즉 기년朞年을 기준으로 삼는다. 1년이라는 기간은 봄 여름 가을 겨울이 한 바퀴 도는 것과 천지만물에 시종이 있는 것을 의미하기에 이를 근거로 한 것이다. 1년을 기준으로 하되, 사시 변화의 원칙에 따라, 1년을 다시 4분하여 삼개월 단위로 등차 급류로 하며, 상기의 제정은 그 비율을 배로 하는 것을 원칙으로 하여, 상복의 기간을 3년, 1년(혹은 기년朞年), 9월, 5월, 3월로 나누었다.[214]

『의례』「상복」편에서 서술하고 있는 상복의 원칙을 복술服述이라 한다. 복술은 복상 원칙의 기초 이론으로 발전되는데, 『예기대전』에서 그 근거를 찾아볼 수 있다.[215]

상복을 입는 원칙에는 여섯 가지가 있다. 하나는 친친親親이요, 둘째는 존

---

213 『白虎通』, 德論, 五服異同彙考, 卷3 "以立制 其等殺皆以倍爲率. 三年之喪倍期…大功何以五月? 倍期也, 取期而減其三之一者也. 小功何以五月? 倍緦也 取期而減其三之二者也. 緦何以三月? 據自殯至葬而計之者也. 葬之遲速雖異 要皆以三月爲大凡 緦之服最輕 故至葬而止也."
214 가공언의 소에서는 이를 친소에 따라 강쇄하여 다시 참최, 자최3년, 자최장기, 자최부장기, 자최3월, 상대공, 성인대공, 세최, 상소공, 성인소공, 시마의 열 개의 장으로 나누고 있다.
215 大傳은 정현의 해석에 의하면, 『의례』「상복」편의 傳文을 해석하는데 그치지 않고, 확대하여 통론의 성격을 지니며, 내용은 除法, 服制, 종법, 親親을 말하고 있다.

존尊尊이며, 세 번째는 명분名分이고 네 번째는 출입出入이며 다섯 번째는 장유長幼이고 여섯 번째는 종복從服이다.[216]

상복의 제정에서 오복의 경중의 구분은 곧 이 여섯 종류의 복에 근거하여 정하여 진다는 것이다. 하나하나 살펴보면 다음과 같다.

1) 친족을 친근하게 대함[친친親親]

친족관계에서 친소·원근의 차별에 따라 상복의 경중을 정하는 원칙이다. 예를 들면 본인을 중심으로 하여 위로는 아버지, 아래로는 아들이 있으며 아버지는 다시 위로 친할아버지, 아들은 아래로 친손자가 있는데, 이를 마찬가지 방식으로 연장하면 위로는 증조·고조, 아래로는 증손·현손으로까지 연결되어, 본인을 중심으로 상하가 각 4세로 9세가 되는데, 9세로써 친의 관계가 다하는 것이다.[217] 이상은 상하의 경우이지만, 좌우로는 본인을 중심으로 형제·아버지형제·족곤제族昆弟[218]의 순으로 역시 4세에 이르면 친이 다 한다. 이때 본인을 중심으로 친의 관계가 소원할수록 복의 경중도 따라서 가벼워지는데, 이것이 곧 친친의 원칙이다.[219]

2) 존귀한 자를 존귀하게 대함[존존尊尊]

이는 존비·귀천의 등급에 따라 상복의 경중을 정하는 원칙이다. 예

---

216 『예기』,「大傳」, "服述有六, 一曰親親, 二曰尊尊, 三曰名, 四曰出入, 五曰長幼, 六曰從服."
217 『예기』「喪服小記」, "親親 以三爲五 以五爲九 上殺 旁殺殺而親畢矣."
218 고조가 같은 일가의 형제
219 章景明『先秦喪服制度考』, p.32.

를 들면, 참최 3년은 부를 위하여 입는 복이지만, 군의 경우에도 역시 참최 삼년을 복을 입는 것은 '가정에서는 부자이고 사회에서는 군신'이라는 의리에 입각한 것이다. 또 「상복전」에는 "외친의 상에는 모두 시마복을 입는다."[220]라 되어 있으나, 외조부모의 복을 소공복으로 규정하고 있는 것은 역시 '존귀한 자를 존귀하게 대하는' 원칙에 따르기 때문이다.[221]

3) 명분名分

이것은 명분에 따라 상복의 경중을 정하는 원칙이다. 예를 들면, 「상복」편에 세부모世父母·숙부모叔父母의 복을 자최 기년으로 하고 있는데,[222] 본래 세모世母[223]·숙모는 혈친 관계가 없는 사람이지만, 큰아버지[224]·작은 아버지에 배필하여 모의 명칭이 따르므로, 명분에 의하여 자최기를 복하는 것이다. 이것이 곧 명분의 원칙이다.

4) 출가·복귀·입양의 경우[출입出入]

출입은 여자의 출가, 혹은 출가 후 다시 친가로 복귀하는 경우, 혹은 남의 후사가 된 자[養子]의 경우가 이에 해당된다. 본래 자녀가 아버지를 위하여 입는 복은 참최이나,[225] 여자의 경우, 출가 이후는 참최의 대상은 남편이 되고, 부모에 대하여 자최 기년으로 입는다. 부모 역

---

220 『의례』「喪服疏」, 卷33, "外親之喪 皆緦也."
221 章景明『先秦喪服制度考』, p.32 參照
222 『의례』「喪服疏」, 卷30.
223 세모는 한 집안의 대를 잇는 어머니라는 뜻으로, '큰어머니'를 달리 이르는 말이다.
224 백부, 큰아버지를 世父라고 한다.
225 『의례』「喪服疏」, 卷39.

시 출가한 딸을 위해 입는 복은 대공 9월이 된다. 이것이 '출'의 예이다. 딸이 출가 후 쫓겨나 친가로 복귀하는 경우에는 결혼하지 않은 경우와 마찬가지로 대우하는데 이를 '입'이라 한다.[226]

5) 장유長幼

이는 곧 연령의 대소에 따라 상복의 경중을 정하는 것을 가리킨다. 성인복成人服과 상복殤服[227]의 경우가 그것이다. 「상복」편에 부모가 자·여자에게는 자최기를 입는 것으로 되어 있다.[228] 장자를 위한 경우에는 참최를 입는다. 16세-19세 사이에 죽은 장상長殤에는 대공 9월, 12세-15세 사이의 중상中殤의 경우에는 대공 칠월이고, 8세-11세 사이의 하상下殤의 경우에는 소공 오월의 상복을 입는 것이 곧 장유의 원칙이다.[229]

6) 소속 관계에 따른 상복[종복從服]

본래 본인의 마땅히 입어야 할 상복이 아닌데 관계인의 상복을 따라 입는 것을 말한다. 『예기』「대전大傳」에 의하면 종복從服은 다시 '속종屬從' '종종從從' '종유복이무복從有服而無服' '종중이경從重而輕' '종경이중從輕而重'의 여섯 종류로 구분된다.

- ■ '속종'은 본래 친속이 있어 복하는 것으로,[230] 예를 들면 "아내는

226　章景明『先秦喪服制度考』 p.34.
227　'殤服'이란 8세부터 19세까지 이르는 사이에 죽은 자녀를 위하여 입는 상복을 말한다.
228　『의례』「喪服疏」, 卷30.
229　章景明『先秦喪服制度考』 p.34.
230　『예기』,「喪服小記」, "屬從謂有親屬而服之者也."

남편을 따라 남편의 무리의 복을 입는다"와 "아들은 어미를 따라 어미의 무리의 복을 입는다." "남편은 아내를 따라 아내의 무리의 복을 입는다."의 경우로, 본래 친속관계가 있으므로, 소속인의 사망에 관계없이 상복을 입는다.

- '종종'의 종은 '비어있음[空]'의 의미로서, 친속이 아닌데 상복을 입는 경우이다. 예를 들면, 아들이 어머니를 따라 모의 군모君母를 복하는 경우와, 첩의 아들이 군모를 따라 군모의 무리를 복하는 것이다. 이는 본래 친속 관계가 없었으므로 소속된 사람이 사망함에 따라 더 이상 상복을 입지 않는다.[231]

- "유복에서 무복으로"의 예는 "공자公子가 그 아내의 부모를 위하여 복을 입는"의 경우가 그것이다. 「상복전」에 의하면 군이 상복을 입지 않는 경우는 아들 역시 감히 복하지 않는다고 하고 있다.[232] 그러므로 공자의 처는 그 부모를 위해 자최기를 입으나, 공자는 처를 따라 복하지 않는다. 이를 "복이 있는 데로부터 복이 없는 데로[從有服而無服]"라고 한다.

- "무복에서 유복으로[從無服而有服]"는 형제의 아내와 남편의 형제 사이는 상복을 입지 않지만 동서 사이에는 서로 소공복을 입는 경우이다.

- "무거운 데서 가벼운 데로[從重而輕]"는 "남편은 아내의 부모를 위하여 복을 입는다."의 예가 그것이다. 즉 처는 그 부모를 위하여 자최의 복을 입지만 남편은 처의 부모를 위하여 시마의 복을 입는다.

---

231 『예기』, 喪服小記, 卷15-1.
232 『의례』「喪服傳」 "君之所不服 子亦不敢服也."

■ "가벼운 데서 무거운 데로[從輕而重]"는 공자公子의 아내가 시어머니[皇姑]를 위하여 상복을 입는 경우가 그 예이다. 즉 공자公子는 아버지가 생존해 있으면 어머니를 위하여 상복을 입지 않지만, 아버지가 죽은 경우에도 대공만 입는다. 공자의 아내는 시어머니를 위하여 시아버지의 살아있고 없음에 관계없이 자최를 입는다.

이처럼 종복從服은 여섯 종류로 나누어 볼 수 있으나, 크게는 속종屬從과 종종從從의 두 종류에 지나지 않으며, 나머지는 다 속종의 범주에 넣어서 보는 견해도 있다.[233]

이와 같은 상복의 기본 원칙 외에, 다시 정복正服·의복義服·강복降服·종복從服·보복報服·명복名服·가복加服·생복生服 등의 명목으로 분류할 수 있는데, 정현 이래로 이는 정복·의복·강복의 세 종류로 분류되는 것이 일반적이다.[234] '정복'은 남편을 위하여 참최 3년, 어머니를 위하여 자최 3년을 입는 것과 같이 바른 예에 따라 마땅히 입은 상복을 정복이라 한다. '의복'은 본래 혈연관계가 없는데 의를 따라 상복을 입는 경우, 즉 사위가 시마복을 입는다든지, 아내를 위하여 기년복을 입는 것이 그 예이다. '강복'은 본래 어머니를 위하여는 자최 3년을 입는 것인데, 아버지가 생존한 상황에서는 정도를 낮추어 1년을 입는 것이 그것이다. 이와 같은 정복·의복·강복의 판정 근거는 복상 원칙의 이론에서 취하고, 상복기와 간전間傳 속에 기재되어 있는 복제의 사용하는 베의 승수升數에 따른 것인데[235] 판정에 있어서 그 근거가 불분명하고, 여

---

233 孫希旦『禮記集解』, p.837, "從服有服六, 實不外乎囑從徒從而已. 其下四者, 皆屬從之別者也."
234 章景明『先秦喪服制度考』p.41.
235 章景明『先秦喪服制度考』p.42.

러 이론이 분분하여 어느 설이 반드시 정확하다고 단정할 수 없다.

    상복제도는 종법조직의 친속관계를 근거로 하여 '친소·귀천'의 차등에 의하여 정해지는 오복으로 모든 친속을 하나로 친속강으로 조직함으로써, 작게는 가정질서 규범에서 크게는 국가 질서 규범으로까지 운용될 수 있는 것으로, 유가의 이상이 담겨져 있다고 하겠다. 다시 말하면 유가의 이상은 상복제도로 강화된 종법조직의 친속강을 사회 전체 조직에까지 확대하여 "친소와 귀천을 구별하는 절도"[236]를 두어 "무리지어 살아도 혼란이 없는"[237]한 안정된 사회를 수립하는데 있다고 할 수 있을 것이다. 그러므로 상복제도는 각 시대를 통하여 적극적으로 실행되었으며, 시대의 변천에 따라 제도 자체는 조금씩 변해 왔지만, 상복제도의 원리는 오늘에 이르기까지 유교문화의 영향을 받은 아시아 여러 국가의 사회제도의 기초가 되고 있는 점에서 다시 평가되어야 할 것이다.

---

236 『순자』「禮論」"別親疏貴賤之節."
237 『예기』「三年問」"群居而無亂."

제15장

제례-근원을 찾고 선조의 뜻을 생각하다[보본추원]
報本追遠

1. 사당祠堂의 연원과 변천과정

종묘의 가장 중요한 기능은 제사를 거행하는 데 있으며, 그밖에 국가의 큰일과 관·혼·상의 예가 모두 이 종묘를 중심으로 이루어졌다. 즉, 종묘는 종법제도가 가장 집중적으로 실행되는 곳이다.[238] 그러므로 관련되는 예서나 각 시대의 예제에서 묘廟에 대한 언급이 빈번하며 비중도 매우 크다. 그런데 후인들의 묘에 대한 해석은 다양하여 종묘, 조묘祖廟, 침묘寢廟, 가묘家廟로 풀이하는 경우도 있고 심지어는 사당祠堂이라고도 한다. 엄밀히 말하면 종묘는 주나라 때 제정된 묘제로 선인을 제사하는 궁실이고[239] 가묘는 진晉대에 출현하여 당송대에 유행하였던 묘제이다. 사당은 송대에 제정되어 명·청대에 널리 유행하였으며 가묘와 영당影堂을 합하여 만든 주희의 독창적인 묘제이다.

이처럼 묘와 관련된 명칭이 시대별로 상이한데 이는 각각 특정의 의미와 기능이 있음을 뜻한다. 그러나 오늘날에 와서는 혼용하는 사례

---

238 錢玄,『三禮通論』, 南京師範大學出版社, 1996, p.444.
239 錢玄, 錢興奇,『三禮辭典』, 江蘇古籍出版社, 1998, p.471.

가 많다. 묘제의 변천 과정과 명칭의 변화를 고찰하여 각 명칭이 내포하는 정확한 개념을 파악하면 일반적으로 같은 개념으로 이해하는 가묘와 사당 같은 묘제의 차이가 명확해진다. 더욱이 사당제도는 주희가 국가가 제정한 공식적인 예제에 어긋나지 않으면서 실제적으로 누구나 신분에 관계없이 예를 실천 할 수 있도록 제도적 장치로 마련한 묘제이다. 다시 말해, 사당제도는 『가례』의 중요한 기본 틀이자 효를 실천하고 종족사회의 질서와 사회적 통합을 추구한 것으로, 사와 서민 모두 함께 하는 예 구현의 중요한 맥락이었던 것이다.

『설문』에 보면 묘는 선조를 숭상하는 모양이라고 하였다.[240] 조종에게 제사지내는 곳이라는 뜻이다. 『석명』에서는 종宗은 높인다는 뜻이고 묘廟는 모습이라는 의미를 지니고 있어 두 글자의 조어인 '종묘'는 선조의 모습이 있는 곳을 뜻한다고 하였다.[241] 즉 선진시대의 묘는 대부분 종묘를 가리키며 종법제도 하에서 천자·제후·사대부가 조상에게 제사를 드리고 효도와 등급질서를 강화하기 위해 지은 건축물을 의미한다. 침묘寢廟는 종묘의 의미로 사용되기도 하고 거주하는 집의 의미로 사용하기도 하였는데,[242] 종묘의 의미로 사용될 때는 종묘의 정전止殿을 묘라 하고 후전後殿을 침寢이라 하므로 이를 합하여 침묘라고 한 것이다.

---

240 『설문해자주』 "廟, 尊先祖貌也."
241 『釋名』 "宗, 尊也. 廟, 貌也. 先祖形貌所在也."
242 王引之, 『經義述聞』, 南京江蘇古籍出版社, 1985. "經言寢廟, 多指宗廟言之, 此寢廟則指人之寢室言之." p.437.

1) 종묘 宗廟

주나라의 종법 구조를 보면 천자는 적장자가 계승하는 천하의 대종이며 동성 귀족의 최고 족장임과 동시에 천하 통치의 권력을 장악한다. 또 천자의 차남 이하 여러 아들들은 제후로 분봉되며 제후의 지위 역시 해당 제후의 적장자에게 계승된다. 이로써 제후는 천자에 대해서는 소종이고 본국에서 있어서는 대종이면서, 본국 동종귀족의 족장이자 통치 권력의 최고 수장이 된다. 제후의 차남 이하 여러 아들들은 분봉하여 경대부가 된다. 경대부도 관직을 세습하면서 봉읍을 다스리는 권력을 장악하며 제후에 대해서는 소종이고 본가에 있어서는 대종이 된다. 이처럼 세습한 적장자를 종자, 혹은 종주라고 하며 이들은 귀족의 족장신분으로서 본족을 대표하며 정권의 수장이 된다. 이들 대종과 소종은 종묘를 세워 조상을 제사지내고 중요한 의식을 거행하는 장소로 삼았다. 『시경』에 태왕이 기산으로 옮긴 후 실가室家를 지으면서 묘도 함께 지었다고 하는 것을 보면 종묘의 역사가 오래되었음을 알 수 있다.[243] 이때 조상을 제사하는 종묘는 산 사람의 생활공간인 침寢과 같은 장소에 지었으며 종묘의 위치는 침의 전면에 배치하였다. 이처럼 종묘와 침을 같은 장소에 지었던 이유는 종묘는 역대 종주의 집이고 침은 현 종주의 집으로서 양자의 관계가 서로 밀접하다고 생각해서였다. 이른바 '죽은 이를 섬기는 것을 산 사람 섬기는 것처럼 하는 것이 예'라고 한 것처럼 산 사람과 죽은 사람을 구분하여 생각하지 않았으며 그러므로 건축양식에 있어서도 종묘의 경우 동서쪽에 곁채가 있다는 점

---

243 『시경』「大雅」 "緜: 乃召司空, 乃召司徒, 俾立室家, 其繩則直, 縮版以載, 作廟翼翼."

외에는 산 사람이 거주하는 침과 크게 구분이 없었다.[244] 주나라에서 종묘의 명칭은 묘 이외에 종宗·궁宮·실室·침寢·조朝 등이 다양하게 사용되었다.[245]

종묘의 가장 큰 의미는 조상 제사에 있다. 제사는 마치 조상이 전후좌우에 계신 것처럼 드려야 한다는 것이 원칙이다. 따라서 제사에는 마치 살아있는 것처럼 여기고 음식을 차린다. 다만 귀신은 같은 부류나 친족이 드리는 것이 아니면 흠향하지 않는다고 인식이 있었던 까닭에,[246] 일반인들은 자기의 조상에게 제사를 올렸다. 제사의 주관자는 당연히 종법제도 안에서 조상의 지위와 권력을 계승한 종자이다. 종자는 제사뿐 아니라 조상에게 가르침을 구하고 보고하는 고묘告廟도 담당한다. 관례와 혼례를 비롯하여, 제후들의 즉위·관직의 임명과 포상·이웃국군을 회견하는 빙례聘禮·이웃나라와의 동맹·전쟁 출정 등 국가 중대사의 진행을 보고하는 곳도 이 종묘에서이다. 그 이유는 조상을 섬기고 존숭하는 의미 이외에 조상의 가호와 힘을 빌어서 종족의 단결과 군신 간의 관계를 공고히 하고 통치력을 강화하기 위해서였다. 종묘는 종법제도와 연계되어 있기 때문에 종주宗主의 신분의 등급에 따라서 종묘의 묘의 수와 제사의식에도 엄밀한 규정이 있었다. 그러나 춘추 전국시대 정치사회상의 변동을 겪으면서 주나라의 예제가 많이 없어졌고 천

---

244 楊寬,「試論西周春秋間的宗法制度和貴族組織」,『古史新探』, p.163.

245 『설문해자』에 의하면 宗의 본뜻은 종묘이다. 沈子簋에 새겨진 '周公宗'도 주공묘를 말한다. 또 조상이 머무는 집이라는 뜻에서 宮 혹은 室로 부르기도 하였다. 예를 들면 노나라의 桓宮은 桓公廟이다. 또 伯禽廟는 태실 혹은 세실이라고 하였다. 寢을 묘와 같은 개념으로 사용한 예로주례』夏官에 五寢, 小寢, 大寢 등이 있는데 寢은 모두 묘를 말한다. 또 묘가 중대한 의식을 거행하고 선포하는 장소라는 점이 조정과 같다는 의미에서 朝라고도 하였다. 趙鼎의 금문에 있는 '王各(格)於大朝'의 大朝는 太廟를 말한다. 古史新探』 168-169쪽 참조.

246 『좌전』僖公 10년, "神不歆非類, 民不祀非族. 僖公 31년: 鬼神非其族類不歆其祀."

자의 종묘에 대한 기록도 상당 부분 민멸되었다. 『예기』「왕제王制」를 보면 천자는 7묘, 제후는 5묘, 대부는 3묘, 사는 1묘를 시행하고 서인은 묘가 없고 거주공간인 침에서 제사를 지낸다고 한다.[247] 천자 7묘제는 주나라 중·후반기에 나온 것이고 주초에는 5묘제였다는 주장도 있고,[248] 더 많은 묘를 세웠다는 주장도 있다.[249] 따라서 종묘의 차수는 주나라 후기로 가면 제도에 얽매이지 않고 더 늘어나서 7묘나 5묘에 국한되지 않았기 때문에 종묘의 묘수가 정확하지 않았음을 알 수 있다.

2) 가묘家廟

가묘의 공식적 의미는 개원례開元禮 같은 당의 법제에 의거하여 당대의 관료가 세운 종묘를 말한다. 또 갑골문에서 '가'는 조상을 제사지내는 종묘를 뜻하는 경우가 많다.[250] 이를 종합하여 정의하면 가묘는 가족이 조상을 위하여 세운 묘를 말하는데 일반적으로 대부 이하의 조묘祖廟를 가묘라고 한다. 이것은 선진시대의 가가 가정 혹은 친속을 가

---

[247] 『예기』「王制」 "天子七廟, 三昭三穆與太祖之廟而七, 諸侯五廟, 二昭二穆與太祖之廟而五, 大夫三廟, 昭一穆與太祖之廟而三, 士一廟, 庶人祭於寢." 정현의 주에 의하면 七廟의 내용은 시조인 后稷廟와 덕이 있어 不遷毀의 祧廟인 문왕, 무왕의 묘와 在位天子의 고조부 이하 四親廟라고 한다.

[248] 상복제도로 볼 때 人親은 五屬이며 4세가 되면 시마복을 입는다. 그러므로 복은 5세를 넘지 않으며 廟도 5를 넘지 않는다는 것이다. 太廟에 親廟四를 더하면 5가 되는데 주공이 예를 제정한 초기에 문왕과 무왕은 아직 親廟에 속해 있었기 때문에 4廟뿐이었다. 후에 受命之君이라 하여 2祧를 세워서 遷毀하지 않기 때문에 5廟와 합해서 7廟가 된 것으로 이것은 주나라 후기의 제도이지 주공의 법은 아니었다. 惠棟 禘說古制四廟條, 皇淸經解續編 권156, 837쪽 참조.

[249] 高閟, 亞閟, 宣榭와 같은 공덕이 있었던 선조의 묘는 종법의 親盡의 원칙에 따라 遷毀하지 않았다. 萬斯同廟制圖考文淵閣四庫全書 臺灣商務印書館, 183쪽 참조.

[250] 張文昌,「中國中古家禮的編纂與發展」, (東吳大學歷史硏究所,『東吳歷史學報』제23기, 민국99년) p.12.

리키는 것이 아니라 봉작을 받은 경대부의 가를 지칭하는 것으로서 제후의 국과 상대적인 개념이었던 것과 같은 연장선이라 할 수 있다.[251] 당의 가묘가 오품관 이상에게만 허락되었다는 것도 이런 점이 적용된 것으로 보인다. 사마광은 종묘제의 추이에 대해 다음과 같이 말한다.

> 선왕의 제도에서는 천자부터 관사官師에 이르기까지 모두 묘가 있었다. 군자는 궁실을 지을 때 종묘를 앞에 짓고 거실을 뒤에 지었다. 진에 이르러 성인을 부정하고 비웃고 전례典禮를 없애며, 인군을 높이고 신하를 낮추는 것에 힘써, 이에 천자 이외에는 감히 종묘를 세우는 자가 없었다. 한대에 공경 귀인이 묘소에 사당을 짓는 이가 많았으나 도읍에는 드물었다. 위진 이후 다시 점점 묘제가 회복되어 그 후 법령에 의거하여 관품官品에 따라 제사지내는 세수世數의 차이를 두었다. 당의 시중 왕규王硅가 사묘私廟[252]를 세우지 않아 탄핵을 받자 태종이 유사에게 명하여 짓도록 해서 그를 부끄럽게 하였다. 이런 까닭으로 당대의 신분 높은 신료들은 다 묘가 있었다. 오대의 혼란기에 이르러서는 사민이 목숨을 돌볼 겨를도 없다 보니 예교가 무너지고 묘제도 마침내 단절되었다.[253]

사마광의 설명에 의하면 옛 제도에는 종묘가 모두 있었는데 진시황

---

251 『맹자』「離婁上」, "人有恒言, 皆曰天下國家. 天下之本在國, 國之本在家, 家之本在身." 東漢의 趙岐는 이 부분에 대해 國은 제후의 국이며, 家는 경대부의 가를 말한다고 하였다.
252 여기서 말하는 私廟는 가묘를 지칭하는데 先廟라고도 하며 私家宗廟라고도 한다.
253 사마광『사마온공문집』, 潞國公文公先廟碑, "先王之制, 自天子至于官師, 皆有廟. 君子將營宮室, 宗廟爲先居室爲後. 及秦, 非笑聖人, 蕩滅典禮, 務尊君卑臣, 于是天子之外, 尤敢營宗廟者. 漢世公卿貴人多建祠堂丁墓所, 在都邑則鮮焉. 魏晉以降, 漸復廟制. 其后, 遂着于令, 以官品爲所祀世數之差. 唐侍中王硅不立私廟, 爲執法所糾, 太宗命有司爲之營, 以恥之, 是以唐世貴臣皆有廟. 及五代蕩析, 士民求生有所未遑, 禮頹敎陊, 廟制遂絶."

때 군왕의 독점물이 되었으며, 한대에는 묘소에 사당을 짓는 묘사의 형태가 성행하였고, 위진 이후에는 묘제가 차츰 회복되어 당대에 이르러서 크게 성하였다가 오대 혼란기를 거치면서 다시 민멸되었다는 것이다.

당대는 정치·경제·문화발전이 최고봉에 도달하였던 시기로 종법예제 또한 회복되어 실행되었던 시기였고, 그 일환으로 가묘도 널리 유행하였다. 가묘는 당의 법제에 의하면 관료의 종묘에 해당한다. 즉 주대의 종묘가 한대의 묘사墓祠를 거쳐 당대에 가묘로 발전된 것이다. 사마광의 설명대로 이 가묘는 오대를 거치면서 사라졌다가 송대에 와서 중건된다. 당대의 가묘를 고찰하기 전에 다시 처음으로 돌아가서 주대의 종묘가 한대의 묘사로 전환되는 과정을 살펴보자. 묘소 옆에 사당을 세워 종묘를 대신하였던 진한시대 제사형태 변화의 원인은 정치 사회적 배경의 변화와 관련이 있다. 진의 시황제가 군현제를 실시하면서 황실과 지방 관료들과의 사이에는 혈연관계가 없게 되었고, 자연히 혈연을 기반으로 아였던 종법제도와 종묘제도에도 변화가 생긴다. 진시황은 백관들이 묘를 세우는 것을 금지하였으며 진나라의 제도를 계승했던 한대에도 이 방침이 이어져서 종묘의 기능과 역할이 더욱 약화되었다. 진시황은 능침陵寢에서 제사를 지내는, 즉 능 옆에 묘를 세움으로써 도성에 종묘를 두었던 옛 제도와 다른 형태의 묘제를 만들었다.[254] 능침제사는 영혼이 깃든 묘지 옆에서 제사를 지낸다는 점에서 종묘제사에 비해 극진해지는 효과가 있기는 하였다. 한편 사대부 계층은 묘를 세우는 것을 금지하는 것 때문에 종묘에서 제사 지내는 것 이외의 다른 제사 방식을 찾을 수밖에 없었는데 황실에서 널리 행하던 능침제사는

---

[254] 신성곤, 「宗廟制度의 탄생」, 동아시아문화연구 57, 한양대 동아시아문화연구소, 2014, pp.46-47.

그 좋은 대체방안이었다. 그리하여 사대부뿐 아니라 경제력이 있는 민간의 호족들도 이 행렬에 참여하여 묘지에 사祠를 세워 제사를 지내는 것이 진·한 시대의 조류가 되었는데 이것은 실질적으로 후대의 가묘의 역할을 하는 것이었다.

이처럼 가묘의 원류를 묘제墓祭에서 찾아볼 수 있지만, 또 다른 주장으로는 지방 제후가 황제의 조상을 제사하던 서한의 군국묘君國廟가 가묘의 원류라는 입장도 있다.[255] 당대 가묘제 형성의 배경은 신진 사족집단의 출현과 밀접한 관련이 있다. 위진 남북조시대 수백 년 동안의 혼란기를 겪으면서 명문 사족들은 비록 쇠락하여 정치·경제적인 힘은 잃었으나 사회적으로는 여전히 높은 지위를 차지하고 있었다. 신흥귀족이었던 당의 통치자는 새로운 제국의 통치를 공고히 하기 위하여 한미한 문벌 출신과 서족 지주출신의 사회적 지위를 올려서 구 사족을 견제하는 방법을 강구하였다. 세 번에 걸친『씨족지氏族志』『성씨록姓氏錄』『대당성족계록大唐姓族系錄』의 편찬이 그 일환이다.[256] 이를 통하여 황족인 이씨와 관롱關隴 신흥귀족과 무명이었던 무성武姓의 후족后族들의 정치적 지위를 올리고, 서족 출신으로 과거를 통해 관료가 된 계층의 요구를 반영하여 오품 이상의 관직자는 다 사류로 올렸다. 이로써 육조 이래의 명문 사족과 호족들은 쇠락하였고 당 황실과 공신으로 이루어진 신진사류들은 자신들의 사회적 지위를 공고히 하고 통치를 강화할 수 있었다. 신진사류들은 이에 만족하지 않고 자신들의 정치·사회적 세력을 다지기 위해서 지위에 맞는 조상제사의 의절을 제정해줄 것과 그것을 문헌으로 법제화할 것을 요구하기에 이르렀다. 세 번에 걸친 정

---

255 趙旭,「唐宋時期私家祖考祭祀禮制考論」,『中國史研究』3기, 2008, p.18.
256 王鶴鳴,「唐代家廟研究」, 史林-6, 2012, pp.42-44.

관례貞觀禮, 현경례顯慶禮, 개원례開元禮의 예제 제정에서 이러한 요구가 반영되었다.

　개원례는 당의 기본 예제가 되었으며 중국 중고시대 예제의 집대성이라 할 수 있다. 특히 조상제사의례가 주된 내용을 차지하였는데 신진 사류집단의 요구에 부응하여 가묘의 제사문제에 대해 상세한 규정을 제정하여 가묘 설립의 근거를 마련하였다. 가묘 설립의 조건에서 서인은 거주 공간인 침에서 제사를 지내며 가묘를 둘 수 없고, 5품관 이상에게만 가묘 설립이 허용된다. 이들은 국가가 승인하는 귀족이었으며, 통치 권력에 속하였고 가묘를 세울 수 있는 특권을 가진 집단이었다. 그러나 가묘를 지을 때는 자신의 자격이 예제의 규정에 부합하는지를 보고하고 허가를 받아 예식에 맞게 짓고, 행하는 제사의절도 조정에 신청하여 허가를 받게 되어 있었다. 가묘 설립의 방법을 보면 관품이 규정에 합당하여 가묘를 세운 당사자는 생시에는 묘주廟主가 되고 사후에는 삼년상을 마치고 신주를 묘당에 모시는 일 곧 부묘祔廟가 되어 시조가 된다. 그런데 개원례에서 시조묘를 건립 할 수 있는 것은 삼품 이상의 경우라고 못 박고 있다.[257] 그러므로 사·오품의 관원은 생시에 가묘를 세우되 시조묘는 건립하지 못하였다. 가묘의 제사상속의 원칙은 종법에 의거하여 적자가 제사 주관을 하고 사후에도 묘당에 들어 제사를 받을 권리가 있었다. 그러나 이것은 실행하는 과정에서 많은 문제점이 발생하였다. 본래 가묘가 있는 종자는 대종이 되는데, 가묘를 건립한 관원도 또한 서자일 경우라도 대종의 지위를 얻어 가묘 제사를 주재하도록 되어 있었다. 이렇게 되면 그 적형이 제사 주관의 권한을 잃게 되는 경우가 발생한다. 뿐만 아니라 당대의 적자는 지위가 세습되는

---

257 『大唐開元禮』卷140, "三品以上喪之三祔廟條."

특별한 정치적 보장이 없었다. 그러다보니 가묘를 건립한 관원들 중에는 서자의 비율이 높았는데 가묘를 건립한 후 종법제를 실행하여 종자와 서자를 엄격하게 구분하다보면 서자가 관품이 높은 경우에도 제사권이 없게 되는 경우가 발생하였다. 또 가묘를 건립한 후 후손의 관작이 육품 이하가 되어버려 자격에 미치지 못한 경우에는 가묘를 계속해서 보존하고 종묘제사를 지내되 본인은 묘에 들지 못하는 상황도 있게 되어 현실적인 어려움이 많이 발생한 것이다.

종법에 의하여 가묘가 적장자에게 세습되면서 관직은 세습되지 않고, 6품 이하의 경우에도 가묘를 유지해야했던 운용방식은 경제적인 비용 충당 등 현실적인 문제도 야기하였다. 이에 대한 해결책으로 당 덕종 정원貞元 9년(793)에 가묘제사상속법을 바꾸어 봉작이 끊어진 자손은 봉작을 봉해주고 제사가 끊어진 가묘는 제사를 회복하도록 정부가 보조를 하여 가묘제도가 지속되도록 보완하였다.[258] 『주례』를 전형으로 하여 종법 묘제를 회복하고자 설계되었던 가묘제도는 당나라 말기까지 지속되며 실행되었다가 오대의 혼란기를 겪으면서 무너지게 된다.

북송 초기에는 오대를 거치면서 예제가 민멸되었기 때문에 완비된 가묘제도가 없었고 장상 제후같은 중신도 일반 백성과 마찬가지로 조상의 화상을 그려서 침에서 제사를 지내는 형편이었다.[259] 이러한 방식은 신분에도 맞지 않고 예제에도 어긋나는 일이어서 일부 사대부 계층에서 전대의 전통을 계승하면서 자신들의 실정에 맞는 제사 장소를 건립하고자 하는 시도가 있었다. 한 예로 조주曹州 제음濟陰의 권문세가였

---

258 王鶴鳴, 「唐代家廟硏究」, 『史林』 6, 2012, pp.51-52.
259 王禹偁, 『小畜集』 卷14, 畫記, "唐季以後, 爲人臣者此禮盡廢, 雖將相諸侯多祭于寢, 必圖其神影以事之."

던 임중사任中師는 집 옆에 당堂을 지어 조상 제사의 장소로 삼았는데, 그 명칭은 아직 조정에서 가묘제도의 규정을 정하기 전이었기 때문에 가묘라고 하지 않고 '가가사당'이라고 명명하였다.[260] 이러한 예는 드문 경우이고 가묘제도가 제정되기 이전에 일반 사인士人들의 조상 제사방식은 당대唐代의 가묘가 묘사墓祠를 거쳐 형성된 것처럼 분묘 옆에 건물을 지어 제사지내는 묘사가 많았다. 이 경우 분묘의 관리는 분사墳寺 혹은 분암墳庵이라고 칭하는 절에 의탁하였는데 유학자들은 이에 반대하면서 옛 예법에 의거하여 제사를 묘지로부터 집으로, 즉 묘사로부터 가묘로 전환하여야한다고 주장하였다.[261]

북송시대에서 가묘문제에 대해 특히 몰두하였던 학자는 장재와 정이였다. 그들은 국가묘제에 국한하여 구상한 것이 아니라 관직 품계에 관계없이 사인의 경우에도 다 가묘를 건립할 수 있어야 한다고 주장하였다.[262] 실제로 정이는 그 일족 중에서 가묘를 제일 먼저 건립하였고 제사를 주재할 종자를 반드시 세울 것을 유언으로 남긴 사람이다. 북송 중기 이전 사인의 가묘는 당대의 예제를 계승한 것이었다가 얼마 지나지 않아 거주하는 집에 있는 제사시설로 인식되었으며 도학가들의 주장에 따라 한 가묘에 여러 세대의 선조의 신주를 제사하는 새로운 형식의 제사시설이었다.[263] 가묘의 법제화에 대한 움직임으로는 송 인종仁宗 대에 공식적으로 예제 중건의 필요성이 거론되기 시작하였으나 구체적인 의논은 이루어지지 않았다. 오대의 혼란기를 거치면서 예제가

260　劉雅萍, 「宋代家廟制度考略」, 『蘭州大學學報(社會科學版)』 1기, 2009. p.62.
261　程頤, 『程氏遺書』, 卷18, "葬只是藏體魄, 而神則必歸於廟, 旣葬則設木主, 旣除幾筵則木主安於廟. 故古人惟精於廟."
262　程頤, 『程氏外書』, 卷1, "士大夫必建家廟, 廟必東向, 其位取地潔不喧處."
263　吾妻重二著, 吳震編, 『朱熹家禮實證研究』, 華東師範大學出版社, 2012. pp.130-131.

민멸되어 가묘 제도를 회복하는데 필요한 근거가 남지 않았기 때문에 많은 어려움과 시간이 필요하였기 때문이었다. 몇 번의 시도를 거쳐 북송 말년 휘종徽宗 대에 『정화오례신의』가 완성되었는데, 그중에서도 주된 내용은 조상제사의 방식이었으며 이에 따라서 새로운 가묘 제도를 중건할 수 있었다. 내용을 보면 정팔품을 기준으로 하여 하여 정팔품 이상의 관원은 삼묘를 세우고, 그 나머지 관원은 이묘를 세우도록 하였다. 이 규정은 가묘를 세울 수 있는 관품을 크게 낮춘 것이어서 이제 품관이 있는 대부분의 관원은 모두 가묘를 세워 조상제사를 할 수 있도록 하였다.[264]

가묘제도는 묘를 세우는 형식으로 각 계층을 구분 짓는다는 점에서 주대 이후의 종묘제와 본질적인 공통점이 있다. 시대와 사회의 변천으로 대대로 벼슬을 하거나 대대로 녹봉을 받는 시대는 이미 지났으며 그 효력 역시 한계가 있어서 가묘가 성행하였던 당대에도 가문에 따라 폐사되는 가묘가 속출하였다. 송대 이후 입묘의 기준이 대폭 완화되어 대부분의 관원에게 허용됨에 따라 신분을 나타내던 가묘의 기능은 약화되고 선조에 대한 제사와 종족을 거두고 조상을 공경하는 기능이 강화되었다. 이에 따라 가묘 건립은 가문을 흥성하게 일으키는 방법이 되고, 사람들의 인식에서도 가묘는 제사지내는 엄숙한 장소 이상의 것으로 일상생활에 깊이 스며들어 가족 구성원의 사회적 변동과 관혼상제와 그 외 일상의 변동사항을 조상에게 고하는 가족과 조상의 교류의 장으로 변화하였다. 민간에서도 이를 흉내되어 점차 종족제사의 장소를 건립하게 되었다. 송대 이후 가묘제가 쇠락하면서 이러한 조상에 대한 제사의 기능은 사당으로 대체되었다.

---

264 劉雅萍, 『宋代家廟制度考略』, 『蘭州大學學報(社會科學版)』 1기, 2009. p.63.

3) 영당影堂

사마광은 집에 조상들의 화상畫像을 걸어 놓은 영당을 만들었다. 송 인종 때 태자 소보 이상은 모두 가묘를 건립하라는 조서가 내렸으나 유사有司가 제도를 정하지 못하였고 문언박만 낙양에 가묘를 세웠을 뿐 다른 사람은 세우지 못하였다.[265] 사마광은 가묘를 건립한 문언박을 위하여 고증을 하여 「문로공가묘비」를 썼다. 북송 초기에는 가묘에 대한 예제가 민멸되어 남아있지 않았기 때문에 가묘의 건립은 매우 어려운 일이었다. 그러므로 사마광도 영당으로 가묘를 대신하였던 것이다. 조상의 초상화로 제사를 지내는 방식은 본래 옛날부터 있었다. 후한 유희劉熙(?-?)의 『석명釋名』에는 궁실을 풀이하며 "묘廟는 모습이다. 선조의 모습이 있는 곳이다."라 하였고, 진晉 최표崔豹(?-?)의 『고금주古今注』에서는 "묘는 모습이다. 선인의 모습을 방불케 하는 것이다."라고 하였다. 이에 비추어 보면 적어도 한대 이후부터 영당이 있었던 것으로 보인다.[266] 그러므로 사마광도 나름대로 전통적인 제사방식을 취했던 것이다. 정이도 고조인 정우程羽(913-984)의 영첩影帖을 집에 걸어 놓았던 것을 보면 당시에 선조의 초상화를 거는 것은 일반적이었고,[267] 사마광보다 이른 시기의 인물인 범중엄范仲淹(989-1052)도 고향 소주에 있는 형에게 보내는 편지에서 고향에 세 칸 되는 영당을 짓는 일에 대해 언급하고 있는 것으로 보아 당시에 영당을 세우는 일이 흔했던 것으로 보

---

265 사마광, 『온공서의』 卷1, 祭章. 글에서 보이는 文潞公은 사마광의 친구인 文彦博이며 가묘를 재현하여 세웠던 사람이다.
266 吾妻重二著, 吳震編, 『朱熹家禮實證研究』, 華東師範大學出版社, 2012. pp.123-124.
267 程頤, 『程氏文集』 卷12, 家世舊事

인다.[268] 영당 예절이 어떠하였는지에 대해서는 사마광의 글을 빌어 그 일단을 알 수 있다.

> 영당의 문은 일이 없으면 항상 닫아둔다. 매일 아침에 자손들은 영당 앞에 나아가서 인사한다. 외출했다가 귀가해도 마찬가지로 한다. 출타해서 이틀 이상 묵고 돌아오면 영당에 들어가서 하나하나의 자리마다 각각 두 번 절한다. … 물난리·화재·도적을 만나면 먼저 선공의 글을 구하고 다음은 사판祠板을 구하고 다음은 초상화를 구하고 그 다음에 가재도구를 건진다.[269]

이 의절은 후에 주희가 제정한 사당의례에 그대로 반영된다. 앞에서 본 바와 같이 송대에 영당에서 제사하는 영제影祭가 상당히 보편적이었음을 알 수 있는데 영제의 특색은 제사를 지낼 때 신주를 쓰지 않고 선인의 화상을 사용하는 것이었다. 왕우칭王禹偁(954-1001)은 제사에 공경함을 표하는 신주를 쓰지 않고 화상을 쓰는 당시의 풍속에 대해 다음과 같이 토로한다.

> 옛날에는 천자부터 사인까지 다 가묘가 있었으며 조상을 제사할 때 나무로 신주를 만들었으니 지극히 공경함을 나타내는 것이다. 당 말 이후 이 예가 다 없어져서 신하된 자가 비록 장군 재상 제후라도 침제寢祭를 지내

---

268 范仲淹,『范文正公尺牘』卷上, 家書, 與中舍第4書, "影堂, 在此已買好木事, 造只三小間, 但貴堅久也. 被中有屋賣時, 請商量."
269 사마광『온공시의』卷10, 影堂雜儀, "影堂門無事常閉. 每旦, 子孫詣影堂唱喏, 出外歸亦然. 出外再宿以上, 歸則入影堂, 每位各再拜. … 遇水火盜賊, 則先救先公遺文, 次祠板, 次影(遺影), 然後救家財."

제15장 제례-근원을 찾고 선조의 뜻을 생각하다[보본추원] 531

는 사람이 많으며 반드시 신영神影으로 모시려고 한다.[270]

    신주와 영상을 같이 모시는 경우도 있었다. 주희는 기본적으로 사마광의 예제를 존숭하는 편이었지만 이 영제에 대해서는 고례에도 묘廟에 두 개의 신주가 없었다는 근거를 들어서 반대 입장을 표명한다. 왜냐하면 신주는 할아버지 아버지의 정신이 모여 있는 것이어서 이중으로 할 수 없는 법인데 지금 세간에서 사판도 쓰고 영상도 쓰는 방식은 두 개의 신주를 쓰는 셈이 되기 때문이다.[271] 주희는 이럴 경우 조상의 정신을 전일하게 모을 수 없다고 보았다. 이러한 반론이 있었지만 영제는 그 후 원대까지 이어졌다. 주희는 영당제사가 정성을 다할 수 없는 한계가 있다고 보고 더 완정한 관련 예제를 구상하였다. 『가례』에 들어있는 사당이 그것이다.

2. 가정의례의 통례通禮로서의 사당

1) 『가례』의 중심 공간

    앞에서 살펴본 바와 같이 당대에 품관을 지닌 사람은 등급에 따라 가묘를 설치하고 일반인은 침에서 제사지내도록 규정이 되어 있었으나 편리함을 추구하는 품관들은 묘를 건립하지 않고 침에서 제사를 지내

---

270 王禹偁, 小畜集』卷14, 畵記, "古者自天子至士皆有家廟, 祭祀其先, 以木爲神主, 示至敬也. 唐季以後, 爲人臣者此禮盡廢, 雖將相諸侯多祭于寢, 必圖其神影以事之."
271 주희『회암선생주문공문집』卷40, 答劉平甫, "按高禮, 廟無二主. 嘗其原義, 以爲祖考之精神旣散, 欲其萃取于此, 故不可以二. 今有祠版又有影, 是有二主也."

기도 하였다. 심지어는 고高·증曾·조祖·네禰의 4세 신주를 침에 설치해 놓고 4세 제사를 지내는 간편한 방식이 점점 유행하였다. 남송에 이르러 정침의 왼쪽에 4세 신주를 모시는 사당이 출현하였는데 이렇게 보면 후세의 사당은 당대의 '침제'의 기초에서 변천되어 발전된 것이다. 이렇게 하여 고안된 사당제는 『가례』의 제정과 보급에 힘입어 널리 유행하게 된다.

사마광의 경우에서도 보았지만 송대에는 조상의 제사에 가묘를 세우지 않고 영제를 지내거나 조상의 화상이나 흙으로 빚은 상, 혹은 신주를 묘 옆의 절에 안치하고 공양을 드리는 불사가 성행하였다. 주희의 『가례』 편찬은 사회에 만연한 이러한 불교식의 제사에 대한 일종의 민간식의 예제 개혁이라고 할 수 있다. 그는 시대에 맞으면서 상하 빈부가 모두 행할 수 있는 예를 염두에 두었는데 『가례』 서문에서 그 취지를 밝히고 있다. 그는 예를 좋아하여 이를 실천하고자 하는 뜻을 가진 선비가 혹 그 대요를 파악하지 못하고 또 가난한 자가 끝내 예를 행하지 못함을 근심하므로, 옛사람의 수신제가의 도와 부모의 상을 삼가 모시거나 조상의 뜻을 마음에 새겨두는 것을 다시 실현하고 국가의 교화를 받들고 백성을 지도하는 뜻에 조금이라도 보탬이 되기를 원한다고 하였다.[272] 예의 대중적인 보급과 풍속을 교화하는 데에 뜻을 두었던 것이다. 또 사회변화에 따라 새로운 시대에 맞는 예의 제정이 절실하다는 자각도 드러냈다.

예경에 담겨있는 궁려宮廬와 기복器服 제도와 출입하고 기거하는 절

---

272 『주자가례』「가례시」 "好禮之上, 猶或不能擧其要, 而困於貧窶者, 尤患其終不能有以及於禮也, …庶幾古人所以修身齊家之道, 謹終追遠之心, 猶可以復見, 而於國家所以崇化導民之意, 亦或有所補云."

도는 모두 주희 당시의 실정에 맞지 않았기에,[273] 예의 대본을 잃지 않으면서 사회적 수요에 맞는 새로운 예 제정의 필요성을 의식한 것이다.

사당은 주희에게 있어서 이러한 예 제정의 취지를 상징적으로 보여주는 것이다. 본래 '예는 서인庶人까지 내려가지 않는다'의 입장에서 서인까지 행할 수 있는 묘제廟制가 없었다. 그러므로 주희는 전통의 가묘제도와 거주공간인 침寢에서 제사지내던 세속의 영당을 결합하여 사인과 서인이 신분의 제약을 받지 않고 보편적으로 행할 수 있는 제사장소를 고안해 냈다. 묘는 왕명이 없으면 세울 수 없는 것이어서 신분의 제한을 받으므로 그 명칭을 '사당'이라고 하고 관련 규정을 만들어 『가례』의 첫머리에 배치하고 설립 경위를 설명한다. 지금 근본에 보답하고 시조까지 감사드리는 마음과 조상을 받들고 종가를 공경하는 뜻에 진실로 집에서 명분을 지켜 사업을 열고 이를 후세에 전하는 근본이 있는 까닭에 특별히 맨 앞에 배치하여서 보는 이로 하여금 먼저 큰일을 세우는 까닭을 알게 하여 뒤편의 주선周旋·승강昇降·출입·향배向背의 곡절에서도 근거가 있음을 고찰하게 한 것이다. 옛날의 가묘제도는 경에 드러나 있지 않고 또 지금 사서인의 천한 이는 어떻게 해야 할지 모르므로 특별히 사당이라 이름하고 그 제도는 속례를 많이 채용하였다는 것이다.[274] 다시 풀이하면 사람이 사업을 펼치고 이를 후세에 전하는 근본은 바로 선조이며 그 무궁한 은덕에 보답하려면 자손은 마땅히 조상을 존경하고 종가를 공경하는 정성을 표현하여야 하며, 그러기 위해

---

273 『주자가례』, 「가례서」 "三代之際, 禮經備矣. 然其存於今者, 宮廬器服之制, 出入起居之節, 皆已不宜於世."

274 『주자가례』 「통례」 祠堂注, "今以報本反始之心, 尊祖敬宗之意, 實有家名分之守, 所以開業傳世之本也. 故特著此, 冠于篇端, 使覽者知所以先立乎其大者, 而凡後篇所以周旋升降出入向背之曲折, 亦有所據以攷焉. 然古之廟制不見於經, 且今士庶人之賤, 亦有所不得爲者. 故特以祠堂名之, 而其制度亦多用俗禮云."

서 묘제墓祭를 통해 조종을 제사해야 한다고 한다. 그런데 전해 오는 유가의 예경에는 이에 대해서는 서인까지 행할 수 있는 규정이 없어서 자신이 속례를 채용하여 사당의 기본제도를 만들었다는 것이다.

여기서 주희가 의거하였던 속례가 무엇이었는지는 명확히 알 수가 없으나, 분명한 것은 조정에서 반포한 예제보다는 민간 예절이었을 가능성이 높다.[275] 그러므로 속례를 체계화하고 규범화하여 유가 예의의 구성요소로 삼아서 사당제도의 확립에 각별한 뜻을 두어『가례』의 첫머리에 배치함으로써 사당이 가족의 유대와 규범질서에 대해 중대한 의미가 있음을 드러낸 것이다. 이런 점에서 사당제의 설치야말로『가례』편찬의 백미가 된다.

주희는 사당에 대하여 "군자는 집을 지을 때 먼저 사당을 정침의 동쪽에 세우고, 네 개의 감실을 만들어서 선세先世의 신위를 받든다."[276]고 하였다. 정침의 동쪽이라면 거실의 한 부분에 해당하는 것이니 이는 종족의 사당이 따로 독립된 건물이었던 것과는 다른 형태이다. 즉 주희의 사당은 서인들이 행했던 '침제'의 전통을 이으면서 그 규모를 조금 확대하고 격식과 규범을 갖추었던 것이다. 주희는 5대 이상의 제사에는 반대한다. 왜냐하면 5대 이상의 조상과 자손은 서로 본 적이 없기때문에 상호간에 감정의 왕래가 없기 때문이라는 것이다. 그러므로 사당제사에 고·증·조·녜의 사대를 모실 것을 규정으로 삼았다. 이런 인식을 갖고 정이가 제시한 '시조를 제사하는 것'도 예제에 맞지 않는 일이라고 반대하였던 것이다. 그러나 주희가 사당을 구상했을 때의 이런 초기의

---

275 游彪,「宋代的宗族祠堂, 祭祀及其他」安徽師範大學學報(人文社會科學版) 34卷 3期, 2006, p.323.
276 『주자가례』,「통례」"君子將營室, 先立祠堂于正寢之東, 爲四龕以奉先世神位."

설정과는 달리 이후의 사당에서는 시조는 물론 십 몇 대, 심지어는 몇 십 대를 제사하는 사례도 생겨났다.

2) 사서士庶의 통례通禮

첸무는 주희의 예에 대한 입장은 사회의 풍속을 교화하는 실제 응용을 위주로 하는 것이었다고 한다.

> 고경은 예가 가장 연구하기 어렵다. 의혹 있는 부분을 만나면 잘 상고하여 옳은 하나를 단정해야한다. 주자는 경經을 공부할 때 고거를 가장 중시하였고 예를 제일 많이 섭렵하였다. 청대유학자들의 예에 대한 고증은 마음 쓰는 것이 겨우 옛 종이 더미 속에 있었는데 주자의 예 공부는 사회 풍속을 교화하는 실제응용을 위주로 하였다.[277]

주희가 창안한 사당제도가 사회 풍속을 교화하는 실제 응용이 핵심이었다는 점에서 첸무의 평가는 일리가 있다. 사당제 제정의 원칙에 대해서는 두 가지를 생각할 수 있다. 사당제가 고례에 대한 충분한 이해를 바탕으로 하고 있다는 것과 제정의 취지가 풍속을 교화하기 위해 실제적인 응용을 목표로 했다는 점이다. 실제로 주희 자신의 말을 빌리면 『가례』에서 보본반시報本反始의 마음과 시조를 섬기고 종족을 받드는 뜻에서 사당을 맨 처음에 두며, 사서와 같은 일반인이 예를 어찌 할 바를 모르기에 이러한 문제를 해소하기 위해 사당을 만들었다고 하였다. 이런 점을 종합하면 사당의 의의를 보본반시의 효와 조상을 높이고

---

277 錢穆, 『朱子新學案』 第4冊, 「朱子之禮學」, 臺灣聯經出版社, 1990. p.113.

종족을 존경하는 종법주의·사서士庶 통례를 통한 사회적 통합에서 찾을 수 있을 것이다.

사당의 일차적인 기능은 그 연원이 되는 종묘가 그러한 것처럼 조상제사에 있다. 제사의 예는 효를 바탕으로 하므로 사당제사를 통하여 민간의 효도를 강화할 수 있었다. 그러므로 사당을 건립함으로써 제사권의 평민화·기층화를 실현하였으며 이를 통하여 민간의 효 사상을 강화하여 가정에서뿐 아니라 사회적으로도 백성을 교화하고 더 나아가 사회를 안정시키는 역할을 한 것이다. 사당제는 종법주의를 차용하여 종법의식을 강화하였다. 주희는 사당제도로 사가의 할아버지 아버지 제사 제도를 만들어 전통의 종자법宗子法을 당시 사회에서 행하던 같은 가족이 묘를 함께 하는 것의 제사 이념에 융합시켰고, 사당이라는 이름으로 일반인은 할아버지 아버지만 제사하도록 되어 있었던 신분의 문턱을 없애버렸다.

하층백성의 제사방식에서 신분계급의 영향을 배제하면 종자를 정하는 것은 훨씬 용이해지는데, 다만 당시 민간에서 한 시조를 가족이 함께 묘당을 사용하는 동족공묘同族共廟로써 공동 제사하던 풍속은 제사 예제에서 통솔의 위치에 있는 종자의 권위와 충돌하는 상황이 생긴다. 이것은 『가례』가 전통 종자법의 회복을 적극적으로 추진하면서 직면하게 되는 난제였다.[278] 종법제에 의하면 종족 내에서 대종과 소종이 나뉘게 된다. 종법의 취지는 귀족 내부의 엄격한 등급 질서를 확립하고 나아가서는 전체 종족의 통치 지위를 공고하게하기 위해서이다. 종법제도의 기초가 되는 것은 봉건 영주의 세록제世祿制이며 그 핵심은 종자

278　趙旭,「唐宋時期私家祖考祭祀禮制考論」,『中國史研究』3기, 2008, p.33.

법이어서 종자법이 없으면 종법의 근본도 없는 것과 다름없다.[279]

　진秦의 군현제가 실시되면서 주나라 초기의 봉건제가 폐지되고 종법제도 사라지는 국면이었다. 종자법에 대한 새로운 시도는 송대에 있었다. 곧 소식蘇軾(1037-1101)은 『주례』 회복을 건의하면서 소종小宗의 규정에 오종형제도 상복을 입도록 하고 "족인들로 하여금 서로 이끌며 종자를 높이고, 종자가 사망하면 상복을 입게 할 것"을 주장하였다. 정이도 종법이 서면 사람들이 자기 생명의 유래와 근본을 알게 될 것이라 하여 종자법을 세울 것을 말하였다. 이러한 생각들을 접하면서 주희는 소종 제도가 당시 사회의 정황에 부합된다고 생각하였다.[280] 엄격히 말하면 서주 때의 종법은 이미 주나라 말기에 와해되기 시작하였으나 혈연으로 유대관계를 가지는 종법의 조직, 즉 가족은 그대로이므로 가족제도는 여전히 유지되는데 그 관계를 이어줄 수 있는 매개로 사당·족보·족전族田 등을 생각한 것이다. 주희가 사당을 통하여 구현하고자 했던 종법주의도 종자 혹은 족장을 핵심으로 하는 가족의 평민화된 종법조직이었다.

　오대 시기를 거치면서 사족과 서족 사이는 통혼을 할 정도로 신분의 경계가 없어지고 대등하게 되었다. 이런 사회적 변화에 부응하여 송 휘종 때 반포되어 확정되었던 『정화오례신의』에는 당의 「개원례」에서는 없었던 일반백성의 관의·혼의·상의 등의 예제가 설치되었다. 이리하여 송대부터 예제는 황실과 종실·품관·사서의 세 등급으로 나뉘었고 이런 배경 아래 사서의 통례가 송대에 와서 발전되고 완성되었는데,[281] 그 완성처가 주희의 『가례』에 보이는 사당제이다.

279　張金光, 『秦制研究』, 上海古籍出版社, 2004, p.451.
280　趙旭, 「唐宋時期私家祖考祭祀禮制考論」, 『中國史研究』 3기, 2008, p.37.
281　楊志剛, 「司馬氏書儀和朱子家禮硏究」, 『浙江學刊』 총간 78기, 1993, p.108.

사당의 설치는 고례에 대한 일대 혁신이었다. 이전의 예제에서 서인이 할아버지 조침에서 죽은 아버지를 제사하던 것과 사대부가 가묘를 세워 제사하던 두 방식을 절충하여 정침의 동쪽에 고·중·조·녜의 4세를 제사하면서 일반 사서인에게 적합하도록 고안한 독창적인 장소가 바로 사당이었던 것이다. 한편 종법망이 느슨해지고 예의가 무너지는 사회를 목도한 북송의 유학자들은 가족조직을 통해 효제의 종법사상을 실천하고 발양하고자 하였다. 즉 가족사회의 일상생활 속에서 장유에 순서가 있고 귀천에 등급이 있는 질서 있고 언행과 행동거지에 규범이 있고, 관혼상제가 법도에 맞는 이상적인 사회를 이룩하고자 하였던 것이다. 사당에서 조상을 제사하는 일차적 의의는 근본에 보답하고 시조까지 생각하는 데에 있지만 또 한편으로는 종족 구성원간의 관계망을 형성하여 서로 간에 상부상조하여 현실 문제를 해결하는 공리적인 의미도 있었다. 이렇게 하여 가족이 안정되면 국가와 사회가 안정되고 통합될 수 있다고 보았다. 이러한 생각은 원대 이후 유학의 지위가 공고해짐에 따라 민간의 지지를 얻게 되고, 이는 다시 사당 건립의 보편화를 촉진하였다.

주희는 사당제를 제정하여 전통의 '같은 당 다른 실[同堂異室]'을 '같은 당 다른 감[同堂異龕]'으로 바꾸었다. 즉 사인士人은 한 개의 묘라는 고례의 원칙과 충돌하지 않으면서 여러 세대의 조상을 제사하여 효를 행할 수 있는 여지를 만들었던 것이다. 이렇게 하여 당대에 행해지던 가묘는 귀족의 전유물에서 사인의 일상생활 속에 자리 잡게 되었고, 영당처럼 불교나 도교식의 의식이 많았던 민간의례를 유교식으로 전환할 수 있었다. 그 후 원대에 주자학이 보급되고 관학화되면서 사당이 대량으로 조성되었다.[282] 원대 초기의 오징吳澄(1249-1333)은 다음과 같이 말한다.

> 옛날의 경, 대부, 사는 제사에 신주를 설치하지 않았다. 서사는 1묘, 적사는 2묘, 경대부 또한 1소 1목과 태조를 더하여 3묘였다. 지금은 서인도 사대제사를 지내고 신주를 설치한다. 이 두 가지는 옛 제후와 다름이 없다. 예가 아래로 내려왔을 뿐 아니라 간략하기도 하고 편리하기도 하다. 그런데도 세속에서 행하지 않는다.[283]

4대제사를 지내고 신주를 설치하는 것은 고대에는 제후에게만 허락되는 특권이었는데 지금은 서인이 평시에 하는 것이 되었다는 것이다. 여기서 말하는 제사법은 모두 주희의 『가례』에서 제정한 방식이다. 오징은 이것이 널리 시행되지 않고 있음을 개탄하고 있지만, 한편 고례와 충돌하지 않으면서 그나마 시행될 수 있었던 것은 사당이라는 제도가 있기 때문이라는 것을 인정한다.

송대는 중국사회에서 새로운 가족주의가 확립된 중요한 시기이다. 당대 이전의 예제가 무너지면서 송대는 새로운 변화를 맞는 사회 환경에 맞는 새 길을 모색해야 했다. 주희는 이러한 과정에서 중요한 역할을 하였다. 새로운 종법 조직의 이론 근거를 제공하였고, 현실에 절실하면서 쉽게 행할 수 있는 실천의례의 양식을 제시한 것이다. 이것이 바로 관방 예제와 충돌하지 않으면서 고례의 정신도 살리고 현실에도 적합한 가례의 제정이었으며, 이러한 조건을 충족시킬 수 있었던 중요한 제도적 장치가 바로 사당이었다.

....

282 吾妻重二 著, 吳震 編, 『朱熹家禮實證研究』, 華東師範大學出版社, 2012, p.157.
283 吳澄, 『吳文正集』卷46, 豫章甘氏祠堂後記.

3. 한국의 제의祭儀의 시행과 '제의학祭儀學'

1) 여말선초 가묘설립의 시행과 정착

『좌전』에서 나라의 큰일은 제사와 전쟁이라고 하였다.[284] 공동체의 안위를 지키는 전쟁이 매우 중요하다는 것은 오늘날의 국가에서도 통용되는 주장이다. 그런데 전쟁보다 우선하는 것이 제사라고 하였으니 제사를 매우 중시하였음을 알 수 있다. 전쟁과 전혀 다른 양상의 제사의례가 통치에서 중요한 것은 그것이 갖는 상징성 때문일 것이다. 유가는 일찍부터 예치를 강조하였다. 예라는 규범을 통하여 사람을 다스리는 것인데 그 예에 다섯 가지 중요한 것이 있지만 그 가운데서도 가장 중요한 것을 제례라고 하였다. 『예기』「제통祭統」편에서 "사람을 다스리는 도에 예보다 우선하는 것은 없다. 다섯 가지 예 가운데 제례가 가장 중요하다"고 하였으며,[285] 제의의 본령은 경敬에 있다고 하였다.[286]

제례의 의절은 하나의 상징체계인데 『가례』에서 이루어지는 제의는 사회적 상징으로 친족의 회합, 종법질서를 보이며 심리적 상징으로 동질성 동류성을 추구하는 배타성을 그리고 철학적 상징으로는 인귀人鬼의 교통, 천인天人 합일의 의의를 갖는다.[287] 이런 의미를 갖는 제례가 시행되는 보편적 장소가 앞서 다룬 가묘라고 하는 사당이다. 곧 가묘 사

---

284 『좌전』성공13년 "國之大事 在祀與戎."
285 『예기』「祭統」"凡治人之道 莫急於禮 禮有五經 莫重于祭 夫祭者, 非物自外至者也, 自中出生於心也, 心怵而奉之以禮. 是故, 唯賢者能盡祭之義."
286 『예기』「祭統」"是故, 孝子之事親也, 有三道焉: 生則養, 沒則喪, 喪畢則祭. 養則觀其順也, 喪則觀其哀也, 祭則觀其敬而時也. 盡此三道者, 孝子之行也."
287 임태승「祭儀 상징의 향연」『유교문화연구』제3집, 성균관대학교 유교문화연구소, 2004, pp.1-15.

당에서 자신의 시조 선조 돌아가신 부모에게 제사를 지낸다.[288]

『삼국사기』를 보면 제천이나 사직 종묘 문묘 무묘 산천 등에 드리는 제사가 있었다. 특정 영웅적 인물을 기리기 위한 사당도 있었다. 고구려에서 시조 주몽의 어머니 유화부인의 묘가 부여에 있었고 왕들이 그리로 가서 제를 지내곤 했다.

고려시대에도 통치자의 제천 종묘 사직 제사가 있었다. 그러나 사대부 집안에 가묘를 설치하고 거기서 가례로서의 조상에 대한 제사를 지내기 시작한 것은 『가례』가 전래된 다음인 고려 후반기부터이고 이것을 왕명으로 공포하고 시행한 것은 마지막 왕인 공양왕 때이니 『고려사』 공양왕 1390년에 처음으로 등장한다. 물론 이렇게 되기까지 신하들의 집요한 건의가 있었을 것이다. 『고려사』 열전에 따르면 정습인이 『가례』에 따라 3년 여묘살이를 하였다고 하였고, 정몽주가 '처음으로' 사서士庶로 하여금 『가례』에 따라 가묘를 세우고 여기서 조상을 제사하도록 하였다고 한다.[289] 또 조준도 대부에서 사서인에 이르기까지 가묘를 세워 제사을 지내도록 건의하였다. 조준은 1389년에 후손이 없는 것이 가장 큰 불효인 까닭은 제사가 끊기기 때문이라 하고 우제虞祭를 지내서 귀신을 편안하게 하고 사당[廟]을 지어 제사를 지내는 것은 돌아가신 분을 섬기는 것을 마치 살아있는 사람을 섬기는 것처럼 하는 도라고 한 다음, 다음과 같이 말했다.

----

288 『주자가례』로서의 제사의 종류 내용과 절차는 이 책의 3장 『주자가례』의 내용 부분 제례 조항에 있다.
289 『고려사』 권117 列傳 권30 諸臣 정몽주

우리 동방에서 가묘의 법은 오래되어 없어졌으나 지금 국도 송경에서 군·현에 이르기까지 집을 가진 자들은 반드시 신사神祠를 세워 위호衛護[290]라고 부르는데, 이것은 가묘의 유법遺法입니다. 아아! 부모의 시신을 땅 밑에 내버려두고 가묘를 지어 제사를 지내지 않으니 부모의 영혼이 어디에 의지하겠습니까? 참으로 자식의 마음이 아니라, 다만 관습이 상례常例가 되어 버렸을 뿐이고 일찍이 생각해 보지 않았을 뿐입니다. 바라옵건대 이제부터는 한결같이 『가례』를 써서 대부 이상은 3세世를 제사지내고 6품品 이상은 2세를 제사 지내며 7품 이하에서 서인에 이르는 사람들은 자기 부모만 제사 지내게 하시옵소서. 깨끗한 방 1칸을 택하여 각각 1개의 감실龕室을 만들어 신주를 보관하고, 서쪽을 윗자리로 삼아야 합니다. 초하루와 보름에 반드시 전奠을 지내고, 출입하며 반드시 보고하고, 음식이 새로 생기면 반드시 올리고, 기일忌日에는 반드시 제사를 지내게 하시옵소서. 기일에는 말을 탄 채로 외출하게 하지 말게 하고, 손님을 대할 때는 거상 중의 예와 같이 하게 하시옵소서. 매해 삼령절三令節과 한식에 성묘하는 예는 풍속을 따르도록 허락하셔서 조상을 추모하는 풍속을 두텁게 하시고 이를 어기는 자는 불효로 논하옵소서.[291]

매우 구체적으로 『가례』에 따른 가묘제와 제사 의절을 말하고 있음을 알 수 있다. 공양왕은 1390년 2월 봉제사의 범위를 대부 이상은 3세를 제사하고 6품 이상은 2세를 제사하며, 7품 이하부터 서인에 이르기까지는 부모를 제사하는 데에 그치도록 하였다. 아울러 가묘를 세워서 초하루와 보름에 반드시 제물을 올리고 출입할 때마다 반드시 고하

290　神祠를 衛護로 부른다는 것에 대해서는 잘 드러나 있지 않다.
291　『고려사』 권118 列傳 권31 諸臣 조준

며, 사중四仲에 해당하는 달에는 반드시 향식享食하고 햇곡식을 반드시 바치며 기일에 필히 제사하도록 하였다. 기일이 되면 말을 타고 문을 나서거나 빈객을 접대하는 것을 불허하고, 시속 명절마다 분묘에 가는 일은 옛 풍습을 따르는 것을 허락하였다. 시향時享 날짜는 1·2품의 경우 매 중월 상순으로, 3·4·5·6품의 경우 중순으로, 7품 이하부터 서인에 이르기까지는 하순으로 하였다.[292] 그리고 8월에는 아래와 같이 사대부가의 제사의식 시행을 반포하였다.

> 네 번의 중월仲月에는 증조부모·조부모·부모 3대를 제사하되, 적장嫡長 자손이 제사를 주관하도록 한다. 중자衆子·중손衆孫, 친백부親伯父·친숙부親叔父 및 그 자손, 당백조堂伯祖·당숙조堂叔祖 및 그 자손은 모두 제사를 주관하는 집에서 제사에 참여한다. 제사에 참여하는 사람의 조부[祖考]이지만 이 제사를 흠향할 수 없는 자는 별도로 신주를 만들어 각각 그 집에서 제사를 모신다. 적장 자손에게 후손이 없다면, 그 다음 적자·적손의 장자가 제사를 주관한다. 제사를 주관하는 자의 직질職秩이 낮고 다른 여러 자손 가운데 직질이 높은 자가 있는 경우에는 제사의 물품이 직질이 높은 사람에게 맞춰지도록 한다. 조부의 직질이 낮고 제사를 주관하는 자의 직질이 높은 경우에는 제사의 물품이 제사를 주관하는 사람에게 맞춰지도록 한다. 주인이 초헌하고 주부가 아헌하며 여러 형제들은 종헌한다. 주부가 돌아가신 경우에는 여러 형제들이 대신한다. 삼헌을 하는 사람들은 각각 치재致齋를 하루 동안 치르고, 그 나머지 종족은 산재散齋만을 치른다. 제사를 주관하는 자손이 신주를 받들고 따로 먼 곳에 거주할 경우, 다른 여

---

292 『고려사』권63 지 권17 禮 五 吉禮 공양왕이 봉사의 범위를 신분과 관품에 따라 규정하다.

러 자손들은 범속의 제의를 따라 자신의 집에서 제사지내도록 한다. 만약 신주가 제사를 주관하는 집에 있지만 제사를 주관하는 사람이 일 때문에 멀리 출타하였을 경우에는 그 다음 적자·적손이 그 집으로 가서 평상시의 의식과 같이 제사를 봉행한다. 방계 친족으로서 후손을 남기지 못한 자는 그 반열에 따라 합사하는데, 지전紙錢을 사용하고 신주는 두지 않는다. 아내가 남편보다 먼저 죽은 경우 또한 동일하다. 자손이 있다면 지전을 가지고 그 집에서 제사지낸다.

사중월의 정제正祭를 제외하고 정조·단오·중추절과 같은 때에는 마땅히 제철 음식을 바치고 술을 올리되, 축문祝文은 쓰지 않는다. 만약 조부의 기일이라면 조부 및 조모[祖妣]를 함께 제사지내지만, 조모의 기일이라면 단지 조모만을 제사지낸다. 반드시 두루 조상을 모실 필요는 없으며, 신주만을 청한 뒤에 중당中堂에 모시고 나와 제사지내고 나머지 신위의 기일에도 같은 방식으로 제사지낸다. 제사의 물품은 시기에 따라 줄거나 늘 수 있으니, 반드시 시제의 의식을 따라야만 하는 것은 아니다. 외조부모 및 처부모에게 제사를 주관할 사람이 없다면, 정조·단오·중추절 및 각 기일에 이르러 범속의 제사의식을 좇아 이들을 제사지낸다.

예를 거행하는 의식은 한결같이 『주문공가례』에 의거하지만 편의에 따라 줄이거나 늘일 수 있다. 1품부터 2품에 이르기까지는 채소와 과일 각 5접시[楪], 고기 2접시, 국수와 떡 각각 1그릇[器], 국과 밥 각각 2그릇, 숟가락·젓가락·잔을 각각 2개씩 차린다. 3품부터 6품에 이르기까지는 채소 3접시, 과일 2접시, 국수·떡·생선·고기를 각각 1그릇씩 차린다. 7품부터 서인庶人 중 관직에 있는 자에 이르기까지는 채소 2접시, 과일 1접시, 생선과 고기 각각 1그릇씩 차리되, 국·밥·잔·숟가락·젓가락은 모두 동일하게 한다. 두 신위는 하나의 탁자에 함께 모신다.

이상 종자宗子가 제사지내는 법식을 지금부터 안팎에서 준수하여 예속을 이룩하도록 할 것이다. 그 가운데 인정이나 형편상 불편한 것이 있다면 반드시 종법에 구애될 필요는 없다. 그 현존하는 족장이 신주를 받들어 제사를 주관하고 그 나머지 적통의 여러 자손이 함께 그 집에서 제사에 참여하는 일, 여러 자손이 낳아준 부모를 위하여 각각 신주를 만들어 자기 집에서 제사하는 일, 치재에 관한 일 등은 평상시의 의식과 같이 한다.[293]

여기에 나타나듯 일체를 『가례』에 의거하여 시행하도록 하였다. 김초도 공양왕 즉위년에 사람들마다 가묘를 설치하게 하여 부모의 신을 안치하게 하고, 음사淫祠를 근절하여 명분 없는 소비를 막으라고 건의하였다.[294] 왕명이 있었으나 가묘제는 제대로 시행되지 않았던 듯하다.

일부 사대부들 가운데는 이미 『가례』에 따른 제례를 행하고 있었다. 윤구생이 왕명이 있기 전부터 가묘를 세워 선조를 제사하였다고 한다. 공양왕 3년(1391)에 전라도 관찰사 노숭盧嵩이 금주錦州에 보낸 공문에 "지금 국가에서 명령을 내려 가묘를 세우게 하였으나 한 사람도 시행하는 자가 없었는데 윤구생은 명령이 내려지기 전부터 가묘를 세워 제사를 지내면서 공경스럽게 조상을 섬기니 그 효성은 실로 뭇 사람의 표준이니 윤구생의 마을에 마땅히 정표旌表하고 효자비를 세우며 그 집에 조세와 부역을 면제함으로써 사람들에게 권장하는 것이 마땅하다."라고 하였다.[295] 윤구생은 『가례』에 따라 조상의 사당을 지어 초하루와 보름 및 사중四仲과 민속 명절에는 3대를 제사하고, 동지에는 시조에게 제사하였으며 입춘에는 선조에게 제사하면서 모두 『가례』를 따랐다고

....
293 『고려사』 권63 志 권17 禮 五 吉禮 大夫士庶人祭禮
294 『고려사』 권117 列傳 권30 諸臣 이첨
295 『고려사』 권121 列傳 권34 孝友 윤구생

한다. 부모와 조부모의 무덤에는 묘석을 세워 그 기일을 적어 두었으며, 부친묘에는 묘비를 세우고 묘의 남쪽에 재실을 지었다. 고조와 증조 이하의 기일도 돌에 새겨 자손들로 하여금 잊지 않게 하였다. 앞서 공민왕 때 활동하였던 정공권은 불교와 신돈에 탐닉하였던 왕에게 자주 극간을 한 인물인데 『고려사』 열전은 "그때에 가묘의 제도가 폐지되었으나, 정공권은 제기祭器를 별실別室에 간직하고 제사 지낼 때는 '제기'를 반드시 직접 씻었으며 제사 음식은 정갈하게 하는 데 힘썼다."고 기록하고 있다.[296]

고려 말에 거듭 가묘 설립에 관한 것이 『고려사』에 나오는 것을 보면 이 일이 한 번에 순조롭게 전개된 것이 아니었을 것이다. 조준의 상소나 정공권의 열전에 따르면 고려시대에 가묘제도가 있었다가 중간에 폐지되었고 다시 공양왕 때 다시 국법으로 부활하게 되었던 것으로 보인다. 정황으로 보아 고려초의 최승로나 최충의 시대에는 어떤 형태로든 사대부 집안에 가묘가 있었을 것이다.

조선왕조가 개창되고 나서 대대적 개혁이 이루어지면서 문묘의 석전과 사대부의 가묘설립과 서인의 선조 제사가 다시 강조되었다. 태조의 개혁 조치 가운데 다음 사항이 들어있다.

> 공경公卿으로부터 하사下士에 이르기까지 모두 가묘를 세워서 선대先代를 제사하게 하고, 서인은 정침正寢에서 제사지내게 하고, 그 나머지 부정한 제사[淫祀]는 일절 모두 금단할 것이다.[297]

---

296 『고려사』 권106 列傳 권19 諸臣 鄭公權. 『고려사절요』에 따르면 정공권은 1382년에 죽었다.
297 『태조실록』 태조 1년 9월 24일

그러나 조정의 강제적 시행 명령이 있음에도 민간에서는 이것이 잘 이행되지 않고 여전히 불사佛事 중심으로 제반 의례가 진행되고 있었다. 조정의 유신들과 간관들이 자주 이에 대한 강력한 시행을 상소하고 있었던 것이 그 사정을 보여준다. 태조 6년(1397)에 간관들은 "사대부의 가묘의 제도가 이미 영이 드러나 있는데, 오로지 부도浮屠를 숭상하고 귀신을 아첨하여 섬겨, 사당을 세워서 선조의 제사를 받들지 않으니, 원컨대 지금부터는 날을 정하여 사당을 세우게 하되, 감히 영을 어기고 오히려 예전 폐습을 따르는 자가 있으면 헌사憲司로 하여금 규찰 처리하게 하소서."[298]라고 건의하였다.

태종이 즉위하자 다시 가묘 설립과 사당 세우는 일을 거론하여 대사헌 이지李至(?-?) 등이 가묘법을 상소로 진달하였다. 가묘법 시행령을 내렸으나 여전히 불교의 부모가 죽으면 부처에게 천거하여 천당에 간다는 말에 현혹되어 제대로 이행하지 않고 시행법도 알지 못하고 있다는 실상을 전하고 다음과 같이 강력한 시행을 권장하였다.

신 등은 생각건대, 왕성王城은 풍화의 근원이요, 다스리는 근본이니, 사대부의 집으로 하여금 먼저 행하게 한 뒤에 그 나머지도 행하게 하면, 무엇이 행하여지지 않겠습니까? 또 도성 안은 집이 협착하여 사당을 설치하기가 어려우니, 따로 궤櫃 하나를 만들어 신주를 넣어서 깨끗한 방에다 두게 하여 간편한 것을 따르게 하고, 외방에는 각각 주·부·군·현의 공아公衙 동쪽에다 임시로 사당을 설치하여 명命을 받고 나가는 수령이 적장자라면 신주를 받들고 부임하게 하고, 적장자가 아니면 주현의 사당에서 지방紙榜을

---

[298] 『태조실록』 6년 4월 25일 2번째 기사 간관이 사대부의 부도설치 금지 등 시무 및 서정쇄신책 10개조를 건의하다

써서 예를 행하게 하고, 조정에 있든지 외방에 있든지 사당의 제사를 주장하는 자는 매일 새벽에 일어나서 분향 재배하고, 출입할 때에 반드시 고하며, 모든 제의祭儀를 한결같이 『문공가례』에 의하여 아랫사람에게 보이면, 권면하지 않고도 자연히 교화가 백성에게 미칠 것입니다. 비록 본래부터 사당을 세우지 않은 자라도 반드시 이로부터 흥기할 것입니다. 서울에서는 명년 정월부터, 외방에서는 2월부터 시작하여 거행하게 하고, 따르지 않는 자는 헌사에서 규찰하여 다스리고 파직한 연후에 보고하게 하소서.[299]

세종 11년(1429) 4월 22일에는 예조 의례상정소에서 가묘 제례에 있어 미진한 조건을 의정하였다. 주된 내용은 가묘에서의 제사가 종자 중심인데 차자 이하가 종자보다 관품이 높거나 장자 장손이 잔약하고 용렬하여 사당을 세울 수 있는 형편이 못되거나 종자가 다른 나라에 가 있는 경우 등의 문제를 처리하는 방안을 마련하였다. 이런 여러 경우를 처리하는 원칙을 정비해 나가고 있었던 것이다.[300]

거듭된 반령과 조정 대신의 강화책으로 이제 가묘 사당제는 정착이 되어가고 있으나 제례와 관련된 여러 가지 문제가 대두하고 이에 대한 조정의 유권해석과 조치도 이루어지고 있었다. 예를 들면 세종 12년(1430) 판한성부사 서선徐選(1367-1433)은 그 해가 5, 6품들의 가묘를 세우는 마지막 해인 것을 환기시키면서 사람들이 사당의 위치를 조부가 살던 곳이라는 이유로 계모 또는 계조모가 살고 있는 집에 세우려고 서로 다투는 자가 자못 많은데 이의 처리방안을 물은 일이 있다. 이

---

[299] 『태종실록』 1년 12월 5일 1번째 기사 가묘·특사 등에 관한 대사헌 이지의 건의를 의정부에 내리다
[300] 『세종실록』 11년 4월 22일 3번째 기사 1429년

때 왕은 종자만이 세울 수 있다는 원칙을 고수하고 계모 계조모의 집으로 나가서 하는 것은 들어주지 말고 우선적으로 가묘의 설립 여부부터 해결하라고 하였다.[301] 제례와 관련된 각종 변례 등도 줄곧 나타나기 시작하고 여러 논란이 생겨 정론이 정해지기 어려워지게 되었다. 세종 19년(1437) 5월 14일 기사에는 대대로 높은 관직에 있는 사람의 맏아들이 벼슬이 없으면 여전히 높은 관직에 있는 삼촌들이 선대제사를 어떻게 하는 것이 좋으냐는 논의가 있었다.[302] 사士는 2대만 봉제사하게 국법이 되어있으니 관직이 없는 종자는 아버지와 조부밖에는 제사할 수 없다. 그런데 대부에 있는 삼촌은 졸지에 자기 할아버지 제사가 끊어지게 되었으니 해결책을 예조에 구한 것이다. 명종 10년(1555) 10월 왕은 "가묘를 세우지 않고 제사를 지내지 않는 자를 법사法司와 해당 관청으로 하여금 엄히 밝혀 단속하는 조치를 취하게"[303]하였고 이어서 예조에서 풍속을 바로잡을 것을 계진하였다. "요사이 사대부들이 집을 짓고 사당을 세우는 일의 선후를 모르지 않을 터인데, 거처하는 집은 힘써 사치스럽게 하면서 가묘는 서둘러 짓지 않고 신주를 더러운 곳에다 모시면서 태연히 신神을 업신여깁니다. 요즈음은 또 백성들이 사설邪說에 미혹되어 풍속에 꺼리는 것이 많아, 시제와 기제忌祭가 일체 폐해져서 시행되지 않습니다. 심지어 여역癘疫이 끝난 후 몇 년 이내에는 멀리 떨어진 지역에 여역이 돌아도 제사를 지내지 않으므로 귀신이 흠향할

---

301 『세종실록』 12년 9월 16일 2번째 기사 1430년
302 『세종실록』 19년 5월 14일 3번째기사 1437년 명 정통(正統) 2년 제례 문제를 놓고 의논하게 하다. 자손이 죽은 부윤 李師厚의 맏아들 교리 李咸寧이 죽고, 이함녕의 아들 李長生은 벼슬이 없는데, 함녕의 아우인 星原君 李正寧이 예조에 문의하기를 "조부 문경공 李稷과 아버지 부윤 師厚의 제사를 누가 받들어야 마땅하며, 또 3대의 신주 旁題는 장차 누구의 이름으로 써야 하겠습니까." 하였다.
303 『명종실록』 10년 10월 17일 2번째 기사 1555년

길이 없어 후사가 끊긴 집안과 다름이 없습니다."라고 하고 지금 이후로는 이와 같은 부류를 법사法司로 하여금 낱낱이 적발하여 탄핵하고 법으로 다스리게 하라고 하였다.[304]

명종 이후는 더 이상 가묘설립을 권장하거나 이행하지 않은 관료에 대한 규찰 치리는 보이지 않는 것으로 보아 이미 정착되었음을 알 수 있다. 이때부터는 각종 변례에 대한 문제가 조정의 과제가 되었으며, 현실적 필요성에 따라서 예의 시행과 관련된 해설류의 책과 사대부들도 학문적 스승들과 예 가운데 의심스러운 부분에 대하여 문답을 주고받는 일이 많아졌고 이 기록들이 모여서 이른바 의례疑禮에 대한 문답 성격의 저술이 많이 이루어졌다. 이제 제례가 별다른 저항 없이 광범위하게 정치하게 다듬어지며 정착되어가고 있었다.

그러다가 이른바 진산사건이 발생하였다. 1791년 진산珍山에 사는 선비 윤지충尹持忠(1759-1791), 권상연權尙然(1751-1791)이 천주교 신앙에 근거하여 부모의 제사를 거부하고 위패를 불태운 사건이 발생하자 이 사건을 체제위협으로 간주하여 심각한 반응이 일어난 것이다. 이들은 공주감영으로 압송되었고 정조는 이들에게 사형을 명하여 전주 풍남문 밖에서 참형되었다. 이 사건에 이어 1801년 12월에 순조는 천주교를 척사윤음을 내려 윤지충·권상연이 가묘를 헐어 이륜彝倫을 무너뜨려 끊은 악이 먼저 드러났었다고 하였다.[305] 조선왕조 초기부터 불교나 박수 무당들에 의하여 가묘 제사가 방해받은 일이 있어 이를 퇴치하는 운동이 있었다가 이제 천주교라는 강력한 적을 만나게 되어 조야가 경각심을 갖게 된 것이다. 천주교의 도전을 의식한 조정에서는 가묘 중시

---

304 『명종실록』 10년 11월 1일 1번째 기사 1555년
305 『순조실록』 1년 12월 22일 1번째 기사 1801년

의 정치적 행사를 시행하는 모습을 보였다. 일례로 순조는 1832년 2월 6일에 임진년 등 국난 때 공을 세운 신하들의 가묘에 사유를 하였다. 송상현·조헌·고경명·이순신이 순절한 곳에는 함께 국난에 목숨을 바친 장사들과 더불어 단壇을 설치해 수령들을 보내어 치제하도록 하였고 이항복李恒福(1556-1618)·윤두수尹斗壽(1533-1601)·정곤수鄭崑壽(1538-1602)·유성룡·권율의 가묘에는 승지를 보내 제수를 내렸다.[306] 왕명으로 조천을 막은 경우도 있었다.

2) 제의祭儀에 대한 정비와 제의학祭儀學의 성립

성종대를 지나면서 가묘제도가 제도적으로 정착이 되었으나 각종 제례에 관한 의문이 쏟아져 나오는 상황이니 예론이 자연히 도처에서 학인들의 주요 관심사가 되어가고 있었다.

예학자들 대다수가 『가례』를 연구하는 과정에서 사례라는 이름으로 관혼상제를 모두 다루었지만, 제례 부분만을 전문적으로 다룬 경우도 있다. 그 목록은 김종직金宗直(1431-1492)「선공제의先公祭儀」, 이언적 『봉선잡의奉先雜儀』, 이현보李賢輔(1467-1555)[307] 「제례祭禮」,[308] 송기수宋麒壽(1507-1581)「행사의절行祀儀節」,[309] 이이 『제의초祭儀鈔』,[310] 김성일 『봉선제

---

306 『순조실록』 순조 32년 2월 6일 2번째 기사 1832년
307 호는 聾巖외에 雪鬢翁이 있다. 예안 출신 李滉·黃俊良 등과 교유했으며 고향에 돌아와서는 시를 지으며 한가롭게 보냈다. 저서로는 『농암집』이 있으며, 작품으로는 전하여오던 「漁父歌」를 장가 9장, 단가 5장으로 고쳐 지은 것과 「效嚬歌」·「聾巖歌」·「生日歌」 등의 시조작품 8수가 전한다.
308 『聾巖文集』卷3 雜著 祭禮. 여기에는 2품 이상 3품 이상 7품이하 서인의 제상 진설도가 있고 간략한 절차에 대한 설명이 있다.
309 『秋坡集』卷2 遺敎 行祀儀節
310 이이의 「제의초」에 대해서는 앞의 장에서 다루고 있으므로 참조하기 바람

의奉先諸儀』, 박세채『제의정본祭儀正本』, 윤휴「제례祭禮」, 이익「제식祭式」, 정약용「제례고정祭禮考定」등이 있다. 가례 혹은 사례를 모두 다루면서 제례나 제의에 대하여 집중력을 보인 문헌도 적지 않다.『가례집람』[311] 『사례훈몽四禮訓蒙』『가례고증家禮考證』『가례문의家禮問疑』『사례편람』[312] 『가례증해家禮增解』『상변통고』등이 그런 부류에 속한다.

(1) 김종직의「선공제의先公祭儀」

그의 부친 김숙자金叔滋(1389-1456)[313]의 제사의례를 정리해 놓은 것으로,「이준록彝尊錄」제5권에 수록되어 있다. 그는 이 글의 서두에서 김숙자가 가묘를 받드는 데 있어 곡진하게 성경을 다하였음을 밝히고 매양 아침저녁으로 향香을 불사르고 절하고 꿇고 앉아 있었으며, 출타할 때 고하고 돌아와 알현하는 것을 마치 부모의 생존시처럼 하였다고 하였다. 또 제사祭祀에 대해서는 주희의『가례』를 근본으로 삼고, 변두籩豆의 숫자와 축판祝版의 글은 정이의 법식을 사용하였으며, 절일節日의 시식제時食祭는 한기韓琦의 법식을 모방하였다고 하였다. 우란재盂蘭齋에 대해서는 항상 한위공도 또한 유속流俗에 빠졌던 것을 한스럽게 여기었다고 하였다. 이는 조선 초기 지방 유림의 가례에 따른 제사의식을 살필 수 있는 문헌이다. 특히 그가 이른바 정몽주, 길재를 잇고 김종직으

....

311 앞의 김장생 부분 참고
312 앞의 이재 부분 참고
313 정몽주 길재 다음의 도통을 이은 인물이다. 호는 江湖 1414년(태종 14) 생원시에 합격하고, 1419년(세종 1) 식년 문과에 병과로 급제하였다. 고령현감을 거쳐, 1436년에 經明行修의 선비 추천에서 첫 번째로 꼽혀 世子右正字가 되었다. 얼마 후 선산의 교수관으로 나갔다가 개령현감이 되었다. 그 뒤에 司藝가 되었으나, 1456년 사직하고 처가가 있는 밀양으로 내려가서 그 해에 죽었다. 親喪 중에 여막 곁에 서재를 만들어 조석을 올린 뒤에 가르치기까지 해, 학업을 받는 자에게 큰 감동을 주었다.

로 그 도통을 이어주는 역할을 하고 있다는 점에서 그의 제의祭儀는 중요한 의미를 갖는다. 김종직은 김숙자의 제의에 대하여 매우 상세하게 그 도수 절차를 밝히고 있다.

이를테면 기일忌日 및 절일節日의 전奠에는 줄[行]과 숫자는 똑같이 하되, 첫째 줄은 마치 생존시처럼 생채生菜, 엄채淹菜, 자채煮菜로 대신하여 놓고, 셋째 줄의 어육魚肉은 날것으로 쓰지 않고 모두 잘게 썰어 잘 삶아서 올리도록 하였다. 삭망朔望의 참배參拜 때에는 과菓, 육肉, 채菜 각 한 그릇씩을 올리되, 만일 진미珍味를 얻었으면 아울러 올리는데, 일헌一獻만 할 뿐이었다. 천시식薦時食 때나 천신薦新 때에는 삭망朔望의 의식을 행하되, 모든 수찬羞饌의 물품을 힘써 정결하게 하였다고 한다. 그는 또한 부친이 당시 사대부들이 부모의 상을 당하여 불사佛事를 하지 않는다고 말하면서도 칠칠일(49일)을 세어 영궤靈几 앞에서 제사를 지내는데 이는 불사를 하지 않는다는 것으로 세상에 명성을 훔치려고 하면서 그 실상은 스스로 부처에 붙어서 아첨하는 행위이니 이는 무지하여 망녕된 행위를 하는 것과 다름이 없다고 한 말을 소개하고 있다.

김종직은 부친의 제사의례에 대하여 다음과 같은 소견을 피력한다. 부친 김숙자는 사당 제사에서 모든 절차를 주자의 옛것을 따랐으되, 그 사이의 사소한 절목은 같지 않은 것도 있음을 인정했다. 다만 이는 감히 주자와 달리한 것이 아니라 관복冠服, 기명器皿, 당침堂寢의 제작에 있어서는 고금과 이하夷夏 사이에 굳이 똑같이 할 수 없는 것이 있었기 때문이다. 옛날의 번거로운 절문에 대해서는 재단하여 간략한 쪽을 따르고, 지금의 소략한 의절에 대해서는 짐작하여 넉넉한 쪽을 따르며, 일이 만일 의리에 해될 것만 없으면 또한 세속과도 같이하여, 질質과 문文을 항상 병행시키면서 성경誠敬을 그 가운데 더한 것이다. 그는 부친 김숙자의 이런 자세로 인하여 그가 만든 제의가 당시의 뛰어난 예문이

되었다고 하였다.[314]

(2) 이언적의 『봉선잡의奉先雜儀』[315]

조선 중기의 문신·학자 이언적이 1550년 8월에 저술한 것으로 주자의 『가례』 및 기타 예설과 우리나라의 속례를 참작하여 제사의식과 절차 등을 서술한 책이다. 권1에 사당제·사시제·기일제·묘제墓祭 등의 예절에 대하여 말하면서, 경전 및 『가례』의 원문을 맨 앞에 기록한 다음, 한 격을 낮추어 선유의 예설을 발췌, 수록하고 끝에 주석을 덧붙였다. 권2는 『예기』의 「제의祭儀」·「제통祭統」 등과 선유의 예설, 주석을 싣고 제례의 절차, 방법 및 의의에 대하여 논하였다. 이언적은 서문에서 다음과 같이 밝힌다.

> 『봉선잡의』는 주 문공의 『가례』에 근본하고 사마공과 정씨의 제례祭禮 및 시속의 예例를 참작하여 조금 가감을 하되 되도록 간이한 쪽을 따라 한 집안의 예로 삼은 것이니, 지금 세상에 맞아서 바꾸지 않고 준행해 나갈 수 있기를 바란 것이다. 제례는 근본이 있고 형식이 있으니, 근본이 없으면 존립할 수 없고 형식이 없으면 행해지지 못한다. 마음가짐이 근본이고 사물에 드러나는 것이 형식이니, 반드시 형식과 근본이 겸비되어야만 제사의 본의를 다했다고 할 수 있다. 마음가짐에 미진한 점이 있으면 절문이 비록 구비되었더라도 허식일 뿐이다. 그러므로 예경의 글과 선성과 선현의 말씀 가운데 근본에 보답하고 먼 조상을 추모하는 뜻을 밝힌 것을 뽑아서 별도

---

314 『점필재집』彝尊錄, 彝尊錄 下敍, 先公祭儀 第五.
315 『봉선잡의』는 두 종류의 우리말 번역서가 있다. 김윤규·신상구·이지락 역, 『봉선잡의』(글항아리, 2014.)와 김순미 역, 『조선 최초의 제사지침서: 풀어쓴 봉선잡의』(민속원, 2016)

로 한 편을 만들어 뒤에 붙였으니, 인인仁人 효자가 여기에 마음을 두고 깊이 체득한다면 마음에 뿌리를 둔 사랑과 공경이 저절로 일어나 스스로 그만둘 수 없을 것이다.³¹⁶

이 책은 이언적이 60세 되던 해 강계 유배지에서 저술했다. 이 책에 인용한 글은 사마광의 『서의』에 실린 「영당잡의影堂雜儀」에서 취한 것이 많다. 그리고 이 책의 내용은 김장생의 『가례집람』과 류장원柳長源(1724-1796)의 『상변통고常變通攷』 등에서 많이 참고할 만큼 당시로서는 선행 연구 가운데 높은 평판을 받는 것이다. 이 책은 가례에 관한 조선조 최초의 구체적인 성과물이며, 제례의 행례과정 뿐 아니라 이론과 실제를 모두 다루고 있는 예서이며, 가례의 편차와 형식을 따르면서도 당시 조선사회의 상황에 알맞게 적용하여 국제 및 시속과의 조화를 모색한 예서로 후대에 나온 예서들처럼 가례 일변도의 태도가 아닌, 제례의 본질적 의미에 중점을 두고 서술된 예서이다.³¹⁷

(3) 이항복의 『사례훈몽四禮訓蒙』의 제의祭儀

이항복이 집안의 자제를 위하여 『가례』에서 제의祭儀를 채록하고 『봉선잡의』와 대조한 뒤에 아울러 삼례三禮의 중요한 말을 취해 편집하여 만든 책이다. 관례 8장, 혼례 14장, 상례 110장, 제례 50장으로 구성되어 있다.³¹⁸ 그는 이 책의 서문에서 『가례』는 예가 아니라 바로 의식儀式인데 의식을 행하면서도 그 뜻을 전혀 모른다면 축祝이나 사史와 다

---

316 『회재집』 권11, 拾遺·序 奉先雜儀序
317 도민재 「晦齋 奉先雜儀의 禮學史的 意義-16세기 祭禮書와의 비교를 중심으로-」 『東洋古典研究』 第72輯 2018년, p.186.
318 1622년에 목판본 1권으로 간행하였고 1674년(현종15)에 중간되었다.

를 바 없다고 한다. 상喪은 슬픔을 주로 삼는 것인데, 최마衰麻·질絰·장杖이 바로 슬픔을 꾸미는 것이기 때문에 예에서 슬픔을 말하지 않았고, 제祭는 공경을 주로 삼는 것인데,[319] 진퇴하고 굴신하는 것이 바로 공경을 꾸미는 것이기 때문에 예에서 공경을 말하지 않았지만, 정情은 안에서 감동되고 예禮는 밖에서 호응하므로 밖은 의식으로 단속할 수 있으나 안은 말로 전달할 수 없다고 하고, 만일 초상에 슬픈 표정이 없고, 제사 때에 공경하는 태도가 없이 의식만 익히어 민첩하게 하는 것을 가지고 예를 잘한다고 말한다면 또한 거짓이라고 하였다. 그는 다음과 같이 말했다.

> 나는 어린애나 몽매한 선비들이 매양 제사 때마다 오르고 내리고 절하고 구부리고 하는 데 있어 무턱대고 어른들만 따라서 할 뿐이고, 그것이 무슨 의의인 줄을 전혀 모르고 있음을 걱정하였다. 그래서 삼가 고경古經의 제의祭義를 채택하여 이를 써서 병풍으로 만들어 놓고 항상 평상시 아침마다 일삼아 이를 펼쳐 눈여겨보아서 그 만 분의 일이라도 깨우치게 하려고 하였다.[320]

(4) 이익의 「제식祭式」

이 책은 이익이 기제, 묘제, 참례의 제식을 설명하고 논한 것이다. 시제 등 다른 제식을 다루지 않은 이유는 당시의 풍속이 사시의 정제正祭를 거행하는 일이 드물기 때문이라고 하였다. 그는 본래 전지田地가 없는 사람은 천신薦新만 하고 제사를 지내지 않았으며 묘廟와 제물에

---

319 祭가 공경을 주로 삼는다는 것은 『예기』 「祭統」편에 나온다.
320 이항복 『백사집』 권2, 四禮訓蒙敍敍

각각 제한이 있었으며, 제사 지내는 횟수도 많고 적음의 차이가 있었던 것은 봉록이 박하면 제수를 마련하기에 충분하지 않기 때문이라고 하였다. 그런데 이익 당시의 사람들은 주희의 『가례』에 의거하여 고조까지 제사 지내지 않는 사람이 없으며, 여기에 더하여 다시 예제, 기제, 묘제, 절일·삭망의 참례參禮와 같은 종류까지 행했다고 했다. 심지어 묘소에 올라가 제사를 지내는 것이 한 해에 네 번에 이르고, 지위가 없는 사람도 공경대부와 동등하게 제사를 지내서 옛날에 비해 여러 곱절일 뿐만이 아니며, 그릇의 수와 음식의 종류가 서로 남보다 못한 것을 부끄러워하므로 분수를 넘게 되고 재력은 달리게 된다고 하고 자신은 가난한 처지에 있으면서 가난에 잘 대처하였으니 예에 유감이 없다고도 하였다. 비록 한결같이 고례를 회복하지는 못하더라도 대략 군더더기를 버리고 절제를 법도로 삼는다면 또한 고례에 크게 어긋나지는 않을 것이라고 하였다. 그래서 『가례』에서 제정해 놓은 예법을 한결같이 따르되, 다시 옛 제도를 살피고 시속時俗을 참고하여 조금 증감하여 간명하면서 시행하기 쉽도록 했고, 애초에 자신의 마음대로 결정한 것이 아니라 모두 근거를 가지고 기술했으며 사람들이 믿지 않을까 저어하여 증거를 제시한다는 의미에서 주해註解를 약간 더하였다고 하였다.[321]

(5) 정약용의 「제례고정祭禮考定」

이 책은 정약용이 1808년 겨울 다산에 있을 때 저술을 마친 것으로, 제법고祭法考·제기고祭期考·제의고祭儀考·제찬고祭饌考를 합한 것이다. 그는 제후국의 대부의 제사는 3세를 넘을 수 없으며 지자支子는 제사를 받들지 않는 것이니. 최장방最長房이 신주를 옮겨 모시는 것은 예

---

321 이익 『성호전집』 권48, 祭式

가 아니라는 등의 견해를 피력하고 있다.[322] 그는 이 책을 저술해서 두 아들에게 보내면서 자신의 평생의 뜻이 담겨 있는 것이라고 하고, 단지 제사에 관한 것만이 아니고 서울과 지방에서 사객使客의 접대와 혼인과 회갑 등 일체 연향燕享에 쓰이는 음식에 대해서 모두 제도를 만든 것이니, 이것을 공경히 준행하여 벗어남이 없게 할 수 있다면, 세도에 도움이 있을 것이라 하였다. 그러면서 만약 수년 전에 이 책을 만들었다면 정조께 올려 크게 시행했을 터인데 그렇지 못함으로 인한 슬픔을 금할 수 없다고 하였다.[323] 아이들에게 보낸 이 책을 마침 계부가 와서 보고는 "모두 마땅히 이와 같아야 한다. 터럭 하나라도 더하고 뺄 수 없다."하였고 또 "말한 것이 모두 이치에 맞는다"고 한 말을 전해 듣고는 자기가 쓴 책에 대하여 '쓸 만한가 보다'는 자신감을 갖기도 하였다.[324] 그는 예는 천지의 절문節文이며, 제사와 연향은 더욱 신중히 해야 하는 것이니, 그 명목名目과 그릇 수는 가감할 수 없다고 생각하였고 예법을 경솔히 버리는 자는 반드시 국법도 가벼이 범할 것이니 이는 군자가 예법을 중히 여기는 까닭이라고 하였다.[325] 19세기 초반에 저술된 이 책은 당시로서는 정약용이 사회적 정치적 영향력을 미치시 못하는 처지에 있었던 데다가 이내 사회 문화 전반이 바뀌는 바람에 결국 크게 실용화되지 못하였다. 그의 아쉬움대로 그가 정조의 신뢰를 받고 있을 때 이 책이 이루어졌더라면 크게 진작이 되었을 것이다.

....

322 『다산시문집』 권16, 自撰墓誌銘 集中本
323 『다산시문집』 권21, 書 두 아들에게 부침
324 『다산시문집』 권17, 行狀 季父稼翁行狀
325 『목민심서』 赴任 6조, 제5조 上官 이에 부임해서 관속들의 參謁을 받는다

(6) 임헌회의 「제찬도설祭饌圖說」

16세기 이래 19세기 후반에 들어 통론과 개괄적 의절을 설명하는 단계를 넘어서 세부적인 문제와 각종 변례에 대처하는 원칙의 정비 등 예학은 심화 단계에 접어들었다. 한편 일단의 학자들에게서 보이듯이 가례 연구는 원론적인 면의 해석, 각종 주석류를 동원한 이해의 수준을 넘어서서 각종 변례의 경우 원칙 원론을 적용한 유권해석 나아가 시의성에 따른 과감한 변통의 단계까지 나아갔다. 그런 흐름과 맥락에서 나온 것이 임헌회任憲晦(1811-1876)의 「제찬도설」이다.[326] 그는 기호 노론의 낙론계열을 대표하는 학자이다. 그는 이이에서 김장생, 송시열, 이재, 김원행, 박윤원, 홍직필로 이어지는 노론의 정맥을 전수하였다. 예를 강론함에 있어 『의례』와 『가례』를 위주로 하면서도 고금이 다른 것은 김장생을 비롯한 여러 선유들의 주장에 따라 당대에 가장 알맞은 예법을 창출하고자 하였다.[327] 다만 그의 시대가 격동의 19세기 후반이었고 이어서 갑오경장 등 새로운 조치와 문물의 유입으로 인해 정치한 그의 연구는 훗날 사회에 별다른 영향을 미치지 못하였다.

이들 외에도 가례 전반을 다루었지만 그 가운데 제례에 대하여 상당한 수준의 주체적 연구를 실은 것들이 있다. 앞서 다룬 이이의 「제의초」나 김장생의 『가례집람』, 정구의 『오선생예설분류』 외에도 박세채나 윤증 등의 제례연구가 활발하고 깊이가 있었다. 뿐만 아니라 이의조李宜朝(1727-1805)의 『가례증해家禮增解』는 이재의 『사례편람』 등으로부터

---

326 임헌회 『鼓山文集』 卷8, 雜著 祭饌圖說
327 鄭吉連 「全齋 任憲晦의 祭禮 設饌圖 고찰」, 『동양한문학연구』 38輯, 동양한문학회, 2014.

전수된 예학을 바탕으로 하여 이룩한 『가례』의 해설서이다. 예제禮制는 시의성을 가져야 하는 것과 불변적 원칙을 함께 고려해야하는 양면성이 있다. 그는 여러 경우의 변례變禮를 많이 인용하고 고례古禮의 본질을 자세하게 해설하고 있다. 이 책은 사당장과 제례 부분에 상당한 공력을 들여 상술하고 있으며 1792년 송환기宋煥箕(1728-1807)가 쓴 서문과 정만석鄭晩錫(1758-1834)의 발문이 있다. 또한 류장원이 편찬한 『상변통고』 30권 16책은 분량의 방대함도 그러하지만 연구의 방식과 수준 또한 주목할 만하다. 이는 조선 후기 영남의 재야 학자의 예학서로서 다른 학자들이 통상 '가례' 또는 '사례'라고 한 것과는 달리 상례常禮와 변례變禮의 절차와 그에 다른 다양한 학설을 폭넓게 수집하여 깊이 있게 다루고 있는데 제례 부분에서의 연구도 상당히 주목할 만한 내용을 담고 있다.[328]

---

[328] 郭鍾錫은 "예학을 공부하려면 이의조의 『가례증해』와 류장원이 『상변통고』 등의 서적을 참고하여 절충하면 된다."고 하였다. 『면우집』 卷26, 書, 答鄭厚允 "欲治禮學. 李氏之增解. 柳氏之通攷在所先之."

부록

중국의 가훈과 한국 예학자의 가계

惰則廢職。何以制惰。要在勤恪。戒爾勿踈。應踈則淺。何以鎮浮何以治踈。要在詳審。戒爾勿浮。氣浮則勝。何以要在沉靜。

叙曰。謐者德之基。勤者事之幹。詳者政之要。靜者心之體。君子執謐足以崇德克勤足以廣業詳慎足以立政定靜足以存心君子行此四德然後可以持已而應物已亥冬存所子書。

戒女箴

一曰婦德。性行心志務在柔順貞靜。戒其辯發專

중국의 가훈과 조선 예학자의 가계

이 책의 부록으로 중국의 가훈家訓과 한국 예학자들의 가계家戒[1]를 소개한다. 가훈家訓, 가계家戒는 본래 명문세족의 집안에서 부모나 조상이 자녀에게 주는 가르침이자 인생의 교훈으로, 크게는 예학의 범주에 속한다. 본편에서 중국의 가훈에서는 안지추顔之推(531-591), 사마광司馬光(1019-1086), 원채袁采(?-?), 증국번曾國藩(1811-1872)의 가훈을 살펴보고 한국의 가계에서는 이이, 허목, 권시, 송시열, 홍여하, 최석정, 이익, 박윤원, 정약용의 계서戒書를 번역하여 소개한다. 우리나라의 경우 중국과는 달리 단독서로 가훈을 남기기보다는 윤리덕목에 대하여 짧은 글로 남긴 사례가 일반적이다.

중국의 가족제도는 동한 시대부터 대가정이 시작되어 송대에 이르러는 보편적인 사회 현상으로 자리 잡기 시작하였다. 이들 대가정 혹은 대가족의 구성원은 동거공재同居共財하며 공동취사를 하였으며 이것이

---

[1] 家戒, 家訓 이외에 家敎·家誡·家範·家規·家儀·家憲·家學·家法·家庭敎訓·庭敎·庭訓·世範·世敎 등 여러 가지 명칭으로 불렸다. 표준화된 가례가 있지만 각 집안에서 특유의 가례가 있듯이 가훈도 보편적 요소가 있고 특유의 성격도 보인다. 이를데면 제사에 소고기를 쓰지 말라는 집안이 있고 가훈에 대대로 과거에 초시까지만 하고 관직에는 일체 나가지 말라는 내용이 들어있는 경우도 있다.

근대 봉건가족제의 주된 형태였다. 송대 이후의 대가정은 위진에서 당대에 이르는 시기에 번성했던 대가정과는 내용과 성격이 다르다. 위진에서 당대에 이르기까지는 주로 호족이나 문벌 있는 사족만이 대가족을 이루었던 것에 반해 송대 이후에는 서족庶族 지주와 비록 소수이기는 하지만 평민까지도 대가정을 이루었으며 농촌사회에도 이러한 형태가 존재하였다.[2] 조선 시대의 경우도 이와 크게 다르지 않았다.

여러 세대 동안 많은 인원이 같은 거주공간에서 함께 살며 재산을 공유하기 때문에 그 구성원간에는 엄격한 조직체계와 규율이 필요하였다. 즉 의식주를 해결하기 위한 생산 활동과 소비지출에 대한 규정과 가정경제에 대한 규정이 필요하고, 원만한 가족관계를 위해 구성원의 일상생활의 행동거지와 가정생활 전반에 대한 규칙을 물론 집안 자제들의 도덕 교육을 위한 교재도 필요하였다. 이러한 요구에 부응하여 작성한 것이 가법家法, 가훈, 가례, 족규族規, 어록, 격언, 계자서戒子書 등이며 이것은 모두 가훈에 속한다고 할 수 있다.

중국의 전통가훈은 수당 대에 들어 점차 이루어졌고, 송 원 명 청대에 전성기를 맞이하였다. 특히 예학의 영향으로 송대에 들어서 여러 형식의 가훈이 이어졌고, 가훈집 형태의 전서가 출현하였으며, 송대 이래로 대가정 형태의 가족 조직과 인쇄술이 발달하면서 가보家譜, 족보族譜 속에 가법, 족규가 명문화되었고, 구속성을 가진 가훈의 일종인 가규家規, 가의家儀 등이 보편화되었다. 또 각종 훈속訓俗과 『향약』이 신분과 지위와 가정의 틀을 넘어서 가훈의 역할을 하면서 사회에 널리

....

[2]   북송대의 德安 陳氏 집안을 보면 13대 동안 3,700명이 동거동재하였고, 保德 趙氏 집안은 10대 동안 수백 명이 동거하였고, 19대 동안 동거동재한 會稽 裘氏, 8대 동안 3,000여 명이 동거동재한 漢陽 張氏 등의 대가정이 있다.(徐揚杰 저, 윤재석 역, 『중국가족제도사』, 아카넷, 2000, pp.611-612.)

보급되었다. 이렇게 하여 송 이후부터 전통가훈은 점차 귀족가훈 시대에서 사회가훈 시대로 접어들게 된다.

이러한 가훈의 성격과 효용은 크게 두 가지로 나누어 볼 수 있다. 좁은 의미에서 보자면 가훈은 한 가족 혹은 한 가정의 내부와 관련된 가규, 족법이거나 집안의 어른이 젊은이에게 주는 훈계의 글이다. 그러므로 처음부터 특정한 한 가정을 위한 규범이라는 제한적인 의미를 가지며 일가의 교화를 추구하기 위한 것이지, 널리 세상 사람들을 계도하기 위한 글은 아니다. 넓은 의미에서의 가훈은 일반적이고 공통적인 가정윤리를 언급함으로써 신분과 지위에 관계없이 인륜을 두텁게 하고 풍속을 아름답게 하고자하는 취지로 어떤 가정에서도 실행할 수 있도록 한 사회 교화의 글이다. 어떤 경우이든 가훈의 내용은 가르치는 사람 자신이 만든 것인 경우도 있고 조상의 유훈이나 여러 문헌에서 합당한 내용을 취합하여 만들 수도 있다. 그러므로 가정 구성원의 윤리교육, 인간관계에 대한 교육이 주요한 내용이며, 가정의 일을 관리하고 가정 내부의 관계를 조화시키며 입신양명하여 관료가 되었을 때의 처세하는 방법을 일러주는 내용도 포함되는 일종의 가정교육 교과서이다. 그러므로 그 내용은 일상생활에서의 행동지침, 대인관계에서의 처세, 자녀의 교육, 가정을 다스리는 법, 경제활동의 방법, 아랫사람을 다스리는 방법 등 매우 사적이고 구체적인 분야를 망라한다. 이런 글들은 처음부터 남에게 보이고자 하여 쓴 것이 아니고 자신이 살아오면서 터득한 삶의 지혜를 자녀 혹은 자손에게 전수하기 위하여 쓴 것이다. 이러한 속성 때문에 그 내용이 더욱 진솔하고 실질적이다.

가훈과 사회와의 상관관계는 매우 밀접하다. 교육이 이루어지는 장소가 가정이라는 점에서 가훈이라는 것이지 교육의 내용은 공동선을 추구하는 사회교육까지도 겸하고 있었다. 바꾸어 말하자면 추구하는 이상이 수신, 제가, 치국, 평천하에 있으며 이 단계를 차례대로 이룸으로써 궁극적으로 이상사회를 구현하고자 한다. 이때 구현의 방법은 실천적인 예를 통해서이다. 가정을 다스리고 나라를 다스리고 천하를 다스리는 데에 있어 예가 구체적 방도가 된다는 것이다. 이런 점에서 예학은 유가의 정신을 현실에 구현하는 실천학문이라고 할 수 있으며 가훈이 예학의 영역이라는 점을 다시 한 번 환기하게 한다.

물론 현대사회는 이미 과거와 비교할 수 없을 만큼 복잡해지고 다원화되었다. 인간관계, 사회상은 물론 전통규범의 출발점이라고 할 수 있는 가정의 풍속 또한 크게 변하였다. 따라서 가훈, 가계의 내용을 문자 그대로 받아들여 내면화하는 것은 오히려 적시성이라는 예의 정신에 어긋나게 될 것이다.

옛 현인들의 글을 통해 우리가 오늘날 얻어야 할 것은 그들이 진솔하게 인간적인 문장 속에 담겨있는 삶과 가족에 대한 인식이다. 예禮와 계戒라고 하는 것은 오랜 세월 숙고한 끝에 완성한 가치판단, 온갖 일의 경중에 대한 체계라고 할 수 있다. 이에 대한 공부를 통해 우리는 옛 현인들이 자신의 가족에게 전수하고자 했던 그들의 가장 진솔한 정신세계를 엿볼 수 있다.

핵가족화라는 말조차 식상해진 현대사회이다. 지식은 넘쳐나고 있지만 가정 속에서 연륜과 지혜가 전달되기는 매우 어려운 환경이다. 현대를 살아가는 우리가 다음에 소개하는 중국의 가훈과 한국 예학자의 가계로부터 그 공백을 메울 진수를 얻을 수 있을 것이라 생각한다.

부록 |
중국의 가훈

제1장

안지추의 『안씨가훈』

1. 안지추의 가계家系와 시대 배경

가훈家訓이나 가계家誡는 일종의 가정교육서라고 할 수 있다. 이러한 가훈의 기원을 통상 『안씨가훈』에 두고 있다.[1] 『안씨가훈』을 지은 안지추는 남조 양梁(502-557)에서 태어나 수隋(581-618)의 초기까지 살았던 인물로 남북조가 멸망하는 난세의 과정을 온몸으로 겪었던 지식인이었다. 이 시기는 유학의 입장에서 보면 동한말 이후로 사회변혁이 심화되면서 통치기능을 잃게 되었을 뿐 아니라, 유학적 명분의 가르침에 대하여도 혹독한 비판을 받던 시기였다.[2] 또 사회적으로는 남방문화와 북방

---

[1] 王利器는 明代 王三聘의 『古今事類考』에 있는 '古今家訓以此爲祖'를 인용하여 『안씨가훈』이 가훈의 비조라고 단정한다.(王利器, 『顔氏家訓』集解 「敍錄」 북경:中華書局, 1993.) 이 이전에도 가훈이 있기는 하였다. 한대의 동방삭의 誡子書, 유방의 手勅太子文, 정현의 戒子益恩書와 삼국시대 조조의 太子令, 제갈량의 誡子書와 晉의 도연명의 與子儼軍疏 등은 모두 손꼽히는 명 가훈들이다. 『顔氏家訓』은 오로지 가훈만을 담고 있어서 이후 가훈서의 선하가 되고 있다.

[2] 『晉書』「儒林傳」에 다음과 같은 글이 있다. "晉은 중원에서 시작하여 江左에 이르렀는데, 꾸미고 화려한 것을 숭상하고 다투었으며 청담 현풍을 조술하고 유가 경전을 배척하여 正始년간의 玄言 풍조를 익혔다. 예법을 세속 유행이라 손가락질하고 방종하고 허망한 것을 淸高하다고 여겼다. 마침내 법도가 해이하고 황폐해져서 名敎가 퇴락하게 되었다.

문화·한문화와 소수민족의 문화·유불도 삼교의 교섭과 병립 등 여러 다양한 문화가 충돌하고 융합되던 시기였다. 가족제도의 변천 과정에서는 동한 말부터 발전하기 시작한 문벌제도가 남조에 이르러서 전성기에 접어들어 위세를 떨친 가문이 많이 대두하였고 이 시기의 문벌세족은 국가의 흥망보다도 가문의 이익을 우선하였다.[3] 안지추의 가계는 강남지역에서 정치적으로나 경제적으로는 그 존재가 미미하였지만 대대로 학덕과 지조를 중시하는 정통 유가의 가문이었고, 안지추 자신은 육경과 사서·음운·문자·훈고에 통달하였던 대학자였다. 그리하여 이러한 사회 풍조 속에서도 기본적으로 유가를 숭상하였으며, 이에 효제 孝悌로써 치가와 사회생활의 근본으로 삼아야하고, 유가의 위기지학爲己之學을 수신과 경세의 틀로 삼으려 하였다. 따라서 본 장에서는 가훈의 기원으로 일컬어지는 『안씨가훈』을 통하여 난세를 살았던 안지추가 자손들에게 꼭 남겨주고 싶었던 인생의 이치와 지혜의 핵심이 무엇이었는지를 살펴보고, 유불도儒佛道 삼교가 혼재되어 있었던 당시의 사상적 풍토에서 정통 유가儒家를 대표하는 가계인 그의 가훈 속에 어떠한 유가적인 가치가 있는지를 고찰하는 것에 주안점을 두었다. 역대의 서목에서는 『안씨가훈』을 유가로 분류하여 넣었으나, 『사고전서총목제요』에서는 불교를 다룬 '귀심歸心'편이 있고 또 음운·훈고 등의 내용이 잡박하게 들어있다고 하여 이를 잡가에 넣고 있다. 현재 전하는 판본으로는 남송시대의 것을 비롯하여 명청대의 것이 많이 남아있다.[4]

---

[3] 안지추의 조부인 顔見遠은 자신이 섬기던 蕭寶融이 梁武帝 蕭衍에게 왕위를 찬탈당하고 南齊가 멸망하자 식음을 끊고 순절하였다. 그러나 손자인 안지추는 전란과 망국으로 인해 다섯 왕조를 전전하면서도 순절을 고려하지 않는다. 이것은 안지추 당시의 사회적 풍조와 무관하지 않을 것이다.

[4] 가장 이른 시기의 것으로는 남송 효종 순희년 간에 간행한 것이 있다. 이후 명 가정 갑신의 傅太平刻本, 명 만력 갑술의 顔嗣愼 刻本, 명 程榮의 漢魏叢書本, 청 강희58년(1719)

안지추는 난세를 온몸으로 겪었던 인물이다. 그가 활약하였던 남북조시대는 격변의 시대였다. 이 시기는 동진東晉 16국 이래로 남북이 분열된 상황이 계속 이어진 시대적인 특성이 있다. 먼저 정치경제면에서 보면 계층간의 대립이 첨예하였다. 사족지주계층이 정치경제의 대권을 농단하고 민중을 가혹하게 수탈하면서 정권에 대항하는 농민들의 봉기가 일어나고 사회가 불안정하게 되었다. 양조梁朝에서 관료생활을 하였던 안지추는 자신이 목도한 이러한 사회상을 『안씨가훈』에서 묘사하고 있다. 사상 문화적 측면에서 보면 서한시대부터 이어져오던 숭유崇儒정책이 위진남북조시대에 이르러서는 표면적으로는 통치의 필요에 의하여 제창되기는 하였지만 실제적으로는 현학玄學과 불교에 그 자리를 내어주었다. 한편으로는 유가의 충효와 불교의 인과응보설이 결합하여 사상적으로 융합한 특성이 있었는데,[5] 이는 당시 지배계층의 정치적인 필요에 의한 것이었지만 한편으로는 남북조시기 사상문화의 중요한 특징이다. 이러한 특징은 『안씨가훈』에서도 찾아볼 수 있다.

안지추의 가문은 대대로 내려오는 학자 집안이었으며 좋은 가학 연원을 가지고 있었다. 춘추전국시대 제로齊魯의 지역에서 학문을 닦았던 명망있는 가문으로 공자의 72인의 제자 가운데 안씨가 8명이었고 안회

의 朱軾平點本, 청 옹정2년(1724) 黃叔琳의 節抄本, 청 건륭54년(1789) 盧文弨가 각한 포경당총서본, 청 문진각의 사고전서본 등이 있다. 1930년대에 들어서 세계서국에서 『안씨가훈』을 제자집성에 편입하여 간행하였으며 1980년 상해고적출판사에서 王利器 集校의 『안씨가훈집해』를 출판하였고 1993년에 중화서국에서 집해의 증보본을 다시 출판하였다. 王利器의 집해는 盧文弨의 포경당총서본을 저본으로 하여 남송 각본과 여러 명 청대의 각본을 교감하고 청대 학자들의 해설을 광범위하게 수집하고 또 자신의 견해를 보충한 것으로서 현재까지의 교정본 중에서 가장 정밀하고 완비된 판본으로 평가된다. 기본서 외에 역주본으로는 吳玉琦·王秀霞注譯, 『안씨가훈역주』(장춘: 길림문사출판사,1998) 程小銘 譯注, 『안씨가훈전역』(귀양: 귀주인민출판사, 1995)과 김종완역, 『안씨가훈』(서울, 푸른역사, 2007)을 참조하였다.

5   吳玉琦·王秀霞注譯 『顔氏家訓譯注』 長春:吉林文史出版社. 1998, pp.3-4.

도 그중의 한사람이었다.[6] 9세조인 안함顔含은 낭야琅琊 임기臨沂인이며 효성과 우애로 유명하였고 서진西晉 말년에 낭야왕 사마예를 따라 남도하여 강남에 터를 잡았다. 그는 자손들에게 안씨가문이 선비 집안으로서 대대로 부귀한 사람이 없다고 하고 관직에 나아가더라도 2천 석을 넘지 말고 혼인할 때 세력가를 탐내지 말라고 하여 서생가문의 전통을 제시하였다.[7] 조부 안견원顔見遠은 남제南齊의 남강왕 소보융을 쫓아서 형주에 출진하였고 이 연유로 온 집안이 금릉에서 호북 지역인 강릉으로 이주하였다. 안견원은 박학하고 지행志行이 있었다고 전해지는데[8] 양무제가 제齊를 차지하자 단식하여 스스로 목숨을 끊었다. 동진부터 유송劉宋을 거쳐 양梁에 이르기까지 세 왕조가 바뀌는 80여 년 동안 명문세족들은 매번 선택의 기로에 서게 되었다. 구 왕조에 충성을 다하여 의리를 지키는 대신 누려오던 사회 경제적 지위를 포기할 것인가 아니면 새 통치자에 동조하고 정치적 입지를 다져서 가문의 지위를 공고히 하는 대신 세간의 조소를 감내할 것인가 하는 문제였다. 이 두 입장에서 목숨을 내어놓고 의리를 지킨 사람은 극소수이고 대부분은 후자를 택하였다고 『양서梁書』는 전하고 있다. 즉 동한 이래로 지식인들의 의식이 대의명문을 중시하기보다 사적인 의리관계나 가문을 우선한 것이다. 이것을 지식인의 개인주의화라고 보기도 한다.[9] 안지추의 부친

---

6 『안씨가훈』「誡兵」, "顔氏之先 本乎鄒魯 或分入齊 世以儒雅爲業 遍在書記 仲尼升堂者七十有二 顔氏居八人焉."
7 『안씨가훈』「知足」, "汝家書生門戶世無富貴 自今仕宦不可過二千石 婚姻勿貪勢家."
8 『梁書』「文學傳」
9 예를 들면 齊梁 시기의 袁昻는 이 시기 벌족 인사의 전형적인 모습을 보여준다. 그는 齊말에 吳興太守를 지내다가 후에 양무제에게 투항하여 侍中司空 尙書令을 지낸다. 梁武帝는 그에게 "어리석은 군주를 힘써 섬기는 것은 충이 아니고 가문이 도멸되는 것은 효가 아니다. 충효가 다 없어지면 무엇에 의거할 것인가" 라는 말로 회유한다. 가족의 안위와 가문의 보존에 연연하는 세태를 보여주는 대목이다. 周一良, 「論梁武帝及其時代」, 中華學術

안협顏勰은 상동왕 소역의 왕국상시·진서장군부자의참군 등의 직책을 역임하였다. 여러 서적을 널리 섭렵하였고 초서와 예서에 능했으며 문장이 바르고 단아하여 유속을 따르지 않았던 것으로 전한다.[10] 이러한 내력이 가풍으로 이어졌고 안지추의 학문과 사상에 영향을 주었을 것으로 생각할 수 있다.

안지추의 자는 개介이고 양무제 대통 3년(531)에 태어나서 수문제 개황 11년(591)에 세상을 뜬 것으로 알려져 있다.[11] 조부 안견원顏見遠 때 옮겨간 강릉에서 태어나 어린 시절을 강릉에서 보냈다. 9세 때에 부친을 잃고 그 이후 두 명의 형들에게서 지도를 받고 양육되었다. 그러나 형들은 인자하기만 하고 위엄이 없었으며 가르침이 엄격하지 않았다. 그리하여 어려서부터 총명하고 호학하기로 이름이 났었던 그가 소년기에는 멋대로 행동하고 경솔하게 말하고 몸가짐을 바르게 하지 않았다고 한다.[12] 이때의 경험이 후에 안지추로 하여금 자손을 위한 가훈서가 필요하다고 생각하게 된 한 원인이었을 것으로 생각된다. 12세에는 상동왕 소역의 제자가 되어서 노장老莊을 수학하였다. 양 왕조의 소씨는 대대로 도교를 신봉하던 천사도天師道 세가로서 노장에 대한 공력이 깊었고 사회 풍조 역시 도교와 불교를 좋아하였다. 안지추는 노장의 도교의 사상은 별로 좋아하지 않고 『주례』・『좌전』을 좋아하였고 책을 널리 읽어 해박하였으며 문장 짓기를 좋아하였는데 문체가 단아하

論文集所載. 臺北. pp.128-130 참조. 이러한 시대 풍조에서 안견원의 지조 있는 결단은 드문 일이었다.

10 『梁書』「文學傳」

11 죽은 해를 590년으로 추정하기도 한다. 또 595년으로 추정하는 견해도 있다.(朱明勛, 「中國傳統家訓硏究」, p.58, 四川大學博士學位論文, 2004)

12 『안씨가훈』「序致」, "肆欲輕言不脩邊幅."

였다[13]고 한다. 이는 그가 어릴 때부터 유가의 학풍을 좋아하였음을 보여준다. 19세에 출사를 하여 상동왕 국우상시가 되었고 이어서 묵조참군이 되었다. 이때 양나라는 후경의 난에 의해 수도인 건강(지금의 남경)이 반란군에게 점거되었고 강릉에 있던 무제의 아들인 상동왕 소역이 반란군 진압을 준비하는 중이었다. 안지추는 이듬해 소역의 세자 소방제를 따라 영주(지금의 우한[武漢])로 출진하였는데 군정을 소홀히 하고 향락을 일삼던 소방제는 후경군의 기습을 받아 살해되었고 안지추도 포로가 되어 살해 될뻔 하였다가 후경의 행대랑중왕칙의 호의로 목숨은 건지고 건강으로 압송되었다. 이것이 그의 첫 번째 포로 생활이었다. 상동왕 소역이 후경의 난을 진압함에 따라 안지추는 다시 강릉으로 돌아와서 서적을 정리하는 일에 참여한다. 얼마 지나지 않아서 남방 진출을 꾀하던 서위의 침입으로 원제로 등극하였던 소역이 살해되고 안지추 형제를 비롯하여 10만 이상의 포로가 서위로 끌려갔다. 이것이 그의 두 번째 포로생활이었다. 서위에서 그는 조국인 양나라로 가기위해 가족과 함께 북제로 탈출하였는데 그동안에 양이 없어지고 진왕조가 수립되어 양으로 돌아가는 일은 무산되고 그는 북제에 그대로 눌러앉는 수밖에 없게 된다. 이로부터 북제가 북주에게 멸망할 때까지 20여 년 동안 머물면서 문예를 좋아했던 후주의 부름을 받아 수도인 업으로 가서 문예기관인 문림관의 업무를 총괄하고 유서인 수문전 어람을 편찬하기도 하고 황문시랑의 벼슬을 역임하였는데 이것은 평생의 관직 중에서 가장 높은 것이었고 자부심을 갖던 직위였다.[14] 북주가 북

---

13 『北齊書』「顔之推傳」, "博覽群書, 无不該洽, 詞情典麗, 其爲西府所稱."
14 『안씨가훈』을 저술한 시기가 이미 수왕조로 들어선 이후임에도 불구하고 題署에 北齊黃門侍郎顔之推撰이라고 한 것은 그의 이러한 생각을 보여주는 것이다.

제를 침공하여 멸망시키자 안지추는 생애 세 번째 망국인이 되어 20여 년 전 자신이 탈출했던 곳, 옛날 서위였던 북주로 다시 포로가 되어 이송되었다. 581년 수가 북주를 계승하면서 다시 수왕조에서 『절운切韻』을 편찬하고 위서의 개정작업에도 참여하는 등 다양한 학술활동에 참여하였으며 『안씨가훈』를 저술하고 얼마 지나지 않아 생을 마감하였다.

격동의 난세에 태어나서 양·서위·북제·북주·수 등 다섯 왕조를 전전하며 목숨을 부지하고 그 과정에서 서위를 제외한 네 왕조에서 벼슬을 하며 생을 영위한 그야말로 기구한 인생역정이었다. 그 속에서 살아남을 수 있었던 가장 큰 원인을 그는 자신의 학문적 역량이었다고 생각하였고 이 과정에서 터득한 인생의 지혜를 자손에게 전하여 주고자 가훈을 저술하였다.

2. 『안씨가훈』의 내용

안지추가 태어나고 성장했던 양무제(502-549) 시기는 남조의 황금시대로 불릴 만큼 안정되고 번영을 구가하던 시기였다. 그러나 그 번영의 이면에는 빈부격차의 심화로 인한 사회불안이 도사리고 있었고, 상류층의 과도한 사치와 소비는 오히려 경제력을 약화시켰으며 사치와 향락에 빠진 귀족들은 무능한 집단으로 전락하였다. 변란을 당하자 왕조 전성기에 학식과 재능이 없어도 안락한 생활을 영위하던 왕공귀족의 자제들은 모든 것을 잃고 유약한 몸으로 앉아서 죽음을 기다리거나 요행히 죽음을 면한다 하여도 모든 기반을 잃은 상황에서 어떤 활로도 찾지 못하고 도태되었다. 반면 학식과 기술이 있는 사람은 이 상황에서도 생을 영위할 수 있었다. 그리하여 포로의 신세가 될 경우 평민 출신이어도 서찰을 잘 알면 스승 노릇을 하고, 역대 권세가라도 문자에 능통하지 못하면 남의 부림을 받아서 거친 노역 일을 하거나 대대로 노예로 전락하였다. 안지추는 이러한 실력위주의 냉혹한 현실상황을 자신의 눈으로 목도하고 다음과 같이 말한다.

> 학문과 기예를 지닌 사람은 어디에서나 편안히 살 수 있다. 큰 난리 이래로 포로가 된 많은 사람들 가운데 비록 대대로 미천한 신분이지만 『논어』나 『효경』이라도 읽은 사람은 오히려 남의 스승이 되었고, 비록 여러 대에 걸쳐 고관을 역임한 명문출신이라도 책을 읽지 않은 사람은 모두 밭을 갈거나 말 기르는 일을 하게 되었다. 이러한 사례를 보건대 어찌 스스로 힘써 공부하지 않을 수 있겠는가? 항상 수 백 권의 책을 가질 수 있다면 천년이 지나더라도 끝내 미천한 신분이 되지는 않을 것이다.[15]

그는 가훈에서 난세에 처해서도 살아갈 수 있는 가장 큰 자산은 학문과 독서라고 하며 자손에게 학문에 힘쓸 것을 거듭 당부하고 있다. 이처럼 가훈의 내용은 생생한 경험을 통해 뼈저리게 터득한 인생의 이치와 삶의 지혜이다. 안지추는 혼란한 시대를 당하더라도 자손들이 몸을 보존하고 가문을 잘 이어갈 수 있기를 바라며 자신이 터득한 인생의 방법과 삶의 요체를 남겨주고자 하는 의도로 이 책을 집필하였다. 『안씨가훈』은 모두 20편으로 되어있다. 그 내용의 골자는 다음과 같다.

---

15   『안씨가훈』「勉學」, "有學藝者 觸地而安 自荒亂以來 諸見俘虜 雖百世小人 知讀論語孝經者 尚爲人師 雖千載冠冕 不曉書記者 莫不耕田養馬 以此觀之 安可不自勉耶 若能常保數百卷書 千載終不爲小人也."

■ 제1편 「서치序致」: 서문에 해당한다. 본문에서 "지난 날 형님들의 가르침을 돌이켜 생각하여 마음에 깊이 새겨 잊지 않았다. 그것은 고서에서 얻는 교훈과는 비교할 수 없다. 그러므로 이 20편의 글을 남겨서 너희들의 교훈으로 삼고자 한다"[16]고 한 것으로 보아 안지추는 서문에 해당하는 이 서치를 제일 나중에 썼던 것으로 보인다. 책을 집필한 목적과 가훈의 필요성에 대하여 논하고 있다.

■ 제2편 「교자敎子」: 자녀 교육에 대한 내용이다. 정신이 맑은 어릴 때 조기 교육을 실시하여 때를 놓치지 말 것을 당부하며 자녀 교육은 엄격해야 하며 편애하지 않아야 한다고 한다.

■ 제3편 「형제兄弟」: 형제관계가 가족관계에서 차지하는 비중이 크다는 점을 지적하면서 어릴 때는 친했다가 장성해서는 소원해지는 원인과 그 방책에 대해 서술하고 있다.

■ 제4편 「후취後娶」: 재혼에 대한 내용으로 재혼의 문제점과 이것이 부자간의 불화를 초래하고 가정을 분열시키는 사례를 들면서 신중히 할 것을 당부한다. 심지어 재혼은 하지 않는 것이 좋다고까지 권유한다.

■ 제5편 「치가治家」: 가정관리에 대한 부분이다. 가족구성원이 본분에 맞게 처신해야 하며 집안의 어른은 행동으로 아랫사람의 본보기가 되어야 한다고 하고 가정을 다스리는 데에는 엄격함과 너그러움이 조화를 이루어야 한다고 한다. 살림을 꾸릴 때는 기본적으로 검소하게 하되 그러나 인색해서는 안 된다고 한다. 부인이 집안일을 주관해서는 안 되며 음식 의복을 관장하는 것이 주요 일이라고 한다. 남의 책을 빌리면 소중하게 다루어야 한다 하고 집안에서 부적과 굿 같은 미신행위

---

16 『안씨가훈』「序致」, "追思平昔之指 銘肌鏤骨. 非徒古書之誡 經目過耳也. 故留此二十篇, 爲汝曹後車耳."

를 금지하라고 당부한다.

■ 제6편 「풍조風操」: 사대부로서 갖추어야할 규범인 풍도와 절조에 대한 내용이다. 효친孝親, 피휘避諱, 명명命名, 칭위稱謂 등에 대해 언급하고 있다. 또 남북을 유랑하며 보고 느낀 풍습의 차이도 기술하고 있어서 이편은 남북조시대의 풍습과 예의를 연구하는데 귀중한 자료이기도 하다.

■ 제7편 「모현慕賢」: 교우관계와 인재에 대한 내용이다. 어진사람을 흠모하여 따라 배우는 것이 중요하며 그 중에서도 무엇보다도 교우를 신중히 해야 한다고 일러준다. 역사상의 고사와 왕조의 흥망성쇠가 엇갈리던 가까운 시기의 예를 들어 혼란한 사회 속에서의 인재들의 역할을 연계시켜 설명하고 있다.

■ 제8편 「면학勉學」: 학문의 중요성을 논한 내용이다. 예로부터 현명한 군주들은 모두 학문에 힘썼는데 하물며 일반인의 경우에는 더 말할 나위가 없다고 하며 학문에 힘쓰는 것이 왜 중요한지를 먼저 역설한다. 가훈 전편을 통하여 고증·훈고를 다룬 서증書證을 제외하고는 가장 많은 부분을 할애하여 기술하고 있다. 육경의 중요성을 강조하며 공부하는 목적은 마음을 열고 눈을 밝혀서 백성에게 이롭게 하는데 있다고 한다. 아울러 학문의 기초가 되는 『소학』을 중시할 것과 서적을 교감하는 것이 어려운 일임을 일러준다.

■ 제9편 「문장文章」: 문장론으로 문장의 작성과 품평을 논하고 있다. 문장은 꼭 익혀야 하는 것이지만 문재文才는 천부적인 자질이 있어야 하는 것이라고 하면서 능력에 넘치는 문장을 지으려고 과욕을 부리지 말 것을 당부하며 그보다도 덕행을 갖추어야한다고 당부한다. 또 수식에 힘쓰던 당시의 자풍을 비판하고 문장을 지을 때 유의하여 피할 점을 일러주고 있다.

■ 제10편 「명실名實」: 명성과 실질의 관계를 논한 내용이다. 명성만을 추구하는 세태를 들어 명실상부·언행일치야 말로 사람의 덕성을 높일 수 있고 자손에게도 음덕을 남길 수 있다고 하며 실질숭상을 강조한다.

■ 제11편 「섭무涉務」: 실무능력의 중요함을 논한 내용이다. 학문에 힘써 교양을 쌓는 것도 중요하지만 그것에 그치지 않고 실제와 실질을 쌓아서 현실사회에 유용한 인물이 되어야 함을 강조한다. 당시 사대부의 무능한 허상과 양나라를 멸망으로 이끈 귀족사회의 병폐를 거론하면서 인재의 선발기준을 실무능력으로 삼아야 할 것과 역사의 격변기에서 실질능력이 있어야 살아남을 수 있음을 예화를 들어 일러주고 있다.

■ 제12편 「성사省事」: 표준을 세워 일을 잘 살펴 처리해야 한다는 일종의 처세철학을 논한 내용이다. 다양한 내용이 섞여 있어 다소 산만하기는 하나 조금씩 잘하기보다는 한 가지에 전념하여 정통할 것과 월권하거나 함부로 간쟁하거나 관직을 사냥질하지 말고 자신의 임무에 충실하여 화를 당하지 않도록 하라는 당부를 하고 있다. 난세를 당하여 이국을 전전하며 터득한 자신의 경험에서 나온 처신의 글이다.

■ 제13편 「지족知足」: 욕심을 줄여서 만족함을 알아야 한다고 당부하는 처신의 내용이다. 벼슬은 중간 이상이 되면 위태로우니 중간 정도로 할 것과 집의 크기·노비의 숫자도 일정 수준을 넘지 말 것과 혼사의 상대도 세력가는 피할 것 등 구체적인 훈계를 하고 있다. 역시 난세를 살면서 체득한 지혜의 내용이다.

■ 제14편 「계병誡兵」: 병사를 경계할 것을 당부하는 내용이다. 본래 안씨 가문은 유학을 가학으로 삼던 학자의 집안으로서 병사에 관여했던 선조들은 모두 화를 당하였음을 상기시키고 자신은 유자의 사업에 뜻을 두고 있으니 자손들도 이것을 잘 기억하라고 당부하고 있다.

■ 제15편 「양생養生」: 양생술에 대한 내용이다. 당시에 유행하던 불로

장생의 신선술을 따르기보다는 현실적인 수양의 양생법을 따르라고 권하며 탐욕을 버리고 자연에 순응할 것과 양생에 앞서 재난으로 목숨을 잃으면 아무 소용이 없으니 보신할 것을 권유한다. 그러면서도 생명은 아껴야 하는 것이지만 대의를 위해서는 구차하지 않아야 한다는 원론적인 당부도 덧붙이고 있다.

■ 제16편 「귀심歸心」: 불교에 대한 신앙을 피력하는 내용이다. 유자의 입장이면서 종교적으로는 불교를 옹호하는 입장이다. 유가의 오상과 불교의 오계를 비교하며 이 둘은 본래 일체인데 철리를 깨치는 방식이나 과정이 다를 뿐이라 하고 세간의 불교에 대한 비판에 대해 조목별로 해명하고 있다.

■ 제17편 「서증書證」: 문자·훈고·고증·교감에 대한 한편의 논문으로 풍조편과 더불어 학술적 가치가 매우 높은 내용이다. 2백여 종의 서적을 인용하여 『시경』 등의 경학서와 『사기』, 『한서』, 『설문해자』 등 여러 문헌과 문자의 오류를 바로잡고 정확한 음과 뜻을 밝히고 있다. 자손들이 공부하는데 있어 오류를 범하지 않도록 일러주는 의도로 저술했지만 오늘날까지 이 방면의 귀중한 자료가 되고 있다.

■ 제18편 「음사音辭」: 성운학 관련의 전문 내용으로 말과 발음에 있어 정확성을 기하라고 이르고 있다. 안지추는 중세의 대표적 운서인 『절운切韻』의 편찬에도 참여하였고 남북조를 편력하였기 때문에 남북의 음운과 각 지방의 방언을 잘 알고 있었고 이 방면의 식견이 매우 높았다. 중국음운학 발달사를 개관하고 잘못된 음운을 바로잡고 있다. 풍조·서증편과 더불어 학술적으로 귀중한 자료이다.

■ 제19편 「잡예雜藝」: 서예·회화·궁술·복서·산술·의약·음낙·박혁·투호 등 각종 예술과 잡기에 대한 내용이다. 이것들이 삶의 한 방편이기는 하지만 전문적으로 하거나 탐닉하지는 말 것을 당부한다. 이런 종

류에 능하면 권세가에 부름을 당하여 자존을 지키기 어렵다는 점도 덧붙이고 있다.

■ 제20편 「종제終制」: 유언이다. 죽음을 앞두고 일생을 회고하면서 전란으로 유랑하느라 타향에 묻혀있는 부모를 고향의 선산에 모시지 못하고 어머니의 장례도 제대로 치르지 못한 통한을 술회하며 자신의 장례와 제사도 극히 간소하게 할 것을 구체적인 방식으로 당부한다. 이런 일에 마음을 쓰기보다 집안 전래의 학문을 닦아 이름을 드높일 것을 책무로 삼아야 한다는 말로 마무리를 맺고 있다.

3. 『안씨가훈』과 유학적 특징

1) 유학과 가문의 정체성

『안씨가훈』 속에 들어 있는 유학적 특성을 다음과 같이 분류하여 살펴 볼 수 있다. 남북조 시기의 유학을 보면 송宋·제齊가 국학을 열기는 하였지만 아직 보급된 단계는 아니었고 양 무제 천감天監 4년(505)에 오관을 개설하고 국학을 세워 오경박사를 한 사람씩 두기는 하였으나 무제가 불교를 존숭함에 따라 유교는 침체되어 있었다.[17] 또 천하가 어지러워짐에 따라 시세를 쫓아 행동하는 사람들은 도의를 중하게 여기지 않는 추세였으며 광달한 선비들은 어지러운 시대를 목격하고는 노장에 기울어져서 청담의 학풍을 좋아하게 되었다. 고염무顧炎武(1613-1682)는 이러한 풍조에 대해 오호五胡의 난의 실마리가 여기서부터 시

---

17   楊東蓴, 『中國學術史講話』, 북경:東方出版社, 1996, p.164.

작되었다고까지 개탄하였다.[18]

이러한 시대 속에서 안지추는 유학을 존숭하였고 자손에게도 유학을 가업으로 삼아야 한다고 이르고 있다. 이는 자신뿐 아니라 낭야琅琊에서 강남으로 이주하여 강남 안씨의 시조가 되는 9대조 안함의 말이기도 하다며 이것이 선대로부터 내려오는 가문의 유업이라는 점을 밝힌다. "선조이신 정후靖侯께서 자식과 조카들에게 이르시기를, '너희 집안은 학문을 하는 선비의 가문이다'라고 하셨다."[19]고 하였다. 당시에 문사들 중에서는 전란이 이어지던 상황에서 조상 때부터 전하여 오던 유학공부를 버리고 병서를 익히고 무예를 익혀서 전쟁에 참여하는 이들이 많았다. 안지추는 가문의 내력을 들어 이러한 처사를 금하며 유학을 공부하여 선조들의 전통을 계승하라고 이른다.

> 안씨의 선조는 본래 추鄒와 노魯에서 살았으며 일부는 제齊로 들어가 살기도 하였다. 대대로 유학을 본업으로 삼은 사실은 여러 서적에 두루 기록되어 있다. 공자의 제자로 학문이 높은 경지에 이른 분이 일흔두 분인데, 그 중에서 우리 안씨 집안이 여덟 분이다. 진·한·위·진과 남제·양에 이르기까지 무인으로 출세한 사람은 없었다. … 나는 본래 기력이 허약한데다 선조들의 선례를 교훈으로 삼아서 마음을 모두 학업을 닦는데 두었다. 자손들도 이 점을 잘 기억해 두길 바란다.[20]

....

18 　柳詒徵, 『中國文化史』, 상해:東方出版中心, 1996, p.375 재인용.
19 　『안씨가훈』「知足」, "先祖靖侯, 戒子姪曰, 汝家書生門戶…"
20 　『안씨가훈』「誡兵」, "顏氏之先, 本乎鄒·魯, 或分入齊, 世以儒雅爲業, 遍在書記. 仲尼門徒, 升堂者七十有二, 顏氏居八人焉. 秦·漢·魏·晉, 下逮齊梁, 未有用兵以取達者…. 吾旣羸薄, 仰惟前代, 故寘心於此, 子孫誌之."

북제가 멸망하고 업성鄴城이 북주의 군사에게 점령된 뒤 안지추 일가족은 포로가 되어 관내로 이송되었고 그곳에서의 생활은 매우 곤궁하였다. 이때 안지추의 장남 안사로는 벼슬도 없고 모아놓은 재산도 없어 어려운 생활 속에서 부친의 독려로 경전과 사서를 읽고 있었는데 이렇게 공부를 하고 있을 게 아니라 노동을 해서라도 부모를 봉양해야겠다는 결심을 토로하였다. 이에 안지추는 다음과 같이 타이른다.

> 아버지를 봉양해야겠다고 생각하는 것은 자식으로서 당연한 마음가짐이지만 자식에게 학문을 가르쳐야겠다는 생각 또한 아버지로서 당연한 것이다. 가령 네가 학문을 버리고 돈버는 일에 전념해서 내가 풍족하게 입고 먹게 된다고 하여도 어찌 맛있게 먹고 따뜻하게 입을 수 있겠느냐? 네가 선왕의 도에 힘쓰고 우리 집안 대대로의 학문을 계승한다면 변변치 않은 음식과 옷이라도 내가 기꺼운 마음으로 먹고 입을 것이다.[21]

이러한 생각은 유언으로 남긴 마지막 당부에서도 확인된다.

> 나는 지금 고향을 떠나 객지에서 떠도는 뜬 구름 같은 몸이어서 어느 곳이 내가 묻힐 땅인지 알 수 없다. 그러니 내가 숨을 거두는 곳에다 묻어주면 된다. 너희들은 마땅히 집안 전래의 학문을 닦아 이름을 드높이는 것을 이상으로 삼아야지 썩어버린 부모의 무덤 따위에 연연하다가 몰락해서는 안 된다.[22]

---

21 『안씨가훈』「勉學」, "鄴平之後, 見徙入關. 思魯嘗謂吾曰, 朝無祿位, 家無積財, 當肆筋力, 以申供養. 每被課篤, 勤勞經史, 未知爲子, 可使安乎, 吾命之曰, 子當以養爲心, 父當以學爲敎. 使汝棄學徇財, 豐吾衣食, 食之安得甘, 衣之安得暖, 若務先王之道, 紹家世之, 藜羹縕褐, 我自欲之."
22 『안씨가훈』「終制」, "吾今羈旅, 身若浮雲, 竟未知何鄕是吾葬地, 唯當氣絶便埋之耳.

육신을 봉양하는 효보다 자신을 잘 갈무리하여 가문을 빛내는 것이 더 큰 효이고 이를 위하여서는 선대로부터의 이어오는 과업인 유학 공부를 잘 계승하는 것이 중요하다고 하고 이것은 자신의 당부일 뿐 아니라 조상들의 뜻이기도 하다는 점을 환기시켜 유학을 공부하는 것이 가문의 정체성을 지키는 것임을 부각하고 있다.

2) 학문의 독려

안지추는 유학을 공부하여 일정 신분을 유지하는 것에서 가문의 정체성을 찾고자 하였다. 그러므로 가훈 전반에 걸쳐 학문의 중요성을 크게 강조하고 있으며 특히 「면학勉學」편을 따로 설정하여 이 부분에 대하여 중점적으로 논하고 있다. 그는 공부는 생존과 자기발전에 꼭 필요한 것이라고 생각하고 예로부터 성왕들도 분투노력하여 공부를 하여야 했는데 하물며 보통사람의 경우에는 더 그러해야 하지 않겠느냐고 반문한다.

> 예로부터 명철하고 어진 제왕일지라도 학문에 힘써야 했는데, 하물며 보통사람들이야 더욱 그러해야 하지 않겠는가? 이에 대해서는 경전과 사서에 두루 쓰여 있으므로 나까지 되풀이할 필요는 없고, 근래의 중요한 사례를 몇 개만 들어서 너희들을 깨우쳐주려고 한다. 사대부의 자제는 대여섯 살이 넘으면 누구나 교육을 받아, 많이 배우는 경우는 『예기』와 『좌전』까지 배우고, 적게 배우는 경우라도 『시경』, 『논어』까지 배운다. 성년이 되면 몸과 마음이 틀이 잡히는데 하늘이 준 기회를 계기로 삼아서 교육과 지도를 한

汝曹宜以傳業揚名爲務, 不可顧戀朽壤, 以取堙沒也."

층 강화해야 한다. 원대한 포부를 가진 사람은 연마하고 노력하여 유자儒者의 사업을 이룰 수 있지만 이를 이행하지 못하는 사람은 태만해져서 평범한 사람이 되고 만다. 사람은 세상을 사는 동안 반드시 할 일을 가져야 한다.[23]

이처럼 학문에 힘쓰기를 강조한 데에는 시대적인 상황도 있었다. 그것은 그가 전란 속에서 여러 나라를 전전하면서 자각한 생존의 방법이기도 하였다. 공부가 생존의 방책이 된다는 점을 그는 다음과 같이 설명한다.

육경의 요지를 이해하고 제자백가의 저술을 두루 읽는다면 비록 덕행을 향상시키거나 풍속을 순화시킬 수는 없다고 해도 이것을 하나의 능력으로 삼아 자활의 밑천으로 삼을 수는 있다. 부형도 언제까지나 의지할 수 없으며 고향이나 조국도 자신을 늘 보호해 줄 수는 없다. 일단 떠도는 신세가 되면 자신을 비호하고 도와주는 사람도 없으니 자신의 생활은 스스로 해결하는 수밖에 없다. 속담에 "쌓아놓은 천만금의 재산이 몸에 익힌 변변치 않은 재능만 못하다"는 말이 있다. 그런데 익히기 쉬우면서 귀중한 재능으로는 공부하는 것보다 나은 것이 없다.[24]

---

23 『안씨가훈』「勉學」, "自古明王聖帝, 猶須勤學, 況凡庶乎! 此事遍於經史, 吾亦不能鄭重, 聊舉近世切要, 以啓寤汝耳. 士大夫子弟, 數歲已上, 莫不被教, 多者或至禮·傳, 少者不失詩·論. 及至冠婚, 體性稍定: 因此天機, 倍須訓誘. 有志尙者, 遂能磨礪, 以就素業: 無履立者, 自茲墮慢, 便爲凡人. 人生在世, 會當有業."

24 『안씨가훈』「勉學」, "夫明六經之指, 涉百家之書, 縱不能增益德行, 敦厲風俗, 猶爲一藝, 得以自資. 父兄不可常依, 鄉國不可常保, 一旦流離, 無人庇廕, 當自求諸身耳. 諺曰:「積財千萬, 不如薄伎在身.」伎之易習而可貴者, 無過讀書也."

공부를 하는 목적은 궁극적으로 덕행을 닦고 풍속을 교화하는 것이지만 전란으로 모든 것을 잃고 타향을 전전하게 되는 경우에는 이것이 든든한 기술이나 재능의 역할을 하여 생활을 영위하고 자신을 지켜주는 수단이 되기도 한다는 것이다. 이러한 생각은 현실경험에서 나온 것이었다. 안지추는 학문적 소양을 닦지 않은 무능한 귀족의 자제들이 가문의 후광으로 안락한 생활을 하다가 대란이 일어나자 조정이 바뀌고 권력가가 바뀌면서 하루아침에 전락하는 신세가 되고, 전란 중에서 이리저리 떠돌다가 골짜기나 도랑가에 시체로 나뒹굴거나 농사짓고 말 기르는 일밖에 할 수 없는 비참한 모습들을 눈으로 직접 본 예가 적지 않았다. 그러므로 이러한 상황들을 예로 들어 자제들에게 본연의 목적 이외에도 생존을 위해서도 왜 공부를 해야 하는지를 절실하게 일러준 것이다. 그뿐 아니라 그는 학문의 궁극적 목적에 대해서는 다음과 같이 이르고 있다.

학문이란 유익함을 구하는 것이다.[25]

독서하고 학문하는 까닭은 본래 마음을 열고 사물을 보는 눈을 밝게 하여 행위를 이롭게 하려는 데에 있을 뿐이다.[26]

여기서 말하는 유익함·이로움이란 공부를 통하여 자신을 도야한 것이 그대로 실제 생활에 연계된다는 의미이다. 안지추는 학문을 통하여 아는 것을 실행하면 이루지 못하는 일이 없다고 하고 원래 독서하고

---

25 『안씨가훈』「勉學」, "夫學者 所以求益耳."
26 『안씨가훈』「勉學」, "夫所以讀書學問, 本欲開心明目, 利於行耳."

학문하는 목적은 이처럼 마음을 열고 사물을 보는 눈을 밝게 하여 실천함으로써 자신을 가다듬고 세상을 이롭게 하는데 있다고 한다. 혹 이상적인 상태에 도달하지는 못하더라도 적어도 지나친 잘못은 범하지 않게 해준다는 것이다. 같은 맥락에서 그는 당시 사람들의 공부하는 목적이 잘못되었음을 지적한다.

> 옛날 학자들은 자신을 위해 학문하였다. 학문을 통하여 자신의 부족한 점을 보충한 것이다. 지금의 학자들은 남을 위해 학문을 한다. 다만 말을 잘 할 뿐이다. 옛날 학자들이 남을 위해 공부한다고 하는 것은 바른 도리를 실천하여 세상 사람을 이롭게 한다는 것이다. 지금의 학자들이 나를 위하여 학문한다는 것은 수신하여 출세하겠다는 것이다. 학문이란 마치 나무를 심는 것과 같다. 봄에는 그 꽃을 구경하고 가을에는 그 열매를 거둔다. 강론하거나 문장을 짓는 것은 봄의 꽃과 같고 인격을 연마하여 행실을 바르게 하는 것은 가을의 열매와 같다.[27]

옛날의 공부하는 사람들은 자기충실을 기하기 위하여 부족한 부분을 채웠는데 지금 사람들은 다른 사람에게 보이기 위해 부풀리고, 옛날의 공부하는 사람들은 다른 사람들을 이롭게 하기 위해 주장을 내고 실천하여 사회에 이바지하였는데 지금 사람들의 공부하는 목적은 자신을 위한 것으로 수신·양성養性이 모두 관직을 얻기 위해서 하는 것이 되어 학문의 목적이 왜곡되었다는 것이다. 인격을 연마하여 행실

---

27 『안씨가훈』「勉學」, "古之學者爲己, 以補不足也; 今之學者爲人, 但能說之也. 古之學者爲人, 行道以利世也; 今之學者爲己, 脩身以求進也. 夫學者猶種樹也, 春玩其華, 秋登其實; 講論文章, 春華也, 脩身利行, 秋實也."

을 바르게 하고 세상을 이롭게 하는 데에 뜻을 세워 공부할 것을 당부하는 대목으로 유가의 이용후생利用厚生의 정신이 녹아 있다 하겠다. 무엇을 어떻게 공부해야 할 것인가 하는 점을 논하면서 그는 우선 당시 학문경향에 대해 반성한다.

> 학문의 성쇠는 시대에 따라 변했다. 한대의 우수한 인재들은 모두 하나의 경전만을 연구하여 성인의 도를 세상에 널리 알리고, 위로는 자연의 이치를 밝히고 아래로는 인간사를 연구하여 이로써 재상이나 대신이 된 사람이 많았다. 풍속이 타락한 이래로는 그러한 학문 방식이 다시는 행해지지 않았다. 헛되이 경전의 문장이나 문구에 얽매이고, 스승이 가르쳐준 대로 암송할 뿐이어서 그것을 세상의 실무에 응용하려 해도 쓸모 있는 것이 거의 없었다. 그러므로 사대부의 자제들은 모두 여러 문헌을 섭렵하는 것을 중시하고, 유학을 전심으로 하려고 하지 않는다.[28]

> 성인의 저술은 사람을 가르치는 것이므로 경전의 문장을 잘 익히고 주석을 이해하여 자신의 언행과 행동거지에 도움이 되게 하면 충분히 입신 줄세할 수 있다. 어찌하여 '중니거仲尼居' 세 글자를 두 장이나 되는 주석으로 해석을 해야 하는가? '거居'가 기거하던 곳이건 강의하던 곳이건 지금 어디에 있는가? 이런 말할 것도 없는 논쟁에서 네가 이기든 내가 이기든 무슨 이득이 있겠는가? 시간은 아까운 것, 흘러가는 물과 같다. 효율적으로 유용한 요점을 널리 공부하여 공업을 이루어야 한다. 만약 넓게 하고 전문적

---

28 『안씨가훈』「勉學」, "學之興廢, 隨世輕重. 漢時賢俊, 皆以一經弘聖人之道, 上明天時, 下該人事, 用此致卿相者多矣. 末俗已來不復爾, 空守章句, 但誦師言, 施之世務, 殆無一可. 故士大夫子弟, 皆以博涉爲貴, 不肯專儒."

으로 하는 두 가지를 유기적으로 잘 해낼 수 있다면 더 말할 것이 없다.[29]

여기서 그는 당시의 학풍이 주석공부에 치우쳐 공부가 실생활에 도움이 되지 않는 점을 지적하고 그런 공부보다는 언행·인격·실무에 도움이 되는 공부를 할 것을 권고한다. 사대부 자제들의 박람博覽하는 학문 풍토에 대하여 안지추는 박람하는 것과 전심으로 하는 것을 다 겸할 수 있으면 좋겠지만 현실적으로 한정된 시간아래에서는 전심의 공부방법이 효율적이라고 권하며 학문이 실생활에 쓰일 수 있어야 한다고 하여 학문의 실용성과 효율성을 강조한다. 또 유행하던 노·장의 학풍에 대하여도 비판적인 입장을 보인다.

노자와 장자의 책에는 대체로 정기를 보전하고 천성을 기르며, 외물에 의해 자신이 손상되지 않게 하려는 뜻이 기술되어 있다. 그래서 노자는 이름을 감추고 주하사가 되었다가 끝내는 사막으로 들어갔으며, (장자는) 자취를 감추어 칠원의 관리인이 되었다가 초나라의 재상이 되어달라는 요청도 끝내 사양하였으니 이들은 무책임하고 방종한 무리에 지나지 않는다. 하안과 왕필이 노장사상을 본받아 그 뜻을 서술하자 서로 잇달아 과장되게 숭상하고 추종하여 모두 신농씨와 황제의 교화를 스스로 체득했다고 하면서 주공과 공자의 업적을 도외시하였다.[30]

---

29 『안씨가훈』「勉學」, "夫聖人之書, 所以設敎, 但明練經文, 粗通注義, 常使言行有得, 亦足 爲人: 何必「仲尼居」卽須兩紙疏義, 燕寢講堂, 亦復何在? 以此得勝, 寧有益乎? 光陰可惜, 譬諸逝水. 當博覽機要, 以濟功業: 必能兼美, 吾無閒焉."
30 『안씨가훈』「勉學」, "老·莊之書, 蓋全眞養性, 不肯以物累己也. 故藏名柱史, 終蹈流沙: 匿跡漆園, 卒辭楚相, 此任縱之徒耳. 何晏·王弼, 祖述玄宗, 遞相誇尙, 景附草靡, 皆以農·黃之化, 在乎己身, 周·孔之業, 棄之度外."

안지추는 자신이 젊어서는 노장을 공부한 적이 있었지만 좋아하는 것이 못되었다고 하며 무책임하고 방종하다고까지 폄하하고 있다. 현실과 실용을 중시하고 유학을 학문의 근간으로 삼는 그에게 노장은 개인주의적이고 허황한 반사회적인 학문으로 인식되었던 것이다.

3) 교육과 인재관

안지추는 자녀의 교육은 일찍 시작해야 한다고 한다. "어려서 길러진 것은 천성과 같고 습관은 자연과 같다"는 공자의 말과 "며느리는 갓 시집왔을 때부터 가르쳐야 하고 아이는 어릴 때부터 가르쳐야한다"는 속담을 들면서 이상적인 조기 교육은 태교부터 시작하는 것이지만 현실적으로 평범한 신분에서는 적어도 아이가 다른 사람의 안색을 살필 줄 알게 되면서부터 시작하는 것이 좋다고 말한다. 어린아이가 표정을 살필 줄 알고 남이 기뻐하고 화내는 것을 알 정도가 되면 가르침을 시작하여, 할 것은 하고 말아야 할 것은 하지 못하도록 해야 한다. 대여섯 살이 되면 매를 드는 것도 고려해야 한다.[31]

여기서 말하는 교육이란 옳고 그르고 잘하고 못하는 가치판단의 기준을 가르치는 인성교육을 말한다. 어릴 때는 용납하던 일을 크고 나서 가르치려고 들면 이미 습관이 굳어져서 때를 놓치고 아이의 반항만 사게 된다는 것이다. 당시 사회 풍조가 아이를 귀여워할 줄만 알고 나무라고 매를 대는 것을 꺼리다가 가르치는 때를 놓치는 경우가 많았다. 그러므로 안지추는 갓난아이 때부터 이 부분에 대해 단호하게 가

---

31 『안씨가훈』「敎子」, "當及嬰稚, 識人顏色, 知人喜怒, 便加教誨, 使爲則爲, 使止則止, 比及數歲, 可省笞罰."

르쳐야 한다고 한다. 또 자신의 경험을 예로 들어 지식교육도 조기교육을 하는 것이 효율적이라고 권한다.

> 사람은 어려서는 정신이 잘 집중되고 영리하나 성장한 후에는 생각이 산만해지기 때문에 반드시 일찍 공부를 하여서 때를 놓치지 않아야 한다. 나는 일곱 살 때 영광전부靈光殿賦를 암송하였는데 지금껏 10년에 한 번 복습하여도 잊지 않고 있다. 그런데 20세가 넘어서 암송한 경전은 한 달만 덮어두어도 곧 잊어버린다.[32]

이처럼 조기교육이 효율적이기는 하지만 혹 곤궁하거나 사정이 여의치 못하여 공부할 시기를 놓친 경우에는 늦었더라도 자포자기하지 말고 그때부터라도 노력해야 한다며 만학해서도 훌륭하게 된 예를 들고 있다. 증자曾子는 일흔 살에 천하에 이름을 떨쳤고 순경荀卿은 쉰 살에 비로소 유학했지만 대학자가 되었으며 공손홍公孫弘은 사십여 세에 비로소 『춘추』를 읽었는데 그 덕택에 승상이 되었다. 서한의 주운朱雲 역시 마흔 살에 처음으로 『주역』과 『논어』를 공부했고, 동한의 황보밀皇甫謐은 스무 살에 처음으로 『효경』과 『논어』를 배웠는데 모두 대학자가 되었다. 이들은 모두 어려서는 미혹했으나 늦게 깨우친 경우이다.[33]

어려서 공부하는 것은 일출 때의 햇빛과 같고 늙어서 공부하는 것은 등불을 들고 밤길을 가는 것과 같이 효과의 차이가 현저하지만 그

....

32 『안씨가훈』「勉學」, "人生小幼精神專利長成以後思慮散逸固須早敎勿失機也吾七歲時誦靈光殿賦至於今日十年一理猶不遺忘二十之外所誦經書一月廢置便至荒蕪矣."
33 『안씨가훈』「勉學」, "曾子七十乃學名聞天下荀卿五十始來遊學猶爲碩學公孫弘四十餘方讀春秋以此遂登丞相朱雲亦四十始學易論語皇甫謐二十始受孝經論語皆終成大儒此並早迷而晚寤也."

래도 눈을 감고 암중모색하는 것보다는 낫다고 하며 포기하지 말고 부단히 자기 계발을 해나가라고 한다. 이처럼 가훈전반에서 원론적이거나 추상적인 이론을 제시하는 것이 아니라 생활에서 목도하거나 자신의 경험에서 얻은 지혜로 설득력 있게 자손을 깨우치고 있다.

안지추는 학문을 논하면서 그것이 공리공론에 그쳐서는 안 되고 국리國利와 민복民福에 기여하여야 한다고 역설한다. 이 같은 맥락에서 그는 자손에게 실무능력을 갖춘 인재가 되기를 강조한다. 그는 국가가 필요로 하는 유용한 인재를 다음과 같이 여섯 부류로 나누고 있다. 첫째는 조정의 관료로, 정치의 요체를 잘 알고 정책에 식견이 넓은 인재이다. 둘째는 문사文史 계통의 관료로, 나라의 규범을 저술하고 역사적 경험과 교훈을 잊지 않는 인재이다. 셋째는 군사관료로, 결단력 있고 책략에 능하며 신체 강건하고 군무에 숙련된 인재이다. 넷째는 지방관료로, 백성의 생활을 잘 이해하고 청렴하며 백성을 아끼는 인재이다. 다섯째는 외교사절로, 정세의 변화를 인식해서 그 형편에 알맞게 일을 처리하여 군주의 명을 욕되지 않게 하는 인재이다. 여섯째는 토목 건축 관료로, 공사의 효율성을 따져보고 비용을 절감하며 지모를 갖춘 인재이다.[34]

이상과 같은 인재선발의 기준은 하나씩 나누어서 보면 열심히 공부하고 몸가짐을 바르게 갖는 사람이라면 갖출 수 있는 능력이다. 사람마다 자질과 능력이 다르고 차이가 있기 때문에 이 모든 능력을 한 사람에게서 구하는 것은 현실적으로 어려운 일이다. 그러므로 각각의 분야

---

34 『안씨가훈』「涉務」, "國之用材, 大較不過六事:一則朝廷之臣, 取其鑒達治體, 經綸博雅;二則文史之臣, 取其著述憲章, 不忘前古;三則軍旅之臣, 取其斷決有謀, 强幹習事;四則藩屛之臣, 取其明練風俗, 淸白愛民;五則使命之臣, 取其識變從宜, 不辱君命;六則興造之臣, 取其程功節費, 開略有術."

를 나누어서 맡은 범위 내에서 자신의 책임을 다할 수 있는 인재를 뽑아서 국가를 경영하는 것이 효율적이고 실현성이 있다는 것이 그의 생각이다. 그의 이러한 인재관은 실무에 있어서 능력을 중시했다는 점에서 전인적인 인격을 요구하는 전통 유가의 인재관이나 가문을 중시하던 당시의 일반 사조와 크게 다른 부분이다.

4) 가정윤리

가정윤리는 가족과 가정 관리의 두 면으로 나누어 볼 수 있다. 남북조 시기는 왕조 교체가 빈번하고 전란이 끊이지 않던 시대 상황으로 인하여 가족의식이 강화된 시기였다. 전통적인 개념에서 가족은 하나의 사회조직에 다름 아니어서 전통사회의 행위규범과 가치관은 모두 가정윤리에 바탕을 두고 있다. 이런 점에서 가정윤리의 정립이 요구되는 것이다. 안지추는 "사람이 있고 난 후에 부부가 있고, 부부가 있고 난 후에 부자가 있고 부자가 있고 난 후에 형제가 있으니 한 집안의 육친肉親은 이 셋 뿐이다. 이로부터 구족에 이르기까지 모두 이 삼친을 근본으로 한다. 그러므로 인륜에서 제일 중요하다."[35]라고 하며 부부·부자·형제의 삼친의 관계 정립이 가족관계의 핵심이며 인륜의 중요처라고 보았다. 그러므로 가훈 전편을 통하여서도 따로 「교자」·「형제」·「후취」편을 두어 부자관계, 형제관계, 부부관계를 다루고 있다.

안지추는 가정이 잘 다스려지려면 가족구성원이 가정 내에서 자기 역할에 상응하는 의무를 잘 실천하여야한다고 한다. 그리고 이것은 존

---

35 『안씨가훈』「兄弟」, "夫有人民而後有夫婦, 有夫婦而後有父子, 有父子而後有兄弟 : 一家之親, 此三而已矣. 自茲以往, 至於九族, 皆本於三親焉, 故於人倫爲重者也."

장자부터 본보기를 보여야 한다고 한다. 덕으로 교화하는 일은 윗사람으로부터 아랫사람에게로 행해지며 먼저 태어난 사람으로부터 나중에 태어난 사람에게로 베풀어지는 것이다. 그러므로 아버지가 인자하지 않으면 자식이 효성스럽지 않고 형이 우애롭지 않으면 동생이 공손하지 않으며 남편이 떳떳하지 않으면 아내가 순종하지 않는다.[36] 존장자가 본보기를 보이는데도 불구하고 패역하는 경우에는 형벌로 다스려야 한다고 하여 가정을 다스리는 데는 훈도와 형벌 두 방법이 다 필요하다는 입장이다. 부자 괸계는 존엄하므로 스스럼없이 친하여도 안 되고, 또 골육간에 애정이 있어야 하므로 소원해서도 안 된다고 하여 여기서도 적절히 운용의 묘를 살려야 한다고 한다.

안지추는 가족관계에서 특히 형제관계가 중요하다고 보았다. 그는 형제에 대한 정의를 부모의 육신을 나누고 기운을 이어받은 사람들이며 어렸을 때는 부모가 좌우에서 이끌어주고 앞뒤에서 보호해 주며 한 상에서 밥을 먹고 옷은 물려 입으며 같은 책을 물려받아 공부하고 한 곳에서 놀기 때문에 서로 사랑하지 않을 수 없다고 한다.[37] 이렇게 밀접했던 형제관계가 일반적으로 성인이 되어 가정을 이루면서부터 소원해지기 시작하는데 안지추는 그 원인을 배우자인 동서관계의 영향이라고 보았다. 동서 간에 불화하면 형제가 화목하지 못하고 그 자식들도 서로 사랑하지 않게 되고 형제의 자식들이 서로 사랑하지 않으면 동족의 자식들도 서로 소원해지고 그렇게 되면 하인들끼리도 원수처럼 적대하게 되며 이렇게 되면 남이 능멸하여도 구해줄 사람이 없는 지경에 이르게

---

36 『안씨가훈』「治家」, "夫風化者, 自上而行於下者也, 自先而施於後者也. 是以父不慈則子不孝, 兄不友則弟不恭, 夫不義則婦不順矣."
37 『안씨가훈』「兄弟」, "兄弟者, 分形連氣之人也, 方其幼也, 父母左提右挈, 前襟後裾, 食則同案, 衣則傳服, 學則連業, 游則共方, 雖有悖亂之人, 不能不相愛也."

되어 가족관계가 와해되어 버린다는 것이다. 이런 상황이 되지 않기 위해서는 아내에 의해 틈이 생길 여지가 없도록 형제간에 우애가 깊고 지극하여야 하고 혹 동서 간에 분쟁이 있는 경우에는 차라리 서로 멀리 떨어져 살면서 형제가 서로 그리워하는 편이 낫다고 조언한다. 안지추는 또 재혼에 대해서 신중해야 한다며 반대하는 입장인데 현실의 여러 가지 예를 보더라도 부자관계를 훼손하여 가정의 결속과 화목을 깨뜨린다고 생각했기 때문이다. 가족윤리에서는 불화를 유발시킬 수 있는 인소를 최대한 방지하여 집안의 법도를 오래도록 지키고자 하는 바람을 볼 수 있다. 특이 한 점을 들자면 가족의 결속과 윤리에 대하여는 언급하고 있지만 일가친척을 비롯한 종족의 유대관계에 대하여는 언급이 없다. 그러므로 『안씨가훈』에서의 가정윤리란 단일가족 내에서의 윤리를 말한다. 이것은 안지추가 가훈을 집필한 시대 배경이 평화롭고 안정적인 시대에 일가친척이 공동체를 이루고 생활하던 시기가 아니라 잦은 변란과 왕조 교체로 친척이 뿔뿔이 흩어졌던 비상의 시대였음을 보여주는 것이고, 따라서 안지추가 가훈 속에서 굳이 언급할 실질적인 필요가 없는 부분이었던 것이다.

집안을 다스리는데 있어서는 엄준함과 너그러움의 두 면을 적절히 운용하여야 한다고 하고 검소하되 인색해서는 안 된다고 이른다. 가정경제의 운용에서 전매산업인 소금을 제외한 모든 것을 가정 내에서 해결할 수 있도록 하는 자급자족의 경제활동을 장려하고 있는데 이것은 이후 역대 가훈에서도 매우 강조하였고 자손에게 실천을 독려하는 부분이다. 자급자족의 생활지침은 경제적 효용 이외에도 자손으로 하여금 온가족이 생산에 참여하여 근면하고 성실한 생활습관을 몸에 익히도록 하는 효과도 기할 수 있기 때문에 중시하였던 것으로 생각된다. 한편 지나친 부의 축적이나 출세를 경계하면서 경제 규모와 입신 출세에 있어 자손이 지킬 기준을 구체적으로 제시하고 있다.

> 가족이 20명이라면 노비는 20명을 넘어서는 안 되며, 좋은 농토 10경, 가옥은 비바람을 가릴 정도, 수레와 말은 지팡이를 대신할 정도의 것을 소유하고, 현금은 수만 전을 비축하여 길흉사와 급한 경우를 대비하면 된다고 생각한다. 이 이상이 되면 의롭게 베풀고, 이에 미치지 않아도 정당하지 않은 방법으로 추구하지 말라.[38]

이외에도 대대로 안씨 가문은 학문하는 집안으로 재산도 많지 않았고 벼슬도 높지 않았으므로 그 가풍을 이어 앞으로도 관직이 고위직까지 오를 수 있다해도 중간 정도를 넘지 않도록 하고 그 이상이 되면 사직하라고 권고한다. 그리하여 재산의 규모도 2,000석을 넘지 않도록 하고 혼인도 세력가를 탐하지 말라고 이른다. 이러한 정도의 규모면 조상 대대로 내려오는 가업에 부끄럽지 않은 명예를 지킬 수 있고 혼란한 사회에서도 화를 피할 수 있다고 생각하였기 때문이다. 이것은 "욕심은 멋대로 해서는 안 되며, 뜻은 가득 채워서는 안 된다."[39]는 유가사상의 경향도 있고 혼란한 시대를 살면서 터득한 인생의 지혜이기도 하여 자손이 출세하고 영달하기를 추구하기보다 화를 피하고 가문을 지속적으로 이어가고자 하는 소극적 염원이 녹아있는 것이라고 하겠다.

---

38 『안씨가훈』「知足」, "常以二十口家, 奴婢盛多, 不可出二十人, 良田十頃, 堂室纔蔽風雨, 車馬僅代杖策, 蓄財數萬, 以擬吉凶急速, 不嘗此者, 以義散之: 不至此者, 勿非道求之."
39 『예기』「曲禮上」, "欲不可縱, 志不可滿."

앞에서 살펴본 바와 같이 안지추가 살았던 남북조시대는 중국 역사상 왕조의 교체가 가장 빈번하였던 시기로서 그는 난세에 태어나 일생을 전전하다가 타향에서 생을 마쳤다. 『안씨가훈』은 저자가 자신의 기구했던 인생행로에서 사족 통치 집단의 부패·난세에서 관학인 유학의 쇠락·귀족자제의 비참한 말로를 눈으로 직접 보고서 지식기능을 익히고 덕성을 기르는 것이 중요하다는 것을 깨닫고 자손교육을 위하여 남긴 훈계의 글이다.⁴⁰ 그러므로 이 글에는 유학의 가풍을 진작시켜 선조의 뜻을 잇고자 하는 생각과 난세를 당하여서도 목숨을 보전하고 생을 영위하여 가문을 이어가도록 자손을 지키고자 하는 내용이 담겨 있다. 안지추는 일생동안 세 번의 포로생활을 하고 남북조를 합하여 소양·북제 북주·수 등 네 왕조에서 관직을 역임하였다. 이는 정통 유가의 사생취의捨生取義의 잣대로 보면 하지 않아야 할 처신인 데다가, 그의 가계는 조부 안견원顔見遠이 양무제가 제를 차지하자 그 불의에 대하여 단식으로 자진했던 지조 있는 집안이었다. 여기서 안지추가 정통 유가를 표방하면서도 현실적인 효용과 실제적인 가치를 추구하였음을 다시 확인할 수 있다. 가훈 속에 유가에서 절개의 대명사로 일컬어지는 백이伯夷 숙제叔齊에 대한 다음과 같은 글이 있다.

> 두 왕조를 섬기지 않는다는 것이 백이와 숙제의 절개였다. '누구를 섬기면 군주가 아니겠느냐'는 것이 이윤伊尹과 기자箕子의 의리였다. 춘추시대 이래로 경·대부도 다른 나라로 망명하여 달아나기도 하고, 나라도 늘 병탄되어 없어지기도 하였다. 군주와 신하의 관계에서 본래 영원한 관계란 없다.⁴¹

....

40   徐少錦·陳延斌,『中國家訓史』, 西安: 陝西人民出版社, 2003, p.269.
41   『안씨가훈』「文章」, "不屈二姓, 夷·齊之節也: 何事非君, 伊·箕之義也. 自春秋已

걸주桀紂 같은 포악한 군주라면 모를까 군주와 신하 사이에 영원한 관계가 성립되지 않는다는 이런 생각은 그가 사상의 기반을 유가의 가르침에 두고 있지만 군신간의 관계설정을 전향적으로 이해하고 수용하고 있음을 보여준다.

이 같은 생각은 남북조라는 격동기를 거치면서 만연해진 가족주의와 개인주의의 영향 때문이라고 볼 수도 있고, 군주를 섬기는 것이 아니라 백성을 섬기는 것으로 이해했다고 볼 수도 있다. 다만, 여기서 우리는 이 글이 가훈이라는 점에 주목하여야 할 것이다. 가훈은 타인에게 윤리도덕을 가르치는 수신서가 아니라 자손에게 세상을 살아가는 지혜와 능력, 가문의 일원으로서 갖추어야할 자질을 일러주는 가르침이다. 그러므로 성현의 도덕과 세속적 공리를 유기적으로 잘 결합하여 구체적으로 제시하고 있는 이러한 점이 시대를 뛰어넘어 오늘날까지 이어지는 『안씨가훈』의 생명력이라고 할 수 있는 것이다.

....
來, 家有奔亡, 國有呑滅, 君臣固無常分矣."

제2장

사마광의 『가범』
家範

1. 사마광의 예 의식과 『가범』

　　사마광은 저명한 역사가이자 정치가였을 뿐 아니라 저명한 예학가이기도 하였는데 우리에게는 『자치통감』을 편찬한 인물로 익히 알려져 있다. 그는 『통감』을 저술하여 역사의 거울로 삼고자 하였다. 『자치통감』의 기술은 춘추春秋와 전국戰國의 분기인 한韓·위魏·조趙 삼가三家가 진晉나라를 삼분함으로써 예가 무너지는 사건에서부터 시작되고 있는데 이 점은 상징적으로 시사하는 바가 있다.[42] 여기서 사마광은 명분의 중요함을 강조하면서 예를 자신의 역사이론의 핵심으로 삼아서 예를 기준으로 하여 역사적 사실을 논하고 역사상의 인물을 평가하는 등 예는 그의 사학사상의 기초라고 하여도 과언이 아니다. 또 정치활동에 있어서도 예는 기초가 되었다.[43] 그의 가훈을 보더라도 예는 가정윤리의 근간이 되고 있다.

42　『자치통감』 "天子之職, 莫大于禮, 禮莫大于分, 分莫大于名, 何謂禮, 紀綱是也, 何謂分, 君臣是也, 何謂名, 卿大夫是也 … 天子之職, 莫大于禮, 夫禮, 辨貴賤, 序親疎, 裁群物, 制庶事."

43　楊建宏,「略論司馬光的禮學思想與實踐」,『長沙大學學報』19卷 1期, 2005. pp.1-53.

송대는 가훈이 보다 완비되고 널리 저술되었으며 비로소 대중에게 유통되기 시작한 시기이다. 그러므로 이 시대의 명망가라면 거의 가훈을 남기고 있다. 그중에서도 특히 사마광의 가훈은 유학이념의 윤리도덕을 중심으로 하는 가정교육을 체계화하고 구체화하여 송대 뿐 아니라 후대에 끼친 영향이 대단히 크다. 이런 점에서 그의 가훈은 송대 가훈의 전범이라고 할 수 있다. 또 가훈이 본래 예학의 영역이기도 하거니와 사마광에게 있어서 예학이 차지하는 비중이 큰 만큼 그의 가훈 속에는 예학적 특성이 많이 들어 있다. 본 장에서는 이러한 점에서 『가범家範』을 중심으로 사마광 가훈의 성격을 고찰하여 그 예학적 특징을 살펴보고자 한다.

송대는 중국 고대 가훈이 최고로 발달한 시기이다.[44] 여기에는 몇 가지 시대적인 배경이 있다. 가훈은 본래 그 연원을 고찰하면 고대 제왕가훈에서 시작되었다. 군주의 덕행과 수양은 나라의 흥망과 직결되므로 서주 초기에 주공과 소공은 훈계의 가르침으로 황자皇子 교육을 실시하였는데 그 내용은 『상서』여러 편에 실려 있다. 진한 시기를 거쳐 위진남북조 시기에 와서는 혼란한 사회정치 상황 아래에서 지식인들이 자신들의 명철보신明哲保身에 힘을 쏟는 한편 자손의 안신입명安身立命과 건공입업建功立業에 관심을 가지며 가훈제작에 관심을 가지기 시작하였다. 이 시기에 나온 『안씨가훈』은 내용이 상세하고 체계적이며 본격적인 선비 가훈의 시작이라고 일컬어진다.[45]

---

44 專書로 司馬光의 『家範』・『涑水家範』, 呂本中의 『童蒙訓官箴』, 劉淸之의 『戒子通錄』, 袁采의 『袁氏世範』, 呂祖謙의 『少儀外傳』, 趙鼎의 『家訓筆錄』, 朱熹의 『家禮』・『鄕約』, 呂大中의 『呂氏鄕約』, 鄭道玉의 『琴堂諭俗』編, 陸游의 『放翁家訓』, 陸九韶의 『梭山居家正本』, 葉夢德의 『石林家訓』・『石林治生家訓要略』, 倪思의 『經鉏堂雜誌』 등이 있고 이 밖에 筆記 文集 遺書 속의 가훈도 매우 많다.
45 노인숙, 「顔氏家訓의 유학적 특징」, 『동양철학연구』제60집, (동양철학연구회, 2009)

당왕조를 거쳐 송대에는 많은 변화가 생겨났다. 이러한 변화들은 가훈의 발달에도 영향을 주었다. 당왕조의 귀족 문벌사회가 끝나고 송대에 들어서는 사대부정신과 가치가 서민에게까지 확산되었으며 가족과 사회의 응집력이 강화되어 여러 세대가 동거하는 대가족가정이 늘어나게 되었다. 이러한 대가정을 원만하게 유지하기 위하여서는 나름의 가범과 규약이 필요하게 되었다.[46] 이 시기는 문벌이 번성했던 위진시대와 수당시기를 거치면서 사대부 가훈의 효시라고 할 수 있는『안씨가훈』이 이미 널리 보급되어 있었기 때문에 필요에 의해 가훈을 보다 손쉽게 만들 수 있었던 사회적 분위기와 여건이 조성되어 있었다. 또 종이와 활자 인쇄술이 발명되어 도서출판의 부담이 경감되고 서적의 유통이 활발하였던 것도 가훈의 제작을 용이하게 하는 요인이 되었다. 가훈을 새로 만들고자 하는 경우 이미 보급되어 있는 기존의 가훈을 다양하게 참고하여 보다 완비된 가훈을 만들 수 있었다. 또한 송대의 사회현실이 가정교육에 힘쓰는 분위기였던 것도 가훈 발달의 요인이 되었다. 즉 기존의 신분사회에 근본적인 변화가 오면서 신분상승을 위한 새로운 틀이 요구되었다. 사회 한편에서는 수공업의 발달이 상품경제의 발달로 이어지면서 신흥 부호가 생겨나는 반면, 지주계층은 농민전쟁으로 인해 타격을 입고 기존의 관료계층은 오대십국五代十國의 장기적인 전쟁으로 인해 기득권을 잃었고 또 새롭게 부상한 신흥 관료들은 정치적으로 세습의 특권이 없어서 이들의 경제상황이나 신분지위는 모두 가변적이었다.[47]

....
참조.
46   陳延斌·徐少錦,『中國家訓史』, 陝西人民出版社 2003, p.380.
47   王有英,「中國傳統家訓中的教化意蘊」,『湖南師範大學教育科學學報』3卷 4期, 2004. p.99.

송대는 인재등용의 주된 방법이 과거제에 의한 것이었는데 이러한 시대분위기에서 부모들은 가문의 명성과 경제적인 안정을 도모하고자 가정교육을 통해서 자손을 독려하였고 이러한 방법의 일환으로 가훈을 제작하여 후세교육의 지침을 제시하였다.[48] 또 이 시기의 가훈의 발달은 유학의 발달과도 연관이 깊다. 성리학이 발달하면서 유가의 수신, 제가, 치국, 평천하의 이상을 현실에 실현하는 방법으로 가훈의 역할이 중요한 비중을 차지하였던 것이다.

사마광은 전통 유가의 사대부 가정에서 태어났으며 그의 부친 사마지司馬池는 당대의 명신이었다. 예학사상은 그의 사학, 정치, 철학사상의 근본적인 출발점이자 전체 사상체계의 근간이었으며 20세부터 시작된 관직생활의 출발도 예관禮官으로부터 시작되었다. 그는 예의 사회적 작용을 매우 중요하게 생각하였고 국가예의와 민간가례에 대한 관심이 높았다. 일반적으로 사마광의 학술적 공헌을 통감저술에 있다고 하지만 그의 예서 저술 또한 이에 못지않은 공헌으로 평가된다.[49] 『사마씨서의司馬氏書儀』는 신종 때인 1081년 사마광 63세 때 완성되었음을 고찰할 수 있는 반면,[50] 『가범』의 경우는 그 저술에 대한 경위와 완성에 대해 명확한 자료가 없다. 다만 사마광의 생애로 비추어볼 때 신종 때인 1071년 서경으로 좌천되었다가 1086년에 신종이 죽고 철종이 즉위하자 조정의 명을 받아 다시 낙양으로 돌아오기 전까지의 15년 동안에 저술한 것으로 추정된다. 편찬된 순서는 저술할 때의 일반적인 사례를

---

48 陳延斌·徐少錦, 『中國家訓史』, 陝西人民出版社 2003, pp.381-383.
49 『송사』「예문지」에 의하면 예에 관련된 저술로 『司馬氏書儀』·『居家雜儀』·『涑水家儀』·『溫公家範(家範)』·『設家祭儀』·『三家冠婚喪祭禮』 등이 있는데 『居家雜儀』는 『司馬氏書儀』의 일부분이며 『設家祭儀』와 『三家冠婚喪祭禮』는 오늘날 전하지 않는다.
50 程應鏐, 「司馬光新傳」, 『司馬光事蹟著作編年簡錄』, 上海人民出版社 1991, p.231.

고려해 보면 사대부 가정의 규범을 서술한 『사마씨서의』 및 『거가잡의』를 먼저 저술하고 자신의 가문을 대상으로 한 『가범』을 지었을 것으로 생각된다.

예서를 저술한 동기에 대해 자신이 직접 밝힌 바는 없으나 다음과 같은 당시의 사정에 비추어 보아 예의 부흥을 자임한 이유를 추정할 수 있다.[51]

첫째, 예와 원칙이 존숭되지 않는 시대 분위기였다. 이 때문에 사마광은 근본과 원칙을 지킬 것을 주장하였다. 일례로 송 영종이 즉위하여 생부인 복왕濮王을 추존하려 하자 사마광은 '양자가 되어 적통을 이은 사람은 사친私親을 돌아보면 안 된다'고 하면서 황고皇考가 아니라 황백皇伯으로 칭해야 한다고 하고 한漢의 선제와 광무제의 예를 들어 생부를 추존하지 않는 것이 만세의 법이라고 하였다. 이것이 『송사』의 저 유명한 복의服議[52]이다. 일반적으로 사람이란 편한 대로 하고자 하는 경향이 있는데 이것을 조절해주는 것이 바로 예법이다. 사마광은 예의 원칙을 군주가 지키지 않으면 사회 전체가 무질서에 이르게 된다는 소신에서 '천자의 직분은 예보다 큰 것이 없고, 예는 분별보다 큰 것이 없으며, 분별은 명분보다 큰 것이 없다'는[53] 생각으로 '복의'에서 황제의 뜻과 달리 생부를 추존하지 않도록 『의례』에 근거하여 원칙을 제시하고

---

51 周愚文,「司馬光的家訓內涵及其對宋代家族教育的影響」,『師大學報』, 民國94年, pp.4-5.
52 영종의 전왕인 仁宗이 아들이 없어서 복왕의 제13자인 영종이 왕위를 계승하였는데, 왕위에 오른 영종은 자신의 생부인 복왕의 추존을 三省과 御史臺로 하여 논의하게 하였는데, 이때 參政 구양수 등은 皇考라 할 것을 주장하고, 어사 여회 등은 영종이 인종의 후사를 이었으므로 황고라 부르는 것은 옳지 않고 皇伯이라 불러야 한다고 했다. 이 복왕과 관련된 논의는 조선 시대 국왕의 私親들을 추존할 때 간혹 인용되곤 했다.
53 『자치통감』 卷1, 威烈王條: "天子之職, 莫大於禮, 禮莫大於分, 分莫大於名."

있다.

　둘째, 사대부 계층이 근본이 되는 예를 공부하지 않았다. 앞에서 언급한대로 송대는 인재 등용의 방법으로 과거제도를 채택하였는데 과거 응시과목이 학습 경향에 큰 영향을 주었다. 송초宋初에는 과거 교과목에 개원례가 있었으나 신종神宗때 왕안석이 주장한 변법을 시행하면서 여러 교과목을 폐지하였고 개원례도 그 속에 포함되었다. 그리하여 과거에서 『의례』는 폐지되고 『예기』과만 남겨 놓았다. 사마광 사후 1091년에 통례과가 회복되었지만 그 과정을 거치는 동안 근본이 되는 『의례』는 버려두고 『의례』를 설명한 『예기』만을 공부하는 풍조가 형성되어 예에 대한 논의가 일어나도 그 근본과 근원을 알지 못하고 억측하여 주장하는 지경에 이를 정도로 예에 대한 연구가 빈곤한 상황이었다.

　셋째, 일반 서민이 예에 무지하였다. 사마광은 지방관을 담당하면서 민간의 습속이 예에 맞지 않는 것을 많이 목도하였다. 예를 들면 부모의 초상에 주인과 손님이 술과 고기를 차려놓고 배불리 먹고 마신다거나, 풍악을 연주하면서 상여를 인도하거나, 상례를 치르면서 혼례를 행하여 신부를 들이는 풍속들을 행하면서도 전혀 개의치 않는 것 이었다. 오대 이후 예법이 무너진 이래 송대에 들어와서 『오례신의五禮新儀』 같은 예서를 조정에서 반포하여 풍속을 순화하고자 하였으나,[54] 이것을 실생활에서 실제로 시행하고자 하여도 지식인 계층에서도 예를 아는 선비들이 별로 없어 제대로 실천하지 못하였으며 일반 백성의 경우에는 더욱 심각한 수준이었다. 이러한 상황은 주희때 와서도 크게 달라진 바가 없었다. 그러므로 사마광이 민간에서 목도한 이러한 상황은 백성

---

[54] 宋太祖 開寶年間에 『開元禮』를 가감하여 『開寶通禮』를 편찬하였고 徽宗 政和 3년(1113)에 『五禮新儀』를 편찬하였다.

들이 혼례와 상례를 제대로 알지 못하여 생긴 사례였다. 이와 같은 상황을 개선하기 위한 방안은 어려서부터 예를 몸에 익히는 것이었다. 사대부가 어려서부터 예를 몸에 익히면 가정에서 이를 행할 수 있고, 조정에 진출해서는 예에 대한 의논을 하며 지방관이 되면 군현에서 행할 수 있을 것이며, 재야에 있어도 마을 사람을 가르치고, 자손에게 전수할 수 있을 것이기 때문이다. 사마광의 예서 편찬은 이러한 시대요구에 부응한 것으로 볼 수 있다.

『가범』은 내용이 조부에서부터 처에 이르기까지 18부류의 가족구성원이 서로 간에 지켜야할 행동예의를 체계화하고 구체화한 것으로 사마광의 '가국일체家國一體'의 생각을 고찰할 수 있는 좋은 자료이다. 『가범』이라는 책이름은 당대唐代의 적인걸狄仁傑(630-700)의 『가범』에 연원을 두고 있다. 이 책은 후세에 전해지지 않고 목록만 기록에 남아 있었는데 사마광이 자신의 저술에 이 이름을 붙인 것이다. 안지추의 『안씨가훈』이 자식교육의 글로써 훌륭하고 이미 널리 대중의 애호를 받았지만 글의 뜻이 넘치는 바가 있고 경서의 가르침에 근본을 다 두지 못한 점을 유감으로 생각하여 적인걸은 『가범』을 지어 이 점을 보완하였고 사마광도 적인걸의 이같은 뜻을 계승하고 보충하여 『가범』을 저술하여 후학의 본보기로 삼았던 것으로 보인다.[55]

사마광은 가정은 국가의 기본구성 단위이며 국가의 축소판이라는 생각을 가지고 있었다. 수신, 제가, 치국, 평천하의 틀에서 볼 때 가정을 잘 갈무리하는 것은 좋은 사회, 살기 좋은 국가를 이룩하는데 전제가

---

55 『사고전서』 子部一, 家範 儒家類 提要, "自顔之推作家訓, 以敎子弟, 其議論甚正, 而詞旨氾濫, 不能盡本諸經訓, 至狄仁傑著有家範一卷, 史志雖載其目, 而書已不傳, 光因取仁傑舊名, 別加甄輯, 以示後學準繩."

되는 것이며 그러므로 가정의 도를 바로세우는 것이 곧 천하를 교화하는 근본이라고 생각하였다. 이러한 생각은 전통적인 유가의 생각을 잇는 것인데 그에게 있어 주목할 점은 가정의 도를 세우는 방법으로 예를 제시하고 이를 구체화하였다는 점이다.

사마광은 예는 곧 기강을 세우고 귀천을 구별하는 것이라고 규정한다. 그러므로 가정을 다스린다는 것은 가족 구성원으로 하여금 예를 잘 알게 하고 실천하게 하는 것이라는 생각에서 일상생활 속에서 가족 구성원들이 서로 간에 반드시 지켜야할 예절규모를 구체적으로 규정하여 예를 준수하도록 하였고, 그 내용을 『가범』 속에 제시하고 있다. 그는 예로써 가정을 다스리고 나라를 다스리는 것이 오대 십국 이후 예악이 무너진 당시 사회에 도덕질서를 수립하여 공동선을 구현하는 가장 좋은 방법이라고 생각하였던 것이다. 즉 그에게 있어서 치가治家의 궁극적 목표는 치국治國에 있었으며, 가훈을 통하여 실현하고자 하는 예는 치가의 범위를 넘어서 사회정의와 공동선을 각 가정에서부터 실천하여 나아가서는 이상사회를 이루기 위한 근본이었다.

2. 『가범』의 체재와 내용

『가범』은 말 그대로 가정을 다스리고 자녀를 가르치는데 있어 전범이라는 의미이다. 사마광의 『가범』은 치국은 제가齊家에 있다는 『대학』의 명제에 근거하여 경經, 사史, 자子 중에서 성인이 가정을 바르게 잘 갈무리하여서 천하를 다스린 것과 후세의 경, 사에서부터 필부에 이르기까지 가정이 아름다운 행신을 행하여서 본보기가 되는 것을 모아서 편찬한 책으로, 유가의 경전 중에서 '가정을 바르게 다스려서 천하를 바르게 다스린' 치가와 수신에 관한 세속의 격언, 경구를 인용하고 역사 인물의 전형 사례를 풍부하게 수록하였다. 그 사이에 사마광 자신의 논점을 제시하여 대가족 내에서 구성원들의 관계와 윤리에 대해 체계적으로 서술하면서 자손들에게 이르고 싶은 부분을 전하고 있다. 『사고전서총목제요』는 이 책이 주희의 『소학』과 비교하면 뜻과 예례는 다르지만 저술의 취지는 대략 같은데 절목이 잘 갖추어져 있어 날마다 사용하기에 절실하고 간결하여 행실을 닦는데 중요한 요소가 된다고 더 높이 평가하고 있다.[56] 모두 10권 19편으로 되어 있다.

1) 가정다스리기[治家]

총 18조로 되어있다. 첫머리에 『주역』의 가인괘家人卦를 인용하여 "여자는 집안에서 자리를 바르게 하고 남자는 집 밖에서 자리를 바르게 한다. 남자와 여자가 바르게 하는 것이 하늘과 땅의 가장 큰 의리이다."[57]라고 하며 "아버지는 아버지답고 아들은 아들답고 형은 형답고 아우는 아우답고 남편은 남편답고 아내는 아내다워야 집안의 도道가 바르게 되며 집안을 바르게 하면 천하가 안정된다."[58]라는 정의로 가정의 기본법칙을 제시하고 있다. 또 예로써 집안을 다스려야 한다고 하며 춘추시대 안영晏嬰의 말을 인용하여 이를 설명한다. "군주는 명령하고 신하는 그것을 함께 하며 아버지는 사랑하고 아들은 효도하며 형은 우애하고 아우는 공경하며 남편은 화목하고 아내는 유순하며 시어머니는

---

56 『사고전서』子部一, 家範 儒家類 提要: "與朱子小學義例差異, 而用意略同, 其節目備具, 切於日用, 簡而不煩, 實足爲儒者治行之要."
57 『가범』卷1, "象曰, 家人, 女正位乎內, 男正位乎外, 男女正, 天地之大義也, 家人有嚴君焉, 父母之謂也."
58 『가범』卷1, "父父子子, 兄兄弟弟, 夫夫婦婦, 而家道正, 正家而天下定矣."

자애롭고 며느리는 귀기울여 듣는 것을 예라고 한다"는[59] 것이다.

가정에서 남자와 여자가 서로 분별하는 것이 예의의 큰 부분이라고 하고 서로 간에 섞여 앉거나 옷걸이, 수건, 빗을 함께 사용한다거나 직접 물건을 주고받지 않으며 길을 갈 때 남자는 오른쪽 여자는 왼쪽으로 다니도록 하는등 남녀의 분별을 잘 지킬 것을 규정한다. 가정의 화목을 도모하기 위한 방법으로는 우선 서로 간에 참는 미덕이 있어야 한다고 하였다. 9대가 한집에 살았던 당대의 장공예張公藝에게 친족간에 화목을 유지할 수 있었던 비법을 묻자 참을 '인忍'자 백 번을 써 보였다는 예화를 들어 가정화목의 비법이 서로 참는 데에 있음을 강조한다. 또 공평함이 중요하다고 하였다. 그 당시에 몇 대에 걸쳐 2백 명의 대가족이 한 집에서 살던 이방李昉의 집안이 재산을 공동소유하고 모든 지출을 가족 수에 따라 공평하고 합당하게 집행한 예를 들고 균등하게 하면 불평과 원망이 생기지 않는다고 하고 궁핍한 가운데서도 친족과 나누는 행동이 가정화목의 도리라고 한다.

사마광은 이처럼 가족구성원이 서로 노력하고 인내하면서 가족과 친족이 서로 화목하여야 하는 이유를 토곡혼吐谷渾의 아시阿豺의 예화를 들어[60] 한 단위의 가족보다는 생질이나 외삼촌, 혼인으로 맺은 사위, 동서 등 서로 도울 수 있는 관계가 많을수록 공고하게 되며 이렇게 자신의 9족을 친하게 한 다음에 타인에게 베풀 수 있다고 강조하며 가정과 친족, 인척과 화합하는 것이 왜 필요하며 중요한가를 인정에 근거한 것 외에도 공리적으로 설명하여 젊은이가 쉽게 알고 공감할 수 있게

---

59 『가범』卷1, "君令臣共, 父慈子孝, 兄愛弟敬, 夫和妻柔, 姑慈婦聽, 禮也."
60 『가범』卷1, "吐谷渾阿豺有子二十人, 病且死, 謂曰, 汝等各奉吾一隻箭, 將玩之, 俄而命母弟慕利延曰, 汝取一隻箭折之, 慕利延折之, 又曰, 汝取十九隻箭折之, 慕利延不能折, 阿豺曰, 汝曹知否, 單子易折, 衆者難摧, 戮力一心, 然後, 社稷可固, 言終而死."

하고 있다.

2) 할아버지의 도리

총 8조로 되어있다. 할아버지는 마땅히 후손을 생각해야 한다. 후손을 생각하는 방식은 사람에 따라 다르다. 일반적으로 재물을 남겨 줌으로써 생계를 해결해 주는 것을 후손을 위하는 것으로 생각하는 경우가 많은데 사마광은 이것은 짧은 생각이라고 하고, 의義로써 훈계하고 예와 덕을 남기는 것이 후손을 위한 긴 배려라고 말한다. 비바람을 가리지 못할 정도의 누추한 집과 거친 음식을 먹고 지냈던 송나라 정승 장문절공張文節公의 예화를 들어 자신의 생각을 자손에게 전한다.[61]

사마광은 검소함을 매우 중요하게 생각하였다. 그리하여 절약하고 검소할 것을 강조하는 가서家書를 아들 사마강司馬康에게 특별히 남겨서 청백의 덕업을 자손에게 전승하고자 하였는데 '훈검시강訓儉示康'이 그것이다. 또 조상된 사람은 자손을 위하여서는 복을 아껴야한다고 생각하여 부친 사마지司馬池가 시종 벼슬에 오르고 나서 항상 '나는 얻은 것이 이미 많다. 마땅히 남겨서 자손에게 물려주겠다.'고 했던 말을 인용하면서 후손을 깊이 생각하여 복을 아끼는 조상의 마음가짐이 바로 이와 같아야 한다고 하고 있다.

---

61 『가범』卷2, "以吾今日之祿, 雖侯服王食何憂不足, 然人情由儉入奢則易, 由奢入儉則難, 此祿安能常恃, 一旦失之, 家人旣習於奢, 不能頓儉, 必至失所, 曷若無失其常, 吾雖違世, 家人猶如今日乎."

3) 아버지의 도리

총 17조로 되어 있다. 사마광은 공자·증자·안지추의 예와 『예기』 「곡례」, 「내칙」편과 역사상의 인물들의 이야기를 인용하여 아버지의 도리를 설명하고 자녀교육의 원칙을 제시한다. 그에 의하면 자식을 사랑하되 밖으로 드러내지 않아야 하며 부자의 관계는 너무 간결하면 자애로움과 효성이 접목되지 못하고 너무 허물없이 친압하면 나태하고 오만함이 생길 수 있으니 적절히 조절해야 한다고 한다. 춘추시대 위나라의 석작石碏이 위 장공에게 간한 내용을 인용하여 자녀교육의 지침을 제시하고 있다.[62]

어려서부터 길들여진 것은 천성과 같다고 한 공자의 말로 습관의 중요함을 강조하면서 올바른 습관을 키우기 위해서는 먼저 어른이 본보기가 되어야 하고 항상 속이지 않는 것을 보여 주는 것이 중요하다고 한다. 『예기』 「내칙」편에 근거하여 각 연령의 단계에 따라 아들과 딸에게 어떤 교육을 시행할 것인가를 제시하면서 자녀에 대한 교육은 평생에 걸쳐 이어지는 것이라고 하며 40세가 되어서도 어머니에게 종아리를 맞았던 양梁의 대사마 왕승변王僧辨이 큰 공훈을 세울 수 있었던 것도 이러한 부단한 가정교육의 성과라고 소개한다. 또 중간에 아내가 죽는다 해도 후처를 들이는 것은 자칫 가정을 파탄으로 이끌 수 있으므로 아버지의 도리로는 자손과 가정을 위하여 재혼을 하지 않는 것이 바람직하다고 권유한다. 가정의 번영과 화합이 가범에서 강조하는 최우선의 명제임을 알 수 있다.

---

62 『가범』 卷3, "夫愛之當敎之使成人, 愛之而使陷於危辱亂亡, 烏在其能愛子也, 人之愛其子, 多曰兒幼未有知耳, 俟其長而敎之, 是猶養惡木之萌芽曰, 俟其合抱而伐之, 其用力顧不多哉, 又如開籠放鳥而捕之, 解韁放馬而逐之, 曷若勿縱勿解之爲易也."

4) 어머니의 도리

총 25조로 되어있다. 모성은 사랑이다. 사마광은 어머니는 모름지기 사랑하지 못하는 것을 근심하지 말고, 사랑할 줄만 알고 가르칠 줄 모르는 것을 근심해야 한다며 훌륭한 어머니의 역할은 그 본성을 절제하고 교육을 생각하는데 있다고 한다. 그리하여 가정을 갈무리하고 자녀를 가르치는데 있어 어머니의 비중과 역할을 크게 보고 있다. 아버지 장이 총 17조인데 비하여 어머니 장은 총 25조에 걸쳐 있는 것도 이것을 반증한다. 자녀의 좋은 습관과 환경을 위해 어머니의 역할이 어떠해야 하는 지를 보여주면서 눈앞의 재물보다 아들의 교육을 우선으로 여기는 어머니의 모습에 대해서도 여러가지 예를 들고 있다.[63] 사마광은 앞의 아버지장의 조항에서 상처喪妻를 하더라도 재취를 하지 말 것을 권유한다. 친모자간이 아닌 경우 많은 갈등 요인이 있기 때문이다. 그런 한계를 극복하고 가정이라는 울타리 안에서 혈육이 아니면서 어머니의 도리를 극진히 한 모습도 본보기로 들고 있다. 사례별로 현명한 어머니의 모습을 예로 들면서 어머니는 모름지기 자식의 몸만 키우는 것이 아니라 재앙에 걸려들지 않도록 키워야 하고, 덕성을 길러야 하며 사악한데 빠지지 않도록 해야 한다며 이것이 진정한 어머니의 사랑이라고 하여[64] 적극적인 의미에서의 큰 사랑을 어머니사랑의 바람직한 본보기로 제시한다.

....

63 『가범』卷3, "太子少保李景讓母鄭氏, 性嚴明, 早寡家貧, 親教諸子, 久雨, 宅後古牆頹陷, 得錢滿缸, 奴婢喜走告鄭, 鄭焚香祝之曰, 天蓋以先君餘慶, 愍妾母子孤貧, 賜以此錢, 然妾所願者, 諸子學業有成, 他日受俸, 此錢非所欲也, 亟命掩之."
64 『가범』卷3, "然則爲人母者, 非徒鞠育其身, 使不罹水火, 又當養{其德, 使不入於邪惡, 乃可謂之慈矣."

5) 아들의 도리

상하를 합하여 총 65조로 되어있다. 원론적으로『효경』,『맹자』,『논어』,『예기』에 기재되어있는 효의 의미를 짚어보고 구체적인 사례로 경서와 역사서에 기록된 제왕과 유명인사, 일반인들의 효행을 기술하고 있다. 부모를 섬기는 도리의 기본은 공경하는 마음이며 그러므로 평상시에는 공경하는 마음을 극진히 하고, 봉양할 때는 즐거움을 극진히 하고, 병환중이시면 근심하는 마음을 극진히 하고, 돌아가시면 슬픔을 극진히 하며, 제사에는 엄숙함을 극진히 하여 부모를 섬겨야 하는데[65] 이러한 기본적인 공경의 마음가짐이 없이 단지 모시는 것을 효라고 여기는 것은 효의 본질을 이해하지 못하는 것이라고 한다.[66] 일상생활에서 행하는 효자의 구체적 행위를『예기』「내칙」편을 인용하여 명기하고 있는데[67] 이렇게 육신을 잘 봉양하는 것도 훌륭하겠지만 뜻을 잘 섬겨 봉양하는 것을 더 높은 차원의 효로 평가한다. 자식된 도리로서 가장 큰 일은 장례를 치르는 것이라고 하여 장례의 중요성을 강조한다. 사마광은 당시 사람들이 술가들에게 휘둘려서 장사 지낼 때 해를 피하고 복을 누리기 위하여 길지를 택하고 길일시를 받는 시속을 비판하며 당의 여재서呂才叙가 장례에 대해 쓴『장서葬書』를 인용하여[68] 부모를 장사지

---

65 『가범』卷4, "(孝)經曰, 君子之事親也, 居則致其敬, 養則致其樂, 病則致其憂, 喪則致其哀, 祭則致其嚴."

66 『가범』卷4, "孔子曰, 今之孝者, 是謂能養, 至於犬馬, 皆能有養, 不敬則何以別乎."

67 『가범』卷4, "禮 子事父母, 鷄初鳴而起, 左右佩服以適父母之所, 及所, 下氣怡聲, 問衣燠寒, 疾痛苛癢而敬抑搔之, 出入, 則或先或後而敬扶}持之, 進盥, 少者奉槃, 長者奉水, 請沃, 盥卒, 受巾 …."

68 『가범』卷5, "孝經云, 卜其宅兆而安厝之, 盖以窀穸既終, 永安體魄, 而朝市遷變, 泉石交侵, 卜미前知, 故謀之龜筮, 近代或選年月, 或相墓田, 以爲一事所失, 禍及死生, 按禮 天子諸侯大夫葬, 皆有月數, 則是古人不擇年月也…古之葬者, 皆於國都之北, 域有常處, 是不擇地也, 今葬者, 以爲子孫富貴貧賤夭壽, 皆因卜所致…野俗無識, 妖巫妄言, 遂於擗踊

내는 일이 가장 중요한 일이지만 이성적으로 정성을 다하는 것이 그 근본 의미이지 날짜나 장지를 택하는 등 기복적인 요소로 흘러서는 안 된다고 하고 특히 당시에 만연했던 불교식의 장례법에 대해 신랄하게 비판하는 등 철저히 유가적 입장을 견지한다. 이 입장은 그대로 주희에게로 이어진다. 요컨대 무엇보다도 최상의 효는 제대로 된 사람이 되는 것이라고 한다. 나의 몸은 부모가 주신 것인데 이 육신을 잘 공경하는 것이 효라는 것이다. 온 나라 사람이 그렇게 되고 싶어 하고 '좋은 아들을 두어 그 부모는 좋겠다'고 생각하는 것이 진정한 효라고 하며 『가범』 중 가장 많은 부분을 아들의 도리에 할애하고 있다.

6) 딸의 도리

모두 10조로 되어있다. 먼저 『예기』「내칙」편과 「혼의婚義」편을 들어 딸에게는 10세가 되면 유순한 말씨와 태도, 집안일을 가르치고 15세에 계례笄禮를 하고 20세가 되면 시집을 보내는데 3개월 전에 부덕婦德, 부언婦言, 부용婦容, 부공婦功을 가르친다고 한 옛사람의 기본입장을 서술한다. 뒤이어 후한의 반소班昭의 여성교훈서인 『여계女戒』를 인용하여 기존의 소극적 교육에서 벗어나 보다 진취적으로 소양을 계발하고 교육해야한다는 입장을 보인다.[69] 그러므로 여성도 『효경』, 『논어』, 『시경』, 『예기』 등을 읽어서 대의를 통달해야 한다고 하고 옛날의 훌륭한 여성들은 모두 학문을 좋아하지 않은 사람이 없었으며 많은 서적을 섭렵함

之際, 宅葬地而希官爵, 茶毒之秋, 選葬時而規財利, 斯言至矣, 夫死生乳命, 富貴在天, 固非葬所能移, 就使能移, 孝子何忍委가親不葬, 而求利於己哉, 世又有用羌胡法, 自焚其柩, 收爐骨而葬之者, 人習爲常, 恬莫之怪, 嗚呼, 詑俗詩戾乃至此乎."

69 『가범』 卷6, "禮八歲始教之書, 十五而至於學{矣, 獨不可依此以爲教哉… 凡人不學則不知禮義, 不知禮義則善惡是非之所在, 皆莫之識也, 於是乎有身爲暴亂而不自知其非也, 禍辱將及而不知其危也, 然則爲人皆不可以不學, 豈男女之有異哉."

으로써 이런 소양을 길렀던 것이라 한다. 이러한 인식에서 사마광은 남자형제가 없는 집안에서 시집가지 않고 가정을 책임지고 상주노릇을 하고 집안을 잇고 부모의 원수를 갚는 자주적인 딸들의 모습들을 빼어난 여자들이라고 칭송하고 있다. 종속적인 존재가 아니라 주체적으로 자신의 존재를 구현하는 여성상을 딸의 본보기로 제시하고 있는 것이다.

7) 손자의 도리

총 6조로 되어 있다. 서경과 시경을 인용하여 덕을 닦고 법도를 행하는 것이 조상에 대한 자손의 도리라고 하고 할머니에 대한 효성이 지극하였던 진정표陳情表[70]의 주인공 진晉의 이밀李密을 필두로 할머니 할아버지를 잘 봉양하였던 손자들과 조상이 남긴 집을 어떤 어려움에도 굴하지 않고 지켜낸 자손의 예를 들어 자손된 도리를 제시하고 있다.

8) 큰아버지 작은아버지와 조카의 도리

총 7조로 되어 있다. 『예기』의 '형제의 아들 상복은 아들과 같이 한다. 성인聖人이 정에 따라 예를 정한 것이지 끌어 올린 것이 아니다'[71]는 말을 인용하여 조카에 대한 정은 친자식과 마찬가지라고 한다. 양자택일을 할 상황에서 자식을 버리고 조카를 살린 후한의 유평劉平, 진의 등유鄧攸와 재산을 나누어 별거하기를 원하는 동생의 아들에게 많은

70 　陳情表는 삼국시대 晉의 李密(224-287)이 무제에게 올린 상주문이다. 서정문을 대표하는 작품 중 하나로, 제갈량의 出師表, 한유의 祭十二郎文과 더불어 중국 3대 명문에 꼽힌다. 이밀은 진 무양 출신으로 태어나서 6개월 만에 아버지를 잃고, 네 살 때 어머니가 개가하여, 할머니 劉씨의 손에서 자랐다. 이후 진 무제 때 '세마'에 임명되었으나, 할머니 봉양을 이유로 진정표를 올리고 관직을 사양했다. 무제는 그의 효성에 감복하여 그에게 노비를 하사하고 관할 군현에서는 이밀의 할머니에게 의식을 제공했다.

71 　『가범』卷6, "禮, 服兄弟之子猶子也, 蓋聖人緣情制禮, 非引而進之也."

재물을 준 동한의 설포薛包의 예를 들어 조카에 대한 도리와 본보기를 이르고 있는데 의를 지키고 가정의 결속을 도모하는 규범이라고 하겠다.

조카의 도리는 총 2조로 되어 있다. 조카로서 큰아버지와 작은아버지에 대한 도리의 본보기는 매우 간략하다. 옥에 갇힌 숙부를 자식보다 더 정성껏 보살핀 송의 허소선許昭先과 숙부를 아버지처럼 섬긴 당의 중영仲潁의 예를 소개하면서 조카된 도리는 백부와 숙부를 친아버지 섬기듯 하는 것이라 한다.

9) 형과 아우의 도리

형의 도리는 총 6조로 비교적 간략하게 언급하고 있다. 아우와 우애하지 않는 세상의 형들은 흔히 그 이유를 아우에게 돌려 아우가 자신에게 공손하지 않기 때문이라고 한다. 사마광은 세상의 나쁜 동생 중에 순임금의 동생 상象 같은 사람이 또 있겠느냐는 말로 시작하며 맹자의 말을 인용해서 형은 동생에 대해 노여움과 원망을 마음에 두지 않으며 오직 친애하는 마음만 가져야한다고 한다.[72] 그리하여 재산을 탕진한 동생을 계속 도와주고, 주벽이 심한 동생을 조금도 탓하지 않고 돌보아 주며, 동생이 실수로 자신의 아들을 죽이자 동생이 마음 상할까봐 울음소리도 내지 않은 형의 예를 들어서 동생에 대하여는 끝없는 양해와 사랑만이 있을 뿐임을 보여준다.

아우의 도리는 총 28조로 되어 있어 형의 경우보다 동생의 입장에서 지켜야할 도리가 더 많음을 볼 수 있다. 이것은 역사상 형제갈등의 원인이 주로 동생이 도리를 지키지 않아서 생긴 경우가 많은 것에 기인하기 때문으로 보인다. 사마광은 아우가 형에 대하여는 공경과 사랑의

---

[72] 『가범』卷7, "仁人之於弟也, 不藏怒焉, 不宿怨焉, 親愛之而已矣."

마음가짐을 가져야 한다고 하였다. 동생의 도리는 형 섬기기를 아버지 섬기듯이 하는 것이니 그렇게 하지 않으면서 형이 자신을 아들 사랑하듯이 하지 않는다고 원망하는 것은 사리에 맞지 않는 일이라고 판단한다.[73]

10) 고모와 자매의 도리

총 4조이며 고모, 누이, 여동생으로서 본보기가 되는 사례를 싣고 있다. 모두 여성이 친가에 대해 의를 지켜서 행한 도리들이다.

11) 남편과 아내의 도리

남편의 도리는 총 8조이다. 남편과 아내의 도리는 하늘과 땅의 큰 도리이며 풍속과 교화의 근본이므로 대단히 중요하다고 여긴다. 부부 사이는 공경을 미덕으로 삼아야 한다며 처음부터 예로써 부부의 도리가 어긋나는 것을 방지하여야 하며 부인이 예를 어겼을 때는 내쫓는 것이 의義라고 한다.

아내의 도리는 상하를 합하여 총 44조로 되어 있어 남편에 비해 아내가 지킬 도리가 많음을 알 수 있다. 남편은 양이고 아내는 음이라고 규정하면서 반소班昭의 말을 인용하여 '공경하고 순종하는 도리는 부인의 가장 큰 예이다'라고 한다.[74] 아내에게 요구되는 6가지 덕을 나열하는데 유순, 청결, 투기하지 않음, 검약, 공손, 부지런함이 그것이다. 딸의

---

73 『가범』卷7, "及其壯也, 各妻其妻, 各子其子, 雖有篤厚之人, 不能不少衰也…唯友悌深至, 不爲傍人之所移者, 可免夫…兄弟不睦則子姪不愛, 子姪不愛則群從疎薄, 群從疎薄則童僕爲讎敵矣, 如此則行路皆踏其面而蹈其心, 誰救之哉…人之事兄不同於事父, 何怨愛第不如愛子乎, 是反照而不明也."
74 『가범』卷8, "男女異行, 陽以剛爲德, 陰以柔爲用, 男以强爲貴, 女以柔爲美…然則修身莫若敬, 避强莫若順, 故曰敬順之道, 婦人之大禮也."

도리에서 보인 것 같은 진취적인 여성의 모습이 수동적인 규범으로 고착되는 점이 확연하다.

12) 외삼촌과 생질의 도리

총 3조로 외삼촌과 생질 간에 은혜가 있었던 일을 예로 설명하여 그 도리를 말하고 있다.

13) 시아버지 시어머니의 도리

총 4조이다. 시아버지와 시어머니의 도리를 밝힌다고 되어 있지만 실은 시어머니의 도리이다. 『예기』「내칙」편을 인용하여 며느리가 힘든 일을 할 때는 자주 쉬게 해주고 혹 효도하지 않고 공경하지 않더라도 미워하거나 원망하지 말고 가르쳐야 한다고 한다. 가르쳐도 안 되면 꾸짖고 꾸짖어도 안 되면 쫓아 내고 외부에는 공표하지 않는다고 한다. 시어머니와 며느리의 바람직한 도리를 시어머니는 인자하여 따르게 하고 며느리는 듣고 고분고분하게 따르는 것으로 규정하고 있다.

14) 며느리의 도리

총 11조이다. 『예기』, 「내칙」편을 인용하여 며느리의 도리는 아들이 부모를 섬기는 도리에 준한다고 규정한다. 큰며느리와 작은 며느리의 위상을 구분하였는데 서로 대등하게 행동하지 않고 어깨를 나란히 하고 다니지도 않으며 나란히 앉지도 않는 법이라고 명시하고 있는데, 이는 사마광이 종법을 중시하고 일반의 가정에도 종통宗統을 세우기 위해 사당제도의 전신인 영당影堂를 도입하는 것과 그 정신이 상통한다. 며느리는 시부모의 명령은 무조건 따라야 하며 사사로운 소유나 행동을 삼가야 한다면서도 한편 시부모에게 잘못이 있을 때는 간하는 현명한 며느리의 예를 소개하고 이것도 또한 도리라고 하여 며느리의 자율적인 의리 판단을 요구하는 부분도 있다.

15) 첩의 도리

총 4조이다. 첩이 본처를 섬기는 것은 신하가 군주를 섬기는 것과 같다고 규정하고 남편이나 자식의 위세를 앞세워 본처를 능멸하는 일이 있어서는 안 될 일이라고 못 박고 있다. 가정의 불화가 일어나는 원인이 흔히 이점에 기인하므로 본처를 잘 섬긴 예를 들어 첩의 도리를 보여준다.

16) 유모, 보모의 도리

모두 5조이다. 자신의 아들을 대신 죽게 한 유모 보모와 자신을 희생한 유모 보모들의 예를 들어 의리를 실현한 귀한 정신을 본보기로 삼고 있다.

이처럼 가족관계에서의 신분위치에 따라서 행하여야할 규범의 내용을 상세한 조목으로 나누고 이에 대한 실제 사례를 예로 들어 설명함으로써 쉽게 이해할 수 있고 구체적이어서 실천 가능성을 높일 수 있도록 구성하고 있다.

3. 『가범』의 내용 특성

『가범』의 구성은 총론격인 치가治家를 시작으로 하여 윤리관계에 따라 포괄적이며 유기적으로 세분되어 있다. 위로부터 아래로는 조, 부모, 자녀, 손의 직계와, 옆으로는 부, 숙백부, 고자매姑姉妹, 형제, 조카의 방계와, 부, 처, 구고舅姑, 구생舅甥, 부, 첩, 유모 등의 혼연으로 관계설정을 하고 각 관계에 따른 바람직한 본보기를 구체적으로 제시하고 있다.

서로 간에 지킬 도리를 조합해 보면, 조손의 관계에서 할아버지는 자손을 위하여 복을 아끼고 예와 덕을 남겨주고 손자는 효를 다 한다. 부모와 자녀의 관계에서 아버지는 사랑의 표현을 절제하고 정직과 근검의 근본을 세우고 어머니는 유해한 환경을 배제하고 좋은 환경을 조성하여 자녀의 교육에 힘쓰고 덕성을 기른다. 아들은 공경하는 마음을 다하여 효를 행하는데 최상의 효는 제대로 된 사람이 되는 것이며, 딸의 경우에도 공부를 많이 하여 대의를 알고 능력을 배양하며 상황에 따라서는 가문을 이을 수 있다. 백숙부와 조카의 관계는 서로 자식처럼 아끼고 아버지처럼 섬긴다. 형제와 고모, 누이, 여동생의 경우, 형은 동생을 친애하고 동생은 형을 공경하며 고모, 누이, 여동생은 친정에 대해 의리를 다한다.

남편과 아내는 서로 공경하는데 아내는 특히 순종의 미덕을 지닌다. 외삼촌과 생질은 서로 은혜를 베푼다. 시부모는 인자하고 며느리는 순종한다. 마지막으로 첩은 본처를 잘 섬기고 유모, 보모는 키우는 아이에 대해 의리를 다 하는 것으로 마무리하는데 이들의 도리가 일방적인 것은 가족구성원이기는 하지만 혈연이나 혼인으로 맺어진 관계가 아닌 특별한 존재이기 때문이다.

사마광『가범』의 특징은 먼저 체재에서 찾아볼 수 있다. 위에서도 살펴보았지만 가정 구성원과 친속 간의 관계를 상세히 분류하여 각각의 위치와 역할에 맞는 본보기를 제시하고 있는데 지켜야할 규범이 구체적이며 또 실제 사례를 예화로 들어 제시하는 것은 이해를 쉽게 할 뿐 아니라 실천가능성을 높여 준다는 점에서 효과적인 방식이면서 이전의 가훈서에서는 볼 수 없는 독창적인 방법이다. 내용의 특징을 살펴보면 첫째, 제시된 자료의 방대함과 풍부함을 들 수 있다. 예화자료를 경·사·자의 여러 전적을 망라하여 성인과 역대 인물들의 실제 사례에서 간추려 뽑음으로써 설득력을 더해주고 있는데, 특히 이름 없는 서민의 경우도 그 사례를 채택하고 있는 것은 새로운 시도이면서 송대 사회에 서민계층의 평등의식이 자리 잡기 시작함을 보여 준다.[75] 이것은 역사학자로서 이미 풍부한 사료를 접하고 통찰하고 있었던 그였기에 가능한 방법이었다. 둘째, 사마광은 앞에서 살펴본 바와 같이 '가국일체家國一體'의 생각아래 가정은 국가의 기본단위이며 가정을 잘 갈무리하는 것이 곧 더 나은 사회, 좋은 국가를 만들어 나가는 첫 단계라고 생각하였다. 그러므로 그에게 있어 치가의 목적은 치국을 위한 것이었으며 『가범』의 편찬도 이 맥락에서 벗어나지 않았다. 셋째, 가정을 갈무리하는데 있어 예를 기본원칙으로 하고 가정을 다스리는 데 있어 예치와 덕교德教를 주장한다. 이것은 그의 예학 경향을 보여 주는 것으로 유가의 이상을 고취하고 실현하고자 한 의지를 읽을 수 있다. 다만 한편으로는 징벌을 교화의 보조수단으로 채택하기도 하였다.[76] 넷째, 가장을

---

75 예를 들면 전쟁터의 양자택일해야 할 상황에서 자기 자식을 버림으로써 오라버니의 아들을 구한 魯나라의 이름 없는 여인, 불길에서 오라버니의 아이를 구하지 못하자 도리를 다하지 못하였다고 그 불속에 뛰어들어 죽은 梁나라의 이름 없는 여인 등을 『家範』卷七, 姑姊妹편에서 소개하고 있다.
76 송대 이전까지 교화의 수단은 타이르는 것이었고 징벌이 등장하는 것은 북송부터이다. 경제적인 징벌과 族籍상의 징벌이 먼저 있었고 신체상의 징벌은 나중에 시행되었는데

중심으로 하는 종법 종족제도를 다시 세웠는데 이것 역시 그의 예학사상의 중요한 특징이기도 하다. 이것은 사회의 기본단위인 가정에서부터 종법제도를 융합시켜 종족관념을 세우고 어지러워진 사회에 새 질서를 수립함으로써 사회결속을 공고히 하려는 새 시대의 종법이었다.[77] 같은 맥락으로 당시에 유행하던 불교식의 상례와 장례제도를 비판하고 유가의 방식을 따를 것을 강조하였는데, 이는 상장례를 통해 유가적 윤리의식을 고취시키고 강화하기 위함이었다.

전통 유가의 이상은 송대에 이르러 관학官學 교육을 통해서 뿐 아니라 신가족제도가 확립된 후 가족이라는 통로를 통하여 활성화되기 시작하였다. 사마광은 가족제도를 어떻게 다시 확립하고 가족구성원을 교화할 것인가 하는 문제에 공헌하였다. 다시 말하면 예를 중심으로 하는 가족교육이라는 통로를 통하여 전통유가의 정치 이상을 실현하고자 하였던 것이다. 예치의 이론은 사마광에게 있어 핵심사상이다.[78] 개인이 예를 실천하면 행동거지에 법도가 있어 모든 행동이 갖추어지고, 가정이 예를 행하면 내외 구별이 있게되어 일가친척이 모두 화목하게 되고, 마을이 예를 행하면 장유가 순서가 있게되어 풍속이 아름답게 되고, 나라가 예를 행하면 군신의 차례가 있어 정치가 이루어지고, 천하가 예를 행하면 제후들이 따르고 복속하여 강기가 바르게 된다.[79]

그는 이처럼 예를 실천함으로써 『대학』에서 말하는 수신, 제가, 치

....

『가범』을 통하여 사마광의 시대가 바로 신체상의 징벌이 시작된 시기였음을 알 수 있다. 陳延斌,「論司馬光的家訓及教化特色」,『南京師大學報(社會科學版)』4期, 2001, pp.28-29.
77 王立軍,「司馬光禮學思想初探」,『中州學刊2期(總128期)』, 2002, p.139.
78 周愚文,「司馬光的家訓內涵及其對宋代家族教育的影響」,『師大學報』, 民國94年, p.9.
79 『자치통감』卷11,「漢紀」, "禮之爲物大矣, 用於身, 則動靜有法而百行備, 用於家, 則內外有別而九族睦, 用於鄕, 則長幼有倫而俗化美, 用於國, 則君臣有序 而政治成, 用於天下, 則諸侯順服而綱紀正."

국, 평천하의 이념을 실현할 수 있다고 믿었다. 이런 생각에서 예서를 저술하여 예 진작을 도모하였는데 『가범』은 자손에게 집안을 갈무리하는 방식을 전수하기 위한 목적으로 찬술된 것으로 기본원칙을 예에 두고 있다. 예로써 나라를 다스리고 예로써 가정을 다스린다는 것은 그의 일관된 생각이었다. 그는 『가범』에서 가족 구성원이 가정 내에서 행하여야할 역할과 서로간의 관계를 예에 의거하여 구체적으로 규범화하고 이를 실천하도록 유도함으로써 치가를 실현하여 유가의 평천하의 정치이상의 기본 틀을 완성하고자 하였다.

사마광은 역사를 섭렵함으로써 풍부한 사료 속에서 가정과 사회의 흥망성쇠에 대한 식견을 쌓을 수 있었다. 그 결과 여러 경전과 전적을 망라하고 역대 인물들의 치가와 자식교육에 관한 사적과 명언을 채집하여 이전에는 볼 수 없었던 『가범』이라는 새로운 형태의 가훈서를 저술하였다.

이것은 역사에 정통한 그였기에 가능한 일이었다. 『가범』 속에서 규정하는 가정 구성원의 관계와 규범이 체계적이며 구체적인 것도 새로운 시도였다. 그리하여 이러한 관계의 구성원들이 각자 자신의 신분에 걸맞고 유가의 윤리강상에 부합하도록, 지켜야할 행동규범을 구체적으로 세워서 정형화하여 실천을 용이하게 하고 실현 가능성을 높인 점 역시 전례를 볼 수 없는 『가범』의 특징이며 예학적으로 높이 평가되는 부분이다.

제3장

원채의『원씨세범』
袁氏世範

1.『원씨세범』의 특징

　　가훈의 성격과 효용은 좁은 의미와 넓은 의미의 두 가지 측면에서 나누어 볼 수 있다. 좁은 의미에서 보자면 가훈은 한 가족 혹은 한 가정에서 어른이 젊은이에게 주는 훈계의 글이거나 그 가족 내부와 관련된 가규家規 혹은 족법族法이다. 그러므로 처음부터 특정한 한 가정을 위한 규범이라는 제한적인 의미를 가지며 일가의 교화를 추구하기 위한 것이지, 널리 세상 사람들을 계도하기 위한 글은 아니다.[80] 그러나 넓은 의미의 가훈은 본가 본족이 준행하는 외에 일반적이고 공통적인 가정윤리를 언급함으로써 신분과 지위에 관계없이 인륜을 두텁게 하고 풍속을 아름답게 하는 취지로, 어떤 가정에서도 실행할 수 있도록 한 사회 교화의 글을 말한다. 본 장에서 살펴보고자 하는『원씨세범』은 넓은 의미의 가훈에 속한다.

　　『원씨세범』의 저자인 원채袁采[81]의 생몰년도에 대하여는 고찰할 수

80　『안씨가훈』·『온공가범』 등이 여기에 속한다.
81　字는 君載이고 衢州 信安, 지금의 浙江 常山縣 사람이다.

없지만, 자서自序를 통하여 이 책이 남송 순희 5년(1178)에 낙청樂淸 현의 현감으로 있을 때 저술된 것임을 확인할 수 있다.[82] 원채는 회시 3등의 성적으로 진사에 등과하였고, 낙청 등의 현에서 현령을 역임하고 후에 관직이 감등문고원監登聞鼓院에 이르렀다. 그는 성품이 강정하였고 관리가 되어서는 청렴하고 현명하여 정치적인 명성이 높았다. 여러 저작이 있는데[83] 후인들에게 가장 영향을 많이 끼친 것은 『원씨세범』이다. 『사고전서제요』에서는 『원씨세범』에 대하여 『안씨가훈』의 버금이라고 하며 높게 평가하였다.[84]

이 저술이 의미가 있는 것은 그 이전의 가훈이나 가범이 주로 본가 혹은 본족을 위하여 쓰여진 반면, 이 책은 농부, 시골노인, 일반 부녀자와 같은 평민 백성까지도 대상으로 하였으며, "인륜을 두텁게 하고 풍속을 아름답게 하는" 것에 목적을 두어 가훈의 통속화, 평민화를 기하였다는 점이다. 이 책의 내용은 생생한 당시의 사회생활을 근거로 하여 200여 개의 조목을 들어서 그것에 대하여 간명하고 알기 쉬운 통속적인 언어로 설명한 것으로, 마치 오늘날의 생활소사전과 유사하다고 할 수 있다.

원채는 사대부 계층이었으나 오랜 기간 지방 관리로 생활하면서 당시의 일반 평민과의 접촉이 빈번하였고 그들의 생활을 속속들이 잘 알고 있었다. 그리하여 부지불식간에 평등과 관용, 생존과 실질을 중하게 여기는 평민의식이 저술 속에 반영되었을 가능성이 있다. 그는 당시에 보통 사람을 위해서 널리 통용할 수 있는 가훈서가 필요한 이유를 다

---

82 원채는 진사에 등과하고 15년 후에 樂淸에 있을 때 『원씨세범』을 저술하였다.
83 원채의 저작으로 『政和雜著』와 『縣令小錄』이 있고 『樂淸縣志』 10권이 있다.
84 『흠정사고전서』 『원씨세범』 "然大要明白切要, 使覽者易知易從, 固不失爲顏氏家訓之亞也."

음과 같이 말한다.

> 근래 선생과 학자 중에 자신의 말과 글을 어록으로 엮어서 젊은 청년들로 하여금 공부하게 하는 사람이 많은데 자신이 공부하고 체득한 것을 천하 사람들과 공유하고 싶어서 일 것이다. 그러나 이러한 책의 도리는 말하는 것이 너무 심오해서 지혜로운 자라 할지라도 학문이 깊지 않으면 열심히 읽고 깊이 생각하여도 이해할 수 없다. 하물며 중인中人 이하의 사람에 있어서이겠는가! 소설과 시화詩話는 글쓴이의 재주를 드러내어 보여주기는 하지만 명분과 교화의 도덕적 교육에는 보탬이 되지 않는다. 또 가훈을 써서 자손에게 전하여 주는 사람이 있지만 완비되고 상세하지 않아서 널리 전하여 지지 않는다.[85]

이 말에 의하면 학자들에 의해 많은 저술이 나와 있지만 현실적인 생활과는 동떨어져 있고 일반 민중의 눈높이에도 맞지 않으며, 또 기존의 가훈서가 실질적인 도움이 되지 않아서 보통 사람의 교화를 위한 저술이 필요하다는 것이다. 책을 저술한 과정에 대한 설명을 보면 평소에 사회의 여러 가지 사정을 의논하기를 좋아하였는데 잊음이 심한 관계로 말한 것을 그때마다 기록해 두었다고 한다. 시간이 흐름에 따라 한권의 책이 되었고, 이 책이 완성되자 빌려 가서 베끼는 사람이 많아져서 마침내 출판하게 되었다고 한다.

---

85 원채, 『원씨세범』, 「自序」 "近世老師宿儒多以其言集爲語錄, 傳示學者, 蓋欲以所自得者, 與天下共之也. 然皆議論精微, 學者所造未至, 雖勤誦深思, 尤不開悟, 況中人以下乎! 至于小說詩話之流, 特賢于己, 非有裨于名教. 亦有作爲家訓戒示子孫, 或不該詳, 傳焉未廣."

나는 비루하여 사회의 각종 사정을 의논하기를 좋아하는데 또 건망증이
대단히 심하다. 어떨 때는 다른 사람이 내 앞에서 내가 전에 했던 말을 외
우는데도 나는 오히려 이 말을 기억하지 못하는 정도이다. 그래서 평시에
한 말을 기록해 두었더니 시간이 지나면서 한 권의 책이 되었다. 이것을 빌
려 가서 베끼는 사람이 많아 부응할 수가 없어서 인쇄를 하여 널리 전하게
되었다.[86]

그는 자신의 저술은 심오한데 의미가 있는 것이 아니라고 하였다. 그
러한 책은 이미 전대의 많은 학자들이 남긴 것으로도 충분하다고 생각
했기 때문이다. 그러나 『원씨세범』의 가치는 역으로 일반인 누구라도
알아들을 수 있는 쉬운 말로 쓰여진 것에 있다. 이는 저자가 이 책을
읽고 나서 사람들이 다툼을 그치고 형벌을 받지 않도록 백성의 풍속
을 온후하게 하는 것에 가치를 두고 썼던 것이다. 그리하여 사회에 보
탬이 되고자 하였으며 성인이 다시 나신다고 해도 이점을 높이 평가해
줄 것이라는 자부심을 가지고 있었다.

지금 알기 어려운 심오한 것에 대해 사람들에게 말한 것은 앞선 선현들의
어록이 이미 많이 쌓여 있다. 그러므로 나는 일반 부부도 모두 알 수 있고
행할 수 있는 말로 세상들에게 일러주어 농부나 시골 늙은이, 부녀자도 잘
알 수 있게 하였다. 사람의 좋아하고 싫어하는 기호는 다 같지 않아서 어떤
이는 옳다고 하고 어떤 이는 그르다고 한다. 그러나 그 중에서도 그들의 마
음에 부합되는 것도 반드시 있을 것이다. 이것으로 분쟁을 그치고 형벌을

---

[86] 원채, 『원씨세범』 自序, "采朴鄙, 好論世俗事, 而性多忘, 人有能誦其前言, 而己或不
記憶. 續以所言私筆之, 久而成編. 假而錄之者頗多, 不能遍應, 乃鋟木以傳."

없도록 하여 백성들의 풍속을 순후하게 하려고 한다. 성인이 다시 나신다고 해도 나를 쓸모 없다고 하지는 않을 것이다.[87]

이러한 취지로 완성한 책을 그는 『속훈俗訓』이라고 이름 지었다. 송대 이전의 가훈은 대부분이 정밀하고 반듯한 것을 추구하였으며 유행하는 풍속을 합당하다고 여기지 않았다. 반면 원채의 이 가훈은 앞사람들의 가훈에 비해 풍속을 가르치는 데에 뜻을 세웠다. 그러므로 책이 완성된 후 이름을 『속훈』이라고 지어 "인륜을 두텁게 하고 습속을 아름답게 하고자 하는" 뜻을 명확하게 표현한 것이다.

원채는 출간하기에 앞서 태학에서 같은 방을 사용한 친한 벗인 유진劉鎭에게 서문을 써달라고 청하였다. 유진은 원채의 이 책을 반복해서 읽으면서 자세히 몇 달 동안 음미하고는 "말이 정확하고 자세하며, 뜻이 돈후하고 유연하니 이를 잘 익혀서 행하면 참으로 효제孝悌하고, 충서忠恕하며, 선량하여 군자의 행함을 알게 될 것"을 깊이 느꼈다고 하였다. 그는 이 가훈을 낙청현에만 베풀 것이 아니라 천하에 널리 퍼뜨려, 당대뿐 아니라 후세에 길이 남겨 온 천하 사람을 다 감화시켜 세상의 규범이 될 수 있다는 생각에서 『세범』이라고 책이름을 고칠 것을 권하였다.[88] 원채는 처음에는 그 뜻이 과하다고 생각하여 듣지 않다가 세 번의 사양 끝에 제목을 바꾸었다. 『세범』은 출간되자 큰 반향을 얻었으며 이후 『세범』, 혹은 『원씨세범』이라고 불리면서, 가훈의 교화 기능을

---

87 원채, 『원씨세범』自序, "今若以察乎天地者而語諸人, 前輩之語錄固已連篇累牘, 姑以夫婦之所與知能行者語諸世俗, 使田夫野老幽閨婦女皆曉然于心目間. 人或好惡不同, 互是迭非, 必有一二契其心者, 庶幾息爭省刑, 俗還醇厚. 聖人復起, 不吾廢也."
88 『흠정사고전서』『원씨세범』"其言則精確而詳盡, 其意則敦厚而委曲, 習而行之, 誠可以爲孝悌爲忠恕爲善良, 而有士君子之行矣.然是書也, 豈唯可以施之樂清, 達諸四海可也. 豈唯可以行之一時, 垂諸後世可也…欲目是書曰, 世範可乎."

넓혔을 뿐 아니라, 이후 진보적인 입장을 가진 지식인들이 가훈의 형식을 이용하여 사회를 교화하는 이상을 실현하려는 데에 참고가 되었다.

『원씨세범』은 모두 「목친睦親」, 「처기處己」, 「치가治家」의 세 부분으로 나뉘어 있으며, 일상의 생활에 절실한 규칙을 매우 구체적이고 자세하게 소개한다.

「목친」은 모두 60개 규칙으로 부자, 형제, 부부, 동서, 조카 등 대가정 속에서 각종 가정 구성원의 관계를 어떻게 할 것인가에 대한 것이다. 구체적으로 집안 불화의 원인과 폐해를 분석하고, 가족이 어떻게 화목하게 지낼 수 있을지에 관한 각종 준칙을 천명하면서 가족 간의 화목을 도모하기 위하여 음식, 의복, 가산분배, 혼사정하기, 과부의 재혼, 양자 들이기, 남녀의 평등, 장례와 제사, 집안일의 처리, 친척 보살피기 등의 처리 방식에 대한 해법을 제시한다. 「처기」는 모두 50개 규칙으로 입신, 처세, 언행, 친구와의 교유를 논하고, 사람이 살아가는 과정에서 반드시 당면하게 되는 부귀 빈한貧寒, 성패, 영욕榮辱을 어떤 자세로 받아들여야 할지를 일러주고, 남과의 교유에 있어서 어진 이를 가까이 하고 아첨하는 이를 멀리 하며, 선에 힘쓰고 악을 고칠 것과 고향에서와 객지에서의 처신하는 도리, 소인을 대하는 방법, 자녀가 친구와 사귀는 방식, 자산관리, 이웃 돌보기 등의 여러 문제에 대하여 언급하고 있다. 「치가」는 모두 72개 규칙이며, 기본적으로 집안을 유지하고 일으키는 데에 도움이 되는 경험치에서 나오는 말로 택지선정, 집 짓기, 담장 쌓기, 울타리 조성, 화재와 도둑 막기, 곡식창고 관리, 납세와 의연금 내기부터 첩들이기, 유모 청하기, 노복 부리기, 소작인 후대, 토지경계 명확히 하기, 계약서 작성, 양곡 빌려주기, 교량과 도로보수, 못 치기, 뽕나무와 과실수 심기, 가축 기르기 등까지 매우 광범위하고 구체적이다.

고대가훈이 주로 도덕교육을 중시하였던 것에 비하여 위에서 보이는 『원씨세범』의 내용은 전반적으로 치가 및 자식교육, 수신, 처세에 가르침을 주는 것 외에 생계를 도모하는 '치생治生'의 가훈과 재물을 관리하여 지출을 조절하는 '제용制用'의 가훈 등으로 시대가 필요로 하는 방향으로 영역이 크게 확장되었다.

2. 『원씨세범』의 내용

1) 가정 화목의 방법 – 목친睦親

엄격하게 보자면 '목친'은 '치가'의 한 부분에 속한다. 송 이전의 가훈에서도 가족 관계에 대하여 언급하고 있지만 비교적 간단하였으며 상세하거나 구체적인 내용이 아니었다. 앞에서 언급한 바와 같이 송대에 들어 대가정의 형태가 발달하면서 가족의 규모가 커지고 구성이 복잡해지면서 기존의 '치가'에서보다 가족관계가 차지하는 비중이 상대적으로 높아지게 되었다. 이에 따라 그 이전의 가훈에서는 치가 속에 포함되어 있었던 목친에 대해 원채는 별도로 목친 편을 설정하여 가정생활의 화목을 도모할 수 있는 방책을 논의하고 있다. 가족이 화목하자면 우선 가정불화의 원인이 되는 요소가 없어야 한다. 그렇다면 가족불화를 일으키는 근본 문제를 어떻게 해결할 수 있을까? 이에 대해 원채는 목친 편에서 단지 몇 개의 요구되는 조문을 서술하는 것이 아니라 사람들의 각기 다른 성격과 성정을 분석하는 데서부터 시작해서 가정의 불화를 조성하는 근본원인을 깊이 파고들어 간다. 그는 가정불화의 문제의 매듭이 어디 있는지 잘 알아야 근본적으로 해결할 수 있다고 생각하여 이에 대해 일련의 해결책을 제시한다. 가족 관계 중에서 제일 중요한 것이 부자관계와 형제관계인데 부자관계가 불화하게 되는 원인은 부모가 자녀를 착하게 하도록 권면하는 데에 기인하여 생기는 경우가 많고, 형제관계는 재물로 인하여 불화하는 경우가 많다는 것이다. 그러므로 부자관계에서 제일 유의해야 할 사항은 사람의 성품은 억지로 맞출 수 없음을 인정해야 한다는 점이라고 본다. 원채는 가족 구성원이 화목한 가정을 유지하기 위해 유념해야 할 주요한 사항을 다음과 같이 설명한다.

(1) 부자관계

부자관계에서 제일 명심해야 하는 점은 상대의 성품을 억지로 고쳐서 자신에게 맞추려고 해서는 안 된다는 것이다. 원채의 설명에 따르면 같은 가정의 구성원이라 하여도 성품은 서로 다른 법이어서 "너그럽고, 급하고, 포악하고, 나약하고, 근엄하고, 경박하고, 신중하고, 방종하고, 조용한 것을 좋아하고, 번잡한 것을 좋아하고, 소견이 작고, 소견이 큰 차이가 있다."[89] 사람의 품성이 이처럼 다르기 때문에 만약 아버지가 자녀를 억지로 자신에게 맞추려 하고, 형이 억지로 동생을 자신에게 맞추려 한다면 상대방의 반감을 사게 된다. 이처럼 성품을 맞출 수 없으면 언행 또한 맞출 수 없으니 이것이 부자 형제가 맞지 않게 되는 근원이다. 또 어떤 일을 앞에 두고 어떤 이는 옳다 하고 어떤 이는 그르다 하고, 어떤 이는 먼저 해야 한다 하고 어떤 이는 나중에 해야 한다고 여긴다. 이처럼 사람마다 자기의 견해를 고집하여 모두 상대방으로 하여금 자신을 따르게 하려 하면 반드시 다툼이 일어나게 된다. 다툼

---

89 원채,『원씨세범』,「睦親」 "蓋人之性, 或寬緩, 或褊急, 或剛暴, 或柔懦, 或嚴重, 或輕薄, 或持檢, 或放縱, 或喜閑靜, 或喜紛拏, 或所見者小, 或所見者大, 所稟, 自是不同."

의 결과, 피차가 불목하고 이에 평생 불화에 이르게 된다. 그러므로 원채는 이렇게 이른다.

> 이 이치를 잘 안다면 부형은 자제의 마음을 잘 이해하여서 자녀와 동생에게 자신과 같기를 요구하지 않아야 한다. 자녀나 동생 되는 사람도 부형을 공경하고 자신들의 말만을 들어주기를 바라지 않아야 한다. 이렇게 하면 모든 일을 처리할 때 반드시 서로 사이좋게 할 수 있으며 어긋나거나 논쟁할 화근이 없을 것이다.[90]

부형과 자제가 가정에서 지내는 데에 있어서 마땅히 상대의 인격과 품성을 존중하여야 하며, 상대를 "자신과 같게", "자신의 말을 듣도록" 하려고 해서는 안 된다는 것이다.

두 번째는 자기반성을 잘 해야 한다. 아버지와 아들이 만약 상대의 입장에 서서 문제를 생각하여, 쌍방의 관계를 처리하고, 서로를 대할 때 각자가 자기 마음에 비추어 보고 행한다면 이러한 가정은 불화할 이유가 없다. 아버지의 입장에서는 다음과 같은 태도가 필요하다고 한다.

> 내가 지금은 아버지이지만 전에는 아들이었다. 예전에 내가 부모를 섬길 때 매사에 정성을 다하였다면 자식이 그것을 듣고 본 바가 있으니 가르치지 않아도 본받아서 할 줄 알 것이다. 만약 내가 예전에 부모를 섬길 때 최선을 다하지 못하였는데 자식이 나에게 잘하기를 요구한다면 어찌 마음에 부끄럽지 않겠는가?[91]

90　원채,『원씨세범』,「睦親」"若悉悟此理, 爲父兄者通情于子弟, 而不責子弟之同于己. 爲子弟者仰承于父兄, 而不望父兄惟己之聽, 則處事之際, 必相和協, 无乖爭之患."
91　원채,『원씨세범』,「睦親」"吾今日爲人之父, 蓋前日嘗爲人之子矣. 凡吾前日事親之道,

또 아들의 입장에서는 다음과 같은 마음가짐이 필요하다고 한다.

내가 지금은 아들의 입장이지만 나중에는 아버지가 될 것이다. 지금 아버지께서 이렇게 키워 주시고 심혈을 기울이시니 정성을 다하시는 것이다. 나중에 내가 자식을 키울 때 아버지께서 나에게 해주시는 만큼 해야 마음에 부끄러움이 없을 것이다. 만약 그만 못하면 자식에게 빚지는 것일 뿐 아니라 무슨 낯으로 아버지를 뵙겠는가?[92]

이처럼 아버지와 아들은 각자 자신을 뒤돌아보며 자신의 도리를 다하도록 힘쓰고 서로를 질책하는 것은 삼가야 한다는 것이다. 그렇지 않으면 자식은 원망이 많아지고 아버지는 난폭하게 되어 불화가 점점 커지게 된다. 이러한 논의는 오늘날의 관점에서 보아도 인간의 관계가 일방적이 아니라 호혜적이라는 사람의 본성을 잘 파악하고 있으면서 실제의 사리에 근거한 합당한 처방인 셈이다.

그러나 위와 같은 방침이 곧 자녀에 대해 가르치기를 포기하고 방임하라는 의미는 아니다. 일반적인 부모의 마음은 자녀가 어릴 때는 사랑스러워서 너그럽게 넘어가기가 쉽다. 멋대로 조르고, 하려 들고, 이유 없이 소리를 질러도 금하지 않고 아이 보는 사람만 탓하거나, 다른 사람이 아이의 잘못된 점을 지적하면 아직 어려서 나무랄 수 없다고 한다. 이렇게 함으로써 어려서 바로잡지 않고 방임하다가 자녀가 장성한

每事盡善, 則爲子者得于見聞, 不待教詔而知效. 儻吾前日事親之道, 有所未善, 將以責其子, 得不有愧f心."

92 원채, 『원씨세범』, 「睦親」 "吾今日爲人之子, 則他日亦當爲人之父. 今吾父之撫育我者如此, 畀付我者如此, 亦云厚矣. 他日吾之待其子不異于吾之父, 則可以俯仰无愧. 若或不及, 非惟有負于其子, 亦何顏以見其父."

후에 잘못을 행하면 이때는 부모의 자녀에 대한 사랑의 마음도 소원하여져서 조그만 잘못에 대하여도 크게 질책하게 된다. 이러한 부자관계는 원만할 수 없다.

원채는 자녀가 어릴 때는 오히려 엄하게 대하고 장성하면 사랑을 표현하기를 권한다. 또 흔히 큰 아이는 미워하고 어린아이는 사랑하는 경우가 많은데 원채는 이것도 부자관계를 해치는 것이라 하여 경계한다. 부모가 밑에 있는 아이를 더 귀여워하는 생리를 그는 이렇게 설명한다. 아이가 태어나서 한두 살이 되면 하는 행동이 모두 사랑스럽다가 3, 4세에서 5, 6세에 이르면 미운 짓을 많이 하는데 이 때 동생이 태어나면 그 사랑이 자연히 새로 태어난 아기한테로 옮겨간다는 것이다. 또다시 그 애가 미운 짓을 할 즈음이면 또 새 아기가 태어난다. 이렇게 되풀이 되다가 막내는 달리 사랑이 옮겨갈 곳이 없으므로 늘 사랑스럽다는 것이다. 그러므로 이 단순한 이치를 안다면 다음과 같이 현명하게 하여야 한다고 한다.

> 자녀는 부모의 사랑이 있는 것을 알아야 한다. 큰 자녀는 조금 양보하고, 어린 자녀는 스스로를 억제해야 하며, 부모는 또 잘 깨닫고 알아서 조금씩 돌려야 하니, 부모가 마음 내키는 대로 행동해서 큰 자녀는 원망을 품고 어린 자녀는 제멋대로 하여 집안을 파탄에 이르도록 해서는 안 된다.[93]

이것은 집안의 큰일을 처리하는 경우 뿐 아니라 음식이나 의복, 말할 때나 행동할 때와 같은 모든 일상사에 다 적용되는 원칙이다.

---

93 원채, 『원씨세범』, 「睦親」 "爲人子者, 當知父母愛之所在. 長者宜少讓, 幼者宜自抑, 爲父母者又須覺悟, 稍稍回轉, 不加任意而行, 使長者懷怨, 而幼者縱欲以致破家."

(2) 형제관계

원채는 형제 사이의 불화는 주로 재산 다툼으로 인해 생긴다고 보았다. 재산 문제를 현명하게 처리하는 것이 가정에서 우애를 잃지 않는 주요한 관건이다. 그러므로 그는 분가하지 않고 동거하는 경우에는 따로 사사롭게 귀중품을 감추어 두지 말라고 충고한다.

형제 조카와 동거하면서 단독으로 재산을 많이 모아 두고, 나중에 재산 분할을 할 때 나누어야 할 것을 염려하여 금은 종류를 사서 몰래 보관하는 사람이 있는데 이것은 어리석은 일이다. 만약 백 천의 금은으로 계산하면, 이것으로 밭을 사면 일 년에 수입이 십 천이 될 것이고 십수 년 후면 백 천의 재물을 얻을 수 있으니 결국 본전을 얻게 된다. 가족에게 나누어 주는 분량은 밭을 산 이식인 셈이고 백 천금을 주고 산 밭은 계속해서 여전히 이식을 낸다. 만약 이것으로 전당업을 한다면 삼 년이 되면 불어난 것이 배가 되어 백 천을 내가 취하고 가족에게 나누어 주는 것은 모두 이식이다. 또 삼 년이 지나면 두 배가 된다. 그것이 얼마나 불어날지를 알지 못하는데 어찌하여 상자에 감추어 두고서 그 불어나는 것으로 여러 사람에게 이익이 되게 하지 않는가?[94]

이처럼 감추어 놓았다가 불의의 사고를 만나거나 불화를 초래하는 것보다 그 재산을 활용하여 더불어 이익도 나누고 우의도 두텁게 하는

---

94 원채, 『원씨세범』, 「睦親」 "人有兄弟子侄同居, 而私財獨厚, 慮有分析之患者, 則買金銀之屬而深藏之. 此乃大愚. 若以百千金銀計之, 用以買産, 歲收必十千, 十餘年後, 所謂百千者, 我已取之, 其分與者皆其息也, 況百千又有息焉, 用以典質營運, 三年而其息一倍, 則所謂百千者, 我已取之. 其分與者, 皆其息也.況又三年再倍, 不知其多少, 何爲而藏之篋笥, 不假此收息以利衆."

실질적인 방식을 택할 것을 권한다.

분가하는 경우는 재산을 나눌 때 공평해야 형제 사이에 우의가 상하지 않는다. 그리고 소소하게 계산하지 않아야 한다. 당시의 법령을 보면 가정의 재산 분할에 대한 입법이 상당히 상세하게 되어 있었으나 가족 간에 재산분할로 인한 송사가 빈번하였다. 분할을 피하거나 분할을 노리는 방법이 상당히 교묘하여 가족의 공유 재산을 계약서에 부인의 명의로 하는 경우가 있는가 하면 재산을 가명으로 두기도 했고 또 본래 가난한 집안에서 태어나서 자신의 힘으로 재산을 늘렸는데 집안에서 가족들이 그 재산을 나누자고 탐내는 경우도 있었다. 이처럼 자신의 이익을 앞세우면 가정의 화목은 깨어져 버린다. 형제나 조카와 동거하면서 불화하게 되는 것은 본래 꼭 큰 쟁론거리가 있어야 생기는 것은 아니다. 그 중의 한 사람이라도 자기의 이익을 우선하여 조그만 것이라도 혼자 차지하고, 또 여러 사람이 같이 나누는 경우에 반드시 자기가 더 얻고자 하면 다른 사람의 마음이 불편하게 된다. 이것이 발단이 되어, 심한 경우는 가정과 자산이 파탄에 이를 수도 있다. 작은 이익을 탐하다가 큰 화를 부르게 되는 것이다. 원채는 가정지출에 대해서도 다음의 점을 유념하라고 한다.

> 개인적인 지불을 해야 하는 것이면 개인의 돈으로 지불하고 공적인 지불일 것 같으면 공금으로 지불한다. 나눌 것이 있으면 비록 과일 같이 사소한 것으로 가치가 열 푼이 채 안 되는 것이라도 모든 가족이 똑같이 나누어야 한다. 그러면 무슨 다툼거리가 있겠는가?[95]

---

95 원채, 『원씨세범』, 「睦親」 "取于私則皆取于私, 取于公則皆取于公, 衆有所分, 雖果實之屬, 直不數十文, 亦必均平, 則亦何爭之有."

대가정에서 지출을 할 때는 공과 사를 엄격히 구분하여 혐의를 받거나 의가 상하는 일이 없도록 정당하고 공평하게 해야 한다는 것이다. 이렇게 노력하여 화목을 도모하여야 하지만 그래도 불화하게 될 수가 있다. 이러한 경우에는 한집에 살면서 갈등이 누적되는 것보다 빨리 분가하는 것이 낫다고 한다.

> 형제가 결혼하고도 효도의 도리로 함께 사는 것은 참으로 아름다운 일이다. … 일단 다툼이 생기면 서로 미워하는 정도가 전혀 모르는 사람보다 더 심해지니 전날의 아름다운 일이 심히 아름답지 않게 된다. 그러므로 형제가 따로 살아야 하는 상황이면 빨리 결정하는 것이 좋다. 형제 사이에 서로 우애하면 분가한다 하여도 효의에는 장애가 되지 않는다. 일단 서로 다툼이 시작되면 효의가 어디에 있겠는가?[96]

이러한 내용은 형제 간의 당사자가 유념할 사항이고 형제의 화목을 위해서는 주위가족들의 세심한 역할도 요구된다. 무엇보다도 부모는 자녀를 공평하게 대하여야 한다. 사람의 심리가 좋아하는 사람에게는 사랑을 더 주고, 싫어하는 사람에게는 사랑을 적게 준다. 자녀에 대한 이런 편애의 태도는 형제갈등의 원인이 된다. 사랑받는 자는 날로 기가 살아서 멋대로 하고 미움을 받는 자는 불만에 차면서 마음이 편치 않게 되고, 이것이 오래 쌓이다 보면 서로 원수가 된다는 것이다. 부모의 공평한 사랑이 어릴 때부터 형제 간의 화목을 도모하는 데에 무엇보

---

96 원채, 『원씨세범』, 「睦親」 "兄弟義居, 固世之美事…… 顧見義居而交爭者, 其相疾有甚于路人. 前日之美事, 乃甚不美矣. 故兄弟當分, 宜早有所定. 兄弟相愛, 雖異居異財, 亦不害爲孝義. 一有交爭, 則孝義何在."

다도 중요한 요소이다. 또한 어릴 때부터 공평하게 하는 것을 보여주면 커서 재산 분란이 없을 것이고, 엄하게 어른과 아이의 존비의 도를 가르치면 커서 윗사람을 업신여기는 환란이 없을 것이며, 분별을 가르치면 악한 일을 저지르는 후환을 줄일 수 있을 것으로 보았다.

(3) 친척관계

대가정의 가족 단위에서는 한 마을이 다 친척인 경우도 있다. 그러므로 이웃과 친척의 개념이 같은 개념에 포함되기도 한다. 본래 사람의 도덕 수준은 사람마다 차이가 있는데 이것은 가정 구성원 사이에서도 예외가 아니다. 그러므로 상대를 가르치려 하고 고치려하기보다 부자, 형제, 부부는 서로 너그러운 마음으로 관용하고 참고 양보하는 것이 중요하다. 또 골육 간에 의에 금이 가는 것은 사소한 데서 시작하여 평생을 가는 경우가 많다. 여러 구성원이 늘 함께 지내므로 마음 상할 일이 생기지 않을 수 없다. 그러나 오래 가지 않도록 해야 한다. 이에 대해 원채는 다음과 같이 권고한다.

> 아침저녁으로 함께 지내므로 사이가 벌어지는 일이 없을 수 없다. 사이가 벌어지면 한 사람이 먼저 화를 가라앉히고 말을 건네면 서로 주고받아서 평시처럼 된다.[97]

상한 마음이 고착되지 않도록 일의 시비를 따지지 말고 누구든지 먼저 나서서 풀어야 한다는 것이다. 또 매사에 억지를 부리는 사람이

---

[97] 원채, 『원씨세범』, 「睦親」 "朝夕群居, 不能无相失. 相失之後, 有一人能先下氣, 與之話言, 則彼此酬復, 遂如平時矣."

있게 마련인데 같이 사는 가족 구성원 중에 이런 사람이 있으면 참으로 난처하겠지만 이런 경우에도 넓은 아량으로 포용할 것을 권한다. 친척과의 관계에서 중요한 덕목은 포용과 이해 그리고 인내인 것이다.

또 친척 중에서 돈을 꾸어 달라고 하는 사람에게는 재력이 허락하는 범위에서 아예 주며, 자주 빌려주어서 습관이 되게 하면 안 된다고 한다.

> 친척이나 친구가 빌려 달라고 하면 여력이 되는대로 주고 만다. 만약 빌려주면 돌려받기를 바랄 것이고 재촉하게 될 것이다. 자꾸 재촉하면 도리어 빌려간 사람이 갚으려 생각하고 있는데 자꾸 재촉한다고 원망할 것이고 그러면 더 이상 채근을 못하게 된다. 또 재촉하지 않으면 본인이 묻지 않는데 내가 왜 갚겠는가 할 것이다. 재촉해도 갚지 않고, 재촉하지 않아도 갚지 않을 것이니 결국 원망만 맺게 될 뿐이다.[98]

가족 중 친척이나 먼 친척, 혹은 이웃사람 중에서 모자라는 것이 있으면 빌려 달라는 사람이 있다. 쌀, 소금, 술, 식초가 돈으로는 얼마 안 되지만 아침저녁으로 자주 그렇게 하면 귀찮다.[99]

「목친」편에서는 가족관계에 순응하는 많은 행위 규범을 제시하였는데 이것은 오늘의 시각에서 보아도 여전히 유효한 준칙이다. 원채는 당

---

98 원채, 『원씨세범』, 「睦親」 "應親戚故舊有所假貸, 不若隨力給與之. 言借則我望其還, 不免有所索.索之旣頻, 而負償冤主反怒曰, 我欲償之, 以其不當頻索, 則姑已之.方其不索, 則又曰, 彼不下氣問我, 我何爲而强還之. 故索而不償, 不索亦不償, 終干交怨而後已."
99 원채, 『원씨세범』, 「睦親」 "房族親戚隣居其貧者才有所闕, 必請假焉. 雖米鹽酒醋計錢不多, 然朝夕頻頻, 令人厭煩."

시 사회의 풍조를 관찰하고 여기에 자신의 체험을 더하여 대단히 정밀하고 예리하게 이 문제에 대하여 판단하고 있다.

그 외의 가정 구성원 간의 관계에 대해서도 「목친」편에서 많은 준칙을 제시하고 있다. 예를 들면 재산 나누기는 공평하고 합당하게 해야 하며, 받는 입장에서는 지나치게 따지지 말아야한다고 하여 가정 분란이 재산으로 인한 경우가 많으므로 이점에 특히 유의할 것을 당부한다. 형제, 조카와 동거하는데 있어서는 '장유는 화합이 중요하며', '함께 지내는 데는 관용이 중요하며', '각기 공평한 마음을 가져야 하며', '뒤에서 하는 말을 들으면 안 된다'고 하여 관용과 이해가 중요하다고 한다. 양자를 들일 때는 분쟁의 단서를 피할 것과 아버지와 할아버지의 연령이 높으면 공평한 유언을 세워 가족 간의 송사를 피할 것을 권고하여 가족 간에 이해하고 인내하는 미덕도 필요하지만, 원천적으로 문제의 소지를 만들지 않는 것이 중요하다며 여러 예를 들고 있다.

2) 처신의 방법-처기處己

「처기」편은 수신과 양성養性, 즉 마음과 몸을 다스리는 방법에 대한 내용이다. 송대 이전에는 가훈에서 이처럼 자기수양에 대한 비중이 높지 않았는데 송대 이학理學의 발달이 가훈의 내용에도 영향을 주고 있음을 알 수 있다. 어떤 마음가짐을 가지고 처신을 어떻게 해야 하는 지에 대한 가르침을 다음의 몇 항목으로 분류한다.

(1) 부귀에 초연함

원채는 「처기」편의 첫머리에서 하나의 명제로 빈부는 자연히 주어지는 대로 따를 뿐이라고 하고 억지로 가지려고 해도, 억지로 피하려고 해도 되지 않는다고 선언한다. 그리고 "부귀는 운명인데 이것을 가지고 어찌 마을에서 거만을 부리겠는가?"라고 하며, 가난한 데서부터 시작해서 부유하고 현달하게 된다 해도 이것을 가지고 우쭐거려서는 안 된다고 하였다. 그 이유를 다음과 같이 설명한다.

> 품행의 좋고 나쁨과 인생이 잘되고 못되는 것은 별개이다. 품행이 바르다고 해서 영화롭고 부귀하며 품행이 바르지 않다고 해서 곤궁한 것은 아니다. 만약 그렇다면 공자와 안자는 마땅히 재상이 되어야 하며 고금의 재상과 고관은 소인이 있어서는 안 된다. 덕행을 쌓는 것은 우리가 마땅히 행해야 하는 것이지 이것으로 공리功利의 효과를 구하여서는 안 된다. 이렇지 않으면 목적을 얻지 못하면 덕행의 수양이 태만해지고 원래 신봉하던 신념도 바뀌어 소인의 무리로 전락할 것이다. 지금 세상에는 어리석으면서 부귀를 누리고 총명하면서 빈한한 사람이 많은데 다 하늘이 정한 자신의 분복이니 탐구할 것이 없다. 이 이치를 안다면 마음을 편안히 하고 거처하여 어찌 번뇌를 덜지 않겠는가?[100]

> 부귀는 본래 정해진 것이다. 조물주는 이미 운명을 정하여 놓고 또 예측할 수 없는 변화를 남겨 놓았다. 그렇게 하고는 천하 사람으로 하여금 권세와 돈을 추구하며 아침부터 밤까지 분주하게 뛰어다니게 하는데 사람은 죽을 때까지 이것을 깨닫지 못한다. 만약 이익추구에 바쁘지 않게 된다면 천

---

100 원채, 『원씨세범』, 「處己」 "操履與升沈, 自是兩途. 不可謂操履之正, 自宜榮貴,操履不正, 自宜困厄.若如此, 則孔顏應爲宰輔, 而古今宰輔達官, 不復小人矣. 蓋操履自是吾人當行之事, 不可以此責效於外物. 責效不效, 則操履必怠. 而所守或變, 遂爲小人之歸矣. 今世間多有愚蠢而享富厚, 智慧而居貧寒者. 皆有一定之分, 不可致結. 若知此理, 安而處之, 豈不省事."

하 사람들은 아무 할 일이 없게 되고 조물주도 사람들에게 일을 시킬 방법이 없게 된다. 그러나 사람이 분주하게 추구하지만 정말로 부귀영화를 얻는 사람은 한두 사람이고 얻지 못하는 사람이 천 명 만 명이다. 세상사람들은 한두 명이 부귀를 얻은 것을 가지고 전심전력으로 노력하는데 늙어 죽을 때까지 이루지 못하는 사람이 많다. … 선배들이 말하기를 사생과 빈부는 운명으로 정해지는 것이고 군자로 정해지면 군자가 되는 것이고 소인으로 정해지면 아무리 해도 소인이 된다고 하였다. 이 말은 대단히 정확한 지적이다. 다만 사람들이 모를 뿐이다.[101]

이 말은 얼핏 보면 모든 상황을 있는 그대로 받아들이고 인생을 무기력하게 수동적으로 살라고 하는 의미로 보인다. 그러나 원채는 이 글을 통하여 인생의 실체를 직시하라고 하고 있다. 자손과 세인들에게 삶의 경험에서 터득한 이치를 진솔하게 일러주면서 인생에는 의지만으로 되지 않는 일도 있고 노력해도 되지 않는 영역이 있다는 것을 일러주고 있는 것이다. 우리가 인생을 살아가는 데에는 용기와 희망을 북돋아 주는 것도 필요하지만 그렇게 하여 가능성일 뿐인 것을 마치 현실인 것처럼 잘못 인식하도록 유도하는 것은 원채의 입장에서는 용납되지 않는 태도이다. 원채는 이 세상을 결함의 세계라고 보고 있다.

사람이 세상을 살아가는 데 있어 지각과 식견이 생기면서부터 우환과 마

101　원채, 『원씨세범』, 「處己」 "富貴自有定分, 造物者旣設爲一定之分, 又設爲不測之機, 役使天下之人, 朝夕奔趨, 老死而不覺. 不如是則人生天地間全然無事, 而造化之術窮矣. 然奔趨而得者, 不過一二. 奔趨而不得者, 蓋千萬人. 世人終以一二者之故, 至于勞心費力, 老死无成者多矣… 前輩謂死生貧富生來注定. 君子贏得爲君子, 小人枉了做小人. 此言甚切, 人自不知耳."

음대로 안 되는 일이 있다. 어린아이가 우는 것은 자기마음에 차지 않는 것이 있어서 그러하다. 아기 때부터 시작해서 어린이가 되고 장성하고 늙을 때까지 마음대로 되는 일은 적고 마음대로 되지 않는 일은 많다. 가령 세상 사람들이 다 부러워하고 신선처럼 지낸다고 생각하는 크게 부귀한 사람이라도 마음대로 안 되는 일이 있다. 그 점에서는 빈천한 사람과 마찬가지이다. 다만 걱정하는 일이 다를 뿐이다. 그러므로 이 세계를 채워지지 않는 결함세계라고 한다. 사람이 세상을 살아가는 데에 있어 모든 것이 뜻대로 되고 흡족한 사람은 없다. 이 이치를 잘 깨닫고 좌절하거나 여의치 않은 상황에 봉착할 때 상황을 순순히 받아들이면 조금 편안할 것이다.[102]

세상의 모든 일이 다 뜻대로 되는 것도 아니고 뜻대로 다 되는 사람도 없다고 한다. 그래서 결함의 세계라고 한다. 인생의 실체가 이러하다면 특별히 잘날 것도 없고 위축될 것도 없을 것이다. 인생이란 굴곡이 있게 마련인데 이 이치를 파악하고 있다면 그 때 마다 나의 인생을 남과 비교하지 않고 오히려 내 앞에 펼쳐지는 생을 의연하게 살아갈 수 있을 것이다. 원채는 처신의 방법 첫머리에서 우리가 세상을 살면서 이러한 의연한 자세를 가질 것을 일러주고 있다.

(2) 충신忠信 독경篤敬의 사람됨

원채는 충신과 독경을 사람됨의 기본 준칙이라고 생각하였다. 여기서 말하는 '충신'과 '독경'은 유가의 경전에서 보는 개념과는 조금 다르다.

---

102 원채, 『원씨세범』, 「處己」 "人生世間, 自有知識以來, 即有憂患不如意事. 小兒叫號, 皆其意有不平. 自幼至少至壯至老, 如意之事常少, 不如意之事常多. 雖大富貴之人, 天下之所仰羨以爲神仙, 而其不如意處各自有之, 與貧賤之人無異, 特憂慮之事異爾故謂之缺陷世界. 以人生世間無足心滿意者. 能達此理而順受之, 則可少安."

재물이 나의 것과 남의 것이 섞여 있을 때 남을 손해 보게 하면서 나를 이롭게 하지 않고 환란과 같은 어려운 때에 남을 방해하면서 나를 이롭게 하지 않는 것을 충忠이라고 한다. 또 약속했으면 실 한 올 털끝만큼이라도 지키고 시간을 약속했으면 시간을 일 각이라도 어기지 않는 것을 신信이라 하고, 일을 처리하는 것이 후하고 마음 쓰는 것이 성실한 것이 독篤이며, 예의 바르고 신중하며 언사가 겸손한 것이 경敬이라고 한다. 그러면서 지식이 없고 소양이 낮은 사람이라도 충분히 충신의 개념을 이해할 수 있도록 일상생활에서 흔히 볼 수 있는 소인의 행동을 예로 들어 충신이 아닌 경우를 설명하고 있다. 원채는 소인에게는 충신을 기대할 수 없다고 한다.

> 충신 두 글자를 군자는 지키지 않는 사람이 적고 소인은 지키지 않는 사람이 많다. 소인은 시장에서 장사를 할 때 질이 떨어지는 물건을 진기한 새것으로 꾸미고, 가짜를 진짜로 만들어 판다. 예를 들면 비단에 아교풀을 먹여서 광택이 나게 하고, 곡식이나 고기에 물을 뿌려서 무게를 늘리고, 싼 것을 귀한 약재라 속인다. 온갖 교묘한 언사를 써서 물건을 파는 것만 주구하고 다른 사람이 먹고 사용하는 것을 잘못하게 하고는 전혀 상관하지 않는다. 이러한 상인들은 충신하지 않은 것이다.[103]

빚을 지고 오랫동안 갚지 않아서 빌려준 주인이 독촉하면 한 달 뒤에 갚는다고 약속하고는 약속한 기일이 되면 또 갚지 않고 약속하며 또 기일이 되

---

103 원채,『원씨세범』,「處己」"忠信二事, 君子不守者少, 小人不守者多. 且如小人以物市於人, 敝惡之物飾爲新奇, 假僞之物飾爲眞實. 如絹帛之用膠糊, 米麥之增濕潤, 肉食之灌以水, 藥材之易以他物. 巧其言詞, 止于求售, 誤人食用, 有不恤也. 其不忠也, 類如此."

어도 갚지 않으며 이렇게 하기를 열 몇 번을 하고도 갚지 않는다. 기술자인 장인匠人이 물건을 만들면서 선금을 요구하고서 주문한 사람이 독촉하면 한 달을 연기하고 또 기일이 되어 독촉하면 또 한 달을 연기하고 이렇게 하여 열 몇 번 약속을 하여도 물건을 받지 못한다. 신의가 없는 것이 이와 같다.[104]

원채는 이처럼 일상에서 경험하는 비근한 예를 들어 누구라도 알기 쉽게 충신 독경의 의미를 설명하고 있다. 여기서 말하는 충신 독경은 유가의 경전을 통달한 이학가理學家들이 추구하는 덕목과 같은 개념이 아니라, 재물과 이익 앞에서 경우를 지키고 평소의 생활에서 겉과 속이 같고 정직하며 남과의 관계에서 신의를 지키는 것처럼 평범한 보통사람들이 일상의 생활에서 실천할 수 있는 실제적인 개념이다.

(3) 말을 조심함

원채는 남과의 관계에서는 무엇보다도 말을 조심해야 한다고 하며 먼저 말을 적게 할 것을 권고한다. 말을 적게 하면 자신에 대하여는 후회가 적고 남에게는 원한 사는 일이 적다는 것이다. 또 평상시 관계가 좋을 때에도 말을 가려서 하는 지혜가 필요하다고 한다.

친척과 친구의 관계에서 서로 관계가 아주 친하다고 해서 자신의 은밀한 일을 다 말하여서는 안 된다. 일단 사이가 나빠지면 그 전에 한 말이 다

---

104 원채, 『원씨세범』, 「處己」 "負人財物, 久而不償, 人苟索之, 期以一月, 如期索之, 不售, 又期以一月, 如期索之, 又不售, 至于十數期, 而不售如初. 工匠制器, 要其定資, 責其所制之器, 期以一月, 如期索之, 不得, 又期以一月, 如期索之, 又不得, 至于十數期, 而不得如初, 其不信也類如此."

른 사람과 다툴때 구실이 된다. 또 사이가 악화되었다고 해서 지나친 말로 남을 모욕하면 안 된다. 화가 가라앉고 난 다음 혹 이전과 같은 좋은 관계를 회복할 지도 모르고 혼인으로 맺어 질지도 모른다. 그렇게 되면 전일에 한 말이 부끄러워진다. 분노했을 때 무엇보다도 상대의 비밀을 폭로하거나 상대의 조부, 부친이 한 나쁜 일을 폭로해서는 안 된다. 나의 일시의 분노로 남의 약점을 폭로하여 공격하는 것이 그에게는 원한이 골수에 밸 것이다. 옛사람의 말에 말로 주는 상처가 창보다 깊다고 하였고, 속담에는 사람을 때릴 때 무릎을 때리지 말며, 남의 말을 할 때 단점을 들추지 말라고 하였다.[105]

또 남과 말을 할 때는 말의 내용 못지않게 말하는 태도가 중요하다고 하며 안색을 온화하게 가져야 한다고 한다.

친척과 친구 사이에 말로 인하여 사이가 멀어지는 경우가 있다. 말로 다른 사람에게 상처를 주어서가 아니라 안색과 어기가 사나워서 다른 사람의 마음을 노하게 하였기 때문이다. 예를 들어 남의 단점을 말할 때 말이 절실하고 직접적 이어도 안색과 어기가 온화하면 설사 그 말을 따르지는 않더라도 화를 내지는 않을 것이다. 평상시 말할 때 남을 상하게 하는 바가 없어도 어기와 안색이 거칠면 상대가 화를 내지는 않지만 의심한다.[106]

---

105 원채, 『원씨세범』, 「處己」 "親戚故舊, 人情厚密之時, 不可盡以密私之事語之. 恐一旦失歡, 則前日所言, 皆他人所凭以爲爭訟之資. 至有失歡之時, 不可盡以切實之語加之. 恐忿氣旣平之後, 或與之通好結親, 則前言可愧. 大抵忿怒之際, 最不可指其隱諱之事, 而暴其父祖之惡. 吾之一時怒氣所激, 必欲指其切實而言之. 不知彼之怨恨, 深入骨髓. 古人謂, 傷人之言, 深于矛戟是也. 俗亦謂, 打人莫打膝, 道人莫道實."
106 원채, 『원씨세범』, 「處己」 "親戚故舊, 因言語而失歡者, 未必其言語之傷人, 多是顏色辭氣暴厲, 能激人之怒. 且如諫人之短, 語雖切直而能溫顏下氣, 縱不見聽, 亦未必怒. 若

이외에도 화가 나 있거나 술을 마신 뒤에는 말을 더욱 조심하여 원천적으로 말로 인한 화가 야기되지 않도록 하라면서 남과의 관계에서 말을 제일 조심해야 함을 거듭 강조하고 있다.

(4) 교유를 신중하게 함

원채는 친구를 사귈 때 군자를 가까이하고 소인을 멀리하라고 한다. 그리고 무엇보다도 자기 자신이 남과 원만하게 교유하기 위하여서는 자신을 열고 다른 사람을 받아들이려는 열린 마음과 태도가 선행되어야 하며 유별난 모습이나 행동을 하지 않아야 한다고 이른다.

> 다른 사람과 교유하는 데는 상대의 지위고하를 막론하고 태도를 항상 평화롭고 친절하게 지녀야 한다. 또 스스로를 자존자대하거나 옷차림을 너무 꾸미지 않는다. 만약 말과 행동이 유별나면 누가 가까이하려 하겠는가?[107]

또 친구를 일단 사귀면 장점을 보도록 노력하여 우정을 쌓는 것이 중요하다고 이른다.

> 사람의 성품과 품행은 단점이 있는가 하면 반드시 장점도 있다. 남과 교유할 때 늘 단점만 보고 장점을 보지 않으면 잠시라도 같이 있을 수 없다. 만약 늘 그 장점을 생각하고 단점을 염두에 두지 않으면 평생토록 잘 지낼 수 있을 것이다.[108]

平常言語无傷人處而辭色俱厲縱不見怒, 亦須懷疑."
107 원채, 『원씨세범』, 「處己」 "與人交遊, 无問高下, 須常和易. 不可妄自尊大, 修飾邊幅. 若言行崖異, 則人豈復相近."
108 원채, 『원씨세범』, 「處己」 "人之性行, 雖有所短, 必有所長. 與人交遊, 若常見其短, 而

이렇게 신중하게 친구를 사귀어야 하는데 부모들 중에서 자녀가 혹 나쁜 친구를 사귈 것을 염려하고 이를 아예 사전에 방지하기 위해 친구와 사귀는 것 자체를 막는 방식에 대하여 원채는 다음과 같이 말한다.

세상에 어떤 사람은 자제가 아직 혈기가 넘쳐서 주색과 도박으로 그 마음을 어지럽혀 자신과 집안을 망칠 것을 염려하여 자제를 집에 잡아 두고 출입을 금하고 친구와 교유도 끊게 하여 견문이 전혀 없이 바보가 되어 세상 물정을 알지 못하게 만드는 경우가 있다. 그러나 이것은 좋은 방법이 아니다. 금지한 것이 한 번 풀리면 정욕이 폭발하여 마치 불이 들판을 태우는 것 같아서 끌 수가 없게 된다. 하물며 집에 가두어 두면 하루 종일 하는 일이 없어 몰래 나쁜 일을 한다면 밖에 나가는 것과 무엇이 다르겠는가? 오히려 때로 나가서 친구를 조심하여 잘 사귀도록 하면 나쁜 일이라도 보고 들으면 자연히 스스로 깨닫고 부끄러운 줄을 알고 하지 않게 될 것이다.[109]

교유를 단절시키면 사람이 촌스럽고 어리석게 될 뿐 아니라 만약 막는 것이 해이해지거나 사춘기가 시작되면 나쁜 쪽으로 향하는 기세가 맹렬하여서 걷잡을 수 없게 된다며 더 큰 잘못을 범하게 될 것을 경계한다. 그보다는 교유를 신중하게 하도록 지도하여 품행이 나쁜 일이라도 익히 듣고 스스로 간파하여 부끄러운 줄 알고 하지 않도록 하는 것이 더 낫다고 하였다. 물드는 것을 겁내어 무조건 격리하고 소극적인

不見其長, 則時日不可同處. 若常念其長, 而不顧其短, 雖終身與之交遊可也."
109　원채, 『원씨세범』, 「處己」 "世人有慮子弟血氣未定, 而酒色博弈之事, 得以昏亂其心, 尋至于失德破家, 則拘之于家, 嚴其出入, 絶其交遊, 致其無所見聞, 朴野蠢鄙, 不近人情, 殊不知此非良策, 禁防一弛, 情竇屯開, 如火燎原, 不可搏滅. 況拘之于家, 無所用心, 却密爲不肖之事, 與出外何異. 不若時其出入, 謹其交遊, 雖不肖之事, 習聞旣熟, 自能識破, 必知愧而不爲."

태도로 막는것보다 적극적으로 자녀의 면역력을 키워 나가는 방법을 유도한다. 원채의 이 방법은 오늘날의 관점에서 보아도 합리적인 교육 방식이다.

(5) 직업을 가져야 함

오늘날의 관점에서 보면 성인이 되면 직업을 가지는 것이 당연하지만 당시로는 누구나 직업을 가져야 한다는 것은 신선한 생각이었다. 원채는 자제로 하여금 일정한 직업에 종사하도록 하여야 하며, 이렇게 해야만 빈한한 가정의 자녀는 배고픔과 추위를 면할 수 있고 부유한 가정의 자녀는 주색과 노름 같은 악습에 물드는 것을 면할 수 있다고 하였다. 그는 또 자녀가 종사할 만한 정당한 직업군에 대해 다음과 같이 구체적으로 예를 들고 있다.

> 사대부의 자제가 만약 의지할 조상의 세록과 재산이 없으면 가족을 부양하기 위해서는 유생이 되는 것이 제일 낫다. 재질이 뛰어나서 진사 공부를 할 수 있으면 과거에 급제하여 부귀하게 되는 것이 최선이고, 차선으로는 사숙을 열어 학생을 가르쳐서 학비를 받아 생활하는 것이다. 진사 공부에 참여할 수 없는 사람은 남의 서신을 대서하는 것이 제일 좋고, 차선으로는 문장공부를 하여 어린아이를 가르치는 것이다. 만약 유생이 되지 못하면 무당, 의생, 승려, 도사, 농부, 상인, 기능직 등의 직업을 가질 것이니 생활을 영위할 수 있으면서 조상을 욕보이지 않는 것이면 다 해도 된다.[110]

---

110 원채, 『원씨세범』, 「處己」 "士大夫之子弟, 苟无世祿可守, 无常産可依, 而欲爲仰事俯育之計, 莫如爲儒. 其才質之美能習進士業者, 上可以取科第, 致富貴. 次可以開門敎授, 以受束修之奉. 其不能習進士業者, 上可以事筆札, 代箋簡之役. 次可以習点讀, 爲童蒙之師. 如不能爲儒, 則巫醫伎道農圃商賈伎術, 凡可以養生而不至于辱先者, 皆可爲也."

원채는 사대부의 자제가 우선적으로 선택할 직업은 공부하여 유학을 익히는 것이라 하고 이렇게 하면 최선의 경우는 과거에 급제하여 부귀하게 되는 것이고 차선으로는 학생을 가르칠 수 있다고 한다. 이것은 진사과에 합격한 사람의 경우이고 진사가 못 된다 할지라도 문장을 일삼고 편지를 대서하며 어린아이의 선생이 될 수 있다고 한다. "만약 선비가 될 수 없으면 무당, 의생, 승려, 도사, 농부, 상인, 기능직, 이런 것은 모두 생계를 도모하면서 조상을 욕보이지 않는 것이니 모두 해도 된다."고 하였다. 어떤 것이 조상을 욕보이는 직업일까? 원채는 거지, 도적, 밀매, 부자에게 굽실거리며 애걸하는 류가 그것이라고 생각하였다. 여기서 원채는 과거에 사대부 계층이 하찮게 여기고 천시하던 직업을 새로운 시각에서 보고 긍정적으로 평가하며 자제가 선택해도 되는 직업으로 삼고 있다. 기존의 통념을 탈피하여 어떤 직업에 종사하는지가 중요한 것이 아니라 정당한 노력을 들여 생활을 영위하는 것이 직업 선택에 있어서 중요하다는 진보적인 견해를 피력하고 있는 것이다.

3) 가정관리의 방법 - 치가治家

「치가」편은 가정을 갈무리하는데 있어서 주의를 기울여야할 점과 어떤 부분을 어떻게 관리해야 할 것인가를 설명한 내용이다. 기존의 가훈서를 보면 일반적으로 치가편에는 가족 간의 도리와 가정 살림에 대한 내용이 포함되는데 『원씨세범』에서는 이것을 분리하여 가족관계의 도리는 「목친」편에 싣고 있고, 건물관리, 사람관리, 자산관리 등 여러 항목에 걸친 가정의 일상생활의 갈무리는 「치가」편에 싣고 있는데 전체 세 편 중에서 「치가」가 차지하는 분량이 제일 적다.

원채는 가정의 안전에 대한 항목을 가정 관리의 맨 첫머리에 두어 강조하였다. 가정의 안전에서는 도적과 화재로부터의 안전을 우선적으로 언급하고 있다. 도적을 막기 위해서는 먼저 집을 견고하게 방비하여야 한다고 한다.

> 거주하는 가옥은 담장이 높고 두껍고, 울타리는 촘촘하고, 창문은 견고해야 한다. 훼손된 것은 수시로 수리하여야 한다. 하수구 구멍 같은 것도 항상 마개로 막되 새것으로 견고하게 하여 소홀히 하지 않아야 한다. (이렇게 하면) 교묘한 도적이 담을 뚫고 울타리를 부수고 벽을 허물고 문을 따는데 시간이 좀 걸릴 것이니 무너진 담, 썩은 울타리와 흙벽, 부서진 문을 그대로 두어 도적이 오도록 하는 것과는 차이가 있다.[111]

이것은 거주지가 일반적인 주택지인 경우이고 인가가 별로 없는 곳에 거주할 때는 조건을 조성해서라도 이웃을 만들어야 한다고 이른다.

> 거처하는 집이 산중 같은 궁벽한 곳에 있으면 중심이 되는 부분에 장원을 만들어서 장정이 많은 집을 거주하게 한다. 화재나 도적을 만났을 때 서로 도움을 줄 수 있다.[112]

즉 한적한 산촌에 거주한다면 부근에 집을 조금 지어 장정이 많은 착실한 사람들을 거주하도록 하여 안전을 도모하라고 이른다. 이렇게

---

111 원채, 『원씨세범』, 「治家」 "人之居家, 須令墻垣高厚, 藩籬周密, 窗壁門關堅牢, 隨損隨修. 如有水竇之類, 亦須常設格子, 務令新固, 不可輕示. 雖竊盜之巧者, 穴墻剪籬, 穿壁決關, 俄頃可辨. 比之頹壁弊籬腐壁弊門, 以啓盜者有間矣."

112 원채, 『원씨세범』, 「治家」 "居止或在山谷村野僻靜之地, 須于周圍要害去處, 置立庄屋. 招誘丁多之人居之. 或有火燭竊盜, 可以卽相救應."

방범을 하고도 도둑에 대비한 조언이 많이 있다. 도적과 화재를 예방하기 위해 밤에 순찰을 돌 것이며 개가 짖거나 물건 소리가 나면 흘려듣지 말고 꼭 확인을 하라고 한다. 혹 도적이 들면 도적이 들었다고 소리를 지르고 천천히 일어나서 쫓으라고 하며 혹 도적을 잡아도 구타해서 상해를 입히면 안 되고 법으로 다스려야 한다고 한다. 부뚜막의 불을 잘 확인하고 바람이 많이 부는 날에는 화재에 대해 특히 경각심을 가질 것이며 재를 쌓아 두는 곳도 유의해서 살피라고 한다. 그리고 집 주위에 흐르는 물이 없으면 반드시 우물을 파서 화재에 대비할 것을 권고한다.

이렇게 첫머리에서 구체적인 예를 들어가며 자세히 설명을 하고 있는데 고대사회에서 가족의 안전과 재산을 지키는 것으로는 도적과 화재에 대한 방비가 제일 중요했기 때문이다.

가정에서 도적과 화재에 대한 위험 다음으로 이어지는 유의사항은 어린이의 안전에 대한 문제이다. 어린이와 관련해서는 유괴와 불의의 사고가 제일 염려되는데 유괴의 위험에 대비할 방책을 원채는 다음과 같이 말한다.

> 부유한 사람들이 자기의 아이를 사랑해서 금은보석 같은 것으로 장식을 해 주는 경우가 있다. 재물을 탐하는 소인이 아무도 없는 곳에서 아이를 죽이고 재물을 빼앗는다면 나중에 법으로 처단한다고 해도 무슨 도움이 되겠는가?[113]

---

113 원채, 『원씨세범』, 「治家」 "富人有愛其小兒者, 以金銀珠寶之屬飾其身. 小人有貪者, 于僻靜處毀其性命而取其物, 雖聞于官而置于法, 何益?"

시내에 거주하는 어린이는 장정이 데리고 나가는 경우가 아니면 거리에 나가서 놀게 해서는 안 된다. 유괴하는 사람을 염려해서이다.[114]

이처럼 원채는 가족들에게 당부하기를 어린아이에게 금은으로 된 장식품을 주지 말라고 당부하며 또 어린아이 혼자 저잣거리에 가지 않도록 하라고 하며 이렇게 함으로써 도둑에게 목숨을 상하게 되는 일과 유괴되어 골육이 헤어지는 일을 면할 수 있다고 하였다. 유괴로 목숨을 잃거나 가족이 헤어지는 염려 외에 불의의 안전사고에 대한 대비 또한 중요한 부분이다.

집에 우물이 있으면 반드시 난간을 만들고 연못이 있으면 울타리를 만들어야 한다. 물이 깊은 도랑이나 급류가 있는 곳, 높은 곳, 중요한 장치가 되어 있는 곳에는 반드시 방범을 하여 어린아이가 함부로 접근하지 못하도록 해야 한다. 사고가 난 뒤에 남을 원망해도 소용없다.[115]

이와 같이 도적과 화재의 위험과 어린아이의 사고에 대한 안전관리가 가정에서 가족의 안전과 재산을 지키기 위하여 우선적으로 챙겨야 할 부분이라고 하고 있다. 이어지는 내용은 효율적으로 가정을 운용하기 위한 자산관리에 대한 가르침이다. 자산의 내용은 노비와 소작인 전답으로 이어진다.

일반적으로 가훈을 전수하는 계층은 대부분 여유가 있는 계층이

114　원채, 『원씨세범』, 「治家」 "市邑小兒, 非有壯夫携負, 不可令遊街巷, 慮有誘略之人也."
115　원채, 『원씨세범』, 「治家」 "人之家居, 井必有干, 池必有欄. 深溪急流之處, 峭險高危之地, 機關觸動之物, 必有禁防, 不可令小兒狎而臨之. 脫有疏虞, 歸怨于人何及?"

었다. 그러므로 노비와 소작인을 고용하였으며 이들에 대한 관리가 가정관리의 중요한 관건이 된다. 그러므로 원채는 노비의 품성과 신원에 대한 조언에 많은 부분을 할애하여 언급하고 있다. 그는 노비를 고용할 때는 무엇보다도 사람됨을 잘 보아야 한다고 한다.

> 노복을 고용할 때는 마땅히 순박하고 정직하며, 근면하고 성실한 사람을 뽑아야 한다. 일을 잘하기를 추구해야지 말과 행동이 마음에 들기를 구하지 않아야 한다.[116]

이것은 일부 철없는 자제들이 노복을 선택할 때 식견 있고 지혜로운 사람을 선호하는 것에 대한 충고이다. 노비의 좋은 성품과 근검 근면이 집안 경제의 생산성과 직결되는 것이며 이들의 풍모와 지혜가 가정의 경제를 증진시키는 것과는 하등 관련이 없기 때문이다. 기이한 차림을 하고 거짓말하는 경박한 사람도 고용하지 않아야 한다고 한다. 또 본고장의 사람이 제일 좋으며 외지 사람인 경우에는 내력을 물어서 잘 파악하고, 소개인의 계약을 거치도록 하라고 한다.

노비를 고용하고 나서 이들을 어떤 방식으로 대하는 것이 좋은지에 대한 조언도 빠뜨리지 않는데 무엇보다도 너그럽게 대할 것을 강조한다.

> 가장이 일을 시킬 때 제대로 못하면 소인들은 본래 태생이 이와 같이 어리석다고 생각하고 너그러이 대처하고 여러 번 많이 가르치며 화내는 것을 적게 하는 것이 좋다. 이처럼 하면 노복은 죄를 면할 수 있고 주인은 마음

---

[116] 원채,『원씨세범』,「治家」"人家有僕, 當取其朴直謹愿勤于任事. 不必責其應對進退之快人意."

이 또한 편안하여 일을 많이 줄일 수 있다.[117]

죄를 범할 경우에는 사적으로 처리하지 말고 관으로 보내어 법에 의거하라고 이른다.

비복 중에 도둑질을 하거나 도망친 자는 관청으로 보내어 의법처리한다. 직접 매로 때려서는 안 된다. 의외의 사고가 날 수 있기 때문이다. 혹 도망친 것이 본인의 뜻이 아니었거나 훔친 것이 음식, 소소한 것이면 평소에 수고한 것을 생각하여 조금 혼내고 그대로 두고 부려도 된다.[118]

평소에 대하는 것을 너그럽게 해야 하며 잘못이 있으면 여러 번 가르쳐야 하고 때리거나 욕을 해서는 안 되고 만약 죄를 지으면 관청으로 송달하여 죄를 다스려야 한다고 하여 인권을 유린하는 일이 없도록 경계한다. 이외에도 노비의 생활에 관심을 가질 것을 이른다. 옷은 따뜻하게, 먹는 것은 배부르게 하여 주고 사는 곳도 점검하여 겨울에 추위에 떨지 않도록 배려하라고 한다. 병이 나면 의원에게 보내어 병을 치료하고 여자 하인이 나이가 들면 그 가족에게 돌려보내어 노후에는 여생을 편하게 마감하도록 하라고 한다. 이러한 배려는 노복 뿐 아니라 소작인에게도 해당되는데 출산이나 결혼, 가옥 건축, 사망 등의 일이 있으면 후하게 주선하여 주라고 한다. 소작인이 농사지으면서 빌려가는

117　朱淮生注, 『원씨세범·治家』, 黃山書社, 2007. "凡爲家長者, 于使令之際, 有不如意, 當云小人之天資之愚如此, 宜寬以處之, 多其敎誨, 省其嗔怒可也. 如此則僕者可以免罪, 主者胸中亦大安樂, 省事多矣."

118　朱淮生注, 『원씨세범·治家』 "婢僕有奸盜及逃亡者, 宜送之于官, 依法治之. 不可私鞭撻, 亦恐有意外之事. 或逃亡非本其情, 或竊止于飮食微物, 宜念其平日有勞, 只略懲之, 仍前留備使令可也."

것이 있으면 그 이자를 조금만 받도록 하고 가뭄이 든 해에는 그 모자라는 것을 살펴서 일찌감치 감해주며, 이치에 어긋나는 요구를 해서도 안 되며, 시기에 맞지 않는 노역을 시켜서는 안 된다고 한다. 이상의 내용을 보면 당시 사회에서 노비와 소작인계층에 대해 인권과 복지를 자발적으로 보장하고 이를 강조하여 당부하는 것이 이들과의 관계를 단절된 관계로써가 아니라 유기적인 관계로 파악하여 더불어 살아가고자 한 방식으로 높이 평가된다.

3. 『원씨세범』과 사회 교화

1) 통속적 언어 사용에 의한 친근감과 간편함

『원씨세범』의 우선적 특징은 언어가 통속적이어서 알기 쉽고, 규범이 행하기에 편하다는 것이다. 원채는 스스로 책을 쓴 목적을 일반 부부도 모두 잘 알고 시행할 수 있는 말로써 세인들에게 일러주려고 쓴 것임을 분명히 하고 있다. 그러므로 그는 두 가지 점에 주의를 기울인다. 하나는 언어가 통속적이어서 이해하기 쉽고 널리 전파하기에 편리하도록 하였고, 둘째는 사람들이 본받고 실행하기에 편하도록 하였다. 예를 들면 「치가」편에서 방화에 대하여 언급하면서 불이 나기가 쉬운 장소, 물품, 시기, 기후 등을 자세히 분석하여 설명함으로써 실제 생활에 절실한 내용을 실례를 들어 설명하고 있다.[119]

---

119 원채, 『원씨세범』「睦親」

2) 사회교화의 책임감

이전의 가훈은 기본적으로 자신의 가족과 자제를 가르치기 위한 것이었는데 원채의 가훈은 그뿐 아니라 사회풍조를 단정히 하기 위한 사회 교화적 성격에서 출발한 것이었다. 이 가훈을 썼을 당시 원채는 작은 현의 현령이었다. 그는 강한 사회적 책임감을 가지고 이 책을 저술하고 간행하였으며 세속을 가르치는데 뜻을 두었다. 책속에서 처세와 치가에 대한 가르침에 더하여 관리의 도리에 대한 자신의 견해도 밝히고 있다. 그는 거가居家와 거관居官이 본래 하나의 도리라고 말한다. 집에 거하면서 관직에 있었던 때를 능히 생각한다면 좌지우지하면서 정치에 간여하는데 이르지 않을 것이며, 관직에 있으면서 집에 있던 시절을 능히 생각한다면 강퍅하고 사납고 방자하여 남의 원한을 사는 데 이르지 않을 것이라 하여 관리가 백성을 대하기를 자신의 가족을 대하는 것처럼 하라고 이른다. 그는 관리가 되어서는 마땅히 공심을 주로 하여야 한다고 하면서 어리석고 탐욕스러운 자제는 관리가 되게 하여서는 안 된다고 한다.[120] 또 탐욕스럽고 포악한 관리의 여러 행동을 폭로하면서 백성을 괴롭히는 탐관오리는 반드시 하늘의 벌을 받는다고 하며 경계한다.[121]

3) 진보적인 생각과 교육방법

원채는 부형과 자제사이의 관계에서 쌍방의 교류와 피차의 이해와 서로 간의 적응이 필요하다고 하였다. 아버지는 자제의 인격과 개성을

---

120 원채, 『원씨세범』「處己」
121 원채, 『원씨세범』「處己」

존중하여야 하며 동시에 각각 돌이켜 생각하여 상대방의 입장에서 문제를 생각하여야 한다고 하고 상대가 자녀라고 해도 자신에게 맞게 하려고 해서는 안 된다고 하였고 자녀 뿐 아니라 노비에 대해서도 폭력적인 징벌을 금하고 이것이 교육적으로 효과가 없음을 주장한다.

자제의 교유에 대하여 원채는 나쁜 친구를 사귈 것을 염려하여 무조건 교유 자체를 금지하는 것보다 자제로 하여금 친구와 사귀면서 실제로 대처하여 많이 보고 들어서 식별력과 면역력을 높일 것을 주장하였다.[122] 또 가정화목에 영향을 미치는 중요한 문제인 형제 사이의 불화를 해결하는 방법으로 어른들이 자녀를 공평하게 사랑할 것과 재산 분할을 공정하게 해야 한다는 두 가지 조치를 제시하여 문제의 소지를 애초에 만들지 말 것을 확실히 하였다. 또 가정구성원 간에 인내하고 양보하는 것에 대해 무조건 참아서는 문제 해결이 되지 않고 오히려 모순이 쌓여 한 번에 폭발하게 되므로 그때마다 풀어서 마음에 담아 두지 않는 것이 더 낫다고 하였다. 참는 것을 가정 화목의 관건이라고 생각하던 당시의 일반적인 통념에 비해 원채의 이러한 생각은 시대를 앞서서 사회를 이끄는 진보적인 견해였다.

4) 인도주의 정신

원채는 "사람과 조류와 금수는 모양과 본성이 비록 다르지만 모이는 것을 좋아하고 흩어지는 것을 싫어하며 살고자하고 죽는 것을 두려워하는 그 심정은 사람과 동물이 같다."고 하며, 그러므로 "만물이 사

---

[122] 趙忠祥 方海茹,「袁氏世範的家政教育思想及現代價値」,『河北師範大學學報』第7券 第1期, 2005, p.59.

람에게 바라는 것은 사람이 하늘에 바라는 것과 같다."고 하였다. 그러므로 날씨가 추울 때는 항상 소, 말, 돼지, 양, 닭, 개, 오리의 우리가 바람을 가리고 추위를 차단하는 지를 살펴야 한다고 이른다. 그는 이렇게 하는 것이 바로 모두 어진 사람의 마음씀씀이요 만물과 내가 하나가 되는 이치를 드러내는 것이라고 하였다. 또 유모를 들여서 아이를 키우는 것에 반대하는 입장을 보인다. 주인집 아이를 위해서 유모의 아이가 굶어 죽는 상황은 차마 하지 못할 일이라는 것이다. 원채는 또 남녀의 지위에 대하여도 진보적인 견해를 피력한다.[123] 원채는 딸을 낳는 것이 아들을 낳는 것보다 못하지 않다고 한다. 살아서는 딸의 집에 의탁하고 죽고 나서도 장사 지내고 제사 지내는 것을 모두 딸이 맡는 실제의 사례를 예로 들어 자신의 주장을 뒷받침한다. 또 가족에게 이르기를 과부가 생계를 꾸리기는 힘든 일이라며 특히 더 그들을 동정하고 배려할 것을 당부한다. '『안씨가훈』의 버금'이라고 일컬어지는 『원씨세범』은 이러하듯 뚜렷하고 독창적인 견해를 지님으로써 중국 고대 가훈발전사에 있어서 중요한 위치를 차지하고 있다.[124]

넓은 의미의 가훈은 공통적인 가정윤리를 이르는 훈계의 글로서 어떤 가정에서도 신분이나 문벌에 관계없이 시행할 수 있는 사회 교화적 특성을 지닌다. 송대는 중국에서 대가정제도가 보편화되기 시작한 시대이며 대가정은 많은 인원이 같은 공간에서 의식주를 함께 한다는 특성상 원만한 가족관계를 위한 지침이 필요하였다. 이러한 배경에서 송대에 이르면 가정규범과 가정의례, 가례 등이 많이 출현하게 되는데

---

123 朱明勳, 『中國傳統家訓研究』, 四川大學博士學位論文, 2004, p.181.
124 徐少錦·陳延斌 著, 『中國家訓史』, 陝西人民出版社, 2003, pp.419-423.

『원씨세범』도 이 시기에 편찬된 교훈서 가운데 하나이다. 원채는 당시의 생활을 근거로 하여 실제 상황을 예로 들어가면서 누구라도 알 수 있는 통속적이며 간명한 언어로 보통 사람들의 교화를 위하여 이 책을 저술하였다. 그리하여 가훈의 교화기능을 넓혔으며 이후의 지식인들이 가훈서의 형식을 빌려 사회를 교화하는 이상을 실현하는 데에 단초가 되었다. 내용적 특징을 보면 교화의 내용이 시대를 앞서가는 진보적인 사고가 많다. 가정의 화목을 위한 가르침을 보면 전통적인 가훈에서 보는 것처럼 어느 한 쪽의 일방적인 순종과 이해를 요구하지 않고 성품은 사람마다 다르다는 전제하에 부자간이라 하여도 상대가 자신에게 맞추도록 요구하지 말고 자신을 돌아보는 상호 소통의 방식을 택할 것을 이른다. 직업 선택에 있어서도 새로운 열린 사고로 사회를 계도한다. 사람은 직업이 있어야 한다는 전제하에 이전까지의 전통사회에서 편견을 가지고 있던 무당, 의생, 승려, 도사, 농부, 상인, 기능직 등의 직업에 대해서 이것으로 생활을 영위할 수 있으면 해도 된다고 하며 정당하게 살지 않는 것이 오히려 부끄러운 일이라고 설파한다. 또 전편에 걸쳐 사회적 약자에 대한 배려를 강조하고 있다. 노인이나 홀로 된 사람 어린아이에 대한 배려를 구체적으로 제시하며 노복에 대하여도 체벌을 금하고 의식주를 잘 돌보아 주어야 한다는 점을 많은 부분을 할애하여 당부한다.

    원채의 이러한 가정교육, 가정관리, 사회교화의 사상은 이후 가훈이 사회교화의 성격으로 발전하는데 있어서 크게 영향을 주었다. 그는 세속을 깨우치는 것을 자신의 소임으로 생각하는 사명감으로 가훈의 효능을 확대하였고 이후의 지식인들이 가훈의 형식을 빌려서 세상에 규범을 내고 자신의 도덕 이상을 실현하는 데에 좋은 본보기를 제공하였던 것이다.

제4장

증국번의 가훈

1. 증국번의 사상 배경과 학문성격

증국번은 멸망의 위기에 직면했던 청조 말에서 정치가·학자·유장 儒將 등 다양한 생을 살았던 인물이며,[125] 이로 인해 그에 대한 평가 또한 엇갈린다. 민족혁명을 이끌었던 장병린章炳麟(1868-1936)은 증국번이 태평천국의 만주족 반대 운동을 진압한 것에 대해 완곡하게 비판하고 있지만, 개혁을 주창하였던 양계초梁啓超(1873-1929)는 극찬을 하고 있다.[126] 대체로 국공내전 이후의 중국 대륙에서는 부정적으로 평가하지만, 대만을 비롯하여 서구와 일본은 증국번 사후 국공내전 이전까지 이어졌던 긍정적인 평가와 맥을 같이 한다. 사회체제의 차이에 따라서 입장과 평가가 달라짐을 알 수 있다. 그러나 중국 대륙에서도 1978년 이후 개혁개방이 시작되면서 '실사구시'의 노선을 표방함에 따라 증

---

[125] 전사, 정치가, 만청의 충복, 유가의 위인, 遠東의 워싱턴 등 다양한 모습으로 묘사되기도 한다.(William James Hail, Tseng Kuo-fan and the Taiping Rebellion (London, 1927), PP. xi, 371. (張玉法, 「曾國藩的歷史地位」, 『故宮學術季刊』第十一卷, 第二期 p.72에서 재인용.)
[126] 蕭一山, 『曾國藩傳』, 吉林文化出版社, 吉林, 1995, pp.19-25.

국번에 대한 연구도 이에 초점을 맞추며 긍정적인 평가가 부각되기 시작하였다.

증국번은 예학을 구체적으로 연구한 학자는 아니었으나, 전통적인 예학사상을 계승하였으며 예학을 중국학술의 정종正宗으로 생각하여 예학이 한학과 송학을 통섭할 수 있으며 만물의 이치이며 경세의 큰 법이라고 생각하였다. 이 때문에 이홍장李鴻章(1823-1901)은 증국번의 학문에 대하여 '의리를 연구하고 훈고에 정통했으며 문장은 한유韓愈(768-824)와 구양수歐陽脩(1007-1072)를 본받고 한부漢賦의 기체氣體로 보완하였으며 그 학문의 종지는 예를 귀결처로 삼았다'[127]고 하였다.

증국번 자신은 '선왕의 도는 바로 수기치인修己治人이며 모든 이치는 예로 귀결된다'고 하였다.[128] 수기치인은 작게는 수신에 해당하는 개인의 품성과 인격 함양에서부터 크게는 치국평천하의 사회질서·국가체제 등 여러 기본원칙과 구체적인 실현방안에 이르는 모든 것을 망라하는 경세經世를 말한다. 이 모든 것이 예의 범위에 포함되며 그 실천을 예학이라고 하는 것이다. 증국번은 시문에는 능하지만 스스로 즐기는 데 그치고 수기치인을 하지 못하는 지식인을 돼지치기노예[牧猪奴]라며 타기唾棄하였으며 세상을 걱정하고 인민애물仁民愛物하는 것이 지식인의 책무라고 생각하였다. 그리하여 자신은 도덕수양을 일상생활에서 실천하고 구현하는 경세치용經世致用를 목표로 삼고 일생 동안 수기치인의 도를 실현하는 데에 노력을 기울였다. 외우내환의 시기에 35년간 관직에 나아가 치국평천하의 경세를 실현한 것도 지식인으로서의 사회

....

127　李鴻章, 「曾文正公神道碑」 "公爲學研究義理, 精通訓詁, 爲文效法韓歐, 補益之以漢賦之氣體. 其學問宗旨, 以禮爲歸."
128　『증국번전집』, 「詩文」, 聖哲畫像記, "先王之道, 所謂修己治人, 經緯萬匯者, 何歸乎? 亦曰禮而已矣."

적 책무이자 이것이 학문의 완성이었기 때문이다. 그는 일찍이 '내적으로 예를 버리고는 도덕이 없고 외적으로 예를 버리고는 정사가 없다.'고 하여 수신 제가 치국 평천하가 다 예로 귀결된다고 보았다. 이런 점에서 그를 예서를 연구한 의미에서의 예학자로서가 아니라 현실 속에서 예를 실현한 실천적 의미의 예학자로 볼 수 있다.

증국번 사상의 힘은 탁상의 이론에 그치지 않고 이를 솔선하며 실천했다는 점에 있다. 증국번은 1,500여 통의 가서家書와 20년간의 일기日記라는 생생한 기록을 남기고 있다. 본 글은 이 가서와 일기에 근거하여 증국번이 생애를 통하여 수신, 제가, 치국, 평천하의 각 단계를 구체적 현실 속에서 경세치용의 학문으로써 어떻게 구현하고 실천하였는지 살펴봄으로써 그 예학가치를 고찰한다.

증국번은 어릴 때 이름은 관일寬一이고 자는 백함伯涵, 호는 척생滌生이며 국번國藩은 나중에 개명한 것이다. 조상은 호남 형양衡陽 출신으로 청초에 상향현湘鄉縣 대계리大界里로 옮겨왔다가 가경嘉慶 13년(1808)에 다시 백양평白楊坪으로 옮겼는데 증국번은 여기서 태어났다. 그의 가계는 원·명 이래로 500-600년 동안 농업에 종사하면서 지방고시조차 한 명도 합격한 적 없는 한미한 집안이었다. 후에 증국번과 그의 동생 국전國筌이 봉작을 받은 이후로 증가曾家는 호남의 명망있는 집안으로 자리잡았다. 증국번의 고조 응정應貞은 평생토록 열심히 일을 하여 부를 모았으며 자손에게 항상 '근검으로 입신할 것'과 '농사짓고 책을 읽어 집안을 보전할 것'을 당부하였다. 증조부 경희공竟希公도 일생 근검하였는데 특히 조부 옥병玉屏이 증국번과 그 후손에게 준 영향은 매우 컸다.[129] 그는 비록 공부를 많이 하지는 않았지만 남을 돕기를 좋아하고

---

129 曾玉屛은 젊었을 때 방탕한 생활을 하였다가 대오각성하고 평생 날이 새기 전에 일어

성품이 강직하고 정의감이 있었으며 인망을 쌓아서 지방의 신사紳士가 되었다. 평생 근면하고 노력하며 강직했던 증국번의 성품은 조부에게서 이어받은 자산이었다. 부친 인서麟書는 43세에 생원에 합격함으로써 사족에 참여하여 증국번을 비롯한 다섯 아들의 발판이 되었고 교육에 힘을 기울여 자신의 꿈을 후세에게서 실현할 수 있었다. 그는 효성이 매우 지극하였는데[130] 이러한 효행은 증국번을 비롯한 형제들이 서로 친애하고 효성을 다하는 가풍을 형성한 본보기가 되었다.

증국번은 5형제의 맏이로 청왕조가 쇠락의 길로 접어 들던 가경 16년(1811)에 태어났다. 6세부터 공부를 시작하였는데 자질이 총명하였다. 14세에 좋은 성적으로 동자시童子試[131]에 합격하였고 부친에게서 『주례』·『의례』·『사기』·『문선』 등을 배웠다. 20세 되던 해에 형양衡陽의 왕각암汪覺庵 문하에서 일 년여 동안 배우고 다시 상향湘鄕의 최대 서원인 연빈서원漣濱書院에서 학업을 닦았다. 원래 증국번의 자는 백함이었는데 이전의 자신을 깨끗이 씻어 버리고 새로 거듭나겠다는 결심을 이 시기에 하고 호를 척생으로 바꾼다. 이때부터 인품과 학업에 큰 진전을 보인다. 23세에 상향현시湘鄕縣試에 응시하여 수재가 되고 24세 봄에 장

나서 농사일을 하고 땅을 일구고 돼지와 물고기를 기르는 등 근면한 생활을 하였다. 『증국번전집』, 「台洲墓表」, 岳麓書社, 長沙, 1995, p.331.

[130] 부친 曾麟書는 자신의 부친 曾玉屛이 마비로 거동과 말을 할 수 없게 되자 60세의 고령으로 지극하게 수발을 들었는데 3년 동안 조금도 흐트러짐이 없어 자손들에게 깊은 감화를 주었다. 『증국번전집』, 岳麓書社, 長沙, 1995, p.423.

[131] 동자시는 동시라고도 한다. 당·송 시대에는 주현시라 했고 명 청 시대에는 군시라 했다. 현시. 부시와 원시의 삼단계 고시가 있는데 현시는 보통 지현이 주재한다. 그 현의 동이 시험치고자하는 5명이 서로 결속하고 또 그 현의 름생이 보를 이루어서 고시에 참가할 수 있다. 시험은 대체로 2월에 있고 4-5차례 치른다. 내용은 팔고문과 시부 책론 등이다. 이 시험 합격 후에, 부시에 응할 수 있고, 부시에 합격 후에 원시에 참가할 수 있다. 원시는 도시라고도 한다. 원시에 합격하면 수재로 불리고, 관학에 들어가 정식으로 과거에 응시할 수 있다.

사長沙의 악록서원岳麓書院에 가서 학업을 닦고, 가을에 향시에 급제하여 거인擧人이 되는데 악록서원에서의 학업은 일 년이 채 안 되는 짧은 시간이었지만 증국번이 경세치용의 호상湖湘 학풍을 접하게 되는 중요한 기간이었다. 회시會試에 응시하기 위해 북경에 가서 한유의 고문과 경사의 서적을 접하였으며 낙방하고 귀향하면서 『이십삼사二十三史』를 구입하여 역사와 고문에 대한 공부를 하면서 역대 통치의 교훈을 익힌다. 비록 낙방은 하였으나 이 경험은 학문에 대한 식견과 견문이 넓어진 계기가 되었다. 28세에 진사가 되어 한림원 서길사庶吉士로 벼슬길의 첫걸음을 딛게 된다. 시험을 본 후 '국번'으로 개명하였는데 나라를 지키는 울타리가 되겠다는 결심이 이 시기에 이미 섰음을 알 수 있다.[132]

증국번이 나고 자란 호남지역은 예로부터 독특한 지역특성이 있는 곳이었다. 『사기』에서는 호남인은 사납고 날래다고 하였고, 『수서隋書』에서는 결단력이 있고 사납다고 묘사하였다. '호남지방지湖南地方志'에서는 강직하고 곧고 용맹과 근검을 좋아한다고 묘사하고 있다.[133] 강직하고 고생을 잘 견디어내고 참을성 있고 패하는 것을 두려워하지 않는 용맹스러운 증국번의 성품에 호상문화의 특징이 녹아 있었다.

증국번의 학문이 형성된 시기는 대체로 도광道光 연간(1820-1850)이었다. 19세기 전반기인 이 시기의 학술상황에 대해 왕국유王國維는 '우리 청조의 300년간의 학술은 세 번 변하였으니 국초에 한 번, 건륭乾隆·가경嘉慶 연간에 한 번, 도광道光·함풍咸豊 이후에 한 번 변하였다. 국초의 학문은 컸고, 건가는 정밀했으며, 도·함 이후는 새로웠다[134]'고 한다.

132　20세에 바꾼 滌生의 호는 의리의 범주이고 28세에 바꾼 國藩의 이름은 경세의 범주로서 의리와 경세를 겸하여 통하고자 하는 결심을 세웠음을 볼 수 있다.
133　邢応駒,「曾國藩修身思想探析」,『牧丹江師範學院學報(哲社版)』5期, 2010, p.76.
134　王國維,「沈乙庵先生七十壽序」,『觀堂集林』卷二十三. pp.386-387.

도광 시기의 학술이 새롭다는 것은 건륭(1732-1795)·가경(1796-1820)의 학풍과 비교해서 상대적으로 새롭다는 의미이다. 건륭·가경의 경학은 '한학漢學'을 고증하는 것을 표방하였으며 가경에 이르러도 그 풍조는 변함이 없었다. 그러나 도광 시기에 접어들면서 한학 고증의 독주는 와해되기 시작하였다. 그 원인으로는 전대흔錢大昕(1728-1804)·정요전程瑤田(1725-1814)·단옥재段玉裁(1735-1815) 같은 건륭 시대의 최후의 큰 학자들이 가경 년간에 사망한 데다가, 새로운 시대상황에 요구되는 학술은 경학 고증으로 해결할 수 있는 것이 아니었기 때문이다. 건륭 시기는 비록 후기로 들어서면 사회와 정치의 각종 위기현상이 나타나기는 하지만 표면적으로는 태평을 유지하는 형국이었다. 지식인들도 『사고전서』 같은 대규모 편찬 사업에 헌신하면서 지식추구의 즐거움을 얻고 창조정신을 발휘할 수 있었다. 도광 이후 내우외환이 동시에 발생하면서 지식인들은 이제 더 이상 조용히 공부하고 경전을 고증하는 낡은 방식에 안주할 수 없게 되었다. 심각한 위기에 처한 현상을 바꿀 변화가 필요해진 것이다. 그리하여 도광 이후의 학술 정신은 고전 연구에서 경세치용으로 전환되어, 이학理學이 다시 대두하고, 경세학[135]이 흥성하였다. 이러한 추세는 증국번의 학문 성격과 매우 밀접한 관련이 있다.[136] 또 증국번의 사상에서 호상문화의 영향은 매우 크다. 학통으로 보면 호남은 송대부터 주돈이·호굉胡宏(1105-1161)·장식張栻(1133-1180)·주희 등의 노력으로 이학理學과 지역문화가 결합되어 지방색채가 농후한 호상학파가 형성된 지역이다. 원·명대의 여러 호상학자들을 거쳐서 왕

---

135 道光, 咸豊 이후의 禮制, 史學, 掌故, 時務(漕運, 鹽法, 河工, 兵餉 등), 邊疆과 같은 것이 모두 경세와 관련된다.
136 余英時, 「曾國藩與士大夫之學」, 『故宮學術季刊』 1卷2期, 1993, pp.79-81.

부지王夫之(1619-1692)에 이르면서 전통의 호상문화는 절정을 이루었다가 근대에 들면서 위원魏源(1794-1857)[137]이 '이적夷狄의 장기長技를 배워서 이적을 제압하자'는 주장을 내세우면서 호상문화는 다시 전환되는 국면이 되었다. 가까운 선인들 중에서 증국번이 숭상하고 영향을 받았던 사람을 두 부류로 나눌 수 있는데 호상출신과, 호상에서 활동하던 기간이 길었거나 호상문화가 형성되는데 깊은 영향을 주었던 외지출신이다. 전자로는 주돈이·왕부지·도주陶澍(1779-1839)·위원·하장령賀長齡(1785-1848)·하희령賀熙齡(1788-1846) 등이 있고, 후자로는 장식·주희 등이 있다.[138] 호남인들은 이학을 숭상하여 의리와 수신 양성養性을 강구하는 동시에 경세를 중시하여 이학理學과 경세를 아우르는 전통을 수립하였다. 증국번이 이러한 호상학통의 정신에서 받은 정수는 이학전통과 경세정신이라고 할 수 있다.

이후의 호남학파에서 증국번이 차지하는 의미를 보면, 1840년을 전후하여 근대로 접어든 호남에 양대학자집단이 등장한다. 앞서 증국번이 스승으로 삼았던 사람들이 제1대 근대 호남학자 집단이라면 증국번과 그의 문하인 좌종당左宗棠(1812-1885)·호림익胡林翼(1812-1861) 등이 바로 제2대 근대 호상학자 집단이다. 증국번이 이학理學 전통을 체득한 과정을 보면 그는 과거준비를 하던 시기에 호남의 연빈서원漣濱書院과 악록서원에서 수학하였다. 이학의 비조인 주돈이는 호상인이고, 주희·장식은 악록서원에서 강학을 하였다. 이런 영향으로 악록서원의 역

---

137 청말의 춘추 공양학파의 대표자의 하나. 청대 중기에 성행했던 고증학이 실제성을 상실한 점을 강하게 비판하고, 경세치용의 학문을 주장하면서, 『시경』, 『서경』을 연구하였다. 아편전쟁(1839-1842)에 참가했으나 태평천국(1851-1864)의 운동에는 반대하였다. 자국의 방위와 세계의 대세에 대해 기술한 『海國圖志』가 유명하다.
138 歐陽斌, 「曾國藩與湖湘文化」, 長沙師範大學, 研究生畢業論文, 1995, p.2.

대 원장들은 학생들에게 정주학을 종주로 삼을 것을 요구하였으며 또한 이 시기의 스승인 유원당·구양후균歐陽厚均(1766-1846)은 모두 저명한 호상학파 이학가였다.[139] 자연히 이 때 두 서원에서 받았던 교육에는 이학의 색채가 농후하였다. 그러나 이학에 대해 깊이 궁구하게 되는 것은 도광 18년(1838)부터 함풍 2년(1852)까지 십수 년 동안 북경에서 학문과 공부 방법에 큰 영향을 준 스승과 벗인 당감唐鑑(1778-1861)과 왜인倭仁(1804-1871)[140]을 만나 교유하면서부터 시작되었다. 당감은 당시 의리학파의 중요한 학자였는데 증국번에게 『주자전서』에 의거하여 돈품치학敦品治學할 것을 권하였으며, 의리·고거考據·사장詞章의 세 학문 중에서 의리학이 제일이며 의리공부의 긴요처는 '부자기不自欺'에 있음을 깨우쳐주었다. 그리고 이 공부를 도와줄 왜인을 소개하여 준다. 증국번은 새롭게 되기를 결심하고 왜인의 '성의誠意'와 '신독愼獨' 공부를 따라 하기 위하여 1842년 11월 3일부터 매일 생각한 것과 한 일을 일기에 써서 수시로 점검하고 다스렸으며, 정기적으로 왜인에게 이 일기를 보내어 점검을 받았다.[141] 이때부터 증국번은 평생 동안 이학을 추구하고 '의리학'을 표방하면서, 엄격한 심신 수양으로 자신을 단속하여 이를 '내성內聖'의 도에 응용하고 현실의 구체적인 문제를 해결하는 '외왕外王'의 학문에 힘을 기울였다.

앞에서 언급한 바와 같이 도광 시기는 쇠미한 시대로 접어들면서

---

139 歐陽斌, 「曾國藩與湖湘文化」, 長沙師範大學, 硏究生畢業論文, 1995, p.28.
140 청나라의 蒙古 正紅旗 사람인 烏齊格里氏이다. 1829년 진사가 되고, 이후 공부상서와 문연각대학사가 되어 황제에게 글을 가르쳤다. 의리학에 정통해 이학대사로 불렸다. 주자학자인 唐鑑의 제자, 증국번을 비롯하여 何桂珍, 李棠階, 吳廷棟 등과 함께 성리학을 연구하였다. 저서에 『倭文端公遺書』와 『啓心金鑒』, 『爲學大指』, 『日記』가 있다.
141 『증국번전집』 「日記」, 岳麓書社, 長沙, 1995, p.92.

사회 위기가 고조됨에 따라 학자들이 사회로 눈을 돌리게 되어 경세의 풍조가 일어난 시기이다.[142] 이러한 시대상황 속에서 증국번의 경세사상은 멀리는 그 연원이 호상학통에 있지만 구체적인 계승은 한학가인 유전영劉傳瑩(1818-1848)[143]과 교류하면서부터이다. 유전영은 증국번에게 학문은 먼저 도덕수양을 하여야 하며, 일상의 생활 속에서 도덕수양을 실현하여 이것을 객관의 사물에서 구현하여야 한다고 이른다. 그리하여 '독獨'에서부터 '중衆'으로, 마음에서부터 구하여서 이를 '가家'·'국'의 대사에까지 미루어 이르게 하여서 일신에서부터 '가家'·'시市'에까지 미루어 이르게 하여야한다는 치용의 학풍과 실사구시의 학문방법을 증국번에게 전수하였다.[144] 이러한 과정을 거치면서 증국번은 의리학과 경세학을 체득하게 된다.

2. 학문의 목표와 방법

증국번은 배움을 매우 중시하였다. 청년시절에 회시에 낙방하고 귀향하는 길에도 옷을 저당 잡혀 『이십삼사』를 구입하였고 평생 동안 가

142　陶尌, 林則徐, 賀長齡, 魏源 등은 모두 경세를 기치로 내세웠으며 경세파 등장은 중국근대사상의 막이 오르는 것을 나타낸다. 潭雙泉, 『中國近代政治思想史』, 湖南師範大學出版社, 1995, pp.42-43.
143　청나라 湖北 漢陽 사람이다. 호는 實甫. 국자감 學正을 지냈다. 고증학에 종사했다. 輿地에도 관심을 가져 현재의 땅이 한나라 때의 어느 곳인지를 상세하게 고증했다. 훗날 이학에 잠심해 품성을 돈독히 하여 힘써 실천하는 것으로 자신을 면려했다. 『明性』과 『明教』, 『明治』 등의 풍속 교화의 내용을 담은 저서가 있다.
144　『증국번전집』「詩文」, 孫芝房侍講爭論序, "往者漢陽劉傳瑩云,實究心漢學者之學,而疾其單詞碎義,輕笘未賢.間嘗語余, 學以反求諸心而已,泛博胡爲,至有事于身與家與國,則當一一詳核焉而其是.考諸室而市可行,驗諸獨而衆可從."

진 것 중에서 값나가는 것은 관복 외에는 책뿐이었다. 책읽기를 좋아하여 임종하기 전날까지 『이학종전理學宗傳』의 『장자張子』를 읽을 정도였다. 그는 사람의 기질은 천생이어서 바꾸기 어렵지만 오직 독서만이 그 기질을 바꿀 수 있다고 생각했기 때문에 자신은 물론 가족에게도 공부의 중요성을 매우 강조하였다.[145]

증국번은 그 출신을 보면 대대로 학문을 하며 내려온 사대부 가문이 아니라 호남 상향의 농사도 짓고 공부도 하는 한미한 출신이었다. 호남지역의 학술이 급성장한 것은 도광 이후였다. 그러므로 증국번이 회시에 합격하여 한림원에 들기 전까지 고향 호남의 학문 수준은 높지 않았으며 이 시기 증국번의 학문의 목표는 과거에 급제하여 공명을 구하는 것이었고, 학문의 수준도 과거를 위한 사서오경과 과거 시문을 익히는 정도였다. 더 큰 학문의 세계에 눈뜨게 된 것은 한림원에 들면서부터이다. 친구의 장서를 보고 온 날의 일기에 여태껏 본 적이 없는 귀한 책들을 보았다고 하였고,[146] 도광 20년(1840) 30세 때 한림원검토翰林院檢討에 제수되고는 공부에 정진할 결심을 일기에 다짐한 글이 있는데 이 결심을 보면 증국번은 다른 사람에 비하여 자신의 견문이 좁음을 자각하고 한림원 검토의 지위와 자신의 학식이 걸맞지 않아서 사신詞臣으로서의 자격이 미비하다고 여기고 있다.[147] 그리하여 이지록·고문·악부시·근대문집류 등을 반 년 내에 읽을 결심을 세운다.

---

145 『증국번전집』, 「家書二」 "人之氣質, 由於天性, 本難改變, 惟讀書則可變化氣質. 古之精相法者, 幷言讀書可以變換骨相."
146 『증국번전집』, 「日記一」 堅瓠集. 歸震天古文. 鍾伯嚴選漢魏叢書와 여러 책들을 보았다고 한다.
147 『증국번전집』, 「日記一」 "誠能日日用功有常, 則可以保身體, 可以自立…可以無愧詞臣, 尙能以文章報國."

이 시기의 증국번 학문의 목표는 문사를 담당한 신하의 자격에 합당한 학식을 갖추는 수준이었고 공부의 내용도 이에 준할 정도였다. 학문에 전기를 맞게 된 것은 이학을 접하면서부터이다. 그의 이학은 직접적으로는 동향의 선배인 당감과 왜인에게서 계발된 것이 큰데 이에 앞서 그를 이학의 세계로 이끈 사람은 소척진邵懿辰(1810-1861)이었다.[148] 그는 이학에 필요한 독서를 지도했을 뿐 아니라 수신에서 고쳐야할 부분도 바로 잡아주었다.[149] 증국번이 당감과 교유한 것도 이 시기였다. 당감은 『주자전서』를 중심으로 공부할 것과 경 공부는 한 가지를 정밀하게 공부하여야지 급하게 여러 가지를 욕심내면 한 경에도 통달하지 못하게 된다고 하며 공부법을 일러주었다. 그리고 왜인의 말을 빌려 시·문·사詞·곡曲은 힘쓸 필요가 없고 의리학을 열심히 해야 한다고 권면한다.[150] 이때 당감·왜인·증국번이 몰두하였던 이학은 수신을 준칙으로 삼는 것이었고, 심·성·리·기는 그들의 관심처가 아니었다. 동생에게 쓴 편지에 이 시기의 공부에 대해 언급한 것이 있는데, "학문의 도는 무궁하니 꾸준하게 해야 한다면서 자신이 전에는 꾸준함이 없었으나 근래에는 조금 나아졌다."고 하였다. 그리고서 공부하는 상황을 소개하기를 "7월 1일부터 지금까지(11월 21일) 하루도 쉰 적이 없다. 매일 서첩보고 쓰기 100자·뽑아쓰기 100자를 쓰고, 책을 20쪽 이상을 읽는다. 7월

....

148 邵懿辰은 주희를 학문의 귀결처로 삼았지만 두루 통달하였고 경학에 대한 조예도 깊었다. 한학을 좋아하지는 않았으나 문호의 논쟁을 하는 것은 원하지 않았다.
149 邵懿辰은 증국번에게 "劉蕺山의 책을 많이 읽다 보면 유폐가 있을 수 있다. 薛文淸公(瑄), 陸淸獻公(隴其), 張文端公등의 문집이 醇正하니 읽는 것이 좋다"고 일러주고, 증국번이 고쳐야할 점이 세 가지인데 "오래된 친구에게도 공경하는 태도를 지킬 것, 시문을 읽는데 있어 자기 견해에 집착하지 말 것, 사람을 대할 때 여러 얼굴을 하지 않을 것" 등이라 하였다 이 충고를 들은 증국번은 크게 기뻐하며 이것을 일기에 기록하고 있다. 余英時,「曾國藩與士大夫之學」,『故宮學術季刊』, 82-83쪽 참조.
150 『증국번전집』「日記一」

부터 지금까지 이미 『왕형공문집』 100권, 『귀진천문집歸震川文集』 40권, 『시경대전』 20권, 『후한서』 100권을 읽었고 모두 붉은 글씨로 중요한 곳에 표시를 하였다. 매우 바쁘지만 반드시 그날의 숙제를 그날로 끝내고, 어제 것을 미루었다가 오늘 보충하거나 내일 일이 있다고 해서 오늘 미리하거나 하지 않는다."[151]고 하고 있다. 5개월 동안 하루도 거르지 않고 공부에 힘쓰는 모습을 생생하게 보여주는 글인데 이것은 당시 이학가들과의 교유로 함양된 결실이었다.

증국번과 당감의 차이는 증국번은 이학가로 자처하지 않았고 도통을 자임하지도 않았다는 점이다. 증국번에 있어서 '의리'는 다음의 두 면을 실천하는 것을 주안점으로 하는 것이었다. 하나는 수신 율기律己, 즉 주경主敬·격물格物·성의誠意 등의 덕목으로 일상에서의 행위 동기를 단속하는 것이고, 다른 하나는 공부할 때 역량을 집중하여 경·사·자·집의 책 속에 들어 있는 이치를 파악해서 책 속의 도리를 자신의 실제 경험과 검증하는 것이었다. 요컨대 그는 이론을 중시하지 않고 실천을 중시하였다.[152]

이학에 몰두했던 시기에 증국번은 당감 등의 영향을 받아 고거학考據學과 경세학에 가치를 두지 않았다. 한학가 유전영과 교유하면서 청대 고거학자들의 저서를 많이 읽고 고거의 중요성을 이해하게 되고 치용과 실사구시를 추구하게 된다. 증국번 학문의 목표는 공명을 추구하던 것에서부터 시작해서 문사를 다루는 관리의 지위에 걸맞는 학식을

---

151 『증국번전집』 「家書一」 "學問之道无窮, 而總以有恒爲主. 兄往年極无恒, 近年略好, 而猶未純熟.自七月初日起, 至今則无一日間斷. 每日臨帖百字, 鈔書百字, 看書少亦須滿二十頁, 多則不論.自七月起, 至今已看過王荊公文集百卷 歸震川文集四十卷 詩經大全二十卷 後漢書百卷, 皆朱筆加圈批.雖極忙,亦須了本日功課, 不以昨日耽擱而今日補做, 不以明日有事而今日預做."

152 余英時, 「曾國藩與士大夫之學」, 『故宮學術季刊』 11卷2期, 1993, pp.88-89.

갖추고자 했던 시절이 있었고, 이후 의리학을 거쳐 경세학에 이르기까지의 과정을 거치면서 궁극적으로는 한학과 송학의 조화를 꾀하고 이학理學과 경세학을 통섭하여 현실에 실현하고자 한 점에 있다. 궁극적으로는 증국번 자신의 말을 빌리자면 진덕進德과 수업受業이다.[153] 진덕과 수업 둘 중에서 그는 특히 진덕을 더 강조하였다. 동생에게 보낸 편지를 보면 공부하는 사람은 모름지기 『대학』의 삼강령, 즉 명명덕明明德·신민新民·지지선(止至善)을 일로 삼아야 한다고 이르고 있다.[154] 그가 공부의 목적을 성현의 도리를 배워서 자신을 충실하게 하여 재덕을 겸비한 사람이 되어서 사회 국가를 위해 일하는 것에 두었음을 알 수 있다.

증국번은 학문하는 순서에서는 먼저 뜻을 세워야하며[有志] 식견이 있고[有識] 꾸준함[有恒]이 있어야 한다고 강조한다.[155] 뜻이 있는 선비는 대인지학大人之學에 뜻을 세워 성현을 닮기를 기약하는 것이고, 지식은 하나에 집중해서 전일하게 하여 정통하는 것이다. 그렇다면 어떻게 하나에 집중할 수 있을까? 증국번은 꾸준함이 그 방법이라고 보았다. 동생에게 보낸 편지에서 '학문의 도는 무궁하니 늘 꾸준함을 주로 하여야한다'며 '꾸준함이 없으면 평생 이루는 것이 하나도 없게 된다'[156]라며 공부하는데 있어서 꾸준함을 지닐 수 있다면 인생 제일의 미덕이라고 하여 항상심의 중요성을 강조한다. 이 꾸준함은 또 어떻게 배양할

---

153 『증국번전집』「家書一」 "吾輩讀書只有兩事, 一者進德之事, 講求乎誠正修齊之道, 以圖无忝所生, 一者修業之事, 操習乎記誦詞章之術, 以圖自衛其身."
154 『증국번전집』「家書一」 "蓋人不讀書 則已, 亦卽自名曰讀書人, 則必從事於大學, 大學之綱領有三, 明德新民止至善, 皆我分內事也."
155 『증국번전집』「家書一」 "士人讀書, 第一要有志, 第二要有識, 第三要有恒. 有志則斷不甘爲下流; 有識則知學問無盡, 不敢以一得自足, 如河伯之觀海, 如井蛙之窺天, 皆無識者也; 有恒, 則斷無不成之事. 此三者, 缺一不可."
156 『증국번전집』「家書一」 "人而无恒, 終身一無所成."

수 있을까? 증국번은 참을성을 기르라고 한다. 한 구절이 이해가 되지 않으면 다음 구절로 넘어가지 말고 오늘 이해가 되지 않으면 내일 다시 읽고 금년에 통달하지 못하면 내년에 다시 읽고 하는 방식이 바로 참을성이라는 것이다.[157]

뜻이 있음은 식견이 있음의 전제이자 꾸준함의 원동력이며, 꾸준함은 뜻이 있음의 구체적 표현이고 식견이 있음의 확증이며, 식견이 있음은 뜻이 있음과 꾸준함의 결과이어서 이 셋은 서로 불가분의 조건이 된다. 이러한 공부법은 모두 증국번 자신의 경험에서 터득한 것이었다. 증국번의 일생은 학문에 대한 이러한 이해와 소양을 바탕으로 하여 유가의 수신·제가·치국·평천하의 경세를 실천한 삶이었다.

3. 팔자八字 팔본八本

청대 후기의 가훈 중에는 대표성을 지닌 몇 갈래가 있다. 임칙서林則徐(1785-1850), 위원처럼 근대 중국에서 가장 일찍 세계를 보는 눈을 떴던 관료 사대부 가훈 속에 나타나는 나라를 사랑하고 백성을 윤택하게 하려는 가르침이 있으며, 증국번 가훈으로 대표되는 전통가훈의 입장과, 수구하면서 개방할 것을 주장하는 이홍장李鴻章 같은 양무파의 가훈, 생존경쟁, 자립을 특성으로 하는 서양 배우기를 강조하는 정관응鄭觀應(1842-1922)을 대표로 하는 개량주의자와 엄복嚴復(1853-1921)을

---

157 『증국번전집』,「家書一」"讀經有一耐自訣, … 今日不通,明日再讀, 今年不精, 明年再讀, 此所謂耐也."

대표로 하는 계몽학자의 가훈 등이다.[158]

그 중에서도 증국번의 가훈은 전통 가훈의 집대성이며 대표적인 관료 가훈으로 남북조 시대의 『안씨가훈』과 더불어 가훈의 정수로 꼽힌다. 증국번은 일찍이 가정교육의 중요성을 강조하여 "집안이 흥하는 것은 순전히 훌륭한 자제가 나오느냐에 달려있다. 만약 자제가 현명하지 않으면, 금전과 곡식과 재산과 책과 옷이 아무리 많이 쌓여 있다하여도 다 헛된 것이다. 자제가 현명한지는 6할은 천성이고 4할은 가정교육에 기인한다."[159]고 한다. 실제로 증국번의 가족은 형제들부터 그 자손에 이르기까지 정치, 외교, 과학, 교육, 예술분야에서 중국 근현대사에 족적을 남긴 걸출한 인물이 많아 그의 가훈은 근현대교육사상 중요한 의미를 갖는다. 그에게는 330여 통의 많은 가서家書가 전하고 있는데 일생동안 공무로 분주하여 자녀와 가족에 대한 교육을 주로 가서家書로 하였기 때문이다. 그러므로 그의 가훈은 가서 속에서 파악된다. 증국번 이외에도 청대에는 교통의 급속한 발달로 가서 형태의 가훈이 많이 발달하여 가서로 된 형태의 가훈을 남긴 사람이 많다. 가서 형식으로 된 가훈은 전통적인 가훈이 딱딱한 훈계조인 것에 비해서 더 효과적인 교육 방법이었다. 정을 담아 친절하게 조근 조근 이르는 것이 더 쉽게 받아들여졌기 때문이다. 가훈은 그 성격상 표면적이고 자신을 치장하기 위한 공허한 내용이 아니고 가족과 자손에게만은 꼭 일러주고 가르쳐 주고 싶은, 인생을 사는 지침이자 삶의 요체이다. 그러므로 가훈 속에

---

158 徐少錦·陳延斌 著, 『中國家訓史』, p.715.
159 李瀚章 編纂, 「澄弟左右」, 『曾國藩家書家訓』, 中國民族攝影藝術出版社, 2002, p.422. "家中要得興旺, 全靠出賢子弟. 若子弟不賢不才, 雖多積銀積錢積穀積産積衣積書, 總是枉然. 子弟之賢否, 六分本於天生, 四分由於家敎." 이 책은 증국번 사후 최초로 간행되었던 傳忠書局本 『曾文正家書』를 저본으로 하여 간행한 것이다.

는 그 사람의 가치관과 삶의 지혜가 고스란히 담겨 있다.

청말 전통 사상의 집대성자이자 현실적으로 유능한 관료였던 중국번은 집안을 다스리는 도리를 그의 할아버지 증옥병曾玉屛의 유훈 여덟 가지로 요약하여 제시한다.

> 우리 집은 대대로 전해오는 가르침이 있다. 오직 성강공의 가르침을 특히 삼가 지키고 명심하여야 한다. 내가 근래에 성강공의 가규를 '서書·소蔬·어魚·저猪·고考·조早·소掃·보寶' 여덟 글자로 편성하였으니 이를 늘 강구하고 행하도록 하라. 이 여덟 가지의 도리는 조부인 성강공이 평소 가장 중점을 두어 자손에게 준 가르침을 증국번이 여덟 자로 축약한 것이다. 본래 성강공은 농사 지으면서 공부하는 근면함이 증씨 가문의 가르침인데도 이를 쫓지 않고 좋아지는 집안의 형편을 믿고 놀기 좋아하고 나태한 생활을 하였다. 집안을 망칠 사람이라는 이웃 사람의 조소를 받고 나서 새 사람이 되었다. 이때부터 평생 동안 날이 밝기 전에 기상하였다. 35세부터 비로소 농사일에 전념하기 시작하였는데 철저하게 논농사와 채소재배의 기술과 관리 방법을 연구하면서 재배하고, 수입을 올리기 위해서 집에서는 돼지를 치고 밖에서는 물고기를 기르는 등 일 년 내내 잠시도 쉬지 않고 일을 하여 사족으로 진출할 수 있는 경제적인 기틀을 세웠다. 그가 이처럼 직접 노동을 하면서 터득한 집안을 다스리는 법도가 바로 이 팔자八字였다.[160]

젊은 시절에 실수가 있었기 때문에 중년에 들면서부터 각별히 집안 다스리는 데도 법도가 있었을 뿐 아니라 처신하는 데에도 자손에게 좋은 본보기가 되도록 노력하였다. 이러한 노력은 과연 손자인 증국번 대

---

[160] 徐徹·成曉軍·高虹 主編, 『曾國藩家族』, 遼寧古籍出版社, 1997, p.6.

에 와서 결실을 보았다. 이런 점에서 그는 증씨 가문의 중흥조가 되었고 그의 생활 방식과 철학은 증국번과 그의 형제들에게 절대적인 영향을 주었던 것이다. '여덟 글자'의 내용은 다음과 같다.

- 서書: 공부하여 이치를 깨치라
- 소蔬: 야채를 심어라
- 어魚: 물고기를 기르라
- 저猪: 돼지를 쳐라
- 고考: 돌아가신 부모를 잘 섬겨라
- 조早: 일찍 일어나라
- 소掃: 집을 청소하라
- 보寶: 친척과 이웃을 대할 때 언제나 기쁜 일은 축하하고 상喪이 나면 조문하며 아프면 위로하고 급한 일은 구제하라

내용을 요약하면 농사지으면서 공부하는 반농사 반독서의 가풍을 구체적으로 강령화한 것이다. 증국번은 이를 '팔자결八字訣'이라고도 하였으며 이것을 가훈으로 삼아서 동생과 아들과 조카들에게 지키도록 하고 또 대대로 전할 것도 당부하였다. 그리고 동생과 자제에게 보내는 서신에 조부의 유지인 '여덟 글자'를 늘 마음에 새기라고 자주 환기시킨다. 그는 이 여덟 글자를 매우 아끼고 이것을 병풍에 써서 동생 부부의 생일축하 선물인 장수병풍[壽屛]으로 주면서 후세 자손이 가정의 가르침을 알 수 있을 뿐 아니라 자기네 형제의 풍취를 알게 할 수 있지 않겠냐고 하였다.[161]

---

[161] 『曾國藩家書家訓』「澄侯四弟左右」"此言雖涉諧謔, 而擬卽寫屛上, 以祝賢弟夫婦壽

증국번은 후에 조부의 '여덟 자의 근본' 이외에 자신이 생각을 더하여 '팔본八本'의 가르침을 확장시켰다. 그의 '여덟 근본'은 다음과 같다.

> 공부는 훈고를 근본으로 하고
> 시를 지을 때 성조를 근본으로 하며
> 부모 섬기는 것은 기뻐하시는 것을 근본으로 삼고
> 양생은 성내지 않는 것을 근본으로 삼으며
> 처세는 말을 함부로 하지 않는 것을 근본으로 하고
> 집에서는 늦게 일어나지 않는 것을 근본으로 하며
> 관리가 되어서는 돈을 받지 않는 것을 근본으로 하고
> 군대를 출동시킬 때는 민폐를 끼치지 않도록 하는 것을 근본으로 한다.

이상은 여덟 자에 다시 시 짓기, 관리되기, 군대 통솔 등을 추가하여 상승된 신분에 필요한 가르침을 보충한 것이라고 할 수 있다. 그는 아우인 증국황曾國潢에게 "이 '여덟 근본'은 모두 내가 겪어 보고 확실히 파악한 것이다. 동생은 마땅히 아들과 조카들로 하여금 기억하도록 가르치라. 세상이 치세이든 난세이든 집이 가난하든 부유하든 성강공의 '여덟 글자'와 나의 '여덟 근본'을 잘 지키면 상등의 가문이 될 수 있다."[162]고 하였다. 성강공의 가르침은 가문을 일으키는 데 필요한 도리이고 증국번의 제안은 흥성한 가문을 잘 지키기 위해서 필요한 도리이다.

이상의 '여덟 글자', '여덟 개의 근본'은 꼭 지켜야 할 가르침이며, 해

辰, 使後世子孫知吾兄弟家教, 亦知吾兄弟風趣也. 弟以爲然否?"
162 『曾國藩家書家訓』「澄侯四弟左右」"此八本者, 皆余閱歷而確有把握之論, 弟亦當教諸子侄謹記之. 无論世之治亂家之貧富, 但能守星岡公之八字與余之八本, 總不失爲上等人家."

서는 안 된다는 금지의 가르침도 있다. '세 가지를 믿지 말 것[三不信]'
이 그것이다. 이것도 조부의 유훈이었다. 풍수가를 믿지 않고, 의약을
믿지 않고, 승려와 무당을 믿지 않는다는 것인데 이것은 조부가 남긴
뜻이라는 점을 들어서 가족들이 이 세 가지를 절대로 믿지 않도록 당
부하고 있다.

> 우리 조부 성강공께서 살아계실 때 풍수가를 믿지 않고, 의약을 믿지 않고,
> 승려와 무당을 믿지 않으셨다.[163]

> 우리 조부 성강공은 승려·도사·무당·의생과 풍수가·성명가의 말을 믿지
> 않았으며, 그러므로 사리와 먼 말은 감히 그 앞에서 할 수 없었다. 이후 우
> 리 집안의 형제 자녀 조카들은 언제나 성강공의 규범을 준수하도록 하라.[164]

증국번은 이것들은 조부에서부터 내려오는 가풍에 위배되는 것이
며 모두 사리에 맞지 않는 비과학적인 것이라 하며 조부의 유훈을 준
수할 것을 강조하였다. 그는 조부의 가르침을 이어 약을 많이 복용하
는 것도 찬성하지 않았다. 약은 사람을 살리기도 하지만 해치기도 한다
고 하고 좋은 의원이라고 해도 사람을 살리는 것이 7할 정도이고 보통
의사라면 해치는 것이 7할이라고 생각하였다. 그러므로 의사가 처방한
약을 절대로 복용하지 말라고까지 아들에게 이른다. 약은 독이 반이라
는 것이 그의 생각이었다. 이는 건강을 다스릴 때 보약 같은 것에 미신

---

163 『曾國藩家書家訓』「澄侯四弟左右」"又謹記祖父之三不信, 曰不信地仙, 不信醫藥, 不信僧巫."
164 『曾國藩家書家訓』「澄弟左右」"吾祖星岡公, 于僧道巫醫及堪輿星命之言, 皆不堪信. 故凡不近情理之言, 不敢向之開口. 以后吾家兄弟子侄, 總以恪守星岡公之繩墨爲要."

적으로 의지하지 말고 평소의 섭생에 유의하라는 당부의 성격이 강하다. 의학에 대해 일부 편견이 있는 것을 제외하고 보면 그의 '삼불신三不信'의 생각은 당시로서는 드문 합리적이고 과학적인 경향을 보여준다.

1) 효제 근검의 가정윤리

증국번은 효제孝悌를 가정윤리의 핵심이고 가장 기본이 되는 것이라고 생각하였다. 효제는 가족을 화합하게 하고 가족 간의 결속을 강화하여 가정을 안정시켜주기 때문이다. 그는 벼슬아치의 가문은 일, 이대를 가고, 상인의 가문은 삼, 사대를 가고, 농사짓는 가문은 오, 육대를 가고, 효우孝友하는 가문은 십대, 팔대를 간다고 하면서 가문의 번성과 효우는 매우 긴밀한 상관관계가 있다고 보았다. 그리하여 복을 부르는 세 가지인 '삼치상三致祥' 중에서 제일 먼저 강조한 것이 바로 '효치상孝致祥'이었다.

효순과 우애는 가정 길상의 징조이다. 인과응보는 다른 일에는 별로 영험하지 않지만 효순과 우애에는 바로 복이 오고, 반대의 경우에는 바로 재앙이 온다. 나는 젊었을 때는 경성에서 오랜 기간 벼슬을 하느라 효도에 소홀한 것이 많았고 나중에는 또 군대에서 전전하느라 여러 형제들의 도움을 많이 받았다. 그런데도 나는 아무런 좋은 것도 그들에게 해 준 것이 없다. 우리 형제자매 각 가정이 모두 집과 논이 있어 편안하게 지내는 것은 아홉째 아우가 힘써 도와준 덕분이다. 내가 죽은 후 너희는 두 분 숙부를 아버지처럼 대하고 숙모는 어머니처럼 사촌형제는 친형제처럼 대하여라. 모든 일에 대해 아껴야 하지만 숙부집 일은 모두 돌보고 인색하지 말라. 사촌형제 사이는 덕성과 성과로 서로 권면하고 과실은 서로 일러주어 서로가 이

루는 것이 있도록 하여라. 이것이 제일 중요한 것이다.[165]

이것은 증국번이 사망하기 2년 전에 아들에게 보낸 가서이다. 이때 그는 '천진교안天津敎案'을 해결해야 하는 중임을 맡으면서 앞날을 예측하기 어려웠고 건강 또한 대단히 좋지 않았다. 유언을 하는 심정으로 가정이 잘 되려면 효도하고 우애가 있어야 한다는 것을 자신의 생애를 예로 들어 교훈을 주고 있다. 그는 실천 덕목으로 효제가 중요하다고 생각했을 뿐 아니라 이것 자체가 하나의 큰 학문이라고 생각하였다. 그리하여 큰 학문은 바로 가정의 일상생활 속에 있는 것이어서 효제 두 글자를 한 푼 실천하면 학문이 곧 한 푼인 것이고 열 푼 실천하면 학문이 곧 열 푼이라고까지 하여 효제의 중요함을 밝히고 있다.

증국번은 근勤에는 생동하는 기운이 있고 검儉에는 수렴의 기운이 있어서 이 두 가지가 있어야 가정이 왕성하여질 수 있다고 생각하였다. 그리하여 집안의 젊은이들에게 근검한 가풍의 내력을 자주 일러서 나태함에 빠지지 않도록 단속하였다. 그는 조카 기서紀瑞에게 다음과 같이 선대의 일화를 들어 근면 검약한 가풍을 전하여 주고자 한다.

우리 집안은 대대로 효제근검한 집안이다. 보신공輔臣公 이상의 노인들은 내가 뵙지 못하였지만 경희공竟希公, 성강공星岡公은 모두 날이 밝기도 전에

....
[165] 『曾國藩家書』"孝友爲家庭之祥瑞. 凡所稱因果應報, 他事或不盡驗. 獨孝友則立獲吉慶, 反是則立獲災殃, 无不驗者. 吾早歲久宦京師, 于孝養之道多疎. 後來輾轉兵間, 多獲諸弟之助, 而吾毫無裨益于諸弟. 吾兄弟姉妹各家均有田宅之安, 大抵皆九弟扶助之力. 我身歿之後, 你等事兩叔如父, 事叔母如母, 視堂兄弟如手足. 凡事皆從省嗇, 獨待諸叔之家則處處從厚. 待堂兄弟以德業相勸過失相規, 期于彼此有成, 爲第一要義."

모두 일어나서 하루 종일 저녁까지 잠깐도 쉬지 않으셨다. 경희공이 어릴 때 진陳 씨의 종사宗祠에서 공부를 하였는데 정월에 공부하러 갈 때 보신공이 용돈을 백 전 준 것을 오월에 방학하여 올 때까지 겨우 한 푼을 쓰고 구십구 푼을 남겨 와서 부친에게 되돌려 드렸다. 검약한 것이 이와 같았다. 성강공은 손자가 한림 벼슬을 한 후에도 여전히 친히 채소를 심고 거름을 주었다. 우리 부친 죽정공竹亭公의 근검 절약하신 것은 너희들이 다 본 바이다. 현재 우리 가정 형편이 조금 여유가 있지만 조카들과 여러 형제들이 선인들의 간난을 잊어서는 아니 된다. 복은 다 누리면 안 되고 권세는 다 부리면 안 된다.[166]

증국번은 근면을 실천하는데 제일 중요한 것은 일찍 일어나는 것이고 다음으로 중요한 것은 꾸준히 하는 것이라고 생각하였고 검약을 실천하는 제일 덕목은 낭비하지 않는 것이고 그 다음은 비복을 많이 고용하지 않는 것이라고 생각하였다.[167] 그는 가정의 흥망성쇠와 사람의 잘되고 못됨은 모두 근면한지 아니면 나태한지에 달려 있다고 보고 집안 젊은이들이 사치하고 나태해지는 것을 대단히 경계하였다. 젊을 때 일하고 나이 들어 편한 것은 괜찮지만 젊었을 때 호강하고 늘어서 고생하면 곤란하다고 생각하면서 가족 구성원이 각각의 상황에서 실천할 사항을 구체적으로 제시한다. 집안 젊은이들이 실천해야 할 근면의 조목을 이렇게 이르고 있다. 아들과 조카들은 공부에 힘쓰는 것을 주로

....
166 『曾國藩家書』"吾家累世以來, 孝悌勤儉. 輔臣公以上吾不及見. 竟希公星岡公皆未明卽起, 竟日无片刻暇逸竟希公少時在陳氏宗祠讀書. 正月上學, 輔臣公給錢一百爲零用之需. 五月歸時, 僅餘去一文, 尙餘九十九文, 還其父, 其儉如此. 星岡公當孫入翰林之後, 猶親自種菜收糞. 吾父竹亭公之勤儉則尓等所及見也. 今家中境地雖漸寬裕, 侄與諸昆弟切不可忘却先世之艱難. 有福不可享盡, 有勢不可使盡."
167 『曾國藩家書』"福不多享, 故總以儉字爲主. 少用婢僕, 少花銀錢, 自然惜福矣."

하되 거만한 태도를 버리고 가풍인 농사일을 익히며, 집 안에서는 탁자 청소와 걸상 닦기를 직접하고 물 심부름, 차 심부름을 남에게 시키지 않고 직접 하며, 밭에 나가 거름을 하고 풀 베고 땔감을 마련하고 모내기를 하는 것 등이다. 검약을 실천하는 것으로는 의식을 절약하는 것 외에 외출할 때 교자를 타지 않고 돈 있는 티를 내지 않는 것 등이다.

그리고 부녀들이 사치하는 것을 경계하여 집안 부인과 딸들을 근검하도록 가르치는데 집안 딸들은 빨래와 요리하고 차 끓이는 것을 배우도록 하였다. 시집오는 며느리에게도 이것을 제일 먼저 가르쳐야 한다고 하였다.

> 신부가 처음 우리 가정에 오면 근면과 검약을 가르쳐야 한다. 길쌈을 하여 바느질을 하고 부엌에 들어가서 음식을 챙기는 것 이 두 가지는 부녀의 직분 중 가장 중요한 것이다. 어른을 효경으로 섬기고 온화함으로 동년배를 대하는 것 이 두 가지는 부녀의 도리 중 가장 중요한 것이다. 단 차츰차츰 가르쳐야 한다. 그들이 부귀한 집의 자녀여서 일하는데 익숙하지 않을 것이지만 점차 습관이 되면 조금씩 변화하여 모르는 사이에 좋아질 것이다. 급하게 바꾸려고 하면 꾸준하기가 어렵다.[168]

명문세가 중에 오래 지속되는 가문은 남자는 농사와 공부 두 가지 일을 다 힘쓰고 부녀는 반드시 직조와 음식의 두 가지 일을 했던 사례에 주목하였다. 그리고 이것은 조부 때부터 증씨 가문에 전해오는 가

168　鐘叔河 選輯, 『曾國藩與弟書』 "新婦始至吾家, 教以勤儉, 紡績以事縫, 下廚以議酒食. 此二者, 婦職之最要者也. 孝敬以奉長上, 溫和以待同輩. 此二者, 婦道之最要者也, 但須教之以漸, 渠系富貴子女未習, 勞苦由漸而習, 則日變月化, 而遷善不知. 若改之太驟則難期有恒."

풍기기도 하였으므로 며느리와 딸들에게 부엌일을 직접 하도록 시키고 부녀가 요리를 잘하지 못해도 반드시 자주 부엌에 들어가야 하며 술과 육장肉醬, 요리, 차를 마련하는데 힘써야 한다고 한 것이다. 방적은 많이 하지는 않더라도 빠뜨리지 않고 반드시 해야 한다고 하였다. 남자의 경우에는 농사를 지으면서 공부를 하고 여자의 경우에는 요리를 하고 방직과 바느질을 하는 것이 근검의 기본이 되고 가정을 흥성하게 하는 기운이라고 생각하였던 것이다. 만년에 지난 세월을 회상하면서 자신의 근검 실천에 대해 자성하는 술회를 한다. 나라와 가정이 모두 근검으로 흥하였고 쇠퇴한 것은 바로 그 반대였다는 것이다. 자신은 평생 한결같이 근면에 힘썼으나 실제로는 공부를 하고서도 손으로 뽑아 기록한 것이 없고 관리를 하고서도 공문서를 많이 남기지 못했다는 것이다.[169] 다음 글은 증국번이 세상을 뜨기 일 년 전에 아들에게 보낸 편지이다.

> 검약하고 소박함에서 사치로 가는 것은 물이 아래로 흐르는 것보다 쉽고 사치에서 검약과 소박함으로 돌아가는 것은 하늘에 오르기보다 어렵다. 나는 또한 나의 자손이 매우 빈곤해서 남에게 숙이고 사정하게 되기를 원하지 않는다. 너희들이 검약의 미덕에 힘써서 후일을 잘 지키기를 바랄 뿐이다.[170]

---

169 『曾國藩家書』 "歷覽有國有家之興, 皆由克勤克儉所致. 其衰也, 則反是. 余平生頗以勤字自勵, 而實不能勤. 故讀書无手抄之冊, 居官無可豊收之牘. 生平亦好以儉字敎人, 而自問實不能儉. 今署中內外服役之人, 廚房日用之數, 亦云奢矣. 其故由于前在軍營規模宏闊, 相沿未改, 近因多病醫藥之資, 漫无限制."
170 『曾國藩家書』 "由儉入奢, 易于下水. 由奢入儉, 難于登天. 然亦不願子孫過于貧困, 低顏求人. 惟在尔輩力崇儉德, 善持其後而已."

2) 겸허 근신 공경 용서 청렴의 사회윤리

증국번은 다른 사람과의 교섭에서 가장 중요한 것은 공경하는 마음과 겸손한 자세라고 생각하였다. 겸손은 말과 행동에 나타난다. 그는 가문의 번성함을 믿고 교만하게 행동하는 가족의 행태를 심히 우려하며 아우에게 보내는 편지에서 겸허하고 근신할 것을 촉구한다.

> 아우는 세상 경험이 점점 많아지면서 내게 쓴 편지 속에 교만한 기가 조금 들어 있다. 천지 사이에 겸허와 근신만이 복이 있는 길이다. 교만하면 자만하게 되고 자만하면 무너진다. 말을 하거나 글을 쓸 때 남의 습관과 풍속을 싫어하고 남의 비루함을 싫어하고 남의 단점을 비평하고 남의 은밀한 것을 드러내는 것은 모두 교만의 표현이다. 가리키는 것이 합당하지 않은 것은 말할 것도 없고 설사 전부 타당하다 해도 이것은 하늘의 이치가 허락하지 않는 것이다.[171]

그는 자기 집 형제와 아이들에게 교만한 기가 가득하다고 걱정하였다. 입을 열었다 하면 남의 장단점을 평하고 남의 비루함을 비웃곤 하는데 이는 모두 좋지 않다는 것이다. 교만을 없애려면 남을 비웃거나 비평하지 않는 것이 제일이며 '게으름'를 없애려면 늦게 일어나지 않는 것이 제일이라 했다. 그러면서 성강공의 '팔자결八字訣'과 '삼불신三不信'을 지키고 또 '교만과 게으름 없애기'를 기억한다면 집안의 자제들이 자

---

[171] 『曾國藩家書』 "弟于世事閱歷漸深, 而信中不免有一種驕氣. 天地間惟謙謹是載福之道. 驕則滿, 滿則傾矣. 凡動口動筆厭人之俗, 嫌人之鄙, 議人之短, 發人之覆, 皆驕也. 无論所指未必果當, 卽使一一切當, 已爲天道所不許."

신도 모르는 사이에 공손하고 근신해질 것이라고 하였다.[172]

증국번은 집안의 남녀노소 모두가 근로를 익히는 것이 제일 중요하고 그 다음으로 중요한 것이 겸근謙謹이라고 생각하였다. 시간적으로 보면 근로는 어려서부터 가정에서 안에서 자라면서 자연스럽게 몸에 익히는 행동실천 덕목이고 겸근은 사회생활을 하면서 남과의 관계를 원만하게 연결해주는 사람됨의 덕목으로서 그 속에 사회적 개념이 들어 있다. 대인 관계에서 남의 지탄을 받지 않도록 모든 면에서 더 몸가짐을 근신하여야 한다고 생각하여 동생의 교만한 처신을 충고하고 가족들도 단속시킬 것을 타이르는 것이다.

> 너는 밖에서 겸손과 근신을 중히 여겨라. 권문세가의 자제는 가문이 번성하여 사람들이 다 주시하는 바이다. 멀리 나갈 때에는 겸근謙謹 두 글자를 꼭 새기고 오만과 나태함 두 병폐를 없애도록 하라. 단단히 새겨라.[173]

이 편지는 고향집에 있던 둘째 아들 기홍紀鴻이 16세일 때 보낸 편지이다. 혈기가 한창인 나이의 아들에게 밖에서 처신하는데 있어 언행을 겸손하고 신중하게 해야 한다고 이르고 있는 것이다.

그는 또 겸근을 학문에 대한 겸근과 사람에 대한 겸근으로 두 갈래로 나누어 생각하였다. 학문에 정진할 때 겸근한 자세로 임하여야 열심

---

172 『曾國藩家書』"吾家子弟滿腔驕傲之氣, 開口便道人之長短, 笑人鄙陋, 均非好氣象. 賢弟欲戒子姪之驕, 先將自己好議人短好發人覆之習氣痛改一番. 然後令後輩事事警改. 欲去驕字, 總以不輕笑非人爲第一義. 欲去惰字, 總以不晏起爲第一義. 弟若謹守星岡公之八字, 三不信, 又謹記愚兄之去驕去惰, 則家中子弟明趣于恭謹, 而不自覺矣."
173 鐘叔河 選輯, 『曾國藩教子書』"尔在外以謙謹二字爲主. 世家子弟門第過盛, 萬目所屬. 臨行時, 敎以三戒之首末二條, 及力去傲惰二弊. 當已牢記之已."

히 노력하고 조금 이루는 것이 있어도 자만하지 않고 더 큰 성취를 이룰 수 있기 때문이다. 또 사람과의 관계에서 제일 중요한 것이 겸근의 덕목이라고 생각하였으며 천하 고금의 인물 중에 실패한 사람은 그 원인이 모두 오만하였기 때문이었다고 한다. 그는 이 겸근은 자신의 마음을 미루어 남에게 미치는 마음 혹은 자신이 이루고자 하면 남을 이루어 주고 자신이 원하지 않는 것을 남에게 하지 않는 '경서敬恕'의 마음으로 이룰 수 있다고 생각하였다. 경서를 공자의 충서忠恕와 같은 개념으로 설정한 것이다. 증국번은 세상을 뜨기 일 년 전에 유훈으로 남겨 두 아들을 권면한 "일과사조日課四條" 중의 제2조에서 "안으로는 정靜을 오로지하여 순일하게 하고 밖으로는 가지런하여 엄숙한 것이 경敬 공부이다. 문 밖에 나가서 큰 손님을 맞이하듯 하고 백성을 부릴 때는 큰 제사를 지내듯이 하는 것이 경의 기풍이다. 자신을 닦아서 백성을 편안케 하고 성실하고 공손하여 천하가 태평한 것이 경의 효험이다. 정자가 말하기를 상하가 하나같이 공경하면 천지가 저절로 자리가 잡히고 만물이 저절로 길러지며 기가 조화를 이루고 네 가지 신기한 동물, 즉 기린 봉황 거북 용이 이르니 총명과 예지가 다 여기서 나온다."[174]고 하였다. 그는 근勤, 검儉, 강剛, 명明, 충忠, 서恕, 겸謙, 혼渾의 '팔덕八德'과 '신독愼獨', '주경主敬', '구인求仁', '습로習勞'의 사과四課로 자신을 단속하였는데, 팔덕, 사과의 12조목 중에서 가장 강조한 것은 겸근謙謹과 주경主敬이었다.

---

174 鐘叔河 選輯, 『曾國藩教子書』 "出門如見大賓, 使民如承大祭, 敬之氣象也., 修己以安百姓, 篤恭而天下平, 敬之效驗也. 程子謂上下一于恭敬, 則天地自位, 萬物自育, 氣無不和, 四靈畢至."

청렴은 관료로서의 기본이 되는 윤리 도덕이다. 증국번은 가정이 흥성하려면 가족 간의 화합을 도모하는 효제와 경제적 기반을 유지할 근검의 정신이 있어야 한다고 생각하였다. 근면은 힘써 일하여 자산을 늘리는 것이고, 검약은 수입에 맞추어 지출을 조절하며 적용하는 것이다. 사치하면 자연히 지출이 많아져서 검약의 가풍이 무너지게 된다. 증국번은 청조에서 유일하게 강남성과 강서성의 총독을 두 번 지냈고 직예성直隷省의 총독을 역임하여 지방 행정관으로는 전무후무한 최고로 출세한 행정관이었다. 그러나 번성할 때는 쇠할 때를 생각해야 한다는 생각에서 가족에게 사치를 금하였다. 그리하여 아들에게 공부는 가난한 선비의 본업이므로 절대로 관료의 분위기가 있어서는 안 되며, 관리가 되는 것은 어쩌다 있는 일이어서 기필할 수 없으므로 대대로 관료를 하겠다는 생각을 하지 말고 대대로 선비가 될 생각을 하라고 이른다. 한 번 사치에 물들면 되돌리기가 어려운 이치를 알고 이것으로 가풍을 무너뜨리지 않으려고 직책에 따른 혜택도 가족을 망치는 일이라고 생각하여 경계한다.[175]

보화와 논 같은 재물은 교만과 안일함을 키우기 쉽다. 우리 집은 결단코 돈을 모으거나 전답을 사두지 않을 것이다. 너희 형제가 열심히 공부하면 밥 못 먹을 걱정은 없을 것이다.[176]

기택紀澤, 기홍紀鴻 두 아들에게 이르는 내용이다. 같은 내용의 말을

---

[175] 아들이 증국번을 찾아왔다가 배를 타고 귀향하는데 대장군의 깃발을 내걸지 말라고 이르고, 배가 각 고을을 지나는 것을 최대한 피하여 대접을 받지 않도록 하라고 이른다.
[176] 『曾國藩家書家訓』 「字諭紀澤紀鴻兒」 "銀錢田産最易長, 驕氣逸氣我家中斷不可績錢斷不可買田. 尔兄弟努力讀書, 決不怕沒飯吃."

동생들에게도 한다.

> 만약 아들이 현명하다면 아버지의 봉록에 기대지 않고 스스로 의식을 해결할 수 있을 것이고 만약 못났다면 한 푼이라도 더 남기는 것이 장차 재앙을 하나 더 만드는 것이어서 나중에 방탕하여 악을 저질러 반드시 집안의 명예에 큰 흠이 될 것이다.[177]

근시안적으로 자손의 당장의 안락함을 생각하면 당시 증국번의 지위로는 마음만 먹으면 재물을 모아 남겨 줄 수도 있었을 것이다. 그러나 재물을 쌓는 일은 결과적으로 자손에게 의타심을 주고 정신적으로 피폐하게 하고 스스로 상승하고자 하는 욕구를 원천적으로 막는 결과가 되는 것이다. 증국번은 자손에게 재물은 독이 된다는 원려에서 이를 경계한 것이다. 근검이 가풍인 가정에 축재는 의미가 없는 일이었으니 근검의 가풍이 청렴한 관료를 나게 하였다.

> 나는 30세 이래로 관리가 되어서 부를 쌓는 것을 부끄럽게 생각하며 관리의 수입으로 재물을 쌓아서 자손에게 남겨 주는 것을 수치스럽고 가증스럽게 생각한다. 그러므로 벼슬로 부를 축적하여 후손에게 남겨주지 않겠다고 스스로 맹서하였다. 신명께 맹세하고 식언하지 않겠다.[178]

---

177 『曾國藩家書家訓』「澄侯, 溫甫, 子植, 季洪足下」 "蓋兒子若賢則不靠宦囊亦自覓衣食. 兒子若不肖則多積一錢, 渠將多造一孽, 後來淫佚作惡, 必且大玷家聲."
178 『曾國藩家書家訓』「澄侯溫甫子植季洪足下」 "了白二十歲以來, 卽以做官發財爲可恥, 以宦囊積金, 遺子孫爲可羞可恨. 故私心立誓, 總不靠做官發財, 以遺後人. 神明鑑臨, 予不食言."

앞으로 지방의 관리를 해서 봉록이 풍부해지면 봉록 이외에는 한 푼도 취하지 않겠다. 봉록이 점점 많아지면 집안 친척들을 두루 더 널리 구제하고 절대로 자식의 의식을 위해서 재물을 모으지 않을 것이다.[179]

관리로서 재물을 모으는 것을 부끄러운 일이라 생각하고 여유가 생기면 먼 친척까지 더 챙기지 이것을 모아서 자손에게 남겨 주는 일은 하지 않겠다고 한다. 실제로 그는 자신에게는 검소한 반면에 집안 친척들에게는 넉넉하게 대하였다.

내가 벼슬한지 10여 년이 되었는데 지금 북경에 있는 집에는 서적과 옷 밖에 없다. 의복은 관리로서 적을 수가 없으며 서적은 내가 평생 좋아하는 것이다. 그러므로 이 두 가지가 조금 많다. 이후 내가 관직을 그만두고 집으로 돌아가면 우리 부부의 의복을 모두 다섯 형제들과 제비 뽑아 균등하게 나눌 것이다. 서적은 이견재利見齋에 보관하여 형제와 후배들이 모두 한 권이라도 개인적으로 가지지 않도록 할 것이다. 이 두 가지 이외에는 어떤 다른 것도 환랑宦囊으로 가져가지 않을 것이다. 실 한 오라기 곡식 한 톨이라도 사사롭게 하지 않는 것, 이것이 형제들에 대한 나의 본뜻이다.[180]

이 말은 증국번이 38세 때 예부시랑을 제수 받고 나서 집에 있는

---

179 『曾國藩家書家訓』「澄侯溫甫子植季洪足下」"將來若作外官祿入較豊, 自誓除廉奉之外不取一錢. 廉奉若日多則周濟親戚族党者日廣. 斷不畜積銀錢爲兒子衣食之需."
180 『曾國藩家書家訓』「澄侯溫甫子植季洪足下」"我仕宦十餘年, 現在京寓所有. 惟書籍衣服二者. 衣服則當差者必不可少. 書籍則我生平耆好在此. 是以二物略多. 將來我罷官歸家, 我夫婦所有之衣服則與五兄弟拈鬮均分. 我所辦之書籍則存貯利見齋中, 兄弟及後輩皆不得私取一本. 除此二者, 予斷不別存一物以爲宦囊. 一絲一粟不以自私, 此又我待兄弟之素志也."

동생들에게 보낸 편지에서 나온 말인데 모든 것을 우애 있게 처리하고 가진 것을 모두 동생들과 공유할 것을 천명하는 내용이다. 이 편지 속에서 관리로서 필요한 의복과 선비의 정신적 향유인 서적 이외에는 아무것도 소유하고 있지 않으며 벼슬살이를 마치고 고향집으로 가는 이 삿짐에도 이 두 종류의 짐 밖에 없는 청빈한 관료 증국번의 모습을 그려 볼 수 있다.

증국번의 가서에는 학문에 대한 언급이 제일 많다. 앞에서 본 바와 같이 그는 가정이 흥성하게 되는 것은 훌륭한 자제를 많이 내는데 달려 있다고 생각하였다. 그러므로 대대로 부귀하기 보다는 대대로 초시에 합격한 사람이 많이 나기를 바란다고 하였다. 이런 생각으로 자신의 아들은 물론 조카들의 학업에도 많은 관심을 가지고 점검을 한다.

> 가정 내의 공부에 대하여 아우는 마땅히 늘 마음을 쓰도록 하라. 조카 갑오, 과삼 등은 모두 공부를 시켜 대가 자녀의 체통을 잃지 않도록 하여야 한다. 소홀해서는 안 된다.[181]

> 과삼의 글씨 쓰기가 크게 진전이 있다. 매우 위안이 된다. 갑오는 요즘 아직도 공부를 하는지?[182]

이 글은 아우에게 보낸 편지이다. 조카의 학업을 챙기면서 공부시키는 것을 소홀히 하지 말라고 이른다. 그리고 자신의 아들들에게 하듯이

---

[181] 『曾國藩家書家訓』「澄侯四弟左右」"家中讀書事, 弟亦宜常留心. 如甲五科三等, 皆須讀書, 不失大家子弟風范. 不可太疎忽也."
[182] 『曾國藩家書家訓』「澄侯沅甫兩弟左右」"科三之字, 大有長進. 甚慰甚慰. 第不知甲五近尚讀書否."

공부한 것을 자신에게 보내도록 하여 진전 사항을 점검하는 내용이다.

증국번은 공부는 뜻을 먼저 세워야 하고 식견이 있어야 하며 꾸준함이 있어야 한다고 생각하였다. 뜻이 있으면 스스로가 하류가 되는 것을 원하지 않아 자기를 계발할 것이고, 식견이 있으면 학문의 세계가 얼마나 넓고 큰지를 알아서 분발할 것이고, 꾸준함이 있으면 이루지 못할 것이 없기 때문이다. 이러한 원대한 뜻을 세워 이루어 나가려면 어떠한 어려움이 있어도 극복할 수 있도록 자립자강해야 한다고 한다. 그는 옛날 왕후, 장상부터 시작해서 자립자강으로 이루지 않은 사람이 없으며, 성현도 각기 자립자강의 도가 있었다고 말한다.[183]

증국번은 공부하는데 있어서 의거해야 할 네 가지의 공부법이 있다고 한다. 보고, 읽고, 쓰고, 짓는것을 하라고 가르쳤다. 그는 과목에 따라 어떤 방식으로 공부해야 하는지 구체적으로 서적 명을 들어서 공부법을 설명한다.

> 공부의 방법인 보고, 읽고, 쓰고, 짓는 네 가지를 매일 한 가지라도 빠뜨리면 안 된다. 눈으로 보는 것은 네가 작년에 본 『사기』, 『한서』, 『한문漢文』, 『근사록』과 금년에 본 『주역절중』 같은 종류이다. 소리 내어 읽을 것은 『사서』, 『서경』, 『역경』, 『좌전』 등의 여러 경과, 『소명문선昭明文選』, 이백·두보·한유·소식의 시詩, 한유·구양수·증공曾鞏·왕안석의 글 같은 것이다. 이것들은 큰 소리로 낭송하지 않으면 그 웅장한 기풍을 얻을 수 없고 조용히 읊지 않으면 그 심원한 운을 찾을 수 없다. 글씨 쓰기는 정서 행서 예서 전서를 네가 좋아하니 절대로 하루도 거르지 않도록 하라. 잘 쓸 수 있게 되고 나

---

183 『曾國藩家書家訓』 「沅甫季弟左右」 "從古帝王將相, 无人不由自立自强. 做出則爲聖賢者, 亦各有自立自强之道."

면 또 빨리 쓰도록 하여라. 시문을 짓는 것은 20-30세에는 규모가 정립되어야 한다. 30세가 지나면 크게 발전하기가 어렵다. 사서문 시첩시試帖詩 율부律賦 고금체시古今體詩 고문을 짓고 변체문을 지어라. 일일이 세밀하게 하나하나 셀 수 없으나 하나하나 다 해보아야 한다. 어릴 때는 잘 못 짓는 것을 겁내지 말고 뜻을 크게 품고 앞으로 나아가는 진취의 의지를 가져야 한다.[184]

또 공부는 한꺼번에 몰아서 급하게 하지 말고 항상성을 가지고 꾸준히 해야 진전이 있다고 하였다. 자신의 경우는 매일 서첩을 두고 글씨를 100자 쓰고 책을 100자 베끼고 책을 적어도 20쪽을 읽는다고 하였다. 이렇게 꾸준히 하는 것은 정밀하게 하기 위해서라고 한다. 증국번은 또 공부는 절대로 겸해서 하면 안 된다고 한다. 겸해서 하면 하나도 제대로 하는 것이 없다는 것이다. 비유컨대 시를 배우면 먼저 하나의 시체詩體를 배워야지 각 시체를 동시에 배워서는 하나도 제대로 터득되지 않고 시를 지을 때는 먼저 한 전문가의 시집을 봐서 통달하고 나서 다른 시집을 봐야 하며 경經을 공부할 때도 하나의 경을 주로 하여 공부하고 난 다음 다른 경을 공부하며 역사도 우선 한 왕조에 통달해야 하며 경전과 사서를 읽을 때는 의리를 중심으로 보아야 한다고 하였다. 그는 여섯째 아우에게 보내는 편지에서 "지난번의 편지에서 숙제가

---

[184] 『曾國藩家書家訓』「字諭紀澤兒」"讀書之法, 看讀寫作四者, 每日不可缺一看者, 如尔去年看史記, 漢書, 韓文, 近思錄, 今年看周易折中之類也. 讀者如四書, 詩, 易經, 左傳, 諸經, 昭明文選, 李, 杜, 韓, 蘇之詩, 卓韋, 歐, 曾, 王之文, 非高聲朗誦則不能得其雄偉之槪. 非密咏恬吟, 則不能深其深遠之韻. 志於寫字, 眞行篆, 隸, 尔頗好之, 切不可間斷一日, 旣要求好, 又要求快. 至於作詩文, 亦宜在二十三十歲立定規模. 過三十後則長進極難. 作四書文, 作試帖詩, 作律賦, 作古今體詩, 作古文, 作騈體文. 數者不可一一講求, 一一試爲之, 少年不可帕丑, 須有狂者進取之趣."

많다고 하였는데 숙제가 많으면 꼼꼼하게 하기 어렵다. 절대로 안 된다."
라 하고 같은 편지에서 "글씨 쓰기는 천자문을 써도 좋다. 단 꾸준히
하여야 한다. 매일 서첩을 보면서 100자씩 쓰도록 하여 도중에 절대로
쉬지 않으면 수 년이면 서예가가 될 것이다."라 하여 공부 태도로 꼼꼼
한 전문성과 꾸준한 항구성을 강조하고 있다.[185] 이러한 것은 모두 정밀
하게 하는 방법이다.

4. 증국번 가훈의 특징과 의의

증국번 가훈은 전통관료 가문에서 자제에게 조상의 업적을 승계할
것을 가르치는 전통성과 또 자손들 자신의 생존을 도모하고 발전을 도
모하도록 일깨워주는 현실성을 보여주고 있다. 이러한 증국번 가훈의
원칙과 방법에 대해 특징을 살펴보면 다음과 같다.

1) 가훈의 뿌리를 조상이 남긴 유훈을 받드는 것에서 찾고 있다. 조
상의 덕을 잇는다는 생각은 가족 구성원에게 역사의식과 정체성을 확
인시켜 주며 소명감을 갖게 하여 준다는 점에서 대단히 효과적인 교훈
방법이다.

2) 직접 체득한 경험담으로 이끌었다. 예를 들면 둘째 아들 기홍紀
鴻이 유공권柳公權(778-865)[186]의 「낭야비琅邪碑」 첩으로 공부를 시작한
지 열흘이 되어도 진도가 나가지 않아 초조해 할 때 그는 자신이 예

---

[185] 『曾國藩家書家訓』「溫甫六弟左右」, pp.389-390.
[186] 당 후기의 해서체 서예가이다. 안진경과 함께 일컬어지는 그는 처음 왕희지체를 배우고 후에 제가의 필법을 익혔다.

전에 안진경 유공권의 서첩을 베껴 쓸 때의 경험을 예로 들어 수백 장을 썼는데도 조금도 비슷하지 않더니 48세 이후 이옹李邕(678-747)[187]의 「녹산사비麓山寺碑」를 연습하면서 조금 진보한 것을 느꼈다고 이야기하며, 그것이 8년 동안 서첩 베껴 쓰기를 천 장 넘게 한 결과라고 말한다.[188] 이처럼 자신의 경험을 들려주며 실제로 있었던 사실을 예로 들어 교훈을 주고 분발시키며, 때로는 아쉬웠던 회한을 토로하면서 허심탄회하게 교류하여 설득력이 있고 공부하는 사람의 용기를 북돋아 준다.

　　3) 직접 자신이 모범을 보인다. 증국번은 가정에서 어른의 언행이 자녀에게는 직접적인 영향을 주는 것이어서 말로 가르치는 것보다 행동으로 직접 표양이 되는 것이 중요하다는 것을 잘 알고 있었다. 그는 동생들에게 "나와 여러 동생들은 몸소 모범이 되어 아들들을 가르친다고 생각해야 한다."[189]고 했다. 부인에게도 자신들의 생각과 일하는 것을 자손들이 다 본보기로 삼으니 노력하지 않을 수 없고 삼가지 않을 수 없다고 하며 부인이 집안 부녀의 모범이 될 것을 당부하였다.

　　4) 대상의 능력이나 자질에 맞추어 가르친다. 증국번의 맏아들 기택紀澤은 어릴 때 사고력은 좋고 기억력은 떨어지는 편이었다. 그는 이런 아들의 특성을 감안하여 고향의 동생에게 당부하기를 기택을 가르칠 때는 외우기를 강요하면 더 긴장을 하고 주눅이 들게 되니 매일 5, 600자를 한 번 가르치고 해석하여 열 번을 읽히라고 한다. 외우기는 절대로 시키지 말라고 당부한다. 또 당시에 유행하던 필수 교과였던 팔고문

187　자는 泰和이고 지금의 호북성 우한 사람이다. 당나라 때 대신이며 서예가이다. 북해태수를 지내 이북해(李北海)라고 불렸다. 行草로 이름이 드러났다. 麓山寺碑, 李思訓碑 등이 남아있다.
188　『曾國藩家書家訓』「字諭紀鴻」, 1866년조, p.499.
189　『曾國藩家書家訓』「澄溫沅洪四弟足下」, p.163.

八股文[190]도 아들에게는 시간 낭비일 뿐이니 가르치지 말라고 했다. 자질에 따라 알맞은 교육을 실시한 것을 알 수 있다. 후에 기택은 독학으로 영어와 프랑스어를 익혀 영국과 프랑스의 대사를 역임한 유명한 외교관이 되었다.

5) 구체적으로 과제를 부여하고 결과를 점검한다. 예를 들면 둘째 아들 기홍에게 매일 글씨를 백 자 쓰고 『통감』 다섯 쪽을 익숙하게 되도록 읽고 경서, 고문시서, 팔고시첩 등에서 전에 읽은 것을 숙독하는데 외울 수 있을 때까지 1,000자 이상을 큰 소리로 낭송하고 3일에 문장 한 편, 8일에 시 한 편씩을 지으라는 구체적인 과제를 준다.[191] 그는 항상 과제 진척 상황을 점검하였고 만약 태만하여 공부를 안 했으면 질책하고 진보가 있으면 즉각 칭찬하고 인정해주었다. 집안 부녀들에 대해서도 할 일의 조목을 정하여 자세하게 규정하였다. 아침 식사 후에는 반찬 간식 육장肉醬류의 음식을 장만하고, 오전 10시에서 12시 경에는 옷감 짜기를 하고, 중식 후에는 바느질 자수와 같은 섬세한 작업을 하고, 오후 6시경에는 남녀의 신발이나 옷을 꿰매는 큰 작업을 하는 것이 숙제였다. 이 네 가지 일을 자신이 직접 검사하되 음식 종류는 매일 한 차례 검사하고, 옷감 짠 것은 3일에 한 번, 섬세한 작업은 5일에 한 번, 큰 작업은 매월 한 차례 검사하였다. 신발과 의복은 멀리 자신의 임지까지 보내오게 하여 검사를 하였다.

----

190 八股文은 경서의 句·節·段을 뽑아 주제로 하고, 그 뜻을 부연하여 八股의 형식으로 한 편의 문장을 짓는 문체로 明·淸대의 과거시험에 사용되었다. 그것은 개괄적으로 그 글의 대의를 말하는 破題, 논단하는 승제, 대강을 밝히는 起講, 네 쌍의 글귀로 그 양면적인 의미를 진술하는 四股, 그리고 끝마무리의 5문단으로 이루어진다. 사고는 각각 對句로 되어 있기에 이를 八股라고도 한다.
191 『曾國藩家書家訓』「字諭紀鴻」, p.499.

증국번은 경세제민經世濟民을 공자 문하의 정사政事에 해당하는 것으로 간주하고 전대의 전례와 정서와 당세의 관례가 이에 속한다고 보았다. 그러므로 의리, 고거, 사장辭章, 경제의 각 학문 중에서 경제에 지향점을 두고 직접적으로 사회를 위하여 역할을 하는 실용과 실천을 중시하였다. 그는 또 몸으로 체험하고 실천하는 것이 진정한 치용의 학문이며 지식의 가치가 발현되는 것이라고 생각하였다. 그리하여 수신·제가·치국·평천하가 모두 예로 귀결되며 안으로는 예를 버리고는 도덕이 없고 밖으로는 예를 버리고는 정사가 없다고까지 하여 예를 강조하였다. 증국번의 사유체계에서 경세학과 예학은 다른 것이 아니며 경세학이 예학의 범위에 포함되는 것임을 알 수 있다.

증국번은 예학을 연구한 예학자는 아니다. 그러나 그는 전통적인 예사상과 청초에 일어난 예학정신을 계승하여 예학을 구체적인 현실 경영의 경세학으로 파악하였으며 이 토대 위에서 수신·제가·치국·평천하를 실현한 예 실천가였다. 청초의 예학사상을 보면 예는 번쇄한 예절과 의식을 논하는 것이 아니라 수심 양성의 준칙이며 치정 무실의 규범이며 때에 따라 알맞게 함·바꾸어 새롭게 하고 바꾸어 통하게 함의 근거였다.[192] 능정감淩廷堪(1757-1809)은 '예 이외에 학문이라고 할 것이 없다'고까지 하였는데 증국번도 이 사상을 이어 모든 학업을 예에 귀결시킨 것이다. 그러므로 이홍장은 증국번 학문의 종지가 예에 있으며 문장과 정사 이외에는 그의 말이 모두 예가禮家의 말이라고까지 하였다.[193] 증국번은 예서를 입신·처세·수신·양성의 필독서로 삼았으며 구

---

[192] 李育民,「曾國藩的禮學思想試探」,『江西師範大學學報』(哲學社會科學版) 41권 제1기, 2008, 2, p.49.
[193] 李鴻章,「皇清誥授光祿大夫, 贈太傅, 武英殿大學士, 兩江總督, 一等毅勇侯曾文正公神道碑」

체적인 예제에 대해 착실히 공부할 것을 강조하였고 자신도 예제에 대해 일가견을 가지고 있었다. 증국번이 예학을 학문의 귀결처로 보았기 때문에 오랫동안 대립관계였던 한학漢學과 송학宋學은 그에게서 결합하였다. 증국번의 이해에 의하면 예학은 경세의 학이어서 공허하고 번쇄하거나 실제에 절실하지 않은 학문이 아니었다. 이러한 입장이 그로 하여금 한학과 송학의 폐단을 극복하고 양가의 장점을 하나로 녹여 낼 수 있도록 하였던 것이다.

삼강三綱은 증국번에게서 예제의 핵심이었다.[194] 태평천국군에 대한 증국번의 입장은 왕명을 받아 진압한 것 이외에도 그의 예 정신에 비추어 볼 때 용납할 수 있는 것이 아니었다. 그것은 정치적으로나 사상적으로 봉건사회의 기반과 질서에 대한 심각한 도전이었기 때문이다. 삼강을 불변의 도리로 본 나머지 시대정신을 주도하지 못하고 변화에 소극적으로 대처했던 점이 그의 한계였다고 지적하기도 하고 이점이 그에 대한 평가가 엇갈리는 부분이기도 하다. 손기봉孫奇逢(1585-1675), 육세의陸世儀(1611-1672)를 비롯하여 능정감에 이르기까지 모든 예학자들이 예를 수신의 준칙, 정무의 규범, 상황에 맞게 바꾸고 혁신하고 변통하는 준거로 삼았지만 이것을 현실 속에서 실제로 실천할 수 있었던 사람은 증국번이 유일하였다.

증국번의 가훈은 공허한 설교식의 교훈이 아니었다. 쇠퇴의 길로 접어들었던 청말에서 봉건적이고 전통적인 유가 사상에 바탕을 두면서도 실용적이고 실제적인 것을 중시했던 그의 사상은 유가사상의 성공적인 재구축이었다.

증국번은 가정이 흥하려면 덕을 향상시키는 '공부'를 해야 한다고

---

[194] 증국번은 바꿀 수 없는 기본준칙인 三綱을 君至尊, 父至尊, 夫至尊이라 규정하였다.

한다. '공부는 기질을 변화시킬 수 있기 때문'이다. 이 공부는 관리가 되어 출세하고 부자가 되기 위한 것이 아니라 이치에 밝은 군자가 되기 위한 것이라고 한다. 그는 자기수양의 도덕교육을 중요하게 생각하고 자신이 고관의 지위에 있으면서도 자녀교육에 엄격하여 근검하고 교만하지 말며 겸허하고 공경하며 청렴하며 꾸준히 노력하여 자립자강할 것을 끊임없이 주지시킨다. 그리고 무엇보다 이러한 덕목을 자신이 몸소 실천함으로써 그 가르침을 성공적으로 이룰 수 있었다. 이러한 점에서 증국번의 가훈은 중국 전통가훈 중 관료 가훈의 대표이며 근대에 있어 전통유가 사상을 이은 가훈의 정수라고 할 수 있다.

부록 II
한국 예학자의 가계

제1장
이이[1]의 동거계사

형제는 애초에 부모 한 몸으로부터 나뉜 것이니 이는 한 몸이나 다름없다. 마땅히 서로 친애하여야 한다. 조금도 저것과 이것 너와 나로 구별하는 마음이 없어야 한다. 옛 사람 중에 구족이 동거한 경우가 있다. 하물며 우리들은 일찍 부모를 잃고 큰형 또한 일찍 돌아가셨으니 우리들 살아있는 사람들은 서로 우애에 힘써야 하며 재산을 공동소유로 하여 살며 서로 나누거나 떨어지지 말아야 한다. 만약 혹 나뉘거나 떨어지게 되면 조금도 살아있는 것이 즐겁지 않을 것이다. 그러므로 이렇게 함께 거처하는 계획을 세웠다. 비록 고향을 떠나 왔어도 일가가 함께 모여 화락하면서 세월을 보내니 이 어찌 우연한 일이겠는가? 그래서 여기 마음에 두고 수행할 방침들을 간략히 기록하니 매달 초하루 서로 모여 읽어가면서 모두가 듣고 알게 해라.

효는 온갖 행위의 근원이다. 부모가 돌아가시고 나면 더 이상 효를 다할 곳이 없다. 다만 제사지내는 것 하나뿐이다. 얻은 것이 있으면 반

---

[1] 이이(李珥, 1536-1584)는 『격몽요결』을 지었는데 이 책은 초학자들의 입문서이기도 하지만 한편 후학들 사이에서는 예서로 불렸다. 『격몽요결』 부록으로 「제의초」가 있기도 하다.

드시 먼저 거두어 저장하여 그것으로써 제사의 수요로 삼아야 한다. 망령되게 다른 용도로 사용하면 안 된다. 또 제사지낼 때는 반드시 성심을 다하고, 신체를 정결하게 하여 조상의 혼령이 흠향할 수 있도록 해야 한다.

무릇 어린애들이 부모를 섬길 때는 반드시 옛 성인의 가르침을 마음에 두어서 효를 다하여야 한다.

우리 형수님[2]은 일가의 어른이시고 제사의 주인이시다. 무릇 아랫사람들은 특별히 공경을 다하여 어미 모시듯 대하여야 옳다.

무릇 좋아하고 싫어하는 것이 있어도 치우치는 마음을 두어서는 안 된다. 항상 온화한 기색이 도는 얼굴빛과 따뜻한 말로 맞이하라. 가르치고 추궁할 일이 있으면 절대로 화낸 뜻을 보이지 말라. 밖으로 절대 수군거리는 말 하지 말라. 참언을 믿지 말라. 혹 이간하는 말이 있거든 노복은 매를 때려 경계하고 첩은 엄히 경계한 다음에 그치지 않으면 내보내도록 해라!

무릇 함께 산다는 것은 사사로운 저축을 두면 안 되는 것이다. 부득이 하여 사적으로 쓸 것이 있으면 가정을 주관하는 한 사람이 나누어 주어라. 스스로 많이 구하는 뜻을 두면 안 된다. 쓰임에 적당할 정도일 뿐이어야 한다. 오래 멀리 도모하는 것이 옳다.

처첩 사이에 첩은 공손함을 다하여야 하고 처는 자애롭게 하여 틈

....
2   이이의 큰형이 일찍 죽었다. 해주 시절에 이이는 히덕 근처에 혼자 사는 형수 곽씨를 모시고 한 집에 살았다. 율곡은 큰형 이선, 작은형 이번, 누나 이매창, 여동생 아우 이우, 이준이 있다. 율곡의 형제자매는 5남 3녀 등 팔 남매이다.

을 두지 말아야 한다. 각각 성심을 다하여 가장의 마음을 거슬리지 않는다면 어찌 불선한 일들이 있겠는가?

무릇 집안 여럿이 모여 앉아 일을 할 때 어른이 지나가면 모름지기 즉시 일어서야 한다. 대체로 조심하여 항상 공손해야 하는 것이 옳다.
일가 안에서 무릇 숙부에 대해서는 아버지를 섬기는 예로 대하고 사촌형제들에 대해서는 친형제의 예로 대하고 서로 한 몸처럼 친애하여야 한다. 서로 만날 때는 몸은 반드시 공손하게 하고 말은 반드시 화열해야 하며 안색은 온화하고 평온하게 해야 한다.
비복들은 비록 잘못함이 있을 지라도 또한 큰 소리로 욕하고 꾸짖으면 안 된다. 반드시 따뜻한 말로 가르치고 훈계하여야 한다. 듣지 않으면 그 다음에 가장에게 알리고 책벌하여야 한다. 어린애는 비록 사사롭게 부리는 노복이라도 또한 경솔하게 매를 대지 말고 반드시 가장에게 알려야 한다.

무릇 일가사람은 서로 화목하고 온화하게 되기를 힘써야 한다. 그 마음이 화평하면 가내에 좋고 착한 일들이 반드시 모인다. 만약 서로 편당을 짓고 어긋나 싸우면 흉한 기운이 생긴다. 어찌 두렵지 않은가. 우리들은 참으로 서로 모일 수 있으니 아버지는 자식을 사랑하고 자식은 부모에게 효도하고 남편은 아내의 모범이 되고 아내는 남편을 존경하고 형이 그 아우를 사랑하고 아우가 그 형에게 공손하며 아내는 첩에게 자애롭게 대하고 첩은 그 처를 공경하고 어린애는 지성으로 어른을 섬기고 어른은 진실한 사랑으로 어린애를 섬기어야 한다. 비록 미치지 못하는 일이 있더라도 또한 조용히 가르치고 경계하여야 한다. 서로 성내고 화내서는 안 된다. 잘한 일이 있으면 서로 본받기를 다투고 불평함이 있으면 서로 인내하여야 한다. 가장이 노복을 자애롭게 대하면 비복이 그 가주를 경애하게 되어 절대로 불평의 말과 불평하는 기색이 없을 것이다. 한 집안에서 항상 조화와 착한 기운이 있으면 어찌 즐겁지 않으랴. 모름지기 각자 이 뜻을 알고 스스로 힘써야 한다.[3]

....

3 兄弟. 初從父母一體而分. 是無異於一體也. 宜相親愛. 少無彼此物我之心也. 古人有九族同居者. 況吾等早喪父母. 伯兄又早沒. 惟吾輩生存者. 務相友愛. 同財而居. 莫相分離. 可也. 若或分離. 則少無生存之樂矣. 故爲此同居之計. 雖離違鄕土而來. 一家團聚和樂. 以度歲月. 此豈偶然之事哉. 玆以略記存心修行之方. 每月初朔. 相會讀過. 使皆聞知焉. 孝者. 百行之源. 而父母旣沒. 則更無致孝處. 只有祭祀一事而已. 凡有所得. 必先收藏. 以爲祭祀之需. 不得妄爲他用. 且當祭祀之時. 必極其誠心. 齋潔身體. 必期於先靈之歆饗也. 凡少輩事父母者. 必以古聖人所訓爲心. 以致其孝也. 吾丘嫂. 是一家之長. 祭祀之主. 凡爲其下者. 特致恭敬. 待之如待母. 可也. 凡有所喜惡. 不可有偏仄之心. 常須和顔溫言以接之. 有所責責. 切勿有慍意. 外處切勿訾議. 勿信讒言. 或有造爲離間之言者. 奴僕則答以戒之. 妾則嚴戒之而後. 不悛則出遣之. 凡同居者. 不可有私儲. 不得已而有所私用. 亦主家之一人分與之. 自家不可有求多之意. 適於用而已. 要爲久遠之圖. 可也. 妻妾之間. 妾則極其恭順. 妻則慈愛無閒. 各以誠心. 無違家長之心. 則寧有不善之事哉. 凡家衆坐而執事之時. 長者過. 則須卽起立. 大凡操心. 常以恭順爲則. 可也. 一家之內. 凡於叔父則如事父之禮. 從兄弟則如親兄弟之禮. 相與親愛如一身. 凡相接之時. 身必恭順. 言必和悅. 顔色必溫平. 可也. 婢僕雖有不善. 亦勿高聲詬罵. 須溫言敎戒. 不聽然後. 告于家長而責罰之. 少者雖其私使奴僕. 亦勿輕加捶撻. 須告于家長. 凡一家之人. 務相雍睦. 其心和平. 則家內吉善之事必集. 若相偏側乖戾. 則凶沴之氣生矣. 豈不懼哉. 吾輩苟能相聚. 父則愛子. 子則孝親. 夫則刑妻. 妻則敬夫. 兄愛其弟. 弟順其兄. 妻慈其妾. 妾恭其妻. 少者以誠事長者. 長者以誠愛少者. 雖有不津之事. 亦須從容敎戒. 無相慍怒. 其有善行. 則爭相效法. 有所不平者. 相與忍之. 以至於家主慈愛婢僕. 婢僕敬愛家主. 絶無不平之言. 不平之色. 一家之內. 常有和善之氣. 則豈不樂乎. 須各知此意而自勉. 可也.

제2장

허목[4]이 자손에게 내린 18조목의 훈계

자손에게 내린 18조목의 훈계[訓子孫十八戒]

재화와 이익을 즐기지 말고,
교만과 가득참을 부러워 말라.
괴이하고 허탄한 것 믿지 말고,
남의 허물을 말하지 말라.
의심하는 말은 친족을 어지럽히고,
투기하는 아낙은 집안을 망친다.
여색을 좋아하는 자 몸을 망치고,
술을 즐기면 생명을 해친다.
말 많음은 반드시 피해야 하고,
분노가 많은 것을 경계해라.
말은 반드시 충실하고 믿음성 있게,

....

4   허목(許穆, 1595-1682) 본관은 陽川, 호는 眉叟이다. 1680년 경신대출척으로 실각하여 정계를 떠날 때까지 남인의 영수였다. 예학에 조예가 깊었으며, 예송 때 송시열과 격렬하게 대립하였다. 『邦國王朝禮』·『經說』·『經禮類纂』·『眉叟記言』 등을 저술했다. 허목은 슬하에 3남 2녀를 두었고, 측실과의 사이에서 2녀를 두었다.

행위는 돈독하고 공경스러워야 한다.
상례와 제례는 반드시 조심스레 행하고,
종족 간에 반드시 화목해야 한다.
사람 가려 사귀면 허물에서 멀어지고,
마을 가려 살면 치욕에서 멀어진다.
군자의 행실은 남 이기는 것을 재능으로 여기지 않고,
스스로 지키는 것을 현명함으로 삼는다.
이를 힘써 잊지 말아라.

내가 늙어 죽을 때가 다 되었다.
이미 죽은 자의 혼백으로 하여금 부끄러워하게 하지 말라.
이는 모두 내가 나의 몸에 친히 경계하고 힘써 신칙한 것이다.
그래서 말이 더욱 절실하다.⁵

....
5   毋樂貨利. 毋羨驕盈. 毋信怪誕. 毋言人過. 疑言亂族. 妬婦亡家. 好色者敗身. 崇飮者
    戕生. 多言必避. 多怒必戒. 言必忠信. 行必篤敬. 喪祭必謹. 宗族必睦. 擇人而交者遠過. 擇
    里而居者遠辱. 君子之行, 不以勝人爲能, 自守爲賢. 勉之毋忘. 吾老死迫矣. 毋令已死者魂
    魄愧恥. 此皆老人於吾身親戒而勉飭者也. 所言尤切.

자성잠(自省箴)

마음이 담당하는 역할은 생각이다.[6]

또한 행동에는 아홉 가지 생각할 것이 있다.[7]

생각하면 얻고 생각하지 않으면 잃는다.

엄숙하지 않고, 공경하지 않으며, 태만하고 게을러 제멋대로 하는 것은 모두 생각하지 않는데서 오는 허물이니, 삼가지 않을 수 있겠는가?

바름을 얻고서 죽는 것을 옛 사람은 힘썼다.

늙어 죽는 것으로 스스로 한계를 삼지 말라.

이를 적어 스스로를 돌아볼 것이다.[8]

---

6 『맹자』「告子上」"心之官則思, 思則得之, 不思則不得也."
7 『논어』「季氏」"君子有九思: 視思明, 聽思聰, 色思溫, 貌思恭, 言思忠, 事思敬, 疑思問, 忿思難, 見得思義." 보는 것에 가림이 없어야 한다. 듣는 것에 막힘이 없으면 들음에 깨닫지 못함이 없다. 얼굴에 나타난 것을 색이라 한다. 안색이란 말과 같다. 貌는 몸 전체를 들어 하는 말이다. 의심나는 것은 물어야 한다. 그러면 의심이 쌓이지 않는다. 어려워질 것은 생각하면 분노는 반드시 막게 된다. 그것이 의로운지 아닌지를 생각하면 얻음에 구차하지 않게 된다.
8 心之官則思, 亦行有九思. 思則得, 不思則失. 不莊不敬, 怠惰放肆, 皆不思之咎, 可不愼歟. 得正而斃, 古人勉焉. 勿以老死自畫, 書之以自省.

제3장

권시[9]가 두 아들에게 남긴 글[10]

나는 몇 년 사이에 점점 쇠약해짐을 느낀다. 이번 가을부터는 하루가 다르고 한 달이 같지 않구나. 근래 설사증까지 생겨 기운이 다 떨어져 축 처져 누웠으니, 거의 다 죽은 듯하다. 요행으로 다시 소생한다 해도 이 세상에서 기력이 어찌 오래 가겠느냐? 평소 생각해 둔 일이 많다만, 하루아침에 갑작스레 말을 못하게 될까 몹시 염려스럽다. 한 번 듣고 나서는 천 번 만 번 마음에 새겨 시행하기 바란다.

기惼는 성품이 살리기를 좋아하고 죽이기를 싫어한다. 이는 천지가 만물을 살리는 마음이요, 선조의 어질고 두터운 뜻을 잃지 않은 것이다. 다만 바탕이 약하고 기질이 조급한 것이 한이다. 또한 지나치게 고집 부리기를 좋아하니 성품을 이루는 데 부족할까 염려된다.

---

[9] 권시(權諰, 1604-1672) 본관은 안동, 자는 思誠, 호는 炭翁이다. 송시열과 같은 기호학파로 예론에 밝았다. 예송문제가 있을 때, 송시열과 송준길에 대립하여 윤선도를 지지하는 상소를 올렸다가 같은 서인의 규탄으로 파직되어 낙향하던 중 경기도 광주의 선영에 머물러 살았다. 대전의 도산서원에 제향되었다. 『탄옹집』 7책

[10] 권시가 두 아들에게 남긴 글이다. 건강이 악화되자 뜻밖의 변고가 있을까 우려하여 남긴 당부이다. 큰 아들 惼와 둘째 아들 惟에게 각각 당부를 남겼다. 이 글은 1651년(辛卯) 12월 15일에 썼다.

평이하게 포용하는 국량을 힘써 넓혀 비루하고 인색한 싹을 없애서 지극히 강대강대剛大한 지경에 이르길 바라거라. 네가 타고난 재질에서 독실하게 하려 한다면, 공경과 용서란 글자가 가장 중요할 것이다. 기질을 바로 잡으려면 고요히 침묵하며 천명을 엄히 이루면 거의 변화할 것이다.[11] 특히 자장子張이 '명명' 즉 밝음에 대해 물었던 대목[12]을 너는 마땅히 죽을 때까지 외우도록 해라. 자장이 어떤 사람이더냐? 그런데도 공자께서는 오히려 이것으로 다스리셨다. 하물며 너는 나약하고 결단성이 없으며, 조급한데도 너무 살피기만 하니, 어찌 이것을 경계로 삼지 않을 수 있겠느냐?

옛사람은 또 말했다. "군주가 내시나 후궁을 만나는 시간이 적고, 어진 선비나 대부를 만나는 시간이 많다면 현군 성왕이 되지 못할까 염려하지 않는다." 지극하다 그 말이여! 어찌 군주만 그렇겠느냐? 선비도 그러하다.

내가 죽은 뒤에는 네 아우에게 집안일과 어머니 봉양을 맡기고, 너는 공부하러 나가거라. 집에 들어와서는 아침저녁으로 문안을 드리는 일 외에는 서재에서 책을 읽어 절차탁마하여 성취함으로써 내 명성에 욕되지 않게 해라. 소인이 됨을 면해야 내가 눈을 감을 수 있겠다.

....

11 원문은 '凝命'인데 이는 『주역』鼎괘 象辭에 나온다.
12 『논어』안연 "子張問明. 子曰:「浸潤之譖, 膚受之愬, 不行焉. 可謂明也已矣. 浸潤之譖膚受之愬不行焉, 可謂遠也已矣." 浸潤은 물이 스며들어 윤택하게 하듯 점차 쌓여 급하게 모이지 않음이다. 譖이란 남을 헐뜯는 행동이다. 膚受는 피부가 받아들이는 이해가 몸에 간절함을 말하는 것이다. 愬는 자기의 억울함을 호소하는 것이다. 남을 헐뜯는 자는 서서히 스며들게 하면 듣는 자가 스며들어오는 것을 깨닫지 못한다. 그래서 그 믿는 것이 깊다. 억울함을 호소하는 자가 급박하여 몸을 찢듯이 하면 듣는 자가 상세함에 이르지 못하고 급하게 발하게 된다. 두 가지는 살피기 어렵고 능히 살핀다 하면 그 마음이 밝음을 알 수 있다.

유惟야! 옛 사람은 이렇게 말했다. "가르치지 않고서 죽게 만드는 것을 '폭暴'이라 한다."[13] 너는 성품이 '폭'에 가깝다. 힘써 편벽된 것을 바로잡아 인仁을 이루도록 해라. 너는 공손치 않은 것을 좋아하는데, 공손치 않은 것은 불인不仁에 가깝다. 공손치 않다는 것은 안색과 옷차림 행동거지[14]가 거만한 것만을 두고 하는 말이 아니다. 우주와 세상의 만물과 만사를 아무것도 아닌 것처럼 여기는 것을 말한다. 그러므로 네 아비가 가르치고 일깨워 이루게 하려는 뜻에서 마음을 쏟고 애를 쓰는 것을 뻔히 보면서도 역량이 미치지 못하면 문득 조급하게 성을 내고 함부로 망령되이 굴고는 남몰래 비웃으며 이를 좋지 않게 여긴다. 네 아비나 네 형의 조급함에 비하면 낫긴 하다. 진실로 지성으로 사물을 사랑하는 마음이 없이 한다면 불인하게 될 터이니, 작은 일이 아니다. 네가 아비의 말을 알아 듣겠느냐?

네가 송시열(의 딸)을 얻고서도 병으로 책을 읽지 않고 게을러 배우지 않으면서 오만하게 자족하였다. 내가 너를 금하지 않았던 것은 무슨 까닭이겠는가? 너 또래가 배우고자 하면 책을 읽은 뒤에 배움이 되는 것만이 아니라, 일용의 생활이 바로 배움인 까닭이다. 배우려 들면 성인

---

13 이 말은 인용이 정확하지 않다. 『논어』 요왈 "子曰: 不敎而殺謂之虐; 不戒視成謂之暴; 慢令致期謂之賊; 猶之與人也, 出納之吝, 謂之有司" 虐이란 잔혹하고 불인함을 말한다. 暴은 졸지에 급하게 하고 차분히 점진적으로 하지 않음이다[卒遽無漸]. 賊이란 切害의 뜻이다. 앞에서는 느긋하게 해놓고 뒤에서 급박하게 하여 그 백성을 잘못하게 해놓고 반드시 형벌을 가하면 이는 賊害하는 것이다. 공평하게 한다고 해놓고 막상 출납을 할 때는 혹 인색하게 하고 결과가 나지 않게 하니 이는 유사의 일로 정치의 본체가 아니다. 베푸는 것이 비록 많아도 사람들이 그 은혜를 기억하지 않는다. 자로편에서는 공자가 "가르치지 않은 백성을 데려다 전쟁터에 내보내 싸우라고 하면 이는 버리는 것이라고 말한다[以不敎民戰, 是謂棄之]"라 했다. 훈련받지 않은 백성을 군사로 삼아 싸우라고 하면 반드시 패망할 것이요, 그렇다면 이는 백성을 내버리는 것과 같기 때문이다.

14 원문은 '容止'인데 용모와 행동거지이다. 『左傳』· 襄公31年 "周旋可則, 容止可觀"가 있다.

의 법과 선현의 가르침이 모두 있어, 너 스스로 아니 내가 무엇을 말하랴! 배우려고만 한다면 너는 기대할 만하다. 네 아비들은 틀렸다. 네가 내켜하질 않으니 어찌한단 말이냐. 네 아비는 배우려 했지만 할 수 없었고, 내 자식은 배울 수 있는데도 배우려 들지 않으니 다 틀렸다. 내가 죽거든 집안일을 처리하고 어미를 봉양하는 것은 네 스스로 맡아라. 그리하여 네 형으로 하여금 스승을 찾아다니며 배우고 독서하여 마침내 성취함이 있게 한다면 다행이겠다.

나는 태어난 지 겨우 네 해가 되었을 때 어머니께서 세상을 뜨셨고, 관례를 치르고 혼인을 하자마자 아버님[15]께서 세상을 뜨셨다. 내가 부모가 계셨을 때 이미 그 삶을 보양하지 못했고, 또 그 뜻을 잇지 못했다. 50년간의 세상살이를 하나의 불효로 보냈구나. 내 아버님께서는 평생 배움에 뜻을 두는 것을 좋게 보셨다. 일찍이 말씀하시기를, "매사에 반드시 옳음을 추구해서, 차선으로 되어서는 안 된다."고 하셨다. 또 말씀하시기를, "모름지기 배워서 허물 듣는 것을 기뻐해야 하니, 작은 허물과 큰 잘못이 흔히 스스로 허물 듣기를 기뻐하지 않는 데에서 뿌리 내리고 둥지를 틀게 된다."고 하셨다. 또 말씀하셨다. "인仁이란 두루 미치는 방법이니, 이는 모두 공부에 착수해서 힘을 얻어 남을 일깨우는 말이다. 두루 미치는 방법은 대개 자기를 미루어 남에게 미쳐, 남과 내가 나란히 서는 것을 두고 하는 말이다. 매번 세상 사람들은 책을 읽으면서 실지 얻기를 구하지 않고, 다만 입과 귀로 명예와 이익 꺼리로 삼는다. (나는) 책을 읽으면서 실지를 구하고, 생각이 떠오르면 반드시 기

---

15 권시의 아버지는 權得己(1570-1622)이다.

록했는데 이것을 '참람하게 의심함[『참의僭疑』][16]'이라고 이름했다."[17]

아버님께서 평생 품으신 뜻이 이 글(『참의』)에 드러나 있다. 주한열 周翰說과 유공진柳公衿[18]이 보고 읽은 후에 '독실한 군자'라고 했다. 내가 일찍이 번다한 것을 깎아내어 간결하게 해서 후세에 전하기 위해 서둘러 간행하여, 아버님께서 자신을 이루고 남을 이루게 하려 하신 뜻에 부응하려 한 것이 오래되었다. 돌아보건대 내가 불초하여 감당치 못하는 바가 있기에 나이가 조금 더 들기를 기다렸으니, 이는 안목이 조금 나아지기를 바랐던 것이다. 하지만 어리석고 게으름이 날로 심해지고, 가난하고 궁핍하여 일과 힘을 펼치지 못하고 미루다가 겨를이 없이 오늘에 이르고 말았다.

내가 죽은 뒤에 너희는 내 뜻을 받아 유惟는 송시열에게 부탁해서 네 아비의 뜻을 이루어 줄 것을 청하도록 해라. 송시열이 유의 말을 듣고서 기꺼이 죽은 벗의 소원을 이뤄준다면 얼마나 다행이겠느냐. 사위 윤증에게[19] 부탁하여 날 위해 그 뜻을 안타까이 여겨 부친에게 가정에

16　『포저집』 32권 묘지명에 따르면 권득기의 저술로 『讀書僭疑』 4권이 있다고 한다. 그리고 그가 자제를 가르칠 때에 "가슴 속에는 선한 마음만 있게 하고 불선한 마음은 털끝만큼도 있게 해서는 안 된다. 그리고 몸으로는 선한 일만 행하고 불선한 일은 털끝만큼도 행해서는 안 된다."라고 하였으며, 또 "이른바 선이란 이렇게 하는 것일 뿐이다. 어떤 일이든 최상의 선에 이르지 않으면 그것은 곧 불선이 되고 만다. 차선을 구하게 되면 그 순간에 바로 불의로 떨어지고 만다."라고 하였고, 또 "절실하게 요구되는 공부는 일상생활 속에서 무엇이 옳고 무엇이 그른지 추구하는 것일 뿐이다."라고 하였다고 했다.

17　권득기는 글을 읽을 때 반드시 곰곰이 연구하고 깊이 생각하다가, 의문점이 생기면 기록해 두었는데 의문을 기록한 책을 『僭疑』라 이름 붙이고 보관하였다. 그러다가 만년에 『주자대전』을 열람하다가 깊은 깨달음을 얻는 부분에 이르러 문득 머리를 끄덕이며, "내가 『참의』를 저술한 것도 잘못된 것"이라 하였다고 한다. 이 말은 송자대전에 들어있다. 권득기의 저서로는 『晩悔集』·『然松雜記』 등이 있다. 『독서참의』는 『만회집』에 들어있다고 하는데 현행 『만회집』에는 보이지 않는다.

18　권득기의 제자 혹은 권시의 지인으로 추정된다.

19　여기 윤서방은 사위 윤증을 가리키는 것 같다. 권시에게는 윤씨 사위가 윤증과 윤의재 둘이 있는데 권시의 행장과 지문을 지은 것은 윤증이다. 윤증이 탄옹의 행장을 지었다.

서 『시詩』와 『예禮』를 익히는 여가에 이 글을 가지고 세 번 정밀하게 열람하여 이 계획을 이루어 준다면 나는 죽어도[20] 여한이 없을 것이다.[21]

....

[20] 권시는 1672년에 죽었다. 그러니 그가 이 글을 지은 것이 1651년이니 그는 이 글을 짓고도 21년을 더 살았다.

[21] 吾自數年來, 漸覺衰暮. 自今秋來, 日異而月不同. 近患泄症, 氣運漸盡, 頹然而臥, 殆其逝矣. 幸而得甦, 然是豈久於世氣力耶. 平日關念事多, 甚恐一朝溘然不能發言, 畫一聞後, 乞千萬銘心施行. 惰兒性好生惡殺, 是天地生物之心, 而不失祖先仁厚之意. 但恨其質弱氣躁, 且喜太執, 恐不足以成其性. 力恢平易包容之量, 以消鄙吝之萌, 冀至剛大之域. 欲汝因其材而篤焉, 則敬恕字最要. 欲以矯其質, 則靜嘿凝命, 庶幾變化. 且子張問明章, 汝宜平生誦之. 子張何人也. 而孔子猶以此治之, 況汝弱而無斷, 躁而太察, 安得不以此爲戒. 且古人云, 人君接宦官宮妾時少, 接賢士大夫之時多, 則不患不至賢聖矣. 至哉言乎. 何獨人君. 夫士尙然. 吾死後, 付汝弟幹蠱養母. 汝則出遊學. 入則定省外, 齋居讀書, 琢磨成就, 無忝我聲, 得免小人之歸, 則吾庶幾瞑目矣. 惟兒, 古人云: '不敎而殺, 謂之暴.' 汝性近暴. 力矯其偏, 以成其仁. 汝好不恭, 不恭近不仁, 不恭非獨謂容止簡傲而已. 盖謂視宇宙天下萬物萬事, 如無有. 故視乃翁屑屑規規於敎悔成物之志, 力量不及, 便至躁怒顚矣, 則竊笑而不善之. 其比乃父乃兄之躁則善矣. 苟無至誠愛物之心以將之, 則便不仁矣, 非細故也. 汝能會乃父之言乎. 汝得英甫, 而病不讀懶不學, 傲然自足, 吾無禁汝, 何也. 汝輩欲學, 不獨讀書然後爲學, 日用是學, 欲學則聖法先訓具在, 汝自知之, 吾何言. 欲學則汝可望矣. 似非乃父輩也, 奈汝不肯何. 汝父欲學而不能, 吾兒可學而不欲, 其已矣. 吾死後, 幹蠱養母, 汝自任之, 俾汝兄得以遊學讀書, 終有所成則幸矣. 吾生纔四周歲, 先妣見背, 纔冠纔娶, 而先人見背. 吾有父母, 既不得養其生, 又不得繼其志, 半百生世, 只輸一不孝. 先人平生志學爲善, 嘗曰: "每事必求是, 毋落第二義." 又曰: "須學喜聞過, 小過大惡, 多自不喜聞過上作根窠." 又曰: "仁是周遍法, 是皆着功得力, 而誨人之語. 周遍法, 盖推己度物, 人我竝立之謂也. 每以世人讀書, 不求實得, 只爲口耳名利之資. 讀書實求, 有思必錄, 名之僭疑." 先人平生之志, 見於斯書. 周翰說柳公衫見而讀之曰: "篤實君子人也." 余嘗欲刪繁就簡, 圖爲傳後易行之計, 以酬先人成己成物之志, 久矣. 顧吾不肖, 有所不堪, 欲待吾年稍老, 庶冀見或少進. 愚蒙偸惰日甚, 貧窶事力未敷, 遷延未暇, 以至于今. 吾死後, 汝輩體吾意, 惟兒託英甫, 請成乃父之志. 英甫聽惟兒, 肯遂亡友之願, 則何幸如之. 乞尹婿爲我憐其志, 鯉庭詩禮之暇, 將此書三復精閱, 得成此計, 則權某死無恨矣.

제4장

송시열이 출가하는 딸에게 준 경계의 글[22]

맹자가 말씀하시기를 장부가 갓을 쓰게 되면 아버지께 절을 하고 여자가 시집을 가게 되면 어머니께 절을 하라고 하시었으니, 여자의 행실은 아버지가 가르칠 일이 아니로되 너의 나이가 비녀를 꽂을 나이가 되어 행실이 높은 집으로 출가하니, 마지못하여 대강 적어서 주는 것이니, 늙은 아버지의 말이 앞뒤가 맞지 않고 소략하다고 하지 말고 힘써서 행하라.

제1장 부모 섬기는 도리

아버지가 낳으시고 어머니가 기르시니 부모가 없으면 이 몸이 어디에서 태어나며, 포대기에 쌓인 젖먹이 때로부터 성장하도록 근로勤勞하신 은혜를 생각하면 하늘이 끝이 없거늘 어찌 잊을 때가 있으리오. 은덕을 잊는 것도 불효요, 질병을 걱정하지 않는 것도 불효요, 형제친척을 박정하게 대하는 것도 불효요, 내 몸을 천하게 하여 남이 경멸히 여기게 하는 것도 불효라. 약간의 음식과 의복을 해 드리고 착한 체 말고

---

22 송시열(1607-1689)의 맏딸이 권시의 둘째 아들 권유와 혼인을 하게 되자 경계의 글을 써 준 것이다.

부모가 남을 주시고자 하시거든 주고 말고저 하시거든 꺼리지 말고, 부모 앞에서 개와 닭을 꾸짖지 말고, 늘 조심하여 정성이 극진하면 아무리 악한 부모라도 자연 감동하시리라. 옛 사람이 이르되 자식을 길러봐야 부모 은혜를 안다 하였으니 너는 오래지 않아 이를 알게 되리라. 그러므로 대강 쓰노라.

제2장 남편 섬기는 도리

여자가 백 년 우러르고 바라보는 것이 오직 남편이라. 남편 섬기기는 뜻을 어기지 않는 일밖에 없으니 남편이 대단히 그릇된 일을 하여 세상이 용납하지 못할 일을 하는 외에는 그 뜻을 만분의 하나라도 미진한 일이 없게 하여 하는 대로 하고 한마디 말과 한가지 일도 어기지 마라. 여자가 남편 섬기는 중 투기하지 아니함이 으뜸행실이니 일백 첩을 두어도 볼 만하고 첩을 아무리 사랑하여도 노기 두지 말고 더욱 공경하여라. 네 남편은 단정한 선비라 여색의 침혹함이 없을 것이요, 너도 투기할 사람이 아니지만 오히려 경계하니 너뿐 아니라 네가 딸을 낳아도 제일 먼저 사람의 도리를 가르치도록 하라. 천하에 투기로 망한 집이 많으니 투기하면 백 가지 아름다운 행실이 다 헛것이니라. 깊이 경계하라. 부부 사이 극진이 친밀하게 공경함이 지극한 도리이니, 말씀하기나 기거하는 것, 일동일정을 마음을 놓지 말고 높은 손님을 대접하듯 하라. 이렇듯 하면 남편도 대접이 한결같을 것이니 부디부디 뜻을 어기지 마라.

제3장 시부모 섬기는 도리

세상의 아내가 남편의 몸을 제 몸보다 중히 여겨 의복을 자기는 입을 줄 모르고, 남편 입을 제 입보다 더 중히 여겨 음식을 자기는 먹을 줄 모르고, 온갖 일에 자기 몸보다 더 소중하게 여기되 남편의 부모는 제 부모보다 더 중한 줄 모르고 제 부모의 사적인 편지를 시부모가 알까 하니 그럴 것 같으면 예문禮文에서 어찌 제 부모 상복은 일 년이요, 시부모 상복은 삼 년을 하라 하였겠는가? 시부모 섬기기를 제 부모보다 중히 할지니, 일동一動 일정一靜과 일언一言 일사一事를 부디 무심히 말고 극진히 섬기도록 하여라. 내 부모와 같이 섬기지 못하면 시부모도 자기 딸같이 사랑하지 못할 것이다. 제 행동은 모르고 시부모가 자기를 딸만큼 여기지 않으면 그러한 일만 섭섭하게 여겨 거칠고 어리석은 아내는 싸울 때도 많고 가정의 법도가 평안치 않아 참혹하게 되다가, 늙은 후에 며느리를 얻으면 또 며느리의 흉을 늘 본다. 시부모를 박대하고 제 며느리 흉을 또 보는 사람이 세상에 많으니 어찌 경계하지 않겠는가. 시부모가 꾸중하셔도 내가 일을 그릇되게 행할 때 꾸중하신다 생각하고 사랑하셔도 기뻐하여 더욱 조심하고 내 부모 집에서 보내는 것 있으면 봉해 놓은 대로 시부모 앞에서 풀어드리고 덜어서 주시거든 사양 말고 받아 간수하였다가 다시 드리고 내가 쓸 데가 있거든 시부모께 다시 아뢰고 쓰라. 이 밖의 말은 부모 섬기는 도리의 장에서 다 하였으니 그대로 할 것이니라

제4장 형제와 화목하는 도리

형제는 한 부모에게 혈기를 나누어서 같은 젖을 먹고, 한 집에서 자라나 옷도 같이 입고, 같이 먹고, 놀기도 한시도 서로 떨어지지 아니하고, 병이 들면 근심하고 배고파하거나 추워하면 민망하게 여기어 제가 당한 것과 다르지 않게 하다가, 각각 결혼하여 분가한 후에는 제 자식의 말도 듣고 노비의 말도 듣고 해서 자연히 공경하지 않는 말이 있어 되면 처음에 그렇게 사랑하던 마음이 점점 감소하여, 심한 사람은 미워

하고 헐뜯으려 하는 사람이 있으니, 어찌 참혹한 일이 아니겠는가. 노비와 전답을 다투다가 인연을 끊는 이가 많고 욕심은 갈수록 길고 지극한 정을 잊는 이가 많으니 부디 삼가해라. 노비와 전답은 없다가도 있거니와 형제는 한 번 잃으면 다시 얻지 못하니 아이 때부터 같이 자라던 일을 생각하면 싸우고 불화할 마음이 어찌 나겠는가? 여자집의 오빠 아내와 시집 동생이 다 한 가지이지만 그 사이가 참혹한 사람이 많으니 부디 네가 집에 있을 때 친동생과 같이 대하고 화복길흉과 대소사에 똑같이 살펴 조심하고 오로지 화목하기를 주장하여라.

제5장 친척과 화목하는 도리

친은 성이 같은 겨레요, 척은 성이 다른 겨레이다. 그 중에는 촌수의 멀고 가까움이 있고, 정情의 두텁고 얇음이 있기는 하나 모두 돌아간 조상의 자손이다. 돌아간 조상을 생각하면 그 자손을 박정하게 대할 마음이 어찌 있으랴. 사람이 남녀간에 다 각자 자손을 두었으되 다 화목하고자 하여 늘 경계하나, 내 마음이 돌아간 조상의 마음과 같이 할 줄은 생각지 못하고 전답을 갖고 다투며, 가난하고 미천하면 업신여기고, 부귀하면 시기하고, 병이 들어 약을 구하더라도 주지 아니하고, 남을 보아도 일가붙이의 말을 끝없이 하려고 한다. 당초는 한 사람의 몸을 나누어서 낳았으되 나중은 원수가 되니, 그런 사람은 짐승만도 못하니 각별히 경계하여, 그릇된 일을 보아도 참고, 그른 말을 들어도 참고, 가난하고 천하거든 불쌍히 여기고 어여삐 여기며 부귀하거든 반갑게 생각하고, 질병에 조심하고, 혼사 장례와 제사에 힘 있는 대로 도와주면 어찌 감사하지 않게 여기겠는가. 옛 사람이 9대를 함께 살되 화목하는 방법으로 참을 인자 백을 써 붙였다 하니 화목하는 도리는 참는 것만 한 게 없느니라.

제6장 자식 가르치는 도리

딸자식은 어머니가 가르치고 아들자식은 아버지가 가르친다 하거니와, 아들자식도 글을 배우기 전은 어머니에게 있으니, 어렸을 때부터 속이지 말고, 너무 때리지 말고, 글 배울 때도 순서 없이 권하지 말고, 하루 세 번씩 권하여 읽히고, 잡된 장난을 못하게 하고, 보는 데서 드러눕지 말게 하고, 세수를 일찍 하게하고, 친구와 언약하였다고 하거든 꼭 실행하게 하고 남과 신의를 잃지 않게 하며, 잡된 사람과 사귀지 못하게 하고, 일가의 제사에 참례하게 하고, 온갖 행실은 옛사람의 일을 배우게 하고, 15세가 넘거든 아버지에게 전하여 잘 가르치라 하고, 온갖 일을 한결같이 가르치면 자연히 단정하고 어진 선비가 되느니라. 어려서 가르치지 못하고 늦게서야 가르치려 하면 되지 아니하는 것이니 일찍 가르쳐야 문호를 보존하고 내 몸에 욕이 아니 되는 것이다. 이런 일은 어미에게 달렸으니, 아비에게 책임지워 바라지 말고, 자식을 배었을 때도 잡된 음식을 먹지 말고 기울어진 자리에 눕지 말고 몸을 단정히 가지면 자식을 낳음에 자연 단정할 것이다. 자식은 어머니를 닮은 이가 많다. 열 달을 어머니 뱃속에 들어있으니 어머니를 닮고 열 살 전에는 어머니의 말을 들었으니 어머니를 또 닮게 되니, 어찌 가르치지 않고서 착한 자식이 있겠는가. 딸자식도 가르치는 도리는 같으니 대개 남녀를 다부지게 하여 가르치고 행여나 병이 날까 하여 놀게 하고 편케 하는 것은 자식을 속이는 행동이니 부디 잘 가르쳐라.

제7장 제사 받드는 도리

제사는 정성을 다하여 정결하게 하며 조심하는 것이 으뜸이니 제사에 필요한 물건 장만할 때는 걱정하지 말고, 하인도 꾸짖지 말고. 소리 내어 웃지 말고 말과 표정으로 나타내어 근심하지 말고, 없는 것을 구차하게 얻지 말며, 제물에 티끌이 들어가게 하지 말고, 먼저 먹지 말고, 어린아이가 먹겠다고 보채더라도 주지 말고, 많이 장만하면 자연 불결하니 쓸 만큼 장만하고, 이다음의 제사를 못 지내는 일이 없도록 제수를 잘 차려 풍족하고 박함이 너무 드러나지 않게 하고 정성으로 머리 빗고 목욕하되 겨울이라도 그만두지 말고 기제사에 색깔이 있는 옷 입지 말고 손톱 발톱 짤라 청결하게 하면 신명이 흠향하고 자손이 복을 받고 그렇지 않으면 재앙과 화가 있게 된다. 남의 제사를 차려 보내거나 아비 벗에게 치전을 장만할 때도 다 내 집안 제사같이 하고 남에게 가는 것이라 하여 부정하게 하면 심덕에 해롭고 복이 손상하니 부디 조심하라.

제8장 손님 대접하는 도리

내 집에 오는 손님은 먼 친척이 아니면 남편의 벗이거나 시댁 가족의 벗이다. 음식 잘하여 대접하고 실과나 술이나 있는 대로 대접하되 손님이 잘 먹지 못하여도 박대요, 남편이 출타했을 때는 종을 시켜 머물도록 만류하지 않는 것도 박대이니, 이럴 때는 일가를 청하여 주인노릇 하게 하고 일가 사람이 없으면 마을 집에 주인을 청하여 잘 대접하여 보내라. 한 번 두 번 박대하면 그 손님이 아니 올 것이며, 다른 손님도 아니 오리니, 손님이 아니 오면 가문이 자연 무식하고, 남편과 자식이 나가서 주인노릇 할 일이 없을 것이니, 부디 손님 대접을 극진히 하라. 옛 부인은 다리를 팔아 손님을 대접하고 자리를 썰어 그 말을 먹였는데, 요사이 부인네는 손님이 왔다 하면 남편을 나무라고 남편이나 자식이 어디 가서 잘 먹었다 하면 그것은 기뻐하니 부디 명심하고 경계하여 잘 대접하라. 인심이 부귀한 손님이 오면 조심하여 잘 대접하고 빈천한 손님이 오면 허름하게 대접하는 것은 부덕한 행실이다. 어른과 아이는 분간하여 대접할지라도 귀천과 빈부는 부디 분별하지 말라.

제9장 투기(妬忌) 말라는 도리

투기하지 말라는 말은 남편 섬기는 도리에서 이미 말했지만 투기란 것은 부인의 제일가는 악행이기에 에 다시 쓰노라. 투기를 하면 친밀하던 부부 사이라도 서로 미워하고 속이고 질병에 관계치 아니하고 분한 마음과 악정을 내게하고 시부모 섬기는 마음이 줄어들고 자연히 사랑하는 마음이 대수롭지 않게 되어 노비도 부질없고 때리고 집안일도 잘 다스리지 못하고 항상 악한 감정이 담긴 말을 하고 낯빛을 늘 슬피 하여 남 대하기를 싫어하니 그런 한심하고 한심한 일이 어디 있겠는가?

투기를 하면 아무라도 그렇게 되는 것을 면하지 못하니 가정 법도의 성패와 자손의 흥망이 전적으로 거기에 달려있으니 예부터 망한 집을 보면 투기로 말미암아 그러한 경우가 많다. 『시경』 삼백편에서 문왕 후비가 투기 아니 하신 말씀을 으뜸으로 썼으니 옛 성인 깊이 생각하고 이렇게 하셨으니 그 법을 어찌 본받지 아니 하리오. 내 몸을 버리고 집이 패망하고 자손이 다 망하는 것이 투기로 말미암는 것이니 늙은 아비 말을 허수이 여기지 말고 경계하라. 내 아무리 망령되나 너를 허술히 여겨 네 남편이 얻지도 아니한 첩을 생각하여 투기 말라 하겠는가마는 부인의 행실에 지극히 중대한 일인 까닭에 다시 써서 거듭 경계한다.

제10장 말씀 조심하는 도리

통상 하는 말에 신부가 시집을 가면 "장님 3년, 귀머거리 3년, 벙어리 3년이다."라는 말이 있다. 장님이란 말은 보고도 함부로 말하지 말라는 것이며, 귀머거리란 말은 듣고도 함부로 말하지 말라는 말이며,

벙어리란 말은 필요하지 않은 말은 함부로 하지 말라는 뜻이니. 말을 삼가는 것이 으뜸가는 행실인 것이다. 삼가지 아니하면 옳은 말이라도 시비와 싸움이 그칠 때가 없을 것이니 하물며 그른 말을 할가보냐. 남의 흉을 말하면 자연히 원망도 생기고 싸움도 생겨나며 욕도 생겨 부모 친척이 짐승으로 보고 노비와 이웃사람이 업신여기니 내 혀를 가지고 도로 내 몸을 해롭게 하니 그런 애달프고 한심한 일이 어디 있겠는가? 일백 가지 행실 가운데 말을 삼가함이 제일의 공부이니 부디부디 삼가 뉘우침이 없게 하라.

제11장 재물 씀씀이를 절약하는 도리

재물이라 하는 것은 한이 있고 쓰는 것은 무궁하니 알아서 쓰지 못하면 나중에는 지탱하지 못하고 자녀들 결혼도 못시켜 상인이 되는 이가 많으니 두려운 일이다. 만승萬乘천자라도 재물을 아끼지 않으면 나라가 망하는 것이니 하물며 필부의 집이야 절약해 쓰지 아니하고 재물이 어디에서 날 것인가.

풍년이나 흉년이나 추수할 곡식수를 헤아리고 제사가 몇 위가 되는지를 헤아리고 식구의 많고 적음을 헤아릴 것이다. 제사를 정성으로 드리되 제수 장만하기를 지나치게 하지말고 부질없는 허비를 하지 말고, 의복과 음식을 너무 사치하지 말고 쓸데는 아끼지 말고, 무단한 일에는 조금도 허비 말고, 의복 음식을 보아가며 하고, 헛되게 돈을 낭비하는 일을 일체 하지 않으면 부족함이 없이 쓸 것이요, 늘 나머지를 두어 질병에 약값을 하거나 상사喪事의 비용으로 쓰거나 공사채에나 곤함이 없게 하고 쓸 일이 없거든 잘 늘여서 자손을 위하여 전답을 장만함이 또 옳을 것이다. 가정을 잘 다스리는 법은 아껴 쓰는 것 밖에 없느니라.

제12장 일 부지런히 하는 도리

천자 황후도 놀지 않고 부지런했다는 것을 맹자께서 말씀하였는데 선비의 아내가 일을 부지런히 아니하면 부모를 어찌 섬기며 자손을 어찌 기르겠는가. 잠 안 자고 밥 안 먹고 지나치게 애써 병이 나는 부인도 있는데 그런 일은 굳이 할 것이 아니다. 마음 속으로 놀지 않고자 하면 옛 언문諺文 고담古談을 어느 겨를에 이야기 하겠는가. 시부모와 남편 섬기기와 노비와 자식 거느리기가 다 어미에게 달렸으니 거듭 삼가 할 일이요, 제사와 길쌈과 장 담그고 조석으로 양식을 들이고 내는 온갖 일이 다 어미에게 있으니 어느 겨를에 게으르고자 할 마음이 있겠는가. 이러므로 어미가 부지런해야 그 집을 잘 보존하고, 게으르면 배고픔과 추위에 떨게 되어 혼사를 못하여 남도 천하게 여기게 되고 내 몸이 궁窮하여 마음이 부끄러워질 것이다. 부디 부지런하게 살기를 주로 삼아라.

제13장 병환 모시는 도리

사람의 죽고 사는 것이 질병에 있으니 병환은 극히 염려되고 두려운 일이다. 내 부모나 시부모나 남편이 병환 중에 있거든 머리 빗지 말고, 말소리 크게 하지 말고, 소리 내어 허허 웃지 말고, 게으르게 걸음 걷지 말고, 일찍 자지 말고, 자더라도 늦도록 자지 말고, 다른 사람이 모실 수가 없거든 떠나지 말고, 약 다리고 죽 쑤기를 손수하여 종에게 시키지 말고, 아니 드실지라도 음식을 자주하여 드리고, 일마다 지극 정성을 다하는 것을 잠간이라도 잊지 말고, 구완하는 사람과 의원을 부디 잘 대접하여라.

제14장 의복, 음식하는 도리

성인이 가르치되 검박하라 하였으니 의복을 치레하거나 음식을 사치스럽게 함은 가르칠 일 아니지만 부인의 맡은 것이 의복과 음식 밖에는 없다. 의복과 음식이 용열하면 부인네들이 업신여기나니, 옛 글에 이르기를 "부인이 규중에 있으나 알아야 할 일이 있으니 손님이 오면 그 음식을 보고 남편이 나가면 그 의복을 본다."고 하였으니, 어찌 살피지 아니하겠는가. 부자는 의복감이 넉넉하고 가난한 이는 부족하나니 넉넉하면 자연 잘하게 되고 부족하면 잘 하고자 하나 할 수가 없다. 그러하나 부인이 불민하면 음식과 의복이 다 좋은 감을 가지고도 제대로 되지 않고 부인이 능란하면 한 가지 음식 한 가지 의복을 하여도 볼만하니 부디 꼼꼼하게 하여 남이 웃지 않게 하라. 네가 미처 배운 것이 없고 네 시가는 예사 다른 집과 달라서 예의와 법도가 떳떳할 것이니 세세한 곡절을 다 쓰지 않지만 부디 잠깐이라도 마음을 놓지 말고 조심하여 크게 경계하면 자연히 잘 하게 될 것이다. 옛 부인은 나물을 치수로 끊었단 말이 지금까지 말로 전해지고 있으니 꼼꼼하게 할 것 밖에 없느니라. 네 시가에 가서 온갖 예절과 법도를 맏동서에게 물어서 바르게 배워 바르게 하라.

제15장 노비 부리는 도리

자식이 부모 섬길 때 손수 밭 갈고 밥 짓고 반찬 장만하고 손수 나무 베어 부모 자는 방에 불 때고 풍우를 무릅쓰고 부모의 수고를 대신하면 만고의 효자라 하는데, 요사이는 그러한 자식이 있다는 말을 듣지 못하고 자식이 못하는 일을 노비는 해서 농사하고 밥 짓고 반찬 장만하고 원근에 심부름을 하니 아무리 나라의 명분이 그러하나 노비 밖에 귀한 것이 없다.

세상풍속이 조그만 일에도 꾸짖고 음식도 잘 안 주고 의복도 잘 안 입히고 크고 작은 죄 있으면 형장을 지나치게 하며 사경에 가깝게 해놓고는 위엄 있고 행동이 엄하다고 자랑하는데 그렇게 하는 일을 하늘이 괘씸히 여겨 그런 사람의 자손은 보전하지 못하고 심부름할 사람도 없게 되니 옛 사람이 이르되 노비도 또한 사람의 자식이니 잘 대접하란 말씀이 어찌 옳지 아니하리오. 부디 어여삐 여기고 꾸짖지 말고, 매칠 일이 있어도 꾸중하며 과하게 치지 말아라.

사람의 재주는 다 각각이니 그 종이 못할 일은 시키지 말고 이 종에게 저 종의 말을 하지 말고 시가의 종은 제가 데리고 온 종만큼 아는 사람이 적으니 부디 같이 대하고 종을 두고 남의 시비하는 말을 말고 종이 온갖 말을 하거나 음란한 말을 하거든 아는 체 말고 오랜 뒤에 경계하여 꾸짖되 늘 꾸짖지 말고 늘 나무라지 말고 헛되이 칭찬하지 말고 수고하는 날에는 음식을 분간하여 주고 노비의 어린자식이라도 어여쁘게 여기고, 병이 들거든 부모와 자식과 동생이 있는 노비는 죽을 쑬 쌀을 주고, 돌볼 사람이 없는 경우는 다른 사종을 시켜 병구완하게 하고, 증세를 각별히 유의하여 물어서 고쳐주고 항상 위엄과 은혜를 아울러 행하면 종이 자연히 충성스러운 노비가 되는 것이다. 상전이 그렇게 하여도 늘 속이고 욕하고 악을 행하여 부리지 못하는 사람은 그대로 놔두고 부리지 마라.

제16장 꾸고 받는 도리

사람이 부유하여도 가난한 사람에게 꿀 일이 있다. 남이 꾸어 달라 하며 빚을 달라 하고 나도 남에게 꾸어 달라 하고 빚을 달라 하는 것이 있다. 내가 남에게 꾸었거나 빚을 썼거나 하였거든 다시 꿀지라도 즉시 마련하여 갚으라.

남의 것을 쓰고 즉시 아니 갚거나 좋게 하려하지 아니하면 이런 꼴 불견이 어디 또 있겠는가? 부디 조심하려니와 어지간해서 꾸지 않아도 견딜 만하거든 꾸지를 말아라. 부질없이 꾸기와 빚내기를 즐기다가는 갚을 때 공것 같으며, 집이 자연 가난해질 것이다. 남이 나에게 꾸어 달라 하거나 빚을 달라 하거든 없으면 못 주고 다행이 있거든 노여운 기색 보이지 말고 좋은 듯이 주어 보내고, 재촉 말고 쓰기 아쉽거든 제 형세 보아가며 재촉하되 보기 싫게 말라.

사람의 인품이 각각 달라서 잘 갚는 이도 있고 심술을 부정하게 하여 갚는 이도 있으니 만일 바르지않게 하여 주어도 웃고 받아 노여운 기색을 띠지 말라. 아니 갚는 이도 있으니 재촉한 이후에도 줄곧 갚지 아니하다가 또 꾸어 달라 빚을 달라 하거든 그때는 주지 말고 그 집 사람을 보고 말이나 얼굴빛으로 싫은 표정 내지 말고 잊어버리면 제가 부끄러워하게 된다. 대개 꾸어주기는 하려니와 빚을 지지는 부디 말라. 자연 원망이 나고 재난과 화가 있게 된다.

제17장 물건을 팔고 사는 도리

사람은 온갖 것을 다 장만하지 못하므로 사고 팔기를 그만두지 못한다. 사람 마음은 살 때는 적게 주고 팔 때는 많이 받고자 하니 남에게 속지 않으려고 하거니와 너무 이익을 보고자 하지 말며 물건을 살 때에는 마음속으로 생각하기를 내가 팔면 얼마를 받겠다고 헤아려 보고, 팔 때는 생각하기를 내가 사게 되면 얼마를 줄 것이라고 값을 대충 짐작해서 사고 팔면 자연히 마땅한 값대로 되는 것이다. 남이 질병이나 기근이나 절박한 상황이 되어 물건을 반값 주고 사라 하거든 값은 값대로 주고 사라. 이롭게 사면 오래지 않아 잃거나 깨거나 자손이 도로 팔거나 할 것이다. 혹 자기 생각에 값을 헤아리지 못하고 지나치게 주어도 옳지 않으니 남에게 물어 공론대로 하면 이해간에 내 마음 씀과 복에 해로움이 없다. 부디 이롭고자 하지 말라.

제18장 비손[23]하는 도리

무당과 소경의 말을 듣고 기도하지 말고 산에 가서 빌거나 물에 가서 빌거나 부모 병환에 기도하는 것은 집안의 의논이 있거든 분명히 그릇된 일로 알더라도 집안 의논대로 하며 못한다고 우기지 말고 할 것이다. 그외 질병으로 마지못하여 하는 것은 그른 일이고, 아니하는 것은 지극히 옳은 일이다. 소경을 불러 들여 하는 기도는 마지 못한 일이나 무녀와 화랑을 불러들여 징치고 장구치고 큰 굿하는 집은 분명 상스러운 집이니 자손이 오래지 않아 상스러운 사람이 된다. 세상의 양반이라 하면서도 그러한 집이 있다고 하고 혹 동네에 굿하면 부인들이 굿 보러 가는 사람이 더러 있으니 그런 한심하고 격에 맞지 않는 행실이 어디 있으리오. 내 자손 중에 그러한 이 있을까 두렵고 또 두려워하노라. 절에 가서 시주하고 불공하는 것은 더 허무하니 마음도 먹지 마라.

제19장 종요로운 경계

사람의 귀천이나 빈부는 모두 정해진 분수에 달려있으니, 남이 귀하고 벼슬이 높으며 집이 부유한 것을 보고 부러워하지 말라. 사람이

---

23 송시열이 쓴 원문은 '비슈원'인데 비손을 뜻한 것으로 보인다. '비손'의 '비-'는 '빌다'에서 파생된 말로 '비(-는) 손' 혹은 '비(-ㄹ)손'이란 의미로 보인다. 복잡한 절차 없이 손을 비비는 예식이다. 정초의 집안의 평안을 비는 安宅, 농사의 풍년을 감사하기 위해 햇곡식이나 과일을 바치는 음력 시월의 상달고사 등에서, 또는 가족 중에 병에 걸린 사람이 있을 경우, 가족 중에 집을ㅣ가 소식이 없는 사람이 있을 경우, 官災數로 인해 어려움에 처한 경우, 부부의 불화로 인한 위기 등에도 비손을 한다. 상차림은 매우 간소한데, 청수 한 그릇 또는 시루떡을 조금 준비하여 빈다.

모든 일에 만족할 줄 알면 마음이 자연히 평안해 질 것이다. 추위도 나만큼 못 입는 사람을 생각하고 배고파도 나만큼 못 먹는 사람을 생각하면 자연히 부족한 근심이 없을 것이다. 사람이 대체로 교만하지 않은 것이 큰 덕이니 미천한 사람을 보아도 업신여기지 말고, 추워하고 굶는 사람을 보아도 업신여기지 말고 불쌍하게 여기고, 남의 것을 나무라지 말고 내 것을 자랑하지 않으면 자연히 시비가 없을 것이다. 사람은 너무 소활하게 할 것은 아니로되 남이 절박하여 구하는 일이 있거든 그 사람 말을 들어보아 늙은 부모를 위하거나 제사를 차리거나 질병을 구완하거나 빈객을 대접하기 위하여 아주 마지못할 일이 있거든 힘대로 돌보아 주되 내 쓸데가 있는데도 못쓰고 주는 것은 지나친 행동이니 모든 일을 상황에 가장 알맞게 하라. 남에게 속을지언정 남을 속이지 마라. 남이 나를 꾸짖어도 내가 한 일이 그르면 저 사람의 꾸짖음이 옳고 내가 한 일이 옳으면 저 사람이 그른 것이니 구차하게 변명하지 말고 듣기만 하고 도로 꾸짖지 말라. 시부모와 남편이 비록 잘못 알고 꾸중하시거든 잔말하여 어지러이 변명하지 말고 잠잠히 있다가 오랜 후에 조용히 그렇지 않은 연고를 말하거나 끝내 아니 아뢰어도 아실 날이 자연히 있을 것이니 부디 그 자리에서 꼴 안 나게 변명하지 말고 내가 그릇된 일이 있거든 즉시 아뢰고 미쳐 말씀드리지 못해 모르시거든 꾸미지 말고 옳은 대로 말씀드려라. 매사를 이같이 하면 자연 그른 일이 적으리라 말씀을 많이 하면 부질없는 말이 자연 나고 남이 실없이 여기느니라. 부디부디 말씀을 적게 하라. 말을 많이 하는 것이 칠거지악에 들어있으니 경계하라.

사랑에 손님이 오면 혹시 엿보지 말라. 엿보는 것은 그런 볼품없는 행실이 없으니 부디 마음도 먹지 말라. 그만치 해괴한 행실이 없느니라. 분명한 얼굴뿐이 아니라 의복도 외부 사람이 보게 하지 말고 어두운 후에는 불을 켜고 종을 데리고 다니되 불이 없거나 종이 없거나 하면 아무리 급한 일이라도 문밖에 나가지 말라. 옛날 어떤 부인은 화재를 당하여도 부모와 시비가 없음으로 인하여 불에 타 죽어서 열녀전에 올랐다. 어두운 후에는 출입을 말고 사오촌이라도 열 살 이후는 한 자리에 어울리지 말고 쌍육을 치고, 책을 보되 몸가짐을 중하게 하라. 부디 정정 씩씩 자세히 살피고 남매간이라도 잡되이 희희하지 말라. 친가에나 시가에나 혹 미진한 일 있어도 말하지 말라 내 친척에게 시집 식구의 말을 하지 말고 편지에도 쓰지 말라. 부인은 시가가 으뜸이요 친가는 시가만 못하니 그런 줄 알면 미진한 일 있어도 알까 두려워하리니 어찌 친가 식구에게 듣게 하리요. 아름다운 일은 자세히 전파하고 배우게 함이 옳으니라. 시부모와 남편이 말씀하는데 곁에 앉아 말참견하지 말고 하고 싶거든 일어나서 다른데 가서 하고 같은 데서는 하지 말라. 친가의 종이 와서 전갈할 때도 그리하라.

 종이 잘못한 일이 있어 매를 때리고 싶으면 시부모 앞에서 치지 말고 아무리 사랑하는 종이라도 손수 치지 말고 남편께 말하여 다른 종을 시켜 치게 하라. 병이 들어 음식이나 약을 먹지 않으면 시부모와 남편이 크게 근심하리니 억지로라도 먹고 병아 날까 싶으면 미리 말하여 고치게 하라. 참고 숨기다가 병이 중한 다음에 근심되게 하면 지극한 불효요, 불행한 일이니 미리 고치게 하라. 머리 빗고 세수 하고 몸 씻기를 시부모 병환 있을 때 외에는 그만두지 말고 의복에 때가 있거든 꼴답지 않으니 아무리 추운 때라도 빨래를 그만 두지 말라. 의복 횃대에 남편의 옷 건 곳에 같이 걸지 마라. 한데 건 것이 보기에 심히 모양이 좋지 않다.

 자녀가 혼인할 때는 그 집의 가행을 알아보아 부디 아름다운 데를 가려서 가난하고 부유함은 보지 말라. 혼인은 인간의 대사이니 신랑

신부를 자세히 알아서 하되 남편께 맡기고 자세히 모르면 아는 체 하지 말고 약간의 소견을 말하되 결론을 내면서 말하지 말라. 며느리는 나만 못한 데서 얻으면 그가 와서 조심하고 딸자식은 내 집보다 나은 곳으로 보내면 딸이 조심하느니라. 사람은 대개 충후 인자할 밖에 없고 큰일을 당하여서 처단할 때는 칼로 벤 듯이 엄정하게 할 것이며 남의 권하는 말을 듣지 말고 스스로 판단하여 하라. 사람은 구차하지 않음이 좋으니 구차한 일을 하지 말라. 옛 사람은 큰일을 당하여도 구차하지 아니하였거든 하물며 적은 일을 당하여 구차히 하겠는가? 부질없이 구하는 일이 구차한 일이며 불쾌한 음식을 먹음도 구차한 일이다. 이밖의 남에게 끌려서 하기 싫은 일 하는 것도 구차한 일이니 부디 씩씩하기를 위주로 하라.

　부인은 출입이 중대하니 아니해도 될 일이거든 출입 말고 본가 부모 생신이나 대사를 지내거나 하거든 다니고 부질없는 출입하지 말라. 친구나 일가에서 혼인을 지내거나 상사가 나거나 하여 마지못해 갈 때에도 가되 깊이 안에 앉고 밖을 내다보지 말라. 대사 때 내외 분별하기가 어려우니 부디 삼가라.

　사람의 단점과 허물이 성을 참지 못하는 데에 달려있다. 어느 사람인들 성품과 심술이 없으리요마는 오로지 참고 마음 가지기에 달려있으니 대소사에 성품을 지나치게 내어 말도 삼가지 못하고 선후 차례를 차리지 못하고 일가친척에게도 불인한 일을 하면 좋지 않은 일이 많으니 성품을 지나치게 내어 형벌도 성나는 대로 하고 성을 참지 못하여 겉으로 나타내면 점점 늘어 감정에 취하여 시끄럽게 떠들며 온갖 광언망설을 하는 이가 많으니 그런 부끄러운 행동이 없느니라. 성이 그친 후는 술 먹고 취하였다가 깬 것 같으니 술이라 하는 것은 사람을 미혹하게 하는 것이다. 성을 참지 못할 때는 이와 같으니 부디 경계하여라.

덕을 쌓는데 힘써 그른 일은 고치고 옳은 일은 행하라. 남편이 아무 일이나 혹 그릇 알고 과히 말할 지라도 맞서서 성을 내 대답을 불순하게 하지 말고 마음을 낮추고 성이 날지라도 깊이 참고 있다가 옳은 일이나 그른 일이나 바른대로 조용히 대답하고 부디 성을 참고 덕을 닦아서 뉘우치고 부끄러움이 없게 하라.

제20장 옛사람의 착한 행실

왕상王祥과 맹종孟宗은 부모님께서 병환이 있어 겨울에 죽순과 잉어를 찾았다. 맹종은 대밭에 가서 울었더니 죽순이 눈 속에서 자라나고, 왕상은 물가에 가서 울었더니 얼음이 터지면서 잉어가 나온 것이다.

육적陸績은 원술의 앞에서 모셨더니 절할 때 유자柚子가 품에서 떨어지거늘[24] 원술이 그 효성을 알고 더 주어 보냈다.

육속陸續이 옥에 갇혔을 때 하루는 밥을 보고 울거늘 그 연고를 묻자 대답하기를 "노모가 왔으니 운다."고 하거늘 어찌 노모가 온 줄 아는가 하니 대답하되 내 모친이 나물을 치수로 끊었는데 오늘 음식이 그러하오매 노모 오신 줄 아노라 하였다. 왕이 그 말을 들으시고 "어진 어미의 자식이 그른 일이 어찌 있으리오." 하시고 즉시 놓아 보내니라.

극결郤缺이 밭을 맬 때에 그 아내가 점심밥을 마련하여 공경하여 받들어 드리기를 높은 손님 대접하듯 하였다. 귀한 손님이 지나가다 보고 착하게 여겨 그 남편을 벼슬시킨지라.

....

24   육적이 여섯 살 때 아버지 육강과 함께 원술을 뵐 때 내려준 귤을 먹지 않고 가슴에 품었다가 나올 때 절하다가 귤을 떨어뜨렸는데 원술이 먹지 않고 가슴에 품은 사유를 묻자 그렇게 대답한 것이다. '懷橘故事, 陸績懷橘'이라 한다. 귤을 유자라고 한 것은 노계 박인로(朴仁老, 1561-1642)의 시에도 보인다. "반중 조홍감이 고와도 보이나다/ 유자 아니라도 품음직도 하다마는/ 품어 가 반길 이 없을새 글로 설워하노라" 유자는 양자강 상류가 원산지이고 한반도에서도 신라 때부터 재배되었다고 한다.

맹자는 어렸을 때에 이웃집에서 돼지 잡는 것을 보시고 어머님께 묻자 대답하기를 희롱하여 이르데 너 먹이려고 한다 하시고는 이윽고 웃으며 가로되 어린 자식 속인 일이 옳지 않다 하시고 즉시 돼지고기를 사 먹이시었느니라.

네가 아직 장성하지 않아서 시집을 가는데 늦도록 내 곁에 두어 가르치지 못하고 남의 집에 보내므로 행여 인사人事와 여러 가지 일을 어찌할 줄 모를까봐 염려가 된다. 내가 답답하고 민망하여 여러 가지 생각을 써서 세세하고 구구하게 경계하여 이르나니, 부디부디 뼈에 새기고 마음에 적시어 이 책을 한 달에 두세 번씩 보아 잊지 말아라. 내가 곁에 있어 대소허물을 경계하는 줄로 알면 마음이 태연하고자 하여도 자연히 그렇게 할 길이 없으리라. 남자가 『소학』을 중요시하듯 이 책을 공경하라. 시가에 가서 크고 작은 일에 네 허물로 말미암아 부모에게 시비가 없게 하는 것이 가장 큰 효도가 되니, 이것을 마음 속 깊이 새겨두고 모든 일을 이대로 하면 네가 비록 내 곁을 떠나 있어도 나의 슬하에 있으면서 내 말을 듣는 듯할 것이니라, 부디부디 명심하여 경계하여라.

제5장

홍여하[25]가 아들에게 준 훈계

거친 식량, 솜 넣은 옷으로 사치함을 끊고서

다만 근면과 근신을 따를 뿐 허장성세 하지 말라.

문공文公[26]은 「계자서戒子書」에서, "부지런함과 삼감이란 두 글자를 따라 올라가면 무한히 좋은 일이 있다."고 했다.

명성과 명예가 줄어 듦은 명사가 되려고 하기 때문이고

....

25 木齋 洪汝河(1620-1674)는 정치적 부침을 겪다가 1674년 남인이 정권을 잡자 다시 등용되어 병조정랑, 사간에 제수되었지만 병으로 나가시 못하였고, 그해 12월 14일에 세상을 떠났다. 몇 번의 정치적 부침을 겪고 비교적 이른 나이에 생을 마감했지만, 홍여하는 주자학에 밝아 당시 사림의 종사로 일컬어졌다. 당시 상황이 그러했듯이 홍여하도 『의례고증』이란 예학관련 저술을 남겼다. 이밖에도 많은 저술이 있는데 『四書發凡口訣)』, 『周易口訣』, 『彙纂麗史』, 『東史提綱』, 『庸學口義』와 문집 약간 권이 있다. 현전하는 『목재집』에는 「議禮疏」와 이에 딸린 「儀禮經典喪服考證」가 있는데 「의례소」는 1666년(현종7) 경상도의 유생을 대신하여 지은, 송시열을 비롯한 서인들의 예설을 비판한 것이다.

26 현행본에 丈公이라 했으나 이는 文公의 오자로 보인다. 통상 丈公은 姑祖父를 말하는데 '姑公', '姑翁' 등과 같이 쓰인다. 할아버지 누이의 남편을 가리킨다. 홍여하의 아버지는 洪鎬이고 홍호는 누이동생이 하나밖에 없으며 그 남편은 申楫이다. 그런데 신집의 문집 『河陰集』에는 이런 말이 없다. 이 말은 주희가 자식을 경계하여 한 말이다. 곧 그의 戒子書에 "勤謹 두 글자는 이를 따라서 올라가면 무한히 좋은 일이 있으니 내가 비록 감히 말은 못하지만 너를 위해 바라며, 이를 반대로 하여 내려가면 무한히 안 좋은 일이 있으니 내가 비록 감히 말하고 싶지는 않지만 너를 위해 걱정하는 것을 면하지 못할 것이다.[勤謹二字 循之以上 有無限好事 吾雖未敢言 而竊爲汝願之 反之以下 有無限不好事 吾雖不欲言 而未免爲汝憂之也]"라고 하였다. 그렇다면 여기서의 장공은 주희를 말한다. 그런데 주희를 장공으로 표현할 이유가 없으니 여기의 丈자는 文자의 오자인 것 같다.

재앙과 우환이 많아짐은 이익을 좋아하기 때문이다.

친척이 화목하지 않고 작은 이익을 다투느라 송사를 일으켜 재앙을 불러들이고 온 마을 사람들이 천하게 여기고 미워하며 집안의 도리가 기울고 없어지는 것을 경계하라.

작약은 화려해도 열매 맺긴 어렵고

예쁜 아내가 반드시 훌륭한 자식을 낳는 것이 아니고,

문사가 반드시 일을 참되게 만드는 것이 아니다.

소나무 대나무 같은 견고한 절조가 꽃 피우기를 즐기랴.

문사가 화려한 것은 군자가 숭상하는 것이 아니며

얼굴 꾸미고 한껏 단장하는 것은 정숙한 부인이 하지 않는다.

정녕코 다시 후손[27] 향해 말하노니

남을 해치는 마음을 갖는다면 도에서 떠남이 멀다.[28]

....

27 저자가 사용한 표현은 雲孫인데 이는 팔대의 자손을 일컫는 말이다. 곧, 子, 孫, 曾孫, 玄孫, 來孫, 昆孫, 仍孫의 다음 8대째 후손을 운손이라 한다.

28 蠱耦縕袍絶汰奢 只循勤謹莫虛誇 丈公戒子書曰: "勤謹二字, 循之以上, 有無限好事." 聲譽偏減要名士 災患多生好利家 戒親戚不睦而爭小利, 以致獄訟挺災, 鄕黨賤惡, 而家道傾覆. 芍藥繁華難結實 艶婦不必生佳兒, 文士不必做實事.松篁節操肯成花 詞華麗藻, 非君子之所尙. 冶容盛粧, 非貞婦之所爲 丁寧更向雲孫道 忮害爲心去道賖

제6장

최석정이 아들에게 준 사덕의 잠언[29]

너에게 경계한다. 교만하지 말라. 교만은 덕을 손상하게 한다. 어찌하면 교만을 버릴 수 있을까? 요점은 겸손과 억제에 있다.

너에게 경계한다. 나태하지 말라. 나태는 직책을 잃게 한다. 어찌하면 나태를 없앨 수 있을까? 요점은 부지런하고 삼가는 데 있다.

너에게 경계한다. 소략하게 하지 말라. 생각이 소략하면 새게 마련이다. 무엇으로 소략함을 다스릴까? 자세히 살피면 된다.

너에게 경계한다. 들뜨지 말라. 기가 들 뜨면 날리게 마련이다. 어찌해야 들뜸을 누를까? 가라앉히고 고요해야 한다.

....

29　최석정(崔錫鼎, 1646-1715)은 최명길의 손자이다. 1697년 우의정에, 1699년 좌의정과 홍문관 대제학을 겸했다. 소론의 영수로 많은 파란을 겪었다. 그는 소차와 같은 문장에 탁월했다. 예학에도 해박하여 『禮記類編』을 저술하였다. 이 책은 『예기』의 장구를 바로잡아 정서하고 주석한 책으로 1700년(숙종 28)에 간행하였다. 『의례경전통해』와 『예기집설』, 『예기천견록』 등을 모방하고 참고하였다. 『예기류편』은 권1 「곡례」, 권2 「小儀」·「내칙」, 권3 「王制」, 권4 「월령」, 권5 「文王世子」·「玉藻」·「심의」·「명당위」, 권6 「대학」·「중용」·「經解」·「학기」, 권7 「악기」, 권8 「예운」, 권9 「禮器」, 권10 「방기」·「표기」·「치의」, 권11 「효경」·「仲尼燕居」·「공자한거」·「哀公問」, 권12 「祭法」·「祭統」·「祭儀」·「교특생」·「大傳」, 권13 「상대기」·「상복소기」·「服問」, 권14 「잡기」, 권15·16 「단궁」, 권17 「曾子問」·「奔喪」·「문상」, 권18 「관의」·「혼의」·「향음주례」·「燕儀」 등이다. 주석의 문제로 노소간의 갈등이 있었던 이 책은 조선 예학의 변천과 당색간의 예론을 살펴보는 데 유용한 자료이다. 『명곡집』 권11은 箴과 贊, 銘과 잡저로 구성되어 있는데, 잠에는 「戒女箴」과 「示兒四德箴」 외에도 여러 편의 잠을 남겼다. 「示兒四德箴」은 50세 되던 1695년에 지은 것이다.

풀이한다.

겸손은 덕의 기초다.
근면은 일의 줄기다.
상세함은 정사의 핵심이다.
고요는 마음의 본체다.
군자가 겸손을 지킨다면 덕을 높일 수가 있다.
부지런하면 하는 일을 넓힐 수 있다.
상세하고 신중하면 정사를 세울 수 있다.
안정하여 고요하면[30] 본마음을 보존할 수 있다.
군자는 이 네 가지 덕을 행한 뒤라야 자신을 간직하고 사물에 응대할 수가 있다.

을해년(1695) 겨울, 존소자存所子[31]가 쓴다.[32]

....

30 『대학』경 1장에서 "知止而后有定, 定而后能靜, 靜而后能安, 安而后能慮, 慮而后能得"라고 했다. 마땅히 머물 곳을 알아야 뜻을 확정할 수 있다. 뜻이 확정되어야 마음이 망령되게 흔들리지 않는다. 마음이 흔들리지 않아야 편안하다. 생각을 해야 일처리가 정밀 상세하게 된다. 정밀 상세하게 처리해야 머물 곳에 머문 것이 된다.
31 존소자는 최석정의 호로 存窩, 明谷 등과 함께 쓰였다.
32 戒爾勿驕, 驕則傷德. 何以去驕, 要在謙抑. 戒爾勿惰, 惰則廢職. 何以制惰, 要在勤恪. 戒爾勿疏, 慮疏則滲. 何以治疏, 要在詳審. 戒爾勿浮, 氣浮則勝. 何以鎭浮, 要在沈靜. 敍曰: 謙者德之基, 勤者事之幹. 詳者政之要, 靜者心之體. 君子執謙足以崇德, 克勤足以廣業, 詳愼足以立政, 定靜足以存心. 君子行此四德然後, 可以持己而應物. 乙亥冬, 存所子書.

딸[33]을 훈계한 잠언[戒女箴][34]

첫째는 부인의 덕행이다. 성행性行과 심지心志는 부드럽고 순하고 곧으며 고요함에 힘써라. 억지를 쓰거나 제멋대로 하면 안 된다.

둘째는 부인의 언어이다. 응대하는 말씨는 공손하고 신실하도록 힘써라. 바로 대답하거나 편리하게 둘러대면 안 된다.

셋째는 부인의 용모다. 체모와 행동거지는 온화하면서도 장중하도록 힘써라. 아름답게 꾸미거나 사특하게 아첨하면 안 된다.

넷째는 부인의 공로이다. 베를 짜거나 제수를 차려낼 때 부지런히 애쓰고 절검하도록 힘써라. 제멋대로 태만하거나 사치하면 안 된다.[35]

---

33 최석정은 슬하에 아들 하나 딸 둘을 두었다. 아들은 최창대이고 큰 딸은 이성휘, 둘째는 이경좌와 혼인하였다. 『坤侖集』 권19 行狀 "擧一男二女. 男卽不肖昌大. 原任弘文館副提學. 女適李聖輝, 李景佐. 昌大娶判書吳斗寅女. 無子. 取從兄子守身爲後"

34 『주례』 「天官」 九嬪에 여성이 갖추어야 할 4가지 품성으로 마음씨[德]·말씨[言]·맵시[容]·솜씨[功]를 말한다. [九嬪掌婦學之法 以敎九御婦德·婦言·婦容·婦功]. 이는 이후 부녀자의 갖출 네 영역으로 받들어졌다. 사마광의 『가범』에도 조선 예학자들도 부녀자의 도를 논할 때 거의 빠짐없이 이것을 들고 있다.

35 一曰婦德, 性行心志, 務在柔順貞靜. 戒其辨强專恣. 二曰婦言, 應對辭氣, 務在恭謹信實. 戒其捷給便利. 三曰婦容, 體貌擧止, 務在溫和莊重. 戒其艷冶側媚. 四曰婦功, 織紝饋食, 務在勤勞節儉. 戒其荒怠侈靡.

제7장

이익[36]이 자식에게 준 여덟 가지 가르침[37]

자식에게 준 여덟 가지 가르침[訓子八條]

1. 일에 대응할 때는 마음을 담아 하는지 살펴야 한다.[38]

2. 따뜻하고 부드럽게 백성을 가까이 하라. 작은 허물은 용서하되, 실상이 있는지 없는지를 살펴 보아라.

3. 사납게 성내는 것을 경계하라. 아래 사람이 죄를 지으면 말과 웃음으로 다스려라.

4. 고을 안의 나이 많은 어른을 불러 사정을 살피고 아프고 고통 겪는 사람을 찾아 보아라.

5. 기관장을 섬기기를 부형처럼 해라.

---

36   이익(李瀷, 1681-1763)은 조선 후기의 실학자로 본관은 驪州, 호는 星湖이다. 『가례질서』라는 예서를 편찬하였다. 이익의 문집에는 다양한 훈계서가 남아 있다. 아들이 목민관이 되어 부임하자 그에게 유념할 사항 여덟 가지를 적은 글이다. 어린 손자 九煥에게 관례시 가자할 때의 훈계의 글 「小孫九煥字辭」이 있다. 조카손자 가환이 훈계를 요구하자 써 준 글도 있다.

37   성호는 33살에 아들 맹휴를 두었는데 그 아들이 32 살 때 만경현감으로 부임하자 이 때 준 것으로 추정된다.

38   『대학』에서 "마음이 속에 있지 않으면 보아도 보지 못하고 들어도 듣지 못하며 먹어도 맛을 모른다.[心不在焉 視而不見 聽而不聞 食而不知其味]"고 하였다.

6. 공문이나 소장訴狀을 거짓으로 작성하는 자가 있거든 그 이름을 기록해라.

7. 서리들의 잘못이 의심스러우면 가벼이 누설하지 말고, 잠시 가만히 살펴 보아라.

8. 백성을 다스리는 데 마음을 쏟아 집안일로 다스림에 누가 되어서는 안 된다. 나라에 부담을 주지 않는 것이 바로 효자다.

앞뒤로 한 말은 언제나 책상에 두고 살펴라.[39]

질손 이가환의 요청에 따라 써 준 훈계서[姪孫家煥求訓誡書以寄之]

옛 성현도 사람이다. 그 경지에 능히 이를 수 있다. 내가 만약 마음을 오로지 기울여 한 가지 일만을 사모하여 본받으면 서로 비슷하게 되지 않는 경우가 드물다. 두 가지 세 가지 일에 이르러서도 어찌 문득 미치지 못하겠는가? 일마다 이를 바라는 것을 일러 뜻이 크다고 한다. 뜻이 크면 내가 성인과 닮은 곳이 많아지고 비슷하지 않은 점은 적어질 것이니, 스스로 포기하지 않으면 거의 같게 될 것이다. 그러므로 어려서부터 뜻이 작은 것을 가장 꺼리는 것이다.

배움은 생각에서 나온다. 생각하지 않으면 깨달음이 없다. 그 일을 그저 행하기만 할 뿐 아니라 반드시 마땅히 그러한 바를 생각하여 그렇

---

39 應事時, 輒省心不在腔裏. 溫柔近民. 赦小過. 察其有情無情. 戒暴怒. 下吏有罪, 談笑而治之. 召父老, 訪其疾苦. 事官長如父兄. 牒訴有詐者, 錄其名. 胥徒之過在疑似者, 勿輕泄, 姑默以觀之. 以治民爲心, 勿以家爲累. 不負國是孝子. 前後筵說. 常留案上觀省.

게 되는 까닭을 터득해야 한다. 대저 자식이 되어 반드시 효도해야 한다는 것을 뉘라서 들어 알지 않겠는가? 혹 성현의 가르침과 스승과 벗들의 권면, 뭇 사람의 칭송 때문인가? 아니다. 반드시 자기 스스로 생각해서 효도를 하지 않을 수 없는 까닭을 안 뒤에 한 가지 일만 빠뜨려도 두려움을 알고 한 가지 일을 행하고 나면 마음이 편안해야 비로소 능히 자식 노릇을 할 수 있게 된다.

사람의 표준은 고요함을 주로 할 때 확립된다.[40] 하지만 고요함만 있고 움직임이 없다면 도가 아니다. 공자께서 말씀하셨다. "무겁지 않으면 위엄이 없어, 배워도 견고하지 못하다."[41] 무겁다는 것은 움직임과 고요함을 포괄한다. 군자는 고요해야 하지만, 그보다 먼저 몸이 무거워야 한다. 몸이 무거우면 마음이 무겁게 되어, 행동거지가 난잡하지 않게 된다. 그릇이 움직이는데 물이 흔들리지 않는 경우는 있지 않다. 이는 겉과 속이 서로 바로잡는 증거다.

말세의 습속이 변화가 심하니, 부끄러움을 아는 것이 중요하다. 온종일 잘못을 저지르면서도 스스로 뉘우치지 않는 사람이 있다. 한 사람이라도 깨달음이 있으면 그는 천만 사람과 맞설 것이다. 또한 자신의 앞서의 행실이 어떠했는지를 스스로 생각하여 진실로 흡족하지 않음이 있거든 마치 용납함이 없는 듯이 하여 스스로 다시는 행하지 않는다. 그런 까닭에 남을 부끄러워하는 것이 중요하다고 말하는 것이다. 부끄러움이 없는 것을 부끄러워하는 것은 부끄러운 것이 아니다. 한 터럭의 싹은 괜찮다고 여기는 것이야 말로 독약이다.

....

40   주돈이는 『태극도설』에서 "主靜而立人極"이라 했다.
41   『논어』 「學而」

스승과 벗의 도리가 폐해지고부터 사람들은 두려움을 모르게 되었다. 때로는 성인의 말씀을 모독하기까지 한다. 성인이 계셨더라면 뉘라서 감히 두려워하지 않겠는가? 항상 스스로 나는 성인의 시대에 미치지 못해 직접 그 가르침을 받을 수가 없다고 생각하므로, 마치 자식이 선대를 그리워하듯 원망하고 탄식하는 것이다. 그 남기신 교훈은 반드시 옥구슬을 받듦에 겨를이 없듯 해야 한다. 그렇지 않은 자는 돌아가신 아버지를 속여 남기신 가르침을 소홀히 하는 것과 무엇이 다르겠는가? 그래서 배운 뒤에야 부족함을 알고, 성인의 말씀이 두려워할 만한 것임을 알게 되니 그러면 거의 된다.

근면은 안일의 반대이니, 안일한 것은 도모할 것이 없다. 내가 장차 부모에게 효자가 되고, 군주에게 충신이 되며, 스승에게는 어진 제자가 되려하면서, 어찌 안일에 빠져서 이를 능히 할 수 있겠는가?『예기』에는 이렇게 말했다. "좌우에서 무슨 일이든 가리지 않고 봉양하고, 죽을 때까지 부지런히 섬긴다." 만약 평일에 힘든 것을 싫어하고 괴로움을 피해서 노력하기를 즐기지 않아, 살아서 부모와 군주와 스승 셋을 섬기는 것이 하나의 뜻임을 알지 못한다면 부지런해도 할 수가 없으니, 죽는다 한들 무엇을 논하겠는가?

겸손한 자가 이익을 받는다는 것은 다만 사양하는 것만을 가리키는 것이 아니다. 사람은 입과 코가 각각 하나뿐이지만, 귀와 눈은 모두 두 개씩이다. 요컨대 총명함을 넓히라는 뜻이다. 천지는 지극히 크고 만물은 너무도 많다. 만약 한 사람의 이목으로도 족히 감당할 수 있다고 한다면 놀랄 것이다. 그런 까닭에 자만하는 영웅은 장차 천하 일에 보탬이 되는 것이 없다고 말한다. 그러니 겸손하지 않으려 한들 그리 할 수 있겠는가? 세상에는 겸손하면서도 이익은 구하지 않는다고 말하는 자가 있는데, 스스로를 지나치게 낮추고 어리게 보는 것이다.

결단하여 행하기는 오히려 쉽다. 스스로를 지키는 것이 가장 어렵다. 결단하여 행하는 것은 한 때의 용기와 관계되나, 스스로를 지키는 것은 죽을 때까지의 용기이다. 혹 권위와 무기로 겁주고, 재물의 이익으로 이끌며, 아부하는 소리와 낯빛으로 유혹하고, 기롱과 비방으로 흔들면, 참는 마음이 강하고 굳세지 않고서는 능히 지켜서 스스로 보배로운 것을 보존할 수가 없다. 진실로 자신을 텅 비고 성글다고 본다면 지킨다는 것이 과연 어떤 물건인가?[42]

---

42 先聖賢亦人也, 其所能爲. 我若專心, 慕效一事, 則鮮有不相似. 至於二事三事, 何遽頓不及耶. 事事而希之, 是謂志大. 志大, 則我之似聖處多, 而不似處少, 未有自畫而庶幾者也. 故自在幼少, 最忌志小. 學源於思, 不思無得. 不獨行其事, 必思其所當然而得其所以然. 夫爲子必孝, 孰不聞知. 其或因聖賢之所訓, 師友之所勉, 衆人之所豔歟. 非也. 必已自思, 得其不可不孝. 闕一事則知懼, 行一事則心安, 方始是能子矣. 人極立於主靜, 有靜無動, 非道也. 子曰, 不重則不威, 學則不固. 重則動與靜包之也. 君子要靜, 先須身重. 身重則心重, 擧措不亂. 未有器動而水不撼者也. 此表裏交正之驗也. 末俗渝甚, 知恥爲大. 有終日蹈非而不自悔者也. 一或有覺, 則千萬人必往, 亦自念吾前行之如何, 苟有不慊, 如無所容, 自不復行. 故曰, 恥之於人大矣. 無恥之恥, 無恥矣. 一毫萌也, 不妨之意, 便是鴆毒. 自師友道廢, 人不知畏, 或至於侮聖言. 聖人而在, 誰敢不畏. 常自念我不及聖人之世, 不得親承敎詔, 爲怨歎如孤子之追遠. 其於留訓, 必如奉璧之不暇. 不然者, 何異於欺死父而忽遺戒耶. 是以學然後知不足, 知聖經之可畏, 方庶幾焉耳. 勤者逸之反, 逸者無所猷爲也. 我將爲父之孝子君之忠臣師之賢弟子焉, 豈可安逸而能. 經曰左右就養無方, 服勤至死. 若於平日厭艱避苦, 不肯努力, 不知有生三事一之義者也, 勤猶不能, 致死何論. 謙者受益, 不獨指辭遜也. 夫人口鼻各一, 而耳目皆兩, 要聰明之廣也. 天地至大, 萬物至衆. 若曰, 一人之耳目, 足以自當, 則駭矣. 故曰, 無自滿之英雄, 爲其將有爲於天下事也. 雖欲不謙, 得乎. 世有言遜而不求益者, 自視卑幼之過也. 斷行猶易, 自守最難, 斷行繫一時之勇, 自守是終身之勇也. 其或威武以怵之, 貨利以導之, 聲色以惑之, 譏謗以動之, 非忍心强脊, 不能守, 有自寶者存也. 苟使自視空疎, 所以守者果何物.

제8장

박윤원[43]이 딸에게 준 훈계

딸에게 준 훈계

여자의 선악은 시댁의 흥망이 달려있고 친정집 영욕의 유래가 된다. 한 몸으로 두 집안에 관계되는 것이니, 삼가지 않을 수 있겠는가?

몸가짐의 도리는 반드시 안팎으로 엄정함에 있고, 마음가짐의 방법은 반드시 곧고 한결같음을 귀하게 여기는 데 있다.

여자가 집에 있을 때 부모에게 효도하면, 출가해서 시부모에게 자기의 정성을 다하게 된다. 집에 있을 때 형제간에 우애로워야 출가해서 동서지간에 화목한 법이다. 이는 미루어 행하는 도리이다.

남편은 하늘이다. 혹 남편을 공경하지 않으면 이는 하늘을 공경하지 않는 것이다.

43 　박윤원(朴胤源, 1734-1799)는 본관이 반남이고 호는 近齋이다. 김원행의 제자. 일생 학문에만 전념하였다. 문집에 『近齋集』과 『近齋禮集』이 있다. 『근재집』 권 23에는 「가훈」을 모아둔 것이 있으며, 아내에게 준 「贈內三章」과 조카 朴宗輔에게 준 「六條戒語」, 조카 며느리에게 준 「八條女誡」, 측실을 훈계한 「戒側室文」 등이 위 글과 함께 수록되어 있다. 또 어린아이의 행동 범절을 훈계한 「童戒」와 노비를 훈계한 「戒奴婢文」도 있다. 근재집과 별도로 간행된 「近齋禮說」 8권 4책이 있다. 「近齋禮說」은 홍직필이 저자의 관례, 혼례, 상제례에 관한 문답과 논설을 뽑아 분류, 편찬한 것이다.

시부모는 남편을 낳은 분이다. 시부모 사랑하기를 자기 부모 같이 하지 않으면, 이는 남편을 자기보다 못하게 여기는 것이다.

부인의 행실은 화를 잘 내도 안 되고, 다투기를 좋아해도 안 된다. 화냄과 다툼은 집안의 화기를 해친다. 부인은 성품이 조급하고 국량이 좁으니, 더욱 경계함이 마땅하다.

부인은 남을 섬기는 사람이다. 그 도는 따르는 것을 주로 한다.

음陰의 도는 고요함을 귀하게 여긴다. 소리가 크면 안 되고, 말이 많아도 안 된다.

길쌈, 바느질, 음식 만들기 등 부인의 일이 또한 많다. 부지런하지 않고서 어찌 이를 이루겠는가? 무릇 여자의 일을 방해하는 잡된 놀이는 일체 하지 말아라.

제사를 모실 때는 제수를 정결히 마련하고 정성을 지극히 해야 한다. 손님을 접대할 때는 민첩하게 차려내되 예를 갖추어야 한다.

노복을 부림은 위엄보다 은혜로움을 앞세워야 한다. 비록 꾸짖을지라도 욕을 해서는 안 된다.

속된 말은 입 밖에 내지 말고, 오만한 기색을 얼굴에 비치지 말며, 교만한 뜻을 마음에 싹틔우지 말라.

비취 구슬이 고운 것이 아니라 선한 행동이 곱다. 수놓은 비단이 화려하지 않고, 덕의 아름다움이 화려하다.

재화는 구차하게 취하지 말고, 돈을 함부로 쓰지 말라.[44]

---

44 女子之善惡, 夫家之興亡繫焉, 本家之榮辱由焉. 一身而兩家所關係, 可不愼乎. 持身之道, 必嚴乎內外. 操心之法, 必貴乎貞一. 女子在家, 孝于父母, 則出嫁忠于舅姑. 在家友于兄弟, 則出嫁和于娣姒. 此推行之道也. 夫則天也. 或不敬其夫, 則是不敬天者也. 舅姑生夫者也, 愛舅姑, 不如己之父母. 則是視夫不如己者也. 婦人之行, 無善怒, 無好爭. 怒與爭, 傷室家之和氣. 婦人性躁而量狹, 尤宜戒此. 婦人事人者也. 其道主乎順而已. 陰道貴靜, 聲不可大, 言不可多. 紡績衣服飮食, 婦人之事亦多矣. 非勤何以成之? 凡閒雜遊戲之有害於

동계(童戒)

날마다 반드시 일찍 일어나 부모께 뵈어야 한다.

이른 아침 머리 빗고 세수하고, 책을 끼고 어른 앞에 나아가 읽어라. 어제 배운 글을 외우되 한 글자나 한 음도 잘못 읽어서는 안 된다. 다음날도 또 이와 같다.

매끼 식사 후에 한가할 때는 벼루를 두고 글자를 익혀라. 자획은 반드시 반듯하고 발라야 한다. 혹 삐딱하거나 어지럽게 쓰면 안 된다.

앉을 때는 반드시 무릎 꿇고, 설 때는 똑바로 서라. 갈 때는 반드시 천천히 걷고, 손은 반드시 앞으로 모으고 의복과 허리띠는 반드시 갖추어야 한다.

동전은 지니지 말고, 수건을 차고서 콧물을 닦아라.

윷놀이를 좋아하지 말고, 연놀이에 빠지지도 마라.

음식은 반드시 어른이 주시기를 기다리고 감히 먼저 먹으면 안 된다.

대추 밤을 가지고 다른 아이들과 다투지 마라.

손님이 오시면 반드시 어른께 말씀드리고 어른이 손님께 뵙게 하면 절하고 무릎 꿇고 앉아 삼가야 한다.

여러 아이들과 더불어 같이 책을 읽을 때는 서로 돌아보며 잡담하는 것을 가장 조심해라.

서책을 더럽히지 말고, 도구들을 손상하지 말라. 더러운 말은 입밖

女工者, 切勿爲. 奉祭祀, 物潔而誠至. 餉賓客, 辦敏而禮具. 御婢僕, 惠先於威. 雖罵詈, 勿以惡聲. 俚言勿出於口, 赦色勿形於面, 驕意勿萌於心. 珠翠非娟, 善行爲娟. 錦繡非華, 德美爲華. 貨無苟取, 財無濫用.

에 내지 말고, 좋아하는 물건은 눈 앞에 두지 말라.

유모가 있으면 반드시 사랑으로 대하고, 공부하는 선배는 반드시 공경으로 섬겨라.

어른 앞에서 개를 꾸짖지 않는다.

노복에게 손찌검을 하지 말고, 청지기와 스스럼없이 지내지 말라.[45]

---

45 日必早起, 見父母. 早朝櫛洗, 挾冊進讀于長者之前. 誦昨日所受之書, 無或錯誤一字一音. 明日又如之. 每食後閒時, 臨硯習字. 字畵必方正, 無或橫斜胡亂. 坐必跪, 立必正. 行必徐, 手必拱, 衣帶必飭. 銅錢勿佩, 佩巾以拭鼻涕. 拇蒱之戲, 勿嗜. 紙鳶之弄, 勿耽. 飮食必待長者之賜, 無敢先取. 棗栗無與羣兒爭. 賓客至, 則必報于長者. 長者使之見客, 則拜跪惟謹. 與羣童, 同業讀書, 最忌相顧雜談. 毋汙書冊, 毋傷器用. 鄙褻之言, 勿出于口. 玩好之物, 毋掛于眼. 有乳母, 則必愛待之. 有學長, 則必敬事之. 長者之前, 不叱狗. 勿加手于奴僕, 勿拍肩于傔從.

조카 박종보에게 준 「여섯 조항의 경계하는 말[六條戒語]」

한 집에 살고는 있었지만 아침저녁으로 훈계할 수가 없고, 이별하고자 하니 또 많은 말을 할 겨를도 없다. 대략 몇 조목을 써서 주니, 너는 늘 유념해라.

선비는 항심恒心을 지녀 마땅히 가난을 편안히 여기고 궁핍함에 굳이 벗어나려 하지 마라. 우러러 부모를 섬기고 굽어 처자를 양육하는 바탕 또한 생각하지 않을 수 없다. 옛 사람은 수레와 소를 끌고서 먼 데로 가서 장사 일을 했지만, 지금의 풍속은 그렇지가 않다. 한 번 장사꾼이 되면 선비의 부류에서 내쳐져서 서로 어울리지 못한다. 그런 까닭에 오늘날의 선비로서 산업을 경영하려는 사람은 할 수 있는 것이 농사이다. 너는 이제 시골에 살고 있으니, 스스로 마땅히 몸소 밭을 갈되, 마땅히 종신토록 밭두둑을 양보하는 뜻을 지녀야 한다. 터럭만큼이라도 마을 사람과 이익을 다투지 않는다면 거의 수치를 면할 수 있을 것이다. [농경에 힘쓰라.]

한나라 때 아관[46]은 경서를 끼고서 호미질을 했고, 당나라 때 동소남[47]은 아침에 밭 갈고 밤중에는 책을 읽었다. 비록 밭갈이에 힘써 부

---

46   아관(兒寬, ?-BC 103)은 前漢시대 사람으로 孔安國의 제자이다. 생계를 위해 품팔이를 했으면서도 경전을 가지고 다니며 농사를 지었다. 무제 때 관리로서 재임하는 몇 년 동안 농사와 누에치기를 권하고 형벌을 완화했으며, 옥사를 순리대로 처리해 관리와 주민들의 신임을 받았다.

47   동소남(董邵南)은 당나리 때의 사람으로 일찍이 진사가 되었으나 뜻을 이루지 못하자, 은둔하여 살면서 주경야독하며 어머니를 정성껏 모셨다. 한유가 董生行이란 글을 지어 보냈다고 한다.

지런히 수고한다 해도 어찌 책 읽을 겨를이야 없겠느냐. 마땅히 사서육경을 돌려가며 숙독해서, 한 시각도 느슨하게 보내서는 안 된다. 중봉 조헌 선생은 어렸을 적에 어버이의 명으로 밭에 나가 곡식을 쪼아 먹는 참새를 쫓으면서도 매번 주희의 책을 지니고 가서 온 종일 읽고 외웠다. 선현의 부지런히 배움이 이와 같다. 너도 이를 본받도록 해라. [부지런히 읽고 외워라.]

고을 안에 사문의 큰 어른이 계시거나, 또는 학문이 깊고 덕이 깊은 분이 많으면, 의문 나는 것을 질문하되 어리석어 갈팡질팡 하는 것을 걱정하지 말라. 네가 진실로 배워 물으려는 뜻을 지니고 있다면 폐백을 갖추어 그 문하에서 섬겨도 괜찮다. 만약 그리 할 수 없거든 문하를 드나들면서 살피고 느끼기만 해도 또한 마땅히 유익함이 있을 것이다. 몸가짐은 반드시 삼가고 조심하여, 다만 어진 이와 군자에게 죄 짓는 것을 두려워한다면 거의 허물이 적을 것이다. 벗들과 어울릴 때도 반드시 자기보다 나은 사람과 친하게 지내야 한다. 문자로 강습 탁마하는 외에 바둑 장기나 술 마시는 등의 행동은 일체 하지 말라. 시골 사람이라도 중후하여 신의를 숭상하는 사람과 더불어 사귀고, 경박하여 예법을 무시하는 자와는 더불어 사귀지 말라. [스승과 벗을 얻어라.]

집안에서는 효도하고 우애하며, 남을 대할 때는 어질고 관대하게 하라. 몸가짐은 반드시 공손하고 엄숙해야 하고, 일처리는 꼼꼼하고 치밀해야 한다. 너는 외가에서 나고 자라, 외할머니의 각별한 사랑을 받았으니, 마땅히 섬김에 정성을 다해야 한다. 율곡 선생께서도 외할머니 섬기기를 어머니 섬기듯이 하였으니, 이것을 본받을 만하다. [품행과 도의를 도탑게 하라.]

여주는 서울과 가까워 사대부가 많다. 그 사이에 반드시 의론과 시비가 있을 것이다. 의론을 숭상하는 것은 좋지만, 시비에 끼어드는 것은 좋지 않다. 절대로 참여하지 않는 것이 좋을 것이다. 또 그때그때의 소식 같은 것은 비록 도시 가운데 살더라도 잘못 들어 신의를 잃기가 쉽다. 하물며 근 2백 리의 땅에 돌아 전하여졌으니 거짓이 없다고 하겠느냐? 반드시 전하지 않음이 옳을 것이다. 진실로 혹 잘못 전하기라도 하면 그 해가 마땅히 어떠하겠느냐? 설문청薛文淸[48]은 이렇게 말했다. "말을 삼가는 것은 덕을 기르는 큰 방법이다." 나는 이 말이 몸을 지키는 중요한 비결이라고 생각한다. [말을 삼가라.]

옛날의 선비는 몸을 세워 이름을 떨침이 밭두둑 사이에서 일어난 경우가 많았다. 비록 궁벽한 시골에 있더라도 진실한 덕과 진실한 재주가 있다면 쓰이지 못할까 근심하지 않았다. 그래서 선비는 항상 자중하면서 스스로를 파는 행위를 부끄럽게 여겼다. 후세는 그렇지가 않아, 다만 과거의 시험 과목으로 사람을 취하고, 이것이 아니고는 벼슬에 나아갈 방법이 없는 까닭에 선비가 많이 머리를 숙이고서라도 나아간다. 너도 집안 생계 때문에 과거 시험 보는 것을 면하지 못할 것이다. 그러나 또한 문예와 같은 자잘한 재주에 구차히 마음 써서는 안 된다. 반드시 마땅히 경전을 궁구하여 실제적 쓰임이 되게 하고, 자신을 완성하여 남들에게 혜택주는 것을 목표로 삼고, 반드시 먼저 근본 되는 곳에 종

---

[48] 설문청은 薛瑄(1389-1464)이다. 명대의 사상가이며 호는 敬軒이고 시호가 文淸이다. 山西 河津사람이다. 예부시랑, 한림원 학사 등을 지냈고 만년에는 집으로 돌아와 학문연구와 저술에 진력했다. 그는 "천하에 꽉 차있는 것은 모두 기이고 이는 그 속에 있다"고 하였다. 『독서록』, 『설문청집』이 있다.

사하고, 남는 힘으로 과거 시험의 글을 익히는 것이 옳다. 왕증王曾[49]은 "뜻이 따뜻하게 입고 배불리 먹는데 있지 않다"고 했으니, 너는 그것을 힘써야 한다. [뜻을 넓혀라.][50]

....

49 왕증(王曾 978-1038)은 송 靑州 益都 사람이다. 仁宗이 즉위하자 劉太后가 청정했는데, 이때 中書侍郎과 同中書門下平章事로서 태후 친인척의 발호를 억제하다가 청주지주로 쫓겨났다. 후에 추밀사가 되고, 다음 해 재상에 올라 沂國公에 봉해졌다. 저서에 『王文正工筆錄』이 있다.

50 同居不能朝夕訓誡, 臨別又不暇多言. 暑書數條以與之, 汝尙留心哉. 士有恒心, 當安貧固窮. 而仰事俯育之資, 亦不可不念. 古之人肇牽車牛遠服賈, 而今俗則不然. 一爲商賈, 擯不齒於士流. 故爲今之士, 而欲産業者, 惟農可爲. 汝旣居鄕, 自當躬耕服田, 而當存終身讓畔之義, 毋或一毫與村民爭利, 則庶乎免於羞恥矣. [右務耕農] 兒寬帶經而鋤, 董邵南朝耕夜讀, 雖力田勤勞, 豈無讀書之暇. 當以四子六經, 輪回熟讀, 不可一刻悠緩. 重峰先生童時, 以親命出田間, 逐鳥雀之害穀者, 每以朱子書自隨, 終日讀誦. 先賢之勤學如此, 願汝效之. [右勤讀誦] 州內有斯文長老, 且多宿儒薰德, 質疑不患乎貿貿俍俍. 汝苟有自任學問之意, 則雖執贄服事於其門, 可也. 如不能然, 則出入觀感, 亦當有益. 行己必自謹飭, 惟以得罪於賢人君子爲懼, 則庶幾寡過矣. 其於儕友, 必親勝己. 文字講磨之外, 博奕飮醼, 一切勿爲. 鄕人之重厚尙信義者, 與之交, 輕薄蔑禮法者, 勿與之交. [右得師友] 居家必孝友, 待人必仁恕. 修容必恭莊, 處事必詳密. 汝生長外氏, 受外祖母恩偏別, 當事之極其誠. 栗谷先生事外祖母如母, 此可爲法也. [右敦行誼] 驪近京華, 多士大夫. 其間必有議論是非. 尙論則好, 而聞是非則不好. 切勿參涉可也. 且如時耗, 雖處城市之中, 塗聽輒易失信. 況轉傳於近二百里地, 而能保無訛乎? 必無傳可也. 苟或誤傳, 其害當如何哉. 薛文淸云: 愼言語, 養德之大節. 余以爲安身之要道也. [右愼言語] 古之士立身揚名, 多自畎畝起. 雖在遐僻之鄕, 苟有實德實才, 則不患不見用. 故士常自重, 以衒鬻爲恥. 後世則不然, 惟以科目取人, 非此無以進, 故士多屈首而就焉. 汝以門戶之計, 不免爲擧子業. 然亦不可區區於文詞小藝, 必當以窮經致用, 成己澤物爲意. 必先從事於根本之地, 以其餘力, 治科文可也. 王曾云: 志不在溫飽. 汝其勉哉. [右廣志意]

제9장

정약용이 두 아들에게 준 가계

떠나는 학유에게 주는 가계[贐學游家誡]

용기[勇]는 지혜 인애와 더불어 어디서나 인정되는 세 가지 덕이다. 성인이 만물을 펼치고 그 주어진 임무를 이루는 것과 천지의 도를 두루 경륜하는 것은 모두 용기가 하는 것이다. "순은 어떠한 사람인가? 큰 일을 하는 자는 또한 이와 같아야 한다."라는 것이 용기이다. 경국제세의 학문을 하고자 한다면 "주공은 어떠한 사람인가? 큰 일을 하려는 사람은 또한 주공처럼 하면 된다."라고 하며, 문장의 최고가 되고자 한다면 "유향劉向과 한유韓愈는 어떤 사람인가? 하고자 하면 또한 이들처럼 하면 된다."라고 하며, 서예의 명인이 되고자 한다면 "왕희지와 왕헌지[51]는 어떤 사람인가?"라고 하고, 부자가 되고자 한다면 "도주陶朱와 의돈猗頓[52]은 어떤 사람인가?"라고 해야 한다. 무릇 하나의 바라는 것이

....

51 두 사람은 부자간으로 東晉의 서예가이다.
52 猗頓은 생졸연도가 명확하지 않다. 전국시대의 큰 상인이다. 『사기』에서는 그가 하동의 염전을 경영하여 큰 부자가 되었다고 한다. 그는 또한 珠宝를 경영하여 보옥을 식별하는 능력을 가진 것으로 소문이 났다 『淮南子 · 氾論訓』에서는 옥을 다루는 기술자중에 眩玉이 碧卢와 유사함을 가려낼 수 있는 사람은 猗頓 만이 실수가 없었다고 하였다. 본래 노나라 사람이었다는 말도 있다. 陶朱가 그에게 축목을 가르쳤는데 그는 猗氏(지금의 山西 临

있다면 곧 그 분야 최고의 인물을 표준으로 삼아서 반드시 그와 똑같게 되는데 이른 다음에 그만두어야 하니, 이는 용기의 덕이 하는 것이다.

둘째 약전 형님은 나를 가장 잘 아신다. 일찍이 말씀하기를 "내 아우는 문제가 없는데, 오직 그릇이 적은 것이 흠이다."라고 하셨다. 나는 네 어머니를 잘 아는데, 일찍이 "내 아내는 문제가 없는데, 오직 통이 좁은 것이 흠이다."라고 말했었다. 너는 나와 네 어머니의 아들이니 어찌 산과 숲처럼 넓고 큰 국량이 있을 수 있겠는가. 비록 그러하나 너는 너무 심하다. 명마는 뒷발굽이 앞발굽 디딘 자국을 넘어서듯 자식이 부모보다 뛰어난 것이 이치상 당연하다.[53] 그러나 끝내 이와 같다면 티끌도 용납하지 못할 터인데, 하물며 온갖 물건을 포용함이 천 길의 물결처럼 깊고 넓을 수 있겠는가. 국량의 근본은 추서[恕]에 달려 있으니, 추서하면 농작물이나 약탈하는 도적이나 외진 곳에서 반란을 일으키는 사람조차도 품고 참을 수 있는데, 하물며 그 나머지에 있어서랴.

옛 선왕先王은 사람을 등용함에 지혜가 있어서 눈이 먼 사람은 음악을 살피게 하고 다리를 저는 사람은 문지기를 시켰으며 고자는 궁궐을 출입하게 하는 등 노약자와 장애자와 절름발이의 무리를 각각 마땅하게 썼으니 이 일을 아주 마땅히 헤아리고 연구해야 한다. 집에 있는 한 노복에 대해 너희들은 매번 "힘이 약하여 일을 맡기지 못한다."라고 한다. 이는 너희들이 매양 난쟁이에게 산을 뽑는 힘을 바라기 때문에

猗 南)마을로 가서 소와 양 양축산 사업을 크게 일으켰는데 10년만에 거부가 되었다고 한다. 그래서 猗頓이라 부른다고 한다.

53 원문은 駃騠跨竈이다. 결제는 고대에는 명마였는데 현재에는 숫말과 암탕나귀 사이에서 태어난 버새로 불리는 잡종말을 가리킨다. 과조跨竈는 말의 뒷발굽이 앞발굽자리를 뛰어넘는 것을 말한다. 고대에 말 앞발굽자리를 조라고 부른 데서 유래한 말이다.

그가 힘이 약함을 근심하는 것이다. 집안을 다스리는 방도는 위로 가장과 주부로부터 남녀, 노소, 형제, 동서의 무리와 아래로는 노비의 자식에 이르기까지 무릇 다섯 살이 넘으면 각각 맡을 일을 나누어 주어서 한 시각도 놀거나 쉬게 하지 않으면 빈궁함을 근심하지 않게 된다. 내가 장기長鬐에 있을 때 집주인 성成 아무개에게 어린 손녀가 있었는데, 겨우 다섯 살인데도 뜰에 앉아서 소리질러 솔개를 쫓게 했고, 일곱 살 아이에게는 손 막대기로 참새를 쫓게 하였으며, 그 나머지 모든 한솥밥을 먹는 자들은 모두 맡아서 하는 일이 있었으니, 이것이 본받을 만하다. 집에 남자 노인이 있으면 칡을 꼬아 끈을 만들고 여자 노인은 손에 항상 실타래 하나를 잡고서 실을 풀기를 비록 이웃마을에 가더라도 놓지 않는 이러한 집안은 반드시 남은 양식이 있어서 가난을 걱정하지 않는다.

차남次男들 중에는 혼인하여 살림을 나기 전에는 과수원과 채소밭을 심고 가꾸는 일을 전혀 살피거나 점검하지 않는 경우가 있다. 그 마음에 '훗날 내가 따로 한 구역을 차지하면 마음을 다해 경영할 것이다'라고 하지만, 이 일이 본래 자신의 버릇에서 나옴을 모르는 것이다. 자기 형의 과수원을 잘 가꾸지 못하는 자는 자신의 과수원도 잘 가꾸지 못한다. 너는 내가 다산의 연못과 누대, 밭과 채소밭의 일에 대해서 마음을 다하고 힘을 다 바치는 것을 보았으니, 또한 이를 취하여 내 소유로 삼아 마침내 자손에게 물려주려고 그렇게 했겠느냐. 진실로 내 성품에 좋아하는 바이므로 내땅 네땅 구분하지 않는 것이다.

한 번 배불리 먹어서 살이 찌고 한 번 굶어 수척한 것을 천한 짐승이라 이른다. 멀리 보지 못하는 자는 오늘 뜻대로 되지 않는 일이 있으면 곧장 눈물을 줄줄 흘리고 다음 날 뜻이 맞는 일이 있으면 또 아이처럼 얼굴을 펴며 근심과 즐거움, 슬픔과 기쁨, 감격과 노여움, 사랑과 미움의 감정이 모두 아침저녁으로 바뀌니, 달관자가 웃지 않겠는가.

　비록 그렇지만 소동파는 "속인의 눈은 너무 낮고 하늘의 눈은 너무 높다."라고 말하였다. 만약 장수와 요절을 똑같이 여기고 삶과 죽음을 한결같이 여긴다면 그 문제 또한 지나치게 크다. 요컨대 아침에 햇볕이 드는 곳은 저녁에 그늘이 먼저 이르고, 일찍 피는 꽃은 또한 빨리 시들며, 바람개비가 세차게 돌면 한 시각도 정지함이 없음을 알아야 한다. 이 세상에 뜻이 있는 자는 한때 당한 재해 때문에 마침내 청운의 뜻이 막혀서는 안 된다. 남자의 가슴 속에는 항상 한 마리의 가을 매가 하늘로 치솟는 기상을 간직하여 눈으로는 천지를 작게 여기고 손바닥에 우주를 가볍게 든다면 좋을 것이다.

　나는 스무 살 때 우주 사이의 일을 몽땅 가져다가 일제히 펼쳐 놓고 한꺼번에 정돈하고자 하였는데, 서른 마흔이 되어도 이 뜻이 시들지 않았다. 풍상을 겪은 이래로 백성과 나라에 관계된 일 곧 전제田制, 관제官制, 군제軍制, 재부財賦 등과 같은 일에 대해서는 마침내 생각을 줄일 수 있었고 다만 경전을 풀이하는 일에 있어서만은 여전히 어려운 것을 파헤쳐 올바름으로 돌이키고자하는 바램이 있었는데, 이제 중풍으로 폐인이 되어서 이 마음이 점점 사라진다. 그러나 정신이 조금 나아지면 한가로운 생각들이 또한 불쑥 다시 일어나고는 한다.

　남이 모르기를 바란다면 하지 않는 것만 못하고, 남이 듣지 않기를 바란다면 말하지 않는 것만 못하다. 이 두 마디 말을 평생토록 몸에 달고 외우면 위로는 하늘을 섬길 수 있고 아래로는 집안을 보전할 수 있다. 천하의 재앙과 우환으로서 하늘을 흔들고 땅을 진동하며 자신의 몸을 죽이고 종족을 덮어버리는 죄악은 모두 비밀에서 생겨나니, 부디 일을 처리하고 말을 할 때에 부디 맹렬히 살피도록 하라.

열흘마다 집안에 쌓인 서찰 더미를 점검해서 내용이 번잡하고 자질구레하여 남의 눈에 거슬릴 만한 것이 있으면 일일이 뽑아내어서 심한 것은 태워 버리고, 그다음으로 좋지 않은 것은 실을 꼬고, 그다음으로 좋지 않은 것은 무너진 벽을 바르고 책갑을 만들어 정신을 맑게 해야 한다.

편지 한 통을 쓸 때마다 모름지기 두세 번 살펴보고 축원하기를 "이 종이가 대로변[54]에 떨어져서 원수가 펴 보더라도 내가 죄가 없을 수 있겠는가?"라고 하고, 또 말하기를 "이 종이가 수백 년 뒤에 전하여 안목을 갖춘 많은 사람에게 보여지더라도 내가 비난을 받지 않을 수 있겠는가?"라고 한 뒤에야 봉함할 것이니, 이는 군자의 근신함이다. 내가 젊었을 때는 글자를 빨리 쓰는 바람에 이 경계를 많이 범하였는데, 중년에 화를 두려워하여 점점 이 방법을 지켜 매우 도움이 되니, 너는 명심하도록 하라.

1810년 2월[仲春] 다산茶山의 동암東菴에서 쓰다.[55]

....

54   원문은 康莊之衢이다. 一達은 道路, 二達은 岐旁, 三達은 劇旁, 四達은 衢, 五達은 康(康莊之衢), 六達은 莊, 七達은 劇驂이라 한다. 번화한 교차로라고 할 수 있다.
55   贐學游家誡 勇者, 三德之一, 聖人之所以開物成務, 彌綸天地, 皆勇之所爲也. '舜, 何人也? 有爲者, 亦若是', 勇也. 欲爲經濟之學則曰'周公, 何人也? 有爲者, 亦若是', 欲爲文章鉅工則曰'劉向韓愈, 何人也? 有爲者, 亦若是', 欲爲書法名家則曰'羲獻, 何人也', 欲爲富則曰'陶朱猗頓, 何人也', 凡有一願, 輒以一人爲準的, 期於必齊而後已, 此勇德之所爲也. 仲氏, 吾之知己, 嘗曰: "吾弟無病, 唯量小爲疵." 吾, 汝慈之知己, 嘗曰: "吾內無病, 唯量狹爲疵." 汝以吾與汝慈之子, 安能有山藪恢弘之量? 雖然, 汝則太甚. 駃騠跨竈, 理則宜然, 終如是也, 曾塵刹之不容, 矧可以包受諸物, 汪汪若千頃之波乎哉?量之本在恕, 能恕矣, 卽草竊・潢池, 且當含忍, 況於其餘哉? 昔先王用物有智, 瞽者使審樂, 跛者使守闥, 奄者使出入宮闈, 罷癃・殘疾・尫兀之屬, 用各得宜, 此事最宜商究也. 家畜一奴, 汝兄弟每云: "力弱不任事"是汝曹每欲責拔山於僬僥, 故患其力弱也, 御家之法, 上自主翁主母以至男女長幼昆季姒娣之倫, 下逮婢奴之雛, 凡過五歲以上, 各有職業分授, 無一刻游息, 則不患其貧窘也. 余在長鬐, 主人成某有穉孫女, 僅五歲, 使之坐庭嚇鳶, 有七歲者使以手筳驅

두 아들에게 보여주는 가계[示二兒家誡]

효제孝弟는 인仁을 행하는 근본이다. 그러나 그 부모를 사랑하고 그 형제를 우애하는 사람은 세상에 많으니 그것만으로는 도타운 행실이라고 할 수 없다. 다만 백부·숙부로서 형제의 아들을 자기 아들과 같이 여기고, 형제의 아들들이 백부·숙부를 친부처럼 여기며, 사촌형제끼리 친형제처럼 서로 사랑하여, 다른 사람이 집에 찾아와 하루종일 보고 열흘을 넘겨도 끝내 누가 누구의 아버지이고 누가 누구의 아들인지를 알 수 없을 정도가 되어야만, 비로소 집을 부지해 갈 수 있는 기상이다. 사람 집이 한창 부귀하고 번영 창달할 때에는 골육이 또한 서로 의지하고 신뢰하기에 소소한 원망이 있어도 머금고 발설하지 않기에 서로 화기和氣를 잃지 않게 된다. 만약 빈곤이 모두 심하면 한두 말의 곡식이

....

雀, 餘凡食於錡者, 皆有職責, 此可法也. 人家有老翁, 絢葛爲繩, 而媼嘗執一箇絲團子, 紬繹在手, 雖適鄰里不捨焉者, 其家必有餘食, 不患貧也. 人家次子未析產, 凡園圃樹藝之政, 了不看檢, 其心以爲他日別占一區, 將盡意經度, 不知此事本出性癖, 不能於其兄之園者, 亦不能於其園. 汝觀吾於茶山池臺田圃之事, 盡心竭力, 亦將取爲己物, 遂以傳之子孫而然乎? 誠由性之所好, 無此疆爾界耳. 一飽而肥, 一餒而瘠, 謂之賤畜. 短視者, 今日有不如意事, 便潸然破涕, 明日有合意事, 又孩然解顔, 一切憂愉悲歡感怒愛憎之情, 皆朝夕變遷, 自達者觀之, 不可哂乎? 雖然, 東坡云: "俗眼太卑, 天眼太高." 若齊彭殤一死生, 其病又過高, 要知朝而受暾者, 夕陰先至, 早榮之華, 其隕亦疾. 風輪激轉, 無一刻停息, 有志斯世者, 不宜以一時齟害, 遂沮靑雲之志. 男子漢胷中, 常有一副秋隼騰霄之氣, 眼小乾坤, 掌輕宇宙, 斯可已也. 余年二十時, 欲盡取宇宙間事, 一齊打發一齊整頓, 至三十四十, 此意不衰. 風霜以來, 凡繫民國之事, 若田制官制軍制財賦之等, 遂得省念, 唯經傳箋注之間, 猶有撥難返正之願, 今風痺頹廢, 此心漸落. 然神氣小勝, 諸閑商量, 又勃然復興. 欲人勿知, 莫如勿爲, 欲人勿聞, 莫如勿言. 此二語, 平生佩誦, 上可以事天, 下可以保家. 天下之蓄禍憂患, 掀天動地殺身覆宗之罪惡, 皆從祕密中釀出來, 臨事臨言, 切須猛省. 每一旬許, 點撿家中書札之堆, 凡有煩碎碍人眼目者, 一一抄取, 甚者付之鬱攸, 次者繩之, 次者補破壁裁書匣, 頓令精神淸楚. 每作一書牘, 須再三看閱, 祝曰: "此紙落于康莊之衢, 使仇人開視, 我得無罪否?" 又曰: "此紙流傳數百年, 傳示許多具眼者, 我得無譏否?" 然後方纔封緘, 此君子之愼也. 余少時敏於書字, 多犯此戒, 中年畏禍, 漸守此法, 甚有所益. 汝其銘心.[庚午仲春, 書于茶山 東菴.]

나 몇 자의 포목을 가지고도 따지고 다투게 되며 악언惡言도 서로 하게 되는데, 서로 업신여기며 다투는 것이 점점 더해지면 끝내는 원수처럼 되고 만다.

이러한 때를 당하여, 만약 어떤 도량이 넓은 남자가 아리땁고 지혜로운 부인을 감동시켜 높은 산 무성한 숲[山藪] 같은 도량을 넓혀 주고 태양처럼 밝은 마음을 갖게 하여 여자의 도리를 지켜 어린 아이처럼 창자 없는 사람처럼 뼈 없는 벌레처럼, 갈천씨葛天氏의 백성처럼,[56] 선정禪定에 든 스님처럼 하여, 저쪽에서 돌을 던지면 이쪽에서는 옥으로 보답하고, 저쪽에서 칼을 빼들면 이쪽에서는 단술로 대접해 주지 않는다면, 서로 눈을 흘겨보며 성내고 다투다가 죽이기까지 하는 등 결국 집안을 망치고야 말 것이다.

그러니 너희들은 반드시 이러한 뜻을 알아서 날마다 『소학』 외편外篇의 가언嘉言·선행善行을 읽어 하나하나 본받고 가슴 깊이 정성껏 간직하여 잊지 말고 잘 실천해 가도록 하라. 오래 하다보면 모두 감동하고 기뻐해서 저절로 화목한 가정이 이루어질 것이다. 비록 혹 불행히 감동되지 않는다 하더라도, 친척과 향당鄕黨에 저절로 공론이 있을 것이니 다함께 이적 야만의 풍속으로 쓸려가는 지경에는 이르지 않게 되어 문호를 보존할 수 있을 것이다.

중국은 문명이 일상 풍속을 이루어 궁벽진 시골이나 멀리 떨어진 땅이라도 성인이나 현인이 되는데 지장이 없다. 그러나 우리나라는 그렇지 못하여 도성의 대문에서 몇십 리만 나가도 태고의 사회이니 하물

56　중국 고내 전설상의 제왕. 이싱직 징시를 펼처 태평했다고 히여 聖君이리 한다. 그러므로 그의 시대 백성들은 근심이나 욕심없이 순박하게 살았다고 한다. 『여씨춘추』「古樂」에 그의 음악에 맞춰 세 사람이 소의 꼬리를 잡고, 춤을 추며 노래를 불렀다고 전한다.

며 멀고 먼 외진 곳이야 말할 게 있겠는가?

무릇 사대부의 가법家法은 벼슬길에 올랐을 때는 속히 빨리 산비탈에 집을 빌려 살면서 처사의 본색을 잃지 말아야 하고, 만약 벼슬에서 떨어지게 되면 빨리 서울에 의탁해 살 자리를 정하여 문화의 안목이 떨어지지 않아야 한다.

나는 지금 이름이 죄인의 명부에 들어 있으니 너희들에게 우선은 시골집에서 숨어 지내도록 하였다만, 뒷날의 계획은 오직 서울에서 십 리 안에 거처하는 것이다. 만약 가세가 쇠락하여 도성으로 깊이 들어가 살 수 없다면 모름지기 잠시 근교에 머무르며 과일나무 재배하고 채소를 씨 뿌려 생계를 도모하다가 재산이 좀 쌓이면 시가지 중심으로 들어가더라도 늦지 않다.

화복의 이치에 대하여는 옛날 사람들도 의심해 온 지 오래다. 충과 효를 행한 사람이라 하여 반드시 화를 면하는 것도 아니고, 음란하고 방일하다 해서 반드시 박복한 것도 아니다. 그러나 선을 행하는 것이 복을 받는 길이 되므로 군자는 힘써 선을 행할 뿐이다. 옛날부터 화를 당한 집안의 자손들은 반드시 높이 올라가 멀리 도망하고도 숨어든 곳이 깊지 않을까를 염려하는데 이렇게 하면 결국 노루나 토끼처럼 되어 버리고 말 뿐이다. 대체로 부귀하고 훈공이 많은 집안은 재난이 화급한데도 평안하고 침착하여 근심이 없지만 몰락하여 버림받은 집은 태평이 넘침에도 언제나 걱정이 있다고 말한다. 그늘진 벼랑이나 깊숙한 골짜기에 살다보니 햇볕을 보지 못하고 함께 교유하는 사람들도 모두가 버림받고 벼슬길이 막혀 원망하는 부류들이기 때문이다. 그러므로 듣는 것이라고는 모두 오활迂闊하고 허탄하고 편벽되고 비루한 이야기들 뿐이니 이것이 바로 영구히 가버리고 돌아보지 않는 이유이다.

참으로 너희들이 항상 심기를 화평하게 가져 요직에 있는 사람들과 다름 없이 하고 아들이나 손자의 세대에 가서는 과거에도 마음을 두고 경제에도 정신을 기울일 수 있도록 하기를 원한다. 하늘의 이치는 순환하는 것이라서, 한 번 쓰러졌다 하여 결코 일어나지 못하는 것은 아니다. 만약 하루아침의 분노를 견디지 못하고 서둘러 먼 시골로 이사가 버리는 사람은 천한 백성으로 끝나고 말 뿐이다.

1810년 7월에 다산의 동암東庵에서 쓰다.[57]

---

57 示二兒家誡 "孝弟爲行仁之本. 然愛其父母, 友其昆弟者, 世多有之, 不足爲敦行, 唯伯叔父, 視昆弟之子猶己子, 昆弟之子, 視伯叔父猶親父, 從父昆弟, 相愛如同胞, 使他人來館者, 閱日踰旬, 終不知孰爲孰父, 孰爲孰子, 方纔是拂家氣象, 人家方富貴榮暢之時, 骨肉且方依附藉賴, 雖有小怨, 含之不泄, 所以彼此不失和氣. 若貧困兩甚, 卽斗粟·尺布, 辨諍紛起, 惡言相加, 胥侮胥慢, 轉輾層激, 終爲仇敵. 當此之時, 若無一個恢弘男子, 感動得一個婉慧婦人, 廓開山藪之量, 昭回雲日之光, 守雌致柔, 如嬰孩, 如無腸公, 如無骨蟲, 如葛天民, 如入定僧, 彼投以石, 我報以瓊, 彼設以刀劍, 我待以醴醴, 則未有不明眴悁悁, 勃谿鏖譟, 翻門覆戶而後已者. 汝等須知此義, 日取『小學』外篇「嘉言」·「善行」, 寸寸摹擬, 拳拳服膺也. 久則感悅自成雍睦, 雖或不幸而不格, 親戚·鄕黨, 自有公論, 不至混同驅歸於夷獠蠻貊之俗, 而門戶得以保全矣. 中國文明成俗, 雖窮鄕遐陬, 不害其成聖成賢. 我邦不然, 離都門數十里, 已是鴻荒世界, 矧遐遠哉? 凡士大夫家法, 方翶翔雲路, 則亟宜僦屋山阿, 不失處士之本色, 若仕宦墜絶, 則亟宜託栖京輦, 不落文華之眼目. 吾今名在罪籍, 使汝曹姑遯田廬, 至於日後之計, 唯王城十里之內, 可以爰處, 若家力衰落, 不能深入, 須暫止近郊, 蒔果種菜, 以圖生活, 待資賄稍贍, 便入市朝之中, 未爲晚也. 禍福之理, 古人疑之久矣. 忠孝者未必免禍, 淫逸者未必薄福, 然爲善是受福之道, 君子強爲善而已. 自古禍家餘生, 必高翔遠遯, 唯恐入山之不深, 究也爲麋爲兎焉而已. 大凡富貴薰濃之家, 菑難然眉, 而晏然無愁, 落拓擯棄之族, 太平洋溢, 而常云有憂. 蓋其陰厓幽谷, 不見陽氣, 所與游者, 皆麋枳磬怨之類, 故所聞皆辽誕辟陋之譚, 玆所以長往而弗願也. 誠願汝等常令心氣和平, 不異當路之人, 及至兒孫之世, 得存心科擧, 留神經濟. 天理循環, 不必一路而不起也. 若不勝一朝之忿, 勃然流徙者, 終於氓隸而已矣. [嘉慶庚午首秋, 書于茶山東庵]"

또 두 아들에게 보여 주는 가계[又示二子家誡]

육구연이 말하기를 "우주 사이의 일이 바로 나의 분수 안의 일이고, 나의 분수 안의 일이 바로 우주 사이의 일이다."라고 하였다. 대장부는 단 하루라도 이러한 생각이 없어서는 안 되니, 우리의 본분을 스스로 하찮게 여겨서는 안 된다.

사대부의 심사는 마땅히 비가 갠 뒤에 시원한 바람과 밝은 달과 같아 털끝만큼이라도 숨김이 없어야 한다. 대체로 하늘과 사람에게 부끄러운 일을 절대로 범하지 않으면 자연히 마음은 넓어지고 몸은 번듯해져서 호연지기浩然之氣가 있게 된다. 만약 한 자의 삼베와 한 푼의 돈 때문에 잠깐이라도 양심을 등지는 일을 하게 되면 이 호연지기가 굶주린 듯 무너지니 이는 사람이 될지 마귀가 될지 구분되는 관건이다. 너희들은 철저히 경계하라.

다음으로는 입으로 말하는 것을 삼가지 않으면 안 된다. 전체가 모두 완전하더라도 구멍 하나가 우연히 새게 되면 이는 깨진 옹기일 뿐이고, 백 마디의 말이 모두 신의가 있더라도 한 마디 말이 어쩌다 거짓되면 이는 마귀의 무리일 뿐이니, 너희들은 철저히 경계하라. 말이 뜨고 과장되게 하는 자는 사람들이 믿어 주지 않으니, 가난하고 천한 사람은 더욱 말을 아껴야 한다.

우리 집안은 선대로부터 붕당에 관여하지 않았고, 더구나 내가 어려움을 겪은 이후로는 괴롭게도 친구들마저 나를 못으로 떠밀고 돌을 던져 곤경에 처하게 하였다.[58] 너희들은 폐에 새겨 사사로이 편당을 짓는 마음을 통렬히 씻어 없애라.

---

58 공서파들이 정약용을 무함한 것을 말한다.

큰 기근이 들어 사망한 백성이 수만 명이니, 하늘을 의심하는 자가 있다. 내가 보건대 굶어 죽은 자는 거의 게으른 자이니, 하늘이 게으른 자들을 미워해서 진멸하는 것이다. 나는 너희에게 전원을 물려줄 만한 벼슬이 없었다. 오직 생활을 부유하게 하고 가난을 구제할 수 있는 두 글자의 신묘한 비결이 있기에 이제 이 두 글자를 너희에게 남겨 주니, 너희들은 하찮게 여기지 말라. 한 글자는 부지런함[勤]이고 또 한 글자는 검소함[儉]이다. 이 두 글자는 좋은 밭과 비옥한 토지보다도 훨씬 좋아서 일생 동안 쓰더라도 다하지 않을 것이다.

무엇을 부지런함이라 하는가? 오늘 할 수 있는 일을 내일로 늦추지 말고 아침에 할 수 있는 일을 저녁으로 늦추지 말며, 맑게 갠 날에 해야 할 일은 시일을 미루다가 비를 만나지 말고 비가 내릴 때에 해야 할 일을 날씨가 갤 때까지 지체하지 않게 해라. 늙은 사람은 앉아서 감독하는 일이 있고 어린아이는 오가며 심부름하고, 장성한 사람은 힘쓰는 일을 맡고 병든 사람은 지키는 일을 맡으며, 부인은 사경이 되기 전에는 잠을 자지 않아야 한다. 요컨대 집안의 어른과 어린아이, 남자와 여자가 모두 한 명도 노는 사람이 없게 해야 하고, 한순간도 한가로운 시간이 없게 해야 하니, 이것을 일러 부지런함이라 한다.

무엇을 검소함이라 하는가? 옷은 몸을 가리는 것이니 고운 옷으로 해진 것은 만고에 처량한 기운을 띠지만, 거친 베로 헐렁하게 지내는 옷은 비록 해져도 나쁘지 않다. 매번 옷 한 벌을 재단할 적에 이후에 계속 입을 수 있는지를 생각해야 하니, 만일 이렇게 하지 못하면 장차 고운 옷이 해지게 될 것이다. 헤아림이 여기에 이르면 고운 것을 버리고 거친 것을 취하지 않을 자가 없을 것이다. 음식은 목숨을 연명하는 데 목적을 둘 뿐이니, 아무리 진귀한 고기와 맛 좋은 회도 입으로 들어가는 즉시 더러운 것이 되어서 목구멍으로 내려가기 전에 사람들이 더럽게 여겨 침을 뱉는 것이다.

사람이 천지 사이에서 살아갈 적에 소중하게 여길 것은 성실이다. 속일 수 있는 것이 전혀 없다. 하늘을 속이는 것이 가장 큰 죄악이고, 군주를 속이고 어버이를 속이는 것으로부터 농사꾼이 동료를 속이고 장사꾼이 동업자를 속이는 것에 이르기까지 모두 죄에 빠지는 일이다.

오직 한 가지 속일 수 있는 것이 있으니, 바로 자기의 입이다. 모름지기 보잘 것 없는 음식을 써서 입을 속여서 잠시 살짝 넘기는 것이 좋은 방법이다. 이번 여름 내가 다산에 있을 적에 상추로 밥을 싸서 먹는데, 어떤 손님이 물었다. "싸 먹는 것이 김치를 담가 먹는 것과 차이가 있습니까?" 내가 말하였다. "이것은 내가 입을 속이는 방법이라네." 반찬 하나를 먹을 때마다 모름지기 이를 유념하여서 잘 먹기 위하여 정신과 지혜를 다 써서 변소에 충성을 바치지 않도록 하라. 이러한 생각은 당장의 곤궁함을 대처하는 방편이 될 뿐 아니라, 비록 대단히 부유하더라도 사군자가 집안을 다스리고 몸을 단속하는 방법으로 이 근면과 검소 두 글자를 버리면 손쓸 곳이 없으니, 너희들은 부디 가슴속에 새겨 잊지 말도록 하라.

1810년 국추菊秋에 다산의 동암東菴에서 쓰다.[59]

---

[59] 又示二子家誡 "陸子靜曰: "宇宙間事, 是己分內事, 己分內事, 是宇宙間事." 大丈夫不可一日無此商量, 吾人本分, 也自不草草. 士大夫心事, 當如光風霽月, 無纖毫菑翳. 凡愧天怍人之事, 截然不犯, 自然心廣體胖, 有浩然之氣, 若於尺布銖貨, 瞥有負心之事, 卽是氣餒敗. 此人鬼關頭, 汝等切戒之. 再此口業, 不可不愼. 全體皆完, 一孔偶滲, 猶是破甕, 百言皆信, 一語偶誑, 猶是鬼徒, 汝等切戒之. 語言浮夸者, 民莫之信, 貧賤者尤當訒言. 吾家自先世不涉朋黨, 況自屯邅, 苦遭知舊推淵下石, 汝等銘肺, 痛滌黨私之心. 大饑百姓死者鉅萬, 疑天者有之, 余觀餓莩, 大抵皆惰者, 天厭惰者, 剷殄滅之. 余無宦業可以田園遺汝等, 唯有二字神符, 足以厚生救貧, 今以遺汝等, 汝等勿以爲薄. 一字曰勤, 又一字曰儉, 此二字勝如良田美土, 一生需用不盡. 何謂勤? 今日可爲, 勿遲明日, 朝辰可爲, 勿遲晚間, 晴日之

....
事, 無使芟耔値雨, 雨日之事, 無使遷延到晴. 老者坐有所監, 幼者行有所奉, 壯者任力, 病者職守, 婦人未四更不得寢, 要使室中上下男女, 都無一個游口, 亦無一息閒晷, 斯之謂勤也. 何謂儉? 衣取掩體, 細而敝者, 帶得萬古淒涼氣, 褐寬博, 雖敝無傷也. 每裁一領衣衫, 須思此後可繼與否, 如其不能, 將細而敝矣. 商量及此, 未有不捨精而取疏者. 食取延生, 凡珍肤 · 美鱐, 入唇卽成穢物, 不待下咽而後, 人唾之也. 人生兩間, 所貴在誠, 都無可欺, 欺天最惡, 欺君欺親, 以至農而欺耦, 商而欺伴, 皆陷罪戾. 唯有一物可欺, 卽自己口吻, 須用薄物欺罔, 瞥過暫時, 斯良策也. 今年夏, 余在茶山, 用萵苣葉, 包飯作搏而呑之, 客有問者曰: "包之有異乎菹之乎?" 余曰: "此先生欺口法也." 每喫一膳, 須存此想, 不要竭精殫智, 爲溷圂中效忠也. 這個思念, 非爲目下處窮之方便, 雖貴富熏天, 士君子御家律身之法, 捨此二字, 無可著手處也. 汝等切須銘刻. [庚午菊秋, 書于茶山 東菴]

참고문헌

중국전적

江永,『禮書綱目』, 台聯國風出版社.
江永,『儀禮釋宮增注』, 複興書局(皇淸經解續編).
董兆錫,『儀禮經注疏參義』, 台灣大學藏書.
孔廣森,『禮學巵言』, 複興書局(皇淸經解正編).
孔安國傳, 孔穎達疏,『尙書正義』, 藝文印書館(十三經注疏本).
孔穎達撰,『左傳正義』, 藝文印書館(十三經注疏本).
郭璞注, 邢昺疏,『爾雅注疏』, 藝文印書館(十二經注疏本).
郭崇熹,『校訂朱子家禮』.
金日追,『儀禮經注疏正僞』, 世界書局.
段玉裁,『說文解字注』, 藝文印書館.
唐玄宗注, 邢昺疏,『孝經正義』, 藝文印書館(十三經注疏本).
戴震,『戴東原集』, 河洛圖書出版社.
杜佑,『通典』, 新興書局.
呂祖謙.『家範』.
劉彥捷·劉石注評,『顔氏家訓注評』, 學苑出版社, 北京.
劉向,『說苑』, 商務印書館(四部叢刊本).
劉熙,『釋名』, 育民出版社.
陸德明,『經典釋文』, 鼎文書局.
淩廷堪,『禮經釋例』, 複興書局(皇淸經解正編).
李如圭,『儀禮釋宮』, 大通書局(經苑).
李如圭,『儀禮集釋』, 大通書局(經苑).
毛亨傳, 鄭玄箋, 孔穎達疏,『毛詩正義』, 藝文印書館(十三經注疏本).
班固,『白虎通德論』, 商務印書館(四部叢刊).

方苞,『儀禮析疑』, 史語所傳斯年圖書館藏.
司馬光,『司馬文正公家傳集』, 商務印書館.
司馬光,『司馬文正公集』, 中華書局.
司馬光,『司馬溫公文集』.
司馬光,『書儀』.
司馬光,『家範』欽定文淵閣本, 四庫全書本, 臺灣商務印書館.
司馬光,『溫公家範』康熙刻本, 夏家善主編, 天津: 天津書店.
徐乾學,『讀禮通考』, 師大東北大學寄藏圖書.
聶崇義,『三禮圖』, 大通書局(通志堂經解).
盛世佐,『儀禮集編』, 商務印書館(四庫全書珍本二集).
邵晉涵,『爾雅正義』, 複興書局(皇清經解正編).
孫詒讓,『周禮正義』, 商務印書館.
孫希旦,『禮記集解』, 文史哲出版社.
楊複,『儀禮圖』, 大通書局(通志堂經解).
楊複,『儀禮旁通圖』, 大通書局(通志堂經解).
楊復附注 劉垓孫增注,『纂圖集註文公家禮』.
敖繼公,『儀禮集說』, 大通書局(通志堂經解).
吳承仕,『三禮名物』, 藝文印書館.
吳廷華,『儀禮疑義』, 史語所傳斯年圖書館藏.
吳廷華,『儀禮章句』, 複興書局(皇清經解正編).
王懋宏,『朱子年譜考異』.
王夫之,『禮記章句』, 廣文書局.
王先謙,『荀子集解』, 世界書局.
王肅,『孔子家語』, 商務印書館(四部叢刊本).
王堯臣等,『崇文總目』, 商務印書館.
王禹偁,『小畜集』, 卷14, 畫記, (文淵閣四庫全書).
王利器,『顔氏家訓集解』, 中華書局, 北京, 1996.
王弼注, 孔穎達疏,『周易正義』藝文印書館(十三經注疏本).
袁采,『世範』, 內蒙古人民出版社, 1999.
袁采,『袁氏世範』, 黃山書社, 2007.
張靄堂 譯注,『顔之推全集譯注』, 齊魯書社, 濟南, 2004.
張爾岐,『儀禮鄭注句讀』, 學海出版社.
張載,『張子全書』, 中華書局.
張載,『張載集』.

張惠言,『讀儀禮記』, 複興書局(皇清經解續編).
張惠言,『儀禮圖』, 複興書局(皇清經解續編).
章輝明·章義和,『顏氏家訓譯注』, 上海古籍出版社, 1999.
褚寅亮,『儀禮管見』, 複興書局(皇清經解續編).
錢穆,『國史大綱』, 國立編譯館.
鄭端輯,『朱子語類』, 漢京文化事業公司(四部善本新刊).
鄭良樹,『儀禮士喪禮墓葬研究』, 中華書局.
程小銘,『顏氏家訓全譯』, 貴州人民出版社, 貴陽, 1995.
程頤,『程氏文集』.
程頤, 程灝,『二程全書』, 中華書局.
鄭玄,『三禮目錄』, 藝文印書館(黃氏逸書考).
鄭玄注, 賈公彥疏,『儀禮注疏』, 藝文印書館(十三經注疏本).
鄭玄注, 孔穎達疏,『禮記正義』, 藝文印書館(十三經注疏本).
趙岐注, 孫奭疏,『孟子正義』, 藝文印書館(十三經注疏本).
鐘叔河 選輯,『曾國藩家書』, 靑海人民出版社, 2002.
鐘叔河 選輯,『曾國藩敎子書』, 岳麓書社, 2002.
鐘叔河 選輯,『曾國藩與弟書』, 岳麓書社, 2002.
朱熹,『家禮』.
朱熹,『四書集注』, 世界書局.
朱熹,『朱子禮纂』, 商務印書館(四庫全書本).
朱熹,『晦庵先生朱文公文集』, 中文出版社.
朱熹, 黃榦,『儀禮經傳通解正續編』, 汲古書院(合刻本).
曾國藩,『曾國藩日記』, 中國三峽出版社, 北京, 2000.
曾國藩,『曾國藩全集』, 岳麓書社, 長沙, 1995.
曾國藩,『曾國藩全集』, 戲劇出版社, 北京, 2001.
陳澔,『禮記集說』, 世界書局.
秦蕙田,『五禮通考』, 臺北: 臺灣商務印書館.
秦蕙田,『五禮通考』, 新興書局.
焦循,『禮記補疏』, 複興書局(皇清經解正編).
沈彤,『儀禮小疏』, 複興書局(皇清經解正編).
夏炘,『景紫堂全書』, 藝文印書館.
夏炘,『學禮管釋』, 複興書局(皇清經解續編).
何晏等注, 邢昺疏,『論語正義』, 藝文印書館(十三經注疏本).
郝懿行,『爾雅義疏』, 複興書局(皇清經解正編).

韓愈, 『韓昌黎文集』, 世界書局.
胡廣等編, 『性理大全』.
胡培翠, 『燕寢考』, 複興書局(皇清經解正編).
胡培翬, 『儀禮正義』, 複興書局(皇清經解續編).
黃幹, 『勉齋先生黃文肅公文集』.
黃以周, 『禮書通故』, 華世出版社.
黃宗羲, 『深衣考』.

한국전적

『高麗史』.
『朝鮮王朝實錄』.
金長生, 『四禮便覽』.
李建昌, 『黨議通略』.
李彥迪, 『奉先雜儀』.
李珥, 『栗谷全書』.
朴世采, 『南溪集』.
宋時烈, 『宋子大全』.
宋翼弼, 『龜峯先生集』.
李潤雨, 『石潭先生文集』.
李珥, 『栗谷先生全書』.
李竹舒, 『東湖先生文集』.
李滉, 『陶山全書』.
張顯光, 『旅軒先生文集』.
鄭逑, 『五先生禮說分類』.
鄭逑, 『寒岡先生文集』.
丁若鏞, 「嘉禮酌儀」, 『與猶堂全書』.
曹植, 『南冥集』.
崔晛, 『訒齋先生文集』.
河謙鎭, 『東儒學案』.
河弘度, 『謙齋先生文集』.
洪柱世, 『靜虛堂集附錄』.
黃德吉, 『下廬先生文集』.

한국 단행본

강재철, 『한국혼례에 나타난 제습속의 상징성 고찰』, 단국대학교출판부.
고영진, 『조선중기예학사상사』, 한길사, 1996.
권광욱, 『육례이야기』, 해돋이, 2000.
김길환, 『조선조유학사상연구』, 일지사.
김길환, 『한국의 유학자팔인』, 신구문화사.
김정자, 『한국결혼풍속사』, 민속원, 1981.
김종완 역, 『안씨가훈』, 푸른역사, 서울, 2007.
마르티나 도이힐러 지음, 이훈상 옮김, 『한국사회의 유교적 변화』 아카넷, 2003.
문옥표·이충구, 『증보사례편람 역주본』, 한국학중앙연구원 출판부, 2014.
박한제, 『講座中國史Ⅱ』, 「호한체제의 전개와 그 구조」, 지식산업사, 서울, 1989.
박혜인, 『한국의 전통혼례 연구』, 고려대학교 민족문화연구소, 1988.
배상현, 『조선조 기호학파의 예학사상에 관한 연구』, 고려대학교 민족문화연구소, 1996.
송준길, 『동춘당집』, 「별집」, 고전번역원.
신응순, 『성재집』, 고전번역원.
유숙, 홍희 옮김, 『예의 정신』, 동문선, 1994.
윤사순, 『한국유학사(상, 중, 하)』, 지식산업사, 2012.
이광규, 『한국의 가족과 종족』, 민음사, 1990.
이능화, 『조선여속고』, 1920.
이범직, 『한국중세 예사상 연구: 오례를 중심으로』 일조각, 1991.
이태영, 『한국잡혼연구』, 이화여대 한국문화연구원, 1988.
이홍식, 『국사대사전』, 대영출판사.
이홍식, 『한국인명대사전』, 신구문화사.
장병인, 『조선전기 혼인제와 성차별』, 일지사, 1997.
장철수, 『한국의 관혼상제』, 집문당, 1995.
장현광, 『여헌집』, 「여헌선생속집」, 고전번역원.
정상진, 『한국 혼속의 통시적 고찰』, 부산외국어대학교 비교문화연구소, 2002.
정성철, 『실학파의 철학사상과 사회정치적 견해』, 한마당, 1989.
정약용 저 전성건 옮김 『다산정약용의 사례가식』, 성대출부부, 2015.
정약용, 『여유당전서』, 「가례작의」, 고전번역원.
주희(임민혁 역), 『주자가례』, 예문서원, 2011.
지두환, 『소선선기의 의례연구』, 서울대 출판부, 1996.

한국 논문

고영진, 「15, 16세기『주자가례』의 시행과 그 의의」, 『한국사론』 21, 1989.
고영진, 「16세기-17세기 예학의 지역적 분화과정과 그 특징」, 『국학연구』 13, 한국국학진흥원, 2008.
고영진, 「17세기 초 예학의 새로운 흐름 - 한백겸과 정구를 중심으로」, 『한국학보』 68집, 일지사, 1992.
금장태, 「한강 정구의 예학사상」, 『유교사상문화연구』 4, 5, 한국유교학회, 1992.
김도기, 「혼례에 관한 연구」, 성균관대학교 석사학위논문, 1989.
김두환, 「조선의 조혼과 그 기원에 대한 고찰」, 『진단학보』 2, 1935.
김연수, 「근대시기 혼례문화 변동연구」, 『여성과 역사』 24, 한국여성사학회, 2016.
김윤정, 「18세기 예학 연구」, 한양대학교 사학과 박사학위논문, 2011.
김윤정, 「백수 양응수의 사례편람변의연구」, 『규장각』 44, 규장각 한국학연구원, 2014.
김태완, 「율곡학파의 예학」, 『율곡사상연구』 20집, 2010.
김현수, 「기호예학의 形成과 學風-栗谷·龜峯의 特徵과 傳承을 중심으로-」, 『유학연구』 25집, 2011.
김현수, 「栗谷 李珥의 禮論과 哲學的 背景」, 『동양철학연구』 67집, 동양철학연구회, 2011.
김현수, 「한강 정구의 예학사상 오선생예설을 중심으로」, 『동양예학』 6집, 동양예학회, 2001.
김희, 「율곡의 禮學思想에 대한 문화적 의미 연구」, 『동방학』 36집, 2017.
남상민, 『한국 전통혼례』, 『예학』, 2003.
남재주, 「조선후기 예학의 지역적 전개 양상 연구」, 경성대학교 한국학과 박사학위논문, 2012.
노인숙, 「孔子에 있어서의 人間의 完成」, 『동양철학연구』, 21집, 1999.
노인숙, 「성·속의 관점에서 본 공자의 예」, 『유교사상연구』 3집, 유교학회, 1988.
노인숙, 「격몽요결의 무실지향적 특색」, 『율곡학연구』, 2017.
노인숙, 「공자의 인간이해」, 『동양철학의 자연과 인간-상허 안병주교수정년기념논문집요』, 1998.
류홍렬, 「조선사묘발생에 대한 一考察」, 『진단학보』 第五卷.
박종천, 「일상의 성화(聖化)을 위한 유교적 의례화-율곡 이이의 예학적 구상-」, 『유학연구』 31집, 2014.

송민선, 「친영과 반친영의 문화적 含意」, 『역사민속학』 37, 한국역사민속학회, 2011.
송희준, 「18세기 永川 地域의 家禮註釋書에 대하여」, 『퇴계학과 유교문화』 28, 경북대학교 퇴계연구소, 2000.
신성곤, 「宗廟制度의 탄생」, 『동아시아문화연구』 57.
윤사순, 「性理學 時代의 禮思想」, 『한국사상대계』 4, 1984
이길표, 최배영, 「조선후기 의례서에 나타난 혼례에 대한 역사적 고찰」, 『한국가정관리학회지』 제18권 4호, 2000.
이남영「孝 사상의 한국적 전개」, 『효학연구』 한국효학회, 2004
이남영「韓國儒學論究」, 『철학연구』 철학연구회, 1980
이승연, 「조선조 『주자가례』의 수용 및 전개과정」, 『전통과 현대』 12, 2000.
이행훈, 「禮의 本質과 日常性-栗谷 禮敎의 實學的 性格과 日常性을 중심으로-」, 『동양고전연구』 35집, 2009.
장동우, 「家禮註釋書를 통해 본 朝鮮 禮學의 進展過程」, 『동양철학』 34, 2010.
장동우, 「행례서를 통해 본 조선후기 가례연구의 특성 및 함의」, 『국학연구』 Vol. 36, 2018.
장병인, 「조선중기 사대부의 혼례형태 : 가관친영예(假館親迎禮)의 시행을 중심으로」, 『조선시대사학보』 45, 조선시대사학회, 2008.
정현정, 「丘濬 家禮儀節의 家禮재구성에 대한 고찰」, 『대동문화연구』 78, 대동문화연구원, 2012.
조희진, 「한국 전통 혼례의 절차에 관한 연구」, 『도산전문대학논문집』 제14집.
천인석, 「고구려의 유학사상 연구」, 『동양철학연구』, 제8집, 1987.
최배영 이길표, 「가례서에 나타난 혼례관 고찰」, 『한국가정관리학회지』 제17권, 4호, 1999.
최숙, 「려말 조초 신흥사대부의 혼인제도 개혁론」, 연세대학교 석사학위논문, 1998.
최재석, 「고려시대의 혼인제도 」, 『인문논집』 27, 고려대학교, 19821.
한복룡, 「조선시대 친영제도의 전개과정 중앙법학회」, 『중앙법학』 제9집 2호, 2007년.
한영미, 「梧山 徐昌載의 학문과 冠禮考定고찰」, 『東方漢文學』 第77輯, 東方漢文學會, 2018,
황원구, 「소위기해복제문제에 대하여」, 『연세논총사회과학』 二輯.
황인구, 「이조예학의 형성과정」, 『동방학지』 六輯.

중국 단행본

甘懷眞, 『唐代家廟禮制硏究』, 商務印書館, 臺灣, 1981.
高明, 『禮學新探』, 中華書局.
勞思光, 『中國哲學史』, 三民書局.
盧仁淑, 『朱子家禮與韓國之禮學』, 人民文學出版社, 2000.
楊樹藩, 『宋代中央政治制度』, 商務印書館.
劉師培, 『禮經舊說』, 大新書局(劉申叔遺書).
劉台拱, 『經傳小記』, 複興書局(皇淸經解正編).
柳詒徵, 『中國文化史』, 東方出版中心, 上海, 1996.
柳詒徵, 『中國文化史』, 正中書局.
李雲光, 『三禮鄭氏學發凡』, 嘉新水泥公苛文化基金會.
李瀚章 編纂, 『曾國藩家書家訓』, 中國民族攝影藝術出版社, 2002.
馬鏞, 『中國家庭敎育史』, 湖南敎育出版社, 長沙, 1997.
尙秉和, 『曆代社會風俗事物考』, 商務印書館.
徐少錦·陳延斌, 『中國家訓史』, 陝西人民出版社, 西安, 2003.
徐嘵軍, 『曾國藩家族』, 遙寧古籍出版社, 1997.
蕭一山, 『曾國藩傳』, 吉林文化出版社, 吉林, 1995.
束景南編著, 『朱熹佚文輯考』, 江蘇古籍出版社, 1991.
沈其麗, 『儀禮士喪禮器物研究』, 中華書局.
楊東蒓, 『中國學術史講話』, 東方出版社, 北京, 1996.
楊志剛, 『中國禮儀制度硏究』, 華東師範大學出版社, 2001.
吳玉琦·王秀霞注譯, 『顔氏家訓』譯注, 吉林文史出版社, 長春, 1998.
吳震, 吾妻重二主編, 『思想與文獻:日本學者宋明儒學硏究』, 華東師範大學出版社, 上海.
吳達芸, 『儀禮特牲少牢有司徹祭品硏究』, 中華書局.
吾妻重二, 『朱子學的新硏究』, 商務印書館, 2017.
吾妻重二著, 吳震編, 『朱熹家禮實證硏究』, 華東師範大學出版社, 2012.
王長今, 『傳統家訓思想通論』, 吉林人民出版社, 長春, 2006.
王關仕, 『儀禮服飾考辨』, 師大國文所博士論文.
王引之, 『經義述聞』, 南京江蘇古籍出版社, 1985.
王國維, 『觀堂集林』, 中華書局, 臺北, 1998.
王夢鷗, 『禮記校證』, 藝文印書館.
姚際恒, 『儀禮通論』, 中國社會科學出版社, 北京, 1999.

熊十力, 『讀經示要』, 樂天出版社.
俞樾, 『群經平議』, 河洛圖書出版社.
張淳, 『儀禮識誤』, 商務印書館(叢書集成簡編).
殷慧, 『禮理雙彰: 朱熹禮學思想探微』, 中華書局, 2019.
李昌憲, 『司馬光評傳』, 南京大學, 南京, 1998.
莊國保 等著, 『晚淸哲學』, 安徽人民出版社, 2002.
張金光, 『秦制研究』, 上海古籍出版社, 2004.
張煥君, 『制禮作樂』, 中國社會科學出版社, 北京, 2010.
張光裕, 『儀禮士昏禮儀節研究』, 中華書局.
錢穆, 『朱子新學案』, 臺灣聯經出版社, 1990.
章景明, 『先秦喪服制度考』, 中華書局.
田世民, 『近世日本儒禮實踐的研究-以儒家知識人對〈朱子家禮〉的思想實踐爲中心』, 台灣大學出版中心, 台北, 2012.
程應鏐, 『司馬光評傳』, 上海人民出版社, 1991.
朱瑞熙, 『宋代社會研究』, 弘文館, 臺北 1986.
周何, 『古禮今談』, 萬卷樓, 臺北, 1992.
周何, 『禮記』, 時報出版公司, 臺北, 1981.
曾永義, 『儀禮車馬考』, 中華書局.
陳瑞庚, 『士昏禮服飾考』, 中華書局.
皮錫瑞, 『經學歷史』, 河洛圖書出版社.
皮錫瑞, 『經學通論』, 河洛圖書出版社.

Patricia Buckley Ebrey, 『*Confucianism and Family Rituals in Imperial China : a social history of writing about rites*』, Princeton University Press, New Jersey, 1991.

중국 논문

姜美華, 「從禮記冠義論儒家成人禮的意義」, 『鵝湖學誌』, 第32期, 2004.
歐陽斌, 「曾國藩與湖湘文化」, 長沙師範大學 研究生畢業論文, 1995.
戴素芳, 「論曾國藩家訓倫理思想及其現代意義」, 『倫理學研究』第五期, 2003.
羅秉祥, 「儒禮之宗教意涵--以朱子〈家禮〉爲中心」, 『蘭州大學學報(社會科學版)』第2期, 2008.
呂振宇, 「〈家禮〉源流編年輯考」緒論, 華東師範大學博士學位論文, 2013.
劉軍, 「朱子〈家禮〉禮義新探」, 河南師範大學碩士學位論文, 2009.

劉芳, 「〈儀禮〉士冠禮與〈朱子家禮〉冠禮之比較」, 『文教數據』 第36期, 2013.
李景文, 「中國古代家訓文化透視」, 『河南大學學報』 第3勝 第6期, 1998.
李隆獻, 「歷代成年禮的特色與沿革」, 『臺大中文學報』 제18기, 2003.
李豐楙, 「朱子〈家禮〉與閩台家禮」, 『求是學刊』 第2期, 2009.
潘斌, 屈永剛, 「朱子〈家禮〉的編撰及現代啟示」, 『孔子研究』 第5期, 2015.
師瓊佩, 「朱子〈家禮〉對"家"的理解―以祠堂爲探討中心」, 台灣中國文化大學碩士學位論文, 2002..
史向前, 「朱子〈家禮〉與道德建設」, 『合肥學院學報(社會科學版)』, 第6期, 2007.
邵鳳麗, 「朱子〈家禮〉與宋明以來家祭禮儀模式建構」, 『中原文化研究』 第1期, 2015.
束景南, 「朱熹家禮眞僞考辨」, 『朱熹佚文輯考』, 江蘇古籍出版社, 1991.
束景南, 「朱熹家禮眞僞辨」, 『朱子學刊』 1집, 1993.
孫翔, 「曾國藩家庭倫理思想的現代價值研究」, 西北師範大學政法學院碩士論文, 2005.
孫華, 「朱熹〈家禮〉研究」, 浙江大學碩士學位論文, 2009.
安國樓, 王志立, 「司馬光〈書儀〉與〈朱子家禮〉之比較」, 『河南社會科學』 第10期, 2012.
楊建宏, 「略論司馬光的禮學思想與實踐」, 『長沙大學學報』 제19권 제1기, 2005.
楊曼英, 「曾國藩家庭教育思想及其淵源探析」, 『船山學刊』 第三期, 2009.
楊逸, 「"複禮"抑或"從俗": 論宋代家禮中的婚禮」, 『民俗研究』, 第2期, 2016.
楊志剛, 「〈司馬氏書儀〉和〈朱子家禮〉研究」, 『浙江學刊』 第1期, 1993.
楊志剛, 「〈朱子家禮〉: 民間通用禮」, 『傳統文化與現代化』, 第4期, 1994.
楊志剛, 「略論禮學在現代中國的重構(綱要)」, 『慶祝沈文倬先生九十華誕國際學術會議討論會論文集』, 中華書局, 2006.
楊志剛, 「司馬氏書儀和朱子家禮研究」, 『浙江學刊』 총간78기, 1993.
余英時, 「曾國藩與士大夫之學」, 『故宮學術季刊』 第十一卷 第二期, 1993.
葉國良, 「冠笄之禮的演變與字說興衰的關係-兼論文體興衰的原因」, 『臺大中文學報』 第12期, 2000.
王立軍, 「司馬光禮學{思想初探」, 『中州學報』 제2기, 2002.
王立軍, 「宋代的民間家禮建設」, 『河南社會科學』 第10권 제2기, 2002.
王美華, 「家禮與國禮之間: 〈朱子家禮〉的時代意義探訓」, 『史學集刊』 第1期, 2005.
王若, 李曉非, 邵龍寶, 「淺談中國古代家訓」, 『遼寧師範大學學報』 第6期, 1993.
王有英, 「中國傳統家訓中的教化意蘊」, 『教育科學學報』 第3권 제4기, 湖南師

範大學, 2004.
王志躍,「〈宋史·禮志〉與〈朱子家禮〉的不同命運探源」,『江漢大學學報』2010年 第1期, 2010.
王佩良,「曾國藩家教思想探源」,『文史博覽』, 2007.
王鶴鳴,「唐代家廟研究」,『史林』6, 2012.
苑學正,「朱子作〈家禮〉說祛疑」,『中華文史論叢』2018 第1期, 上海古籍出版社, 2018.
劉雅萍,「宋代家廟制度考略」,『蘭州大學學報(社會科學版)』1기, 2009.
游彪,「宋代的宗族祠堂, 祭祀及其他」,『安徽師範大學學報(人文社會科學版)』34卷3期, 2006.
李育民,「曾國藩的禮學思想試探」,『江西師範大學學報』第41卷 第1期, 2008.
張國風,「〈家禮〉新考」,『文史』, 第3輯, 2012.
張文昌,「中國中古家禮的編纂與發展」,『東吳歷史學報』제23기, 東吳大學歷史研究所.
張亞寧,「曾國藩家庭教育的原則與方法」,『濟南教育學院學報』第三期, 東吳大學歷史研究所, 2003.
張玉法,「曾國藩的歷史地位」,『故宮學術季刊』第十一卷 第二期, 1993.
張品端,「〈朱子家禮〉與朝鮮禮學的發展」,『中國社會科學院研究生院學報』第1期, 2011.
田浩,「全球化進程中, 如何創新儒家文化?-以〈朱子家禮·婚禮(現代版)〉爲例」,『浙江學刊』第6期, 2010.
趙克生,「家禮與家族整合: 明代東山葛氏的個案分析」,『求是學刊』第2期, 2009.
趙克生, 安娜,「清代家禮書與家禮新變化」,『清史研究』第3期, 2016.
趙旭,「唐宋時期私家祖考祭祀禮制考論」,『中國史研究』3기, 2008.
趙忠祥,「家訓文化與古代意識形態建設及有益啓示」,『學術論壇』第3期, 2005.
朱傑人,「朱子家禮之婚禮的現代實驗」,『博覽群書』第12期, 2010.
朱明勛,「論曾國藩的家訓思想」,『西南交通大學學報』第八卷第六期, 2007.
朱明勳,「中國傳統家訓研究」, 四川大學博士學位論文, 2004.
周永健,「論朱熹『家禮』的社會教化功能」,『蘭台世界』第19期, 2011.
周愚文,「司馬光的家訓內涵及其對宋代家族教育的影響」,『師大學報』.
周俊武,「勤儉:曾國藩的家庭倫理思想的重要內容」,『倫理學研究』第六期, 2008.

朱浩, 「曾國藩致仕思想産生的原因探析」, 『皖西學院學報』 第25卷 第3期, 2009.
周鑫, 「〈朱子家禮〉研究回顧與展望」, 『中國社會曆史評論』 第十二卷, 2011.
曾麗蓉, 「〈朱子家禮〉儀式當代傳承的思考」, 『求索』 第1期, 2016.
陳來, 「朱子〈家禮〉真僞考」, 『北京大學學報(哲學社會科學版)』 第3期, 1989.
陳瑞, 「朱熹〈家禮〉與明清徽州宗族以禮治族的實踐」, 『史學月刊』 第3期, 2007.
陳延斌, 「『袁氏世範』的倫理敎化思想及其特色」, 『道德與文明』 第5期, 2000.
陳延斌, 「論司馬光的家訓及其敎化特色」, 『南京師大學報』 제4기, 2001.
肖永明, 殷慧, 「朱熹禮學研究綜述」, 『朱子學刊』 第二十輯, 黃山書社, 2010.
湯勤福, 「百年來大陸兩宋禮制研究綜述(1911-2013年)」, 『中國禮制變遷及其現代價値研究』, 上海三聯書店, 2016.
彭林, 「詩禮傳家:家禮」, 『文史知識』 第11期, 2003.
彭林, 「朱子作〈家禮〉說考辨」, 『文史』 第3期, 2012.
彭衛民, 「〈家禮〉朝鮮化與朝鮮王朝的中華觀」, 西南政法大學碩士學位論文, 2014.
彭衛民, 「禮理一體:朱熹與〈三禮〉的對話」(上下), 『社會科學論壇』 第11-12期, 2011.
彭衛民, 『朱熹〈家禮〉思想的朝鮮化』, 巴蜀書社, 2019.
馮兵, 「我國近年來朱子禮樂思想研究述評」, 『渭南師範學院學報』 第5期, 2011.
何斯琴, 「宋代以降的家禮實踐與鄕村禮俗重建」, 『社會治理』 第1期, 2016.
黃季剛, 『禮學略說』, 中華書局.
許明堂, 「〈朱子家禮〉研究-以近世家族禮俗生活爲中心的考察」, 北京師範大學碩士學位論文, 2007.
邢応駒, 「曾國藩修身思想探析」, 『牧丹江師範學院學報(哲社版)』 5期, 2010.
和溪, 「朱子〈家禮〉婚服考」, 『集美大學學報(哲社版)』 第3期, 2017.
黃俊郎, 「冠禮的起源及其意義」, 『孔孟月刊』 第19卷 第2期, 1980.

일본 단행본

『朝鮮風俗資料集說』, 中樞院.
『李朝の財産相續法』, 中樞院.
『朝鮮に於ける宗敎及享祀』, 總督府學務局.
加地伸行, 『儒敎とは何か』, 中央公論社, 東京.
楠本正繼, 『宋明時代儒學思想の研究』, 廣池學園.

道端良秀, 『佛教と儒教』, 第二文明社.
武內義雄, 『中國哲學史』, 岩波書店.
米鯢山震, 『朝鮮の冠禮』, 朝鮮硏究會.
米鯢山震, 『朝鮮の喪禮』, 朝鮮敎育硏究會.
山根三芳, 『宋代禮說硏究』, 溪水社, 廣島.
三浦國雄, 『朱子』, 講談社.
西晉一郞, 小系夏次郞, 『禮の意義と構造』, 畝傍書局.
狩野直喜, 「中國哲學史」, 岩波書店.
影山誠一, 『喪服總說』, 大東文化大學東洋硏究所叢書.
吾妻重二, 『朱子學の 新硏究』, 創文社, 東京.
諸橋轍次, 『支那の家族制』, 大修館書店.
佐藤喜祐, 『儒敎倫理の溯源的硏究』, 明德出版社.
池田末利, 『古代中國思想にわける宗敎の性格』, 東海大學出版會.
池田末利, 『葬制集錄(一, 二)』, 廣島大學中哲硏究室.
池田末利譯, 『儀禮』, 東海大學出版社.
淸水盛光, 『支那家族の構造』, 岩波書店.
韓東龜, 『韓國の冠婚葬祭』, 國書刊行會.
荒水見吾, 溝口雄三, 『朱子·王陽明』, 中央公論社.

일본 논문

間野潛龍, 「明代の家規に就いて」, 『東方學報』 八.
兼永芳之, 「朱文公家禮の一考察」, 『支那學硏究』 第二十一號.
穀田孝之, 「中國古代の喪における兼服について」, 『支那硏究』 二十四, 二十五.
郭仲昆, 「儀禮喪服考」, 『東洋學報』 第二十卷第二號.
宮川尚志, 「儒敎の宗敎的性格」, 『宗敎硏究』 一八〇號.
金穀治, 「秦漢期の禮學」, 『東洋學集刊』 I.
金鬥憲, 「朝鮮禮俗の硏究」, 『靑丘學叢』 第二十四號.
稻葉岩吉, 「麗末鮮初における 家禮傳來及其び意義」, 『靑丘學叢』 第十三號.
東川德治, 「禮の種類」, 『東洋文化』 一百號.
山根三芳, 「司馬光禮說考」, 『森三樹三郞博士頌壽紀念東洋學論集』.
上山春平, 「〈朱子の家禮〉と〈儀禮經傳通解〉」, 『東方學報』 第54冊.
上山春平, 「朱子の禮學」, 『人文學報』 第四十一號.
小田省吾 「半島廟制槪要」, 『朝鮮』 1937年十月號.

阿部吉雄,「文公家禮に就いて」,『服部先生古稀祝賀記念論文集』.
宇野精一,「朱子と禮」,『朱子學大系』第一卷, 明德出版社.
池田末利,「立屍考―その宗敎的意義と原初形態」,『廣島大學文學部紀要』
　　　　第五號.
池田末利,「釋死」,『日本中國學會報』二.
秋葉隆,「朝鮮の祭祀に就いて」,『朝鮮硏究』七卷二號.
浦川源吾,「朱子の禮說」,『哲學硏究』第七十二號七卷.
玄楝,「朝鮮の祖先祭に就いて」,『朝鮮總督府』通卷二七四號.

찾아보기

ㄱ

가계(家戒) 8, 565
가례고 25, 26, 27
가례부록 24, 29, 34, 36, 38, 39, 40, 41, 365
가례서 26, 27, 29, 30, 34, 41, 43, 51, 57, 121, 165, 188, 361, 533, 534
가례의절 28, 46, 53, 54, 55, 317, 318, 320, 321, 362, 367, 369, 381, 456, 461
가례작의(嘉禮酌儀) 427, 481, 485
가례증해(家禮增解) 267, 268, 553, 560, 561
가례질서(家禮疾書) 260, 274, 373, 376, 377, 381, 385, 386, 388, 391, 392, 425, 738
가례집람보주(家禮集覽補註) 334, 425
가례집요(家禮輯要) 260, 267, 268, 354, 355, 365, 367, 368, 369, 370, 371, 372
가묘 64, 65, 85, 90, 205, 208, 209, 210, 211, 212, 228, 229, 230, 231, 233, 236, 237, 238, 239, 281, 293, 294, 300, 313, 439, 518, 519, 522, 523, 524, 525, 526, 527, 528, 529, 530, 531, 532, 533, 534, 539, 541, 542, 543, 546, 547, 548, 549, 550, 551, 552, 553

가범(家範) 8, 600, 601, 603, 604, 606, 607, 608, 609, 610, 611, 612, 613, 614, 615, 616, 617, 620, 621, 622, 623, 737
가오밍(高明) 7
개원례(開元禮) 74, 75, 76, 81, 127, 247, 385, 417, 522, 526, 538, 605
격몽요결 276, 278, 279, 288, 305, 358, 702
경국대전 245, 246, 271, 384, 482
경종수족(敬宗收族) 304, 306
계례(笄禮) 71, 101, 108, 400, 409, 614
계빈(戒賓) 401, 419
고례 18, 20, 201, 216, 229, 246, 271, 274, 275, 280, 285, 287, 289, 298, 300, 301, 302, 317, 318, 321, 323, 340, 346, 353, 360, 361, 362, 363, 368, 369, 370, 380, 382, 388, 389, 391, 393, 417, 418, 422, 423, 427, 432, 440, 452, 457, 474, 479, 485, 487, 489, 498, 500, 532, 536, 539, 540, 558, 561
관례(冠禮) 49, 58, 59, 71, 83, 101, 188, 192, 196, 201, 204, 214, 416, 425
관의(冠儀) 106, 195, 199, 214, 360, 398, 425, 735
구준(丘濬) 21, 28, 30, 46, 53, 54, 313, 314, 318, 320, 321, 367, 369, 381, 420, 451, 455, 456

국조오례의 243, 265, 266, 270, 271, 317, 351, 424, 449
권시(權諰) 425, 482, 565, 709, 713, 714, 715
기일(忌日) 68, 80, 161, 162, 165, 184, 186, 191, 193, 232, 294, 297, 298, 303, 337, 543, 544, 545, 547, 554
기호학파 258, 323, 356, 709
김장생(金長生) 8, 259, 262, 263, 264, 265, 266, 269, 271, 309, 310, 311, 312, 313, 314, 316, 318, 320, 321, 322, 323, 324, 327, 345, 346, 356, 358, 361, 367, 380, 381, 390, 425, 427, 444, 445, 458, 479, 556, 560
김집(金集) 259, 263, 266, 310, 316, 355, 364

ㄴ

납징 109, 112, 192, 206, 434, 435, 436, 437, 438, 439, 444, 445, 449, 453
납채 109, 110, 111, 112, 115, 190, 192, 196, 205, 206, 434, 435, 436, 438, 439, 444, 445, 446, 447, 448, 453, 455, 467, 470
납폐 109, 112, 190, 192, 206, 436, 437, 438, 439, 445, 448, 449, 450, 451, 467, 470, 482, 484
녜(禰) 165, 183, 184, 185, 186, 191, 193, 281, 294, 533, 535, 539

ㄷ

담제 41, 63, 122, 159, 162, 163, 191, 321, 370, 488, 505
대공복 128, 136, 137, 142, 143, 147, 157, 316, 502
대렴 122, 132, 134, 190, 193, 207, 208, 315, 317, 490, 492, 495, 496, 497, 498
대명률 234, 235, 246, 247
대상(大祥) 41, 63, 122, 160, 162, 163, 190, 191, 317, 320, 504, 505
대중화 322, 326
동거계사 277, 278, 702
동족공묘(同族共廟) 306, 537

ㄹ

류장원(柳長源) 260, 267, 556, 561

ㅁ

명분 18, 45, 212, 219, 236, 255, 256, 280, 303, 324, 510, 512, 513, 534, 546, 570, 600, 604, 626, 724
명정(銘旌) 76, 122, 128, 129, 133, 151, 152, 155, 190, 387, 495, 497
목욕 121, 124, 125, 126, 127, 157, 161, 162, 163, 164, 168, 190, 206, 294, 460, 490, 492, 493, 503, 504, 505, 720
묘제(墓祭) 79, 165, 186, 191, 193, 209, 298, 299, 300, 302, 305, 325, 518, 519, 522, 523, 524, 525, 527, 528, 535, 555, 557, 558
문명(問名) 109, 190, 192, 206, 434, 435, 436, 438, 444, 448, 453

ㅂ

박윤원(朴胤源) 267, 560, 565, 743
반곡 122, 156, 190, 191, 502
반친영 476, 477, 478, 481

반함(飯含) 122, 123, 124, 125, 126, 127, 128, 190, 206, 315, 490, 491, 492, 494, 506
발삼가예범(跋三家禮範) 26, 27, 29, 30, 31, 37, 44, 54
발인 122, 150, 153, 190, 361, 500, 501
백이정(白頤正) 224, 226, 227
변례(變禮) 263, 269, 319, 321, 324, 340, 341, 550, 551, 560, 561
보본반시(報本反始) 280, 304, 306, 536
보본추원(報本追遠) 304, 518
봉선잡의(奉先雜儀) 265, 269, 299, 552, 555, 556
부현구고(婦見舅姑) 190, 192, 438, 439, 452
북송 예서 76

ㅅ

사고전서총목제요(四庫全書總目提要) 21, 25, 34, 49, 53, 93, 571, 608
사당제(祠堂制) 208, 216, 299, 302, 306, 533, 535, 536, 538, 539, 549, 555
사례(四禮) 243, 268, 269, 274, 275, 278, 301, 323, 324, 325, 326, 340, 346, 354, 363, 365, 368, 424, 425, 430, 434, 439, 457, 465, 481, 552, 561
사례편람 260, 268, 294, 322, 354, 355, 356, 357, 358, 359, 360, 361, 362, 363, 364, 370, 371, 372, 438, 439, 441, 443, 445, 446, 447, 448, 449, 452, 453, 454, 457, 458, 459, 460, 461, 463, 464, 481, 493, 553, 560
사례훈몽(四禮訓蒙) 265, 268, 553, 556
사마광(司馬光) 8, 27, 32, 33, 38, 44, 56, 57, 76, 81, 83, 85, 91, 117, 118, 121, 124, 132, 146, 148, 150, 165, 168, 188, 189, 200, 208, 209, 212, 214, 290, 335, 338, 351, 362, 379, 391, 392, 415, 418, 419, 425, 431, 438, 439, 441, 442, 493, 523, 524, 530, 531, 532, 533, 556, 565, 600, 601, 603, 604, 605, 606, 607, 608, 609, 610, 611, 612, 613, 615, 616, 618, 620, 621, 622, 623, 737
사민(士民) 354, 363, 372, 523
사서(士庶) 208, 216, 228, 230, 237, 473, 536, 537, 542
사서통례(士庶通禮) 235
사시제(四時祭) 68, 72, 165, 168, 191, 193, 203, 287, 294, 299, 386, 555
사회교화 657, 660
삼가례(三加禮) 105, 106, 405, 412, 417, 425, 426, 430
삼강행실도 235, 241, 243, 251
상례(喪禮) 19, 23, 25, 32, 36, 41, 43, 49, 50, 51, 53, 54, 56, 60, 61, 62, 63, 68, 71, 72, 75, 76, 79, 83, 121, 122, 126, 134, 164, 188, 190, 191, 193, 202, 203, 206, 207, 229, 230, 240, 249, 268, 269, 275, 278, 304, 306, 312, 314, 315, 317, 318, 324, 325, 335, 348, 361, 362, 368, 385, 387, 389, 391, 426, 431, 435, 444, 487, 489, 506, 507, 508, 556, 605, 606, 622, 707
상례(常禮) 269, 341, 561
상례비요(喪禮備要) 259, 263, 266, 267, 269, 270, 309, 311, 312, 316, 317, 318, 319, 321, 322, 325, 354, 355, 356, 358, 360, 361, 362, 367, 368, 369, 370, 371, 372, 380, 428, 506
상변통고(常變通考) 260, 267, 553, 556, 561
서류부가혼(壻留婦家婚) 276, 464,

찾아보기 781

465, 467, 468
서의(書儀) 40
서인(庶人) 381, 456, 534, 545
서인가례(庶人家禮) 274, 377, 383, 384, 482
선조(先祖) 165, 181, 182, 191, 193, 294, 360
성리대전 47, 48, 51, 52, 53, 154, 251, 261, 323
성리학 6, 17, 19, 219, 223, 229, 235, 236, 248, 254, 255, 256, 257, 258, 259, 260, 261, 262, 264, 270, 271, 273, 275, 276, 309, 310, 341, 352, 357, 365, 371, 372, 373, 374, 424, 603, 668
성복(成服) 60, 122, 134, 190, 193, 320, 321, 347
성화(聖化) 307, 433
소공복 128, 137, 142, 143, 157, 502, 513, 515
소렴 122, 130, 131, 132, 133, 190, 207, 315, 317, 320, 495, 496, 497, 498, 506
소상 63, 122, 161, 162, 163, 190, 191, 317, 321, 504, 505
소학 243, 245, 262, 276, 307, 310, 358, 375, 381, 579, 608, 732, 757
속례(俗禮) 337, 389
송시열(宋時烈) 254, 259, 260, 263, 266, 271, 310, 356, 360, 364, 386, 479, 480, 482, 560, 565, 706, 709, 711, 713, 715, 727, 733
송익필(宋翼弼) 262, 294, 304, 305, 310, 313
숙빈(宿賓) 401, 418, 419
습(襲) 52, 121, 124, 125, 126, 127, 128, 190, 206, 315, 317, 320, 363, 492, 496
시마복 138, 142, 143, 511, 513, 516, 522

시의(時宜) 204, 302, 353, 376, 378, 422
신종(愼終) 268, 304, 306, 367, 487
신주(神主) 80, 86, 88, 89, 90, 91, 101, 150, 155, 156, 157, 160, 161, 162, 163, 171, 172, 175, 183, 184, 185, 186, 204, 232, 233, 237, 240, 278, 282, 283, 284, 286, 291, 292, 293, 316, 462, 501, 502, 504, 505, 526, 528, 531, 532, 533, 540, 543, 544, 545, 546, 548, 550, 558
실학 236, 259, 260, 273, 275, 309, 322, 373, 374, 393, 427
심의제도 50, 70, 91, 97, 189, 191, 192, 214, 266, 313, 362, 368

ㅇ

아베 요시오(阿部吉雄) 20, 21, 46, 51
안씨가훈 8, 75, 81, 570, 571, 572, 573, 574, 575, 576, 577, 578, 582, 583, 584, 586, 587, 588, 589, 590, 591, 592, 593, 594, 595, 596, 597, 598, 600, 601, 602, 606, 624, 625, 659, 675
안지추(顏之推) 8, 565, 570, 571, 572, 573, 574, 575, 576, 577, 578, 581, 583, 584, 585, 587, 590, 591, 593, 594, 595, 596, 598, 606, 611
안향(安珦) 224, 225, 226, 227, 233, 234
양복(楊復) 23, 24, 26, 31, 32, 45, 48, 49, 50, 51, 52, 56, 57, 93, 95, 109, 121, 159, 165, 188, 189, 290
영남학파 258, 323
영당(影堂) 85, 208, 209, 212, 439, 518, 530, 531, 532, 534, 539, 618
영좌(靈座) 122, 128, 129, 130, 131, 133, 144, 145, 147, 149, 151, 153, 156, 157, 160, 161, 163, 190, 240,

391, 494, 495, 497, 500, 505
예기(禮記) 42, 67, 76, 81, 90, 91, 93, 94, 97, 105, 106, 107, 109, 118, 122, 123, 125, 129, 134, 144, 165, 176, 184, 188, 192, 194, 198, 199, 213, 214, 215, 263, 265, 266, 267, 289, 294, 320, 321, 335, 347, 349, 350, 351, 352, 353, 377, 387, 390, 392, 398, 399, 400, 406, 407, 408, 409, 410, 414, 429, 430, 435, 437, 439, 440, 449, 466, 488, 498, 499, 511, 512, 514, 515, 517, 522, 541, 555, 557, 585, 597, 605, 611, 613, 614, 615, 618, 735, 741
예학 6, 7, 8, 17, 18, 19, 20, 228, 235, 236, 254, 258, 259, 260, 261, 262, 263, 264, 268, 269, 270, 271, 272, 273, 274, 275, 309, 310, 311, 312, 318, 322, 323, 325, 328, 329, 332, 334, 335, 338, 340, 341, 352, 357, 360, 365, 392, 393, 424, 560, 561, 565, 566, 568, 601, 603, 621, 622, 662, 663, 697, 698, 701, 706, 735
예학자 8, 17, 259, 264, 269, 275, 278, 310, 323, 327, 338, 341, 344, 352, 357, 364, 371, 428, 481, 552, 565, 568, 663, 697, 698, 701
예학파 7, 19, 219, 259, 264, 270, 273, 275, 323
오선생예설분류 259, 327, 335, 337, 338, 339, 340, 341, 344, 345, 346, 347, 348, 349, 351, 352, 560
온공서의(溫公書儀) 21, 33, 38, 44, 57, 76, 78, 81, 83, 91, 99, 105, 117, 121, 122, 129, 149, 163, 171, 188, 189, 191, 192, 193, 195, 197, 200, 208, 214, 215, 216, 290, 391, 392, 418, 419, 420, 439, 455, 530, 531
왕무굉(王懋竑) 21, 24, 25, 26, 27, 28, 29, 30, 34, 53
왕사부동례(王十不同禮) 344
요덕명(廖德明) 47, 48, 172

우에야마 슌페이(上山春平) 21, 46
우제(虞祭) 122, 157, 159, 161, 190, 191, 240, 247, 317, 503, 542
원씨세범 8, 624, 625, 627, 628, 629, 630, 650, 655, 656, 659, 660
원채(袁采) 8, 565, 624, 625, 626, 627, 628, 630, 631, 632, 633, 634, 635, 636, 637, 638, 639, 640, 641, 642, 643, 644, 645, 646, 647, 648, 649, 650, 651, 652, 653, 654, 656, 657, 658, 659, 660
윤구생(尹龜生) 231, 546
의례(儀禮) 5, 57, 58, 189, 199, 200, 438, 509
의례경전통해 18, 20, 26, 28, 35, 52, 198, 340, 346, 352, 735
의례문해 262, 263, 266, 311
의혼(議婚) 74, 109, 190, 192, 438, 439, 440, 442
이가환(李家煥) 377, 739
이방자(李方子) 23, 26, 31, 32, 36, 40
이언적(李彦迪) 255, 258, 265, 299, 313, 552, 555, 556
이의조(李宜朝) 267, 560, 561
이이(李珥) 8, 251, 253, 254, 255, 258, 259, 262, 265, 273, 276, 277, 278, 279, 280, 281, 282, 283, 284, 285, 287, 288, 289, 290, 293, 294, 295, 296, 297, 298, 300, 301, 302, 303, 304, 305, 306, 307, 308, 309, 310, 311, 313, 337, 352, 356, 374, 425, 478, 488, 552, 553, 560, 565, 702, 703, 748
이익(李瀷) 8, 256, 260, 267, 273, 274, 373, 374, 375, 376, 377, 378, 379, 380, 381, 383, 384, 385, 386, 387, 388, 389, 390, 391, 392, 425, 426, 427, 480, 481, 482, 483, 484, 485, 553, 557, 558, 565, 712, 726, 738
이재(李縡) 8, 260, 294, 354, 355, 356, 357, 358, 359, 360, 361, 363,

364, 371, 438, 439, 441, 442, 443, 445, 446, 447, 448, 449, 452, 453, 454, 455, 457, 458, 459, 460, 461, 463, 464, 553, 560, 561
이항복(李恒福) 265, 552, 556, 557
이황(李滉) 251, 254, 255, 258, 259, 265, 273, 309, 310, 313, 327, 328, 329, 331, 342, 347, 364, 365, 374, 478
임헌회(任憲晦) 254, 267, 560

ㅈ

자최복 128, 131, 134, 135, 136, 137, 142, 143, 146, 147
장유(長幼) 512, 514, 539, 622, 640
전(奠) 121, 122, 124, 130, 145, 150, 190, 206, 207, 247, 315, 490, 493, 503, 543, 554
전안례 60, 116, 205, 452, 454
정구(鄭逑) 8, 259, 266, 327, 328, 329, 330, 331, 332, 333, 334, 335, 336, 337, 338, 339, 340, 341, 342, 343, 344, 345, 346, 347, 349, 351, 352, 353, 425, 427, 481, 560
정습인(鄭習仁) 230, 231, 542
정약용(丁若鏞) 260, 267, 268, 273, 274, 329, 377, 427, 481, 485, 553, 558, 559, 565, 751, 760
정중기(鄭重器) 8, 260, 267, 354, 355, 365, 367, 368, 369, 370, 371, 372, 379
제기(祭器) 64, 70, 85, 86, 87, 91, 170, 176, 178, 211, 213, 226, 278, 295, 504, 505, 547
제례(祭禮) 23, 25, 32, 33, 34, 36, 38, 41, 49, 50, 53, 54, 57, 64, 65, 68, 72, 79, 80, 83, 86, 90, 157, 165, 184, 186, 188, 191, 192, 193, 203, 208, 229, 231, 265, 266, 268, 269, 270, 275, 278, 279, 280, 288, 290, 298, 304, 308, 317, 323, 324, 325, 326, 342, 348, 349, 352, 353, 356, 360, 361, 362, 367, 368, 378, 385, 425, 426, 431, 503, 518, 541, 542, 546, 549, 550, 551, 552, 553, 555, 556, 558, 560, 561, 707, 743
제례고정(祭禮考定) 553, 558
제식(祭式) 79, 81, 302, 553, 557
제의초 265, 269, 276, 278, 279, 280, 281, 282, 283, 284, 285, 286, 287, 288, 289, 290, 291, 292, 293, 294, 295, 296, 297, 298, 299, 301, 302, 303, 304, 305, 306, 307, 308, 552, 560, 702
제의학 541, 552
제의학(祭儀學) 541, 552
제전(祭田) 68, 86, 212, 213, 214, 234, 278, 384
제찬도설(祭饌圖說) 560
조광조(趙光祖) 248, 249, 250, 251, 252, 253, 254, 255, 471, 474, 475
존존(尊尊) 508, 509, 510, 511, 512
졸곡(卒哭) 122, 159, 160, 162, 164, 190, 191, 300, 317, 490, 503
종묘 67, 68, 165, 209, 210, 213, 238, 272, 281, 307, 324, 399, 400, 408, 414, 415, 416, 417, 438, 440, 518, 519, 520, 521, 522, 523, 524, 537, 542
종법 27, 90, 214, 215, 306, 398, 405, 414, 415, 428, 430, 433, 465, 507, 509, 510, 511, 518, 519, 520, 521, 522, 524, 526, 527, 537, 538, 539, 540, 546, 618, 622
증국번(曾國藩) 8, 565, 661, 662, 663, 664, 665, 666, 667, 668, 669, 670, 671, 672, 673, 674, 675, 676, 677, 678, 679, 680, 681, 682, 684, 685, 686, 687, 688, 689, 690, 691, 692, 693, 694, 695, 697, 698, 699

지치주의(至治主義) 248, 250, 253, 254, 259, 260

진위 7, 20, 21, 53

ㅊ

찬도집주문공가례(纂圖集注文公家禮) 30, 49, 50

참최복 52, 131, 133, 135, 140, 142, 143, 498

청기(請期) 109, 190, 206, 434, 435, 437, 438, 445, 448, 451, 453, 482

첸무(錢穆) 6, 17, 18, 21, 28, 30, 31, 53, 279, 536

초례(醮禮) 106, 115, 116, 119, 120, 201, 202, 452, 454, 459, 471

초조(初祖) 65, 68, 165, 178, 181, 182, 183, 191, 193, 294, 360

초종(初終) 62, 63, 71, 75, 76, 81, 121, 122, 190, 193, 202, 203, 317, 320, 363, 370, 488

최석정(崔錫鼎) 266, 565, 735, 736, 737

출입의(出入儀) 280, 281

충선왕(忠宣王) 224, 225, 227, 228

친영(親迎) 59, 60, 109, 113, 114, 119, 120, 190, 202, 205, 206, 277, 337, 362, 385, 391, 422, 434, 435, 436, 437, 438, 439, 440, 445, 451, 452, 453, 454, 463, 464, 465, 467, 468, 469, 470, 471, 472, 473, 474, 475, 476, 477, 478, 479, 480, 481, 482, 483, 484, 485, 486

친친(親親) 303, 508, 509, 510, 511, 512

ㅋ

카네나가 요시유키(兼永芳之) 21

ㅌ

통례(通禮) 49, 50, 57, 58, 67, 69, 70, 73, 74, 75, 83, 91, 100, 189, 191, 192, 193, 204, 208, 212, 214, 280, 281, 282, 284, 286, 291, 313, 351, 360, 362, 368, 385, 532, 534, 535, 536, 537, 538

ㅍ

팔본(八本) 674, 678

팔자(八字) 674, 676

ㅎ

하흔(夏炘) 21, 28, 30, 32, 34, 53

향약 249, 250, 251, 252, 253, 352, 353, 366, 566

허목(許穆) 271, 353, 354, 565, 706

혼례(婚禮) 23, 25, 32, 33, 34, 36, 41, 49, 50, 51, 53, 54, 56, 59, 60, 74, 81, 83, 109, 110, 112, 114, 115, 116, 117, 118, 120, 121, 188, 190, 192, 202, 205, 206, 215, 268, 315, 317, 324, 337, 348, 361, 362, 364, 367, 368, 382, 385, 389, 391, 420, 422, 426, 427, 431, 432, 433, 434, 435, 436, 437, 438, 439, 445, 449, 452, 453, 454, 455, 456, 458, 459, 460, 461, 462, 463, 464, 465, 469, 471, 472, 475, 476, 477, 478, 479, 480, 481, 482, 483, 484, 485, 488, 492, 493, 521, 556, 605, 606, 743

혼례작의(婚禮酌宜) 427, 483

혼백(魂帛) 81, 122, 128, 129, 144, 151, 152, 153, 156, 158, 190, 240, 386, 391, 494, 495, 501, 503

홍여하(洪汝河) 565, 733

황간(黃幹) 22, 23, 25, 28, 30, 31, 32, 34, 35, 46, 47, 48, 93, 346, 351, 360, 380, 450

효행록(孝行錄) 235, 241